NOMOSSTUDIUM

Dr. Nina Schrott
Akademische Rätin a.Z.
Ludwig-Maximilians-Universität München

Medizinstrafrecht

Fälle und Lösungen

Die Deutsche Nationalbibliothek verzeichnet diese Publikation in
der Deutschen Nationalbibliografie; detaillierte bibliografische
Daten sind im Internet über http://dnb.d-nb.de abrufbar.

ISBN 978-3-7560-1140-7 (Print)
ISBN 978-3-7489-1696-3 (ePDF)

1. Auflage 2024
© Nomos Verlagsgesellschaft, Baden-Baden 2024. Gesamtverantwortung für Druck
und Herstellung bei der Nomos Verlagsgesellschaft mbH & Co. KG. Alle Rechte, auch die
des Nachdrucks von Auszügen, der fotomechanischen Wiedergabe und der Übersetzung,
vorbehalten.

Vorwort

Das vorliegende Fallbuch enthält insgesamt 19 größere und kleinere Fälle, die sich allesamt mit medizinstrafrechtlichen Fragestellungen befassen – also Sachverhalte in den Blick nehmen, die einen mehr oder weniger engen strafrechtlichen Bezug zur Ausübung der ärztlichen Heilkunde aufweisen. Die thematische Spannweite reicht dabei von Problemen im Rahmen der ärztlichen Heilbehandlung über Fragen des Schwangerschaftsabbruchs und der Sterbehilfe bis hin zu Triage-Konstellationen im Zusammenhang mit der COVID-19-Pandemie. Es handelt sich dabei durchgängig um Sachverhaltsgestaltungen, wie sie Studierenden im Rahmen universitärer Prüfungsarbeiten – insbesondere in den einschlägigen Schwerpunktbereichen – begegnen können. Während das privat- bzw. öffentlich-rechtliche Medizinrecht inzwischen Gegenstand einer ganzen Reihe gelungener Werke der Ausbildungsliteratur ist, fehlt es ausgerechnet im sensiblen Bereich des Medizin*straf*rechts, in dem elementare Fragen von Risikozuschreibung und Verantwortlichkeit, von Würde und Selbstbestimmung verhandelt werden, nach wie vor an spezifischen Übungsmöglichkeiten und ausführlichen Falllösungen für Studierende und interessierte Referendarinnen und Referendare. Dies ist vor allem deshalb bedauerlich, weil die besonderen Herausforderungen beim Lösen medizinstrafrechtlicher Fallgestaltungen zu einem nicht unerheblichen Teil auch darin bestehen, die identifizierten materiell-rechtlichen Problemstellungen adäquat – d. h. sowohl dogmatisch korrekt als auch „formatangemessen" – in den Klausuraufbau zu integrieren. Diese Lücke möchte die hiesige Fallsammlung schließen, deren besonderes Anliegen es ist, den Leserinnen und Lesern sowohl wissenschaftlich fundierte als auch in der Kürze der (Klausur-)Zeit tatsächlich umsetzbare Falllösungen zur Prüfungsvorbereitung an die Hand zu geben.

Die 19 in diesem Fallbuch enthaltenen Fälle basieren zum großen Teil auf (höchst-)richterlichen Entscheidungen aus der jüngeren Vergangenheit. Sie sind damit zugleich aktuell und praxisbezogen und wahren den Charakter des Medizinstrafrechts als rechtsprechungsgeprägtes Rechtsgebiet. Neben Sachverhalten, wie sie insbesondere auch in „scharfen" Klausuren Verwendung finden können, enthält das Fallbuch zusammenfassende Kurzgliederungen, die einen schnellen Überblick über die nicht unerhebliche Stofffülle sowie die zu diskutierenden Problemstellungen ermöglichen. Kernstück bilden die ausformulierten Lösungsvorschläge. Ausführliche Klausurhinweise, exkursorische Hinweiskästen („Weiterführendes Wissen") sowie weiterführende Literaturempfehlungen runden das Bild ab. Auf übergeordneter Ebene sind die Fälle zu sieben „Falleinheiten" zusammengefasst, die alle wesentlichen Teile des Medizinstrafrechts adressieren: (1) Ärztliche Heilbehandlung, Einwilligung und Aufklärung, (2) Schwangerschaftsabbruch, (3) Sterbehilfe, (4) Ausgewählte Bereiche der Biomedizin, (5) Abrechnungsbetrug und Vertragsarztuntreue, (6) Korruption im Gesundheitswesen und (7) Medizinstrafrecht in der Pandemie. Das Fallbuch bietet damit einen umfassenden Überblick über klassische wie nicht-klassische Klausurkonstellationen und deckt nahezu den gesamten prüfungsrelevanten Stoff ab. Rechtsprechung und Literatur sind hierbei bis einschließlich Oktober 2023 berücksichtigt. Die konkret verwendete Literatur ist auf dem Stand von Juni 2024.

Großer Dank gebührt den Teilnehmerinnen und Teilnehmern des Examinatoriums Medizinstrafrecht an der Ludwigs-Maximilians-Universität München, in dessen Rahmen ein Großteil der Fälle bereits auf seine (Lehr-)Praxistauglichkeit hin getestet wurde, und die durch ihre klugen Rückfragen, Anregungen und Wünsche ein „Feintuning" der Fälle ermöglicht haben. Hervorzuheben sind in diesem Zusammenhang *Jannik Focht* und *Lennart Frohn*, die die einzelnen Falleinheiten in mühevoller Kleinarbeit einer grammatikalischen und stilistischen Überprüfung unterzogen haben.

Besonderen Dank schulde ich meinem Mitarbeiter *Thomas Holzmann*, der die Fälle unermüdlich und bisweilen unter nicht unerheblichem Zeitdruck durchgesehen und damit entscheidend zur Qualität dieses Werks beigetragen hat. Ohne seine tatkräftige und kundige Mitarbeit hätte dieses Fallbuch – zumindest in der vorliegenden Gestalt – nicht erscheinen können.

Ebenfalls nicht möglich gewesen wäre die Fertigstellung dieses Buches ohne die Unterstützung von *Prof. Dr. Armin Engländer*, der mir im Rahmen meiner Tätigkeit an seinem Lehrstuhl die hierfür erforderlichen Freiräume mehr als großzügig gewährte und mit einem stets offenen Ohr begleitend zur Seite stand. Dem Nomos Verlag, namentlich *Dr. Peter Schmidt*, danke ich für die äußerst angenehme Zusammenarbeit sowie die Aufnahme des Fallbuchs in die Reihe Nomos Studium.

Über Lob, Kritik und Verbesserungsvorschläge aus dem Kreis der Leserinnen und Leser an nina.schrott@jura.uni-muenchen.de freue ich mich sehr.

München, im Oktober 2023 *Nina Schrott*

Inhaltsübersicht

Vorwort 5

Literaturverzeichnis 25

Falleinheit 1: Ärztliche Heilbehandlung, Einwilligung und Aufklärung
(Fall 1a bis Fall 1f) 29
Fall 1a: Die Kunststoffprothese 29
Fall 1b: Die Corona-Impfung 47
Fall 1c: Die geschlechtsangleichende Operation 55
Fall 1d: Die Zahnextraktion 64
Fall 1e: Der vielbeschäftigte Anästhesist 70
Fall 1f: Das Arbeitszeugnis 88

Falleinheit 2: Schwangerschaftsabbruch (Fall 2a bis Fall 2c) 98
Fall 2a: Berliner Zwillinge 98
Fall 2b: Der Messerstecher 110
Fall 2c: Der Zettel 122

Falleinheit 3: Sterbehilfe (Fall 3a bis Fall 3c) 137
Fall 3a: Sterbebegleitung 137
Fall 3b: Die Insulinspritzen 149
Fall 3c: Die PEG-Sonde („Fall Putz" / „Fuldaer Sterbehilfe-Fall") 160

Falleinheit 4: Ausgewählte Bereiche der Biomedizin 177
Fall 4: „Netzwerk Embryonenspende e. V." 177

Falleinheit 5: Abrechnungsbetrug und Vertragsarztuntreue (Fall 5a bis Fall 5b) 200
Fall 5a: Immer Ärger mit dem MVZ! 200
Fall 5b: Mehr Esprit!? 230

Falleinheit 6: Korruption im Gesundheitswesen (Fall 6a bis Fall 6b; inkl.
strafprozessualer Zusatzfrage mit medizinstrafrechtlichem Einschlag) 239
Fall 6a: Die Impfstoffverabreichung 239
Fall 6b: Im Krankenzimmer (strafprozessuale Zusatzfrage) 268

Falleinheit 7: Medizinstrafrecht in der Pandemie (Fall 7a bis Fall 7b) 277
Fall 7a: Triage 277
Fall 7b: Der gefälschte Impfpass 294

Stichwortverzeichnis 315

Inhalt

Vorwort	5
Literaturverzeichnis	25
Falleinheit 1: Ärztliche Heilbehandlung, Einwilligung und Aufklärung (Fall 1a bis Fall 1f)	29
Fall 1a: Die Kunststoffprothese	29
Lösung Fall 1a	32
Strafbarkeit von Dr. C	32
A. § 223 Abs. 1 StGB	32
I. Tatbestandsmäßigkeit	33
1. Objektiver Tatbestand	33
a) Vorfrage: Vorliegen eines ärztlichen Heileingriffs	33
b) Der ärztliche Heileingriff als tatbestandliche Körperverletzung?	35
aa) Tatbestandslösungen (noch hLit)	35
(1) Erfolgstheorie	35
(2) Theorie des kunstgerechten Eingriffs	35
bb) Rechtfertigungslösungen (Rspr.)	37
cc) Streitentscheid	37
II. Rechtswidrigkeit	38
1. Wirksame tatsächliche Einwilligung i. R.d. Aufklärungsgesprächs am 28.2.2022	39
2. Hypothetische Einwilligung	41
3. Zwischenergebnis	43
III. Schuld	43
Fall 1b: Die Corona-Impfung	47
Lösung Fall 1b	48
Strafbarkeit der A	48
A. § 223 Abs. 1 StGB	48
I. Tatbestandsmäßigkeit	49
1. Objektiver Tatbestand	49
2. Subjektiver Tatbestand	50
II. Rechtswidrigkeit	50
1. Einwilligungsfähigkeit des G	50
2. Alleinentscheidungsbefugnis des G	51
Fall 1c: Die geschlechtsangleichende Operation	55
Lösung Fall 1c	56
A. Vorüberlegung und Ausgangsfrage	56
B. Keine stellvertretende Einwilligung wegen der Verletzung höchstpersönlicher Rechtsgüter?	57
C. Keine stellvertretende Einwilligung wegen nicht eindeutig indizierter Behandlung?	58
D. Keine stellvertretende Einwilligung wegen § 1631e BGB?	59

Inhalt

I. Ausschluss der Einwilligung nach § 1631e Abs. 1 BGB?	59
II. Einwilligungsvoraussetzungen nach § 1631e Abs. 2 S. 1 BGB	60
1. Allgemeine Voraussetzungen des § 1631e Abs. 2 S. 1 BGB	60
2. „Aufschiebbarkeit" des Eingriffs?	60

Fall 1d: Die Zahnextraktion — 64
Lösung Fall 1d — 65
Strafbarkeit der Z — 65

- A. §§ 223 Abs. 1, 224 Abs. 1 Nr. 1, Nr. 2 StGB — 65
  - I. Tatbestandsmäßigkeit — 66
    1. Objektiver Tatbestand — 66
       - a) Grundtatbestand, § 223 Abs. 1 StGB — 66
       - b) Qualifikationstatbestand, § 224 Abs. 1 StGB — 66
         - aa) § 224 Abs. 1 Nr. 2 StGB — 66
         - bb) § 224 Abs. 1 Nr. 1 StGB — 68
    2. Subjektiver Tatbestand — 69
  - II. Rechtswidrigkeit — 69
  - III. Schuld — 69

Fall 1e: Der vielbeschäftigte Anästhesist — 70
Lösung Fall 1e — 72
Strafbarkeit des U — 72

- A. § 212 Abs. 1, (§ 13 Abs. 1) StGB — 72
- B. §§ 223 Abs. 1, 224 Abs. 1 Nr. 1, Nr. 2, Nr. 4, Nr. 5 StGB — 73
  - I. Tatbestandsmäßigkeit — 73
    1. Objektiver Tatbestand — 73
       - a) Grundtatbestand, § 223 Abs. 1 StGB — 73
       - b) Qualifikation, § 224 Abs. 1 StGB — 74
         - aa) Nr. 1 — 74
         - bb) Nr. 2 — 74
         - cc) Nr. 4 — 75
         - dd) Nr. 5 — 76
    2. Subjektiver Tatbestand — 76
  - II. Rechtswidrigkeit — 76
  - III. Schuld — 77
- C. § 227 StGB — 77
  - I. Tatbestandsmäßigkeit — 77
    1. Erfüllung des Grundtatbestands, § 223 Abs. 1 StGB — 77
    2. Eintritt der schweren Folge — 77
    3. Kausalität — 78
    4. (Wenigstens) Fahrlässigkeit hinsichtlich des Eintritts der schweren Folge, § 18 StGB — 78
       - a) Objektive Sorgfaltspflichtverletzung — 78
       - b) Objektive Vorhersehbarkeit des Eintritts der schweren Folge — 79
    5. Objektive Zurechnung und tatbestandsspezifischer Gefahrverwirklichungszusammenhang — 79
       - a) Objektive Zurechnung — 79
       - b) Tatbestandsspezifischer Gefahrverwirklichungszusammenhang — 81

Inhalt

D. §§ 222, 13 Abs. 1 StGB 83
   0. Vorprüfung 83
   I. Tatbestandsmäßigkeit 84
      1. Eintritt des tatbestandlichen Erfolgs 84
      2. Unterlassen der gebotenen und möglichen Handlung 84
      3. (Quasi-)Kausalität des Unterlassens für den konkreten Erfolg 84
      4. Garantenstellung, § 13 Abs. 1 StGB 84
      5. Objektive Sorgfaltspflichtverletzung bei objektiver Vorhersehbarkeit des tatbestandlichen Erfolgs 85
         a) Objektive Sorgfaltspflichtverletzung 85
         b) Objektiver Vorhersehbarkeit des tatbestandlichen Erfolgs 86
      6. Objektive Zurechenbarkeit des Erfolgs 86
   II. Rechtswidrigkeit 87
   III. Schuld 87

Fall 1f: Das Arbeitszeugnis 88
Lösung Fall 1f 90
Strafbarkeit von A, B, C und D 90
A. §§ 211, 212 Abs. 1, 13 Abs. 1, 27 Abs. 1 StGB 90
   0. Vorprüfung 90
   I. Tatbestandsmäßigkeit 90
      1. Objektiver Tatbestand 90
         a) Teilnahmefähige Haupttat 90
         b) Hilfeleisten 91
            aa) Garantenstellung aus Gesetz 91
            bb) Garantenstellung aus vertraglicher und/oder tatsächlicher Gewährsübernahme 92
               (1) Garantenstellung als Arzt bzw. Ärztin 92
               (2) Garantenstellung aus Geschäftsherrenhaftung 92
            cc) Garantenstellung aus Ingerenz 93
               (1) „Stillhalten" 93
               (2) Organisationsmangel 93
               (3) Erteiltes Arbeitszeugnis 94
            dd) Garantenstellung aus Treu und Glauben 95
         c) Zwischenergebnis 96

Falleinheit 2: Schwangerschaftsabbruch (Fall 2a bis Fall 2c) 98

Fall 2a: Berliner Zwillinge 98
Lösung Fall 2a 100
Strafbarkeit von A und B 100
A. § 212 Abs. 1 StGB 100
   I. Tatbestandsmäßigkeit 100
      1. Objektiver Tatbestand 100
         a) Taugliches Tatobjekt: Mensch 100
            aa) Beginn oder Vollendung der Geburt als taugliches Kriterium für die Abgrenzung von §§ 211, 212 StGB und § 218 StGB? 100
               (1) Geburtsbeginn (Rspr. und wohl h. M.) 101

Inhalt

(2) Vollendung der Geburt (TdL)	101
(3) Streitentscheid und Zwischenergebnis	101
bb) Konkreter Zeitpunkt des Beginns der Geburt	102
(1) Geburtsbeginn bei Kaiserschnitt	102
(2) Geburtsbeginn bei Mehrlingsgeburt durch Kaiserschnitt	103
(3) Zwischenergebnis	104
cc) Zwischenergebnis	104
b) Tathandlung, Kausalität und objektive Zurechnung	104
2. Subjektiver Tatbestand	105
II. Rechtswidrigkeit	105
1. Nothilfe bzw. Notstandshilfe zugunsten des zweiten Zwillings Z2 bzw. der S, §§ 32, 34 StGB	105
2. Indikation bei S nach § 218a Abs. 2 StGB als Rechtfertigungsgrund?	105
3. Analoge Anwendung des § 218a Abs. 2 StGB?	106
4. Zwischenergebnis	106
III. Schuld	107
IV. Strafzumessung	107
B. §§ 223 Abs. 1, 224 Abs. 1 Nr. 1, Nr. 2 Alt. 2, Nr. 4, Nr. 5 StGB bzgl. S	107
C. § 267 Abs. 1 StGB	108
D. § 271 Abs. 1 StGB bzw. § 348 Abs. 1 StGB	108
E. § 277 Abs. 1 StGB	108
F. § 278 Abs. 1 StGB	108
I. Tatbestandsmäßigkeit	108
1. Objektiver Tatbestand	108
Fall 2b: Der Messerstecher	**110**
Lösung Fall 2b	**112**
A. §§ 211, 212 Abs. 1, 22, 23 Abs. 1 StGB (bzgl. N)	112
0. Vorprüfung	112
I. Tatbestandsmäßigkeit	112
1. Tatentschluss	112
a) Bzgl. Totschlag, § 212 Abs. 1 StGB	113
b) Bzgl. Heimtücke	113
c) Habgier	114
d) Ermöglichungsabsicht	114
e) Niedrige Beweggründe	115
2. Unmittelbares Ansetzen	116
II. Rechtswidrigkeit und Schuld	116
III. Rücktritt	116
B. §§ 223 Abs. 1, 224 Abs. 1 Nr. 2, Nr. 3, Nr. 5 StGB (bzgl. N)	116
I. Tatbestandsmäßigkeit	117
1. Objektiver Tatbestand	117
a) Grundtatbestand, § 223 Abs. 1 StGB	117
b) Qualifikationstatbestand, § 224 Abs. 1 StGB	117
aa) § 224 Abs. 1 Nr. 2 Alt. 2 StGB	117
bb) § 224 Abs. 1 Nr. 3 StGB	117
cc) § 224 Abs. 1 Nr. 5 StGB	117
2. Subjektiver Tatbestand	117

Inhalt

II. Rechtswidrigkeit und Schuld		118
C. §§ 218 Abs. 1 S. 1, Abs. 4, 22, 23 Abs. 1 i. V. m. 218 Abs. 2 S. 2 Nr. 1, 2 StGB		118
0. Vorprüfung		118
I. Tatbestandsmäßigkeit		118
1. Tatentschluss		118
2. Unmittelbares Ansetzen		118
II. Rechtswidrigkeit und Schuld		118
III. Rücktritt		119
IV. Strafzumessung		119
1. § 218 Abs. 2 S. 2 Nr. 1 StGB		119
2. § 218 Abs. 2 S. 2 Nr. 2 StGB		119
D. Gesamtergebnis und Konkurrenzen		120

Fall 2c: Der Zettel — 122

Lösung Fall 2c — 124

Strafbarkeit der S — 124

A. § 218 Abs. 1 S. 1 StGB — 124
    0. Anwendbarkeit deutschen Strafrechts — 124
    I. Tatbestandsmäßigkeit — 125
        1. Objektiver Tatbestand — 125
            a) Abbruch der Schwangerschaft — 125
            b) Tatbestandsausschluss nach § 218a Abs. 1 StGB
                  ("Beratungsregelung") — 126
    II. Rechtswidrigkeit — 127
    III. Schuld — 130
    IV. Persönlicher Strafausschließungsgrund, § 218a Abs. 4 S. 1 StGB — 130

Strafbarkeit der G — 131

A. §§ 218 Abs. 1 S. 1, 27 Abs. 1 StGB — 131
    0. Anwendbarkeit deutschen Strafrechts — 131
    I. Tatbestandsmäßigkeit — 131
        1. Objektiver Tatbestand — 131
            a) Vorsätzliche, rechtswidrige Haupttat — 131
            b) Hilfeleisten — 132
        2. Subjektiver Tatbestand — 132
    II. Rechtswidrigkeit und Schuld — 133
    III. Anderes Ergebnis wegen sog. „neutraler Beihilfe"? — 133

Falleinheit 3: Sterbehilfe (Fall 3a bis Fall 3c) — 137

Fall 3a: Sterbebegleitung — 137

Lösung Fall 3a — 139

Strafbarkeit des D — 139

A. § 216 Abs. 1 StGB — 139
    I. Tatbestandsmäßigkeit — 139
        1. Objektiver Tatbestand — 139
            a) Todeserfolg — 139
            b) Kausalität — 139

	c) Objektive Zurechnung	140
B.	§ 217 Abs. 1 StGB	141
C.	§ 221 Abs. 1 Nr. 1, Abs. 3 StGB	143
D.	§§ 216 Abs. 1, 13 StGB	143
	I. Tatbestandsmäßigkeit	143
	1. Objektiver Tatbestand	143
	a) Erfolgseintritt	143
	b) Unterlassen	143
	c) Kausalität	143
	d) Garantenstellung	144
	aa) Arzt-Patienten-Verhältnis	144
	bb) Ingerenz	144
E.	§§ 221 Abs. 1 Nr. 2, Abs. 3 StGB	146
F.	§ 323c Abs. 1 StGB	146
	I. Tatbestandsmäßigkeit	146
	1. Objektiver Tatbestand	146
	a) Unglücksfall	146
	b) Unterlassen der erforderlichen und zumutbaren Hilfeleistung	147
	c) Zwischenergebnis	148

Fall 3b: Die Insulinspritzen   149
Lösung Fall 3b   151
Strafbarkeit der A   151

A.	§ 216 Abs. 1 StGB	151
	I. Tatbestandsmäßigkeit	151
	1. Objektiver Tatbestand	151
	a) Todeserfolg	151
	b) Kausalität	151
	c) Objektive Zurechnung	151
	aa) Selbst- oder Fremdschädigung?	152
	(1) Wohl h.Lit.	152
	(2) BGH im Insulinfall	152
	(3) Streitentscheid/Stellungnahme	153
	bb) Eigenverantwortlichkeit der Selbstschädigung?	156
B.	§§ 216 Abs. 1, 13 Abs. 1 StGB	156
	I. Tatbestandsmäßigkeit	156
	1. Objektiver Tatbestand	156
	a) Erfolgseintritt	156
	b) Unterlassen	156
	c) Kausalität	157
	d) Garantenstellung/-pflicht	157
	aa) Ehegatte	157
	bb) Ingerenz	158
C.	§§ 216 Abs. 1, 22, 23 Abs. 1 StGB	159
D.	§ 323c Abs. 1 StGB	159

Inhalt

Fall 3c: Die PEG-Sonde („Fall Putz" / „Fuldaer Sterbehilfe-Fall")	160
Lösung Fall 3c	162
Strafbarkeit der G	162
A. §§ 216 Abs. 1, 22, 23 Abs. 1 StGB	162
0. Vorprüfung	163
I. Tatbestandsmäßigkeit	163
1. Tatentschluss	163
B. §§ 212 Abs. 1, 22, 23 Abs. 1 StGB	164
0. Vorprüfung	164
I. Tatbestandsmäßigkeit	164
1. Tatentschluss	164
a) Bzgl. Tathandlung: Abgrenzung Tun – Unterlassen	164
b) Bzgl. Kausalität und objektiver Zurechnung	166
2. Unmittelbares Ansetzen	167
II. Rechtswidrigkeit	167
1. Ausdrückliche bzw. mutmaßliche Einwilligung der K	167
2. Nothilfe, § 32 StGB	167
a) Nothilfelage	167
b) Nothilfehandlung	169
3. Notstand, § 34 StGB	169
4. Rechtfertigung nach den Grundsätzen des Behandlungsabbruchs	170
a) Voraussetzungen des Behandlungsabbruchs	170
aa) Lebensbedrohliche Erkrankung und Abbruch einer medizinischen Behandlung	170
bb) Tatsächlicher oder mutmaßlicher Patientenwille	171
cc) Objektive und subjektive Behandlungsbezogenheit	172
dd) Gerechtfertigt handelnder Personenkreis	173
ee) Zwischenergebnis	173
b) Stellungnahme	173
c) Zwischenergebnis	174
Strafbarkeit des P	175
Gesamtergebnis	175
Falleinheit 4: Ausgewählte Bereiche der Biomedizin	177
Fall 4: „Netzwerk Embryonenspende e. V."	177
Lösung Fall 4	180
Strafbarkeit von Dr. N und Dr. E	180
A. § 1 Abs. 1 Nr. 1 ESchG	180
I. Tatbestandsmäßigkeit	180
1. Objektiver Tatbestand	180
B. § 1 Abs. 1 Nr. 6 ESchG	182
C. § 1 Abs. 1 Nr. 2 ESchG	182
I. Tatbestandsmäßigkeit	182
1. Objektiver Tatbestand	182
a) „Künstlichkeit" der Befruchtung	182

         b) Befruchtung einer „imprägnierten" 2-PN-Eizelle? 183
            aa) Befruchtung als punktuelles Ereignis (TdL) 183
            bb) Befruchtung als zeitlich gestreckte „Befruchtungskaskade"
                (BayObLG) 183
            cc) Streitentscheid 184
                (1) Wortlaut bzw. semantische Überlegungen 184
                (2) Systematik bzw. andere Vorschriften des ESchG 184
                (3) Historie bzw. Gesetzesmaterialien 186
                (4) Telos der Norm 186
                (5) Zwischenergebnis 187
         c) Anderes Ergebnis wegen Straflosigkeit des Embryonentransfers
            („Embryospende")? 187
            aa) Straflosigkeit des Embryonentransfers nach dem ESchG (hM) 187
            bb) Auswirkungen auf die Übertragung „imprägnierter" 2-PN-
                Eizellen 188
         d) Erforderlichkeit (einschränkender) verfassungskonformer
            Auslegung? 190
            aa) Bestimmtheitsgrundsatz, Art. 103 Abs. 2 GG 190
            bb) „Recht auf Fortpflanzung" von Spender- und Empfängerpaaren 191
         e) Wiederauftauen als „Unternehmen" der Befruchtung? 192
         f) Zwischenergebnis 194
      2. Subjektiver Tatbestand 194
         a) Vorsatz 194
         b) Zweck 194
   II. Rechtswidrigkeit 195
   III. Schuld 195
      1. Verbotsirrtum, § 17 S. 1 StGB 195
      2. Vermeidbarkeit des Verbotsirrtums 195
Strafbarkeit der F 197

Falleinheit 5: Abrechnungsbetrug und Vertragsarztuntreue (Fall 5a bis Fall 5b) 200

Fall 5a: Immer Ärger mit dem MVZ! 200
Anhang: Bundesmantelvertrag – Ärzte vom 1.1.2023 (BMV-Ä) 201
Lösung Fall 5a 205
Tatkomplex 1: Abrechnungen gegenüber der Kassenärztlichen Vereinigung KVM 205
Strafbarkeit des F 205
A. § 263 Abs. 1 StGB gg. der KVM zu deren Lasten zu eigenen Gunsten 205
   I. Tatbestandsmäßigkeit 205
      1. Objektiver Tatbestand 205
         a) Täuschung über Tatsachen 205
            aa) Tatsache 205
            bb) Konkludente Täuschung 205
            cc) Falschheit der Erklärung 207
         b) (Dadurch) Irrtum 209
         c) (Dadurch) Vermögensverfügung 210
            aa) Honorarzahlung als Vermögensverfügung 210

		bb) Dreiecksbetrug zu Lasten der KVM, der KK und/oder der beteiligten anderen Vertragsärztinnen und -ärzte?		210
		(1) Verfügung zu Lasten des Vermögens der KVM?		211
		(2) Verfügung zu Lasten des Vermögens der KK?		211
		(3) Verfügung zu Lasten des Vermögens der beteiligten Vertragsärztinnen und -ärzte?		212
		(4) Zwischenergebnis		213
	d)	(Dadurch) Vermögensschaden		213
		aa) Vermögensabfluss bei der KVM		214
		bb) Schadenskompensation?		214
		(1) Freiwerden von einer Verbindlichkeit		214
		(2) Werthaltigkeit der erbrachten medizinischen Leistungen und ersparte Aufwendungen		215
		(3) Streitentscheid/Stellungnahme		217
		(4) Zwischenergebnis		218
	e)	Zwischenergebnis		218
	2.	Subjektiver Tatbestand		218
	II.	Rechtswidrigkeit und Schuld		219
	III.	Strafzumessung		219
	1.	§ 263 Abs. 3 S. 2 Nr. 1 StGB		219
	2.	§ 263 Abs. 3 S. 2 Nr. 2 StGB		219
		a) Vermögensverlust großen Ausmaßes, § 263 Abs. 3 S. 2 Nr. 2 Alt. 1 StGB		219
		b) Große Zahl von Menschen, § 263 Abs. 3 S. 2 Nr. 2 Alt. 2 StGB		220
	3.	§ 263 Abs. 3 S. 2 Nr. 4 StGB		220
B.	§§ 263 Abs. 1, Abs. 5 StGB gg. der KVM zu deren Lasten zu eigenen Gunsten			220
	I.	Tatbestandsmäßigkeit		220
	1.	Objektiver Tatbestand		220
		a) Grunddelikt, § 263 Abs. 1 StGB		220
		b) Qualifikation, § 263 Abs. 5 StGB		221
	2.	Subjektiver Tatbestand		221
	II.	Rechtswidrigkeit und Schuld		221

Strafbarkeit von A und V 221

A. §§ 263 Abs. 1, Abs. 5, 25 Abs. 2 StGB gg. der KVM zu deren Lasten zu eigenen Gunsten 221
   I. Tatbestandsmäßigkeit 221
      1. Objektiver Tatbestand 221
         a) Grunddelikt, § 263 Abs. 1 StGB 221
         b) Qualifikation, § 263 Abs. 5 StGB 223
      2. Subjektiver Tatbestand 223
   II. Rechtswidrigkeit und Schuld 223

Tatkomplex 2: Abrechnungen gegenüber der Krankenkasse K 223
Strafbarkeit von A 223
A. §§ 263 Abs. 1, Abs. 5 StGB gg. der K zu deren Lasten zu eigenen Gunsten 223

Inhalt

    I. Tatbestandsmäßigkeit   224
         1. Objektiver Tatbestand   224
            a) Grunddelikt, § 263 Abs. 1 StGB   224
                aa) Täuschung über Tatsachen   224
                bb) (Dadurch) Irrtum   225
                cc) (Dadurch) Vermögensverfügung   225
                dd) (Dadurch) Vermögensschaden   225
            b) Qualifikation, § 263 Abs. 5 StGB   226
         2. Subjektiver Tatbestand   227
    II. Rechtswidrigkeit und Schuld   227

Strafbarkeit von F und V   227
A. §§ 263 Abs. 1, Abs. 5, 25 Abs. 2 StGB   227
B. §§ 263 Abs. 1, Abs. 5, 27 Abs. 1 StGB   228
    I. Tatbestandsmäßigkeit   228
         1. Objektiver Tatbestand   228
            a) Vorsätzliche rechtswidrige Haupttat   228
            b) Hilfeleisten   228
         2. Subjektiver Tatbestand   228
         3. Tatbestandsverschiebung nach § 28 Abs. 2 StGB   228
    II. Rechtswidrigkeit und Schuld   228
    III. Strafzumessung   229

Fall 5b: Mehr Esprit!?   230
Lösung Fall 5b   232
Strafbarkeit von A   232
A. § 266 Abs. 1 StGB   232
    I. Tatbestandsmäßigkeit   232
         1. Objektiver Tatbestand   232
            a) Missbrauchstatbestand, Alt. 1   232
            b) Treubruchtatbestand, Alt. 2   234
                aa) Voraussetzung: Vermögensbetreuungspflicht des A   234
                bb) BGH: Vermögensbetreuungspflicht bei der Verordnung von Heilmitteln und ärztlichem Sprechstundenbedarf   234
                cc) Ansicht der h.Lit.: Keine Vermögensbetreuungspflicht des verordnenden Vertragsarztes   235
                      (1) Keine unmittelbaren Rechtsbeziehungen zwischen Vertragsärzteschaft und Krankenkasse   235
                      (2) Keine Hauptpflicht   235
                      (3) Keine hinreichende Eigenständigkeit/Selbstständigkeit   236
                dd) Zwischenergebnis   237

Inhalt

Falleinheit 6: Korruption im Gesundheitswesen (Fall 6a bis Fall 6b; inkl. strafprozessualer Zusatzfrage mit medizinstrafrechtlichem Einschlag)   239

Fall 6a: Die Impfstoffverabreichung   239
Anhang: Verordnung zum Anspruch auf Schutzimpfung gegen das Coronavirus SARS-CoV-2 (Coronavirus-Impfverordnung – CoronaImpfV) vom 31.3.2021   240
Lösung Fall 6a   244
Tatkomplex 1: „Abzweigen" und (Weiter-)Verkauf der Impfstoffe   244
Strafbarkeit der A   244
A. §§ 331 f. StGB   244
B. § 299 Abs. 1 StGB   245
C. § 299a StGB   245
D. § 266 Abs. 1 StGB   246
E. § 242 Abs. 1 StGB   246
    I. Tatbestandsmäßigkeit   247
       1. Objektiver Tatbestand   247
          a) Fremde bewegliche Sache   247
          b) Wegnahme   247
             aa) „Abzweigen" der Impfdosen   247
             bb) Weiterverkauf und -gabe an E   248
F. § 246 Abs. 1, Abs. 2 StGB   248
    I. Tatbestandsmäßigkeit   248
       1. Objektiver Tatbestand   248
          a) Grunddelikt, § 246 Abs. 1 StGB   248
             aa) Fremde bewegliche Sache   248
             bb) Zueignung   248
             cc) Rechtswidrigkeit der Zueignung   249
          b) Qualifikation, § 246 Abs. 2 StGB   249
       2. Subjektiver Tatbestand   250
    II. RWK und Schuld   250
    III. Strafverfolgungsvoraussetzungen   250
G. Anschlussdelikte   250

Strafbarkeit von E   251
A. Korruptionsdelikte   251
B. §§ 246 Abs. 1, Abs. 2, 25 Abs. 2 StGB   251
    I. Tatbestandsmäßigkeit   251
       1. Objektiver Tatbestand   251
       2. Subjektiver Tatbestand   252
       3. Tatbestandsverschiebung nach § 28 Abs. 2 StGB?   252
    II. RWK und Schuld   253
C. Anschlussdelikte   253

Strafbarkeit von M   253
A. §§ 246 Abs. 1, Abs. 2, 25 Abs. 2 StGB   253
    0. Anwendbarkeit deutschen Strafrechts (bei unterstellter Mittäterschaft)   253
    I. Tatbestandsmäßigkeit   254
       1. Objektiver Tatbestand   254

19

>   2. Subjektiver Tatbestand — 256
>   3. Tatbestandsverschiebung nach § 28 Abs. 2 StGB — 256
> II. RWK und Schuld — 256
>
> **Tatkomplex 2: Die Impfaktion** — 256
> **Strafbarkeit des E** — 256
> A. §§ 331 f. StGB — 256
> I. Tatbestandsmäßigkeit — 256
>   1. Objektiver Tatbestand — 256
>   a) Gesetzliche Krankenkasse als sonstige Stelle i. S.d. § 11 Abs. 1 Nr. 2 lit. c StGB — 257
>   b) Wahrnehmung öffentlicher Aufgaben durch Vertragsarzt? — 257
> B. § 299 Abs. 1 StGB — 259
> I. Tatbestandsmäßigkeit — 259
>   1. Objektiver Tatbestand — 259
> C. § 299a Nr. 1, Nr. 2 i. V. m. § 300 S. 2 Nr. 2 StGB — 260
> I. Tatbestandsmäßigkeit — 260
>   1. Objektiver Tatbestand — 260
>   a) Täterkreis — 260
>   b) Tathandlung — 261
>   aa) Vorteil — 261
>   bb) Fordern, Sich-Versprechen-Lassen, Annehmen — 261
>   c) Im Zusammenhang mit der Ausübung seines Berufs — 262
>   d) Unrechtsvereinbarung — 262
>   aa) Bevorzugung eines anderen im inländischen oder ausländischen Wettbewerb in unlauterer Weise? — 262
>   (1) Wortlaut — 263
>   (2) Systematik — 263
>   (3) (Historischer) Wille des Gesetzgebers — 263
>   (4) Stellungnahme — 264
>   bb) Daneben: Keine beeinflusste Entscheidung nach Nr. 1–3 — 264
>   (1) Verordnung von Arzneimitteln, Nr. 1 — 265
>   (2) Bezug von Arzneimitteln, Nr. 2 — 265
>   (3) Zuführung von Patienten oder Untersuchungsmaterial, Nr. 3 — 266
>   e) Zwischenergebnis — 266
> D. § 246 Abs. 1 StGB (durch Verimpfen) — 266
> E. Anschlussdelikte — 267
>
> **Strafbarkeit der M** — 267
> A. §§ 299b Nr. 1, Nr. 2 i. V. m. § 300 S. 2 Nr. 2 StGB — 267
>
> **Fall 6b: Im Krankenzimmer (strafprozessuale Zusatzfrage)** — 268
> **Lösung Fall 6b** — 270
> I. Kein Verstoß gegen § 250 S. 2 StPO (Zeugin vom Hörensagen) — 270
> II. Kein Verstoß gegen § 136 Abs. 1 S. 2 StPO i. V. m. § 163a Abs. 4 S. 2 StPO (Belehrungspflichten) — 270
> III. Kein Verstoß gegen § 136a Abs. 1 S. 1 StPO (verbotene Vernehmungsmethoden) — 271

IV. Kein Verstoß gegen § 136a Abs. 1 S. 1 StPO analog	271
V. Verstoß gegen die Selbstbelastungsfreiheit (nemo-tenetur)	272
VI. Verletzung des absoluten Kernbereichs privater Lebensgestaltung, Art. 2 Abs. 1, 1 Abs. 1 GG	274
VII. Ergebnis	274

Falleinheit 7: Medizinstrafrecht in der Pandemie (Fall 7a bis Fall 7b) — 277

Fall 7a: Triage — 277

Lösung Fall 7a — 280

Strafbarkeit der A — 280

A. §§ 212 Abs. 1, 13 Abs. 1, 22, 23 Abs. 1 Alt. 1, 12 Abs. 1 StGB	280
0. Vorprüfung	280
I. Tatbestandsmäßigkeit	280
1. Tatentschluss	280
a) Vorsatz bzgl. Erfolg	280
b) Vorsatz bzgl. Unterlassen trotz physisch-realer Handlungsmöglichkeit	281
aa) Abgrenzung Tun – Unterlassen	281
bb) Nichtvornahme trotz physisch realer Handlungsmöglichkeit	281
cc) Diesbzgl. Vorsatz	282
c) Vorsatz bzgl. Garantenstellung	282
d) Vorsatz bzgl. Quasikausalität und objektiver Zurechnung	282
e) Vorsatz bzgl. Entsprechungsklausel, § 13 Abs. 1 HS. 2 StGB	282
2. Unmittelbares Ansetzen	282
II. Rechtswidrigkeit	283
1. Rechtfertigender Notstand, § 34 StGB	283
2. Rechtfertigende Pflichtenkollision	283
a) Vorliegen einer Pflichtenkollision	283
b) Rangverhältnis der kollidierenden Pflichten: Welche Pflicht muss erfüllt werden?	284
aa) Wert der betroffenen Rechtsgüter	284
bb) Rechtliche Stellung des Normadressaten	284
cc) Grad der drohenden Gefahr	284
dd) Zwischenergebnis	285
c) Anderes Ergebnis wegen § 5c IfSG?	286
aa) Voraussetzungen des § 5c IfSG	286
bb) Verbot der ex-post-Triage nach § 5c Abs. 2 S. 4 IfSG	287
cc) Kriterium der aktuellen und kurzfristigen Überlebenswahrscheinlichkeit, § 5c Abs. 2 S. 1 IfSG	287
dd) Diskriminierungsverbot nach § 5c Abs. 1 S. 1 IfSG	288
(1) Benachteiligung wegen des Alters	288
(2) Benachteiligung wegen des „Status" als „Erboma"	289
(3) Folgen eines Verstoßes gegen das Diskriminierungsverbot	289
ee) Verstoß gegen Zuteilungsverfahren nach Absatz 3	290
ff) Zwischenergebnis	290
B. §§ 223 Abs. 1, 13 Abs. 1 StGB	291

21

I. Tatbestandsmäßigkeit	291
1. Objektiver Tatbestand	291
a) Taterfolg	291
b) Unterlassen trotz physisch-realer Handlungsmöglichkeit	291
c) Garantenstellung, Quasikausalität und objektive Zurechnung	291
d) Entsprechungsklausel, § 13 Abs. 1 HS. 2 StGB	291
2. Subjektiver Tatbestand	291
II. Rechtswidrigkeit	291
Strafbarkeit des S	**292**
A. §§ 212 Abs. 1, 211, 13 Abs. 1, 22, 23 Abs. 1 Alt. 1, 12 Abs. 1, 26 StGB	292
B. §§ 212 Abs. 1, 211, 13 Abs. 1, 30 Abs. 1 i. V. m. 12 Abs. 1 StGB	292
0. Vorprüfung	292
I. Tatbestandsmäßigkeit	293
1. Tatentschluss	293
Fall 7b: Der gefälschte Impfpass	**294**
Lösung Fall 7b	**297**
Strafbarkeit des F	**297**
A. § 267 Abs. 1 Var. 3 StGB	297
I. Tatbestandsmäßigkeit	297
1. Objektiver Tatbestand	297
a) Urkunde	297
b) Unecht	298
c) Gebrauchen	298
d) Zwischenergebnis	298
2. Subjektiver Tatbestand	298
3. Sperrwirkung der §§ 277 ff. StGB?	298
II. RWK und Schuld	301
B. §§ 271 Abs. 1, Abs. 4, 22, 23 Abs. 1 StGB	301
C. § 273 StGB	301
D. § 275 Abs. 1a StGB	301
E. §§ 263, 22, 23 Abs. 1 StGB	302
Strafbarkeit des A	**302**
A. § 203 Abs. 1 Nr. 1, Abs. 4 S. 1 Alt. 1 StGB	302
I. Tatbestandsmäßigkeit	302
1. Objektiver Tatbestand	302
a) Tauglicher Täter	302
b) Fremdes Geheimnis	303
aa) Geheimnis	303
bb) Fremdheit	305
c) Berufsbezogene Kenntniserlangung („als")	305
d) Tathandlung: Offenbaren	306
e) Kein Tatbestandsausschluss nach § 203 Abs. 3 S. 1 StGB	306
f) Zwischenergebnis	306
2. Subjektiver Tatbestand	306
II. Rechtswidrigkeit	306
1. Einwilligung („Schweigepflichtsentbindung")	306

2.	Mutmaßliche Einwilligung	306
3.	Gesetzliche Offenbarungspflichten und -befugnisse	307
	a) Anzeige geplanter Straftaten, §§ 138, 139 Abs. 3 StGB	307
	b) Meldepflichtige Krankheiten und Krankheitserreger, §§ 6, 7 IfSG	307
4.	Rechtfertigender Notstand, § 34 StGB	307
	a) Notstandslage	307
	aa) Notstandsfähiges Rechtsgut	307
	bb) Gegenwärtige Gefahr für das Rechtsgut	308
	(1) Sicherheit und Zuverlässigkeit des Rechtsverkehrs bzgl. bevorstehender Straftaten	308
	(2) Staatliches Strafverfolgungsinteresse bzgl. bereits begangener Straftaten	308
	(3) Leib und Leben der übrigen Bevölkerung sowie Funktionsfähigkeit der staatlichen Gesundheitsfürsorge wegen Umgehung der Impfnachweispflicht	309
	b) Notstandshandlung	310
	aa) Erforderlichkeit	310
	(1) Geeignetheit	310
	(2) Relativ mildestes Mittel	310
	bb) Güter- und Interessenabwägung	310
	cc) Angemessenheit, § 34 S. 2 StGB	311
	c) Subjektives Rechtfertigungselement	311
	d) Zwischenergebnis	311

Stichwortverzeichnis   315

Literaturverzeichnis

Arnold/Burkhardt/Gropp/Heine/Koch/Lagodny/Perron/Walther (Hrsg.), Festschrift für Albin Eser, 2005, München.

Beck-Online Großkommentar zum SGB (Kasseler Kommentar), herausgegeben von *Körner/Krasney/Mutschler/Rolfs,* 122. Aufl. 2023, München.

BeckOK BGB Kommentar, herausgegeben von *Hau/Poseck,* 70. Edition 2024, München.

BeckOK Infektionsschutzrecht, herausgegeben *Eckart/Winkelmüller,* von 20. Edition 2024, München.

BeckOK Sozialrecht, herausgegeben von *Rolfs/Giesen/Meßling/Udsching,* 72. Edition 2024, München.

BeckOK StGB, herausgegeben von *v. Heintschel-Heinegg/Kudlich,* 61. Edition 2024, München.

BeckOK StPO, herausgegeben von *Graf,* 51. Edition 2024, München.

Beulke/Zimmermann, Klausurenkurs im Strafrecht III, 6. Aufl. 2023, Heidelberg.

Bockelmann, Strafrecht des Arztes, 1968, Stuttgart.

Brambring/Medicus/Vogt (Hrsg.), Festschrift für Horst Hagen, 1999, Köln.

Clausen/Schroeder-Printzen, Münchener Anwaltshandbuch Medizinrecht, 3. Aufl. 2020, München.

Dörries/Lipp, Medizinische Indikation, 2015, Stuttgart.

Dürig/Herzog/Scholz, Grundgesetz Kommentar, 103. Aufl. 2024, München.

Embryonenschutzgesetz Kommentar, herausgegeben von *Günther/Taupitz/Kaiser,* 2. Aufl. 2014, Stuttgart.

Erbs/Kohlhaas, Strafrechtliche Nebengesetze Kommentar, 250. Auflage. 2024, München.

Erfurter Kommentar zum Arbeitsrecht, herausgegeben von *Müller-Glöge/Preis/Schmidt,* 24. Aufl. 2024, München.

Fischer, Strafgesetzbuch Kommentar, 71. Aufl. 2024, München.

Gesundheitsrecht Kommentar, herausgegeben von *Berchtold/Huster/Rehborn,* 2. Aufl. 2018, Baden-Baden.

Graf/Jäger/Wittig, Wirtschafts- und Steuerstrafrecht Kommentar, Band 1, 3. Aufl. 2024, München.

Gropp/Hecker/Kreuzer/Ringelmann/Witteck/Wolfslast (Hrsg.), Gedächtnisschrift für Günter Heine, 2016, Tübingen.

Heinrich, Strafrecht Allgemeiner Teil, 7. Aufl. 2022, Stuttgart.

Heinrich/Jäger/Achenbach/Amelung/Bottke/Haffke/Schünemann/Wolter (Hrsg.), Festschrift für Claus Roxin II, 2011, Berlin.

Hörnle/Huster/Poscher, Triage in der Pandemie, 2021, Tübingen.

Hoyer/Müller/Pawlik/Wolter (Hrsg.), Festschrift für Friedrich-Christian Schroeder, 2006, Heidelberg.

Ingelfinger, Grundlagen und Grenzbereiche des Tötungsverbots, 2004, Köln.

Isensee/Kirchhof, Handbuch des Staatsrechts, 3. Aufl. 2006, Köln.

Kindhäuser/Schramm, Strafrecht Besonderer Teil I, 11. Aufl. 2023, Baden-Baden.

Kindhäuser/Schumann, Strafprozessrecht, 7. Aufl. 2023, Baden-Baden.

Knauf, Mutmaßliche Einwilligung und Stellvertretung bei ärztlichen Eingriffen an Einwilligungsunfähigen, 2005, Baden-Baden.

Kraatz, Arztstrafrecht, 3. Aufl. 2023, Stuttgart.

Krauskopf, Soziale Krankenversicherung Pflegeversicherung Kommentar, 121. Aufl. 2024, München.

Krey/Esser, Deutsches Strafrecht Allgemeiner Teil, 7. Aufl. 2022, Stuttgart.

Kühl, Strafrecht Allgemeiner Teil, 8. Aufl. 2017, München.

Lackner/Kühl/Heger, StGB Kommentar, 30. Aufl. 2023, München.

Laufs/Kern/Rehborn, Handbuch des Arztrechts, 5. Aufl. 2019, München.

Leimenstoll, Vermögensbetreuungspflicht des Vertragsarztes?, 2012, Köln.

Leipziger Kommentar zum StGB, 12. und 13. Aufl., Berlin.

Lüttger/Blei/Hanau (Hrsg.), Festschrift für Ernst Heinitz, Reprint 2017 Edition, Berlin.

Matt/Renzikowski, StGB Kommentar, 2. Aufl. 2020, München.

Münchener Kommentar zum BGB, herausgegeben von *Säcker/Rixecker/Oetker/Limperg*, 9. Aufl. 2021, München.

Münchener Kommentar zum StGB, herausgegeben von *Erb/Schäfer*, 4. Aufl. 2021, München.

Nomos Kommentar zum StGB, herausgegeben von *Kindhäuser / Neumann / Paeffgen / Saliger*, 6. Aufl. 2023, Baden-Baden.

Putzke et. al (Hrsg.), Festschrift für Rolf Dietrich Herzberg, 2008, Tübingen.

Reipschläger, Die Einwilligung Minderjähriger, 2004, Berlin.

Rengier, Strafrecht Allgemeiner Teil, 15. Aufl. 2023, München.

Rengier, Strafrecht Besonderer Teil I, 26. Aufl. 2024, München.

Rengier, Strafrecht Besonderer Teil II, 25. Aufl. 2024, München.

Roxin, StrafR Allgemeiner Teil Band 2, 2003, München.

Roxin/Greco, Strafrecht Allgemeiner Teil Band 1, 5. Aufl. 2020, München.

Roxin/Schroth, Handbuch des Medizinstrafrechts, 4. Aufl. 2010, Stuttgart.

Saliger/Tsambikakis, Strafrecht der Medizin, 1. Aufl. 2022, München.

Satzger/Schluckebier/Werner, StGB Kommentar, 6. Aufl. 2024, Köln.

Schmidt, Der Arzt im Strafrecht, 1939, Leipzig.

Schönke/Schröder, Strafrecht Kommentar, 30. Aufl. 2019, München.

Schramm, Ehe und Familie im Strafrecht, 2011, Tübingen.

Schroth, Strafrecht BT, 5. Aufl. 2010, Stuttgart.

Schrott, Intersex-Operationen, 2020, Baden-Baden.

Schulz/Reinhart/Sahan (Hrsg.), Festschrift für Imme Roxin, 2012, Köln.

Spickhoff, Medizinrecht Kommentar, 4. Aufl. 2022, München.

Spickhoff/Deuring, Fälle zum Medizin- und Gesundheitsrecht, 2021, Heidelberg.

Spickhoff/Handorn, Handbuch Medizinisches Forschungsrecht, 2024, München.

Staudt, Medizinische Richt- und Leitlinien im Strafrecht, 2012, Berlin.

Steiner, Die religiös motivierte Knabenbeschneidung, 2013, Berlin.

Systematischer Kommentar zum StGB, herausgegeben von *Wolter/Hoyer*, 10. Aufl. 2023, Köln.

Tag, Der Körperverletzungstatbestand im Spannungsfeld zwischen Patientenautonomie und lex artis, 2000, Heidelberg.

Tönsmeyer, Die Grenzen der elterlichen Sorge, 2012, Baden-Baden.

Ulsenheimer/Gaede, Arztstrafrecht in der Praxis, 6. Aufl. 2020, Heidelberg.

Türke, Die Strafbarkeit des Apothekers nach § 299a StGB im Lichte des Pharmamarketings, 2021, Berlin.

Valerius, Kultur und Strafrecht, 2011, Berlin.

Verrel, Gutachten zum 66. Deutschen Juristentag Band I, 2006, München.

Wagner, Die Schönheitsoperation im Strafrecht, 2015, Berlin.

Wapler, Kinderrechte und Kindeswohl, 2015, Tübingen.

Waßmer, Medizinstrafrecht, 2022, Baden-Baden.

Weigend/Küpper (Hrsg.), Festschrift für Hans Joachim Hirsch, 1999, Berlin.

Wessels/Beulke/Satzger, Strafrecht Allgemeiner Teil, 53. Aufl. 2023, Heidelberg.

Wessels/Hettinger/Engländer, Strafrecht Besonderer Teil I, 47. Aufl. 2023, Heidelberg.

Zimmermann, Rettungstötungen, 2009, Baden-Baden.

Falleinheit 1: Ärztliche Heilbehandlung, Einwilligung und Aufklärung (Fall 1a bis Fall 1f)

Fall 1a: Die Kunststoffprothese

K lässt sich am 2.3.2022 in einem Spezialklinikum von der Chefärztin für Wirbelsäulenchirurgie Dr. C eine Bandscheibenendoprothese („künstliche Bandscheibe") implantieren, um sich endlich wieder schmerzfrei bewegen zu können. Daneben soll die Prothese auch äußerlich den etwas „schiefen" Rücken der K ästhetisch „korrigieren". Bei der Operation verwendet Dr. C eine von der mittlerweile insolventen R. T. Limited (RT) hergestellte Bandscheibenendoprothese des Typs „Cadisc-L", die vollständig aus Kunststoff gefertigt ist und anders als die übrigen am Markt gebräuchlichen Implantate keinen äußeren Titanmantel aufweist. Zwar ist die im Gegensatz zu den herkömmlichen Implantaten ausschließlich aus Kunststoff bestehende Prothese klinisch zu diesem Zeitpunkt noch nicht hinreichend erprobt, was Dr. C auch weiß, sie hat damit aber in der Vergangenheit gute Erfahrungen gemacht und hält sie auch hinsichtlich der K für gut geeignet. Um es K, die alles Neue und Unerprobte strikt ablehnt, was Dr. C aus vergangenen Behandlungen leidlich bekannt ist, „leichter zu machen", weist sie im Zuge des Aufklärungsgesprächs am 28.2.2022 jedoch nicht ausdrücklich darauf hin, dass die Prothese noch nicht „medizinischer Standard" ist und daher ggf. die Möglichkeit unbekannter Risiken besteht. Ansonsten wird K umfassend und ausführlich über die geplante Operation informiert und willigt ausdrücklich in die Implantation einer reinen Kunststoffendoprothese ein. Der lege artis (kunstgerecht) und unter Vollnarkose durchgeführte Eingriff am 2.3.2022 erfolgt komplikationslos und zunächst auch dahingehend erfolgreich, dass K nach Abklingen einer Heilungsphase von wenigen Wochen von ihren Schmerzen befreit wird und sich ihr Rücken wieder begradigt aufrichtet.

Nachdem sich bei RT-internen Langzeittests überraschend die mangelhafte „Haltbarkeit" der Prothese herausstellt, ruft RT am 31.3.2022 „vorsichtshalber" eine Charge des Prothesentyps, der auch die der K implantierte Prothese angehört, zurück. Am 29.9.2023 werden sämtliche Prothesen dieses Typs zurückgerufen. Dr. C erfährt hiervon jeweils durch Rückrufschreiben vom selben Tag.

Anfang November 2023 treten bei K schließlich Schmerzen im Bereich der unteren Lendenwirbelsäule auf. Die daraufhin veranlassten bildgebenden Untersuchungen zeigen, dass sich Teile des Prothesenkerns gelöst haben, in den Spinalkanal gewandert sind und dort auf eine Wurzel drücken. Grund hierfür ist das Fehlen des äußeren Titanmantels der Kunststoffendoprothese „Cadisc-L". Die Prothese wird deshalb alsbald von der mit K befreundeten Ärztin A entfernt und durch eine neue mit Titanmantel ersetzt. Die Schmerzen der K klingen daraufhin ab.

Strafbarkeit von Dr. C nach dem StGB?

Auf § 224 StGB ist nicht einzugehen.

Die Bandscheibenendoprothese „Cadisc-L" ist nach dem Medizinproduktegesetz zugelassen und mit einer CE-Kennzeichnung[1] versehen. Dr. C hat sie in der Vergangenheit mehrmals erfolgreich eingesetzt. Mit skeptischen schulmedizinisch Gegenmeinungen hat sie sich fundiert auseinandergesetzt.

---

[1] Mit der CE-Kennzeichnung erklärt der Hersteller, Inverkehrbringer oder EU-Bevollmächtigte gemäß Verordnung (EG) Nr. 765/2008, „dass das Produkt den geltenden Anforderungen genügt, die in den Harmonisierungsrechtsvorschriften der Gemeinschaft über ihre Anbringung festgelegt sind." (Art. 2 Nr. 20) und „dass er die Verantwortung für die Konformität des Produkts mit allen in den einschlägigen Harmonisierungsrechtsvorschriften der Gemeinschaft enthaltenen für deren Anbringung geltenden Anforderungen übernimmt." (Art. 30 Abs. 3).

Falleinheit 1: Ärztliche Heilbehandlung, Einwilligung und Aufklärung (Fall 1a bis Fall 1f)

Var. 1:

Dr. C hat K darüber aufgeklärt, dass die Prothese noch nicht „medizinischer Standard" ist und daher ggf. die Möglichkeit unbekannter Risiken besteht. Allerdings ...

a) *erfolgt die Aufklärung aufgrund des vollen Terminkalenders von Dr. C erst am Morgen des 2.3.2022 / erst während der OP-Vorbereitung.*
b) *hat Dr. C die K nicht darüber informiert, dass sie (Dr. C) aufgrund eines Schlaganfalls vor einigen Jahren nach wie vor an Störungen der Feinmotorik, der Koordinationsfähigkeit sowie bisweilen an kognitiven Funktionsstörungen leidet.*
c) *hat Dr. C die K nicht darüber informiert, dass Teile der Behandlungskosten nicht von der gesetzlichen Krankenversicherung übernommen werden, mithin von ihr selbst getragen werden müssen.*
d) *erfolgt die Aufklärung ausschließlich über ein Aufklärungsformular.*
e) *verzichtet K ausdrücklich auf jegliche Aufklärung.*

Var. 2:

Wie in Var. 1, allerdings erfolgt der Rückruf der Charge des Prothesentyps, der auch die der K implantierte Prothese angehört, nicht erst am 31.3.2022, sondern bereits am 1.3.2022. Hierüber wird Dr. C als Chefärztin für Wirbelsäulenchirurgie noch am selben Tag informiert.

Fall 1a: Die Kunststoffprothese

Kurzgliederung Fall 1a
Stbk. von Dr. C
A. § 223 Abs. 1 (+)
I. TB (+)
1. Obj. TB (+)
   a) Vorfrage: Vorliegen eines ärztlichen Heileingriffs (+)
   b) (P) Ärztlicher Heileingriff als tatbestandliche Körperverletzung?
      – Tatbestandslösungen (hLit)
         – Erfolgstheorie
         – Theorie des kunstgerechten Eingriffs
      – Rechtfertigungslösungen (Rspr.)
   c) Streitentscheid für Rspr.: Tatbestandl. Körperverletzung (+)
2. Subj. TB (+)
II. RWK (+)
(P) Wirksame Einwilligung der K
1. **Wirksame tatsächliche Einwilligung i. R.d. Aufklärungsgesprächs (-)**
   – Allg. Einwilligungsvoraussetzungen (+)
   – (P) Keine Aufklärung über sog. Neulandmethode
2. **Hypothetische Einwilligung, vgl. § 630h Abs. 2 S. 2 BGB (-)**
   – Beachte: Keine mutmaßliche Einwilligung, da Einholung einer ausdrücklich erklärten (wirksamen) Einw. möglich gewesen wäre
   – Strikte Ablehnung alles Neuen und Unerprobten durch K
   – Anwendbarkeit der Figur der hyp. Einw. im StrafR kann dahinstehen
III. Schuld (+)

Var. 1
a) *Die Aufklärung erfolgt aufgrund des vollen Terminkalenders von Dr. C erst am Morgen des 2.3.2022 / erst während der OP-Vorbereitung.*
(P) Wirksamkeit der Einwilligung
– **Frühzeitige** Aufklärung so, dass dem Patienten genügend Bedenkzeit verbleibt; vgl. § 630e Abs. 2 S. 1 Nr. 2 BGB
– Am Tag der OP grds. verspätet
– Hier: Wirksamkeit der Einw. (-)
b) *Dr. C hat die K nicht darüber informiert, dass sie (Dr. C) aufgrund eines Schlaganfalls vor einigen Jahren nach wie vor an Störungen der Feinmotorik, der Koordinationsfähigkeit sowie bisweilen an kognitiven Funktionsstörungen leidet.*
(P) Wirksamkeit der Einwilligung
– Verpflichtung des Arztes zur Aufklärung über die **in seiner Person liegenden Risiken**, die auf die sachgerechte Durchführung der ärztl. Heilbehandlung Einfluss haben können
– Hier: Wirksamkeit der Einw. (-)
c) *Dr. C hat die K nicht darüber informiert, dass Teile der Behandlungskosten nicht von der gesetzlichen Krankenversicherung übernommen werden, mithin von ihr selbst getragen werden müssen.*
(P) Pflicht zur sog. wirtschaftlichen Aufklärung (§ 630c Abs. 3 S. 1 BGB) auch im StrafR?

- Fehlvorstellungen über die Erstattungsfähigkeit von Kosten für eine medizinische Behandlung lediglich **Motivirrtum**, der nicht das geschützte Rechtsgut der §§ 223 ff. StGB betrifft.
- Jedenfalls nicht jeder Irrtum über die Kosten lässt Wirksamkeit der Einw. entfallen. *Arg.:*
    - Gesetzliche Unterscheidung zw. Informations- (§ 630c BGB) und Aufklärungspflichten (§ 630e BGB)
    - Gem. § 630c Abs. 3 S. 1 BGB geringere Anforderungen an wirtschaftl. Informationspflicht
- Hier: Wirksamkeit der Einw. (+)

d) *Die Aufklärung erfolgt ausschließlich über ein Aufklärungsformular.*
   (P) Wirksamkeit der Einwilligung
   - Grundsatz: **Mündlichkeit** der Aufklärung, vgl. § 630e Abs. 2 S. 1 Nr. 1 BGB (**Arzt-Patienten-Gespräch**), (auch) wegen etwaiger Rückfragen des Patienten
   - Schriftliche Unterlagen und Formulare nur Unterstützung; kein Ersatz
   - Hier: Wirksamkeit der Einw. (-)

e) *K verzichtet ausdrücklich auf jegliche Aufklärung.*
   (P) Möglichkeit des Aufklärungsverzichts
   - Grds. (+), vgl. § 630e Abs. 3 BGB aE: „**Recht auf Nichtwissen**"
   - Strenge Anforderungen an den Aufklärungsverzicht; hier: ausdrücklich (+)
   - TdL: Erforderlichkeit einer **Grundaufklärung** (jedenfalls) über schwerstes in Betracht kommendes Risiko
       - Hier: (-/+)
   - GegenA: Grundaufklärung zu paternalistisch; nicht vom Wortlaut des § 630e Abs. 3 BGB gedeckt

Var. 2
- Grds. Aufklärung und Einw. (+)
- Aber: Wissentliche Verwendung von nicht standardgemäßem Operationsmaterial ist **nicht kunstgerecht** und damit **behandlungsfehlerhaft**.
- Einwilligung jedoch nur in kunstgerechte Maßnahmen
- Hier: Wirksame Einw. der K vom 1.3.2022 in behandlungsfehlerhaften Eingriff durch Dr. C (-)

Lösung Fall 1a[2]

Schwerpunkte: Ärztlicher Heileingriff, Aufklärung über Neulandmethode, hypothetische Einwilligung

Strafbarkeit von Dr. C

A. § 223 Abs. 1 StGB

2   Dr. C könnte sich durch die Implantation der Kunststoffendoprothese bei K wegen Körperverletzung gem. § 223 Abs. 1 StGB strafbar gemacht haben.

---

[2] Sachverhalt lose angelehnt an BGH, Beschl. v. 18.5.2021, medstra 2022, 48.

Fall 1a: Die Kunststoffprothese

I. Tatbestandsmäßigkeit

1. Objektiver Tatbestand. Dazu müsste Dr. C die K **körperlich misshandelt** oder an der **Gesundheit geschädigt** haben. Eine körperliche Misshandlung ist jede üble, unangemessene Behandlung des Körpers des Opfers, die dessen körperliches Wohlbefinden mehr als nur unerheblich beeinträchtigt. Eine Gesundheitsschädigung bezeichnet das Hervorrufen, Aufrechterhalten oder Steigern eines pathologischen, d. h. negativ vom Normalzustand abweichenden, Körperzustands.

Indem Dr. C die K narkotisierte und im Rahmen eines substanzverletzenden Eingriffs eine künstliche Bandscheibe implantierte, hat sie das körperliche Wohlbefinden der K jedenfalls nicht unerheblich beeinträchtigt. Durch die Operation unter Vollnarkose sowie den anschließenden, in der Regel mit Schmerzen verbundenen mehrwöchigen Heilungsprozessen wurde – jedenfalls isoliert betrachtet – auch ein vom normalen Körperzustand der K negativ abweichender Körperzustand geschaffen.

Allerdings hat Dr. C den Eingriff durchgeführt, um die K langfristig von ihren Bewegungs- bzw. Rückenschmerzen zu befreien. Die Operation war daher im Ergebnis gerade darauf gerichtet, die Gesundheit der K wiederherzustellen, nicht, diese zu beeinträchtigen. Insofern ist seit jeher umstritten, ob ein indizierter, lege artis durchgeführter **ärztlicher Heileingriff** überhaupt eine tatbestandliche Körperverletzung darstellen kann oder stattdessen aus dem Tatbestand auszuscheiden ist. Denn während insbesondere die Rechtsprechung[3] und Teile des Schrifttums[4] ärztliche Heileingriffe als Körperverletzung i. S. d. §§ 223 ff. StGB ansehen, geht die wohl überwiegende Ansicht in der Literatur von deren Tatbestandslosigkeit aus:[5]

a) Vorfrage: Vorliegen eines ärztlichen Heileingriffs. Damit diese Streitfrage relevant wird, ist jedoch zunächst zu klären, ob die Implantation der Kunststoffendoprothese überhaupt eine solche Heilbehandlung darstellt. Andernfalls könnte der Streit dahinstehen und eine Körperverletzung wäre tatbestandlich zu bejahen. Unter einem ärztlichen Heileingriff versteht man jede medizinisch indizierte, lege artis durchgeführte und subjektiv zu Heilzwecken erfolgte ärztliche Maßnahme.[6]

Medizinisch indiziert („angezeigt") ist eine Maßnahme jedenfalls dann, wenn sie sich auf eine konkret benannte Erkrankung bezieht *(Diagnose)*, im konkreten Fall mit hinreichender Wahrscheinlichkeit zum (individuell) erstrebten Therapieziel führt *(Prognose)* und (individuelles) Risiko, Schwere und Nutzen des Eingriffs in einem angemessenen Verhältnis zueinander stehen *(Abwägung)*.[7]

---

[3] St. Rspr., vgl. nur RGSt 25, 375; BGHSt 11, 111 (112); 45, 219 (221); BGH NJW 2011, 1088 (1089); LG Köln NJW 2012, 2128; BGH NJW 2013, 1688 (1689); BGH NJW 2017, 533 (534).
[4] So z. B. in jüngerer Vergangenheit *Hardtung*, JuS 2008, 864 (868 f.); *Kargl*, GA 2001, 538 (553); *Jäger*, JuS 2000, 31 (34 f.).
[5] Siehe nur NK-StGB-*Paeffgen/Zabel*, § 228 Rn. 57; *Lackner/Kühl/Heger*, § 223 Rn. 8.
[6] Vgl. in diesem Zusammenhang auch die Definition in § 161 und § 162 E 1960 (Entwurf eines Strafgesetzbuchs aus dem Jahr 1960).
[7] Vgl. *Schrott*, Intersex-Operationen, 2020, S. 252 ff. m. w.N.

Falleinheit 1: Ärztliche Heilbehandlung, Einwilligung und Aufklärung (Fall 1a bis Fall 1f)

> **Weiterführendes Wissen:**
>
> Neben den eigentlich therapeutischen Eingriffen (Operation samt Anästhesie, Intensivtherapie, medikamentöse oder Strahlenbehandlung) sind auch diagnostische (z. B. Blutentnahme, Röntgenaufnahme, Leberfunktionstest) oder prophylaktische Maßnahmen (wie z. B. Impfungen) erfasst.[8]

8   Grundsätzlich nicht indiziert sind dagegen rein kosmetische Operationen („Schönheitsoperationen"), die ausschließlich aus ästhetischen Gründen durchgeführt werden, jedoch keinerlei therapeutischen Zweck verfolgen.[9] K wird die Prothese primär implantiert, damit sie sich wieder schmerzfrei bewegen kann. Die Operation dient daher der Behebung einer konkreten Krankheitssituation („Rücken-/Bewegungsschmerz"); das Einsetzen einer „künstlichen Bandscheibe" führt auch grundsätzlich mit hinreichender Wahrscheinlichkeit zum Wegfall der bandscheibenbezogenen „Verschleißschmerzen" und steht in einem angemessenen Risiko-Nutzen-Verhältnis.

9   Die damit einhergehende ästhetische „Begradigung" ihres „schiefen" Rückens ist dagegen lediglich ein nachgeordnetes Ziel, welches dem Eingriff nicht insgesamt den Charakter als angezeigte Heilbehandlung nimmt. Die Behandlung wurde jedenfalls nicht rein aus kosmetischen Gründen durchgeführt.

10 Damit liegt ein indizierter, grundsätzlich lege artis und subjektiv zu Heilzwecken durchgeführter Heileingriff liegt vor.

> **Klausurhinweis:**
>
> Das Vorliegen eines indizierten Heileingriffs wurde hier angesichts der erforderlichen Abgrenzung zur rein kosmetischen und damit nicht indizierten Behandlung („Schönheitsoperation") einigermaßen ausführlich geprüft. In der Regel können Sie sich hier deutlich kürzer fassen. Weitere Beispiele für nicht indizierte Behandlungen sind fremdnützige Eingriffe (z. B. Blutspende, Transplantatentnahme), der individuelle Heilversuch und das wissenschaftliche (Human-)Experiment.

> **Weiterführendes Wissen:**
>
> - *Nicht indizierte* Maßnahmen verfolgen von vornherein keinen *Heil*zweck, dafür aber andere subjektive Zielsetzungen, wie etwa die Verschönerung oder Verbesserung des eigenen Körpers (z. B. Lifting, Nasenkorrektur).
> - Als *kontraindiziert* gelten alle Maßnahmen, von denen von vornherein ein Erfolg nicht zu erwarten ist, obwohl grundsätzlich eine medizinische Indikation vorliegt. Es sind „unvernünftige" ärztliche Maßnahmen entgegen der *lex artis*.[10]
> - *Fraglich/zweifelhaft indiziert* sind Maßnahmen schließlich immer dann, wenn ihr Nutzen für den Patienten in seiner individuellen gesundheitlichen Situation zwar nicht ausgeschlossen ist, aber entweder die Erfolgswahrscheinlichkeit als extrem gering eingeschätzt wird, der erwartete Zusatznutzen lediglich marginal ist, eine erhebliche Unsicherheit über die Diagnose besteht oder aber der vermutete Nutzen wissenschaftlich nicht oder nur zweifelhaft belegt ist.[11]

---

8 Vgl. Schönke/Schröder-*Sternberg-Lieben*, § 223 Rn. 34 m. w.N.
9 *Kern/Rehborn*, in: Laufs/Kern/Rehborn, § 42 Rn. 33; NK-StGB-*Paeffgen/Zabel*, § 228 Rn. 63a; vgl. auch OLG Hamburg VersR 1983, 63; OLG Düsseldorf NJW 1985, 684; anders aber SSW-*Momsen-Pflanz/Momsen/Leszczynska* § 223 Rn. 22 ff.
10 *Duttge*, MedR 2005, 706.
11 *Neitzke*, in: Dörries/Lipp, 83 (91 f.); *ders.*, in: Kluge et al., 43 (45).

b) Der ärztliche Heileingriff als tatbestandliche Körperverletzung? Fraglich ist, ob eine solche Heilbehandlung den Tatbestand der Körperverletzung erfüllen kann.

aa) Tatbestandslösungen (noch hLit). Weite Teile des Schrifttums verneinen dies mit der Begründung, ein Heileingriff sei gerade darauf gerichtet, den Körperzustand zu verbessern oder zumindest zu bewahren; jedenfalls ziele er nicht darauf ab, ihn zu verschlechtern. Die Behandlung und (intendierte) Heilung eines kranken Patienten könne daher bereits begrifflich keine Körperverletzung darstellen.[12] Über die dabei im Einzelnen an den Heileingriff zu stellenden Anforderungen besteht allerdings nach wie vor Streit.[13] Im Wesentlichen lassen sich zwei Hauptansätze unterscheiden:

(1) Erfolgstheorie. Die sog. Erfolgstheorie unterscheidet namentlich zwischen erfolgreichen und misslungenen Heileingriffen, wobei nur letztere den Körperverletzungstatbestand erfüllen sollen.[14] Da es bei Heileingriffen nicht auf die einzelnen Teilakte, sondern auf den Gesamterfolg ankomme, sei § 223 StGB schon dann tatbestandlich zu verneinen, wenn das körperliche Wohl des Patienten insgesamt erhöht oder jedenfalls bewahrt werde, mithin eine *erfolgreiche* Heilbehandlung vorliege. Denn in diesen Fällen fehle es an einer Verletzung des geschützten Rechtsguts.[15] Misslinge hingegen der Eingriff, befinde sich der Patient also anschließend in einem schlechteren Zustand als vor der Behandlung, sei der (objektive) Tatbestand der Körperverletzung erfüllt.

Durch die Implantation der Bandscheibenprothese wird K nach Abklingen einer mehrwöchigen Heilungsphase zunächst von ihren Schmerzen befreit und auch ihr Rücken begradigt sich. Allerdings dauert dieser schmerzfreie Zustand lediglich etwa 1,5 Jahre an. Danach treten bei K erneut Schmerzen aufgrund der unzureichenden Qualität der implantierten Prothese auf.

Jedenfalls sofern man den Erfolg der Heilbehandlung „bilanzierend" danach bewertet, ob K's Gesundheit gleichsam „unter dem Strich" geschädigt wurde,[16] hat die Operation durch Dr. C das körperliche Wohl der K insgesamt, d. h. im Rahmen der anzustellenden Gesamtbetrachtung, nicht erhöht bzw. bewahrt, da einerseits K's ursprüngliche Schmerzen durch die Implantation nur zeitweilig behoben werden konnten und andererseits der Eingriff selbst im Ergebnis „neue" Schmerzen ausgelöst hat, die schließlich eine weitere Operation notwendig machten.

Nach der Erfolgstheorie liegt daher ein insgesamt misslungener Heileingriff und damit eine tatbestandliche Körperverletzung vor.

> **Klausurhinweis:**
>
> AA mit guter Begründung (1,5 Jahre Schmerzfreiheit) aber wohl noch vertretbar.

(2) Theorie des kunstgerechten Eingriffs. Eine andere Ansicht knüpft an die kunstgerechte Durchführung des Eingriffs an.[17] Danach stellt ein ärztlicher Heileingriff, sofern er im Rahmen der *lex artis* durchgeführt und von einer Heilungstendenz und einem

---

12 Schönke/Schröder-*Sternberg-Lieben*, § 223 Rn. 30.
13 Schönke/Schröder-*Sternberg-Lieben*, § 223 Rn. 30; *Lackner/Kühl/Heger*, § 223 Rn. 8.
14 *Bockelmann*, Strafrecht des Arztes, 1968, S. 67 ff.; *Kaufmann*, ZStW 73 (1961), 341 (372 f.); *Hardwig*, GA 1965, 161 (162 f.).
15 *Rudolphi*, JR 1975, 512; Schönke/Schröder-*Sternberg-Lieben*, § 223 Rn. 30.
16 Zu dieser Vorgehensweise *Krell*, medstra 2017, 3 (6).
17 So z. B. *Engisch*, ZStW 58 (1939), 1 (5); *ders.*, ZStW 70 (1958), 566 (592); *Gallas*, ZStW 67 (1955), 1 (21); *Eb. Schmidt*, Der Arzt im Strafrecht, 1939, S. 70 ff.; zum Ganzen Schönke/Schröder-*Sternberg-Lieben*, § 223 Rn. 30 m. w. N.

Heilungswillen getragen ist, selbst dann keine tatbestandliche Körperverletzung dar, wenn er im Ergebnis misslingt. Begründet wird dies mit einer saldierenden Gesamtbetrachtungsweise, wonach eine entsprechende Heilbehandlung insgesamt besehen und nach ihrem sozialen Sinngehalt das Gegenteil einer körperlichen Misshandlung oder Gesundheitsschädigung darstelle und demnach mangels Handlungsunwerts nicht als Körperverletzung i. S.d. §§ 223 ff. StGB zu qualifizieren sei.[18]

Weiterführendes Wissen:

Die lex artis ist nicht mit einer bestimmten „Schulmedizin" gleichzusetzen (sonst: Widerspruch zum **Grundsatz der Methoden-/Therapiefreiheit**) und es lassen sich die zu beachtenden Regeln auch nicht auf einen einmal erreichten Standard festschreiben (sonst: keinerlei Fortentwicklung möglich). Im Kern geht es um die nach § 276 BGB gebotene verkehrserforderliche Sorgfalt. In diesem Sinne verweist nun auch § 630a Abs. 2 BGB ausdrücklich darauf, dass die Behandlung nach den zum Zeitpunkt der Behandlung bestehenden, allgemein anerkannten **fachlichen Standards** zu erfolgen hat, soweit nicht etwas anderes vereinbart ist. Zum Ganzen *Kern*, in: Laufs/Kern/Rehborn § 6 Rn. 35; Schönke/Schröder-*Sternberg-Lieben*, § 223 Rn. 35.

18 Die Implantation der Bandscheibenprothese selbst durch Dr. C erfolgte entsprechend den Regeln der ärztlichen Kunst, mithin lege artis. Auch war die implantierte Prothese nach dem Medizinproduktegesetz zugelassen und mit einer CE-Kennzeichnung versehen. Zudem wusste Dr. C zum Zeitpunkt des Eingriffs nichts von der Rückrufaktion und musste dies auch nicht (vgl. *interne* Langzeitstudien; „überraschenderweise"). Auch hatte sie in der Vergangenheit gute Erfahrungen mit dem Produkt gemacht und sich mit skeptischen schulmedizinischen Gegenmeinungen fundiert auseinandergesetzt. Die Implantation erfolgte auch mit Heilungstendenz und war von einem Heilungswillen getragen.

Klausurhinweis:

Es wäre hier auch vertretbar, mit dem Argument, die Verwendung einer „Neulandmethode" verstoße ohne entsprechende Aufklärung (s. u.) gegen die lex artis, einen kunstgerechten Eingriff abzulehnen. Ein Streitentscheid wäre dann entbehrlich. Allerdings führt dies zu einer enormen „Kopflastigkeit" der Klausur, sodass es klausurtaktisch sinnvoller erscheint, diese Frage erst iRd. Einwilligung bzw. Aufklärung aufzuwerfen und zu klären.

19 Damit stellt nach der Theorie des kunstgerechten Eingriffs die Implantation der Kunststoffendoprothese durch Dr. C bei K keine Körperverletzung dar (a. A. vertretbar).

Klausurhinweis / Weiterführendes Wissen:

Eine dritte Ansicht, letztlich eine Abwandlung der Erfolgstheorie, bildet die sog. **Substanzveränderungs- bzw. -verletzungstheorie**. Danach ist eine gelungene Heilmaßnahme, die ohne wesentliche Substanzveränderung zu einer Wiederherstellung, jedenfalls aber zu keiner Verschlechterung des Gesundheitszustands führt, keine Körperverletzung. Misslingt dagegen die Heilbehandlung oder gelingt sie zwar, geht sie aber mit wesentlichen Substanzveränderungen (z. B. Operationen, Amputationen) einher, ist eine Körperverletzung zu bejahen.[19]
Angesichts des Charakters der Bandscheibenimplantation als substanzverletzender bzw. -verändernder Operation läge im Fall unabhängig vom Erfolg oder Misserfolg des Eingriffs eine Körperverletzung vor.

---

18 Vgl. *Tag*, Der Körperverletzungstatbestand im Spannungsfeld zwischen Patientenautonomie und lex artis, 2000, S. 23.
19 *Eser*, ZStW 97 (1985), 1; vgl. auch *Tag*, Körperverletzungstatbestand, S. 27 f.

> Die Substanzveränderungstheorie muss – jedenfalls bei Zeitnöten – in der Klausur aus meiner Sicht nicht zwingend angesprochen werden. Freilich schadet es auch nicht, sie zu erwähnen.

bb) Rechtfertigungslösungen (Rspr.). Nach der Rspr. und einem TdL erfüllt hingegen jeder ärztliche Heileingriff, unabhängig davon, ob er medizinisch indiziert, erfolgreich und/oder kunstgerecht durchgeführt wurde, den Tatbestand der Körperverletzung.[20] Für einen Unrechtsausschluss bedarf er daher einer besonderen Rechtfertigung, die in aller Regel durch eine (wirksame) Einwilligung des Patienten erfolgt.[21]

Zum Teil wird der Einwilligung dabei im Hinblick auf ein liberales Rechtsgutsverständnis auch tatbestandsausschließende Wirkung zugesprochen.[22]

cc) Streitentscheid. Danach liegt nach der Erfolgstheorie sowie nach den Rechtfertigungslösungen der Rspr. und TdL eine tatbestandliche Körperverletzung vor. Nach der Theorie des kunstgerechten Eingriffs erfüllt die Implantation dagegen nicht den Tatbestand des § 223 Abs. 1 StGB. Ein Streitentscheid ist erforderlich.

Für die Tatbestandslösungen spricht insbesondere die mit der Ansicht der Rspr. verbundene, zumindest partielle Gleichsetzung der Ärzteschaft mit einem „gewöhnlichen Messerstecher", obwohl Medizinerinnen und Mediziner in der Regel gerade „im Dienst der Gesundheit" ihrer Patientinnen und Patienten handeln.[23]

Umgekehrt vermögen es jedoch nur die Rechtfertigungslösungen, das **Selbstbestimmungsrecht** (Art. 2 Abs. 1 i. V. m. Art. 1 Abs. 1 GG) und den **individuellen Willen** der Patientinnen und Patienten hinreichend zu berücksichtigen und diese wirksam vor eigenmächtigen Heilbehandlungen und den mit ärztlichen Eingriffen verbundenen Risiken zu schützen.[24] Dass die mit einer Verletzung der körperlichen Integrität verbundene Behandlungsmaßnahme in der Regel den Eintritt eines anderen – größeren – Schadens für dieses Schutzgut verhindert, ändert nichts an der Erfüllung des Tatbestands.[25] Auch verringert der Arzt bzw. die Ärztin durch sein bzw. ihr Eingreifen keine bereits bestehende Gefahr für die körperliche Integrität, sondern schafft eine eigenständige *neue* Gefahr.[26]

Speziell gegen die Erfolgstheorie spricht zudem der aus **Art. 103 Abs. 2 GG** abgeleitete strafrechtliche Grundsatz, dass die Strafbarkeit bereits zum Zeitpunkt der Tat feststehen muss.[27] Der Erfolg einer ärztlichen Maßnahme kann jedoch nur *ex post* und nach dem endgültigen Abschluss der Behandlung bestimmt werden, nicht aber bereits bei Tatvornahme, d. h. zum Zeitpunkt des Eingriffs selbst.[28]

---

20 RGSt 25, 375; BGHSt 11, 111 (112); 45, 219 (221); Matt/Renzikowski-*Engländer*, § 223 Rn. 18; *Kargl*, GA 2001, 538 (553); *Wessels/Hettinger/Engländer*, Strafrecht BT 1, § 6 Rn. 297; *Rengier*, Strafrecht BT 2, § 13 Rn. 24.
21 Statt vieler Matt/Renzikowski-*Engländer*, § 223 Rn. 18; BeckOK-StGB-*Eschelbach*, § 223 StGB Rn. 8.
22 So *Roxin/Greco*, Strafrecht AT I, § 13 Rn. 12 ff. sowie Rn. 11 Fn. 19 mit umfangreichen Nachweisen; *Schroth*, Strafrecht BT, S. 92 ff.; *Kindhäuser/Schramm*, Strafrecht BT 1, § 8 Rn. 28.
23 Zum „Messerstecher"-Argument *Freund*, ZStW 109 (1997), 455 (475); *Ulsenheimer*, in: Laufs/Kern/Rehborn, § 148 Rn. 5; *Weyers/Mirtsching*, JuS 1980, 317 (320).
24 *Rengier*, Strafrecht BT 2, § 13 Rn. 27; *Kindhäuser/Schramm*, Strafrecht BT 1, § 8 Rn. 28.
25 Matt/Renzikowski-*Engländer*, § 223 Rn. 21; NK-StGB-*Paeffgen/Zabel*, § 228 Rn. 58.
26 *Hardtung*, JuS 2008, 864 (869).
27 Siehe hierzu nur BVerfGE 25, 269 (285); Dürig/Herzog/Scholz-*Remmert*, GG Art. 103 Abs. 2 Rn. 68 m. w. N.; *Kühne*, JZ 1979, 241 (243).
28 *Wagner*, Die Schönheitsoperation im Strafrecht, 2015, S. 147; *Gropp*, in: FS Schroeder, 197 (204); zum Ganzen *Kargl*, GA 2001, 538 (549).

26 Gegen die Theorie des kunstgerechten Eingriffs wiederum lässt sich insbesondere das Bestehen von **Schutzlücken** in den Fällen kunstgerecht durchgeführter, insgesamt jedoch misslungener ärztlicher Maßnahmen ohne Einwilligung anführen.[29]

27 Im Ergebnis streiten daher insbesondere das Selbstbestimmungsrecht der Patientinnen und Patienten sowie deren Schutz vor eigenmächtigen ärztlichen Heilbehandlungen für eine Lösung auf Rechtfertigungsebene.[30] Mit einem solchen Verständnis, wonach grundsätzlich jeder Eingriff der Einwilligung bedarf, harmoniert auch die heutige **Gesetzgebung und Systematik**. So wurde durch das PatRG von 2013 § 630d BGB eingefügt, wonach „vor Durchführung einer medizinischen Maßnahme, insbesondere eines Eingriffs in den Körper oder die Gesundheit, [...] der Behandelnde verpflichtet [ist], die Einwilligung des Patienten einzuholen". Der Gesetzgeber geht also offenbar selbst davon aus, dass ein Heileingriff tatbestandsmäßig ist und der Rechtfertigung bedarf.[31] Dem „Messerstecher"-Argument der Literatur ist schließlich entgegenzuhalten, dass allein die Bejahung des Tatbestands noch keine Diskriminierung birgt, da sie noch keinen Unrechtsvorwurf beinhaltet.[32] Damit ist der Ansicht der Rspr. zu folgen.

> **Klausurhinweis:**
>
> Der Streit inkl. Streitentscheid ist aus didaktischen Gründen einigermaßen ausführlich aufbereitet. Liegt in der Klausur hierauf kein ausdrücklicher Schwerpunkt, kann die Problematik i. d.R. auch etwas knapper behandelt werden. Die maßgeblichen Argumentationsgänge sollten aber bekannt und jedenfalls in Ansätzen auch in Ihrer Lösung erkennbar werden.
>
> Aus klausurtaktischen Gründen empfiehlt es sich, der Ansicht der Rspr. zu folgen.

28 Die Implantation der Bandscheibenprothese durch Dr. C stellt danach eine tatbestandliche Körperverletzung i. S.d. § 223 Abs. 1 StGB dar.

II. Rechtswidrigkeit

29 Fraglich ist, ob die Prothesenimplantation auch rechtswidrig war. Die Rechtswidrigkeit könnte hier infolge einer wirksamen Einwilligung der K entfallen sein.

> **Weiterführendes Wissen:**
>
> Die Einwilligung wird nach ganz überwiegender Ansicht als **Rechtfertigungsgrund** eingeordnet. Dagegen möchte ihr eine Mindermeinung, die maßgeblich auf *Roxin* zurückgeht, eine tatbestandsausschließende Wirkung zumessen.[33] Hintergrund dieser Ansicht ist ein Rechtsgutsverständnis, welches die durch Deliktsnormen geschützten Rechtsgüter als Kombination von Realgut und Selbstbestimmung ansieht. Weiterführend *Roxin/Greco*, Strafrecht AT I, § 13 Rn. 12 ff. (Integrationsmodell) und LK-StGB-*Rönnau*, Vorb. §§ 32 Rn. 156; ders., Willensmängel, S. 85 ff., 453; ders., Jura 2002, 595 (598) (Basismodell).

---

29 *Schreiber*, in: FS Hirsch, 713 (715 f.); *Wagner*, Schönheitsoperation, S. 147.
30 So auch *Rengier*, Strafrecht BT 2, § 13 Rn. 27.
31 *Waßmer*, Medizinstrafrecht, § 3 Rn. 9.
32 Ebenso *Hardtung*, JuS 2008, 864 (868 f.); *Fischer*, StGB, § 223 Rn. 20.
33 So *Roxin/Greco*, Strafrecht AT I, § 13 Rn. 12 ff. sowie Rn. 11 Fn. 19 mit umfangreichen Nachweisen; *Schroth*, Strafrecht BT, S. 92 ff.; *Kindhäuser/Schramm*, Strafrecht BT 1, § 8 Rn. 28.

Fall 1a: Die Kunststoffprothese

> **Klausurtaktik:**
> Jedenfalls die Lösungsskizzen werden in aller Regel der hM folgen und die Einwilligung als Rechtfertigungsgrund ansehen. Möchten Sie der MM um *Roxin* folgen, müssten Sie etwas mehr Argumentationsaufwand betreiben und anhand des dahinterstehenden Rechtsgutsverständnisses kurz erläutern, warum die Einwilligung einen Tatbestandsausschluss bewirkt.

1. Wirksame tatsächliche Einwilligung i. R.d. Aufklärungsgesprächs am 28.2.2022. K hat im Zuge des Aufklärungsgesprächs am 28.2.2022 ausdrücklich in die Implantation einer Kunststoffendoprothese Typ Cadisc-L eingewilligt. Fraglich ist, ob dies für eine wirksame Einwilligung ausreicht.

Die allgemeinen **Einwilligungsvoraussetzungen** sind erfüllt, insbesondere war K mangels entgegenstehender Hinweise einwilligungsfähig und hinsichtlich des disponiblen Individualrechtsguts ihrer eigenen körperlichen Unversehrtheit auch dispositionsbefugt. Die Einwilligung wurde auch ausdrücklich vor der Tat erklärt und bestand bei Tatbegehung fort. Von einer Sittenwidrigkeit der Operation nach § 228 StGB ist nicht auszugehen.

> **Allgemeiner Hinweis:**
> Derartige „Aufzählungen" vor den eigentlichen Problemstellen schaden sicher nicht, da sie Wissen demonstrieren, sie sind aber bei Zeitnöten entbehrlich.

Daneben darf die Einwilligung nicht mit **wesentlichen Willensmängeln** behaftet sein. Bei ärztlichen Eingriffen in die eigene Körpersphäre hat der Maßnahme zudem eine hinreichende **Aufklärung** der Patientinnen und Patienten vorauszugehen, um diesen eine selbstbestimmte, irrtumsfreie Entscheidung zu ermöglichen (sog. informierte Einwilligung bzw. „informed consent"). So ist der Behandelnde verpflichtet, den Patienten über sämtliche einwilligungsrelevanten Umstände aufzuklären.[34] Eine Einwilligung, die auf einer fehlerhaften Aufklärung beruht, ist daher in aller Regel unwirksam, vgl. **§ 630d Abs. 2 BGB**.

> **Weiterführendes Wissen:**
> Das Aufklärungserfordernis soll sicherstellen, dass der Patient weiß, worin er konkret einwilligt. Im Jahr 2013 wurden die Aufklärungspflichten durch das PatRG in den §§ 630c, 630e BGB verankert. Diese Normen haben auch Ausstrahlungswirkung auf das Strafrecht.[35] Üblicherweise unterscheidet man zwischen:[36]
> - **Sicherungsaufklärung** (auch therapeutische Aufklärung): betrifft die therapeutischen Verhaltensregeln, § 630c Abs. 2 S. 1 BGB.
> - **wirtschaftliche Aufklärung**: betrifft die Kosten der Behandlung, § 630c Abs. 3 BGB.
> - **Diagnoseaufklärung**: betrifft den ärztlichen Befund (Diagnose), § 630c Abs. 2 S. 1 BGB.
> - **Risikoaufklärung** (auch Eingriffs- und Verlaufsaufklärung): betrifft sämtliche für die Einwilligung wesentlichen Umstände der Behandlung, vgl. § 630e Abs. 1 S. 2 BGB, insb. Art, Umfang, Durchführung (z.B. Schmerzhaftigkeit), Folgen (z.B. Narben), Notwendigkeit und Dringlichkeit (z.B. Lebensgefahr) sowie Eignung und Erfolgsaussichten (Heilungschancen, Misserfolgsrisiko).

---

34 Vgl. § 630e I BGB.
35 Hierzu *Valerius*, medstra 2021, 2.
36 Übersicht nach *Waßmer*, Medizinstrafrecht, § 5 Rn. 1 ff.

Falleinheit 1: Ärztliche Heilbehandlung, Einwilligung und Aufklärung (Fall 1a bis Fall 1f)

Umfang der Aufklärung:
Jedenfalls nach h. M. gilt hinsichtlich des Umfangs der Aufklärung eine Art „**Je-desto-Prinzip**", d. h.:
- je „weniger" indiziert eine medizinische Maßnahme ist, desto höher und strenger sollen die entsprechenden Anforderungen an die ärztliche Aufklärungspflicht ausfallen und
- je weniger eilbedürftig eine Maßnahme ist, desto „mehr" hat der Arzt bzw. die Ärztin aufzuklären.

Insbesondere für nicht (eindeutig) indizierte kosmetische Eingriffe wird daher eine „drastische und schonungslose" Aufklärung der Patientinnen und Patienten über alle Einzelheiten der Risiken, Folgen und Misserfolgsquoten gefordert.[37]

33 Dr. C hat K umfassend und ausführlich über die geplante Operation informiert und K ist auch bewusst, dass ihr eine reine Kunststoffendoprothese implantiert werden soll. Allerdings hat Dr. C die K nicht ausdrücklich darauf hingewiesen, dass die Prothese noch nicht „medizinischer Standard" ist und daher ggf. die Möglichkeit unbekannter Risiken besteht. Fraglich ist, ob dies einer wirksamen Einwilligung entgegensteht.

34 Ist eine Behandlungsmaßnahme noch nicht hinreichend erprobt und deshalb noch nicht allgemein medizinisch als Standard anerkannt, handelt es sich also um eine sog. **Neulandmethode**, sind zur Wahrung des Selbstbestimmungsrechts des Patienten **erhöhte Anforderungen** an dessen Aufklärung zu stellen. Dem Patienten müssen daher nicht nur das Für und Wider dieser Methode erläutert werden, sondern er ist auch darüber aufzuklären, dass der geplante Eingriff nicht oder noch nicht **medizinischer Standard** ist.[38] Will der Arzt eine neue und noch nicht allgemein eingeführte Methode mit noch nicht abschließend geklärten Risiken anwenden, so hat er den Patienten weiterhin darüber aufzuklären, dass unbekannte Risiken derzeit nicht auszuschließen sind.[39] Eine Neulandmethode darf folglich nur dann am Patienten angewandt werden, wenn diesem zuvor unmissverständlich verdeutlicht wurde, dass die neue Methode die **Möglichkeit unbekannter Risiken** birgt.[40] Dies ist erforderlich, um den Patienten in die Lage zu versetzen, sorgfältig abzuwägen, ob er sich nach der herkömmlichen Methode mit bekannten Risiken behandeln lassen möchte oder nach der neuen Methode unter besonderer Berücksichtigung der in Aussicht gestellten Vorteile und der noch nicht in jeder Hinsicht bekannten Gefahren.

35 Dr. C hat K i. R.d. Aufklärungsgesprächs am 28.2.2022 zwar umfassend und ausführlich über die geplante Operation informiert und sie auch darüber in Kenntnis gesetzt, dass ihr eine reine Kunststoffendoprothese implantiert würde, sie hat K jedoch weder darauf hingewiesen worden, dass die geplante Implantation der Kunststoffendoprothese (noch) nicht medizinischer Standard ist, noch darauf, dass diese mit unbekannten Risiken verbunden sein kann. Die Aufklärung durch Dr. C genügt daher nicht den erhöhten Anforderungen bei sog. Neulandmethoden.

---

[37] Vgl. BGH NJW 1991, 2349; BGH NJW 2006, 2108; OLG München MedR 1988, 187 (188) [„schonungslose Offenheit und Härte"]; OLG Düsseldorf VersR 1999, 61 [„besonders schonungslos"]; aus der Literatur *Biermann*, in: Ulsenheimer/Gaede, Arztstrafrecht in der Praxis, Rn. 385; zumindest i. T. kritisch hierzu aber *Schrott*, Intersex-Operationen, S. 433 ff.
[38] BGH medstra 2022, 48; vgl. auch BGH MedR 2020, 379 m. w.N. (zur sog. Außenseitermethode).
[39] BGH medstra 2022, 48; vgl. auch BGHZ 168, 103; 172, 1.
[40] BGH medstra 2022, 48; vgl. auch BGHZ 168, 103.

Fall 1a: Die Kunststoffprothese

> **Klausurhinweis:**
> Die Einordnung der Prothese als Neulandmethode ist im Sachverhalt mehr oder minder vorgegeben (noch nicht hinreichend erprobt; nicht medizinischer Standard; unbekannte Risiken etc.). Gleichwohl kann man dies bei entsprechender Argumentation bzw. Einzelfallausgestaltung auch anders sehen. So hat beispielsweise das OLG Oldenburg die Kunststoffendoprothese Cadisc-L nicht als Neulandmethode eingestuft, sondern lediglich als „**Varianz** eines etablierten Prinzips, die mit keiner Gefahrerhöhung verbunden war" (OLG Oldenburg NJW-RR 2023, 453 Rn. 36). Danach hätten keine erhöhten Aufklärungsanforderungen bestanden; die Einwilligung der K wäre wirksam erfolgt und hätte die Rechtswidrigkeit entfallen lassen.
> Richtig ist in jedem Fall, dass nicht jede Modifikation im Detail dazu führt, dass die insoweit „neue" Methode / das insoweit „neue" Implantat etc. als aufklärungspflichtige Neulandmethode zu qualifizieren ist. Andernfalls würde die ärztliche Therapiefreiheit über Gebühr beschränkt. Stattdessen kommt es entscheidend darauf an, ob der behandelnde Arzt / die behandelnde Ärztin unter Wahrung der berechtigten Sicherheitsinteressen des Patienten bei Anwendung der Methode ex ante mit der ernsthaften Möglichkeit rechnen musste, dass die Methode von den anderen etablierten Methoden so abweicht, dass mit ihr unbekannte Risiken verbunden sein könnten (vgl. OLG Oldenburg NJW-RR 2023, 453 Rn. 39; BGHZ 168, 103 = NJW 2006, 2477 Rn. 14 (Robodoc)). Letztlich ist dies immer auch eine Frage des Einzelfalls.

> **Weiterführendes Wissen:**
> Ein „Klassiker" in Zusammenhang mit der Aufklärung über sog. **Außenseitermethoden** ist der „Zitronensaftfall", bei dem ein Arzt zur Wunddesinfektion unsterilen Zitronensaft verwendete, ohne die Patientin hierüber aufzuklären, vgl. BGH, Urt. v. 22. 12. 2010 – 3 StR 239/10, NJW 2011, 1088.

Die i. R. d. Aufklärungsgesprächs am 28.2.2022 erteilte Einwilligung der K ist daher nicht geeignet, die Rechtswidrigkeit der Operation entfallen zu lassen.

2. Hypothetische Einwilligung. Die Rechtswidrigkeit könnte jedoch infolge einer **hypothetischen Einwilligung** der K entfallen sein.

> **Klausurhinweis/Weiterführendes Wissen:**
> Eine **mutmaßliche Einwilligung** der K kommt hier nicht in Betracht, da diese **subsidiär** gegenüber einer ausdrücklich erklärten Einwilligung ist. Die Einholung einer ausdrücklich erklärten (wirksamen) Einwilligung der K vor Behandlungsbeginn wäre aber unproblematisch möglich gewesen und ist hier grundsätzlich – wenngleich ohne hinreichende Aufklärung über die „Neulandmethode" – sogar erfolgt.
> Auf die mutmaßliche Einwilligung (vgl. **§ 630d Abs. 1 S. 4 BGB**) darf folglich immer nur dann zurückgegriffen werden, wenn eine ausdrücklich erklärte Einwilligung (z. B. wegen Bewusstlosigkeit der Patientin bei unaufschiebbaren Maßnahmen) nicht rechtzeitig eingeholt werden kann; sie scheidet dagegen aus, wenn der Patient seinen Willen ausdrücklich erklärt hat.[41]
> Maßgeblich ist i. R. d. mutmaßlichen Einwilligung der **mutmaßliche Patientenwille**. Im Hinblick auf den Vorrang des Selbstbestimmungsrechts des Patienten ist der Inhalt des mutmaßlichen Willens in erster Linie aus den persönlichen Umständen des Betroffenen, aus seinen individuellen Interessen, Wünschen, Bedürfnissen und Wertvorstellungen anhand von konkreten Anhaltspunkten (z. B. frühere mündliche oder schriftliche Äußerungen) zu ermitteln. Darauf, ob der so ermittelte Patientenwille objektiv „vernünftig" ist, kommt es nicht an. Nur wenn sich keinerlei konkrete Anhaltspunkte finden, darf auf das abgestellt werden, was „gemeinhin als normal und vernünftig angesehen wird".[42]

---

41 Vgl. *Waßmer*, Medizinstrafrecht, § 6 Rn. 38.
42 BGHSt 35, 246 (249 f.).

Falleinheit 1: Ärztliche Heilbehandlung, Einwilligung und Aufklärung (Fall 1a bis Fall 1f)

38 Eine solche setzt voraus, dass K auch bei **ordnungsgemäßer Aufklärung** – hier also insbesondere auch darüber, dass die Maßnahme (noch) nicht medizinischer Standard ist und ggf. unbekannte Risiken mit sich bringt – in den Eingriff **eingewilligt hätte**, vgl. § 630h Abs. 2 S. 2 BGB. Im Unterschied zur mutmaßlichen Einwilligung wäre die Einholung einer (hier) tatsächlich wirksamen Einwilligung zwar möglich gewesen, ist jedoch pflichtwidrig unterblieben.⁴³ Anders als im Zivilrecht, wo die Figur ursprünglich entwickelt wurde, gilt im Strafrecht jedoch grundsätzlich der in dubio pro reo-Grundsatz, d. h. bei verbleibenden Zweifeln ist zugunsten des Arztes davon auszugehen, dass die Einwilligung auch bei ordnungsgemäßer Aufklärung erfolgt wäre.⁴⁴ Naheliegend ist eine hypothetische Einwilligung v. a. dann, wenn keine Behandlungsalternativen vorhanden waren oder eine andere Behandlungsmethode riskanter gewesen wäre; sie kann aber grundsätzlich auch bei einer „Neulandmethode" Anwendung finden.⁴⁵

> **Weiterführendes Wissen:**
>
> Die hypothetische Einwilligung kann (neben der mutmaßlichen Einwilligung; je nach den Einzelfallumständen) auch in Fällen der **Operationserweiterung** relevant werden. Siehe hierzu die kurze Falllösung bei *Beck*, ZJS 2012, 42 (46 f.).

39 Ausgangspunkt der Beurteilung ist damit im Fall die hypothetische Entscheidungssituation der K bei ordnungsgemäßer und vollständiger Aufklärung, d. h. bei Kenntnis der K darüber, dass es sich bei der Implantierung der Kunststoffprothese des Typs „Cadisc-L" (noch) nicht um den „medizinischen Standard", sondern um eine Neulandmethode handelt und daher ggf. die Möglichkeit unbekannter Risiken besteht.⁴⁶ Da K jedoch alles Neue und Unerprobte strikt ablehnt, ist nicht davon auszugehen, dass K, hätte sie hiervon nach ordnungsgemäßer Aufklärung gewusst, in die Maßnahme eingewilligt hätte. Vernünftige Zweifel, die zur Anwendung des in dubio-Grundsatzes führen würden, verbleiben daher nicht.

> **Praxishinweis:**
>
> In der Praxis wird es aber oftmals kaum ausschließbar sein, dass der Patient bzw. die Patientin bei ordnungsgemäßer Aufklärung nicht doch eingewilligt hätte. Verbleiben entsprechende Zweifel, so ist nach dem Grundsatz „in dubio pro reo" grundsätzlich zu Gunsten des Arztes bzw. der Ärztin davon auszugehen, dass die Einwilligung auch bei ordnungsgemäßer Aufklärung erfolgt wäre.⁴⁷

40 Auf die Streitfrage, ob die ursprünglich aus dem Bereich des Zivilrechts stammende Figur der hypothetischen Einwilligung auch im Strafrecht Anwendung findet, kommt es daher gar nicht an.⁴⁸

---

43 *Beck*, ZJS 2012, 42 (46 f.).
44 BGH NStZ-RR 2004, 16 f.; i. E. ebenso BGH BeckRS 1990, 31093641; vgl. auch BGH NJW 2013, 1688 ff.; *Ulsenheimer*, NStZ 1996, 132; kritisch *Roxin*, medstra 2017, 129 (135 ff.); *Puppe*, GA 2003, 770; Spickhoff-*Knauer/Brose*, StGB § 223 Rn. 92; gegen eine Anwendbarkeit der Entscheidungsregel in Fällen der hypothetischen Einwilligung bzw. jedenfalls nach dem Tod des Patienten auch BeckOK-StGB-*Eschelbach*, § 228 Rn. 31; *Beulke*, medstra 2015, 67 (71).
45 *Waßmer*, Medizinstrafrecht, § 6 Rn. 48; vgl. auch BGH NJW 2013, 1688 (Leberzelltransplantation).
46 Vgl. BGH medstra 2022, 48; siehe auch BGH VersR 2007, 999.
47 Vgl. BGH StV 2004, 376, 377; NStZ 2012, 205 m. w.N. Dagegen lehnen TdL die Anwendung des in dubio pro reo-Grundsatzes in diesen Fällen ab, weil es sich bei der hypothetischen Einwilligung nicht um eine Tatsache, sondern ein Wahrscheinlichkeitsurteil handle. Zum Ganzen siehe auch *Krüger*, medstra 2017, 12.
48 Ausführlich hierzu *Kraatz*, Arztstrafrecht, § 3 Rn. 79 ff.

Fall 1a: Die Kunststoffprothese

> **Weiterführendes Wissen/Exkurs:**
> In der strafrechtlichen Rechtsprechung ist die in § 630h Abs. 2 S. 2 BGB normierte **hypothetische Einwilligung** inzwischen anerkannt.[49] Dagegen lehnen TdL eine Übertragung auf das Strafrecht u. a. mit der Begründung ab, dies führe zu einer weitgehenden Aushöhlung des Selbstbestimmungsrechts der Patientinnen und Patienten, indem der Grundsatz der Subsidiarität der mutmaßlichen Einwilligung unterlaufen werde. Umgekehrt argumentieren Befürworter einer Übertragbarkeit mit dem Fehlen eines dem Täter zurechenbaren Erfolgsunrechts sowie der Einheit der Rechtsordnung. Zusammenfassender Überblick über die Pro- und Contra-Argumente bei *Sowada*, NStZ 2012, 1 (5 ff.) m. w. N.
> In einer Klausur sind damit beide Ansichten vertretbar; es sollte aber in aller Regel jedenfalls ein knapper Streitentscheid inkl. Ergebnis geführt werden.

Im Ergebnis liegen damit bereits die Voraussetzungen einer hypothetischen Einwilligung nicht vor.

3. Zwischenergebnis. Anderweitige Rechtfertigungsgründe sind nicht ersichtlich. Dr. C handelte daher rechtswidrig.

III. Schuld

Mangels Entschuldigungsgründen handelte Dr. C auch schuldhaft. Insbesondere ist nicht ersichtlich, dass Dr. C davon ausging, es sei rechtlich nicht erforderlich, die K auch darüber zu informieren, dass die von ihr verwendete Methode (noch) nicht medizinischer Standard ist und daher mit unbekannten Risiken verbunden sein kann. Sie befand folglich auch nicht in einem (ohnehin vermeidbaren) Verbotsirrtum nach § 17 S. 2 StGB.

> **Weiterführendes Wissen:**
> Ein **Verbotsirrtum** wäre aber beispielsweise dann gegeben, wenn der Arzt bzw. die Ärztin das Fehlen des Einverständnisses für möglich, den Eingriff aber für zulässig hält, weil er medizinisch geboten ist; die Vermeidbarkeit eines solchen Irrtums ist jedoch „kaum je zweifelhaft"[50].
> Wird hingegen festgestellt, dass der Arzt irrig angenommen hat, die Patientin hätte bei vorheriger Befragung der Erweiterung zugestimmt, so liegt ein nach hM den Vorsatzschuldvorwurf ausschließender **Erlaubnistatbestandsirrtum** vor.[51] Denken Sie in diesem Fall aber dann an mögliche Fahrlässigkeitsdelikte!

Ergebnis: Dr. C ist strafbar gem. § 223 Abs. 1 StGB. Auf § 224 StGB war nicht einzugehen.

Var. 1:

a) *Die Aufklärung erfolgt aufgrund des vollen Terminkalenders von Dr. C erst am Morgen des 2.3.2022 / erst während der OP-Vorbereitung.*

Die Einwilligung eines Patienten in einen ärztlichen Eingriff ist nur dann wirksam, wenn der Arzt zuvor verständlich und ausführlich über die Risiken der OP aufgeklärt hat. Die Aufklärung muss dabei **so frühzeitig** erfolgen, dass dem Patienten für die Entscheidung genügend Bedenkzeit verbleibt; vgl. auch § 630e Abs. 2 S. 1 Nr. 2 BGB. Ein Aufklärungsgespräch erst am Tag der Operation oder sogar erst während der OP-Vor-

---

49 Vgl. z. B. BGH JZ 1964, 231 (232); BGH NStZ-RR 2004, 16; BGH NZWiSt 2013, 230 (231).
50 BGHSt 45, 219 (225); BGH NStZ 2012, 205.
51 Vgl. BGH NStZ-RR 2007, 340 (341); BGH NStZ 1996, 34 (35); NStZ 2012, 205.

Falleinheit 1: Ärztliche Heilbehandlung, Einwilligung und Aufklärung (Fall 1a bis Fall 1f)

bereitung ist wegen des bestehenden Zeitdrucks grundsätzlich verspätet.[52] Die Einwilligung der K ist daher unwirksam und die von Dr. C durchgeführte Operation damit rechtswidrig.

46 b) *Dr. C hat die K nicht darüber informiert, dass sie (Dr. C) aufgrund eines Schlaganfalls vor einigen Jahren nach wie vor an Störungen der Feinmotorik, der Koordinationsfähigkeit sowie bisweilen an kognitiven Funktionsstörungen leidet.*

Neben der allgemeinen „Grundaufklärung" ist ein Arzt grundsätzlich auch verpflichtet, über solche **in seiner Person liegenden Risiken** aufzuklären, die auf die sachgerechte Durchführung der ärztlichen Heilbehandlung Einfluss haben können. Welche Konsequenzen eine solche Aufklärung für die berufliche Situation des Arztes hat, ist dabei irrelevant. Nur wenn sicher ausgeschlossen werden kann, dass die in der Person des Arztes liegenden Risiken seine Fähigkeiten zur sachgerechten Berufsausübung unberührt lassen, besteht eine solche Aufklärungspflicht nicht. Unterlässt der Arzt eine hiernach gebotene Aufklärung, ist eine vom Patienten erteilte Einwilligung wegen Willensmängeln unwirksam und der Arzt macht sich auch dann, wenn er die Behandlung sachgerecht durchführt, einer (je nach Fall vorsätzlichen oder irrtumsbedingt fahrlässigen) Körperverletzung strafbar.[53] Danach läge hier keine wirksame Einwilligung der K in die Operation vor; diese wäre rechtswidrig.

> **Klausurhinweis:**
>
> Ginge Dr. C allerdings nicht widerlegbar irrig davon aus, trotz der ihr bekannten eigenen gesundheitlichen Einschränkungen ohne erhöhtes Risiko operieren zu können, stellte sie sich irrig Umstände vor, bei deren Vorliegen sie tatsächlich zur Aufklärung über die ihr innewohnenden gesundheitlichen Probleme nicht verpflichtet gewesen wäre. Die nach der „Grundaufklärung" der K erteilte Einwilligung wäre daher nach Vorstellung der Dr. C wirksam gewesen. Es läge dann ein **Erlaubnistatbestandsirrtum** vor.

47 c) *Dr. C hat die K nicht darüber informiert, dass Teile der Behandlungskosten nicht von der gesetzlichen Krankenversicherung übernommen werden, mithin von ihr selbst getragen werden müssen.*

Nach **§ 630c Abs. 3 S. 1 BGB** hat der Behandelnde seine Patienten vor Beginn der Behandlung über die voraussichtlichen Kosten der Behandlung in Textform zu informieren, wenn ihm bekannt ist, dass eine vollständige Übernahme der Behandlungskosten durch einen Dritten nicht gesichert ist oder wenn sich nach den Umständen hierfür hinreichende Anhaltspunkte ergeben. Diese Pflicht zur sog. **wirtschaftlichen Aufklärung** soll den Patienten vor finanziellen Überraschungen schützen und ihn in die Lage versetzen, die wirtschaftliche Tragweite seiner Entscheidung zu überschauen.[54] Den Grund für die **wirtschaftliche Informationspflicht** sieht der Gesetzgeber in einem Wissensvorsprung des Behandlers gegenüber dem Patienten.[55]

---

52 LG Frankenthal, Urt. v. 30.5.2022 – 4 O 147/21, medstra 2022, R5-R6.
53 LG Kempten, Urt. v. 8.10.2020 – 3 Ns 111 Js 10508/14, MedR 2021, 559; instruktiv zu dieser obergerichtlich bislang nicht entschiedenen Problematik *Nowrousian*, JR 2020, 364.
54 BGH, Urt. v. 28.1.2020 – VI ZR 92/19 (LG Berlin), MedR 2020, 575 mit Anm. *Spickhoff*.
55 Vgl. BT-Drs. 17/10488, 22.

Fall 1a: Die Kunststoffprothese

> **Klausurhinweis/Weiterführendes Wissen:**
> Der BGH bezeichnet die wirtschaftliche Aufklärungspflicht nunmehr als „**Informationspflicht**" und folgt damit der Differenzierung des Gesetzes in §§ 630c (Informationspflichten) und 630e BGB (Aufklärungspflichten).[56]

> **Beachte:**
> Die wirtschaftliche Aufklärung zielt aber nicht auf eine umfassende Aufklärung des Patienten über die wirtschaftlichen Folgen seiner Behandlung. Der Arzt muss den Patienten also nicht wirtschaftlich „beraten".

Unterbleibt die wirtschaftliche Aufklärung, so kann die entsprechende Leistung zivilrechtlich gegenüber dem Patienten nicht liquidiert werden.[57] Hätte der Patient bei ordnungsgemäßer Information die Behandlung nicht in Anspruch genommen, so steht ihm ein Schadensersatzanspruch gem. § 280 Abs. 1 BGB zu, mit dem er aufrechnen kann.[58]

Die zivilrechtliche Unterscheidung zwischen Informations- (§ 630c BGB) und Aufklärungspflichten (§ 630e BGB; vgl. insofern auch § 630d Abs. 2 BGB, der lediglich auf (Teile des) § 630e BGB verweist) wirkt sich jedoch auch im Strafrecht aus: So verdeutlicht sie, dass es sich bei Fehlvorstellungen über die Erstattungsfähigkeit von Kosten für eine medizinische Behandlung um einen **Motivirrtum** handelt, der nicht das von den §§ 223 ff. StGB geschützte Rechtsgut der körperlichen Unversehrtheit betrifft.[59] Zwar ist nach wie vor umstritten, ob bzw. unter welchen Voraussetzungen nicht rechtsgutsbezogene Fehlvorstellungen der Wirksamkeit einer Einwilligung entgegenstehen. Jedenfalls aber wird angesichts der gesetzlichen Unterscheidung zwischen Informations- und Aufklärungspflichten und den gemäß § 630c Abs. 3 S. 1 BGB geringeren Anforderungen an die wirtschaftliche Informationspflicht jedenfalls nicht jeder Irrtum über die mit der Behandlung einhergehenden Kosten sogleich die Wirksamkeit der Einwilligung entfallen lassen.[60]

Da im Fall ohnehin nur Teile der Behandlung nicht übernommen werden, mithin lediglich eine dahingehende Fehlvorstellung der K besteht, ist davon auszugehen, dass trotzdem eine wirksame Einwilligung der K vorliegt. Dr. C ist daher gerechtfertigt.

d) *Die Aufklärung erfolgt ausschließlich über ein Aufklärungsformular.*

Der Behandelnde ist gem. § 630e Abs. 1 S. 1 BGB verpflichtet, den Patienten über sämtliche für die Einwilligung wesentlichen Umstände aufzuklären. Die Aufklärung muss **mündlich** durch den Behandelnden oder durch eine Person erfolgen, die über die zur Durchführung der Maßnahme notwendige Ausbildung verfügt; ergänzend kann auch auf Unterlagen Bezug genommen werden, die der Patient in Textform erhält (§ 630e Abs. 2 S. 1 Nr. 1 BGB). Klassischerweise erfolgt die Aufklärung im Rahmen eines **Arzt-Patienten-Gesprächs**, in einfach gelagerten Fällen kann auch ausnahmsweise eine telefonische Aufklärung genügen.[61] Dem Patienten soll hierdurch die Möglichkeit

---

[56] Siehe z. B. KG MedR 2018, 312 mit krit. Anm. *Peifer*; BGH MedR 2020, 575 mit Anm. *Spickhoff*; zum Ganzen *Valerius*, medstra 2021, 2 (4 f.).
[57] BT-Drs. 17/10488, 22 unter Hinweis auf die Rspr.
[58] *Waßmer*, Medizinstrafrecht, § 5 Rn. 14 m. w. N.
[59] *Valerius*, medstra 2021, 2 (5).
[60] *Valerius*, medstra 2021, 2 (5); dahingehend auch *Waßmer*, Medizinstrafrecht, § 5 Rn. 4; noch deutlicher *Biermann*, in: Ulsenheimer/Gaede, Arztstrafrecht in der Praxis, Rn. 367: Die Verletzung der wirtschaftlichen Aufklärungspflicht berührt nicht die Wirksamkeit der Einwilligung.
[61] Vgl. BGH NJW 2010, 2430 (2432).

eröffnet werden, bei Bedarf auch Rückfragen stellen zu können. Schriftliche Unterlagen und Formulare können das Aufklärungsgespräch mit dem Arzt damit zwar vorbereiten und unterstützen, dieses aber nicht ersetzen.[62] Das bloße Überreichen eines Aufklärungsformulars ohne entsprechende Unterredung genügt jedenfalls nicht den ausdrücklichen Anforderungen des § 630e Abs. 2 S. 1 Nr. 1 BGB. Die Einwilligung der K ist daher unwirksam und die von Dr. C durchgeführte Operation damit rechtswidrig.

52 e) *K verzichtet ausdrücklich auf jegliche Aufklärung.*

Ein Patient kann auf die Aufklärung verzichten, etwa, weil er sich nicht mit den Risiken des Eingriffs befassen / belasten möchte (vgl. nun ausdrücklich § 630e Abs. 3 aE; „Recht auf Nichtwissen"). Allerdings sind an einen solchen Aufklärungsverzicht strenge Anforderungen zu stellen. So hat der Aufklärungsverzicht in jedem Fall ausdrücklich zu erfolgen; ein stillschweigender Verzicht ist dagegen unwirksam. Ein ausdrücklicher Verzicht seitens der K liegt vor.

53 Nach einem TdL ist darüber hinaus eine Grundaufklärung (jedenfalls) über das schwerste in Betracht kommende Risiko erforderlich.[63] Stimmt man dem zu, hätte Dr. C die K zunächst „basisaufklären" müssen, damit K wirksam auf (weitere) Aufklärung hätte verzichten können. Lehnt man eine solche Grundaufklärung dagegen als (zu) paternalistisch und zudem nicht vom Wortlaut des § 630e Abs. 3 BGB gedeckt ab, konnte die K hier wirksam auf jegliche Form der Aufklärung verzichten.[64] Dr. C wäre dann gerechtfertigt.

Var. 2:

54 Dr. C hat K umfassend über alle Risiken und Chancen der Implantationsoperation aufgeklärt sowie insbesondere darüber informiert, dass es sich bei der Implantation der Kunststoffprothese um eine Neulandmethode handelt, die mit unbekannten Risiken verbunden sein kann. Grundsätzlich ist daher von einer wirksamen, die Rechtswidrigkeit beseitigenden Einwilligung der K auszugehen.

55 Allerdings hat Dr. C die K nicht über den am 1.3.2022 erfolgten Chargen-Rückruf informiert und K die Kunststoffprothese am 2.3.2022 implantiert, obwohl ihr aufgrund des Rückrufs bekannt war, dass diese möglicherweise nicht hinreichend haltbar sein würde. Die wissentliche Verwendung von Operationsmaterial, das zum Zeitpunkt der Behandlung bestehenden, allgemein anerkannten fachlichen Standards und Anforderungen offensichtlich nicht (mehr) genügt, ist jedoch als nicht kunstgerecht und damit als behandlungsfehlerhaft zu werten.

56 Einwilligung und Aufklärung erstrecken sich jedoch grundsätzlich nur auf kunstgerechte Maßnahmen.[65] Den behandlungsfehlerhaften Eingriff durch Dr. C kann daher auch die Einwilligung der K vom 1.3.2022 nicht rechtfertigen; dies gilt umso mehr, als Dr. C die K nicht einmal nachträglich über die mangelnde Haltbarkeit des Produkts informiert hat. Dr. C handelte daher rechtswidrig.

---

62 BeckOK-BGB/*Katzenmeier*, § 630e Rn. 33; BGHZ 90, 103 (110); 144, 1 (13).
63 Vgl. *Biermann*, in: Ulsenheimer/Gaede, Arztstrafrecht in der Praxis, Rn. 479; *Harmann*, NJOZ 2010, 819 (824).
64 Dahingehend auch Spickhoff-*Knauer/Brose*, StGB § 223 Rn. 82.
65 BGH NJW 1998, 1802 (1803); NStZ-RR 2007, 340 (341); *Waßmer*, Medizinstrafrecht, § 5 Rn. 1.

Fall 1b: Die Corona-Impfung

Der 16-jährige, altersentsprechend reife Gymnasiast G möchte sich zur Immunisierung gegen COVID-19 mit einem mRNA-Impfstoff[66] impfen lassen. Die beim Robert-Koch-Institut (RKI) angesiedelte Ständige Impfkommission (STIKO) empfiehlt die mRNA-Impfung auch für Kinder und Jugendliche ab 12 Jahren, sofern bei diesen keine besonderen Impfrisiken vorliegen. Die Eltern des G sind gegen die mRNA-Impfung, da sie deren Wirkungen für noch nicht hinreichend erforscht und deshalb für „Menschenversuche" halten. G, der von der Sinnhaftigkeit der Impfung überzeugt ist, lässt sich dennoch gegen den Willen seiner Eltern in einem städtischen Impfzentrum von Ärztin A impfen. Besondere Impfrisiken liegen bei G nicht vor.

57

Strafbarkeit der A nach dem StGB?

Auf § 224 StGB ist nicht einzugehen. Es ist von einer ordnungsgemäßen Aufklärung der beteiligten Personen auszugehen.

Var.:

G ist erst 13 Jahre alt, aber für sein Alter ungewöhnlich reif und reflektiert.

---

66 Bei mRNA-Impfstoffen werden keine Krankheitserreger oder deren Bestandteile (Antigene) für die Immunisierung benötigt, sondern es wird mittels mRNA (Boten-RNA) nur die Information für die Herstellung einzelner Antigene übertragen.

Falleinheit 1: Ärztliche Heilbehandlung, Einwilligung und Aufklärung (Fall 1a bis Fall 1f)

Kurzgliederung Fall 1b
Stbk. der A
A. § 223 Abs. 1 (-)
I. TB (+)
   1. Obj. TB (+)
      – Von der STIKO empfohlene, prophylaktische Impfung als indizierte Heilbehandlung (+)
      – (P) Ärztlicher Heileingriff als tatbestandliche Körperverletzung? (+)
   2. Subj. TB (+)
II. Rechtswidrigkeit (-)
   (P) Wirksame Einwilligung eines Mdj.
   1. Einwilligungsfähigkeit des G (+)
      – Positive Feststellung; hM: maßgeblich allein individuelle Reife
      – Hier: 16-jähriger Gymnasiast und Impfung indizierte Routinemaßnahme
   2. Alleinentscheidungsbefugnis des G
      (P) Alleinentscheidungsbefugnis des Mdj. vs. elterliche Alleinzuständigkeit (ggf. mit Vetorecht) vs. Co-Konsens
      – Streitentscheid für Alleinentscheidungsbefugnis des Mdj. (+)
      – Arg.: Selbstbestimmungsrecht

Var.
– Grds. keine starren Altersgrenzen
– TdL: Einwilligungsfähigkeit bei Kindern bis 14 Jahren prinzipiell (-)
– Differenzierende Lösungen:
  – unter 14 Jahren: Einwilligungsfähigkeit grds. (-)
  – zwischen 14 und 16 Jahren: einzelfallabhängige Prüfung
  – ab 16 Jahren: Einwilligungsfähigkeit (+)
– Streitentscheid: stets altersunabhängige einzelfallabhängige ärztliche Prüfung der Einwilligungsfähigkeit Mdj. in Bezug auf den konkreten Eingriff
– Stbk. des A (-)

Lösung Fall 1b[67]

Schwerpunkte: Einwilligungsfähigkeit Minderjähriger, Alleinentscheidungsbefugnis, Co-Konsens

Strafbarkeit der A

A. § 223 Abs. 1 StGB

58   A könnte sich durch die Impfung des G wegen Körperverletzung gem. § 223 Abs. 1 StGB strafbar gemacht haben.

---

[67] Sachverhalt lose angelehnt an OLG Frankfurt a. M., Beschluss v. 17.8.2021 – 6 UF 120/21, NZFam 2021, 872.

Fall 1b: Die Corona-Impfung

I. Tatbestandsmäßigkeit

1. Objektiver Tatbestand. Durch das Einbringen des Impfstoffes durch eine Spritze in den Körper des G wird dessen körperliche Unversehrtheit jedenfalls mehr als nur unerheblich beeinträchtigt, da in seine Körpersubstanz eingegriffen wird. Eine körperliche Misshandlung läge grundsätzlich vor. Auch stellen dieser Körpersubstanzeingriff sowie das anschließende Verabreichen von körperfremden Impfstoffen einen pathologischen, mithin negativ vom Normalzustand abweichenden Körperzustand dar, sodass auch eine Gesundheitsschädigung gegeben wäre.

Fraglich ist jedoch, ob die von der STIKO empfohlene, prophylaktische Impfung als **indizierte Heilbehandlung** (→ Rn. 6 ff.) überhaupt eine tatbestandliche Körperverletzung darstellen kann. Zur Einordnung als medizinisch indiziert kommt es dabei maßgeblich auf die Empfehlungen von medizinischen Fachgesellschaften an; die Qualifizierung als „Menschenversuch" durch die Eltern des G als medizinische Laien ist insofern – insbesondere ohne konkrete objektive Anhaltspunkte – nicht von Belang.

Nach der zum Teil in der Literatur vertretenen *Erfolgstheorie*, die darauf abstellt, ob der Eingriff insgesamt erfolgreich verlaufen ist, läge hier keine Körperverletzung vor, da G's Gesundheit durch die Behandlung „unter dem Strich" nicht geschädigt wurde. Stattdessen hat die (zumindest teilweise erfolgte) Immunisierung gegen COVID-19 seine Gesundheit mindestens bewahrt, ggf. sogar „verbessert". Der Eingriff wurde auch lege artis von der Ärztin A durchgeführt, sodass auch nach der *Theorie des kunstgerechten Eingriffs* keine tatbestandliche Körperverletzung gegeben ist.

> **Klausurhinweis:**
> Enthält der Sachverhalt keine Angaben zu etwaigen „Kunstfehlern", ist grundsätzlich von einer lege artis-Behandlung auszugehen.

Dagegen erfüllt nach der Rspr. und einem TdL jeder ärztliche Heileingriff, unabhängig davon, ob er medizinisch indiziert, erfolgreich und/oder kunstgerecht durchgeführt wurde, den Tatbestand der Körperverletzung, mithin auch die Impfung des G.

Da die Ansichten zu unterschiedlichen Ergebnissen kommen, ist ein Streitentscheid erforderlich:

Für die Tatbestandslösungen spricht insbesondere die mit der Ansicht der Rspr. verbundene, zumindest partielle Gleichsetzung der Ärzteschaft mit einem „gewöhnlichen Messerstecher", obwohl Medizinerinnen und Mediziner in der Regel gerade „im Dienst der Gesundheit" ihrer Patientinnen und Patienten handeln. Dem ist jedoch entgegenzuhalten, dass allein die Bejahung des Tatbestands noch keine Diskriminierung birgt, da sie noch keinen Unrechtsvorwurf beinhaltet. Umgekehrt vermögen es nur die Rechtfertigungslösungen, das **Selbstbestimmungsrecht** (Art. 2 Abs. 1 i. V. m. Art. 1 Abs. 1 GG) und den **individuellen Willen** der Patientinnen und Patienten hinreichend zu berücksichtigen und diese wirksam vor eigenmächtigen Heilbehandlungen und den mit ärztlichen Eingriffen verbundenen Risiken zu schützen. Dem entspricht auch die heutige **Gesetzgebung und Systematik**, wonach der Gesetzgeber in § 630d BGB offenbar selbst davon ausgeht, dass ein Heileingriff tatbestandsmäßig ist und der Rechtfertigung bedarf. Im Ergebnis sprechen daher die besseren Argumente für die Ansicht der Rspr.; ihr ist daher zu folgen.

> **Klausurhinweis:**
>
> Dieser etwas „verkürzte" Streitentscheid ist ein guter „Mittelweg" in der Klausur, wenn hierauf kein absoluter inhaltlicher Schwerpunkt liegt und die Zeit einigermaßen knapp bemessen ist. Zu den ausführlichen Argumenten → Rn. 22 ff.

65 Die Impfung stellt danach eine tatbestandliche Körperverletzung i. S.d. § 223 Abs. 1 StGB dar.

66 **2. Subjektiver Tatbestand.** A handelte mit Wissen und Wollen hinsichtlich der Tatbestandsverwirklichung, mithin vorsätzlich i. S.d. § 15 StGB.

II. Rechtswidrigkeit

67 Die Tat könnte infolge einer Einwilligung des G gerechtfertigt sein.

68 **1. Einwilligungsfähigkeit des G.** Fraglich ist, ob G als 16-jähriger Gymnasiast überhaupt einwilligungsfähig ist. Andernfalls wäre ggf. auf eine stellvertretende Einwilligung seiner (personensorgeberechtigten) Eltern abzustellen, die hier aber offensichtlich nicht gegeben ist. Da G minderjährig ist, muss seine Einwilligungsfähigkeit positiv festgestellt werden.

> **Klausurhinweis:**
>
> Im Gegensatz zur Einwilligungsfähigkeit Erwachsener, die grundsätzlich vermutet wird, ist die Entscheidungsreife Minderjähriger in der Klausur (wie auch in der Praxis) stets positiv festzustellen.

69 Einwilligungsfähig ist, wer nach seiner geistigen und sittlichen Reife imstande ist, Wesen, Bedeutung und Tragweite des in Rede stehenden Eingriffs zu erfassen und sachgerecht zu beurteilen.[68] Zum Teil wird zusätzlich die Fähigkeit verlangt, sich entsprechend den eigenen Einsichten zu verhalten.[69]

70 Nach herrschender Meinung kommt es bei Minderjährigen dabei nicht auf deren Geschäfts-, Schuld- oder Deliktsfähigkeit an.[70] Stattdessen ist die **individuelle Reife** maßgeblich. Entscheidend ist also, ob der spezifische Minderjährige Bedeutung und Tragweite des konkreten Eingriffs, in den er einwilligt, überblicken kann. Als Kriterien werden hierbei u. a. das Alter des Minderjährigen, etwaige Krankheitserfahrungen in der Vergangenheit, die intellektuellen und sozio-kulturellen Fähigkeiten des Minderjährigen, die Schwere und Komplexität des Eingriffs sowie seine Dringlichkeit bzw. Indikation herangezogen. Jedenfalls nach hM bestehen daher für geringfügige Eingriffe (z. B. Blutentnahmen) und Routinemaßnahmen (z. B. Impfung) niedrigere Anforderungen als bei größeren und komplikationsträchtigen Maßnahmen (z. B. einer Wirbelsäulenoperation).[71]

---

[68] RGSt 41, 392 (396 f.); 60, 34 (35 f.); BGHSt 5, 362 (363 f.); 8, 357 (358); 23, 1 (4); BGHZ 29, 33 (36); BGH NStZ 2000, 87 (88).
[69] Vgl. *Amelung*, ZStW 104 (1992), 525 (555 f.); zum Ganzen *Schrott*, Intersex-Operationen, S. 335 ff.
[70] Siehe nur RGSt 41, 392 (396 f.); BGHSt 4, 88 (90 f.); 23, 1 (4); *Amelung*, ZStW 104 (1992), 821 (824).
[71] *Waßmer*, Medizinstrafrecht, § 6 Rn. 21.

Fall 1b: Die Corona-Impfung

> **Weiterführendes Wissen:**
>
> Da es sich bei einer Einwilligung in eine Rechtsgutsverletzung nicht um eine Willenserklärung im rechtsgeschäftlichen Sinne handelt, finden die zivilrechtlichen Vorschriften der §§ 104 ff. BGB keine (d. h. weder direkt noch analog) **Anwendung**.
> Aber Achtung: In Bezug auf die Willenserklärungen, die den Behandlungsvertrag herbeiführen, sind die §§ 104 ff. BGB unproblematisch unmittelbar anwendbar. Die auf den Abschluss eines Behandlungsvertrages gerichtete Willenserklärung einerseits und die Einwilligung in die medizinische Behandlung andererseits sind daher – das ist insoweit unstreitig – dogmatisch deutlich voneinander zu trennen.[72] Zum Minderjährigen als Partei eines Behandlungsvertrags siehe *Lauf/Birk*, NJW 2018, 2230.

G ist 16 Jahre alt und daher bereits einigermaßen nah an der Grenze zur Volljährigkeit, ab der die Einwilligungsfähigkeit grundsätzlich vermutet wird. Auch ist er altersentsprechend entwickelt und besucht ein Gymnasium, ist also grundsätzlich in der Lage, zumindest in schulischem Kontext komplexere Zusammenhänge zu erfassen sowie Informationen aufzunehmen und zu verarbeiten. Schließlich handelt es sich bei der Impfung auch um eine indizierte Routinemaßnahme, die zudem mit nur geringfügigen Substanzverletzungen einhergeht. Es ist daher davon auszugehen, dass G weiß, worin er einwilligt, mithin Bedeutung und Tragweite der Impfung mit einem mRNA-Impfstoff überblickt. Es ist daher davon auszugehen, dass G einwilligungsfähig ist.

> **Klausurhinweis:**
>
> AA aber mit sehr guter Argumentation noch vertretbar.

2. Alleinentscheidungsbefugnis des G. Fraglich ist, ob die Einwilligung des einwilligungsfähigen G ausreicht oder ob kumulativ bzw. allein maßgeblich auch seine personensorgeberechtigten Eltern in die Impfung einwilligen müssen, um die Rechtswidrigkeit entfallen zu lassen. Ob der einwilligungsfähige Minderjährige alleinentscheidungsbefugt ist, die Entscheidung ausschließlich den Eltern zusteht (ggf. unter Berücksichtigung etwaiger Vetorechte des Minderjährigen) oder aber sowohl die Eltern als auch das Kind zustimmen müssen (sog. „Co-Konsens"), ist nach wie vor umstritten.

Da lediglich G in die Impfung eingewilligt hat, seine Eltern die Behandlung jedoch strikt ablehnen, mithin ihre Einwilligung nicht erteilt haben, kommen die Ansichten zu unterschiedlichen Ergebnissen. Der Streit ist daher zu entscheiden:

Gegen eine elterliche Alleinzuständigkeit spricht bereits, dass es nach § 630d Abs. 1 S. 2 BGB ausdrücklich der Einwilligung *jedes einwilligungsfähigen Patienten* bedarf.[73] Nimmt man den gesetzlichen Wortlaut ernst, darf der bereits einwilligungsfähige Minderjährige (hier: der G) bei der Entscheidung zumindest nicht übergangen werden. Die Annahme einer elterlichen Alleinzuständigkeit überzeugt daher nicht.[74]

---

72 So auch ausdrücklich *Spickhoff*, FamRZ 2018, 412 (414).
73 Vgl. auch *Spickhoff*, FamRZ 2018, 412 (422).
74 Diese Ansicht wird in der Literatur daher auch nur noch selten vertreten.

Falleinheit 1: Ärztliche Heilbehandlung, Einwilligung und Aufklärung (Fall 1a bis Fall 1f)

> **Klausurhinweis / Weiterführendes Wissen:**
>
> Eine differenzierende Ansicht geht von der grundsätzlichen Alleinentscheidungsbefugnis der Eltern des einwilligungsfähigen Minderjährigen aus, möchte diesem aber jedenfalls ein **Vetorecht** *gegen* seine Behandlung zusprechen.[75] Letztlich lässt sich jedoch auch dieser „Spielart" der primären Elternzuständigkeit der Wortlaut des § 630d Abs. 1 S. 2 BGB entgegenhalten.
> Im Fall wird ein etwaiges Vetorecht des G ohnehin nicht relevant, da G die Impfung ja erhalten möchte, d. h. gerade nicht gegen diese mittels Vetos interveniert.

75 Für eine „Doppelzuständigkeit" von Eltern und Kind ließe sich jedoch unter Umständen das **elterliche Erziehungsrecht aus Art. 6 Abs. 2 GG** sowie die Regelung des **§ 1626 Abs. 1 BGB** ins Feld führen: So geht § 1626 Abs. 1 S. 2 BGB davon aus, dass die Personensorge für einen Minderjährigen grundsätzlich seinem gesetzlichen Vertreter, in aller Regel also seinen Eltern, obliegt. Sie ist daher Teil ihres verfassungsrechtlich geschützten Erziehungsrechts aus Art. 6 Abs. 2 GG. Auch § 1626 Abs. 2 BGB, der verlangt, dass die wachsenden Fähigkeiten und Bedürfnisse des Kindes zu selbstständigem und verantwortungsbewusstem Handeln berücksichtigt und Fragen der elterlichen Sorge gemeinsam besprochen sowie einvernehmliche Lösungen angestrebt werden, stehe dem nicht entgegen, da die Norm jedenfalls keinen *Vorrang* der Entscheidung des einwilligungsfähigen Minderjährigen statuiere.[76]

76 Einem solchen kumulativen Einwilligungserfordernis ist jedoch insbesondere das **Selbstbestimmungsrecht** des Minderjährigen entgegenzuhalten: Denn gesteht man einer Person die Fähigkeit zur Einwilligung zu, so ist sie gerade dazu in der Lage, eigenverantwortlich ihre von der Einwilligung betroffenen Grundrechte auszuüben, mithin ihr verfassungsrechtlich garantiertes Selbstbestimmungsrecht wahrzunehmen. Es erscheint daher bereits auf begrifflicher Ebene widersprüchlich, wenn man dem Minderjährigen einerseits bescheinigt, fähig zur rechtswirksamen Einwilligung zu sein, gleichzeitig aber gerade für diese wirksame Einwilligung entweder die alleinige oder jedenfalls die kumulative Zustimmung der Eltern fordert. Man würde dem Minderjährigen dann „mit der einen Hand geben, was man ihm direkt mit der anderen wieder wegnimmt"[77]. Im Ergebnis sprechen daher die besseren Gründe – namentlich die Wahrung des Selbstbestimmungsrechts des Minderjährigen – dafür, eine Alleinentscheidungskompetenz des Minderjährigen anzunehmen.[78]

> **Klausurhinweis:**
>
> Eine a.A. ist freilich vertretbar. Insbesondere das zivilrechtliche, namentlich das familienrechtlich geprägte Schrifttum sowie Teile der (v. a. zivilrechtlichen) Rspr. verlangen einen Co-Konsens.[79]

77 Danach konnte G allein wirksam in die Impfung einwilligen. Die weiteren Voraussetzungen der rechtfertigenden Einwilligung liegen vor, insbesondere war ist die körperli-

---

75 *Lipp*, MedR 2008, 292 (293); in diese Richtung schon *Eberbach*, FamRZ 1982, 450 (454) und *Scherer*, FamRZ 1997, 589 (595).
76 Ähnlich *Hauck*, NJW 2012, 2398 (2399 f.); *Pawlowski*, in: FS Hagen, 5 (19 f.); weitergehend *Scherer*, FamRZ 1997, 589 (591).
77 *Knauf*, Mutmaßliche Einwilligung und Stellvertretung bei ärztlichen Eingriffen an Einwilligungsunfähigen, 2005, S. 36.
78 I.E. ebenso *Spickhoff*, FamRZ 2018, 412 (423); *Lorenzen*, COVuR 2021, 460 (463); vgl. auch OLG Hamm NJW 2020, 1373: Alleinentscheidungsbefugnis bzgl. Schwangerschaftsabbruch.
79 Vgl. beispielsweise jüngst OLG Frankfurt a. M., NZFam 2021, 872.

che Unversehrtheit als Individualrechtsgut disponibel. Ein Fall des § 228 StGB liegt nicht vor. Von einer wirksamen Aufklärung ist auszugehen. Darauf, dass G's Eltern die Behandlung ablehnen, kommt es nicht an.

Ergebnis: Mangels Rechtswidrigkeit infolge wirksamer Einwilligung durch G hat sich A durch die Impfung nicht strafbar gemacht.

Var.:

Fraglich ist, ob der 13-jährige G einwilligungsfähig ist und daher mit Rechtfertigungswirkung in die Impfung durch A einwilligen konnte.

Grundsätzlich kommt es bei der Bestimmung der Einwilligungsfähigkeit von Minderjährigen nicht auf deren Geschäfts-, Schuld- oder Deliktsfähigkeit an (→ Rn. 70). Stattdessen ist die individuelle Reife maßgeblich. „Absolut" starre **Altersgrenzen** werden dementsprechend zwar überwiegend abgelehnt, dennoch verneinen nicht wenige Stimmen im Schrifttum bei Kindern bis 14 Jahren die Einsichts- und damit Einwilligungsfähigkeit „prinzipiell" und stellen lediglich darüber hinaus auf eine Einzelfallbeurteilung ab.[80] Zum Teil werden auch **differenzierende Lösungen** vorgeschlagen, wonach bei Minderjährigen unter 14 Jahren die Einwilligungsfähigkeit grundsätzlich zu verneinen sei, zwischen 14 und 16 Jahren eine einzelfallabhängige Prüfung vorgenommen werden müsse und ab Vollendung des 16. Lebensjahres die Einwilligungsfähigkeit vermutet werden könne.[81] Ziel dieser Ansätze ist es, durch die Festlegung bestimmter (jedenfalls „vermutender") Altersgrenzen die Ärzteschaft hinsichtlich der Bestimmung der Einwilligungsfähigkeit ihrer minderjährigen Patientinnen und Patienten zu entlasten und bestehende Rechtsunsicherheiten zu beseitigen. Schließt man sich diesen Ansichten an, müsste man eine Einwilligungsfähigkeit des erst 13-jährigen G – letztlich ungeachtet seiner ungewöhnlichen Reife und Reflektiertheit – im Ergebnis wohl ablehnen, da G noch keine 14 Jahre alt ist.

Nach überzeugender anderer Ansicht ist dagegen stets – d. h. altersunabhängig – eine **einzelfallabhängige ärztliche Prüfung** der Einwilligungsfähigkeit Minderjähriger in Bezug auf den konkreten Eingriff erforderlich. Hierfür spricht einerseits, dass die jeweils in Rede stehenden Eingriffe hinsichtlich ihres Wesens sowie ihrer Bedeutung und Tragweite gänzlich unterschiedlich sein können (z. B. Einwilligung in eine medizinisch indizierte Amputation vs. Einwilligung in eine medizinisch indizierte operative Entfernung des Blinddarms). Insofern sind auch die Anforderungen an die Reife des Minderjährigen jeweils unterschiedlich zu bewerten. Eine generalisierende Altersgrenze würde diesen Differenzierungen nicht gerecht. Auch variiert der individuelle Reifegrad Minderjähriger zum Teil erheblich. Und schließlich erscheint es Medizinerinnen und Medizinern im Rahmen des auf partnerschaftlich-individuelle Kommunikation ausgerichteten Arzt-Patienten-Verhältnisses auch durchaus möglich und zumutbar, die Einwilligungsfähigkeit des Minderjährigen einzelfallabhängig festzustellen, da diese ohnehin gehalten sind, den Minderjährigen altersentsprechend, d. h. an dessen individuelle Fähigkeiten angepasst, aufzuklären. Der mit einer einzelfallorientierten Bestimmung der Einwilligungsfähigkeit einhergehende „Mehraufwand" ist damit überschaubar.

---

80 Zum Streitstand Schönke/Schröder-*Sternberg-Lieben*, § 223 Rn. 38d m. w.N.
81 Vgl. *Moritz*, ZfJ 1999, 92 (96 f.), der dies sogar als „vorherrschende Auffassung" bezeichnet.

Falleinheit 1: Ärztliche Heilbehandlung, Einwilligung und Aufklärung (Fall 1a bis Fall 1f)

> **Weiterführendes Wissen:**
> Bisweilen wird für (mehr oder minder) starre Altersgrenzen auch das Argument angeführt, der Ärzteschaft werde ansonsten unbilligerweise das **Risiko eines Irrtums** übertragen.[82] Dem ist jedoch zu entgegnen, dass sich der irrende Arzt bzw. die irrende Ärztin in diesen Konstellationen in aller Regel in einem jedenfalls die Bestrafung ausschließenden **Erlaubnistatbestandsirrtum** befinden wird (z. B. Ärztin geht fälschlicherweise von einer bestehenden Einwilligungsfähigkeit des Minderjährigen aus, obwohl diesem tatsächlich die erforderliche Entscheidungsreife fehlt, und holt deswegen ausschließlich dessen Einwilligung ein, nicht jedoch die seiner Eltern). Eine etwaige Strafbarkeit aus Fahrlässigkeitsdelikten entfällt ebenfalls, sofern der Arzt bei der Beurteilung der Einwilligungsfähigkeit des Minderjährigen die erforderliche Sorgfalt hat walten lassen.

82 Bei Anwendung eines einzelfallabhängigen Maßstabs ist danach einerseits zu berücksichtigen, dass sich der 13-jährige G bereits nah an der „14-Jahres-Grenze" befindet, die zumindest teilweise als relevante „Untergrenze" der Einwilligungsfähigkeit (→ Rn. 80) betrachtet wird.

83 Andererseits ist G für sein Alter ungewöhnlich reif und reflektiert. Zudem handelt es sich bei der Impfung mit einem von der STIKO empfohlenen mRNA-Impfstoff auch um eine halbwegs einfach gelagerte Routinemaßnahme ohne besondere Eingriffstiefe. Im Ergebnis ist daher davon auszugehen, dass G Bedeutung und Tragweite des Eingriffs erkennt und auch die Folgen der Behandlung hinreichend überblicken kann, sodass von seiner Einwilligungsfähigkeit auszugehen ist. *(a. A. vertretbar)*

84 Sofern man daher mit den überzeugenderen Argumenten eine Alleinentscheidungsbefugnis des G bejaht (→ Rn. 76), konnte G wirksam in die Impfung durch A einwilligen.

85 **Ergebnis:** Mangels Rechtswidrigkeit hat sich A nicht strafbar gemacht. *(a. A. vertretbar)*

---

82 Dahingehend z. B. *Eberbach*, FamRZ 1982, 450 (452).

Fall 1c: Die geschlechtsangleichende Operation

Säugling S kommt mit biologisch uneindeutigen, d. h. weder einheitlich männlichen noch einheitlichen weiblichen, Geschlechtsmerkmalen zur Welt („Differences of Sex Development" = DSD; „Varianten der Geschlechtentwicklung"; „Intersexualität"). Die Eltern möchten das Genital des Neugeborenen sobald wie möglich durch eine feminisierende Operation (Vaginalplastik) an das weibliche Geschlecht „anpassen" lassen, weil sie sich einerseits schon immer ein Mädchen gewünscht haben und andererseits der festen Überzeugung sind, dass eine möglichst frühe operative Angleichung unabdingbare Voraussetzung für die Entwicklung einer stabilen weiblichen Geschlechtsidentität[83] und somit die psychosoziale und -sexuelle Gesundheit ihres Kindes ist. Auch möchten sie es so in Zukunft vor Mobbing durch andere Kinder bewahren. Eine vitale Indikation besteht für die Operation nicht. Auch dient die Maßnahme nicht dazu, bestehende körperliche Funktionsstörungen zu beseitigen. Der komplizierte Eingriff, der einen vollständigen (inneren und äußeren) Vaginalaufbau inkl. umfangreicher, z. T. schmerzhafter Nachbehandlungen erfordert, soll in einem spezialisierten Fachklinikum stattfinden. Aus chirurgischer Sicht wird überwiegend ein möglichst früher Operationszeitpunkt angeraten, da das Gewebe zu diesem Zeitpunkt noch besser formbar sei.

Die Forschungs- und Studienlage zu den Erfolgsaussichten und der Indikation der Maßnahme ist unklar: Während nach wie vor ein kleiner Teil der medizinischen Wissenschaft und Lehre möglichst frühe operative Eingriffe befürwortet, da nur hierdurch gewährleistet sei, dass sich das Kind mit dem „zugewiesenen" männlichen bzw. weiblichen Geschlecht auch tatsächlich dauerhaft identifiziere, mehren sich inzwischen Stimmen von Wissenschaftlerinnen und Wissenschaftlern, die jedenfalls Operationen an Neugeborenen und Klein(st)kindern wegen ihrer hohen Eingriffsintensität, ihre Irreversibilität sowie ihrem Bezug zum sensiblen Bereich geschlechtlicher Selbsterfahrung und -bestimmung ablehnen. Auch die aktuellen forschungsbezogenen Leitlinien und Behandlungsempfehlungen der medizinischen Fachgesellschaften raten grundsätzlich zu einer abwartenden Haltung. Die Meinungen von Betroffenenverbänden variieren zum Teil erheblich. Aussagekräftige empirische Langzeitstudien zu den Erfolgsaussichten der Maßnahme im Hinblick auf die Entwicklung einer stabilen männlichen bzw. weiblichen Geschlechtsidentität fehlen. In der aktuellen DSD-Behandlungspraxis gehören frühe operative Eingriffe nach wie vor zum „medizinischen Alltag".

Um die rechtliche Ausgangslage abzuklären, suchen die Eltern die auf Medizinrecht spezialisierte Fachanwältin F auf. F soll in einem Gutachten klären, ob die Eltern in die geschlechtsangleichende Operation ihres Kindes einwilligen können.

Erstellen Sie das Gutachten der F.

Etwaige familiengerichtliche Genehmigungserfordernisse und/oder Rechtfragen im Zusammenhang mit einer ggf. angerufenen bzw. anzurufenden interdisziplinären Kommission bleiben außer Betracht. Es ist von einer ordnungsgemäßen Aufklärung der beteiligten Personen auszugehen.

---

83 Der Begriff der **Geschlechtsidentität** *(gender identity)* beschreibt das subjektive Empfinden eines Menschen, dem männlichen, weiblichen oder einem dritten Geschlecht anzugehören oder zwischen den Geschlechtern zu stehen. Wem bei der Entwicklung der Geschlechtsidentität der gewichtigere Anteil zukommt, Erziehung und sozialen Normen einerseits oder biologischen Determinismen andererseits, ist nach wie vor nicht abschließend geklärt („Nature vs. Nurture"). Die Entwicklung der Geschlechtsidentität gelangt nach inzwischen überwiegender Ansicht erst nach der Pubertät zu einem relativen Abschluss.

Falleinheit 1: Ärztliche Heilbehandlung, Einwilligung und Aufklärung (Fall 1a bis Fall 1f)

Kurzgliederung Fall 1c

A. **Vorüberlegungen und Ausgangsfrage**
   (P) Möglichkeit sog. stellvertretender Einwilligung der personensorgeberechtigten Eltern in geschlechtsangleichende OP
B. **Keine stellvertretende Einwilligung wegen der Verletzung höchstpersönlicher Rechtsgüter? (-)**
   – *Arg.*: Ansonsten nie Einwilligung der Eltern in indizierten Heileingriff möglich, da stets körperliche Unversehrtheit als höchstpersönliches Rechtsgut des Mdj. betroffen.
   – Vgl. auch § 1626 Abs. 1 BGB i. V. m. § 1631 BGB und Art. 6 Abs. 1 GG
C. **Keine stellvertretende Einwilligung wegen nicht eindeutig indizierter Behandlung? (-)**
   – *Arg.*: Entscheidungskompetenz der Eltern jedenfalls bei relativ einfach gelagerten Eingriffen sogar hinsichtlich medizinisch **nicht indizierter**, d. h. rein kosmetischer Behandlungen.
D. **Keine stellvertretende Einwilligung wegen § 1631e BGB?**
   I. Ausschluss der Einwilligung nach § 1631e Abs. 1 BGB?
      – Mobbing bzw. Entwicklung einer stabilen Geschlechtsidentität als „weitere Gründe" i. S.d. § 1631e Abs. 1 BGB (-/+)
   II. Einwilligungsvoraussetzungen nach § 1631e Abs. 2 S. 1 BGB (-)
      1. Allgemeine Voraussetzungen (+)
      2. „Aufschiebbarkeit" des Eingriffs?
         (P) einzelfallabhängige Abwägung
         – Dafür: Entwicklung einer stabilen Geschlechtsidentität
         – Dagegen: hohe Eingriffsintensität, irreversibel und sensibler Bereich geschlechtlicher Selbsterfahrung und -bestimmung
         – Streitentscheid: Aufschiebbarkeit (+)

Ergebnis:
Keine stellv. Einwilligung möglich

Lösung Fall 1c

Schwerpunkte: Stellvertretende Einwilligung, § 1631e BGB

A. Vorüberlegung und Ausgangsfrage

87 Der Säugling S ist als neugeborenes Kind nicht einwilligungsfähig. In Betracht kommt daher allenfalls eine sog. **stellvertretende Einwilligung** der personensorgeberechtigten Eltern.

> **Weiterführendes Wissen:**
>
> Die stellvertretende (hier: elterliche) Einwilligung ist als Institut des geltenden Rechts **vollumfänglich anerkannt**, auch wenn über ihre genaue Ausgestaltung sowie insbesondere ihre Grenzen nach wie vor Uneinigkeit herrscht.[84] Sie kommt grundsätzlich immer dann in Betracht, wenn der Rechtsgutsinhaber selbst nicht einwilligungsfähig ist.

---

[84] Vgl. nur BGHSt 12, 379 (382 f.); BGH NJW 1966, 1855 (1856); LK-StGB-*Rönnau*, Vorb. §§ 32 Rn. 176, 179; Matt/Renzikowski-*Engländer*, Vor. §§ 32 Rn. 17; *Amelung/Eymann*, JuS 2001, 937 (940).

Fall 1c: Die geschlechtsangleichende Operation

Die allgemeinen Voraussetzungen der stellvertretenden Einwilligung **ähneln** denen der „klassischen" Einwilligung durch den Rechtsgutinhaber (Einwilligungsfähigkeit der stellvertretend einwilligenden Person/en, grundsätzlich disponibles Rechtsgut, keine wesentlichen Willensmängel, umfassende Aufklärung etc.). Umstritten ist allerdings, ob § 228 StGB auf die stellvertretende Einwilligung Anwendung findet, wobei die wohl besseren Argumente gegen eine Anwendbarkeit sprechen.[85]

Da bei der stellvertretenden Einwilligung begriffsnotwendig „stellvertretend", d. h. für eine andere Person entschieden wird, kann sie aber insgesamt **nur in engeren Grenzen zulässig** sein als die sich vollumfänglich durch das Selbstbestimmungsrecht des Rechtsgutinhabers legitimierende Verletzteneinwilligung.[86]

Relevant werden diese Grenzen und ihre exakte Bestimmung insbesondere dann, wenn es um die Einwilligung in die (v. a. irreversible) Verletzung höchstpersönlicher Rechtsgüter des Einwilligungsunfähigen geht (z. B. im Bereich der sexuellen Selbstbestimmung) oder religiös-weltanschauliche Rechte und Pflichten im Raum stehen. Letzteres ist v. a. bei der **religiös motivierten Knabenbeschneidung** von Bedeutung, die der Gesetzgeber nach einem umstrittenen Urteil des LG Köln vom 7.5.2012[87] in § 1631d BGB ausdrücklich geregelt hat. Danach umfasst die elterliche Personensorge explizit auch die Einwilligung in die Beschneidung eines männlichen Kindes, wenn diese *lege artis* erfolgt und nicht ausnahmsweise das Kindeswohl entgegensteht; vgl. hierzu die Falllösung bei Beck, ZJS 2012, 42 (46).

In die **Sterilisation** ihres Kindes können die Eltern nie rechtfertigend einwilligen, vgl. § 1631c S. 1 BGB.

Fraglich ist, ob die Eltern in eine geschlechtsangleichende (hier: feminisierende) Operation ihres intersexuellen Kindes S wirksam einwilligen können. Von der Einwilligungsfähigkeit der Eltern sowie einer ordnungsgemäßen Aufklärung ist auszugehen. Willensmängel liegen nicht vor.

B. Keine stellvertretende Einwilligung wegen der Verletzung höchstpersönlicher Rechtsgüter?

Möglicherweise scheitert eine stellvertretende Einwilligung der Eltern aber daran, dass sie die Verletzung **höchstpersönlicher Rechtsgüter** (v. a. körperliche Unversehrtheit und sexuelle Selbstbestimmung) des S betrifft. Diese Rechtsgüter könnten daher so eng mit der Person des Rechtsgutinhabers S verbunden sein, dass nur dieser selbst in eine Verletzung einwilligen kann.

Allerdings wäre dann grundsätzlich auch keine Einwilligung der Eltern in einen indizierten Heileingriff möglich, da in diesen Fällen ebenfalls in aller Regel die körperliche Unversehrtheit und damit ein höchstpersönliches Rechtsgut des Minderjährigen betroffen ist.[88] Diese Überlegung wird dadurch gestützt, dass die Einwilligung in medizinische (Heil-)Behandlungen mehr oder weniger unstreitig als von der elterlichen Personensorge (§ 1626 Abs. 1 BGB i. V. m. § 1631 BGB) sowie insbesondere dem elterlichen Erziehungsrecht aus Art. 6 Abs. 2 S. 1 GG mitumfasst gilt.

---

85 Gegen die Anwendbarkeit MüKo-StGB-*Hardtung*, § 228 Rn. 10; *Fateh-Moghadam*, RW 2010, 115 (123); *Valerius*, Kultur und Strafrecht, S. 158; für die Anwendbarkeit *Schramm*, Ehe und Familie, S. 219; *Engisch*, ZStW 58 (1939), 1 (43). Im Ergebnis wird es angesichts vorgelagerter Schranken (z. B. Kindeswohl) ohnehin kaum einmal entscheidend auf die Norm ankommen.
86 Ähnlich *Reipschläger*, Die Einwilligung Minderjähriger, 2004, S. 110 f. m.w. N.; vgl. auch BVerfGE 59, 360 (376 f.). Ausführlich zum Ganzen *Schrott*, Intersex-Operationen, S. 459 ff.
87 LG Köln NJW 2012, 2128.
88 Ausführlich hierzu und zum Folgenden *Schrott*, Intersex-Operationen, S. 530 ff.

91 Allein die Betroffenheit höchstpersönlicher Rechtsgüter steht einer stellvertretenden elterlichen Einwilligung in geschlechtsbestimmende Operationen damit nicht von vornherein entgegen.

> **Klausurhinweis / Weiterführendes Wissen:**
>
> Insbesondere *Roxin/Greco*[89] und (bzgl. geschlechtsbestimmender Operationen) *Tönsmeyer* stellen in diesem Zusammenhang auf die **Unvertretbarkeit (bzw. Höchstpersönlichkeit) der Entscheidung** ab.[90] Neben einer gewissen Nähe zum Zirkelschluss ist das Kriterium der existentiellen bzw. höchstpersönlichen Entscheidung jedoch v. a. inhaltlich viel zu unbestimmt, um eine rechtssichere Beschränkung der elterlichen Einwilligungsmöglichkeiten zu begründen.[91]

C. Keine stellvertretende Einwilligung wegen nicht eindeutig indizierter Behandlung?

92 Die Einwilligung der Eltern könnte jedoch daran scheitern, dass es sich bei der eingewilligten Maßnahme jedenfalls **nicht um eine eindeutig indizierte Behandlung** handelt, da jedenfalls nicht sicher feststeht, dass die Maßnahme tatsächlich taugliches Mittel ist, um den angestrebten (und zudem in der Zukunft liegenden) therapeutischen Zweck (Entwicklung einer stabilen Geschlechtsidentität i. S.v. psychosexueller und -sozialer Gesundheit) überhaupt zu erreichen.

93 Hiergegen ließe sich jedoch einwenden, dass den personensorgeberechtigten Eltern jedenfalls bei relativ einfach gelagerten Eingriffen sogar eine Entscheidungskompetenz hinsichtlich medizinisch nicht indizierter, d. h. rein kosmetischer Behandlungen wie beispielsweise dem Stechen von Ohrlöchern, dem Entfernen von ästhetisch als störend empfundenen Muttermalen oder aber dem Anlegen von abstehenden Ohren zugestanden wird.[92]

> **Klausurhinweis:**
>
> Dem ließe sich freilich entgegnen, dass es sich bei der hier in Rede stehenden Maßnahme jedenfalls um eine deutlich eingriffsintensivere Maßnahme handelt. Gegenargument wäre dann wiederum, dass vorliegend zumindest eine gewisse therapeutische Zwecksetzung besteht (→ Rn. 98), deren Erfolgsaussichten jedoch unklar sind; es handelt sich daher zumindest um eine fraglich/zweifelhaft indizierte Maßnahmen.[93]

94 Zudem berücksichtigt eine derart pauschal beschränkte elterliche Einwilligungskompetenz das verfassungsrechtlich garantierte Elternrecht aus Art. 6 Abs. 2 S. 1 GG zu wenig.[94]

95 Allein der Umstand, dass es sich bei dem eingewilligten Eingriff jedenfalls um keine eindeutig indizierte Maßnahme handelt, macht eine stellvertretende Einwilligung der Eltern daher nicht *a priori* unmöglich. *(a. A. aber vertretbar)*

---

89 Vgl. *Roxin/Greco*, Strafrecht AT I, § 13 Rn. 93.
90 *Tönsmeyer*, Die Grenzen der elterlichen Sorge, 2012, S. 151; in diese Richtung auch LK-StGB-*Grünewald*, § 223 Rn. 66.
91 Ausführlich hierzu *Schrott*, Intersex-Operationen, S. 535 f.
92 Vgl. hierzu *Wapler*, Kinderrechte, S. 542 m. w.N.
93 Vgl. hierzu *Schrott*, Intersex-Operationen, S. 281 f.
94 Dasselbe gilt hinsichtlich des erst bei einer Kindeswohl*gefährdung* auf den Plan gerufene staatliche Wächteramt aus Art. 6 Abs. 2 S. 2 GG (i. V. m. § 1666 BGB). Ausführlich zum Ganzen *Schrott*, Intersex-Operationen, S. 607 ff. m. w.N.

D. Keine stellvertretende Einwilligung wegen § 1631e BGB?

Nichtsdestotrotz entscheiden die Eltern hier nicht für sich selbst als Rechtsgutsträger, sondern für ihr Kind S. Diese Befugnis der Eltern stützt sich dabei maßgeblich auf ihr **Elternrecht** aus Art. 6 Abs. 2 S. 1 GG, welches in den Regelungen zur elterlichen **Personensorge** in den §§ 1626 ff. BGB seinen einfachgesetzlichen Niederschlag gefunden hat. Entscheidendes Leitprinzip und oberste Richtschnur der Elternverantwortung ist dabei stets das **Wohl des Kindes**.[95] Auf einfachgesetzlicher Ebene wird dies vorliegend durch den 2021 neu ins BGB eingefügten **§ 1631e BGB** konkretisiert.[96]

I. Ausschluss der Einwilligung nach § 1631e Abs. 1 BGB?

Nach **§ 1631e Abs. 1 BGB** umfasst die elterliche Personensorge ausdrücklich nicht das Recht, in eine Behandlung eines nicht einwilligungsfähigen Kindes mit einer Variante der Geschlechtsentwicklung einzuwilligen oder selbst diese Behandlung durchzuführen, die, ohne dass ein weiterer Grund für die Behandlung hinzutritt, **allein in der Absicht** erfolgt, das körperliche Erscheinungsbild des Kindes an das des männlichen oder des weiblichen Geschlechts **anzugleichen**. Vorliegend möchten die Eltern ihr Kind zwar einerseits deswegen an das weibliche Geschlecht angleichen lassen, weil „sie sich schon immer ein Mädchen gewünscht haben". Insoweit dient die Operation tatsächlich allein dem Ziel, S äußerlich geschlechterbinär anzupassen.

Allerdings wollen die Eltern mit dem Eingriff auch die (aktuelle und spätere) psychosexuelle und psychosoziale Gesundheit des Kindes durch die Entwicklung einer stabilen Geschlechtsidentität gewährleisten.[97] Daneben soll es so vor späterem Mobbing durch andere Kinder geschützt werden.

Fraglich ist, ob diese Aspekte „**weitere Gründe**" i. S.d. § 1631e Abs. 1 BGB bilden. Jedenfalls nach der Gesetzesbegründung soll die Beseitigung einer nur befürchteten psychischen Beeinträchtigung keinen solchen „weiteren Grund" darstellen.[98] Entsprechend dürfte die Sorge um (lediglich) zukünftiges **Mobbing** inkl. damit ggf. einhergehender psychischer Belastungssituationen für das Kind wohl ebenfalls nicht ausreichen, um einen „anderen Grund" i. S.d. Norm bejahen zu können. Ob dies jedoch auch im Hinblick auf die von den Eltern beabsichtigte Entwicklung einer stabilen **Geschlechtsidentität** als Teil psychosexueller und -sozialer Gesundheit des Minderjährigen gilt, ist unklar. Sieht man hierin lediglich die Abwehr zukünftiger, mithin nicht akuter (insbesondere) psychischer Leiden, so würde eine Einwilligung der Eltern nach Vorstehendem wohl bereits an § 1631e Abs. 1 BGB scheitern. Betrachtet man die Entwicklung einer stabilen Geschlechtsidentität dagegen als darüber hinausgehende, unmittelbar (körper-)gesundheitsbezogene und zudem bereits zum aktuellen Zeitpunkt ein entsprechendes Handeln erforderlich machende Zielsetzung, müsste diese i. R.d. § 1631e Abs. 1 BGB grundsätzlich als „weiterer Grund" berücksichtigt werden. Die Operation

---

95 Ganz h. M., siehe nur BVerfGE 59, 360 (376 f.); 60, 79 (88); *Höfling*, in: Isensee/Kirchhof, VII § 155 Rn. 35; *Scholz*, FPR 1998, 62 (69).
96 Ausführlich zur Konkretisierung vor Einfügung des § 1631e BGB *Schrott*, medstra 2021, 358 ff.
97 *Coester-Waltjen/Henn*, FamRZ 2021, 1589 (1592) weisen zutreffend auf Schutzlücken in diesem Bereich hin, da es nicht auf den objektiven Zweck, sondern lediglich auf die Absicht der Eltern ankommt.
98 BT-Drucks 19/24868, 26. Anders dagegen die Vermeidung bereits eingetretener, verfestigter starker psychischer Belastungssituationen des intersexuellen Kindes. Freilich ergibt sich weder das eine noch das andere in irgendeiner Form aus dem Wortlaut der Norm, wo allein von einem „weiteren Grund" die Rede ist, ohne dass dieser in irgendeiner Form näher spezifiziert würde.

erfolgte dann jedenfalls nicht *allein* in der Absicht, das körperliche Erscheinungsbild des S an das des weiblichen Geschlechts anzugleichen.

100 Geht man von Letzterem aus, ist weiter zu prüfen, ob die Voraussetzungen des § 1631e Abs. 2 BGB gegeben sind. Liegen diese nicht vor, scheidet eine elterliche Einwilligung unabhängig von § 1631e Abs. 1 BGB ohnehin im Ergebnis aus.

> **Klausurhinweis:**
>
> Indem Sie an dieser Stelle offenlassen, ob die Einwilligung bereits an § 1631e Abs. 1 BGB scheitert, können Sie „organisch" weiterprüfen und bei § 1631e Abs. 2 BGB noch etliche Punkte „holen", ohne ein Hilfsgutachten bemühen zu müssen.

II. Einwilligungsvoraussetzungen nach § 1631e Abs. 2 S. 1 BGB

101 Nach **§ 1631e Abs. 2 S. 1 BGB** können die Eltern in operative Eingriffe an den inneren oder äußeren Geschlechtsmerkmalen ihres nicht einwilligungsfähigen Kindes mit einer Variante der Geschlechtsentwicklung, die eine Angleichung des körperlichen Erscheinungsbilds des Kindes an das des männlichen oder des weiblichen Geschlechts zur Folge haben könnten und für die nicht bereits nach Abs. 1 die Einwilligungsbefugnis fehlt, nur einwilligen, wenn der Eingriff nicht bis zu einer selbstbestimmten Entscheidung des Kindes **aufgeschoben werden kann**.

> **Klausurhinweis:**
>
> Die Wiedergabe des Normtextes ist – v. a. bei Zeitnöten – nicht zwingend erforderlich.

102 **1. Allgemeine Voraussetzungen des § 1631e Abs. 2 S. 1 BGB.** Bei der geplanten Behandlung handelt es sich um eine feminisierende Operation mittels Vaginalplastik durch einen vollständigen (inneren und äußeren) Vaginalaufbau und damit um einen Eingriff an den äußeren Geschlechtsmerkmalen des nicht einwilligungsfähigen S, der eine Variante der Geschlechtsentwicklung aufweist. Dieser hat auch zur Folge, dass das körperliche Erscheinungsbild des Säuglings an das weibliche Geschlecht angeglichen wird („feminisierend"). Geht man davon aus, dass mit der Operation neben dieser Angleichung auch andere, therapeutische Zielsetzungen (hier: Entwicklung einer stabilen Geschlechtsidentität, → Rn. 98) jedenfalls mitverfolgt werden, fehlt den Eltern hierfür auch nicht bereits nach Abs. 1 die Einwilligungsbefugnis. *(a. A. vertretbar, → Rn. 99)*

103 **2. „Aufschiebbarkeit" des Eingriffs?** Fraglich ist jedoch, ob der Eingriff nicht bis zu einer **selbstbestimmten Entscheidung** des S – d. h. bis S entsprechend einwilligungsfähig[99] ist – **aufgeschoben** werden kann, vgl. § 1631e Abs. 2 S. 1 a. E. BGB. Da es sich bei einer feminisierenden Operation mittels Vaginalplastik um eine komplexe, eingriffsintensive und grundsätzlich irreversible Maßnahme handelt, wird von einer Einwilligungsfähigkeit des S in aller Regel jedenfalls nicht vor 15–17 Jahren auszugehen sein.[100]

104 Nach der Gesetzesbegründung ist für die Frage der „Aufschiebbarkeit" entscheidend, ob die Nachteile eines unterlassenen Eingriffs im konkreten Fall schwerer und dringlicher wiegen würden als die Sicherung des Kindesinteresses, in der Zukunft eine

---

99 Und damit grundsätzlich alleinentscheidungsbefugt ist (siehe Fall 1b).
100 Ausführlich hierzu *Schrott*, Intersex-Operationen, S. 365 ff.

Fall 1c: Die geschlechtsangleichende Operation

eigene autonome Entscheidung über seine geschlechtliche Erscheinung zu treffen.[101] Erforderlich ist damit eine **einzelfallabhängige Abwägung**:

Gegen eine Operation zum jetzigen Zeitpunkt spricht, dass der Eingriff bei S weder vital indiziert ist noch der Beseitigung einer aktuell bestehenden Funktionsstörung dient, sodass mit der Behandlung unter diesem Gesichtspunkt grundsätzlich noch abgewartet werden kann. Zudem ist die Operation angesichts des vollständigen Vaginalaufbaus sowie der Erforderlichkeit umfangreicher, z. T. schmerzhafter Nachbehandlungen von **hoher Eingriffsintensität**, grundsätzlich **irreversibel** und im **sensiblen Bereich** geschlechtlicher Selbsterfahrung und -bestimmung angesiedelt, die bei einem Neugeborenen mangels eines entsprechenden Bewusstseins naturgemäß noch überhaupt nicht ausgeprägt sein können.

105

Für eine alsbaldige Behandlung könnte jedoch zunächst streiten, dass aus chirurgischer Sicht aufgrund der besseren Formbarkeit des Gewebes ein möglichst früher Operationszeitpunkt angeraten wird. Allerdings betrifft diese Empfehlung letztlich eine nachgelagerte Fragestellung, nämlich die, wann genau, nachdem die eigentliche Eingriffsentscheidung bereits getroffen worden ist, tatsächlich operiert werden soll. Zur Beantwortung der vorgeschalteten Frage, ob überhaupt operativ einzugreifen ist, kann sie hingegen argumentativ kaum etwas beitragen.

106

Auf den elterlichen Wunsch nach einem „normalen" Mädchen kann als außerhalb der Person des Säuglings S liegender, diesen verobjektivierender Grund jedenfalls nicht abgestellt werden. Auch die beabsichtigte Abwehr von Mobbing unter Kindern reicht nicht aus, eine nicht aufschiebbare Behandlung mit lebenslang irreversiblen Folgen zu begründen; stattdessen tut hier entsprechende Beratung, Unterstützung und Aufklärung Not, damit Kinder aufgrund ihrer Andersartigkeit nicht ausgegrenzt oder stigmatisiert werden.[102]

107

Als weiteres Argument für eine möglichst frühe Operation ließe sich jedoch womöglich ins Feld führen, dass jedenfalls nach einem (kleinen) Teil der medizinischen Wissenschaft und Lehre (und der Überzeugung der Eltern) nur hierdurch gewährleistet wird, dass sich S mit dem „zugewiesenen" männlichen bzw. weiblichen Geschlecht auch tatsächlich dauerhaft identifiziert, mithin eine **stabile männliche bzw. weibliche Geschlechtsidentität** entwickelt.

108

Abgesehen davon, dass inzwischen auch das **BVerfG** in einer jüngeren Leitentscheidung aus dem Jahr 2017 nicht mehr von einer binären Geschlechterordnung ausgeht[103] und damit bereits die Legitimität des angestrebten Ziels, die Entwicklung einer stabilen (ausschließlich) *männlichen oder weiblichen* Geschlechtsidentität, angezweifelt werden könnte, darf im Rahmen einer grundsätzlich objektiv ausgerichteten Abwägung der Vor- und Nachteile des Eingriffs die überwiegend anders lautende ablehnende Lehrmeinung sowie das Fehlen aussagekräftiger empirischer Langzeitstudien nicht unberücksichtigt bleiben. Ebenso raten die (wenngleich rechtlich nicht verbindlichen)[104]

109

---

101 Vgl. BT-Drs. 19/24686, 27 f.
102 Dahingehend auch die Gesetzesbegründung, vgl. BT-Drs. 19/24686, 28.
103 Vgl. BVerfG, Beschluss vom 10.10.2017 – 1 BvR 2019/16, NJW 2017, 3643 mit Anm. *Gössl*.
104 Zur **Rechtsnatur von Leitlinien:** Leitlinien sind systematisch entwickelte Hilfen für Ärztinnen und Ärzte zur Entscheidungsfindung in spezifischen Situationen, die auf aktuellen wissenschaftlichen Erkenntnissen und in der Praxis bewährten Verfahren beruhen. Sie sollen für mehr Sicherheit in der Medizin sorgen, aber auch ökonomische Aspekte berücksichtigen. In rechtlicher Hinsicht sind sie jedoch „**nicht bindend** und haben daher weder haftungsbegründende noch haftungsbefreiende Wirkung" (so z. B. die AWMF selbst am Ende jeder Leitlinie; vgl. auch *Heyers*, ArztR 2016, 201 (209)). Sie stellen einen **Wegweiser für den medizi-**

Falleinheit 1: Ärztliche Heilbehandlung, Einwilligung und Aufklärung (Fall 1a bis Fall 1f)

Leitlinien und Empfehlungen der medizinischen Fachgesellschaften zu einer abwartenden Haltung.

> **Weiterführendes Wissen:**
>
> Sofern man in diesem Zusammenhang auch dem individuellen Wertesystem und den subjektiven Einschätzungen der entscheidenden Eltern aufgrund von Art. 6 Abs. 2 S. 1 GG eine gewisse Bedeutung zumisst, kann dies jedenfalls nicht dazu führen, dass die vorstehend genannten „verobjektivierten" Abwägungsaspekte nur nachrangige Berücksichtigung finden oder gar außer Betracht bleiben.[105]

110 S selbst kann bereits aufgrund seiner mangelnden Artikulationsfähigkeit nicht dazu befragt werden, ob er eine Operation wünscht oder nicht. Wie Betroffenenverbände die Eingriffe einschätzen, variiert.

111 Stellt man daher die Vor- und Nachteile einer frühen Behandlung bilanzierend gegenüber, so spricht für eine solche lediglich die wissenschaftlich (noch) nicht auszuschließende, angesichts voranschreitender Forschung aber wohl zunehmend unwahrscheinlicher werdende Möglichkeit, dass S hierdurch eine stabile (weibliche) Geschlechtsidentität entwickelt. Gegen einen Eingriff lassen sich jedoch die – zum jetzigen Zeitpunkt sicher feststehende – hohe Eingriffsintensität, seine Irreversibilität sowie insbesondere der Umstand anführen, dass die Entwicklung der Geschlechtsidentität ohnehin erst nach der Pubertät zu einem relativen Abschluss gelangt, mithin diesbzgl. noch überhaupt nicht absehbar ist, in welche Richtung sich S einmal entwickeln wird. Die Sicherung seines Interesses, in der Zukunft eine eigene autonome Entscheidung über seine geschlechtliche Erscheinung treffen zu können, wiegt daher im konkreten Fall schwerer und dringlicher als die Nachteile eines unterlassenen Eingriffs (hier: ggf. Nichtrealisierung einer stabilen weiblichen Geschlechtsidentität). Wie die aktuelle tatsächliche Behandlungspraxis aussieht, ist insofern ohne Belang.

112 Danach wäre die geplante Operation des S aufschiebbar i. S.d. § 1631e Abs. 2 S. 1 BGB und damit eine elterliche Einwilligung (unabhängig von § 1631e Abs. 1 BGB, → Rn. 97 ff.) nicht möglich.

> **Klausurhinweis:**
>
> Da es sich bei der Frage, ob in die Vornahme einer geschlechtsbestimmenden Operation an intersexuellen Minderjährigen stellvertretend eingewilligt werden kann, um eine relative „Spezialmaterie" handelt, werden hierzu selbstverständlich keine vertieften Kenntnisse erwartet. Insbesondere § **1631e BGB** sollte aber bekannt und in der Klausur halbwegs ausführlich behandelt werden. I.Ü. wird Ihnen der Sachverhalt bei derartigen „Spezialfällen" viel Argumentationsmaterial liefern.

113 **Ergebnis:** Die Eltern können daher in die geplante geschlechtsangleichende Operation ihres intersexuellen Kindes S nicht wirksam einwilligen. *(a. A. kaum vertretbar)*

---

nischen Standard dar, dürfen jedoch nicht unbesehen mit diesem gleichgesetzt werden, vgl. BGH, NJW-RR 2014, 1053 (1055); BGH, GesR 2008, 361; BGH, ArztR 2008, 135; OLG Köln, GesR 2013, 411 (412). Medizinische Richt- und Leitlinien können aber bei der Bestimmung der objektiven Sorgfaltspflichtverletzung bei Fahrlässigkeitsdelikt relevant werden, siehe hierzu *Staudt*, Medizinische Richt- und Leitlinien im Strafrecht, 2012, v. a. S. 181 ff.

105 Ausführlich hierzu *Schrott*, Intersex-Operationen, S. 629 ff.: Entwicklung eines subjektiv-individuellen Gewichtungsmodells auf objektiver Grundlage zur Bestimmung des Kindeswohls.

Fall 1c: Die geschlechtsangleichende Operation

Wird der Eingriff dennoch vorgenommen, macht sich der behandelnde Arzt bzw. die behandelnde Ärztin grundsätzlich wegen (ggf. gefährlicher) Körperverletzung strafbar. Die Eltern wären insofern als Anstifter bzw. Gehilfen (ggf. sogar als Mittäter) zu behandeln.

Falleinheit 1: Ärztliche Heilbehandlung, Einwilligung und Aufklärung (Fall 1a bis Fall 1f)

Fall 1d: Die Zahnextraktion

115 Die approbierte Zahnärztin Z empfiehlt ihrem Patienten P die Extraktion mehrerer Backenzähne als medizinisch „zwingend notwendig", um ihn im weiteren Verlauf mit für sie finanziell einträglichem Zahnersatz versorgen zu können. Tatsächlich hätte es hinreichend aussichtsreiche nicht-invasive Behandlungsalternativen gegeben, bei denen die Zähne erhalten geblieben wären. Im Vertrauen auf die Angaben der Z stimmt P der Zahnextraktion zu. Daraufhin nimmt Z den Eingriff mittels der dafür erforderlichen ärztlichen Instrumente (v. a. einer zur Zahnextraktion verwendeten Zange) unter örtlicher Betäubung vor. Hätte Z den P über die alternativen Behandlungsmethoden aufgeklärt, hätte dieser den Zahnerhalt vorgezogen und die Zahnextraktion abgelehnt.

Strafbarkeit der Z nach dem StGB?
Auf § 263 StGB ist nicht einzugehen.

Fall 1d: Die Zahnextraktion

Kurzgliederung Fall 1d

Stbk. der Z

A. § 223 Abs. 1, 224 Abs. 1 Nr. 1, Nr. 2 Alt. 2 (+)
I. TB (+)
  1. Obj. TB (+)
     a) GrundTB, § 223 (+)
        (P) Ärztlicher Heileingriff als tatbestandl. KV?
        Keine medizinische Indikation; nach allen Ansichten tatbestandl. KV (+)
     b) QualifikationsTB, § 224 Abs. 1
        aa) § 224 Abs. 1 Nr. 2 Alt. 2 (+)
        (P) Werkzeugeigenschaft medizinischer Behandlungs- und Operationsinstrumente
        – (noch) hM: (-) bei bestimmungsgemäßer Verwendung durch Arzt bzw. wegen fehlenden Angriffs- und Verteidigungscharakters
        (P) Werkzeugeigenschaft im vorliegenden Fall, wenn **keine Verbesserung der Gesundheit** des P (+)
        – Waffe als Unterfall des gefährlichen Werkzeugs
        – auch bei ärztl. Instrumenten allein entscheidend, ob Gegenstand aufgrund seiner obj. Beschaffenheit und der Verwendung im konkreten Fall dazu geeignet ist, erhebliche Verletzungen herbeizuführen; hier (+)
        bb) § 224 Abs. 1 Nr. 1 (-)
        – (noch) h. M.: *lege artis* angewendete örtl. Betäubung od. Medikamente keine Gifte bzw. gesundheitsschädliche Stoffe
        – Neuere Ansicht: Keine ärztl. „Sonderdogmatik"; aber hier: § 224 Abs. 1 Nr. 1 (-) mangels tatsächlicher Gefahr ernsthafter gesundheitlicher Schäden durch örtl. Betäubung
  2. Subj. TB (+)
II. RWK (+)
    Einwilligung (-) mangels Aufklärung über bestehende Alternativen zur Zahnextraktion
III. Schuld (+)

Lösung Fall 1d[106]

Schwerpunkte: Qualifikationstatbestand § 224 StGB, v. a. medizinische Instrumente als gefährliche Werkzeuge

Strafbarkeit der Z

A. §§ 223 Abs. 1, 224 Abs. 1 Nr. 1, Nr. 2 StGB

Z könnte sich durch die Zahnextraktion bei P gem. §§ 223 Abs. 1, 224 Abs. 1 Nr. 1, Nr. 2 StGB wegen gefährlicher Körperverletzung strafbar gemacht haben.

116

---

[106] Sachverhalt nach OLG Karlsruhe Beschl. v. 16.3.2022 – 1 Ws 47/22, NStZ 2022, 687.

Falleinheit 1: Ärztliche Heilbehandlung, Einwilligung und Aufklärung (Fall 1a bis Fall 1f)

I. Tatbestandsmäßigkeit

117 **1. Objektiver Tatbestand. a) Grundtatbestand, § 223 Abs. 1 StGB.** Das medizinisch nicht indizierte Ziehen eines Zahnes stellt eine üble und unangemessene Behandlung des Körpers des P dar, durch die dessen körperliches Wohlbefinden mehr als nur unerheblich beeinträchtigt wurde. Eine **körperliche Misshandlung** liegt vor. Nach Abklingen der örtlichen Betäubung ist eine Zahnextraktion auch in der Regel mit nicht unerheblichen Schmerzen im Mund- und Zahnfleischbereich verbunden; zudem fehlt nach der Behandlung ein Zahn. Damit liegt auch eine negativ vom Normalzustand abweichender, pathologischer Körperzustand bei P vor. Eine **Gesundheitsschädigung** ist daher ebenfalls gegeben.

118 Da für die Extraktion angesichts des Bestehens anderweitiger aussichtsreicher, nicht-invasiver zahnerhaltender Behandlungsalternativen keine medizinische Notwendigkeit bestand, der Eingriff mithin medizinisch nicht angezeigt („indiziert") war, stellt sich die Streitfrage nicht, ob auch ärztliche Heileingriffe als indizierte Maßnahmen den Tatbestand der Körperverletzung überhaupt erfüllen können (→ Rn. 11 ff.). Der objektive Tatbestand des § 223 Abs. 1 StGB ist daher sowohl nach den Tatbestands- als auch den Rechtfertigungslösungen erfüllt.

119 **b) Qualifikationstatbestand, § 224 Abs. 1 StGB.** Fraglich ist, ob auch die Voraussetzungen des Qualifikationstatbestands des § 224 Abs. 1 StGB, insbesondere von Nr. 2, vorliegen.

120 **aa) § 224 Abs. 1 Nr. 2 StGB.** Dazu müsste die von Z zur Zahnextraktion verwendete Zange ein gefährliches Werkzeug i. S. d. § 224 Abs. 1 Nr. 2 Alt. 2 StGB sein.

> **Klausurhinweis:**
>
> Eine Zahnextraktionszange ist jedenfalls nicht allgemein dazu bestimmt, Menschen erhebliche Verletzungen zuzufügen und daher keine **Waffe** i. S. d. Alt. 1.

121 Hierunter versteht man grundsätzlich jeden körperlichen Gegenstand, der nach seiner **objektiven Beschaffenheit** sowie der **konkreten Art** seiner Verwendung dazu geeignet ist, erhebliche Verletzungen hervorzurufen. Eine Zahnextraktionszange ist aufgrund ihrer i. d.R. metallenen und massiven objektiven Beschaffenheit sowie angesichts ihrer konkreten Verwendung als „Reißwerkzeug" im sensiblen Gaumenbereich des Patienten P grundsätzlich dazu geeignet, bei diesem erhebliche Verletzungen im Mund- und Rachenbereich hervorzurufen. So werden zwar Schmerzen während der Extraktion eines Zahnes mittels der dafür vorgesehenen zahnärztlichen Instrumente aufgrund einer örtlichen Betäubung nicht oder kaum verspürt. Die zur Zahnextraktion verwendete Zange führt jedoch unmittelbar nach dem Eingriff zu dem unwiederbringlichen Verlust eines Teils des Gebisses sowie zusätzlich zu einer – jedenfalls für die Dauer einiger Tage – offenen Wunde im Mundraum des P. Derartige Eingriffe sind nach Abklingen der lokalen Narkose regelmäßig mit nicht unerheblichen Schmerzen, Beschwerden bei der Nahrungsaufnahme und der Gefahr von Entzündungen verbunden, welche nur durch Einnahme von Tabletten und oralhygienische Maßnahmen gemindert werden können, und zwar insbesondere dann, wenn mehrere Zähne entfernt werden. Von sowohl nach ihrer Intensität als auch ihrer Dauer **gravierenden Verletzungen** im Mundraum der Patienten ist daher auszugehen.[107]

---

[107] Ausführlich OLG Karlsruhe, NStZ 2022, 687 (687 f.); vgl. auch BeckOK-StGB-*Eschelbach*, § 224 Rn. 28, 28.4.

Fall 1d: Die Zahnextraktion

> **Klausurhinweis:**
> Diesen Teil können Sie auch etwas knapper halten.

Allerdings spricht die wohl (noch) hM medizinischen Behandlungs- und Operationsinstrumenten wie z. B. Spritzen, Skalpellen, Knochensägen oder eben Zahnextraktionszangen die Eigenschaft als gefährliches Werkzeug ab, wenn sie **bestimmungsgemäß** in der Hand eines (approbierten) Arztes bzw. einer (approbierten) Ärztin zum Einsatz kommen – grundsätzlich unabhängig davon, ob es sich bei der ärztlichen Maßnahme um einen Heileingriff handelt oder nicht.[108] Entsprechend lehnt die überwiegende Ansicht die Verwirklichung des Qualifikationstatbestands auch bei medizinisch nicht indizierten ärztlichen Eingriffen ab, sofern diese *lege artis* durchgeführt werden.[109] Begründet wird dies damit, dass in diesen Fällen der **Angriffs- und Verteidigungscharakter fehle** und von approbierten Ärztinnen und Ärzten eine geringere Gefährlichkeit ausgehe.[110]

122

Fraglich ist, ob die vorstehenden Grundsätze auch hinsichtlich der nicht indizierten Zahnextraktion durch Z greifen mit der Folge, dass der Qualifikationstatbestand des § 224 Abs. 1 Nr. 2 Alt. 2 StGB ggf. zu verneinen wäre.

123

Hiergegen könnte man zunächst einwenden, dass mit der nicht angezeigten Zahnextraktion jedenfalls keine Verbesserung der Gesundheit des P erreicht wird, sodass es bereits an einem sachlichen Grund für eine die Ärzteschaft privilegierende Gesetzesauslegung fehlt.[111] Auch ließe sich argumentieren, dass das medizinisch nicht angezeigte Ziehen mehrerer Backenzähne gegen die *lex artis* verstößt (zur Problematik siehe bereits oben) und daher schon die statuierten Voraussetzungen der ärztlichen „Privilegierung" nicht vorliegen.

124

Gewichtigster Punkt gegen die Annahme einer solchen „Sonderdogmatik" für Ärztinnen und Ärzte ist jedoch die **aktuelle Gesetzeslage** nach dem 6. Strafrechtsreformgesetz von 1998:[112] So hat die Einordnung eines gefährlichen Werkzeugs als Mittel der Tatbegehung im Verhältnis zur Waffe hierdurch insoweit eine Änderung erfahren hat, als das gefährliche Werkzeug – anders als bei § 223 a StGB a. F. – in der neuen Fassung des § 224 Abs. 1 Nr. 2 StGB nicht mehr als Beispiel für eine Waffe, sondern eine Waffe nunmehr als Unterfall eines gefährlichen Werkzeugs zu verstehen ist. Demzufolge kann eine Abgrenzung, ob ein ärztliches oder zahnärztliches Instrument als gefährliches Werkzeug einzustufen ist oder nicht, nicht mehr danach erfolgen, ob es gleich einer Waffe zu Angriffs- oder Verteidigungszwecken eingesetzt wird. Vielmehr ist auch bei ärztlichen Instrumenten wie der vorliegend verwendeten Zahnextraktionszange schlichtweg danach zu fragen, ob der Gegenstand aufgrund seiner objektiven Beschaffenheit und der Verwendung im konkreten Fall dazu geeignet ist, dem Opfer erhebli-

125

---

108 BGH NJW 1978, 1206 (Zahnarzt-Zange); NStZ 1987, 174; StA Mainz NJW 1987, 2946 (Injektionsnadel); LG Köln NJW 2012, 2128 (Skalpell); SSW-*Momsen-Pflanz/Momsen/Leszczynska*, § 224 Rn. 20; *Wessels/Hettinger/Engländer*, Strafrecht BT 1, § 5 Rn. 231; kritisch NK-StGB-*Paeffgen/Böse/Eidam*, § 224 Rn. 17; BeckOK-StGB-*Eschelbach*, § 224 StGB Rn. 28.1.
109 Z.B. bzgl. der Knabenbeschneidung LG Köln NJW 2012, 2128; *Steiner*, Die religiös motivierte Knabenbeschneidung, 2013, S. 61; *Wagner*, Schönheitsoperation, S. 156; bzgl. geschlechtsangleichender Operationen bei Kindern mit Varianten der Geschlechtsentwicklung *Schrott*, Intersex-Operationen, S. 205.
110 BGH NJW 1978, 1206; NStZ 1987, 174; *Rengier*, Strafrecht BT 2, § 14 Rn. 35; *Lackner/Kühl/Heger*, § 224 Rn. 5.
111 Ebenso *Hecker*, JuS 2022, 684 (685); BeckOK-StGB/*Eschelbach*, § 224 Rn. 28.4.
112 Hierzu und zum Folgenden OLG Karlsruhe NStZ 2022, 687.

che Verletzungen beizubringen.[113] Dies ist – wie bereits oben geprüft – bei Verwendung einer metallenen Extraktionszange zum Ziehen mehrerer Backenzähne unproblematisch der Fall. Keine Rolle bei der Einordnung medizinischer Instrumente als gefährliche Werkzeuge i. S.v. § 224 Abs. 1 Nr. 2 Alt. 2 StGB spielt insofern der Umstand, dass Z als (approbierte) Zahnärztin zu deren regelgerechter Anwendung grundsätzlich in der Lage war und sie auch hinsichtlich der konkreten Durchführung der Zahnextraktion regelgerecht angewandt hat.[114]

> **Weiterführendes Wissen:**
>
> Die dem Fall zugrundeliegende Entscheidung des OLG Karlsruhe (NStZ 2022, 687) leitet damit eine von der bisherigen Linie der hM abweichende Neubewertung medizinischer Instrumente im Anwendungsbereich des § 224 Abs. 1 Nr. 2 StGB ein.[115] Es gilt hier, die weitere Entwicklung in der Rechtsprechung im Blick zu behalten.

126 Die Körperverletzung wurde daher auch mittels eines anderen gefährlichen Werkzeugs i. S.d. § 224 Abs. 1 Nr. 2 Alt. 2 StGB begangen.

> **Klausurhinweis:**
>
> A.A. aber vertretbar, wenn man darauf abstellt, dass sich die Gefährlichkeit für die körperliche Unversehrtheit des Opfers durch den Einsatz der Extraktionszange gegenüber einer Extraktion ohne Zange verringert hat.[116]

> **Klausurhinweis:**
>
> Ob hingegen die Spritze, mit der nach lebensnaher Sachverhaltsauslegung die örtliche Betäubung injiziert wurde, ein anderes gefährliches Werkzeug darstellt, ist sehr zweifelhaft, da sie jedenfalls im konkreten Fall lediglich zum Hervorrufen einer minimalen Einstichstelle im Zahnfleisch verwendet wurde.[117]

bb) § 224 Abs. 1 Nr. 1 StGB

> **Klausurhinweis:**
>
> Nr. 2 wurde aus didaktischen Gründen vor Nr. 1 geprüft. Dies ist aber freilich nicht zwingend.

127 Die beigebrachte örtliche Betäubung könnte ein Gift oder einen anderen gesundheitsschädlichen Stoff darstellen. Unter **Gift** versteht man jeden organischen oder anorganischen Stoff, der unter bestimmten Bedingungen durch chemische oder chemischphysikalische Wirkung die Gesundheit erheblich zu beeinträchtigen vermag. **Andere gesundheitsschädliche Stoffe** sind demgegenüber solche Substanzen, die mechanisch oder thermisch wirken. Unabhängig von einer exakten Einordnung des jeweiligen Anästhetikums als Gift oder anderer gesundheitsschädlicher Stoff muss die beigebrachte Substanz – ähnlich wie bei der Verwendung von Operationsinstrumenten – ihrer Art und Menge nach aber nicht nur generell, sondern auch **im konkreten (Einzel-)Fall** dazu

---

[113] So ausdrücklich OLG Karlsruhe NStZ 2022, 687; vgl. auch *Hecker*, JuS 2022, 684 (686), der für eine Aufgabe der ärztlichen „Sonderdogmatik" plädiert.
[114] Vgl. OLG Karlsruhe NStZ 2022, 687 (688).
[115] Vgl. *Hecker*, JuS 2022, 684 (686).
[116] Dahingehend noch *Kraatz*, Arztstrafrecht, 2. Aufl. 2018, § 3 Rn. 91; anders aber jetzt in der 3. Aufl. 2023, § 3 Rn. 99.
[117] Vgl. hierzu OLG Karlsruhe, NStZ 2022, 687 mit Anm. *Vogel*.

Fall 1d: Die Zahnextraktion

geeignet sein, ernsthafte gesundheitliche Schäden zu verursachen.[118] Z verabreicht dem P hier jedoch lediglich eine für die örtliche Betäubung des Gaumenbereichs ausreichende Menge; auch geht sie bei der Verabreichung selbst entsprechend den Regeln der ärztlichen Kunst vor. Es ist daher nicht davon auszugehen, dass P in der konkreten Situation tatsächlich Gefahr lief, ernsthafte gesundheitliche Schäden durch die Verabreichung der örtlichen Betäubung davonzutragen.

Der Qualifikationstatbestand des § 224 Abs. 1 Nr. 1 StGB ist daher nicht erfüllt. 128

2. Subjektiver Tatbestand. Z handelte mit Wissen und Wollen und damit vorsätzlich i. S.d. § 15 StGB hinsichtlich des Ziehens der Backenzähne sowie hinsichtlich der Verwendung der Extraktionszange. 129

II. Rechtswidrigkeit

Die Einwilligung des P in die Operation könnte die Rechtswidrigkeit des Handelns der Z entfallen lassen. Allerdings hat Z den P nicht über bestehende, deutlich weniger invasive (und zahnerhaltende) Alternativen zur Zahnextraktion aufgeklärt, obwohl dies erforderlich gewesen wäre, damit P tatsächlich eine informierte Einwilligung für bzw. gegen die Operation hätte treffen können. Da dies unterblieben ist, ist die Einwilligung des P infolge unzureichender Aufklärung unwirksam. 130

Eine mutmaßliche Einwilligung des P kommt nicht in Betracht, da eine tatsächliche Einwilligung (nach ordnungsgemäßer Aufklärung) tatsächlich hätte eingeholt werden können. 131

Unabhängig davon, ob man die hypothetische Einwilligung als Rechtfertigungsgrund im Strafrecht anerkennen möchte, scheidet eine solche bzgl. P jedenfalls aus, da dieser in die Zahnextraktion gerade nicht eingewilligt hätte, wäre er durch Z ordnungsgemäß aufgeklärt worden. 132

III. Schuld

Mangels Schuldausschließungs- und/oder Entschuldigungsgründen handelte Z auch schuldhaft. Insbesondere geht Z nicht (irrig) davon aus, sie habe den P tatsächlich ordnungsgemäß aufgeklärt bzw. sie dürfe den P über Behandlungsalternativen im Unklaren lassen. 133

Ergebnis: Z ist strafbar gem. §§ 223 Abs. 1, 224 Abs. 1 Nr. 2 Alt. 2 StGB. 134

---

[118] H.M., vgl. MüKo-StGB-*Hardtung*, § 224 Rn. 8; Schönke/Schröder-*Sternberg-Lieben*, § 224 Rn. 2a; vgl. auch BGHSt 51, 18 (22).

Falleinheit 1: Ärztliche Heilbehandlung, Einwilligung und Aufklärung (Fall 1a bis Fall 1f)

Fall 1e: Der vielbeschäftigte Anästhesist

135 Urologe U stellt gegenüber seinem Patienten P die Indikation zu einem operativen urologischen Eingriff (Blasenspiegelung inkl. Harnröhrenschlitzung) unter Vollnarkose und setzt einen Eingriffstermin fest. Tatsächlich ist die Operation aber allenfalls teilweise medizinisch indiziert, was U auch weiß, aber gegenüber P verschweigt, um weitergehende Einnahmen für seine schlecht gehende Praxis zu generieren. P geht daher von einer insgesamt indizierten Behandlung aus und willigt – nach i. Ü. ordnungsgemäßer Aufklärung – in die Behandlung ein. Hätte P von der nur teilweise bestehenden Indikation gewusst, hätte er seine Zustimmung zur Behandlung insgesamt nicht erteilt.

Als die Operation einige Tage später in den Praxisräumen des U stattfindet, steht der für die Narkose zuständige Anästhesist Dr. N aufgrund anstehender Termine und parallel angesetzter Behandlungen unter starkem Zeitdruck. Entgegen den Regeln der narkoseärztlichen Kunst verlässt Dr. N daher während der laufenden Narkose die Räume des U für ca. 5 Minuten, um in seiner eigenen (nahegelegenen) Praxis eine weitere Anästhesie nebst Intubation einzuleiten. P ist daher für ca. 5 Minuten ohne Überwachung durch einen Anästhesisten. Er wird in dieser Zeit unruhig und bewegt sich. U lässt daraufhin Dr. N suchen und ihm von einer Mitarbeiterin ausrichten, er werde gebraucht. Daraufhin kehrt Dr. N zurück und spritzt P – kunstgerecht und indiziert – Propofol, um ihn zu beruhigen. Sodann wird der urologische Eingriff an P durch U mit dem erforderlichen Operationsbesteck (v. a. spezielles Messer zur Harnröhrenschlitzung) fortgesetzt. Noch vor Abschluss der Behandlung durch U verlässt Dr. N ohne weitere Absprache mit U erneut das Behandlungszimmer, um in seine eigenen Praxisräume zurückzukehren. U ist dabei aufgrund seiner umfangreichen Ausbildung bewusst, dass eine weitere Fortsetzung des Eingriffs ohne Anästhesisten nun erhebliche, möglicherweise auch tödliche, Gefahren für P bedeuten kann. Beiden Ärzten ist zudem bekannt, dass insbesondere die Aufwachphase bei einem Patienten besonders kritisch ist und einer aufmerksamen Überwachung bedarf. U vertraut indes darauf, dass es letztlich gut gehen werde, da nur noch wenige, kaum Zeit in Anspruch nehmende Maßnahmen ausstehen, und setzt die Behandlung fort. Kurz nach Abschluss des urologischen Eingriffs kommt es indes plötzlich zu einer bei der Verwendung von Propofol nicht untypischen Komplikation in Form eines Atemstillstandes (Herz-Kreislaufstillstand) bei P, an dessen Folgen P wenige Minuten später verstirbt.

Strafbarkeit des U nach dem StGB?

Auf § 221 und § 263 StGB ist nicht einzugehen. Es ist davon auszugehen, dass Dr. N über die Indikationsumstände sowie die zweifelhafte „Aufklärungspraxis" des U Bescheid wusste und diese grundsätzlich billigte. Weiter ist davon auszugehen, dass Dr. N, hätte U ihn rechtzeitig zur Weiterbehandlung hinzugezogen bzw. zurückgerufen, was grundsätzlich auch möglich gewesen wäre, die erforderlichen Maßnahmen ergriffen hätte. P hätte dann überlebt. U als Urologe war dazu – nicht vorwerfbar – nicht in der Lage.

Fall 1e: Der vielbeschäftigte Anästhesist

Kurzgliederung Fall 1e
Stbk. des U
A. § 212 Abs. 1, (§ 13 Abs. 1) (-)
Vorsatz (-)
B. §§ 223 Abs. 1, 224 Abs. 1 Nr. 1, Nr. 2, Nr. 4, Nr. 5
I. TB (+)
 1. Obj. TB (+)
    a) GrundTB, § 223 Abs. 1 (+)
       (P) Ärztlicher Heileingriff als tatbestandl. KV?
       Nur teilw. medizinische Indikation; nach allen Ansichten tatbestandl. KV (+)
    b) QualifikationsTB, § 224 Abs. 1
       aa) § 224 Abs. 1 Nr. 1 (-)
       – (noch) h. M.: *lege artis* angewendete Medikamente keine Gifte bzw. gesundheitsschädliche Stoffe
       bb) § 224 Abs. 1 Nr. 2 Alt. 2 (+)
       – (noch) hM: (-) bei bestimmungsgemäßer Verwendung durch Arzt bzw. mangels fehlenden Angriffs- und Verteidigungscharakters
       – Neuere Ansicht (+): Keine ärztl. „Sonderdogmatik"
       cc) § 224 Abs. 1 Nr. 4 (-)
       – Keine Gefahrerhöhung bei horizontaler Arbeitsteilung zwischen mehreren Ärzten
       dd) § 224 Abs. 1 Nr. 5 (+)
       – Konkrete Lebensgefahr (+)
 2. Subj. TB (+)
II. RWK (+)
Einwilligung (-), mangels Aufkl. über nur teilw. medizinische Indikation; mutmaßliche/hypothetische Einw. (-)
III. Schuld (+)
C. § 227 Abs. 1 (-)
I. TB (-)
 1. GrundTB, § 223 Abs. 1 (+)
 2. Schwere Folge (+)
 3. Kausalität (+)
 4. Fahrlässigkeit bzgl. schwerer Folge, § 18 (+)
    a) Obj. SorgfaltsPV (+)
    – Vornahme der nicht (vollumfänglich) indizierten Behandlung des P entgegen obj. ärztl. Sorgfaltspflichten
    b) Obj. Vorhersehbarkeit (+)
 5. Obj. Zurechnung und Gefahrzusammenhang (+)
    a) Obj. Zurechnung (+)
    – (P) Dazwischentreten Dritter (-): Dr. N kein Dritter
    – Pflichtwidrigkeitszusammenhang (+)
    – (P) Schutzzweckzusammenhang (+/-), kann dahinstehen, da jdfls.:
    b) Tatbestandsspezifischer Gefahrzusammenhang (-)

(P) restriktiver Ansatz:
- Bei unzureichender Aufkl. und Einw. Gefahrzusammenhang nur (+), wenn Tod des Patienten gerade Realisierung der Gefahr, auf die Hinweis im Aufklärungsgespräch fehlte
- Stbk. d. Operateurs gem. § 227 Abs. 1 infolge unzureichender Narkoseüberwachung nur dann (+), wenn P wahrheitswidrig vorgespiegelt wurde, Anästhesist sei während des Eingriffs anwesend
- Hier (-), da lediglich fehlerhafte Aufkl. über Indikation

D. §§ 222, 13 Abs. 1 (+)
0. Vorprüfung (+)
I. TB (+)
  1. Erfolg (+)
  2. Unterlassen der gebotenen und möglichen Handlung (+)
  3. (Quasi-)Kausalität (+)
  4. Garantenstellung, § 13 (+)
     Faktische Übernahme von Schutzpflichten
  5. Obj. SorgfaltsPV und obj. Vorhersehbarkeit (+)
     (P) Vertrauensgrundsatz
     - Grds.: Prinzip der strikten Arbeitsteilung
     - Hier: Aufhebung des Vertrauensgrundsatzes
  6. Obj. Zurechenbarkeit (+)
II. RWK (+)
    Wirksame Einw. (-)
III. Schuld (+)
     Subj. SorgfaltsPV bei subj. Vorhersehbarkeit (+)

Gesamtergebnis: Stbk. des U gem. §§ 223 Abs. 1, 224 Abs. 1 Nr. 2 Alt. 2, Nr. 5 – 52 – §§ 222, 13 Abs. 1

Lösung Fall 1e[119]

Schwerpunkte: Körperverletzung mit Todesfolge, Fahrlässige Tötung, Vertrauensgrundsatz

Strafbarkeit des U

A. § 212 Abs. 1, (§ 13 Abs. 1) StGB

136 U könnte sich, indem er die urologische Behandlung des P durchführte und auch fortsetzte, obwohl der mitbehandelnde Anästhesist Dr. N den Raum verlassen hatte, wegen Totschlags gem. § 212 Abs. 1 StGB strafbar gemacht haben. Sofern man den Schwerpunkt der Vorwerfbarkeit im Unterlassen des Herbeiholens des Dr. N sieht, kommt grundsätzlich eine Strafbarkeit wegen Totschlags durch Unterlassen nach §§ 212 Abs. 1, 13 Abs. 1 StGB in Betracht.

137 Eine entsprechende Strafbarkeit scheitert aber jeweils jedenfalls daran, dass U – schon aus Gründen der späteren Abrechenbarkeit der Operation gegenüber P – nicht wollte,

---

[119] Sachverhalt nach LG Braunschweig Urt. v. 9.1.2018 – 9 Ks 401 Js 4535/11, BeckRS 2017, 157040.

Fall 1e: Der vielbeschäftigte Anästhesist

dass dieser verstirbt, sondern stattdessen bei seinem Handeln auf einen guten („glücklichen") Ausgang im Sinne eines Ausbleibens des Erfolgs („Wird schon gut gehen!") vertraute.[120] U handelte daher jedenfalls nicht mit dem erforderlichen (Eventual-)Vorsatz, sondern lediglich bewusst fahrlässig.

> **Klausurhinweis:**
> Die Prüfung des § 212 Abs. 1, (§ 13 Abs. 1) StGB kann hier angesichts der eindeutigen Angaben zur subjektiven Tatseite denkbar knapp ausfallen.

B. §§ 223 Abs. 1, 224 Abs. 1 Nr. 1, Nr. 2, Nr. 4, Nr. 5 StGB

U könnte sich durch die Durchführung der nicht (vollumfänglich) indizierten urologischen Behandlung wegen gefährlicher Körperverletzung gem. §§ 223 Abs. 1, 224 Abs. 1 Nr. 1, Nr. 2, Nr. 4, Nr. 5 StGB strafbar gemacht haben.

138

> **Klausurhinweis:**
> Der Schwerpunkt der Vorwerfbarkeit i. R.d. Körperverletzungsdelikte liegt auf der Durchführung und Fortsetzung der Operation und damit auf einem aktiven Tun.

I. Tatbestandsmäßigkeit

1. Objektiver Tatbestand. a) Grundtatbestand, § 223 Abs. 1 StGB. Die Blasenspiegelung inkl. Harnröhrenschlitzung müsste eine körperliche Misshandlung darstellen. Hierunter versteht man jede üble und unangemessene Behandlung des Körpers des Opfers, welche dessen körperliches Wohlbefinden mehr als nur unerheblich beeinträchtigt.

139

Jedenfalls durch das Schlitzen der Harnröhre wurde in die Körpersubstanz des P eingegriffen, mithin dessen körperliches Wohlbefinden mehr als nur unerheblich beeinträchtigt. Dies geschah auch im Rahmen einer zumindest nicht vollumfänglich angezeigten Operation, sodass auch eine üble und unangemessene Behandlung bejaht werden kann.

140

Auch ist davon auszugehen, dass die Schlitzung der Harnröhre einerseits nach Beendigung des Eingriffs bis zur vollständigen Gewebswiederherstellung (erst) einen Wundheilungsprozess durchlaufen muss und andererseits nach Abklingen der Vollnarkose zu nicht unerheblichen Schmerzen im Harnröhrenbereich führt, sodass auch ein pathologischer, d. h. negativ vom Normalzustand abweichender Körperzustand bei P hervorgerufen wurde. Eine Gesundheitsschädigung liegt daher ebenfalls vor.

141

Da der operative Eingriff allenfalls teilweise medizinisch indiziert ist, braucht auf die Streitfrage, ob auch ärztliche Heileingriffe als (vollumfänglich) indizierte Maßnahmen den Tatbestand der Körperverletzung erfüllen können, nicht näher eingegangen werden. Eine Aufspaltung in einen indizierten und einen nicht indizierten Behandlungsteil erschiene insofern künstlich und lebensfremd und wird auch der Einheitlichkeit des Eingriffs nach dem äußeren Erscheinungsbild nicht gerecht.[121]

142

---

120 *Wessels/Beulke/Satzger*, Strafrecht AT, § 7 Rn. 333.
121 Ebenso das LG Braunschweig hinsichtlich einer Aufspaltung der Einwilligung in erforderliche und nicht erforderliche Maßnahmen, vgl. LG Braunschweig BeckRS 2017, 157040.

143 Der objektive Tatbestand des § 223 Abs. 1 StGB ist daher sowohl nach den Tatbestands- als auch den Rechtfertigungslösungen erfüllt.

144 **b) Qualifikation, § 224 Abs. 1 StGB. aa) Nr. 1.** Die Körperverletzung müsste durch die Beibringung von Gift oder anderen gesundheitsschädlichen Stoffen begangen worden sein, § 224 Abs. 1 Nr. 1 StGB.

145 Anknüpfungspunkt hierfür könnte das von Dr. N verabreichte Narkosemittel sowie das injizierte Propofol sein, deren Gabe dem U angesichts eines gemeinsamen („Operations-")Tatplans sowie einer gemeinsamen (hier: arbeitsteiligen) („Operations-")Tatausführung grundsätzlich auch gem. § 25 Abs. 2 StGB zugerechnet werden kann.

146 Unabhängig von einer exakten Einordnung des jeweiligen Anästhetikums bzw. Medikaments als Gift oder anderer gesundheitsschädlicher Stoff muss die beigebrachte Substanz ihrer Art und Menge nach aber nicht nur generell, sondern auch im konkreten (Einzel-)Fall dazu geeignet sein, ernsthafte gesundheitliche Schäden zu verursachen.[122]

147 Zumindest die wohl (noch) h. M. geht dabei davon aus, dass jedenfalls de lege artis angewendete (d. h. insbesondere ordnungsgemäß dosierte) Medikamente keine Gifte bzw. gesundheitsschädliche Stoffe darstellen, da sie in diesen Fällen nicht mit der konkreten Gefahr einer erheblichen Schädigung des Patienten verbunden seien – zu hoch dosierte bzw. kontraindizierte Arzneimittel dagegen schon.[123] Legt man diesen Beurteilungsmaßstab zugrunde, so wäre § 224 Abs. 1 Nr. 1 StGB vorliegend abzulehnen, da die Gabe von Propofol kunstgerecht und mangels anderweitiger Angaben auch in der korrekten Dosierung erfolgte. Ähnliches müsste dann auch hinsichtlich der Verabreichung des Narkosemittels gelten, die ebenfalls lege artis erfolgte.[124]

> **Klausurhinweis:**
>
> A.A. aber gut vertretbar, wenn man – auch im Sinne der oben skizzierten Rechtsprechungsänderung (siehe Fall 1d) – eine „Sonderdogmatik" für Ärztinnen und Ärzte ablehnt und schlichtweg darauf abstellt, ob die beigebrachte Substanz nach ihrer Art und Menge nach nicht nur generell, sondern auch im konkreten (Einzel-)Fall dazu geeignet ist, ernsthafte gesundheitliche Schäden zu verursachen. Dies ließe sich vorliegend jedenfalls für das verabreichte Propofol bejahen, da ein (tödlicher) Herz-Kreislaufstillstand bei P verursacht wurde, sich ein Schaden mithin sogar realisiert hat.

148 **bb) Nr. 2.** U könnte die Körperverletzung mittels eines anderen gefährlichen Werkzeugs i.S.d. § 224 Abs. 1 Nr. 2 Alt. 2 StGB begangen haben, indem er bei der Harnröhrenschlitzung ein spezielles Messer verwendete.

149 Ein sonstiges gefährliches Werkzeug i.S.d. Norm ist jeder bewegliche Gegenstand, der nach seiner objektiven Beschaffenheit sowie der konkreten Art seiner Verwendung im Einzelfall geeignet ist, erhebliche Verletzungen hervorzurufen.[125]

150 Das verwendete Messer zur Harnröhrenschlitzung ist als scharfes Schneidewerkzeug sowohl nach seiner objektiven Beschaffenheit als auch angesichts seiner Verwendung

---

122 H.M., vgl. MüKo-StGB-*Hardtung*, § 224 Rn. 8; vgl. auch BGHSt 51, 18 (22).
123 BeckOK-StGB/*Eschelbach*, StGB § 224 Rn. 17; vgl. auch *Waßmer*, Medizinstrafrecht, § 4 Rn. 22 f.
124 Ähnlich *Ulsenheimer/Gaede*, in: Ulsenheimer/Gaede, Arztstrafrecht in der Praxis, Rn. 627, wonach § 224 StGB beim Heileingriff restriktiv auszulegen sei, da das Narkosemittel zwar zu einer „Vergiftung" des Körpers des Patienten führe, dies aber dessen Wohl (Schmerzfreiheit) diene.
125 Vgl. *Fischer*, StGB, § 224 Rn. 14.

als Schneideinstrument im Harnröhrenbereich des P nach der konkreten Verwendungsart im Einzelfall geeignet, bei P erhebliche Verletzungen hervorzurufen.[126]

Allerdings wird nach wohl nach wie vor überwiegender Ansicht der Anwendungsbereich des § 224 Abs. 1 Nr. 2 StGB für (approbierte) Ärztinnen und Ärzte dahingehend eingeschränkt, dass ein von diesen bestimmungsgemäß (bzw. lege artis) verwendetes medizinisches Instrument mangels Angriffs- und Verteidigungscharakters kein gefährliches Werkzeug i.S.d. Norm darstellen soll.[127] Danach wäre § 224 Abs. 1 Nr. 2 StGB vorliegend zu verneinen, da das Messer vom (approbierten) Arzt U bestimmungsgemäß und kunstgerecht zur Schlitzung der Harnröhre des P verwendet wurde.

Jedoch ist eine solche ärztliche „Sonderdogmatik" abzulehnen, da dies einerseits zu Inkonsequenzen hinsichtlich der Berücksichtigung bzw. Nicht-Berücksichtigung des Zwecks der Handlung führt[128] und andererseits – insbesondere auch angesichts der nur teilweise bestehenden Indikation – kein Bedürfnis besteht, von der konsentierten Definition des gefährlichen Werkzeugs in Abgrenzung zur Waffe abzuweichen.

> **Klausurhinweis:**
> A.A. freilich vertretbar. Ausführlich hierzu Fall 1d. Taucht der Streit zum ersten Mal in der Klausur auf, müssen Sie ihn etwas ausführlicher als vorstehend darstellen.

Damit hat U bei der Behandlung auch ein anderes gefährliches Werkzeug i. S.d. § 224 Abs. 1 Nr. 2 Alt. 2 StGB verwendet. *(a. A. vertretbar)*

> **Klausurhinweis:**
> Ob hingegen die Spritze, mit der nach lebensnaher Sachverhaltsauslegung die Vollnarkose durch Dr. N injiziert wurde (Zurechnung an U über § 25 Abs. 2 StGB), ein anderes gefährliches Werkzeug darstellt, ist sehr zweifelhaft, da sie jedenfalls im konkreten Fall lediglich zum Hervorrufen einer minimalen Einstichstelle im Gewebe des P verwendet wurde.[129]

cc) **Nr. 4.** U könnte die Körperverletzung mit einem anderen Beteiligten gemeinschaftlich i. S.d. § 224 Abs. 1 Nr. 4 StGB begangen haben, indem er den Eingriff zusammen mit Dr. N ausführte.

Dr. N ist hier grundsätzlich auch als Mittäter i. S.d. § 25 Abs. 2 StGB zu qualifizieren und am Tatort anwesend, sodass es auf den Streit, ob für § 224 Abs. 1 Nr. 4 StGB jede beliebige Art der Täterschaft oder Teilnahme ausreicht (vgl. § 28 Abs. 2 StGB; so die h. M.) oder aber Mittäterschaft erforderlich ist (so die Mindermeinung), nicht ankommt.

Allerdings könnte eine solche Auslegung nicht mit dem Gesetzeszweck des § 224 Abs. 1 Nr. 4 StGB vereinbar sein. So soll § 224 Abs. 1 Nr. 4 StGB gerade der erhöhten Gefahr für das Opfer, die von mehreren Beteiligten ausgeht, Rechnung tragen. Bei einer **horizontalen Arbeitsteilung** zwischen zwei (oder mehreren) Ärztinnen und Ärzten besteht jedoch keine höhere Gefahr erheblicher Verletzungen für P, sondern – im Ge-

---

[126] Vgl. LG Braunschweig BeckRS 2017, 157040.
[127] *Ulsenheimer/Gaede*, in: Ulsenheimer/Gaede, Arztstrafrecht in der Praxis, Rn. 623 m. w.N.
[128] An dieser Stelle Berücksichtigung des Zwecks durch die h. M., obwohl sie diesen bei der Frage, ob tatbestandlich eine Körperverletzung vorliegt, ausklammert, vgl. *Waßmer*, Medizinstrafrecht, § 4 Rn. 26. Gleichwohl ist hier zu beachten, dass im Fall die Sonderkonstellation eines jedenfalls nicht vollumfänglich indizierten Eingriffs vorliegt.
[129] Vgl. hierzu OLG Karlsruhe, NStZ 2022, 687 mit Anm. *Vogel*.

Falleinheit 1: Ärztliche Heilbehandlung, Einwilligung und Aufklärung (Fall 1a bis Fall 1f)

genteil – das Zusammenwirken von Anästhesist und Operateur führt grundsätzlich zu einer Risikominimierung.[130] Auch werden die Verteidigungsmöglichkeiten des P hierdurch nicht eingeschränkt. § 224 Abs. 1 Nr. 4 StGB scheidet daher aus.

157 **dd) Nr. 5.** Die Körperverletzung könnte mittels einer das Leben gefährdenden Behandlung begangen worden sein, § 224 Abs. 1 Nr. 5 StGB.

158 Die h. M. lässt eine Körperverletzungshandlung genügen, die aus ex-ante-Sicht den konkreten Umständen nach **abstrakt** geeignet ist, einen Todeserfolg herbeizuführen. Eine Mindermeinung fordert dagegen den Eintritt einer **konkreten Lebensgefahr** (sog. Gefährdungserfolg), also einen Grad der Gefährdung, bei der es nur noch vom Zufall abhängt, ob sich der Schaden realisiert oder nicht. Die Beurteilung erfolgt ex-post.

159 Die von U geplante und durchgeführte Harnröhrenschlitzung musste unter Anästhesie erfolgen, weshalb U auch Dr. N hinzugezogen hat. Kann der Eingriff aber nur unter Narkose stattfinden, so ist die Gefahr, die von der Narkose ausgeht, dem Operateur auch rechtlich zuzurechnen, vgl. § 25 Abs. 2 StGB. Der Grundsatz der Aufgabenteilung zwischen Operateur und Anästhesist reicht dabei nicht so weit, dass dem Operateur die durch die Anästhesie verursachte Gefahr nicht zugerechnet werden könnte.[131]

160 Ex-post betrachtet hat sich die mit der Vollnarkose als eingriffsintensiver Maßnahme grundsätzlich stets einhergehende Gefahr auch tödlicher Komplikationen – wie z. B. hier durch einen Herz-Kreislauf-Kollaps – im Tod des P realisiert, sodass nicht nur ein (als solcher ausreichender) Gefährdungs-, sondern sogar ein entsprechender Verletzungserfolg eingetreten ist. Eine konkrete Lebensgefahr liegt daher vor. Bei Anlegung eines ex-ante-Maßstabs war die Verabreichung der Vollnarkose jedenfalls nach den Umständen des Einzelfalls generell dazu geeignet, P in Lebensgefahr zu bringen, da eine derartige Vollnarkosebehandlung – insbesondere nach einer Propofolgabe – stets (und damit auch bei der Behandlung von P) die Gefahr birgt, dass sich (auch) tödliche Komplikationen ergeben.[132] Daher ist auch eine abstrakte Lebensgefahr zu bejahen.

161 Da beide Ansichten zum selben Ergebnis gelangen, ist ein Streitentscheid entbehrlich. U hat die Körperverletzung daher auch mittels einer das Leben gefährdenden Behandlung begangen.

162 **2. Subjektiver Tatbestand.** U handelte sowohl hinsichtlich der Verwirklichung des Grundtatbestands als auch im Hinblick auf die Qualifikationstatbestände des § 224 Abs. 1 Nr. 2 Alt. 2, Nr. 5 StGB mit Wissen und Wollen, mithin vorsätzlich i. S. d. § 15 StGB. Insbesondere war ihm als erfahrenem Urologen auch die (abstrakte) Lebensgefährlichkeit der Narkosebehandlung bewusst.[133]

II. Rechtswidrigkeit

163 U könnte angesichts der vor dem Eingriff durch P erteilten **Einwilligung** gerechtfertigt sein.

164 Diese müsste jedoch auch wirksam sein. P ist einwilligungsfähig und die i. R. d. §§ 223, 224 StGB in Rede stehende körperliche Unversehrtheit des P stellt auch ein grundsätz-

---

130 *Ulsenheimer/Gaede*, in: Ulsenheimer/Gaede, Arztstrafrecht in der Praxis, Rn. 627; ebenso *Tag*, Körperverletzungstatbestand, S. 423; siehe auch *Waßmer*, Medizinstrafrecht, § 4 Rn. 30.
131 Vgl. LG Braunschweig BeckRS 2017, 157040.
132 I.E. ebenso LG Braunschweig BeckRS 2017, 157040.
133 Beachte: Nach der Rspr. reicht dagegen die Kenntnis der konkreten Tatumstände und einer *allgemeinen Gefährlichkeit* der Handlung.

lich disponibles Individualrechtsgut des P dar. Allerdings hat U den P vor der Behandlung nicht darüber aufgeklärt, dass die Operation allenfalls teilweise medizinisch indiziert ist. Stattdessen gibt U gegenüber P an, die Indikation liege vollumfänglich vor. Die Aufklärung als Wirksamkeitsvoraussetzung der Einwilligung erfolgte daher unvollständig mit der Folge, dass die von P erklärte Einwilligung vollumfänglich unwirksam ist. Eine Aufspaltung der Einwilligung des P vor dem Hintergrund der genannten Täuschung in Maßnahmen, die erforderlich waren und solche, die nicht erforderlich waren, wäre künstlich und würde dem Selbstbestimmungsrecht des Patienten nicht gerecht werden.[134] Sie ist daher abzulehnen.

Eine **mutmaßliche Einwilligung** kommt nicht in Betracht, da die Einholung einer tatsächlichen (d.h. ausdrücklich erklärten) – wirksamen – Einwilligung vor Behandlungsbeginn grundsätzlich unproblematisch möglich gewesen wäre, wenn U den P ordnungsgemäß und vollumfänglich aufgeklärt hätte.

Unabhängig davon, ob man die **hypothetische Einwilligung** als Rechtfertigungsgrund im Strafrecht anerkennen möchte, scheidet eine solche bzgl. P jedenfalls aus, da dieser in die gesamte urologische Behandlung gerade nicht eingewilligt hätte, wäre er durch U ordnungsgemäß aufgeklärt worden und hätte dementsprechend von der nur teilweise bestehenden Indikation gewusst.

Anderweitige Rechtfertigungsgründe sind nicht ersichtlich. U handelte daher rechtswidrig.

III. Schuld

Mangels Schuldausschließungs- und/oder Entschuldigungsgründen handelte U auch schuldhaft.

Ergebnis: U ist strafbar gem. §§ 223 Abs. 1, 224 Abs. 1 Nr. 2 Alt. 2, Nr. 5 StGB.

C. § 227 StGB

U könnte sich durch dieselbe Handlung auch wegen Körperverletzung mit Todesfolge gem. § 227 Abs. 1 StGB strafbar gemacht haben.

> **Klausurhinweis:**
> Eine Strafbarkeit wegen Körperverletzung mit Todesfolge durch Unterlassen nach §§ 227, 13 StGB ist zwar grundsätzlich möglich, das Grunddelikt des § 223 Abs. 1 StGB, auf die die Erfolgsqualifikation des § 227 StGB aufbaut, besteht vorliegend aber in der (nicht eingewilligten) Durchführung der Operation bei P, nicht im Unterlassen des Herbeiholens des Dr. N. Der Schwerpunkt der Vorwerfbarkeit liegt hinsichtlich der Körperverletzungsdelikte der §§ 223, 224 StGB auf einem aktiven Tun.

I. Tatbestandsmäßigkeit

1. Erfüllung des Grundtatbestands, § 223 Abs. 1 StGB. Der objektive und subjektive Grundtatbestand des § 223 Abs. 1 StGB ist erfüllt (s. o.).

2. Eintritt der schweren Folge. P ist tot; die schwere Folge des § 227 Abs. 1 StGB ist eingetreten.

---

134 So ausdrücklich LG Braunschweig BeckRS 2017, 157040.

Falleinheit 1: Ärztliche Heilbehandlung, Einwilligung und Aufklärung (Fall 1a bis Fall 1f)

173 **3. Kausalität.** Die Handlung des U, die Durchführung und Fortsetzung der urologischen Behandlung des P, müsste kausal für den Eintritt der schweren Folge, den Tod des P, sein. Dies ist dann der Fall, wenn sie nicht hinweggedacht werden kann, ohne dass der tatbestandliche Erfolg in seiner konkreten Gestalt entfiele (sog. **conditio-sine-qua-non-Formel**). Hätte U hier den P nicht operativ behandelt, wäre die Narkose durch Dr. N nicht eingeleitet worden. In der Folge hätte Dr. N kein Propofol gespritzt, um den narkotisierten P zu beruhigen, und es wäre nicht zu einer bei der Verwendung von Propofol nicht untypischen Komplikation in Form eines Atemstillstandes (Herz-Kreislaufstillstand) bei P gekommen, an dessen Folgen dieser wenige Minuten später verstarb. Kausalität liegt daher vor.

4. (Wenigstens) Fahrlässigkeit hinsichtlich des Eintritts der schweren Folge, § 18 StGB

> **Klausurhinweis:**
> Die Fahrlässigkeitsprüfung wurde aus klausurtaktischen Gründen vorgezogen.

174 U müsste hinsichtlich des Todes des P wenigstens fahrlässig gehandelt haben, § 18 StGB.

175 **a) Objektive Sorgfaltspflichtverletzung.** Die Durchführung einer nicht wirksam eingewilligten, nicht (vollumfänglich) indizierten Operation müsste eine objektive Sorgfaltspflichtverletzung darstellen.

176 Aus dem ärztlichen Standesrecht, insbesondere dem hippokratischen Eid und den Berufsordnungen der Landesärztekammern ergibt sich, dass die Gesundheit des Patienten an erster Stelle steht, nicht erforderliche Maßnahmen grundsätzlich nicht zu erbringen sind und auf die Interessen des Patienten Rücksicht genommen werden soll.

> **Klausurhinweis / Weiterführendes Wissen:**
> Man kann an dieser Stelle auch auf § 1 Abs. 2 der Gebührenordnung für Ärzte (GÖA) verweisen, wonach Ärztinnen und Ärzte Vergütungen nur für Leistungen berechnen dürfen, die nach den Regeln der ärztlichen Kunst für eine medizinisch notwendige ärztliche Versorgung erforderlich sind. Leistungen, die über das Maß einer medizinisch notwendigen ärztlichen Versorgung hinausgehen, darf ein Arzt oder eine Ärztin hingegen nur berechnen, wenn sie auf Verlangen des Zahlungspflichtigen erbracht worden sind, § 1 Abs. 2 S. 2 GOÄ.

177 Wenngleich (inzwischen) auch nicht indizierte, rein kosmetische Operationen allgemein als zulässig erachtet werden,[135] so widerspricht es obigen Maßgaben aber jedenfalls in eklatanter Weise, wenn sich die Einwilligung eines Patienten gezielt erschlichen wird, um eine bewusst nicht (vollumfänglich) indizierte Maßnahme durchzuführen. U handelte daher bei der Vornahme der nicht (vollumfänglich) angezeigten urologischen Behandlung des P entgegen objektiven ärztlichen Sorgfaltspflichten.

---

135 Insbesondere sind diese im Hinblick auf das Selbstbestimmungsrecht des Patienten (Art. 2 Abs. 1 i. V. m. Art. 1 Abs. 1 GG) und seine prinzipielle Dispositionsbefugnis hinsichtlich seiner körperlichen Unversehrtheit nicht grundsätzlich sittenwidrig, zum Ganzen *Waßmer*, Medizinstrafrecht, § 6 Rn. 5 ff.

Fall 1e: Der vielbeschäftigte Anästhesist

> **Klausurhinweis:**
>
> Freilich sind in der Klausur keine vertieften Kenntnisse der GOÄ, des hippokratischen Eides oder aber der verschiedenen ärztlichen Berufsordnungen erforderlich. Es sollte aber erkannt werden, dass jedenfalls die Durchführung einer nicht wirksam eingewilligten Operation bereits mit Blick auf die Tatbestandsverwirklichung des § 223 Abs. 1 StGB gegen objektive ärztliche Sorgfaltspflichten verstößt.

b) Objektive Vorhersehbarkeit des Eintritts der schweren Folge. Der Eintritt der schweren Folge, des Todes des P, müsste auch **objektiv vorhersehbar** gewesen sein. Dass es im Rahmen von Operationen unter Vollnarkose auch zum Tod der sedierten Patientinnen und Patienten kommen kann, ist jedenfalls in medizinischen Fachkreisen allgemein bekannt. Dies gilt insbesondere vor dem Hintergrund, dass ein Herz-Kreislauf-Stillstand nach Propofolgabe zumindest keine untypische Komplikation darstellt. Der Tod des P, hervorgerufen durch einen medikamentös verursachten Atem- und Kreislaufstillstand, war daher auch objektiv vorhersehbar.

> **Klausurhinweis:**
>
> Die Frage nach dem Wegfall der Vorhersehbarkeit unter Anwendung des Gedankens des Vertrauensgrundsatzes stellt sich bereits deshalb nicht, weil dieser einerseits bereits aufgehoben war und sich U andererseits auf diesen ohnehin nicht berufen kann, da er selbst bewusst pflichtwidrig handelte (siehe hierzu ausführlich unten). Sofern der Vertrauensgrundsatz daher bereits an dieser Stelle ausführlich behandelt wird, ist dies ebenfalls zulässig.

U handelte hinsichtlich des Todeserfolgs daher wenigstens fahrlässig i. S.d. § 18 StGB.

5. Objektive Zurechnung und tatbestandsspezifischer Gefahrverwirklichungszusammenhang. a) Objektive Zurechnung. Der Todeserfolg müsste U auch **objektiv zurechenbar** sein. Objektiv zurechenbar ist der Erfolg dann, wenn sich die der Tathandlung innewohnende rechtlich missbilligte Gefahr im tatbestandlichen Erfolg realisiert hat. Dabei ist nicht auf den Körperverletzungserfolg, sondern auf die Körperverletzungshandlung abzustellen.[136]

> **Klausurhinweis:**
>
> So jedenfalls die wohl h. M. Nach der sog. Letalitätstheorie kommt es dagegen auf den Körperverletzungs*erfolg*, der eine „vulnus letale" (= tödliche Wunde) sein muss, an. Im Fall ergeben sich daraus aber keine relevanten Unterschiede, da die tödlich wirkende (aber grundsätzlich lege artis erfolgende) Narkose- und Propofolgabe durch Dr. N dem U i. R.d. arbeitsteilig durchgeführten Operation zugerechnet werden kann, vgl. § 25 Abs. 2 StGB. Auch lägen die Voraussetzungen einer dritten vermittelnden Ansicht (sog. Lebensgefährdungstheorie) vor, wonach nur Körperverletzungshandlungen einbezogen werden, die eine lebensgefährdende Behandlung i. S.d. § 224 Abs. 1 Nr. 5 StGB darstellen (→ Rn. 161).[137]

Mit der nicht wirksam eingewilligten Durchführung der urologischen Behandlung hat U eine rechtlich missbilligte Gefahr i. S.d. § 223 StGB geschaffen. Dabei wohnt jeder Körperverletzung in Form einer unter Vollnarkose durchgeführten Operation grundsätzlich auch die Gefahr inne, dass der Patient an den Folgen der Anästhesie verstirbt. Insofern sind Eingriff und Anästhesie unmittelbar miteinander „verknüpft"[138].

---

136 Ausführlich zum Ganzen *Waßmer*, Medizinstrafrecht, § 4 Rn. 68 ff. m. w.N.
137 Siehe hierzu *Engländer*, GA 2008, 667 (673 ff.).
138 So ausdrücklich LG Braunschweig BeckRS 2017, 157040: Verknüpfung von Eingriff und Anästhesie.

Falleinheit 1: Ärztliche Heilbehandlung, Einwilligung und Aufklärung (Fall 1a bis Fall 1f)

182   Dr. N ist folglich kein Dritter, dessen eigenmächtiges **Dazwischentreten** den Zurechnungszusammenhang unterbricht, sondern sein Handeln ist durch das Handeln des U bedingt und letztlich in ihm bereits angelegt.

> Klausurhinweis:
>
> Es erscheint hier auch vertretbar, noch deutlicher zwischen der urologischen (Weiter-)Behandlung durch U und der Einleitung der Narkose (und des Propofols) durch Dr. N zu unterscheiden und dann festzustellen, dass U Letztere (ohnehin) nach den Grundsätzen des § 25 Abs. 2 StGB zugerechnet werden kann.[139] Jedenfalls stellt die Verabreichung des Anästhetikums (sowie des Propofols) durch Dr. N keinen Exzess gegenüber U dar, da sie kunstgerechter Teil der arbeitsteilig durchgeführten Operation ist. Urologische Behandlung und Narkotisierung sind – zumindest im Ergebnis – „vereinheitlicht" zu betrachten.
>
> Ohnehin würden jedenfalls selbst leicht fahrlässige Behandlungsfehler eines dazwischentretenden *Dritten* den Zurechnungszusammenhang nicht unterbrechen.[140]

183   Auch sind Narkosezwischenfälle bis hin zum Tod eines Patienten objektiv keine Seltenheit und treten insbesondere bei Propofol durchaus häufiger auf. Sie liegen somit nicht außerhalb jeder Lebenswahrscheinlichkeit und stellen daher auch keinen atypischen Kausalverlauf dar.[141]

> Klausurhinweis:
>
> Inhaltlich entspricht dies der bereits durchgeführten Prüfung der objektiven Vorhersehbarkeit des Eintritts der schweren Folge (→ Rn. 178).

184   Es müsste auch der erforderliche **Pflichtwidrigkeitszusammenhang** gewahrt sein. Hätte sich U pflichtgemäß verhalten, mithin den P über die zumindest nicht vollumfänglich bestehende Indikation der urologischen Behandlung aufgeklärt, hätte dieser seine Zustimmung insgesamt nicht erteilt und der gesamte Eingriff wäre mit an Sicherheit grenzender Wahrscheinlichkeit nicht durchgeführt worden. P hätte daher keinen Herz-Kreislaufstillstand erlitten und wäre noch am Leben. Es hat sich daher im konkreten Erfolg gerade die „Pflichtwidrigkeit" des Täterverhaltens verwirklicht.

> Klausurhinweis:
>
> A.A. aber wohl noch vertretbar, wenn man bereits i. R.d. Pflichtwidrigkeitszusammenhangs darauf abstellt, dass sich im Tod des P gerade nicht das Risiko verwirklicht hat, über das pflichtwidrig nicht aufgeklärt wurde (das Nicht-Bestehen einer vollumfänglichen Operation), sondern ein anderes – nämlich das allgemeine, grundsätzlich jeder ärztlichen Behandlung anhaftende Risiko, dass sich der bzw. die Behandelnde(n) nicht an Überwachungspflichten hält/halten. Dieser Aspekt wird hier vertieft erst unter dem Prüfungspunkt des „tatbestandsspezifischen Gefahrverwirklichungszusammenhangs" behandelt (s. u.).

> Klausurhinweis / Weiterführendes Wissen:
>
> Der Zurechnungszusammenhang ist auch nicht wegen des aus der Arbeitsteilung zwischen Operateur und Anästhesist resultierenden sog. **Vertrauensgrundsatzes** unterbrochen. Der Vertrauensgrundsatz folgt im Bereich der ärztlichen Arbeitsteilung aus dem Prinzip der Einzel- und Eigenverantwortlichkeit des Spezialisten bei Arbeitsteilung für das von ihm zu verantwor-

---

[139] Nicht so deutlich aber LG Braunschweig Urt. v. 9.1.2018 – 9 Ks 401 Js 4535/11, BeckRS 2017, 157040.
[140] Vgl. z. B. BGH, NStZ 2009, 92.
[141] Ebenso LG Braunschweig BeckRS 2017, 157040; vgl. auch *Wessels/Beulke/Satzger*, Strafrecht AT, § 6 Rn. 296.

Fall 1e: Der vielbeschäftigte Anästhesist

tende Arbeitsgebiet. Er ist angesiedelt im Bereich der Fahrlässigkeit und hat die Frage der Gefahrschaffung bzw. Gefahrerhöhung zum Gegenstand – er ist eine Antwort auf die Frage nach dem erlaubten, auf die Frage nach der Sorgfaltspflichtverletzung bzw. auf die Frage nach der Vorhersehbarkeit des Erfolgseintritts – nicht aber auf die Frage nach dem Zurechnungszusammenhang.[142]

Fraglich ist, ob die verletzte Sorgfaltsnorm gerade dazu dient, den eingetretenen Erfolg zu verhindern (sog. **Schutzzweckzusammenhang**). Als i. R.d. §§ 223, 224 StGB maßgebliche Sorgfaltsnorm wurde die Vornahme einer nicht (vollumfänglich) indizierten Operation ohne wirksame Einwilligung des P durch U ausgemacht. Die Pflicht zur umfassenden Aufklärung dient dabei dazu, dass sich der Patient bzw. die Patientin im Sinne eines informed consent ein umfassendes Bild von möglichen Risiken des in Rede stehenden Eingriffs machen kann, mithin Vor- und Nachteile für sich abwägen und eine tatsachenbasierte informierte Einwilligung treffen kann. Es ließe sich daher durchaus vertreten, dass die Pflicht zur umfassenden Aufklärung – umgekehrt – nicht bezweckt, den Patienten vor sämtlichen Arten von Behandlungsfehlern (wie einer nicht angemessenen Aufwachüberwachung bei einer Vollnarkose) zu schützen, sondern nur vor einwilligungsdefizitspezifischen Risiken.[143] Dagegen könnte man jedoch einwenden, dass die Aufklärungspflicht in einem umfassenden Sinne zu verstehen ist und daher auch dem Schutz vor derartigen „allgemeinen" ärztlichen Pflichtverstößen dient.

Dies könnte jedoch im Ergebnis dahinstehen, wenn ohnehin der (noch engere) erforderliche tatbestandsspezifische Gefahrzusammenhang nicht gewahrt wäre.

Klausurhinweis:

Das Vorstehende kann auch vereinheitlicht unter dem Prüfungspunkt „tatbestandsspezifischer Gefahrverwirklichungszusammenhang" geprüft werden, bei dem Schutzzwecküberlegungen verstärkt zum Tragen kommen.

b) Tatbestandsspezifischer Gefahrverwirklichungszusammenhang. Da die Strafandrohung des § 227 StGB weit über den Strafrahmen hinausgeht, der bei einem tateinheitlichen Zusammentreffen einer Körperverletzung (§ 223 StGB) mit einer fahrlässigen Tötung (§ 222 StGB) besteht (Freiheitsstrafe bis zu fünf Jahren oder Geldstrafe, § 52 Abs. 2 S. 1 StGB), hat zwischen der Körperverletzungshandlung und der (schweren) Todesfolge eine (noch) engere Verbindung als i. R.d. „normalen" objektiven Zurechnung zu bestehen (sog. **tatbestandsspezifischer Gefahrverwirklichungszusammenhang**).[144] Danach muss sich im Tod des Opfers gerade die spezifische Gefährlichkeit des Grunddelikts realisiert haben.[145]

Es ließe sich hier argumentieren, dass der Durchführung (und Fortsetzung) einer nicht eingewilligten Operation gerade auch die Gefahr anhaftet, dass ärztliche Überwachungspflichten missachtet werden. Der spezifizierte Vorwurf an U lautete dann, P trotz des Fehlens einer adäquaten Überwachung durch Dr. N weiterbehandelt zu haben. Gerade in dieser Situation hat sich dann das typische Risiko des durch den Ein-

---

142 Zum Ganzen LG Braunschweig BeckRS 2017, 157040.
143 Vgl. *Widmaier*, in: FS Roxin II, 2011, 439 (447).
144 *Waßmer*, Medizinstrafrecht, § 4 Rn. 68.
145 BGH NStZ 2003, 34; Spickhoff-*Knauer/Brose*, 4. Aufl. 2022, StGB § 227 Rn. 4. Ausführlich Wessels/Hettinger/Engländer, Strafrecht BT 1, § 5 Rn. 261.

griff (d. h. die grundtatbestandliche Körperverletzungshandlung) erforderlichen Propofol-Einsatzes bei fehlender adäquater Überwachung verwirklicht.[146]

189 Allerdings liefe dies – jedenfalls im Ergebnis – einerseits auf einen Austausch des Anknüpfungspunktes der Deliktsprüfung hinaus (statt Vornahme einer nicht eingewilligten, nicht vollumfänglich indizierten Maßnahme nun Weiterbehandlung trotz fehlender Überwachung bzw. Nicht-Sorge-Tragens für eine adäquate Überwachung). Andererseits würde § 227 StGB bei mangelhafter ärztlicher Grundaufklärung dann in tödlich endenden Fällen mehr oder weniger stets zum Tragen kommen – eine insbesondere angesichts des hohen Strafrahmens (Freiheitsstrafe nicht unter drei Jahren) grundsätzlich bedenkliche Ausweitung der Strafbarkeit.[147]

190 Entsprechend verfolgt die wohl h.Lit. sowie der BGH in derartigen Fällen einen restriktiveren Ansatz: Wird nämlich der Grundtatbestand der vorsätzlichen Körperverletzung durch einen ärztlichen Eingriff verwirklicht, welchem keine ausreichende Aufklärung und Einwilligung zugrunde liegt, so soll der tatbestandsspezifische Gefahrverwirklichungszusammenhang nur dann gegeben sein, wenn sich im Tod des Patienten *gerade die Gefahr realisiert hat, auf die dieser in dem vorangegangenen Aufklärungsgespräch nicht oder nicht ausreichend hingewiesen worden ist.*[148] Eine Strafbarkeit des Operateurs gem. § 227 StGB kommt daher nach der Rspr. des BGH beim Versterben des Patienten infolge unzureichender Narkoseüberwachung und anschließender Reanimation (nur) dann in Betracht, wenn das Aufklärungsdefizit gerade darin bestand, dass dem Patienten wahrheitswidrig vorgespiegelt wurde, ein Anästhesist sei während des Eingriffs anwesend, nicht aber, wenn das Einwilligungsdefizit ein Risiko betrifft, das nicht eingetreten ist.[149]

191 U hat P hier „lediglich" verschwiegen, dass die Behandlung nicht (vollumfänglich) indiziert ist, i. Ü. erfolgte die Aufklärung aber ordnungsgemäß, d. h. P wurde u. a. auch über die Risiken einer Vollnarkose und die Anwesenheit eines Anästhesisten zutreffend informiert. Dagegen ist über die allgemeine, grundsätzlich bei jeder Operation bestehe Gefahr, dass von den Beteiligten bestimmte Sorgfaltspflichten nicht eingehalten werden, nicht aufzuklären.

> **Klausurhinweis/Weiterführendes Wissen:**
>
> Ohnehin darf ein Operateur grundsätzlich bei jedem Patienten die Kenntnis der allgemeinen Risiken operativer Eingriffe voraussetzen, die mit jedem größeren, unter Narkose vorgenommenen Operation verbunden sind und mit denen dieser im Allgemeinen rechnet.[150] Entsprechend ist es auch nicht erforderlich, den Patienten darauf hinzuweisen, dass auch die geringfügigsten operativen Eingriffe unter ungünstigen Verhältnissen trotz Beachtung aller Vorsichtsmaßnahmen zu irgendwelchen Komplikationen führen können.[151]

192 Das spezifische Einwilligungsdefizit bei P betrifft damit ausschließlich die Frage der Heilanzeige der Maßnahme, nicht aber das allgemeine (und i. R.v. nicht indizierten Maßnahmen auch nicht erhöhte) Risiko, dass Überwachungspflichten missachtet werden bzw. trotz fehlender adäquater Überwachung eine Weiterbehandlung stattfindet.

---

146 So jedenfalls das LG Braunschweig BeckRS 2017, 157040.
147 Zu diesem Aspekt siehe auch *Widmaier*, in: FS Roxin II, 2011, 439 (444 ff.).
148 Spickhoff-*Knauer/Brose*, 4. Aufl. 2022, StGB § 227 Rn. 4; *Widmaier*, in: FS Roxin II, 2011, 439 (447); *Sternberg-Lieben/Reichmann* MedR 2012, 97 (98).; vgl. auch BGH NJW 2011, 2895 (2897).
149 BGH NJW 2011, 2895 (2897); Spickhoff-*Knauer/Brose*, 4. Aufl. 2022, StGB § 227 Rn. 4.
150 Spickhoff-*Knauer/Brose*, 4. Aufl. 2022, StGB § 223 Rn. 38; vgl. auch BGH NJW 1992, 743.
151 Spickhoff-*Knauer/Brose*, 4. Aufl. 2022, StGB § 223 Rn. 38.

Fall 1e: Der vielbeschäftigte Anästhesist

Danach hat sich im Tod des P gerade nicht die Gefahr realisiert, auf die dieser in dem vorangegangenen Aufklärungsgespräch nicht bzw. nicht ausreichend hingewiesen worden ist, sondern „lediglich" ein allgemeines, grundsätzlich jeder unter Vollnarkose stattfindender Operation innewohnendes Risiko. Folglich wäre der tatbestandsspezifische Gefahrzusammenhang hiernach zu verneinen.

Diese *restriktivere Linie überzeugt*, da sie letztlich lediglich die i. R.d. § 227 StGB zur Begrenzung der Strafbarkeit klassischerweise herangezogenen Kriterien der besonders engen Beziehung zwischen Grunddelikt(shandlung) und schwerer Folge konsequent auf den ärztlichen (Heil-)Eingriff anwendet: Und wo kein Bedürfnis für eine begünstigende ärztliche „Sonderdogmatik" besteht (siehe Fall 1d), da sollte umgekehrt auch kein Raum sein für eine solche zum Nachteil der Ärzteschaft. Danach ergibt sich bei nicht eingewilligten ärztlichen Eingriffen eine spezifische Gefährlichkeit i. S.d. § 227 StGB nicht schon aus deren (allgemeiner) „Grundgefährlichkeit"; stattdessen ist ein hinreichender spezifischer Gefahrverwirklichungszusammenhang nur dann anzunehmen, wenn sich im tödlichen Ausgang gerade eine solche Gefahr niedergeschlagen hat, auf die sich das Aufklärungs- und damit das *Einwilligungsdefizit spezifisch bezieht*.[152] Andernfalls drohte eine uferlose Ausweitung ärztlicher Strafbarkeit nach § 227 StGB bei nicht eingewilligten Maßnahmen, die – aus welchen Gründen auch immer – zum Tod von Patientinnen und Patienten führen.

193

Klausurhinweis:
Freilich ist hier keine derart vertiefte Argumentation erforderlich. Es sollte aber erkannt und argumentativ verwertet werden, dass zwischen der Missachtung der Überwachungspflichten durch Dr. N und dem Aufklärungsdefizit bei P kein unmittelbarer Zusammenhang besteht.

Damit verwirklicht sich im Tod des P gerade nicht die einwilligungsdefizitspezifische Gefährlichkeit des Grunddelikts. Der tatbestandsspezifische Gefahrzusammenhang besteht daher nicht.

194

Ergebnis: U ist nicht strafbar nach § 227 StGB.

195

Klausurhinweis:
A.A. bei guter Begründung mit dem LG Braunschweig Urt. v. 9.1.2018 – 9 Ks 401 Js 4535/11, BeckRS 2017, 157040 aber wohl noch vertretbar. § 227 StGB wäre dann im Ergebnis zu bejahen.

D. §§ 222, 13 Abs. 1 StGB

Dadurch, dass U die urologische Behandlung des P trotz fehlender adäquater Überwachung durch Dr. N fortsetzte bzw. nicht dafür Sorge trug, dass eine angemessene Überwachung des P durch Dr. N erfolgte, könnte er sich wegen fahrlässiger Tötung durch Unterlassen gem. §§ 222, 13 Abs. 1 StGB strafbar gemacht haben.

196

0. Vorprüfung

Fraglich ist zunächst, ob der **Schwerpunkt der Vorwerfbarkeit** auf einem Tun oder einem Unterlassen liegt. Bei der Abgrenzung von Tun und Unterlassen im Fahrlässig-

197

---

152 *Widmaier*, in: FS Roxin II, 2011, 439 (447); zustimmend *Sternberg-Lieben/Reichmann*, MedR 2012, 97 (98).

keitsbereich ist insbesondere darauf zu achten, dass die Fahrlässigkeit bereits generell durch ein Unterlassen, nämlich das „Außer-Acht-Lassen der erforderlichen Sorgfalt" gekennzeichnet ist, sodass dieser Aspekt nicht entscheidend für die Abgrenzung herangezogen werden darf.[153] Ein Unterlassen ist demnach (erst) dann gegeben, wenn das aktive Tun als solches unschädlich ist, mithin erst durch ein hinzutretendes Unterlassen eine Vorwerfbarkeit begründet wird.

198 Die Weiterbehandlung durch U als aktives Tun ist für sich genommen unschädlich, da der Tod des P infolge eines nicht behandelten Herz-Kreislauf-Stillstands eingetreten ist, nicht aber unmittelbar aus der urologischen Weiterbehandlung resultierte. Dem U ist aber dahingehend ein Vorwurf zu machen, dass er den Eingriff fortsetzte, ohne dafür Sorge getragen zu haben, dass eine adäquate Anästhesieüberwachung vorhanden war. Der Schwerpunkt der Vorwerfbarkeit liegt daher in einem Unterlassen.

Klausurhinweis:
Die Prüfung kann auch etwas knapper ausfallen.

I. Tatbestandsmäßigkeit

199 **1. Eintritt des tatbestandlichen Erfolgs.** Mit dem Tod des P ist der tatbestandliche Erfolg eingetreten.

200 **2. Unterlassen der gebotenen und möglichen Handlung.** U hat es auch unterlassen, mit dem „Zurückholen" des Anästhesisten Dr. N die zur Erfolgsabwendung gebotene und auch mögliche Handlung vorzunehmen.

201 **3. (Quasi-)Kausalität des Unterlassens für den konkreten Erfolg.** Hätte U Dr. N rechtzeitig zur Weiterbehandlung hinzugezogen bzw. zurückgerufen, hätte dieser die erforderlichen Maßnahmen ergriffen, sodass P überlebt hätte. Die zur Erfolgsabwendung gebotene Handlung „Zurückholen des Dr. N" kann daher nicht hinzugedacht werden, ohne dass der Tod des P mit an Sicherheit grenzender Wahrscheinlichkeit entfiele. (Quasi-)Kausalität liegt damit vor.

202 **4. Garantenstellung, § 13 Abs. 1 StGB.** Als behandelnden Arzt des P treffen U auch unabhängig vom Bestehen eines rechtswirksamen Behandlungsvertrags (§ 630a BGB) bereits aufgrund **faktischer Übernahme** Schutzpflichten, die ihn zum **Garanten** dahingehend machen, dass in Richtung der Erfolgsabwendung „alles nach Lage des Falles Sachgemäße und Erforderliche geschieht"[154]. U hatte daher schon aus diesem Grund als Garant für die Abwendung des Todeserfolgs einzustehen.

Weiterführendes Wissen:
Die ärztliche Garantenstellung kann sich daneben auch aus einem pflichtwidrigen gefährdenden Vorverhalten (**Ingerenz**) ergeben, wenn z. B. der Arzt durch eine fehlerhafte Behandlung oder die rechtswidrige Überlassung von Betäubungsmitteln die Gefahr für den Eintritt des Todes des Patienten gesetzt hat.[155]

---

153 *Wessels/Beulke/Satzger*, Strafrecht AT, § 19 Rn. 1232.
154 *Eb Schmidt*, Der Arzt im Strafrecht, S. 163; vgl. auch BGHSt 47, 224, 229; OLG Bamberg VersR 2012, 725, 726; *Ulsenheimer*, in: Laufs/Kern/Rehborn, § 150 Rn. 14.
155 *Waßmer*, Medizinstrafrecht, § 8 Rn. 5.

Fall 1e: Der vielbeschäftigte Anästhesist

Ferner kommen gesetzliche Vorschriften, dienstliche Weisungen und die Einbindung in eine Organisationsstruktur mit zugeteilten Verantwortlichkeiten zur Begründung der besonderen Pflichtenstellung in Betracht.[156] Dagegen löst die allgemeine Hilfspflicht nach § 323c StGB keine ärztliche Garantenpflicht aus.[157] Auch aus der Übernahme der Schwangerschaftskonfliktberatung (§ 219 StGB) folgt keine Garantenstellung.[158]
Ausführlich zur Garantenstellung der Klinikleitung siehe Fall 1f.

5. Objektive Sorgfaltspflichtverletzung bei objektiver Vorhersehbarkeit des tatbestandlichen Erfolgs. a) Objektive Sorgfaltspflichtverletzung. Indem U nicht dafür Sorge trug, dass die Narkose des P hinreichend von Dr. N überwacht wurde, hat er die Pflicht verletzt, alles nach Lage des Falles Sachgemäße und Erforderliche zu tun, um dem P eine Behandlung entsprechend den Regeln der ärztlichen Kunst zu ermöglichen. Er hat daher grundlegende ärztliche Fürsorgepflichten verletzt.

203

Fraglich ist, ob diesem Ergebnis der sog. **Vertrauensgrundsatz** entgegensteht, da U als Urologe grundsätzlich nur die urologische Behandlung zu verantworten hat, nicht jedoch auch die sachgerechte Vornahme und Überwachung der Narkose.[159] So ist die ärztliche Zusammenarbeit Teamwork mit einer exakten Rollen- und Aufgabenzuweisung an die einzelnen Beteiligten. Dieser Aufteilung von Verantwortung folgt auch die strafrechtliche Verantwortlichkeit nach. Der Vertrauensgrundsatz – der jedenfalls bei (wie hier) **horizontaler Arbeitsteilung** Beachtung findet[160] – soll gewährleisten, dass niemand für fremdes Verschulden einstehen muss und ist eine spezielle Ausprägung des Schuldprinzips.[161] Der Arzt muss darum grundsätzlich nur den **Facharztstandard** gewährleisten, in den die von ihm übernommene Behandlung fällt (sog. **Prinzip der strikten Arbeitsteilung**).[162] U war daher grundsätzlich nur für den urologischen Behandlungsteil „verantwortlich".

204

Weiterführendes Wissen:

Nach § 630a Abs. 2 BGB hat die Behandlung des Patienten „nach den zum Zeitpunkt der Behandlung bestehenden, allgemein anerkannten fachlichen Standards zu erfolgen, soweit nicht etwas anderes vereinbart ist" (sog. **Facharztstandard**). Maßgebend für den Facharztstandard ist „das zum Behandlungszeitpunkt in der ärztlichen Praxis und Erfahrung bewährte, nach naturwissenschaftlicher Erkenntnis gesicherte, von einem *durchschnittlichen* Facharzt bzw. einer durchschnittlichen Fachärztin verlangte Maß an Kenntnis und Können"[163]. Verlangt sind also beispielsweise die Fähigkeiten und Kenntnisse einer durchschnittlichen Urologin.
Beachte: Es kommt dabei nicht darauf an, dass formal die Anerkennung als Facharzt bzw. Fachärztin erlangt wurde.

Greift der Vertrauensgrundsatz, darf sich der bei der Behandlung Mitwirkende darauf verlassen, dass der andere die ihm obliegenden Aufgabenanteile mit den dazu erforderlichen Kenntnissen und der gebotenen Sorgfalt erfüllt. Das Vertrauen darauf, dass der

205

---

156 *Ulsenheimer*, in: Laufs/Kern/Rehborn, § 150 Rn. 16 m. w.N.
157 *Ulsenheimer*, in: Laufs/Kern/Rehborn, § 150 Rn. 16 m. w.N.
158 *Waßmer*, Medizinstrafrecht, § 8 Rn. 5.
159 Zum Folgenden LG Braunschweig BeckRS 2017, 157040.
160 Umstr. hinsichtlich *vertikaler Arbeitsteilung*; für eine Geltung auch in diesem Zusammenhang MüKo-StGB/*Duttge*, § 15 Rn. 147 m. w.N.; dagegen *Kern/Rehborn*, in: Laufs/Kern/Rehborn, § 99 Rn. 6. Zum sog. *Chefarztprinzip* siehe *Waßmer*, Medizinstrafrecht, § 7 Rn. 49 ff.
161 LG Braunschweig BeckRS 2017, 157040.
162 Vgl. *Bock*, in: Ulsenheimer/Gaede, Arztstrafrecht in der Praxis, Rn. 215 f.; OLG Naumburg MedR 2005, 232 (233); siehe auch *Waßmer*, Medizinstrafrecht, § 7 Rn 33.
163 BGH NJW 2000, 2754 (2758).

Falleinheit 1: Ärztliche Heilbehandlung, Einwilligung und Aufklärung (Fall 1a bis Fall 1f)

andere seine Pflicht tun werde, ist dabei so lange berechtigt bzw. nicht pflichtwidrig, als weder die für den Vertrauenden maßgebende Erfahrung noch seine besonderen Wissensmöglichkeiten ihm das Vertrauen zu erschüttern vermögen.[164] Insbesondere besteht keine gegenseitige Überwachungspflicht.[165]

206 Der Vertrauensgrundsatz wird jedoch **aufgehoben**, wenn Mängel und Unfähigkeit des beteiligten Arztes bzw. der beteiligten Ärztin **offensichtlich** werden. Dann tritt anstelle der Einzelverantwortung die **Gesamtverantwortung** des Operateurs für die gesamte Behandlung.[166] Der Arzt hat in diesem Fall die Aufgabe, Schaden von dem Patienten abzuwenden, der aus der offenkundigen Fehlleistung des Kollegen bzw. der Kollegin erwächst.[167]

207 U war bereits nach dem ersten Weggang von Dr. N klar, dass P in Anästhesie ohne adäquate Überwachung zurückgelassen wurde. Als Dr. N ohne weitere Absprache mit U erneut das Behandlungszimmer verließ, musste U davon ausgehen, dass Dr. N seiner Aufgabe, die Vitalfunktionen des P zu überwachen und auf vorhersehbare Zwischenfälle adäquat zu reagieren, erneut nicht würde gerecht werden können. U, der sich auf den weiteren urologischen Eingriff konzentrierte und deshalb zur Überwachung der Vitalparameter des P weder in der Lage noch bereit war, wusste auch, dass die Überwachung durch keine andere Person übernommen werden würde und dass die Überwachung der Anästhesie notwendig ist.[168] Es war daher für U offensichtlich, dass Dr. N seinen Überwachungspflichten nicht (hinreichend) nachkommen würde, sodass der Vertrauensgrundsatz aufgehoben wurde mit der Folge, dass an die Stelle der Einzelverantwortung des U die Verantwortung für die gesamte Behandlung trat.

> **Klausurhinweis:**
>
> Ohnehin ist fraglich, ob sich U überhaupt auf den Vertrauensgrundsatz hätte **berufen** können, da er seinerseits vorsätzlich gegen seine ärztlichen Sorgfaltspflichten verstoßen hat, indem er den Eingriff ohne (vollumfängliche) Indikation durchführte. Auf den Vertrauensgrundsatz kann sich aber grundsätzlich nur derjenige berufen, der seinerseits Vertrauen in Anspruch nehmen kann.[169]

208 Das Nicht-Sorge-Tragen für eine adäquate Narkoseüberwachung durch Dr. N begründet daher für U eine objektive Sorgfaltspflichtverletzung.

209 **b) Objektiver Vorhersehbarkeit des tatbestandlichen Erfolgs.** Es war auch objektiv vorhersehbar, dass P bei fehlender Narkoseüberwachung versterben könnte, da es jedenfalls bei der Verwendung von Propofol keine untypische Komplikation darstellt, dass ein Herz-Kreislaufstillstand beim Patienten eintritt, welcher zur Abwendung dieser Todesgefahr das sofortige Handeln eines Narkosespezialisten, mithin eines ausgebildeten Anästhesisten, erforderlich macht.

210 **6. Objektive Zurechenbarkeit des Erfolgs.** Mit der Weiterbehandlung trotz fehlender Narkoseüberwachung wird gerade die rechtlich missbilligte Gefahr geschaffen, dass der Patient an Anästhesiekomplikationen verstirbt, die infolge des Nichtvorhanden-

---

164 LG Braunschweig BeckRS 2017, 157040.
165 BGHSt 3, 91 (96); 43, 306 (310); *Bock*, in: Ulsenheimer/Gaede, Arztstrafrecht in der Praxis, Rn. 220.
166 LG Braunschweig BeckRS 2017, 157040.
167 *Bock*, in: Ulsenheimer/Gaede, Arztstrafrecht in der Praxis, Rn. 221.
168 Vgl. LG Braunschweig BeckRS 2017, 157040.
169 LG Braunschweig BeckRS 2017, 157040.

seins fachspezifischer Hilfe nicht rechtzeitig bzw. nicht fachgerecht behandelt werden konnten. Genau diese Gefahr hat sich im Tod des P realisiert.

Die Pflicht zur Sicherstellung einer adäquaten narkoseärztlichen Überwachung dient auch gerade dazu, dass stets professionelle, fachspezifische Hilfe zur Verfügung steht, um Komplikationen rechtzeitig und fachgerecht behandeln zu können. Der Schutzzweckzusammenhang ist gewahrt.

Hätte U die Pflicht zur Sicherstellung einer angemessenen Narkoseüberwachung durch Dr. N befolgt und diesen „zurückgeholt", hätte dieser auf den Atemstillstand adäquat reagieren können und P hätte überlebt. Damit ist auch der erforderliche Pflichtwidrigkeitszusammenhang gegeben.

II. Rechtswidrigkeit

Rechtfertigungsgründe sind nicht ersichtlich, insbesondere liegt schon keine wirksame Einwilligung des P vor. Ohnehin würde auch eine grundsätzlich wirksame, d. h. „vollaufgeklärte", Einwilligung des Opfers in seine Gefährdung – jedenfalls nach herkömmlicher Ansicht – eine fahrlässige Tötung nicht rechtfertigen.[170] U handelte daher rechtswidrig.

III. Schuld

Schuldausschließungs- und/oder Entschuldigungsgründen sind nicht ersichtlich. U handelte daher schuldhaft.

U handelt auch subjektiv sorgfaltspflichtwidrig bei subjektiver Vorhersehbarkeit des tatbestandlichen Erfolgs. Insbesondere war ihm als erfahrenem Urologen bekannt, dass die weitere Fortsetzung des Eingriffs ohne Anästhesisten möglicherweise auch tödliche Gefahren für P bedeuten kann und insbesondere die Aufwachphase bei einem Patienten besonders kritisch ist und einer aufmerksamen Überwachung bedarf.

Ergebnis: U ist strafbar wegen fahrlässiger Tötung durch Unterlassen, §§ 222, 13 Abs. 1 StGB.

Gesamtergebnis und Konkurrenzen: U ist strafbar gem. §§ 223 Abs. 1, 224 Abs. 1 Nr. 2 Alt. 2, Nr. 5 StGB in Tateinheit (§ 52 StGB)[171] mit §§ 222, 13 Abs. 1 StGB. *(a. A.: Tatmehrheit gem. § 53 StGB vertretbar)*

---

170 BeckOK-StGB-*Eschelbach*, § 222 Rn. 32; vgl. auch BGHSt 4, 88 (93); 7, 112 (114); 53, 55 (62); BGH NJW 2009, 2611; BayObLG NJW 1957, 1245 (1246).
171 Matt/Renzikowski-*Safferling*, StGB § 222 Rn. 12; BGH NJW 1995, 3194 (3195).

Fall 1f: Das Arbeitszeugnis

Der später als „Patientenmörder" bekannt gewordene NH war von 1999 bis 2002 als Krankenpfleger auf der kardiochirurgischen Intensivstation (Station 211) im Klinikum Oldenburg beschäftigt, deren ärztliche Leitung B innehatte. C war Leiter des Bereichs Pflege und damit NHs direkter Vorgesetzter; A war Geschäftsführerin und D Pflegedirektorin. Während seiner Tätigkeit auf der Station 211 ermordete NH bis August 2001 mindestens 31 Patientinnen und Patienten durch die nicht indizierte Beibringung verschiedener Medikamente. A, B, C und D hielten solche Taten des NH seit Ende Oktober 2001 für tatsächlich möglich, unternahmen jedoch nichts. Vielmehr sorgten sie – um zu verhindern, dass der bestehende Verdacht an die Öffentlichkeit geriet – dafür, dass NH das Oldenburger Klinikum „sang- und klanglos" verließ, indem sie ihm anboten, drei Monate unter Weiterzahlung seiner Bezüge freigestellt zu werden und ein gutes Arbeitszeugnis zu erhalten, wenn er das Klinikum „freiwillig" verlasse. Hierauf ließ sich NH ein. A, B, C und D handelten dabei aus Sorge um die Reputation des Oldenburger Klinikums, welches u. a. durch einen früheren Hygieneskandal bereits mehrfach in die Schlagzeilen geraten war.

Aufgrund des sehr guten, von A, B, C und D erstellten und unterschriebenen Arbeitszeugnisses, welches keinerlei Angaben über ihren Verdacht enthielt, sondern in weiten Teilen lediglich eine „neutrale" Schilderung der zeitlichen Abläufe sowie der Einsatzbereiche und -tätigkeiten von NH beinhaltete, gelang es NH nach dem Ausscheiden aus dem Klinikum Oldenburg problemlos, im Anschluss eine neue Stelle am Klinikum Delmenhorst zu erlangen. Dort tötete er ab 2003 ungehindert die drei weiteren Patienten E, F und G mittels „Medikamentenspritze".

Strafbarkeit von A, B, C und D hinsichtlich der Tötung von E, F und G nach dem StGB?

Fall 1f: Das Arbeitszeugnis

Kurzgliederung Fall 1f
Stbk. Von A, B, C und D
A. §§ 211, 212 Abs. 1, 13 Abs. 1, 27 Abs. 1 (-)
0. Vorprüfung (+)
Schwerpunkt des Vorwurfs in der Nichterwähnung etwaiger Verdachtsmomente gegen NH, Unterlassen (+)
I. TB (-)
  1. Obj. TB (-)
     a) Teilnahmefähige Haupttat (+)
     b) Hilfeleisten
        (P) Beihilfe durch Unterlassen: Garantenpflicht?
        aa) Aus Gesetz (-)
           § 138 (-)
        bb) Aus vertraglicher/tatsächlicher Übernahme
           (1) Garantenstellung als Arzt (-)
               – Endet, sobald ein anderer Arzt die Behandlung übernimmt
           (2) Garantenstellung aus Geschäftsherrenhaftung (-)
               – Beschränkt sich auf die Verhinderung betriebsbezogener Straftaten
        cc) Aus Ingerenz (-)
           (1) „Stillhalten" (-)
               – Verschweigen von Verdachtsmomenten stellt Unterlassen selbst dar
           (2) Organisationsmangel (-)
               – Gilt nur für den Organisationsbereich Verantwortlichen; keine Überschneidungen zwischen den jeweiligen Verantwortungsbereichen der Kliniken
           (3) Erteiltes Arbeitszeugnis (-)
               – Verstoß gegen Grundsatz der Zeugniswahrheit und -klarheit (+)
               – Aber Pflichtwidrigkeits- bzw. Schutzzweckzusammenhang (-)
        dd) Aus Treu und Glauben (-)
     c) Zwischenergebnis: Garantenstellung (-)
Ergebnis: Strafbarkeit (-)

Falleinheit 1: Ärztliche Heilbehandlung, Einwilligung und Aufklärung (Fall 1a bis Fall 1f)

Lösung Fall 1f[172]

Schwerpunkte: Beihilfe durch Unterlassen zum Mord/Totschlag, Garantenstellung der Klinikleitung

Strafbarkeit von A, B, C und D

A. §§ 211, 212 Abs. 1, 13 Abs. 1, 27 Abs. 1 StGB

219 Indem A, B, C und D im für NH ausgestellten Arbeitszeugnis ihre Verdachtsmomente gegen NH unerwähnt ließen und NH daraufhin problemlos beim Klinikum Delmenhorst „anheuern" konnte, wo er in der Folgezeit E, F und G tötete, könnten sie sich wegen Beihilfe durch Unterlassen zum Mord bzw. Totschlag in drei Fällen strafbar gemacht haben, §§ 211, 212 Abs. 1, 13 Abs. 1, 27 Abs. 1 StGB.

0. Vorprüfung

220 Zunächst ist zu klären, ob der **Schwerpunkt der Vorwerfbarkeit** auf einem aktiven Tun oder einem Unterlassen liegt. Als Anknüpfungspunkt für ein aktives Tun käme jedenfalls die Erstellung des Arbeitszeugnisses für NH durch A, B, C und D in Betracht. Diese Tätigkeit ist jedoch für sich genommen weder strafbewehrt noch sonst pflichtwidrig.[173] Vielmehr sind A, B, C und D damit lediglich ihrer in § 109 GewO bzw. § 630 BGB gesetzlich normierten **arbeitsvertraglichen Nebenpflicht** nachgekommen, ihrem Arbeitnehmer ein schriftliches Zeugnis zu erteilen. Hinzu kommt, dass sich das Arbeitszeugnis in weiten Teilen auf eine „neutrale" Schilderung der zeitlichen Abläufe sowie der Einsatzbereiche und -tätigkeiten von NH erstreckt und damit auch ohne Berücksichtigung etwaig pflichtwidriger Teile „sinnvoll" bleibt.[174] Mit anderen Worten: Selbst wenn man den Fokus allein auf den Inhalt des Zeugnisses richten wollte, läge der Schwerpunkt des Vorwurfs in der *Nichterwähnung* etwaiger Verdachtsmomente gegen NH, mithin in einem Unterlassen, nicht aber in der Erteilung des Zeugnisses als aktivem Tun.

> **Klausurhinweis:**
> Eine Strafbarkeit aus aktivem Tun kommt auch nicht nach den von der höchstrichterlichen Rechtsprechung entwickelten Grundsätzen zur Beihilfestrafbarkeit durch sog. berufstypisches oder neutrales Verhalten in Betracht. Denn diese Grundsätze lassen sich bereits nicht ohne Weiteres auf Unterlassungsdelikte übertragen, da ein Nicht-Handeln für sich genommen äußerlich immer „neutral" ist.[175]

I. Tatbestandsmäßigkeit

221 **1. Objektiver Tatbestand.** a) *Teilnahmefähige Haupttat.* Die Tötung der Patienten E, F und G durch NH mittels „Medikamentenspritze" stellt eine vorsätzliche, rechtswidrige Tat eines anderen nach § 212 Abs. 1 StGB – bei Annahme von niedrigen Beweg-

---

172 Fall nach OLG Oldenburg, Beschluss vom 23.7.2021 – 1 Ws 190/21, medstra 2022, 325.
173 Hierzu und zum Folgenden OLG Oldenburg medstra 2022, 325 (327).
174 OLG Oldenburg medstra 2022, 325 (327).
175 Ausführlich hierzu OLG Oldenburg, medstra 2022, 325 (327).

Fall 1f: Das Arbeitszeugnis

gründen und/oder Heimtücke gar nach §§ 211, 212 Abs. 1 StGB – und damit eine teilnahmefähige Haupttat i. S.d. § 27 Abs. 1 StGB dar.

> **Klausurhinweis:**
> Der Sachverhalt ist hinsichtlich des Vorliegens von Mordmerkmalen sehr vage gehalten, sodass hierzu keine vertieften Ausführungen erforderlich sind.

b) Hilfeleisten. A, B, C und D müssten einen Beihilfebeitrag i. S.d. § 27 StGB geleistet haben.

Hierunter fällt grundsätzlich jede Förderung der Haupttat durch deren physische oder psychische Unterstützung.[176] Eine Beihilfe **durch Unterlassen** ist möglich, wenn eine **Garantenpflicht** (§ 13 StGB) besteht, die Tatbegehung zu erschweren bzw. eine Pflicht, der sich abzeichnenden Förderung der Tatbegehung entgegenzutreten.[177] Alle Erfolgsabwendungspflichten beruhen dabei auf dem Grundgedanken, dass eine bestimmte Person in besonderer Weise zum Schutz des gefährdeten Rechtsguts aufgerufen ist.[178]

Fraglich ist, ob A, B, C und D eine solche Garantenstellung zukommt. Diese könnte sich vorliegend aus Gesetz, aus Gewährsübernahme, aus Ingerenz oder aus sonstigen pflichtbegründenden Umständen wie etwa dem Grundsatz von Treu und Glauben ergeben.[179]

aa) Garantenstellung aus Gesetz. Eine gesetzlich begründete Einstandspflicht, den Tod von E, F, und G zu verhindern, könnte sich aus **§ 138 StGB** ergeben. Allerdings ist bereits der objektive Tatbestand der Norm nicht erfüllt, da hinsichtlich der 31 Tötungsfälle im Klinikum Oldenburg die Katalogtat des § 212 Abs. 1 StGB (ggf. i. V. m. § 211 StGB) – bezogen auf den Zeitraum der Tatbegehung im Klinikum Delmenhorst – bereits beendet war und damit eine Anzeigepflicht erloschen ist.[180] Bzgl. der Tötung von E, F und G ist jedenfalls nicht davon auszugehen, dass A, B, C und D hiervon vorab glaubhaft erfahren haben.

Aber selbst wenn man eine solche Kenntnis unterstellt, würde ihr Wissen nicht *per se* zu einer strafrechtlichen Verantwortung führen und ihnen eine strafbewehrte Überwachungspflicht erwachsen.[181] Vielmehr zeigt die Vorschrift des § 138 StGB, dass das Wissen um Straftaten nur in Ausnahmefällen strafbar ist.[182] So wird der Mitwisser gerade nicht als Beteiligter durch Unterlassen an der fremden Tat bestraft, sondern aus § 138 StGB selbst.[183] In Ansehung dessen begründet § 138 StGB **keine Garantenstellung** i. S.d. § 13 StGB als Verhinderungspflicht, sondern lediglich eine *Warnpflicht*.[184] Die Nichterfüllung der Anzeigepflicht allein reicht mithin nicht aus, eine Unterlassung tatbestandsmäßig einem Tun gleichzustellen.[185]

---

176 *Wessels/Beulke/Satzger*, Strafrecht AT, § 16 Rn. 899.
177 BeckOK-StGB/*Kudlich*, § 27 Rn. 4; näher auch *Otto*, JuS 2017, 389.
178 St. Rspr., vgl. nur BGHSt 59, 318; 62, 72; OLG Oldenburg medstra 2022, 325 (328).
179 Zum Folgenden ausführlich OLG Oldenburg medstra 2022, 325 (328 ff.).
180 Vgl. MüKo-StGB-*Hohmann*, § 138 Rn. 11.
181 OLG Oldenburg medstra 2022, 325 (328).
182 Vgl. *Warneke*, NStZ 2010, 312 (316).
183 Vgl. BGH NJW 1964, 731 (732).
184 Ganz h. M.; statt vieler BeckOK-StGB/*Heuchemer*, § 138 Rn. 1.1.
185 Vgl. Schönke/Schröder-*Bosch*, § 13 Rn. 57 m. w.N.

Falleinheit 1: Ärztliche Heilbehandlung, Einwilligung und Aufklärung (Fall 1a bis Fall 1f)

227 **bb) Garantenstellung aus vertraglicher und/oder tatsächlicher Gewährsübernahme.** Eine Garantenstellung könnte jedoch aus vertraglicher und/oder tatsächlicher Übernahme für die Gewähr eines Rechtsguts folgen.

228 **(1) Garantenstellung als Arzt bzw. Ärztin.** So treffen einen Arzt, der einen hilfsbedürftigen Kranken als Patienten an- bzw. übernimmt, in jedem Fall – unabhängig vom Bestehen eines rechtswirksamen Behandlungsverhältnisses (§ 630a BGB) – sämtliche **ärztliche Garantenpflichten**, die gebotenen medizinischen Maßnahmen im Rahmen des ihm Möglichen und Zumutbaren zu ergreifen, um die einem Kranken drohenden Schädigungen abzuwenden und seine Gesundheit wieder herzustellen.[186] Dies gilt auch ganz allgemein für den Krankenhausträger bzw. für denjenigen, der ein Krankenhaus dem hilfesuchenden Publikum eröffnet; insofern muss bei stationärer Behandlung die Sicherheit der Patientinnen und Patienten oberstes Gebot sein.[187] Diese ärztliche Garantenstellung endet jedoch, sobald ein *anderer Arzt bzw. eine andere Ärztin* die Behandlung übernimmt[188] oder der Patient bzw. die Patientin in eine andere stationäre oder ambulante Abteilung *verlegt* wird.[189] Danach haben A, B, C und D hier allenfalls für die im Klinikum Oldenburg aufgenommenen und anschließend von NH getöteten 31 Patientinnen und Patienten eine Garantenstellung inne, nicht aber für E, F und G am Klinikum Delmenhorst.

> **Klausurhinweis:**
>
> Es war hier nur nach der Strafbarkeit von A, B, C und D bzgl. der Tötung von E, F und G gefragt. Hinsichtlich der 31 getöteten Patientinnen und Patienten am Klinikum Oldenburg wird es aber wohl am entsprechenden Vorsatz bzw. an konkreten Anknüpfungspunkten für eine Fahrlässigkeitsstrafbarkeit fehlen.

229 **(2) Garantenstellung aus Geschäftsherrenhaftung.** Eine (Überwacher-)Garantenstellung könnte sich aber unter dem Gesichtspunkt der sog. **Geschäftsherrenhaftung** ergeben.[190] Insoweit kann sich aus der Stellung als Betriebsinhaber bzw. Vorgesetzte je nach den Umständen des Einzelfalls eine Garantenpflicht zur Verhinderung von Straftaten nachgeordneter Mitarbeiterinnen und Mitarbeiter ergeben. Allerdings beschränkt sich diese auf die Verhinderung **betriebsbezogener Straftaten** und umfasst nicht solche Taten, die der Mitarbeitende lediglich bei Gelegenheit seiner Tätigkeit im Betrieb begeht.[191]

230 Die Tötung von E, F und G im Klinikum Delmenhorst müsste eine solche betriebsbezogene Straftat sein. Betriebsbezogen ist eine Tat dann, wenn sie einen inneren Zusammenhang mit der betrieblichen Tätigkeit des Begehungstäters oder mit der Art des Betriebs aufweist.[192] Zwar hat sich bei der Patiententötung eine dem Betrieb eines Klinikums anhaftende Gefahr verwirklicht hat, weil NH insoweit die durch seine Stellung als Krankenpfleger eingeräumten medizinischen Machtbefugnisse zur Tatbege-

---

186 Vgl. BGH NJW 2000, 2741 (2742); OLG Bamberg NJOZ 2012, 936 (937); *Ulsenheimer*, in: Laufs/Kern/Rehborn § 150 Rn. 14 m. w.N.
187 Vgl. BGH NJW 1976, 1145.
188 Vgl. OLG Bamberg NJOZ 2012, 936 (938).
189 Vgl. *Ulsenheimer*, in: Laufs/Kern/Rehborn, § 150 Rn. 14 a. E., § 151 Rn. 2.
190 Grundlegend zur Geschäftsherrenhaftung BGHSt 57, 42; BGH, NStZ 2018, 648; siehe auch Lackner/Kühl/Heger, § 13 Rn. 14a.
191 OLG Oldenburg medstra 2022, 325 (329).
192 Vgl. BGHSt 57, 42; BGH NStZ 2018, 648.

Fall 1f: Das Arbeitszeugnis

hung ausgenutzt hat.[193] Jedoch stehen die Taten im Klinikum Delmenhorst in keinem inneren Zusammenhang mit der im Rahmen des Arbeitsverhältnisses im Klinikum Oldenburg erbrachten Tätigkeit des NH. Stattdessen befinden sich zum Tatzeitpunkt weder NH noch E, F und G (mehr) „innerhalb des personellen Verantwortungsbereichs"[194] von A, B, C und D. Eine Garantenstellung aus Geschäftsherrenhaftung scheidet daher ebenfalls aus.

> **Klausurhinweis / Weiterführendes Wissen:**
> Eine Garantenstellung ergibt sich auch nicht nach den Grundsätzen der **strafrechtlichen Produkthaftung** (so aber die StA im vorliegenden Fall), da der BGH bezüglich der „Gefahrenquelle Mensch" mit der sog. Geschäftsherrenhaftung (speziellere) Maßstäbe entwickelt hat. Auch trifft A, B, C und D keine (öffentlich-rechtliche) Überwachungspflicht.[195]

cc) **Garantenstellung aus Ingerenz.** Es könnte jedoch eine Garantenstellung wegen pflichtwidrigen Vorverhaltens in Betracht kommen (sog. Ingerenz). 231

(1) „**Stillhalten**". Fraglich ist, ob man in diesem Zusammenhang auf das Verschweigen von Verdachtsmomenten bzw. die Nichteinschaltung der Ermittlungsbehörden durch A, B, C und D abstellen kann. Allerdings stellt dieses „Stillhalten" bereits das Unterlassen selbst dar und kann daher nicht gleichzeitig als vorangegangenes Tun bzw. Unterlassen zur Begründung einer Garantenstellung aus Ingerenz herangezogen werden. Das Unterlassen und das die Garantenstellung begründende Vorverhalten können insofern nicht identisch sein.[196] Daneben wurde durch das Stillhalten von A, B, C und D die Gefahr für E, F und G auch nicht vergrößert, sondern eine – weiterhin bestehende, allein von NH ausgehende – Gefahr (lediglich) nicht aufgehalten.[197] Das Stillhalten von A, B, C und D begründet daher keine Garantenstellung aus Ingerenz. 232

(2) **Organisationsmangel.** Eine Garantenstellung aus Ingerenz könnte sich jedoch unter dem Blickwinkel eines möglichen Organisationsmangels im Vorfeld der Taten ergeben.[198] 233

So ist jeder Weisungsberechtigte und Übergeordnete im medizinischen Bereich (Krankenhausträger, Chefärztin etc.) dazu verpflichtet, durch geeignete organisatorische Maßnahmen die dem Patienten aus dem Umstand seiner Krankheit oder auch nur seiner Patienteneigenschaft entstehenden Gefahren so weit wie möglich zu minimieren. Hierzu gehört u. a. die sorgfaltsgemäße Auswahl der Mitarbeitenden, deren Anleitung und laufenden Überwachung sowie die regelmäßige Überprüfung ihrer fachlichen und persönlichen Qualifikation.[199] Diese gleichermaßen im Verhältnis zwischen dem ärztlichen Personal gegenüber dem nichtärztlichen Assistenzpersonal wie dem Pflegepersonal geltenden Organisations- und Überwachungspflichten greifen insbesondere dann, wenn Qualitätsmängel oder Fehlleistungen anderer ins Auge springen. Hier endet dann auch der bei arbeitsteiligem Zusammenwirken medizinischen Personals sonst geltende **Vertrauensgrundsatz**, wonach jeder bei der Krankenhausbehandlung Mitwirkende sich 234

---

193 Vgl. BGHSt 57, 42.
194 BGHSt 57, 42; vgl. auch OLG Oldenburg medstra 2022, 325 (329).
195 Ausführlich zum Ganzen OLG Oldenburg, medstra 2022, 325 (329 f.).
196 OLG Oldenburg medstra 2022, 325 (330).
197 OLG Oldenburg medstra 2022, 325 (330).
198 Vgl. *Ulsenheimer*, in: Laufs/Kern/Rehborn, § 150 Rn. 16. m. w.N.
199 OLG Oldenburg medstra 2022, 325 (330).

darauf verlassen darf, dass der jeweils andere den ihn obliegenden Aufgabenbereich mit den dazu erforderlichen Kenntnissen und der gebotenen Sorgfalt erfüllt.[200]

235 Allerdings gelten diese Maßstäbe nur für den für die jeweilige Struktur und Organisationsbereich Verantwortlichen und allenfalls solange organisatorische Überschneidungen zwischen den jeweiligen Verantwortungsbereichen bestehen.[201] Die (strafrechtliche) Verantwortlichkeit von A, B, C und D bezieht sich hier jedoch allein auf das Klinikum in Oldenburg. Es ist auch nicht davon auszugehen, dass eine strukturelle/organisatorische Verflechtung mit dem Klinikum in Delmenhorst bestand oder sonst ein arbeitsteiliges Zusammenwirken mit dem dortigen ärztlichen wie nichtärztlichen Personal in Bezug auf die Patienten E, F und G vorlag. Eine Garantenstellung wegen eines Organisationsmangels scheidet daher aus.

> **Klausurhinweis:**
> Man kann diesen Punkt auch kürzer abhandeln.

236 **(3) Erteiltes Arbeitszeugnis.** Als weiterer Anknüpfungspunkt für eine Garantenstellung aus Ingerenz könnte die Erstellung des Arbeitszeugnisses für NH in Betracht kommen.

237 Dabei müsste es sich zunächst um ein *pflichtwidriges* **Vorverhalten** handeln. So könnte die Erstellung des Zeugnisses ohne Erwähnung etwaiger Verdachtsmomente gegen NH gegen den Grundsatz der Zeugniswahrheit und -klarheit verstoßen. Danach darf das Zeugnis dem Arbeitnehmer das weitere Fortkommen nicht ungerechtfertigt erschweren, muss zugleich aber auch der Wahrheit entsprechen.[202] Vom bisherigen Arbeitgeber wird demzufolge verlangt, dass er den Arbeitnehmer auf der Grundlage von Tatsachen beurteilt und dessen Tätigkeiten in einem Zeugnis so vollständig und genau beschreibt, dass sich künftige Arbeitgeber ein klares Bild über den Verlauf des Arbeitsverhältnisses machen können. Der Grundsatz der Zeugniswahrheit und -klarheit erstreckt sich auf alle wesentlichen Tatsachen und Bewertungen, die für die Gesamtbeurteilung des Arbeitnehmers von Bedeutung sind und an deren Kenntnis ein künftiger Arbeitgeber ein berechtigtes und verständiges Interesse haben kann.[203]

238 Indem das Arbeitszeugnis keinerlei Verdachtsmomente dahingehend enthielt, dass NH in seiner Funktion als Krankenpfleger Patientinnen und Patienten tötete, sondern in weiten Teilen lediglich eine „neutrale" Schilderung der zeitlichen Abläufe sowie der Einsatzbereiche und -tätigkeiten von NH beinhaltete, haben A, B, C und D etwaige strafbare Handlungen verschwiegen. Hierbei handelt es sich auch um für den künftigen Arbeitgeber, das Klinikum Delmenhorst, wesentliche Tatsachen, da das Klinikum für das Wohl seiner Patientinnen und Patienten verantwortlich ist und die mutmaßlich strafbaren Handlungen in einem unmittelbaren Zusammenhang mit dem Arbeitsverhältnis stehen.[204] Ein solches Verschweigen auf Kosten des zukünftigen Arbeitgebers stellt damit einen Verstoß gegen die guten Sitten i. S.d. § 826 BGB dar und begründet

---

200 Vgl. BGH NJW 1989, 1536 (1538); NJW 1999, 1779 (1780).
201 OLG Oldenburg medstra 2022, 325 (331); siehe auch OLG Bamberg NJOZ 2012, 936 (939).
202 St. Rspr., vgl. nur BAG NZA 1993, 697 f.; NZA 2005, 1237 f. jew. m. w.N.
203 Vgl. BAG NZA 2005, 1237 f.
204 Vgl. BGH NJW 1970, 2291 (2292); ferner LAG Baden-Württemberg, Urt. v. 29.11.2007 – 11 Sa 53/07, juris Rz. 32.

Fall 1f: Das Arbeitszeugnis

zugleich einen Verstoß gegen den **Grundsatz der Zeugniswahrheit und -klarheit**.[205] Das Erstellen des Arbeitszeugnisses durch A, B, C und D erfolgte daher pflichtwidrig.

Fraglich ist jedoch, ob auch der erforderliche **Pflichtwidrigkeits- bzw. Schutzzweckzusammenhang** gewahrt ist. So mag zwar das insoweit unrichtige Zeugnis kausal für die Einstellung von NH im Klinikum Delmenhorst gewesen sein; es wäre ihm dementsprechend bei pflichtgemäßer Zeugniserteilung mit an Sicherheit grenzender Wahrscheinlichkeit nicht möglich gewesen, seine Taten im dortigen Klinikum fortzusetzen. Bei Erfolgsdelikten muss aber – über die Ursächlichkeit hinaus – zur sachgemäßen Begrenzung der objektiven Zurechenbarkeit der Erfolg seinen Grund genau in der objektiven Pflichtverletzung haben. Die Pflichtwidrigkeit muss daher in der Verletzung eines Gebots bestehen, das gerade dem Schutz des konkret gefährdeten Rechtsguts zu dienen bestimmt ist.[206]

239

Die in § 630 BGB (bzw. § 109 GewO) gesetzlich normierte arbeitsvertragliche Nebenpflicht des Arbeitgebers zur Zeugniserteilung hat jedoch zuvorderst den Zweck, das berufliche Fortkommen des Arbeitnehmers bei künftigen Bewerbungen zu sichern.[207] Zugleich dient das Zeugnis dem künftigen Arbeitgeber als Grundlage dafür, sich ein objektives Bild von der Befähigung und Leistung des potentiellen Arbeitsnehmers zu verschaffen (sog. zweiseitige Zielsetzung).[208] Insoweit erstreckt sich die Schutzwirkung eines Zeugnisses allein auf die Rechtsgüter – insbesondere die Vermögensinteressen – des *künftigen Arbeitgebers*, nicht aber auf die sonstiger Dritter. Entsprechend kann ein Pflichtwidrigkeitszusammenhang allenfalls in Bezug auf Rechtsgutsbeeinträchtigungen des Krankenhausträgers des Klinikums Delmenhorst selbst, nicht jedoch hinsichtlich der Verletzung der höchstpersönlichen Rechtsgüter von Leib und Leben der dort behandelten Patientinnen und Patienten ausgemacht werden. Wollte man dies anders sehen und Letztere gleichwohl in den Schutzbereich des § 109 GewO bzw. § 630 BGB einbeziehen, würde der Normzweck gegen den Willen des Gesetzgebers und der bisherigen Linie der arbeits- wie zivil- und strafgerichtlichen Rechtsprechung ins Uferlose überdehnt und der Zeugnisaussteller mit kaum überschaubaren zivil- und strafrechtlichen Haftungsrisiken überzogen werden.[209]

240

> **Klausurhinweis:**
>
> Es ist an dieser Stelle freilich kein derart vertieftes arbeitsrechtliches Wissen erforderlich. Auf die pflichtwidrige Erstellung sowie darauf, dass die Zeugniserstellungspflicht nicht dem Schutz von Leib und Leben der E, F und G dient, sollte aber eingegangen werden.

dd) Garantenstellung aus Treu und Glauben. Für eine Garantenstellung aus Treu und Glauben (§ 242 BGB) fehlt es jedenfalls an einer auf vertraglicher bzw. vertraglich angenäherter Basis beruhenden **Vertrauensbeziehung** zwischen dem Klinikum Oldenburg und demjenigen in Delmenhorst.[210] Überdies war im Zeitpunkt der Zeugniserstellung überhaupt nicht absehbar, bei welcher Einrichtung sich NH mit diesem Zeugnis bewerben, wer also gleichsam zukünftiger „Vertragspartner" werden würde. Insofern rei-

241

---

205 OLG Oldenburg medstra 2022, 325 (331); BGH NJW 1970, 2291 (2292); OLG München BeckRS 2000, 31362731.
206 OLG Oldenburg medstra 2022, 325 (331); vgl. BGHSt 37, 106; 64, 121 jew. m. w.N.
207 Vgl. LAG Nürnberg BeckRS 2009, 68723; MüKo-BGB-*Henssler*, § 630 Rn. 4.
208 OLG Oldenburg medstra 2022, 325 (332).
209 Vgl. ErfK-*Müller-Glöge*, GewO § 109 Rz. 71 f. m.w. N.
210 OLG Oldenburg medstra 2022, 325 (334).

chen aber allein (quasi-)vertragliche Pflichten aus gegenseitigen Rechtsgeschäften zur Begründung einer strafbewehrten Garantenpflicht nicht aus.[211]

242 c) **Zwischenergebnis.** Damit liegen die Voraussetzungen des § 13 StGB nicht vor. A, B, C und D trifft hinsichtlich der Tötung von E, F, und G keine Garantenpflicht.

243 **Ergebnis:** Mangels Garantenstellung haben sich A, B, C und D nicht wegen Beihilfe durch Unterlassen zum Mord bzw. Totschlag von E, F und G durch NH strafbar gemacht.

---

211 Vgl. BGH NJW 2000, 3013 (3014); Schönke/Schröder-*Perron*, § 266 Rn. 23 m. w.N.

Fall 1f: Das Arbeitszeugnis

Weiterführende Hinweise auf relevante Rechtsprechung und (Ausbildungs-)Literatur:

BGH NStZ-RR 2007, 340 – Ärztlicher Heileingriff: Rechtfertigung durch Einwilligung
BGH NJW 2011, 1088 – Aufklärung über Außenseitermethode („Zitronensaftfall")
BGH NJW 2013, 1688 – Hypothetische Einwilligung in ärztlichen Heileingriff bei „Neulandmethode"
OLG Hamm NJW 2020, 1373 – Abtreibung durch Minderjährige gegen den Willen eines mitsorgeberechtigten Elternteils
OLG Karlsruhe NStZ 2022, 687 – Medizinisch nicht indizierte Zahnextraktion *(vgl. Fall 1d)*
OLG Oldenburg medstra 2022, 325 – Zur strafrechtlichen Verantwortlichkeit einer Klinikleitung für spätere Tötungsdelikte ihres vormaligen Krankenpflegers in einem anderen Klinikum *(vgl. Fall 1f)*

Beck, Susanne, Kurzfälle zum Medizinstrafrecht – Teil 1, ZJS 1/2013, 42
Deuring, Silvia, Arzthaftungsrecht – Teil 2: Selbstbestimmungsaufklärung und Einwilligung, JuS 2020, 637
Eidam, Lutz, Zum Ausschluss strafrechtlicher Verantwortlichkeit anhand des Vertrauensgrundsatzes – ein Überblick, JA 2011, 912
Gropp, Walter, Die Einwilligung in den ärztlichen Heileingriff – ein Rechtfertigungsgrund, GA 2015, 5
Jansen, Scarlett, Die hypothetische Einwilligung im Strafrecht, ZJS 6/2011, 482
Kaeding, Nadja / Schwenke, Laura, Medizinische Behandlung Minderjähriger – Anforderungen an die Einwilligung, MedR 2016, 935
Kraatz, Erik, Arztstrafrecht, 3. Auflage 2023, § 3 Ärztlicher Heileingriff als vorsätzliche Körperverletzung
Lorenz, Henning, Die ärztliche (Heil-)Behandlung und ihre Instrumente als gefährliche Werkzeuge, medstra 2022, 220
Saliger, Frank / Tsambikakis, Michael, Strafrecht der Medizin, 1. Auflage 2022, § 1 Der konsentierte ärztliche Heileingriff als gerechtfertigte Körperverletzung
Schrott, Nina, Autonomie in und durch Repräsentation?, medstra 2021, 358
Sowada, Christoph, Die hypothetische Einwilligung im Strafrecht, NStZ 2012, 1
Valerius, Brian, Die Rechtsprechung zu den ärztlichen Aufklärungspflichten und zur Einwilligung seit dem Patientenrechtegesetz, medstra 2021, 2
Waßmer, Martin Paul, Medizinstrafrecht, 1. Auflage 2022, B. Schutz von Leib und Leben

Falleinheit 2: Schwangerschaftsabbruch (Fall 2a bis Fall 2c)

Fall 2a: Berliner Zwillinge

1 A und B sind fachlich versierte, erfahrene und auch Schwangerschaftsabbrüche vornehmende Geburtsmediziner. Bei S liegt eine Zwillingsschwangerschaft vor, bei der jeder (eineiige) Fetus über eine eigene innere Eihülle verfügt, sich aber beide Föten die Plazenta teilen. Eine solche Schwangerschaft ist aufgrund der Verbindung der Blutkreisläufe der Zwillinge risikobehaftet. Während bei einem Zwilling (Z1) eine schwerwiegende Hirnschädigung festgestellt wird, ist der andere Fetus (Z2) „normal" entwickelt. In einem Berliner Geburtsklinikum informiert man S daher über die Möglichkeit eines selektiven Schwangerschaftsabbruchs. Dabei teilt man ihr auch mit, dass eine Injektion mit Kaliumchlorid nicht möglich sei, weil der andere (gesunde) Fetus (Z2) dadurch in Gefahr gerate. Andere Methoden seien praktikabel, erhöhten aber das Risiko einer Frühgeburt. Der abgestorbene Fetus verbleibe dann bis zur Geburt im Mutterleib. S nahm daraufhin vom selektiven Fetozid Abstand.

Einige Zeit später setzen bei S die Wehen (Vor- bzw. Senkwehen) ein. Daraufhin entschließen sich A, B und S gemeinsam, den geplanten Kaiserschnitt vorzunehmen, in dessen Verlauf zunächst der gesunde Zwilling (Z2) entbunden und unmittelbar im Anschluss daran der geschädigte – aber lebensfähige – Zwilling (Z1) mittels Kaliumchloridinjektion getötet werden soll. Dabei gehen A und B bewusst davon aus, dass sie sich durch diese von Fachkreisen nicht vorgesehene Operationsmethode über geltendes Recht hinwegsetzen und einen Menschen töten würden. A und B öffnen daraufhin operativ Bauchdecke und Gebärmutter (Uterus) der S. Der gesunde Zwilling (Z2) wird entnommen und seine Nabelschnur durchtrennt. Anschließend suchen A und B bei dem in der Gebärmutter in Beckenendlage liegenden anderen Zwilling (Z1) die Nabelschnur, klemmen diese ab und töten ihn durch Injektion der Kaliumchloridlösung. Den toten Zwilling (Z1) heben sie aus der Gebärmutter und vermerken insoweit „Totgeburt" im Operationsbericht.

Der getötete Zwilling (Z1) war lebensfähig, es wären bei ihm aber schwere Behinderungen (motorische Störungen, Lähmungen, Spastiken, deutliche kognitive Einschränkungen) zu erwarten gewesen. Andere Verfahren zur Durchführung eines selektiven Fetozids wären mit höheren Risiken für den gesunden Zwilling (Z2) verbunden gewesen.

Strafbarkeit von A und B nach dem StGB?

Es ist davon auszugehen, dass bzgl. S angesichts der schweren Behinderungen des Z1 eine medizinische Indikation nach § 218a Abs. 2 StGB (sog. mittelbare embryopathische Indikation als Fall der medizinisch-sozialen Indikation) besteht.

Fall 2a: Berliner Zwillinge

Kurzgliederung Fall 2a
Stbk. von A und B
A. § 212 Abs. 1 (+)
I. TB (+)
 1. Obj. TB (+)
  a) Taugliches Tatobjekt: Mensch (+)
   (P) Mensch i. S.d. § 212 Abs. 1 oder noch Leibesfrucht i. S.v. § 218?
   aa) *Beginn oder Vollendung der Geburt als taugliches Kriterium für die Abgrenzung von §§ 211, 212 StGB und § 218*
    (1) Geburtsbeginn (Rspr./h. M.)
    (2) Vollendung der Geburt (TdL)
    (3) Streitentscheid für h. M.
     Arg.: vollumfänglicher Schutz des Kindes
   bb) *Konkreter Zeitpunkt des Beginns der Geburt*
    (1) Geburtsbeginn bei Kaiserschnitt
     – h.M.: Einsetzen der Eröffnungswehen
     – Lit.: Eröffnung des Uterus; subjektive Einschr.: Fetus dauerhaft vom Mutterleib trennen und Schwangerschaft beenden
    (2) Geburtsbeginn bei Mehrlingsgeburt durch Kaiserschnitt
     – Hier: kein normativ relevanter Unterschied zur Geburt nur eines Kindes mittels Kaiserschnitts
  b) Tathandlung, Kausalität und objektive Zurechnung (+)
 2. Subj. TB (+)
II. RWK (+)
 (P) Rechtfertigung
 1. **Nothilfe/Notstandshilfe zugunsten des Z2 bzw. der S, §§ 32, 34 (-)**
 2. **Indikation bei S nach § 218a Abs. 2 (-)**
 3. **Analoge Anwendung des § 218a Abs. 2 (-)**
  – Planwidrige Regelungslücke (-): Beschränkung des Rechtfertigungsgrundes auf die Zeit der Schwangerschaft aufgrund bewusster Entscheidung des Gesetzgebers in Umsetzung von Vorgaben des BVerfG
  – Ausnahmevorschriften wie § 218a Abs. 2 eng auszulegen
III. Schuld (+)
 – Verbotsirrtum nach § 17 S. 1 (-)
B. §§ 223 Abs. 1, 224 Abs. 1 Nr. 1, Nr. 2 Alt. 2, Nr. 4, Nr. 5 bzgl. S (-)
– RWK (-), da wirksame, insb. nicht sittenwidrige Einwilligung der S in die Verletzung ihrer körperlichen Unversehrtheit als disponibles Rechtsgut
C. § 267 Abs. 1 (-)
– Herstellung einer unechten Urkunde, **Var. 1** (-): A und B erscheinen als Aussteller und sind es auch tatsächlich
– Verfälschung einer echten Urkunde, **Var. 2** (-)
D. § 271 Abs. 1 bzw. § 348 Abs. 1 (-)
– Operationsbericht ≠ öffentl. Urkunde
E. § 277 Abs. 1 (-)

- *zustehende* Bezeichnung als Arzt / Ärzte
F. § 278 Abs. (-)
I. TB (-)
  1. Obj. TB (-)
     - Angabe „Totgeburt" inhaltlich unrichtig (+)
     - Operationsbericht bzgl. „Totgeburt" ≠ Gesundheitszeugnis

Lösung Fall 2a[1]

Schwerpunkte: Beginn des Menschseins bei Kaiserschnittgeburt; Abgrenzung § 218 StGB ⇔ §§ 211, 212 StGB

Strafbarkeit von A und B

A. § 212 Abs. 1 StGB

2   A und B könnten sich wegen Totschlags gem. § 212 Abs. 1 StGB strafbar gemacht haben, indem sie Z1 eine tödlich wirkende Kaliumchloridlösung injizierten.

> **Klausurhinweis:**
> Die Prüfung von Mordmerkmalen, insbesondere der **Heimtücke**, erscheint in „ärztlichen" Konstellationen i. d.R. eher fernliegend und auch der BGH hat sie vorliegend nicht in sein Prüfprogramm aufgenommen. Es ist daher zulässig, sie auch in der Klausur nicht anzusprechen. Gleichwohl könnte man im Rahmen einer Heimtückeprüfung durchaus fragen, ob es neben dem arglosigkeitsuntauglichen Z1 und der nicht arglosen Mutter S noch weitere Personen gegeben hat, die hätten schützend eingreifen können oder müssen und dies nicht getan haben, weil sie arglos waren. Und mit Blick auf Art. 3 Abs. 3 S. 2 GG („Niemand darf wegen seiner Behinderung benachteiligt werden.") könnte man schließlich auch an das Mordmerkmal der **niedrigen Beweggründe** denken.[2]

I. Tatbestandsmäßigkeit

3   **1. Objektiver Tatbestand. a) Taugliches Tatobjekt: Mensch.** Dazu müssen A und B mit Z1 einen anderen Menschen getötet haben.

4   Fraglich ist, ob es sich bei Z1 zum Tatzeitpunkt, mithin der Verabreichung der tödlichen Kaliumchloridlösung durch A und B (vgl. Koinzidenzprinzip, § 8 StGB),[3] um einen Menschen i. S.d. § 212 Abs. 1 StGB gehandelt hat oder noch um eine „lediglich" von § 218 StGB geschützte Leibesfrucht.

5   **aa) Beginn oder Vollendung der Geburt als taugliches Kriterium für die Abgrenzung von §§ 211, 212 StGB und § 218 StGB?** Zur Abgrenzung von „Mensch" und „Leibesfrucht" wird grundsätzlich auf die *Geburt* abgestellt. Diese bildet eine Zäsur, mit der das Leibesfruchtstadium endet und das Menschsein beginnt. Unterschiedlich beurteilt

---

1   Sachverhalt nach BGH NStZ 2021, 489 m. Anm. *Peters*; NJW 2021, 645 m. Anm. *Grünewald*; GuP 2021, 116 m. Anm. *Kaltenhäuser*; MedR 2021, 643; BeckRS 2020, 36848 („Berliner Zwillingsfall").
2   Zum Ganzen *Mitsch*, HRRS 33/2021, 297 (299 f.).
3   Relevant ist also, wann auf das Tatobjekt schädigend eingewirkt wird, nicht, wann der (Todes-)Erfolg eintritt, näher BGHSt 31, 348 (352); OLG Karlsruhe NStZ 1985, 314.

Fall 2a: Berliner Zwillinge

wird aber, ob hierbei auf den *Beginn* der Geburt oder aber auf deren *Vollendung* abzustellen ist:[4]

(1) Geburtsbeginn (Rspr. und wohl h. M.). Die höchstrichterliche Rechtsprechung sowie die wohl h. M. machen die Abgrenzung zwischen §§ 211 ff. StGB und § 218 StGB seit jeher vom *Beginn* der Geburt abhängig.[5]

Früher wurde dieses Ergebnis v. a. aus § 217 StGB a. F. („Kindstötung"[6]) abgeleitet, der von Inkrafttreten des Reichsstrafgesetzbuchs 1871 bis zu seiner Abschaffung durch das 6. Strafrechtsreformgesetz vom 1998 nahezu unverändert galt und die Tötung eines unehelichen Kindes „in oder gleich nach der Geburt" unter Strafe stellte.

Nach Abschaffung von § 217 StGB a. F. wird nun damit argumentiert, dass sich den Gesetzesmaterialien nach zu urteilen an dieser Rechtslage nach dem Willen des Gesetzgebers nichts ändern sollte.[7] Auch der BGH hat nach Aufhebung von § 217 StGB a. F. an der bisherigen Begriffsbestimmung festgehalten und dies mit dem systematischen Verhältnis zwischen §§ 212 Abs. 1, 222 StGB und § 218 Abs. 1 StGB begründet.[8]

(2) Vollendung der Geburt (TdL). Dagegen vertreten Teile der Literatur, dass nicht der Beginn, sondern die *Vollendung* der Geburt den Übergang zwischen Schwangerschaftsabbruch und Tötungsdelikten markieren müsse.[9] Begründet wird dies mit dem Wortlaut des Gesetzes, der gerade auf den Unterschied zwischen bereits (vollständig) geborenem und ungeborenem Leben verweise, sowie dem Auftreten von Wertungswidersprüchen in Konfliktfällen.

(3) Streitentscheid und Zwischenergebnis. Zwar ist der letzteren Ansicht durchaus zuzugeben, dass aus einer nicht existierenden Norm grundsätzlich nichts für die geltende Rechtslage abgeleitet werden kann.[10]

Dennoch lassen sich gewichtige sachliche Gründe für die Ansicht der h. M. ins Feld führen: So bedarf das Kind gerade in der mit Risiken für Gesundheit und Leben verbundenen Geburtsphase des besonderen Schutzes der Körperverletzungs- und Tötungsdelikte, die – anders als § 218 StGB – nicht nur vorsätzliche, sondern auch fahrlässige Schädigungen erfassen.[11]

Zudem ist es mit dem Wortlaut des § 218 StGB ohne Weiteres vereinbar, den Beginn der Geburt – entsprechend der medizinischen Terminologie – als Ende der von § 218 StGB geschützten Schwangerschaft und damit als Beginn des Schutzes durch §§ 211 ff. StGB anzusehen.[12] Dass im Zivilrecht die Rechtsfähigkeit erst ab Vollendung der Ge-

---

4 Zum Folgenden ausführlich BGH NJW 2021, 645 (646 f.).
5 RGSt 1, 446 (448); 9, 131 (132); 26, 178 (179); BGHSt 10, 5; 31, 348; 32, 194; BGH NStZ 2008, 393 [394]; ausführlich *Küper*, GA 2001, 515 (525 ff.); *Ingelfinger*, Grundlagen und Grenzbereiche des Tötungsverbots, 2004, S. 124 ff. m. w. N.
6 Nicht zu verwechseln mit dem aktuellen, durch das BVerfG (BVerfGE 153, 182 = NJW 2020, 905) für verfassungswidrig und nichtig erklärten § 217 StGB (Geschäftsmäßige Förderung des Suizids).
7 Vgl. BT-Drs. 13/8587, 34, 81 f.; *Jäger*, JuS 2000, 31; vgl. auch BGH NJW 2021, 645 (646).
8 BGH NStZ 2008, 393 (394) m. w. N.; ebenso OLG Dresden MedR 2014, 896.
9 Vgl. *Herzberg/Herzberg*, JZ 2001, 1106; *Merkel*, in: Roxin/Schroth, 295 (318 ff.); *Hoven*, medstra 2020, 64 (65).
10 So auch *Wessels/Hettinger/Engländer*, Strafrecht BT 1, § 1 Rn. 8 m. w. N.
11 Vgl. MüKo-StGB-*Schneider*, Vorb. § 211 ff. Rn 6 ff.; *Küper*, GA 2001, 515 (523); *Sowada*, GA 2011, 389 (406); *Kaltenhäuser*, JuS 2015, 785 (786).
12 Näher *Küper*, GA 2001, 515 (536 f.); vgl. auch BVerfGE 88, 203 (251).

burt beginnt (§ 1 BGB), ist aufgrund des abweichenden Regelungszwecks von Zivil- und Strafnormen nicht ausschlaggebend.[13]

> **Klausurhinweis/Weiterführendes Wissen:**
>
> Dasselbe gilt letztlich auch hinsichtlich § 12 SGB VII, wonach die Leibesfrucht einer Schwangeren einem Versicherten (und damit einem „Menschen") gleichsteht.

13 Im Ergebnis sprechen daher die besseren Gründe dafür, als maßgeblichen Abgrenzungszeitpunkt weiterhin auf den *Beginn* und nicht die Vollendung der Geburt abzustellen, da nur hierdurch ein vollumfänglicher Schutz des Kindes gewährleistet ist. Es besteht daher kein Anlass, die (wohl) mit dem Willen des Gesetzgebers übereinstimmende, in ständiger Rechtsprechung praktizierte und dem überwiegenden kontinentaleuropäischen Rechtsverständnis entsprechende[14] Abgrenzung zwischen §§ 211 ff. StGB und § 218 StGB anders als anhand des Geburtsbeginns vorzunehmen.

> **Klausurhinweis:**
>
> A.A. vertretbar, wenngleich der Fall dann mit § 218 StGB eine weitgehend „andere Richtung" einschlägt. Die (auch amtlichen) Lösungsskizze werden wohl überwiegend der etablierten Rechtsprechungslinie folgen und auf den Geburtsbeginn abstellen.

14 **bb) Konkreter Zeitpunkt des Beginns der Geburt.** Fraglich ist, ob im Zeitpunkt der tödlichen Einwirkung, d. h. der Injektion der Kaliumchloridlösung durch A und B bei Z1, die Geburt von Z1 bereits begonnen hat, mithin der Geburtsbeginn bereits eingetreten ist.

15 **(1) Geburtsbeginn bei Kaiserschnitt.** Bei einem natürlichen Geburtsverlauf markiert nach Ansicht der h. M. das Einsetzen der Eröffnungswehen den Beginn der Geburt.[15]

> **Weiterführendes Wissen:**
>
> Umstritten ist insofern aber, ob angesichts der medizinischen Möglichkeit einer Unterdrückung von weiteren Eröffnungswehen durch die Gabe wehenhemmender Medikamente für den Geburtsbeginn auf den Beginn jeder Art von **Eröffnungswehen** (unabhängig von ihrer Verursachung), auf den Beginn von alsbald in die Ausstoßung der Leibesfrucht mündenden Eröffnungswehen, auf den Beginn der **Presswehen** oder gar erst auf den Beginn des **Austritts** des Kindes aus dem Mutterleib abzustellen ist.[16]

16 Bei S haben bisher jedoch lediglich die Vor- bzw. Senkwehen eingesetzt, nicht aber die Eröffnungswehen. Zudem handelt es sich nicht um eine „natürliche Geburt", sondern um einen (geplanten) Kaiserschnitt *(sectio caesarea)*.

---

13 So ausdrücklich BGH NJW 2021, 645 (645); vgl. bereits RGSt 1, 446 (447); Matt/Renzikowski-*Safferling*, StGB § 212 Rn. 8.
14 Näher *Hirsch*, in: FS Eser, 309 (316 f.).
15 BGHSt 32, 194 m. w.N. und Anm. *Hirsch*, JR 1985, 336; vgl. auch schon RGSt 9, 131 (132): Eintreten der „naturgemäßen Ausstoßungsversuche"; ebenso RGSt 26, 178 (179); dem folgend BGHSt 10, 5; vgl. auch BGHSt 31, 348: nicht vor Einsetzen der Eröffnungswehen; enger noch RGSt 1, 446 (448): das Kind müsse „zum Teil bereits den Schoß der Mutter verlassen" haben und damit an die Außenwelt getreten sein; offengelassen von BGH NStZ 2008, 393 (394); vgl. auch OLG Dresden MedR 2014, 896; siehe auch *Wessels/Hettinger/Engländer*, Strafrecht BT 1, § 1 Rn. 8.
16 Ausführlich *Heinemann*, Frau und Fötus in der Prä- und Perinatalmedizin aus strafrechtlicher Sicht, 2000, S. 63 ff.; zum Ganzen auch BGH NJW 2021, 645 Rn. 20 m. w.N.

Fall 2a: Berliner Zwillinge

Fraglich ist, wann bei einem – vor Beginn der Eröffnungswehen vorgenommenen – Kaiserschnitt die Geburt und damit der Anwendungsbereich der §§ 211 ff. StGB beginnt.

In der Literatur wird der Beginn der Geburt beim Kaiserschnitt teilweise schon in der Einleitung der Narkose[17] oder im ersten Schnitt des Operateurs zur Eröffnung der Bauchdecke gesehen.[18] Demgegenüber nimmt die ganz überwiegende Auffassung an, bei einer operativen Entbindung beginne die Geburt mit der **Eröffnung des Uterus (Gebärmutter)**.[19]

Für letzter Ansicht spricht insbesondere der Umstand, dass mit der Eröffnung des Uterus (in vergleichbarer Weise wie beim Beginn einer natürlichen Geburt) ein Abbruch des begonnenen Geburtsvorgangs regelmäßig praktisch nicht mehr in Betracht kommt, der Nasciturus damit erstmals direkt vom Geburtsvorgang betroffen ist und dies in aller Regel – anders als Narkose oder Bauchschnitt – ein eindeutiges Ende der Schwangerschaft i. S.v § 218 StGB bewirkt.[20]

> **Klausurhinweis/Weiterführendes Wissen:**
>
> In seltenen Sonderfällen wie der Uterusruptur (spontanes Zerreißen der Gebärmutter) kann der Geburtsbeginn bei einem Kaiserschnitt aber auch früher als mit der Uterusöffnung anzusetzen sein.[21]

Allerdings bedarf diese objektive Grenzziehung aufgrund der medizinischen Möglichkeiten, den Uterus zu fetalchirurgischen Zwecken zu öffnen und wieder zu verschließen, um die Schwangerschaft anschließend fortdauern zu lassen, einer **Einschränkung**:

In **subjektiver** Hinsicht muss die Gebärmutter zu dem **Zweck** eröffnet werden, den **Fetus dauerhaft vom Mutterleib zu trennen und damit die Schwangerschaft zu beenden**.[22] Diese Intention des Arztes bzw. der Ärztin lässt sich regelmäßig anhand objektiver Merkmale (insbesondere Operationsvorbereitung) feststellen.

A und B öffneten den Uterus der S, um Z1 – was auch geschehen ist – dauerhaft vom Mutterleib zu trennen und damit die (jedenfalls diesbezügliche) Schwangerschaft zu beenden. Mithin wurde Z1 die tödliche Kaliumchloridlösung erst nach Eröffnung der Gebärmutter der S verabreicht, d. h. nach Beginn der (seiner) Geburt.

(2) Geburtsbeginn bei Mehrlingsgeburt durch Kaiserschnitt. Fraglich ist jedoch, ob bzw. wie es sich auswirkt, dass bei S eine Mehrlingsschwangerschaft vorliegt. So könnte der Geburtsbeginn bei einer Mehrlingsgeburt generell abweichend zu bestimmen sein – zum Beispiel deshalb, weil es möglich ist, dass (auf natürlichem Wege oder per Kaiserschnitt) ein Kind vor dem bzw. den anderen geboren wird, während die Schwangerschaft hinsichtlich der im Uterus verbleibenden Föten fortdauert.

Zwar ist ein solches Szenario durchaus denkbar mit der Folge, dass in derartigen Fällen der Geburtsbeginn hinsichtlich der verschiedenen Föten unterschiedlich zu be-

---

17 Dahingehend *Cremer*, MedR 1993, 421.
18 Vgl. MüKoStGB-*Schneider*, Vorb. §§ 211 Rn. 12; Matt/Renzikowski-*Safferling*, StGB § 212 Rn. 10; *Lüttger*, in: FS Heinitz, 359 (366); *Tag*, Der Körperverletzungstatbestand im Spannungsfeld zwischen Patientenautonomie und Lex artis, 2000, S. 136.
19 Schönke/Schröder-*Eser/Sternberg-Lieben*, vor § 211 ff. Rn. 13; *Ulsenheimer*, in Laufs/Kern/Rehborn, § 149 Rn. 4; *Ratzel*, MedR 1994, 472; *Satzger*, Jura 2008, 424 (428); *Kaltenhäuser*, JuS 2015, 785 (787).
20 BGH NJW 2021, 645 (648); *Ratzel*, MedR 1994, 472.
21 Vgl. OLG Dresden MedR 2014, 896; *Kaltenhäuser*, JuS 2015, 785 (787).
22 *Ingelfinger*, Tötungsverbot, S. 135 f.

stimmen sein kann, sich also die Geburt eines Zwillings nicht von der Geburt des anderen Zwillings ableiten lässt.

25 Allerdings liegt hier bereits keine solche zeitversetzte Geburt vor. Vielmehr endete hinsichtlich beider Zwillinge die Schwangerschaft plangemäß dadurch, dass beide nach einmalig erfolgter Öffnung des Uterus aus dem Mutterleib entfernt wurden. Insofern ergibt sich kein normativ relevanter Unterschied zur Geburt nur *eines* Kindes mittels Kaiserschnitts.

26 Es bleibt daher bei obigem Ergebnis: Die chirurgische Eröffnung des Uterus zum Zweck der dauerhaften Trennung des Kindes vom Mutterleib und damit zur Beendigung der Schwangerschaft stellt auch bei einer Mehrlingsgeburt durch Kaiserschnitt die entscheidende Abgrenzung zwischen §§ 211 ff. und § 218 StGB dar.[23]

27 **(3) Zwischenergebnis.** Damit hat die Geburt des getöteten Zwillings Z1 im Zeitpunkt der tödlichen Kaliumchloridinjektion bereits begonnen. Z1 ist daher als Mensch i. S.d. § 212 Abs. 1 StGB anzusehen und nicht (mehr) als Leibesfrucht nach § 218 StGB.

Klausurhinweis/Weiterführendes Wissen:

Selbstverständlich spielt es insofern keine Rolle, dass bei Z1 schwere Behinderungen zu erwarten gewesen wären. Es gibt kein „lebensunwertes Leben"![24]

28 **cc) Zwischenergebnis.** Mit dem Tod des Z1 ist ein anderer Mensch i. S.d. § 212 Abs. 1 StGB gestorben.

Klausurhinweis:

Es ist auch möglich, die Prüfung mit § 218 StGB zu beginnen und die Diskussion um den Beginn des Menschseins dann i. R.d. Prüfungspunktes „Leibesfrucht" zu führen. Im Ergebnis ist das Vorliegen einer Leibesfrucht zum Tatzeitpunkt zu verneinen und anschließend mit § 212 StGB fortzufahren.

29 **b) Tathandlung, Kausalität und objektive Zurechnung.** Indem A und B bei geöffnetem Uterus dem (lebenden) Z1 eine tödlich wirkende Kaliumchloridlösung verabreichten, haben sie unmittelbar dessen Tod bewirkt.

30 Dieses Handeln kann auch nicht hinweggedacht werden, ohne dass der tatbestandliche Erfolg in seiner konkreten Gestalt – Tod des Z1 durch Kaliumchloridlösung – entfiele (sog. conditio sine qua non-Formel).

31 Der tatbestandliche Erfolg ist A und B auch objektiv zurechenbar, da der Verabreichung einer Kaliumchloridlösung gerade die rechtlich missbilligte Gefahr innewohnt, dass der „Empfänger" an den Folgen der Injektion verstirbt. Gerade diese Gefahr hat sich im Tod des Z1 auch realisiert.

Klausurhinweis:

Ausführungen zur Tathandlung, Kausalität und objektiven Zurechnung sind angesichts der Eindeutigkeit der Ergebnisse nicht zwingend erforderlich.

32 Der objektive Tatbestand des § 212 Abs. 1 StGB ist erfüllt.

---

23 So ausdrücklich BGH NJW 2021, 645 (648).
24 So ausdrücklich auch *Waßmer*, Medizinstrafrecht, § 2 Rn. 18.

Fall 2a: Berliner Zwillinge

2. Subjektiver Tatbestand. A und B müssten vorsätzlich, d. h. mit Wissen und Wollen der Verwirklichung sämtlicher Merkmale des objektiven Tatbestands, insbesondere auch hinsichtlich des Tatbestandsmerkmals „Mensch", gehandelt haben, § 15 StGB.

A und B spritzen Z1 absichtlich Kaliumchlorid, um diesen zu töten (dolus directus 1. Grades). Sie handelten dabei in dem Bewusstsein, dass auch für Z1 mit Eröffnung der Gebärmutter der S die Geburt und damit die Menschwerdung begonnen hatte. Dies reicht für die Annahme von Vorsatz bezüglich des Tatbestandsmerkmals „Mensch" aus. Relevanten Fehlvorstellungen über die für die Abgrenzung relevante Tatsachengrundlage unterlagen sie nicht.[25] Ihnen fehlte auch nicht die für normativ bestimmte Grenzbereiche des im Kern deskriptiven Tatbestandsmerkmals „Mensch" erforderliche Bedeutungskenntnis.[26] Ein vorsatzausschließender Irrtum nach § 16 Abs. 1 S. 1 StGB ist daher zu verneinen.

> **Klausurhinweis:**
>
> Die Ausführungen können hier auch knapper ausfallen, da der Sachverhalt eindeutig davon spricht, dass A und B bewusst davon ausgehen, einen *Menschen* zu töten.

A und B handelten daher vorsätzlich.

II. Rechtswidrigkeit

A und B müssten rechtswidrig gehandelt haben.

> **Klausurhinweis:**
>
> Eine (stellvertretende) Einwilligung der Mutter S in die Tötung ihres Kindes Z1 durch A und B kommt selbstverständlich nicht in Betracht, da S nicht über das Leben ihres Kindes frei verfügen kann (Stichwort: Objekt-Formel; Art. 1 Abs. 1 GG; Kindeswohl; kein „lebensunwertes" Leben).

1. Nothilfe bzw. Notstandshilfe zugunsten des zweiten Zwillings Z2 bzw. der S, §§ 32, 34 StGB. Zum Zeitpunkt der Tötung von Z1 ging von diesem keine Gefahr (mehr) für den bereits abgenabelten Zwilling Z2 aus. Für S selbst bestand ohnehin nie eine unmittelbare, durch Z1 ausgelöste Gefahrensituation.[27] Es fehlt daher bereits an einem gegenwärtigen Angriff i. S. d. § 32 Abs. 1 StGB des Z1 bzw. einer durch Z1 ausgelösten gegenwärtigen Gefahr i. S. d. § 34 StGB für Z2 und/oder S.

> **Klausurhinweis:**
>
> Ohnehin ist fraglich, ob Z1 überhaupt zu einem tatsächlich *willensgesteuerten* Verhalten als Minimalanforderung eines Angriffs i. S. d. § 32 StGB in der Lage gewesen wäre.

2. Indikation bei S nach § 218a Abs. 2 StGB als Rechtfertigungsgrund? Hinsichtlich S besteht eine Indikation nach § 218 a Abs. 2 StGB (vgl. Bearbeitungsvermerk).

---

25 Vgl. BGH NJW 2021, 645 (648); siehe auch BGHSt 32, 194 (197).
26 Vgl. hierzu näher *Roxin/Greco*, Strafrecht AT, § 10 Rn. 57 ff. und § 12 Rn. 100 ff. m. w. N.
27 Bzgl. S lag eben „nur" eine mittelbare embryopathische Indikation (als Fall der medizinisch-sozialen Indikation) angesichts der schweren und irreparablen Schädigungen des Z1 vor; dagegen bestand zu keinem Zeitpunkt eine Gefahr für ihr Leib und Leben bzw. ihre aktuelle körperliche Gesundheit. Zur mittelbaren embryopathischen Indikation als Fall der medizinisch-sozialen Indikation siehe den Hinweiskasten unter → Rn. 140.

> **Weiterführendes Wissen:**
>
> Zur Indikation nach § 218 Abs. 2 StGB siehe ausführlich **Fall 2c**.

39 Fraglich ist, ob dies hinsichtlich der Tötung durch A und B einen Rechtfertigungsgrund darstellt. Ausweislich der gesetzlichen Systematik der §§ 218 ff. StGB kann § 218a Abs. 2 StGB indes lediglich eine Spätabtreibung, nicht aber die Tötung eines Menschen i. S.d. §§ 211 ff. StGB rechtfertigen.[28]

40 **3. Analoge Anwendung des § 218a Abs. 2 StGB?** In Betracht könnte jedoch eine analoge Anwendung des § 218a Abs. 2 StGB kommen. Eine solche ist hier grundsätzlich zulässig, da sich diese tätergünstig auswirken würde.

41 Voraussetzung einer Analogie ist, dass das Gesetz eine planwidrige Regelungslücke enthält und der zu beurteilende Sachverhalt in rechtlicher Hinsicht soweit mit dem Tatbestand vergleichbar ist, den der Gesetzgeber geregelt hat, dass angenommen werden kann, der Gesetzgeber wäre bei einer Interessenabwägung, bei der er sich von den gleichen Grundsätzen hätte leiten lassen wie bei dem Erlass der herangezogenen Gesetzesvorschrift, zu dem gleichen Abwägungsergebnis gekommen („vergleichbare Interessenlage").[29]

42 Es müsste zunächst eine planwidrige Regelungslücke vorliegen. Hiergegen spricht jedoch bereits die Tatsache, dass über die auch weltanschaulich umstrittenen Fragen im Zusammenhang mit § 218a Abs. 2 StGB umfassende parlamentarische Diskussionen stattfanden. Dies lässt den naheliegenden Schluss zu, dass die Beschränkung dieses Rechtfertigungsgrundes auf die Zeit der Schwangerschaft auf einer *bewussten Entscheidung des Gesetzgebers* in Umsetzung entsprechender Vorgaben des BVerfG[30] beruht. Es fehlt daher bereits an einer *planwidrigen* Regelungslücke.[31]

43 Zudem lässt sich gegen die Annahme einer Analogie ins Feld führen, dass *Ausnahmevorschriften* wie § 218a Abs. 2 StGB eng auszulegen sind („Singularia non sunt extendenda.") und durch eine Analogie eine vom Gesetzgeber als Ausnahme gewollte Regelung nicht zum allgemeinen Prinzip erhoben werden darf.[32]

> **Klausurhinweis:**
>
> Freilich werden an dieser Stelle keine Kenntnisse zum Ausmaß der parlamentarischen Diskussion um § 218a StGB erwartet. Jedoch sollte erkannt werden, dass § 218a StGB einerseits seit jeher ein umstrittenes „Politikum" darstellt (was zumindest gegen die Annahme der *Planwidrigkeit* einer Regelungslücke spricht) und andererseits jedenfalls als restriktiv auszulegende Ausnahmevorschrift zu verstehen ist.

44 Eine analoge Anwendung des § 218 Abs. 2 StGB ist daher abzulehnen.

45 **4. Zwischenergebnis.** Anderweitige Rechtfertigungsgründe sind nicht ersichtlich. A und B handelten daher rechtswidrig.

---

28 BGH NJW 2021, 645 (649); vgl. auch LG Berlin MedR 2020, 844.
29 Vgl. BGH NJW 2003, 1932 (1933) m. w.N.
30 Vgl. BT-Drs. 13/1850, 13/285, 13/27 und 13/268; BVerfGE 88, 203; 98, 265.
31 Ebenso BGH NJW 2021, 645 (649).
32 Vgl. BVerwGE 127, 302; siehe auch BGH NJW 2003, 1932 m. w.N.

III. Schuld

A und B müssten auch schuldhaft gehandelt haben. Hier könnte ein **Verbotsirrtum** nach § 17 S. 1 StGB in Betracht kommen, wenn A und B bei der Begehung der Tat die Einsicht fehlte, Unrecht zu tun. Allerdings handelten A und B in dem Bewusstsein, sich über geltendes Recht hinwegzusetzen und einen Menschen zu töten.

Dass A und B durch ihr Handeln der S in ihrer schwierigen Lage zu helfen wollten, ändert nichts daran, dass sie sich hierdurch – auch vor dem Hintergrund ihrer Position, ihrer spezifischen Fachkenntnisse und der Fachdiskussion derartiger Fälle – in Kenntnis der Rechtslage bewusst über geltendes Recht hinweggesetzt haben. Ein Fall des § 17 S. 1 StGB liegt daher nicht vor.[33]

> **Klausurhinweis:**
> Läge doch ein entsprechender Irrtum vor, wäre dieser jedenfalls durch die Einholung von kundigem Rechtsrat vermeidbar gewesen, vgl. § 17 S. 2 StGB.

Anderweitige Entschuldigungsgründe sind nicht ersichtlich. A und B handelten daher schuldhaft.

IV. Strafzumessung

Ein sonstiger minder schwerer Fall nach § 213 StGB liegt nicht vor, insbesondere ist die Situation von A und B als erfahrene Geburtsmediziner nicht vergleichbar mit der einer Schwangeren, die ihr Kind noch unter dem Einfluss der enormen körperlich-seelischen Belastungen durch die Geburt stehend tötet.[34]

> **Klausurhinweis:**
> Eine a. A. ist hier aber wohl noch vertretbar.

Ergebnis: A und B sind strafbar wegen Totschlags gem. § 212 Abs. 1 StGB. §§ 223, 224 StGB (bzgl. Z1) treten im Wege der Einheitstheorie auf Konkurrenzebene zurück.

B. §§ 223 Abs. 1, 224 Abs. 1 Nr. 1, Nr. 2 Alt. 2, Nr. 4, Nr. 5 StGB bzgl. S

Die durch die Vornahme des Kaiserschnitts ebenfalls verursachte (u. U. gefährliche)[35] Körperverletzung zu Lasten der S ist angesichts der wirksamen, insbesondere nicht sittenwidrigen Einwilligung der S in die Verletzung ihrer körperlichen Unversehrtheit als disponibles Rechtsgut gerechtfertigt.

> **Klausurhinweis:**
> An dieser unproblematischen Stelle zeugt eine solch knappe Bearbeitung von guter Schwerpunktsetzung.

---

[33] So auch BGH NJW 2021, 645 (649).
[34] Vgl. MüKo-StGB-*Schneider*, § 213 Rn. 48; siehe auch BGH NStZ-RR 2008, 308 (309); NStZ 2009, 439 (440); NStZ-RR 2018, 14.
[35] Ausführlich zur Diskussion siehe Falleinheit 1 Fall 1d) und 1e).

C. § 267 Abs. 1 StGB

52 Eine Strafbarkeit von A und B wegen Urkundenfälschung nach § 267 Abs. 1 StGB wegen der Falscheintragung „Totgeburt" im Operationsbericht scheitert bereits daran, dass hierdurch weder eine unechte Urkunde hergestellt wird (Var. 1) – A und B erscheinen als Aussteller und sind es auch tatsächlich – noch die Beweisrichtung einer echten Urkunde (nachträglich) verfälscht wird (Var. 2).

53 Allein die schriftliche Lüge ist nicht von § 267 StGB geschützt.

D. § 271 Abs. 1 StGB bzw. § 348 Abs. 1 StGB

54 Eine Strafbarkeit nach § 271 Abs. 1 StGB bzw. § 348 Abs. 1 StGB scheitert jedenfalls daran, dass es sich bei einem Operationsbericht nicht um eine *öffentliche* Urkunde, d. h. eine solche, die von einer Behörde oder einer mit öffentlichem Glauben versehenen Person innerhalb ihrer sachlichen Zuständigkeit in der vorgeschriebenen Form aufgenommen wurde (vgl. § 415 ZPO), handelt, sondern um einen Teil der Patientenakte als (Privat-)Urkunde.[36]

> **Klausurhinweis/Weiterführendes Wissen:**
> Beweisrechtlich wird die Patientenakte im Arzthaftungsprozess als **(Privat-)Urkunde** angesehen. Damit gilt die gesetzliche Vermutung, dass die in der Urkunde enthaltenen Erklärungen auch tatsächlich abgegeben worden sind (vgl. § 416 ZPO). Hat der Behandelnde eine medizinisch gebotene wesentliche Maßnahme und ihr Ergebnis entgegen § 630f Abs. 1 oder Abs. 2 BGB nicht in der Patientenakte aufgezeichnet oder hat er die Patientenakte entgegen § 630f Abs. 3 BGB nicht aufbewahrt, wird vermutet, dass er diese Maßnahme nicht getroffen hat (§ 630h Abs. 3 BGB).
> Auf § 271 Abs. 1 StGB bzw. § 348 Abs. 1 StGB ist in der Klausurbearbeitung nicht zwingend einzugehen.

E. § 277 Abs. 1 StGB

55 Der objektive Tatbestand des § 277 Abs. 1 StGB ist nicht erfüllt, da A und B unter der ihnen grundsätzlich *zustehenden* Bezeichnung als Arzt / Ärzte handelten.

F. § 278 Abs. 1 StGB

56 A und B könnten sich durch dieselbe Handlung aber wegen des Ausstellens eines unrichtigen Gesundheitszeugnisses nach § 278 Abs. 1 StGB strafbar gemacht haben.

I. Tatbestandsmäßigkeit

57 **1. Objektiver Tatbestand.** Dazu müssten A und B als Ärzte durch die Eintragung „Totgeburt" (bzgl. Z1) in den Operationsbericht ein inhaltlich unrichtiges, d. h. in irgendeinem wesentlichen Punkt den Tatsachen oder medizinischen Erfahrungen oder Erkenntnissen widersprechendes Zeugnis über den Gesundheitszustand eines Menschen ausgestellt haben.[37] Z1 war, wenngleich schwerstbehindert, bei Geburt (d. h. bei Öffnung des Uterus, → Rn. 26) lebensfähig und wurde dann erst im Anschluss von A

---

36 Vgl. auch (für Österreich) *Girardi*, J Gynäkol Endokrinologie 19(1) 2009, 30 (30).
37 Vgl. Lackner/Kühl/*Heger*, § 278 Rn. 2.

Fall 2a: Berliner Zwillinge

und B mittels Kaliumchloridlösung getötet; mithin entspricht die Angabe „Totgeburt" nicht den tatsächlichen Gegebenheiten und ist deshalb inhaltlich unrichtig.

Der Operationsbericht müsste auch ein **Gesundheitszeugnis** i. S.d. Norm darstellen. Gesundheitszeugnisse sind Urkunden oder beweiserhebliche Daten mit Tatsachenaussagen über die körperliche oder psychische Gesundheit oder Krankheit eines lebenden Menschen.[38] Falsche Angaben in Totenscheinen werden dagegen nicht erfasst.[39] Zwar handelt es sich bei dem Operationsbericht hinsichtlich der sectio bei S freilich nicht um einen Totenschein, sondern um einen Teil der Patientenakte der S. Allerdings betrifft die fragliche Tatsachenaussage „Totgeburt" die Person des Z1 – Z1 ist ab Öffnung des Uterus ein „Mensch" im rechtlichen Sinne – und damit keine (noch) lebende Person. Es fehlt daher bereits an einem tauglichen Tatobjekt.

58

> **Klausurhinweis:**
>
> Eine a. A. erscheint hier nicht völlig abwegig, wenn man verstärkt darauf abstellt, dass die Eintragung auch die (noch) lebende S betrifft. Lässt man dies für die Annahme eines Gesundheitszeugnisses ausreichen, müsste man weiterprüfen und sich v. a. fragen, ob bei A und B eine hinreichende Täuschungsabsicht gegeben ist (wohl zu bejahen) und ob ggf. eine analoge Anwendung von § 258 Abs. 5 StGB in Betracht kommt.
>
> Der BGH äußert sich in seiner Entscheidung zum Fall mit keiner Zeile zu einer etwaigen Strafbarkeit der Falscheintragung.

A und B sind daher nicht strafbar nach § 278 Abs. 1 StGB.

59

> **Klausurhinweis:**
>
> Eine etwaige Strafbarkeit nach § 258 StGB durch die Falscheintragung ist hinsichtlich der eigenen Person bereits nicht tatbestandsmäßig („ein anderer", § 258 Abs. 1 StGB), hinsichtlich des Mitoperateurs bzw. der S greift jedenfalls der persönliche Strafausschließungsgrund des § 258 Abs. 5 StGB. Ohnehin fehlt es hinsichtlich der subjektiven Tatseite an spezifischen Anhaltspunkten im Sachverhalt.

---

[38] Spickhoff-*Schuhr*, StGB § 278 Rn. 5.
[39] Spickhoff-*Schuhr*, StGB § 278 Rn. 6.

Fall 2b: Der Messerstecher

Der verheiratete T führt über längere Zeit eine (außereheliche) sexuelle Beziehung mit N. Im Zuge derer kommt es zu einer ungeplanten Schwangerschaft der N. N möchte das Kind gegen den Willen des T austragen. Um seine mögliche Vaterschaft und damit sein eigenes „moralisches" Fehlverhalten zu verdecken, beschließt T, sie und das Ungeborene zu töten. Er stattet sich mit Küchenmessern und Vermummungsmaterial aus und begibt sich zu einem einsamen Gebiet an der Isar. Dorthin lockte er unter einem Vorwand auch die ahnungslose N. Nachdem N angekommen ist, springt der vermummte T aus dem Gebüsch und sticht mit seinen Messern von hinten und vorne auf die überraschte N ein. Einige der insgesamt sieben Stiche zielen und treffen im Rahmen eines dynamischen Geschehens auf ihren Bauch, wobei es T darum geht, nicht nur das Ungeborene, sondern auch die N zu töten. T rechnet damit und hofft darauf, dass diese mitsamt dem Fötus alsbald an ihren Wunden verbluten und sterben werde. Als N blutüberströmt am Boden liegt, lässt T – zufrieden mit seinem „Werk" – von ihr ab und fährt nach Hause. Tatsächlich überlebt die lebensgefährlich verletzte N wie durch ein Wunder und bringt einige Monate später ein gesundes Kind zur Welt.

Strafbarkeit des T nach dem StGB?
Auf § 221 StGB ist nicht einzugehen.

Fall 2b: Der Messerstecher

Kurzgliederung Fall 2b
Stbk. des T
A. §§ 211, 212 Abs. 1, 22, 23 Abs. 1 (bzgl. N) (+)
0. Vorprüfung (+)
I. TB (+)
  1. Tatentschluss (+)
     a) Bzgl. Totschlag, § 212 Abs. 1 (+)
     b) Bzgl. Heimtücke (+)
        – Arg- und Wehrlosigkeit der N (+) („In-die-Falle-Tappen")
        – Feindl. Willensrichtung (+)
        – Verwerflicher Vertrauensbruch (+)
        – Tückisch-verschlagenes Vorgehen (+)
     c) Habgier (-)
        – Rücksichtsloses Gewinnstreben *in dubio pro reo* (-)
     d) Ermöglichungsabsicht (+)
        – (P) Schwangerschaftsabbruch (§ 218 Abs. 1) als „andere" Straftat: entgegen BGH 2015 (+)
        – *Arg.:* unterschiedliche Unrechtsqualität; kein Widerspruch zur eigenen Rspr.
     e) Niedrige Beweggründe (+)
        – Tötung eines ungeborenen Kindes, um Vaterschaft und eigenes „moralisches" Fehlverhalten zu verdecken
  2. Unmittelbares Ansetzen (+)
II. RWK und Schuld (+)
    Wirksame Einw. (-)
III. Rücktritt, § 24 Abs. 1 (-)
B. §§ 223 Abs. 1, 224 Abs. 1 Nr. 2, Nr. 3, Nr. 5 (+)
I. TB (+)
  1. Obj. TB (+)
     a) GrundTB, § 223 Abs. 1 (+)
     b) QualifikationsTB, § 224 Abs. 1 (+)
        aa) § 224 Abs. 1 Nr. 2 Alt. 2 (+)
        bb) § 224 Abs. 1 Nr. 3 (+)
        cc) § 224 Abs. 1 Nr. 5 (+)
  2. Subj. TB (+)
II. RWK und Schuld (+)
C. §§ 218 Abs. 1 S. 1, Abs. 4, 22, 23 Abs. 1 i. V. m. 218 Abs. 2 S. 2 Nr. 1, 2
0. Vorprüfung (+)
I. TB (+)
  1. Tatentschluss (+)
     – Durch Angriff auf N auch Wille, deren Leibesfrucht zu töten und damit die Schwangerschaft der N abzubrechen i. S. d. § 218 Abs. 1 S. 1
  2. Unmittelbares Ansetzen (+)
II. RWK und Schuld (+)
III. Rücktritt (-)

Falleinheit 2: Schwangerschaftsabbruch (Fall 2a bis Fall 2c)

IV. **Strafzumessung**
1. **§ 218 Abs. 2 S. 2 Nr. 1 (+)**
   (P) Strafzumessungsregel nicht auf den Fall der vorsätzlichen Tötung einer Schwangeren „zugeschnitten"?
   - BGH früher: §§ 211, 212 erfassen das über den Schwangerschaftsabbruch hinausgehende Unrecht bereits voll
   - BGH heute: jedenfalls versuchtes Tötungsdelikt an der Schwangeren deckt das Unrecht nicht vollständig ab; gesteigerte Verwerflichkeit der Tat
2. **§ 218 Abs. 2 S. 2 Nr. 2 (+)**
   - Leichtfertigkeit (+), da ggü. Vorsatz die mildere Schuldform (Erst-Recht-Schluss)

D. **Gesamtergebnis und Konkurrenzen**
- §§ 211, 212 Abs. 1, 22, 23 Abs. 1 und §§ 218 Abs. 1 S. 1, Abs. 4, 22, 23 Abs. 1 i. V. m. 218 Abs. 2 S. 2 Nr. 1, 2 StGB in Idealkonkurrenz gem. § 52
- Durch (versuchtes) Tötungsdelikt gegen Schwangere und ihr ungeborenes Kind sind zwei unterschiedliche höchstpersönliche Rechtsgüter betroffen
- Vollendete gef. KV in Tateinheit zum (nur) versuchten Mord

Lösung Fall 2b[40]

Schwerpunkte: versuchte Tötung einer Schwangeren, Abgrenzung § 218 StGB ⇔ §§ 211, 212 StGB; Voraussetzungen des § 218 StGB, insbesondere Regelbeispiele des § 218 Abs. 2 StGB

A. §§ 211, 212 Abs. 1, 22, 23 Abs. 1 StGB (bzgl. N)

61 T könnte sich, indem er mehrmals auf N einstach und sie anschließend blutüberströmt und in der Erwartung, sie werde an ihren Wunden verbluten, liegen ließ, wegen versuchten Mordes strafbar gemacht haben.

> **Klausurhinweis:**
>
> Verfehlt wäre es, hier zusätzlich einen versuchten Mord zu Lasten des ungeborenen Kindes zu prüfen, da diesem als zum Tatzeitpunkt Ungeborenem (sog. „Leibesfrucht") die Tatobjektsqualität als „Mensch" i. S. d. § 212 Abs. 1 StGB fehlt. Der strafrechtliche Rechtsgüterschutz für das ungeborene Leben richtet sich nach der Gesetzessystematik allein nach den §§ 218 ff. StGB.

0. Vorprüfung

62 Die Tat ist nicht vollendet, da der Taterfolg, der Tod der N, ausgeblieben ist. N lebt.

63 Der Versuch eines Verbrechens ist stets strafbar, vgl. §§ 211 Abs. 1, 212 Abs. 1, 12 Abs. 1, 22, 23 Abs. 1 StGB.

I. Tatbestandsmäßigkeit

64 **1. Tatentschluss.** T müsste mit unbedingtem Tatentschluss gehandelt haben, d. h. Wissen und Wollen hinsichtlich der Verwirklichung sämtlicher Elemente des objektiven Tatbestands sowie sonstige subjektive Merkmale, z. B. subjektive Mordmerkmale, aufweisen.

---

40 Sachverhalt angelehnt an BGH, Beschl. v. 26.11.2019 – 3 StR 485/19 (LG Duisburg), NStZ 2021, 423.

Fall 2b: Der Messerstecher

a) **Bzgl. Totschlag, § 212 Abs. 1 StGB.** T kam es gerade darauf an, die N zu töten, § 212 Abs. 1 StGB.

b) **Bzgl. Heimtücke.** T müsste auch vorsätzlich hinsichtlich des objektiven Mordmerkmals der Heimtücke gehandelt haben, § 211 Abs. 2 S. 2. Gruppe Var. 1 StGB. Heimtückisch handelt, wer die auf Arglosigkeit beruhende Wehrlosigkeit des Opfers in feindlicher Willensrichtung bewusst zur Tötung ausnutzt. **Arglos** ist, wer sich zum Tatzeitpunk, d. h. des ersten mit Tötungsvorsatz geführten Angriffs, keines Angriffs auf seinen Leib oder sein Leben versieht. **Wehrlos** ist, wer infolge der Arglosigkeit zur Verteidigung außer Stande oder in seiner natürlichen Abwehrbereitschaft und -fähigkeit zumindest erheblich eingeschränkt ist.

Die ahnungslose N versah sich zum Zeitpunkt der Messerattacke durch T keines Angriffs auf ihren Leib oder ihr Leben; sie war daher arglos.

> **Klausurhinweis:**
> Eine weitere zeitliche Ausdifferenzierung erscheint hier angesichts des einheitlich-dynamischen Geschehens lebensfremd und kommt zudem zu keinem anderen Ergebnis.

N war dem überraschenden Angriff des T auch schutzlos ausgeliefert, sodass sie in ihrer natürlichen Abwehrbereitschaft und -fähigkeit jedenfalls erheblich eingeschränkt, mithin wehrlos war: Ihr wurde so die Möglichkeit zu (schnellen) Flucht genommen und sie konnte sich auch insgesamt schlechter zur Wehr setzen als bei einem offenen Angriff von vorne mit einer gewissen „Vorlaufzeit".[41] Diese Wehrlosigkeit der N war angesichts ihres ausweglosen „In-die-Falle-Tappens" auch eine Folge ihrer Arglosigkeit, sodass N's Wehrlosigkeit gerade auf ihrer Arglosigkeit beruhte. Der erforderliche Zusammenhang zwischen Arg- und Wehrlosigkeit liegt folglich vor.

T hat den Umstand, dass N arg- und wehrlos war, auch erkannt („bewusst wahrgenommen"), wobei ihm bewusst war, einen durch Ahnungslosigkeit gegenüber einem Angriff schutzlosen Menschen zu überraschen. A handelte folglich mit Ausnutzungsbewusstsein.

T handelte auch nicht zum vermeintlich Besten der N und damit **in feindlicher Willensrichtung**.

Da T und N über einen längeren Zeitraum eine sexuelle Beziehung miteinander führten, sind auch die Voraussetzungen eines – von TdL geforderten – **verwerflichen Vertrauensbruchs** gegeben, wonach zwischen Täter und Opfer ein besonders enges Vertrauensverhältnis vorliegen muss.

Indem T die N unter einem Vorwand in ein einsames Gebiet an der Isar lotste, um sie dort zu töten, ihr mithin eine „Falle" stellte, hat er auch besonders listig und hinterhältig gehandelt. Sein Verhalten ist daher auch von einem **tückisch-verschlagenen** Vorgehen geprägt, sodass auch diesem in der Literatur vertretenen Restriktionsansatz Genüge getan ist.

---

41 Vgl. BGH NStZ 2023, 33; BeckOK-StGB-*Eschelbach*, § 211 Rn. 50 f. Ohnehin ist Heimtücke nach der Rspr. auch dann anzunehmen, wenn die Wehrlosigkeit des Tatopfers dadurch entstanden ist, dass es vom Täter in eine Falle gelockt wurde, vgl. BGHSt 22, 77 (79 f.); BGH NStZ 2010, 450; NJW 2020, 2421; BeckRS 2021, 14186.

> **Klausurhinweis:**
> Auf die negative und positive Typenkorrektur muss nicht zwingend eingegangen werden.

73 Damit sind nach allen Ansichten die Voraussetzungen der Heimtücke gegeben; ein Streitentscheid, ob bzw. welchem Restriktionsansatz zu folgen ist, kann daher unterbleiben.

74 **c) Habgier.** Fraglich ist, ob T aus Habgier handelte. Aus Habgier tötet, wer ausschließlich oder in erster Linie das Leben eines anderen Menschen auslöscht, um dadurch wirtschaftliche Vorteile zu erlangen.[42] Dabei ist umstritten, ob das Mordmerkmal auch dann zu bejahen ist, wenn der Täter sich lediglich Aufwendungen, insbesondere Unterhaltszahlungen (z. B. gegenüber Kind und Mutter), sparen bzw. Verluste vermeiden will. Während die Rspr. und die wohl h. M. in diesen Fällen Habgier annimmt, lehnen zumindest TdL das Mordmerkmal in derartigen Konstellationen ausschließlicher Bestandserhaltung ab.[43]

75 Da der Sachverhalt jedoch keine Angaben dazu enthält, dass ein derartiges rücksichtsloses Gewinnstreben den Tatentschluss des T, die N (und das ungeborene Kind) zu töten, entscheidend beeinflusst hat, ist Habgier ohnehin *in dubio pro reo* abzulehnen. Auf einen Streitentscheid kommt es daher nicht entscheidend an.

76 **d) Ermöglichungsabsicht.** T könnte auch gehandelt haben, um eine andere Straftat – einen Schwangerschaftsabbruch nach § 218 StGB – zu ermöglichen. Denn da T auch die Leibesfrucht der N töten wollte, diente die in erster Linie gegen N gerichtete Tat grundsätzlich auch der Ermöglichung eines Schwangerschaftsabbruchs.

77 Fraglich ist aber, ob der Schwangerschaftsabbruch im Verhältnis zur Tötung der schwangeren N eine *„andere" Straftat* i. S.d. Norm darstellt. Die zu ermöglichende Straftat muss dabei nicht prozessual selbständig i. S.d. § 264 StPO sein, sondern es genügt eine tateinheitliche Verwirklichung eines weiteren Straftatbestandes gegen ein anderes Rechtsgut desselben oder eines anderen Tatopfers.[44] Der Schwangerschaftsabbruch stellt insofern jedenfalls dem Grunde nach eine tateinheitlich verwirklichte Tat zu Lasten des Rechtsgutsträgers Kind dar und wäre danach eine „andere Tat" i. S.d. Mordmerkmals.

78 Allerdings hat der *BGH* dies in einer Entscheidung aus dem Jahr 2015 in einem ähnlich gelagerten Fall der Tötung einer schwangeren Frau zur Verhinderung der Geburt des ungeborenen Kindes ausdrücklich mit der Begründung verneint, der Täter habe jenseits der Lebensvernichtung seines Tatopfers, der Schwangeren, keinen darüber hinausreichenden, eigenständigen und weiteren kriminellen Zweck verfolgt. Das vom Täter durch die Beendigung der Schwangerschaft verwirklichte weitere Unrecht – die Tötung des noch ungeborenen Lebens – werde daher vollständig vom tateinheitlich verwirklichten Vergehen des Schwangerschaftsabbruchs erfasst.[45] Danach fehlte es vorliegend an einer anderen Tat i. S.d. Ermöglichungsabsicht.

79 Gegen die Ansicht des BGH sprechen jedoch gewichtige Gründen: So ließe sich einerseits gegen die Annahme eines vollständigen „Erfasstseins" die *unterschiedliche Un-*

---

42 BeckOK-StGB-*Eschelbach*, § 211 Rn. 20.
43 Zum Streitstand Matt/Renzikowski-*Safferling*, § 211 Rn. 17 m. w.N.
44 Ganz h. M., vgl. nur BGH NStZ 2015, 693; NStZ-RR 2016, 109; Schönke/Schröder-*Eser/Sternberg-Lieben*, § 211 Rn. 32a.
45 BGH NStZ 2015, 693 (694).

Fall 2b: Der Messerstecher

rechtsqualität beider Fälle anführen. Denn während § 218 Abs. 1 StGB schlicht den Handlungs- und Erfolgsunwert der Tat umschreibt, verkörpert die Ermöglichungsabsicht einen speziellen niedrigen Beweggrund, typisiert also den Gesinnungsunwert des Täters.[46] Daneben setzt sich der BGH durch sein Verneinen einer „anderen Tat" aber auch in *Widerspruch* zu seiner eigenen Rechtsprechung, die das Vorliegen einer eben solchen in anderen Fällen tateinheitlicher Begehung – wie insbesondere der natürlichen Handlungseinheit – ausdrücklich für möglich hält.[47] Dem steht auch nicht der Gesetzeswortlaut des § 211 StGB („andere Straftat") entgegen, da das StGB in Bezug auf den Tatbegriff „unpräzise" ist (§ 52 StGB vs. § 11 Abs. 1 Nr. 5 StGB) und demnach keine bestimmte (nach BGH enge) Auslegung gebietet.[48]

In der Zusammenschau der Argumente vermag daher die Ansicht des BGH, im Schwangerschaftsabbruch keine „andere Tat" i. S.d. Mordmerkmals zu sehen, insbesondere angesichts der aufgezeigten Wertungswidersprüche nicht zu überzeugen. Ihr ist daher nicht zu folgen.[49]

T handelte daher auch in der Absicht, eine andere Straftat, den Schwangerschaftsabbruch, zu ermöglichen, § 211 Abs. 2 3. Gruppe Alt. 1 StGB.

Klausurhinweis:

Ein Verdeckungsmord i. S.d. § 211 Abs. 2 3. Gruppe Alt. 2 StGB zur Verdeckung des „moralischen" Fehlverhaltens des T kommt nicht in Betracht, da es sich bei „Ehebruch" weder tatsächlich um eine Straftat handelt noch T hiervon ausgeht (Stichwort: Wahndelikt). Der diesbezügliche Meinungsstreit – muss die zu verdeckende Tat tatsächlich strafbar sein? – muss daher nicht entschieden werden.

e) Niedrige Beweggründe. T könnte aus niedrigen Beweggründen gehandelt haben. Niedrig sind solche Tatantriebe, die nach allgemein sittlicher Wertung auf tiefster Stufe stehen, von hemmungsloser, triebhafter Eigensucht geprägt und deshalb verwerflich, ja geradezu verächtlich sind. Die Beurteilung der Frage, ob die Beweggründe einer Tat „niedrig" sind, ist aufgrund einer Gesamtwürdigung aller äußeren und inneren für die Handlungsantriebe des Täters maßgeblichen Faktoren vorzunehmen.[50] Allein ein schweres Missverhältnis zwischen dem Anlass der Tat und der Tötung genügt für sich genommen nicht.

T wollte N (und das ungeborene Kind) töten, um seine Vaterschaft und damit sein eigenes „moralisches" Fehlverhalten zu verdecken. T sah damit die Beendigung des Lebens eines Menschen als Mittel zur Verdeckung eigenen Fehlverhaltens an und handelte folglich allein aus egoistischen, sittlich auf tiefster Stufe stehenden und damit geradezu verachtenswerten Gründen.[51] Niedrige Beweggründe liegen vor.

Klausurhinweis:

A.A. mit entsprechender Begründung vertretbar.

---

46 *Berster*, NStZ 2015, 694; vgl. auch MüKo-StGB-*Schneider*, § 211 Rn. 209.
47 Instruktiv und mit weiteren Argumenten *Berster*, NStZ 2015, 694 (494 f.).
48 Vgl. *Berster*, NStZ 2015, 694 (494 f.).
49 Ebenfalls kritisch Schönke/Schröder-*Eser/Sternberg-Lieben*, § 211 Rn. 34.
50 St. Rspr., vgl. BGH NStZ 2006, 284 (285); NJW 2006, 1008 (1011); NStZ 2020, 617.
51 Vgl. BGH NStZ 2003, 146 (147).

84 **2. Unmittelbares Ansetzen.** Indem T auf die N einstach, hat er subjektiv die Schwelle zum Jetzt-geht's-los überschritten und objektiv das Rechtsgut „Leib und Leben" der N bereits konkret gefährdet; er hat mithin unmittelbar zur Tatbegehung angesetzt.

II. Rechtswidrigkeit und Schuld

85 Mangels Rechtfertigungs- und/oder Entschuldigungsgründen handelte T auch rechtswidrig und schuldhaft.

III. Rücktritt

86 Fraglich ist, ob T strafbefreiend zurückgetreten ist, § 24 Abs. 1 StGB.

87 Zwar liegt kein (subjektiv) fehlgeschlagener Versuch vor, da aus Sicht des T der tatbestandliche Erfolg ohne weitere wesentliche Zwischenschritte und ohne relevante zeitliche Zäsur eintreten würde, sodass ein Rücktritt grundsätzlich möglich ist. T geht dabei davon aus, alles zur Tatbestandsverwirklichung Erforderliche getan zu haben, als er N blutüberströmt und lebensgefährlich verletzt am Boden liegen ließ. Es liegt daher ein beendeter Versuch vor, sodass sich das taugliche Rücktrittsverhalten nach § 24 Abs. 1 S. 1 Alt. 2 StGB ergibt (Vollendungsverhinderung).

88 Allerdings hat T keinerlei Bemühungen entwickelt, die Tatvollendung – z. B. durch das Rufen eines Krankenwagens oder das Leisten Erster Hilfe – zu verhindern, sondern überließ N am Tatort ihrem Schicksal. T ist daher nicht strafbefreiend vom Mordversuch zurückgetreten.

> **Klausurhinweis:**
> Die Rücktrittsprüfung kann auch etwas kürzer ausfallen.

89 **Ergebnis:** T ist strafbar wegen versuchten Mordes gem. §§ 211 Abs. 1, 212 Abs. 1, 22, 23 Abs. 1 StGB.

> **Klausurhinweis:**
> Freilich liegt trotz der sieben Messerstiche nur *eine* (versuchte) Tat vor.

B. §§ 223 Abs. 1, 224 Abs. 1 Nr. 2, Nr. 3, Nr. 5 StGB (bzgl. N)

90 T könnte sich durch dieselbe Handlung auch wegen gefährlicher Körperverletzung gem. §§ 223 Abs. 1, 224 Abs. 1 Nr. 2, Nr. 3 und Nr. 5 StGB strafbar gemacht haben.

> **Klausurhinweis/Weiterführendes Wissen:**
> Auch hier wäre es verfehlt, zusätzlich eine (versuchte bzw. vollendete) Körperverletzung zu Lasten des ungeborenen Kindes zu prüfen, da dieses zum Tatzeitpunkt keine Person i. S.d. § 223 Abs. 1 StGB darstellt.

Fall 2b: Der Messerstecher

Pränatale Schädigungen des Fötus, d. h. Schädigungen, die bei einem noch ungeborenen Menschen eintreten, der dann schon mit diesen Schädigungen geboren wird und sie vorübergehend oder sogar dauerhaft (vgl. „Conterganfälle") mit sich trägt, sind also nicht nach § 223 strafbar (arg: Gesetzesvorbehalt nach Art. 103 Abs. 2 GG; Koinzidenzprinzip).[52] Anders ist dies freilich zu beurteilen, wenn nur die Tathandlung vor der Geburt liegt, ihre Wirkungen aber erst beim geborenen Menschen eintreten (z. B. „Scharfmachen" einer Zeitbombe vor der Geburt, die dann erst nach der Geburt des Kindes detoniert und das – dann geborene – Kind verletzt).[53]

Beachte: Die Verletzung des Fötus ist auch *keine Körperverletzung zum Nachteil der Schwangeren*, weil insoweit deren eigenes Rechtsgut der körperlichen Unversehrtheit nicht betroffen ist.[54]

I. Tatbestandsmäßigkeit

1. Objektiver Tatbestand. a) Grundtatbestand, § 223 Abs. 1 StGB. Indem T auf N einstach, hat er diese übel und unangemessen behandelt, wodurch auch deren körperliches Wohlbefinden mehr als nur unerheblich beeinträchtigt wurde. Eine kausale und objektiv zurechenbare körperliche Misshandlung i. S. d. § 223 Abs. 1 StGB liegt vor. Die verursachten Wunden stellen auch einen pathologischen, d. h. negativ vom Normalzustand abweichenden Körperzustand und damit eine Gesundheitsschädigung der N dar. 91

b) Qualifikationstatbestand, § 224 Abs. 1 StGB. aa) § 224 Abs. 1 Nr. 2 Alt. 2 StGB. T hat die Körperverletzung auch mit einem Küchenmesser, d. h. mittels eines Gegenstandes, der nach seiner objektiven Beschaffenheit als Stich- bzw. Schneidewerkzeug sowie der konkreten Art seiner Verwendung nach – hier durch Zustechen – geeignet ist, erhebliche Verletzungen hervorzurufen, und damit mittels eines gefährlichen Werkzeugs i. S. d. § 224 Abs. 1 Nr. 2 Alt. 2 StGB. 92

bb) § 224 Abs. 1 Nr. 3 StGB. Indem T die N zu einer einsamen Gegend an die Isar lockte, vermummt aus dem Gebüsch sprang und (zunächst) von hinten auf sie einstach, hat er auch einen plötzlichen, unerwarteten Angriff auf N ausgeführt, dessen sie sich nicht versah und auf den sie sich daher nicht vorbereiten konnte. Dabei ging T auch **planmäßig** in einer auf Verdeckung der wahren Absicht berechneten Weise vor, um N die Abwehr des nicht erwarteten Angriffs zu erschweren und die Vorbereitung auf ihre Verteidigung nach Möglichkeit auszuschließen.[55] T hat daher nicht lediglich das Überraschungsmoment ausgenutzt, sondern planvoll-verdeckend agiert, vgl. § 224 Abs. 1 Nr. 3 StGB. 93

cc) § 224 Abs. 1 Nr. 5 StGB. T hat die N durch die Stiche mit dem Küchenmesser lebensgefährlich verletzt, sodass sowohl eine abstrakte als auch eine konkrete Lebensgefahr zu bejahen ist. Auf den entsprechenden Streitentscheid kommt es daher nicht an. 94

2. Subjektiver Tatbestand. T handelte vorsätzlich, d. h. mit Wissen und Wollen (§ 15 StGB), hinsichtlich der körperlichen Misshandlung und Gesundheitsschädigung der N. Dabei war T auch bewusst, mit dem Küchenmesser ein gefährliches Werkzeug zu verwenden, planvoll-verdeckend einen Angriff auf die ahnungslose N zu verüben sowie diese in Lebensgefahr zu bringen. 95

---

52 Vgl. BeckOK-StGB-*Eschelbach*, § 223 Rn. 12; Schönke/Schröder-*Sternberg-Lieben*, § 223 Rn. 1b.
53 Beispiel nach MüKo-StGB-*Hardtung*, § 223 Rn. 9.
54 BeckOK-StGB-*Eschelbach*, § 223 Rn. 12.
55 Vgl. BGH NStZ-RR 2020, 42 (43); NStZ 2022, 164; BeckOK-StGB/*Eschelbach*, § 224 Rn. 35.

Falleinheit 2: Schwangerschaftsabbruch (Fall 2a bis Fall 2c)

> **Klausurhinweis:**
> Hier ist hinsichtlich der Körperverletzungsdelikte ausnahmsweise eine einigermaßen ausführliche Prüfung angezeigt, da die vollendete (gefährliche) Körperverletzung neben dem nur versuchten Mord aus Klarstellungsgründen nicht zurücktritt, sondern hierzu in Tateinheit (§ 52 StGB) steht.

II. Rechtswidrigkeit und Schuld

96 Mangels Rechtfertigungs- und/oder Entschuldigungsgründen handelte T auch rechtswidrig und schuldhaft.

97 **Ergebnis:** T ist strafbar gem. §§ 223 Abs. 1, 224 Abs. 1 Nr. 2 Alt. 2, Nr. 3, Nr. 5 StGB.

> **Klausurhinweis:**
> Wiederum liegt trotz der sieben Messerstiche nur *eine* (vollendete) Körperverletzungstat vor.

C. §§ 218 Abs. 1 S. 1, Abs. 4, 22, 23 Abs. 1 i. V. m. 218 Abs. 2 S. 2 Nr. 1, 2 StGB

98 Durch dieselbe Handlung könnte sich T auch wegen eines versuchten Schwangerschaftsabbruchs in einem besonders schweren Fall strafbar gemacht haben, §§ 218 Abs. 1 S. 1, Abs. 4, 22, 23 I i. V. m. 218 Abs. 2 S. 2 Nr. 1, 2 StGB.

0. Vorprüfung

99 Die Tat ist nicht vollendet, da der Taterfolg, der Abbruch der Schwangerschaft der N ausgeblieben ist. Stattdessen brachte N einige Monate später ein gesundes Kind zur Welt.

100 Der Versuch des Schwangerschaftsabbruchs ist strafbar, vgl. §§ 218 Abs. 4 S. 1, Abs. 1 S. 1, 12 Abs. 1, 22, 23 Abs. 1 StGB.

I. Tatbestandsmäßigkeit

101 **1. Tatentschluss.** T wollte durch den Angriff auf N auch deren Leibesfrucht, das gemeinsame ungeborene Kind, töten und damit die Schwangerschaft der N abbrechen i. S. d. § 218 Abs. 1 S. 1 StGB. Mithin wies er Tatentschluss hinsichtlich einer Einwirkung bzw. eines Angriffs auf die Schwangere auf, der ein Absterben der Leibesfrucht bewirken sollte.[56]

102 **2. Unmittelbares Ansetzen.** Jedenfalls durch das Zustechen mit dem Messer auf bzw. in den Bauch der N hat T subjektiv die Schwelle zum Jetzt-geht's-los überschritten und objektiv das Rechtsgut „Leibesfrucht" der N bereits konkret gefährdet. Damit hat T unmittelbar zur Tat angesetzt.

II. Rechtswidrigkeit und Schuld

103 Mangels Rechtfertigungs- und/oder Entschuldigungsgründen handelte T auch rechtswidrig und schuldhaft.

---

56 Vgl. *Waßmer*, Medizinstrafrecht, § 11 Rn. 20.

III. Rücktritt

Mangels Entfaltens irgendwelcher Rücktrittsbemühungen durch T scheidet ein Rücktritt aus, § 24 Abs. 1 S. 1 Alt. 2 StGB.

IV. Strafzumessung

T könnte ein Regelbeispiel nach § 218 Abs. 2 S. 2 Nr. 1 und/oder Nr. 2 StGB verwirklicht haben.

> **Klausurhinweis:**
> Die Regelbespiele des § 218 Abs. 2 S. 2 StGB sind hier vollendet, sodass auf die strittige Frage, wie mit einem „Versuch" des Regelbeispiels umzugehen ist, nicht näher eingegangen werden muss.

1. § 218 Abs. 2 S. 2 Nr. 1 StGB. T handelte erkennbar gegen den Willen der schwangeren N, die das Kind zur Welt bringen wollte, § 218 Abs. 2 S. 2 Nr. 1 StGB. Es ist davon auszugehen, dass N diesen Willen auch hinreichend nach außen manifestiert hat. Die objektiven Voraussetzungen des § 218 Abs. 2 S. 2 Nr. 1 StGB liegen daher grundsätzlich vor.

§ 218 Abs. 2 S. 2 Nr. 1 StGB könnte hier aber dennoch nicht anwendbar sein, wenn diese Strafzumessungsregel nicht auf den Fall der vorsätzlichen Tötung einer Schwangeren „zugeschnitten" wäre. So argumentierte der BGH in einer früheren Entscheidung, die Strafbarkeit nach §§ 211, 212 StGB erfasse das über den Schwangerschaftsabbruch hinausgehende Unrecht bereits voll, sodass die Annahme eines besonders schweren Falls nach § 218 Abs. 2 Nr. 1 StGB in diesen Fällen „rechtlichen Bedenken begegne[...]"[57].

Dem ist jedoch entgegenzuhalten, dass jedenfalls das *versuchte* Tötungsdelikt an der werdenden Mutter das Unrecht nicht vollständig abdeckt, welches dadurch verwirklicht ist, dass der Täter ihre Schwangerschaft gegen ihren Willen beendet oder dies versucht.[58] Denn der Grund für die Normierung des Regelbeispiels liegt nicht allein in der Verletzung eines weiteren Rechtsguts, sondern in der gesteigerten Verwerflichkeit der Tat.[59] Die besseren Gründe sprechen daher dafür, von einer grundsätzlichen Anwendbarkeit des Regelbeispiels auszugehen.

T war auch bewusst, gegen den Willen der N zu handeln, sodass auch die subjektiven Voraussetzungen des § 218 Abs. 2 S. 2 Nr. 1 StGB erfüllt sind.

2. § 218 Abs. 2 S. 2 Nr. 2 StGB. T müsste leichtfertig die Gefahr des Todes oder einer schweren Gesundheitsschädigung der N verursacht haben, § 218 Abs. 2 S. 2 Nr. 2 StGB (sog. „Kurpfuscherklausel"). T hat durch die Stiche auf N diese lebensgefährlich verletzt, N mithin in konkrete Todesgefahr gebracht, in der es nur noch vom Zufall abhing, ob sie überlebte oder nicht (→ Rn. 94).

Hierbei müsste T **leichtfertig** gehandelt haben. Erforderlich ist insofern ein erhöhter Grad an Fahrlässigkeit, der weitgehend der groben Fahrlässigkeit des Zivilrechts entspricht. Inhaltlich setzt Leichtfertigkeit die Verletzung einer besonders ernst zu nehmenden Pflicht und ein Handeln trotz einer hohen Wahrscheinlichkeit des Erfolgsein-

---
[57] BGH NStZ 1996 276; vgl. auch *Waßmer*, Medizinstrafrecht, § 11 Rn. 31.
[58] BGH NStZ 2021, 423 (424).
[59] BGH NStZ 2021, 423 (424); vgl. auch LK-StGB-*Lindemann*, § 218 Rn. 95.

tritts voraus.⁶⁰ T ging es gerade darum, (auch) die schwangere N zu töten, er handelte mithin vorsätzlich (mit dolus directus 1. Grades).

112 Fraglich ist, ob § 218 Abs. 2 S. 2 Nr. 2 StGB auch dann anwendbar ist, wenn der Täter **vorsätzlich** handelt. Hiergegen könnte sprechen, dass die Norm im Unterschied zu § 18 StGB nicht „wenigstens" Leichtfertigkeit voraussetzt, sondern ausdrücklich von leichtfertiger Verursachung spricht.⁶¹

113 Für eine Anwendbarkeit ließe sich jedoch als Argument ins Feld führen, dass Leichtfertigkeit gegenüber Vorsatz die mildere Schuldform darstellt⁶² und deshalb derjenige, der bei der Fremdabtreibung die Gefahr des Todes oder der schweren Gesundheitsschädigung der werdenden Mutter vorsätzlich herbeiführt, das Regelbeispiel **erst recht** verwirklicht.⁶³.

114 Hinzukommt, dass zumindest das *versuchte* Tötungsdelikt an der Schwangeren auch ohne die in § 218 Abs. 2 S. 2 Nr. 2 StGB aufgeführte konkrete Gefahr für ihr Leib und Leben vorstellbar ist. Tritt eine solche Gefahr nun – wie im Fall – tatsächlich ein, liegt hierin ein zu ihrer versuchten Tötung zusätzliches Unrecht, welches in der Strafzumessung Berücksichtigung finden kann und sollte.⁶⁴ Die versuchte Tötung (auch) der schwangeren N steht der Anwendung der Strafzumessungsregel des § 218 Abs. 2 S. 2 Nr. 2 StGB daher nicht entgegen.⁶⁵

> **Klausurhinweis/Beachte:**
> Eine a. A. ist vertretbar.
> *Beachte*: Vom BGH in seiner Entscheidung ausdrücklich offengelassen wurde die Frage, ob diese Überlegungen auch bei einer *vollendeten* vorsätzlichen Tötung einer Schwangeren gelten. Jedenfalls der Umstand, dass die Herbeiführung der Todesgefahr, mag sie in § 218 Abs. 2 S. 2 Nr. 2 StGB auch als Regelbeispiel ausgestaltet sein, gegenüber dem vollendeten Tötungsdelikt subsidiär ist, die Todesfolge auf der Strafzumessungsebene also nicht zweifach zu Lasten des Angekl. verwertet werden darf, kommt bei der versuchten Tötung der Schwangeren nicht zum Tragen.⁶⁶

115 T hat damit die Regelbeispiele des § 218 Abs. 2 S. 2 Nr. 1, Nr. 2 StGB verwirklicht.

116 **Ergebnis:** T ist strafbar wegen versuchten Schwangerschaftsabbruchs in einem besonders schweren Fall, §§ 218 Abs. 1 S. 1, Abs. 4, 22, 23 Abs. 1 i. V. m. 218 Abs. 2 S. 2 Nr. 1, 2 StGB.

D. Gesamtergebnis und Konkurrenzen

117 §§ 211, 212 Abs. 1, 22, 23 Abs. 1 StGB und §§ 218 Abs. 1 S. 1, Abs. 4, 22, 23 Abs. 1 i. V. m. 218 Abs. 2 S. 2 Nr. 1, 2 StGB stehen zueinander in Idealkonkurrenz gem. § 52 StGB. Beim (versuchten) Tötungsdelikt gegen die Schwangere und ihr ungeborenes Kind sind **zwei unterschiedliche höchstpersönliche Rechtsgüter** (Leib und Leben der

---

60 MüKo-StGB-*Gropp/Wörner*, § 218 Rn. 66.
61 Vgl. MüKo-StGB-*Gropp/Wörner*, § 218 Rn. 67; *Waßmer*, Medizinstrafrecht, § 11 Rn. 32.
62 Vgl. etwa BGHSt 43, 158 (169).
63 BGH NStZ 2021, 423 (424); LK-StGB-*Lindemann*, § 218 Rn. 100; BeckOK-StGB-*Eschelbach* § 218 Rn. 18; offen gelassen von Schönke/Schröder-*Eser/Weißer*, § 218 Rn. 59.
64 BGH NStZ 2021, 423 (424).
65 I.E. ebenso BGH NStZ 2021, 423 (424).
66 Zum Ganzen BGH NStZ 2021, 423 (424).

Fall 2b: Der Messerstecher

Mutter; Leib und Leben des Kindes) betroffen.[67] Geht die (versuchte) Tötung der werdenden Mutter mit dem (versuchten) Abbruch ihrer Schwangerschaft einher, ist das dadurch verwirklichte zusätzliche Unrecht deshalb im Schuldspruch zum Ausdruck zu bringen.[68] Die vollendete gefährliche Körperverletzung steht zum „nur" versuchten Mord aus Klarstellungsgründen ebenfalls in Tateinheit.

T ist danach strafbar gem. §§ 211, 212 Abs. 1, 22, 23 Abs. 1 StGB – § 52 StGB – §§ 223 Abs. 1, 224 Abs. 1 Nr. 2 Alt. 2, Nr. 3, Nr. 5 StGB – § 52 StGB – §§ 218 Abs. 1 S. 1, Abs. 4, 22, 23 Abs. 1 i. V. m. 218 Abs. 2 S. 2 Nr. 1, 2 StGB.

118

---

67 BGH NStZ 2021, 423.
68 BGH NStZ-RR 2016, 109; NStZ 2021, 423.

Fall 2c: Der Zettel

119 In der Münchner Praxis der erfahrenen Gynäkologin G wird die 23-jährige, in der 17. Woche schwangere W vorstellig. W möchte das Kind abtreiben, da sie sich der zukünftigen Mutterrolle weder psychisch noch physisch gewachsen fühlt und deshalb befürchtet, ihrem Kind keine „gute Mutter" sein zu können. G berät die S ordnungsgemäß i. S.d. § 219 StGB und ermutigt sie, die Schwangerschaft fortzusetzen und sie von ihrem Vorhaben abzubringen. Trotz intensiver Bemühungen gelingt es G jedoch nicht, die W umzustimmen. Als W die G schließlich mehrmals fragt, wer eine Abtreibung zum jetzigen Zeitpunkt noch vornehmen würde, drückt ihr G schließlich wortlos einen Zettel in die Hand, auf dem sie handschriftlich Adresse und Telefonnummer einer konkreten Abtreibungsklinik in den Niederlanden notiert hat. S nimmt den Zettel an sich und lässt noch in derselben Woche in eben dieser Klinik einen – in den Niederlanden legalen – Schwangerschaftsabbruch vornehmen.

Strafbarkeit von S und G nach dem StGB?

Es ist davon auszugehen, dass S und G deutsche Staatsangehörige sind und ihre Lebensgrundlage im Inland haben. Die Adresse der Abtreibungsklinik hätte sich ohne Weiteres anderweitig (z. B. über das Internet) ermitteln lassen.

Fall 2c: Der Zettel

Kurzgliederung Fall 2c

Stbk. der S

A. § 218 Abs. 1 S. 1

0. Anwendbarkeit deutschen Strafrechts
   - (+) aktives Personalitätsprinzip nach § 5 Nr. 9 lit. b
I. TB (+)
   1. Abbruch der Schwangerschaft als Mittäterin (+)
   2. § 218a Abs. 1 (-)
II. RWK
   - (P): § 218a Abs. 2 wg. psychischer Indikation (+/-)
   - wohl (-), da subjektiv-vage Vermutung nicht ausreicht, zudem andere zumutbare Abwendungsmöglichkeiten
III. Schuld (+)
IV. § 218a Abs. 4 S. 1 (+)
   - Persönlicher Strafaufhebungsgrund (+)
   - Strafbarkeit daher (-)

Stbk. der G

A. §§ 218 Abs. 1 S. 1, 27 Abs. 1

0. Anwendbarkeit deutschen Strafrechts
   - (+) § 3 i. V. m. § 9 Abs. 2 S. 1, 2
I. Tatbestandsmäßigkeit
   1. Objektiver Tatbestand
      a) Vorsätzliche, rechtswidrige Haupttat (+)
      b) Hilfeleisten
         - (+), obwohl Adresse ohne Weiteres anderweitig hätte ermittelt werden können (Arg.: Vertrauensverhältnis S-K)
   2. Subjektiver Tatbestand (+)
II. RWK und Schuld (+)
III. Neutrale Beihilfe?
   - E.A.: Beihilfe (-), da berufstypisches, neutrales Verhalten
   - H.M.: Beihilfe (+), wenn bei Einzelfallbetrachtung Kenntnis und nicht bloßes Für-Möglich-Halten
   - *Arg.:* Vorentscheidung des Gesetzgebers in § 9 Abs. 2 S. 2

Lösung Fall 2c[69]

Schwerpunkte: Beihilfe zum Schwangerschaftsabbruch durch Gynäkologin, Voraussetzungen des § 218 StGB, Anwendbarkeit deutschen Strafrechts

Strafbarkeit der S

A. § 218 Abs. 1 S. 1 StGB

120 S könnte sich, indem sie in einer niederländischen Abtreibungsklinik einen Schwangerschaftsabbruch vornehmen ließ, nach § 218 Abs. 1 S. 1 StGB strafbar gemacht haben.

> **Klausurhinweis:**
>
> Der Schwerpunkt der Vorwerfbarkeit liegt hier im Vornehmenlassen des Abbruchs als primär initiierter Handlung, nicht im Unterlassen des Einschreitens gegen den Abbruch.

0. Anwendbarkeit deutschen Strafrechts

121 Dazu müsste zunächst deutsches Strafrecht auf S überhaupt anwendbar sein. Dies ist deshalb fraglich, weil der Abbruch der Schwangerschaft, d. h. (potentielle) Tathandlung und -erfolg, in den Niederlanden und damit nicht im Inland erfolgten, vgl. §§ 3, 9 StGB („Territorialitätsprinzip").

122 Eine Anwendbarkeit könnte sich jedoch aus § 5 Nr. 9 lit. b StGB (sog. „aktives Personalitätsprinzip") ergeben.

> **Klausurhinweis:**
>
> § 5 Nr. 9 lit. a StGB (Handeln gegen den Willen der Schwangeren) kommt ersichtlich nicht in Betracht, da S das Kind gerade abtreiben wollte.

123 Danach gilt das deutsche Strafrecht, unabhängig vom Recht des Tatorts, für Straftaten gegen das Leben in den Fällen des § 218 StGB, wenn der Täter zur Zeit der Tat Deutscher ist und seine Lebensgrundlage im Inland hat.

124 S ist deutsche Staatsangehörige und hat laut Bearbeitungsvermerk ihre Lebensgrundlage in Deutschland. In Rede steht vorliegend auch eine (mit-)täterschaftliche Strafbarkeit nach § 218 Abs. 1 S. 1 StGB.

> **Klausur- bzw. Aufbauhinweis:**
>
> Orientiert man sich bei der Prüfung des § 5 Nr. 9 lit. b StGB streng am Wortlaut der Norm, müsste man eigentlich eine Inzidentprüfung – nämlich die Prüfung, ob S tatsächlich (Mit-)Täterin eines Delikts nach § 218 StGB ist – „einschieben". Freilich ist dies angesichts der dann extremen „Kopflastigkeit" der Klausur nicht zielführend, sodass es an dieser Stelle ausreicht, kurz festzustellen, dass eine solche täterschaftliche Begehung zumindest grundsätzlich in Betracht kommt. Tatsächlich gutachterlich prüfen sollte man die Täterschaftsform dann i. R. d. objektiven Tatbestands.

125 Deutsches Strafrecht ist daher auf S anwendbar.

---

[69] Sachverhalt angelehnt an OLG Oldenburg, Urteil vom 18.2.2013 – 1 Ss 185/12, BeckRS 2013, 4777.

Fall 2c: Der Zettel

> **Weiterführendes Wissen:**
> Darauf, ob die Tat auch am Tatort mit Strafe bedroht ist, kommt es also nicht an. Die Norm soll „Abtreibungstourismus" verhindern.[70]

I. Tatbestandsmäßigkeit

1. Objektiver Tatbestand. a) Abbruch der Schwangerschaft. S müsste eine Schwangerschaft abgebrochen haben, § 218 Abs. 1 S. 1 StGB. *Abbrechen* meint eine vor der Geburt erfolgende Eingriffshandlung, die kausal das Absterben der noch lebenden Leibesfrucht („nasciturus" bzw. Fötus) herbeiführt, sei es durch unmittelbare Einwirkung auf die Leibesfrucht oder aber mittelbar durch eine Einwirkung auf die Schwangere.[71] Eine Handlung, deren Wirkung vor Abschluss der Einnistung des befruchteten Eies in der Gebärmutter eintritt, gilt nicht als Schwangerschaftsabbruch i. S.d. Gesetzes, § 218 Abs. 1 S. 2 StGB.

> **Weiterführendes Wissen:**
> Der noch lebende nasciturus ist unabhängig von der Art der Zeugung, seiner Entwicklungsstufe sowie seiner tatsächlichen Überlebensfähigkeit geschützt, sodass selbstverständlich auch ein schwerstgeschädigter Fötus (z. B. der Anenzephalus) taugliches Tatobjekt ist. Bei Zwillings- und Mehrlingsschwangerschaften ist jeder Embryo ein selbstständiger Rechtsgutsträger.[72]

S war in der 17. Woche schwanger und ließ zu diesem Zeitpunkt, mithin nach Einnistung, eine Eingriffshandlung vornehmen, die kausal das Absterben des Fötus bewirkte, mithin die Schwangerschaft abbrach. § 218 StGB ist kein Sonder-, sondern ein **Allgemeindelikt**, das sowohl den Fremd- als auch den Eigenabbruch unter Strafe stellt. Insbesondere kann die Schwanger selbst Täterin sein, vgl. auch § 218 Abs. 3 StGB.

> **Weiterführendes Wissen:**
> Die Schwangerschaft ist aber ein besonderes persönliches Merkmal i. S.d. § 28 Abs. 2 StGB.[73]

Fraglich ist, ob S Mittäterin oder lediglich Teilnehmerin war, indem sie bei sich einen Schwangerschaftsabbruch *vornehmen ließ*. S hat hier ein erhebliches Eigeninteresse an der Tat, da der Abbruch unmittelbar ihre Schwangerschaft und damit ihren Körper betrifft; auch nahm sie den Weg in die Niederlande auf sich, um die Schwangerschaft dort beenden zu können. S handelte daher mit **Täterwillen** (*animus auctoris*). Aufgrund der Notwendigkeit ihrer Mitwirkung bei der Vornahme des Abbruchs kommt ihr zudem **funktionelle Tatherrschaft** zu, sodass auch das Tatherrschaftskriterium der Literatur erfüllt ist. S handelte daher als Mittäterin und nicht nur als Teilnehmerin (Anstifterin bzw. Gehilfin).

---

70 Vgl. NK-StGB-*Merkel*, § 218 Rn. 168. Wenngleich die Begrifflichkeit in diesem Zusammenhang nicht gerade günstig gewählt erscheint, macht der Ausdruck doch die dahinterstehende Zielsetzung deutlich.
71 *Kraatz*, Arztstrafrecht, § 8 Rn. 236.
72 *Kraatz*, Arztstrafrecht, § 8 Rn. 235.
73 *Waßmer*, Medizinstrafrecht, § 11 Rn. 26.

Falleinheit 2: Schwangerschaftsabbruch (Fall 2a bis Fall 2c)

> **Klausurhinweis/Weiterführendes Wissen:**
>
> Z.T. wird zur Begründung der täterschaftlichen Stellung der Schwangeren verstärkt auf die Mitwirkungshandlungen im Vorbereitungsstadium (als das das bei der Durchführung des Abbruchs i. d.R. bestehende „Minus" ausgleichende „Plus") abgestellt.[74] Eine a. A. nimmt eine Beschützergarantenstellung (§ 13 StGB) der Mutter gegenüber dem ungeborenen Kind an.[75]
> Die Annahme einer Stellung als bloße Teilnehmerin ist mit der entsprechenden Argumentation wohl noch vertretbar, liegt jedoch nicht auf der Linie der Rspr. und h. M., die in Fällen des „Abbrechenlassens" durch die Schwangere ganz überwiegend von einer Mittäterschaft ausgehen.[76]

129 **b) Tatbestandsausschluss nach § 218a Abs. 1 StGB („Beratungsregelung")**. Der Tatbestand könnte jedoch nach § 218a Abs. 1 StGB ausgeschlossen sein.

> **Weiterführendes Wissen:**
>
> § 218a Abs. 1 StGB enthält einen **Tatbestandsausschließungsgrund sui generis**, wonach ein Schwangerschaftsabbruch, der die genannten Voraussetzungen erfüllt, als nicht tatbestandsmäßig (dennoch aber als rechtswidrig!) gilt.[77] In diesen Fällen ist hinsichtlich § 218 StGB *für alle Beteiligten* eine Bestrafung ausgeschlossen.[78]
>
> Dennoch verneint die hM mit Blick auf die (fehlende) Gebotenheit der Nothilfehandlung ein Nothilferecht zugunsten des Fötus.[79] Insofern bilde das öffentliche Interesse an der Wirksamkeit des Beratungsschutzkonzepts eine sozialethische Schranke für die Nothilfe.[80]
>
> Hintergrund der ungewöhnlichen Regelung ist ein Urteil des BVerfG aus dem Jahr 1993, wonach ein nach Beratung, aber ohne Indikation vorgenommener Schwangerschaftsabbruch u. a. mit Blick auf die staatliche Schutzpflicht für das ungeborene Leben (vgl. Art. 1 Abs. 1, 2 Abs. 2 GG) nicht für gerechtfertigt, d. h. nicht rechtswidrig, erklärt werden dürfe.[81] Diese Vorgaben hat der Gesetzgeber dann versucht mit den §§ 218 ff. StGB umzusetzen.

130 Dazu müsste die Schwangere den Schwangerschaftsabbruch verlangt und dem Arzt durch eine Bescheinigung nach § 219 Abs. 2 S. 2 StGB nachgewiesen haben, dass sie sich mindestens drei Tage vor dem Eingriff hat beraten lassen (Nr. 1). Zudem muss der Schwangerschaftsabbruch von einem Arzt bzw. einer Ärztin vorgenommen werden (Nr. 2) und seit der Empfängnis dürfen nicht mehr als 12 Wochen vergangen sein (Nr. 3). S hat den Schwangerschaftsabbruch verlangt.

131 Fraglich ist jedoch bereits, ob S – unterstellt, die ordnungsgemäße Beratung i. S.d. § 219 StGB durch G erfolgte mindestens drei Tage vor dem Abbruch – eine entsprechende Bescheinigung nach § 219 Abs. 2 S. 2 StGB vorgelegt hat. Hierzu enthält der Sachverhalt keine eindeutigen Angaben. Daneben ist zwar davon auszugehen, dass dieser durch einen (in den Niederlanden approbierten) Arzt bzw. eine (in den Niederlan-

---

74 BeckOK-StGB-*Eschelbach*, § 218 Rn. 13; vgl. auch LK-StGB-*Lindemann*, § 218 Rn. 26 f.
75 Vgl. z. B. *Bernsmann*, JuS 1994, 12; Schönke/Schröder-*Eser/Weißer* § 218 Rn. 31. Diff. und überzeugend MüKo-StGB-*Gropp/Wörner*, § 218 Rn. 40.
76 Siehe auch *Fischer*, StGB, § 5 Rn. 9; *Waßmer*, Medizinstrafrecht, § 11 Rn. 24; *Kraatz*, Arztstrafrecht § 8 Rn. 253.
77 Wessels/Hettinger/Engländer, Strafrecht BT 1, § 4 Rn. 181; *Waßmer*, Medizinstrafrecht, § 11 Rn. 40; vgl. auch BeckOK-StGB-*Eschelbach*, Vorb. § 218: „dogmatisches Paradoxon".
78 Schönke/Schröder-*Eser/Weißer*, § 218a Rn. 65.
79 Vgl. BVerfGE 88, 203 (279); BT-Drs. 13/1850, 25; siehe auch *Kraatz*, Arztstrafrecht, § 8 Rn. 256; *Waßmer*, Medizinstrafrecht, § 11 Rn. 40; kritisch aber Wessels/Hettinger/Engländer, Strafrecht BT 1, § 4 Rn. 194.
80 *Kraatz*, Arztstrafrecht, § 8 Rn. 256 m. w.N.; kritisch hinsichtlich der Begründung aber Wessels/Hettinger/Engländer, Medizinstrafrecht, § 11, § 4 Rn. 194.
81 BVerfGE 88, 203 („Schwangerschaftsabbruch II"); ausführlich Wessels/Hettinger/Engländer, Strafrecht BT 1, § 4 Rn. 175 ff.

Fall 2c: Der Zettel

den approbierte) Ärztin durchgeführt wurde, vgl. Nr. 2 (sog. „Arztvorbehalt"). Umstritten ist insofern allerdings, ob die Approbation im Inland erfolgt sein muss (vgl. §§ 2, 2a BÄO) oder ob eine ausländische Approbation genügt.[82]

Diese Punkte könnten jedoch – zumindest an dieser Stelle – dahinstehen, wenn es ohnehin an den Voraussetzungen der Nr. 3 fehlt. Danach dürften seit der Empfängnis nicht mehr als 12 Wochen vergangen sein. Dabei geht die medizinische Praxis davon aus, dass die Empfängnis etwa 14 Tage nach der letzten Menstruation stattfindet, sodass ein Abbruch der Schwangerschaft nach § 218 Abs. 1 StGB noch bis zur 14. Schwangerschaftswoche (gerechnet ab Menstruation) möglich ist. S befand sich jedoch zum Tatzeitpunkt bereits in der 17. Schwangerschaftswoche, sodass die 12-Wochen-Frist der Nr. 3 bereits überschritten ist. 132

Der Tatbestand ist daher nicht nach § 218a Abs. 1 StGB ausgeschlossen. 133

II. Rechtswidrigkeit

Der Schwangerschaftsabbruch könnte jedoch nach § 218a Abs. 2 StGB **gerechtfertigt** sein. 134

Dazu müsste er mit **Einwilligung** der S erfolgt und von einem Arzt bzw. einer Ärztin vorgenommen worden sein. Von einer (wirksamen) Einwilligung der 23-jährigen S ist auszugehen. Fraglich ist jedoch erneut, ob die Vornahme durch im Ausland (hier: den Niederlanden) approbierte Ärztinnen und Ärzte ausreicht oder ob zwingend eine inländische *Approbation* zu fordern ist. 135

> **Weiterführendes Wissen:**
>
> Erforderlich ist grundsätzlich eine (gültige) Approbation für Humanmedizin. Dagegen muss der abbrechende Arzt bzw. die abbrechende Ärztin weder Facharzt/Fachärztin für Gynäkologie noch für Chirurgie sein.[83]

Dies ist – wie bereits erwähnt – grundsätzlich strittig. Allerdings besteht vorliegend die Besonderheit, dass auch der Abbruch selbst im *Ausland* erfolgt ist. Jedenfalls in diesen Fällen erachtet es die wohl h. M. für ausreichend, wenn nach dem dortigen Recht eine wirksame ärztliche Zulassung vorliegt.[84] Hiervon ist angesichts der Vornahme des Schwangerschaftsabbruchs in einer niederländischen Spezialklinik auszugehen. 136

> **Allgemeiner Klausurhinweis:**
>
> Ihnen werden immer wieder Sachverhalte beggnen, die einzelne Punkte bewusst oder unbewusst offenlassen. (Nur) In diesen Fällen dürfen Sie dann „lebensnah" auslegen. Gehen Sie dabei grundsätzlich vom „Normalfall" aus, d. h. im vorliegenden Fall z. B. davon, dass auch in einer niederländischen Abtreibungsklinik nur entsprechend approbierte Ärztinnen und Ärzten arbeiten, keine Nichtmediziner/-innen bzw. Hochstapler/-innen.

---

[82] Dafür MüKo-StGB-*Gropp/Wörner*, § 218a Rn. 23; dagegen BeckOK-StGB/*Eschelbach*, § 218a Rn. 2.
[83] MüKo-StGB-*Gropp/Wörner*, § 218a Rn. 22.
[84] I.E. aber umstr.; wie hier z. B. *Fischer*, StGB, § 218a Rn. 9; vgl. auch *Kraatz*, Arztstrafrecht, § 8 Rn. 241; weniger eindeutig aber z. B. *Waßmer*, Medizinstrafrecht, § 11 Rn. 43. Siehe auch MüKo-StGB-*Gropp/Wörner*, § 218a Rn. 81, die, wenngleich selbst die Beschränkung auf eine inländische Approbation ablehnend, gar von einer „überwiegenden Meinung" sprechen, die § 218 I, II und III StGB nur auf inländische Ärztinnen und Ärzte anwenden möchte.

137 Daneben müsste eine sog. medizinisch-soziale Indikation i. S.d. § 218a Abs. 2 StGB vorliegen.

> **Weiterführendes Wissen:**
> Eine kriminologische Indikation nach § 218a Abs. 3 StGB scheidet hier offensichtlich aus.

138 Eine solche ist dann gegeben, wenn der Abbruch der Schwangerschaft unter Berücksichtigung der gegenwärtigen und zukünftigen Lebensverhältnisse der Schwangeren (nicht des Fötus!) nach ärztlicher Erkenntnis angezeigt (indiziert) ist, um eine Gefahr für das Leben oder die Gefahr einer schwerwiegenden Beeinträchtigung des körperlichen oder seelischen Gesundheitszustands der Schwangeren (nicht des Fötus!) abzuwenden, und die Gefahr nicht auf eine andere für sie zumutbare Weise abgewendet werden kann. Notwendig ist also nach ärztlicher Erkenntnis die *erhebliche Wahrscheinlichkeit* für einen *(konkreten) schwerwiegenden*, d. h. über die üblichen, mit einer Schwangerschaft einhergehenden Belastungen hinausgehenden, der Schwangeren ein Austragen nicht zumutbaren Schadenseintritt, wobei der Wahrscheinlichkeitsgrad von der Schwere des drohenden Schadens abhängig ist, nicht aber von einer voraussichtlichen Schädigung des Kindes.[85]

> **Weiterführendes Wissen:**
> D. h. je schwerwiegender der zu befürchtende Schaden ist, desto niedriger kann die Wahrscheinlichkeit sein; bei Lebensgefahr genügt ein relativ geringes Risiko.[86]

139 Bloße Vermutungen oder vage Anhaltspunkte für eine nur mögliche Gefahr genügen nicht. Die Gefahr muss nicht gegenwärtig i. S.d. § 34 StGB sein; stattdessen sind gerade auch die zukünftigen Lebensverhältnisse der Schwangeren zu berücksichtigen, § 218a Abs. 2 StGB.

140 Eine konkrete Gefahr für das Leben der S bestand durch die Fortsetzung der Schwangerschaft und die Geburt des Kindes nicht. S fühlte sich jedoch der zukünftigen Mutterrolle weder psychisch noch physisch gewachsen und befürchtete deshalb, ihrem Kind keine „gute Mutter" sein zu können. Fraglich ist, ob dies eine hinreichend erhebliche Wahrscheinlichkeit dahingehend begründet, dass S durch die Fortsetzung der Schwangerschaft und die Geburt des Kindes auch unter Berücksichtigung ihrer (der S) zukünftigen Lebensverhältnisse schwerwiegend in ihrem körperlichen und / oder seelischen Gesundheitszustand belastet ist. Hier äußert S gegenüber G lediglich die *Befürchtung*, psychisch und physisch durch die Mutterrolle überfordert zu sein (bzw. zu werden), ohne konkrete objektive Anhaltspunkte für den Eintritt einer (zukünftigen) schwerwiegenden Beeinträchtigung anzugeben. Wenngleich sich insbesondere emotionale Zustände kaum je vollständig werden objektivieren lassen, so können allein *subjektiv-vage Vermutungen* grundsätzlich nicht ausreichen, um einen *erheblichen Wahrscheinlichkeitsgrad* hinsichtlich des Schadenseintritts zu begründen. Auch ist der drohende Schaden – zumindest i. S.d. geschilderten physischen und psychischen Überlastungssituation der S – wohl eher als mittlere, nicht aber als schwerwiegende, über die üblichen, mit einer Schwangerschaft einhergehenden Belastungen weit hinausgehende Beeinträchtigung der Lebensverhältnisse der S einzustufen. Jedenfalls wird er in der geschilderten Form nicht am oberen Ende der Beeinträchtigungsskala anzusiedeln sein,

---

[85] *Kraatz*, Arztstrafrecht, § 8 Rn. 246 m. w.N.; *Fischer*, StGB, § 218a Rn. 24.
[86] BGH NJW 2023, 1878 (1880); MüKo-StGB-*Gropp/Wörner*, § 218a Rn. 46.

sodass auch keine Herabsetzung des Wahrscheinlichkeitsgrades angezeigt ist. Auf eine voraussichtliche „Schädigung" des Kindes infolge der Überforderung der S kommt es i. R.d. § 218a Abs. 2 StGB ausweislich des insofern eindeutigen Wortlauts der Norm nicht an.

> **Weiterführendes Wissen:**
>
> Die **medizinische bzw. medizinisch-soziale Indikation** nach § 218a Abs. 2 StGB soll nach Vorstellung des Gesetzgebers die frühere embryopathische (eugenische) Indikation gewissermaßen „auffangen".[87]
> Steht zum Zeitpunkt des denkbaren Abbruchs (z. B.) eine Behinderung des Kindes noch nicht (sicher) fest, ist bei der Gefahrbewertung die *Höhe des Risikos* einer Behinderung mit einzustellen. Ob eine Gefahr i. S.d. § 218a Abs. 2 StGB besteht, hängt damit auch davon ab, *wie wahrscheinlich* die Geburt eines behinderten Kindes ist. Es geht insoweit um eine Indikationsfeststellung unter zweifacher Unsicherheit: Die unklare Diagnose der kindlichen Schädigung verdoppelt gewissermaßen die Unsicherheit der Gefahrprognose für die Mutter nach der Geburt eines möglicherweise geschädigten Kindes.[88]
> *Beachte*: Für den Schwangerschaftsabbruch bei medizinischer Indikation besteht *keine Frist*, sodass dieser grundsätzlich bis zur Geburt möglich ist. Kritisiert wird daher, dass die Regelung „das Tor zu sog. Spätabtreibungen" öffne.[89]

Darüber hinaus wäre die Gefahr wohl auch auf andere, für S **zumutbare** Weise abzuwenden, z. B. durch die Inanspruchnahme eines engmaschigen Beratungs-, Unterstützungs- und ggf. Therapieangebots, das S sowohl psychische wie auch praktisch-tatsächliche Unterstützungsleistungen (z. B. Angebote der Familienhilfe; ärztlich-therapeutische Unterstützung) zukommen lässt. Die Inanspruchnahme derartiger Angebote ist S auch grundsätzlich zuzumuten. 141

Unter Berücksichtigung der gegenwärtigen wie zukünftigen Lebensverhältnisse der S ist daher nicht mit dem erforderlichen hohen Wahrscheinlichkeitsgrad davon auszugehen, dass die Fortsetzung der Schwangerschaft und die Geburt des Kindes tatsächlich zu einer schwerwiegenden, nicht anders abwendbaren Beeinträchtigung des physischen bzw. psychischen Gesundheitszustands der S führt. 142

> **Klausurhinweis/Weiterführendes Wissen:**
>
> Eine a. A. ist hier nicht völlig unvertretbar, wenngleich der Sachverhalt eher in eine andere Richtung weist. Entscheidend ist die Qualität der Argumentation sowie die genaue Auswertung des Sachverhalts.
> Grundsätzlich gilt, dass die Annahme bzw. Ablehnung einer medizinisch-sozialen Indikation ein hochkomplexer, stark von Einzelfallspezifika abhängiger **Abwägungsprozess** ist, der in einem nicht unerheblichen Maße der ärztlichen Einschätzungsprärogative überantwortet ist („nach ärztlicher Erkenntnis angezeigt"; insofern bloße Vertretbarkeitskontrolle!)[90]. Im Klausursachverhalt kann man Ihnen die notwendigen (und bisweilen ambivalenten) tatsächlichen Anknüpfungspunkte in aller Regel nur stark verkürzt angeben, sodass es unter diesem Prüfungspunkt zumeist bei eher „holzschnittartigen" Ausführungen verbleiben wird. Wichtig ist dann, wie gesehen, weniger das Ergebnis als vielmehr der Weg dorthin.

---

87 Vgl. *Waßmer*, Medizinstrafrecht, § 11 Rn. 54 unter Verweis auf BT-Drs 13/1850, 26; z. T. daher diesbzgl. auch als **„mittelbare embryopathische Indikation"** bezeichnet.
88 Zum Ganzen BGH NJW 2023, 1878 (1880).
89 Vgl. Schönke/Schröder-*Eser/Weißer*, § 218a Rn. 43.
90 *Kraatz*, Arztstrafrecht, § 8 Rn. 248 m. w.N; vgl. auch BGHSt 38, 144 (156); BGH NJW 1985, 2752 ff.; BayObLG NJW 1990, 2328 (2329); zustimmend *Fischer*, StGB, § 218a Rn. 18 f.; kritisch *Lackner*, NStZ 1992, 331 f.

> Zu Kritikpunkten und Diskussionsansätzen in Bezug auf den Regelungskomplex der §§ 218 ff. StGB siehe ausführlich der Hinweiskasten a. E. dieser Falleinheit.

143 Die Tat ist daher nicht nach § 218a Abs. 2 StGB gerechtfertigt.

144 Anderweitige Rechtfertigungsgründe sind nicht ersichtlich. S handelte daher rechtswidrig.

III. Schuld

145 Entschuldigungsgründe liegen nicht vor; S handelte daher auch schuldhaft.

IV. Persönlicher Strafausschließungsgrund, § 218a Abs. 4 S. 1 StGB

146 Es könnte jedoch der persönliche Strafausschließungsgrund des § 218a Abs. 4 S. 1 StGB greifen, wonach die Schwangere nicht nach § 218 StGB strafbar ist, wenn der Schwangerschaftsabbruch nach Beratung i. S.d. § 219 StGB von einem Arzt vorgenommen worden ist und seit der Empfängnis nicht mehr als 22 Wochen verstrichen sind.

147 G hat die S ordnungsgemäß i. S.d. § 219 StGB beraten. Eine 3-Tages-Karenz zwischen Beratung und Abbruch wie bei § 218a Abs. 1 StGB besteht bei § 218a Abs. 4 S. 1 StGB nicht. Der Schwangerschaftsabbruch wurde auch nach dieser Beratung von einem anderen Arzt bzw. einer anderen Ärztin *lege artis* vorgenommen.

> **Klausurhinweis/Weiterführendes Wissen:**
>
> § 219 Abs. 2 S. 3 StGB regelt ausdrücklich, dass der beratende und der abbrechende Arzt nicht personenidentisch sein dürfen (sog. „Identitätsverbot", vgl. auch § 218c Abs. 1 Nr. 4 StGB).

148 Anders als bei § 218a Abs. 1 StGB besteht hinsichtlich des § 218a Abs. 4 Nr. 1 StGB ohnehin weitgehend Einigkeit darüber, dass die Norm auch auf Ärztinnen und Ärzte mit ausländischer Approbation anwendbar ist.[91] Nach hier vertretener Ansicht reicht jedenfalls bei der Vornahme eines Abbruchs im Ausland ohnehin in allen Fällen des § 218a StGB eine – hier anzunehmende – nach ausländischem Recht wirksame ärztliche Zulassung.

149 Die wie die 12-Wochen-Frist des § 218a Abs. 1 StGB mit Empfängnis beginnende Frist von 22 Wochen (in der gynäkologischen Praxis damit 24 Wochen *post menstruationem*) ist zum Zeitpunkt des Abbruchs in der 17. Schwangerschaftswoche noch nicht abgelaufen.

150 Die Voraussetzungen des persönlichen Strafausschließungsgrundes des § 218a Abs. 4 S. 1 StGB liegen damit vor.

> **Weiterführendes Wissen:**
>
> Denken Sie in anderen Fällen auch an **§ 218a Abs. 4 S. 2 StGB**, der bei einer besonderen Bedrängnislage für die Schwangere zur Zeit des Eingriffs ein Absehen von Strafe ermöglicht.

151 **Ergebnis:** S ist daher nicht strafbar nach § 218 Abs. 1 S. 1 StGB.

---

91 Vgl. MüKo-StGB-*Gropp/Wörner*, § 218a Rn. 83 m. w.N.

Fall 2c: Der Zettel

> **Weiterführendes Wissen:**
>
> Hätte man hier – kaum vertretbar – die Voraussetzungen des § 218a Abs. 4 S. 1 StGB abgelehnt und § 218a Abs. 4 S. 2 StGB (grds. gut vertretbar) ebenfalls verneint, griffe hinsichtlich S jedenfalls der persönliche Strafmilderungsgrund (nach a. A. Privilegierungstatbestand) des **§ 218 Abs. 3 StGB**, wonach auf die Schwangere ein milderer Strafrahmen – Freiheitsstrafe bis zu einem Jahr oder Geldstrafe – anzuwenden ist.

Gesamtergebnis S: S hat sich nicht strafbar gemacht, indem sie die Abtreibung vornehmen ließ.

Strafbarkeit der G

A. §§ 218 Abs. 1 S. 1, 27 Abs. 1 StGB

G könnte sich wegen Beihilfe zum Schwangerschaftsabbruch nach §§ 218 Abs. 1 S. 1, 27 Abs. 1 StGB strafbar gemacht haben, indem sie der S einen Zettel mit Anschrift und Adresse einer Abtreibungsklinik in den Niederlanden aushändigte.

0. Anwendbarkeit deutschen Strafrechts

Fraglich ist, ob auch auf G deutsches Strafrecht Anwendung findet. Eine Anwendbarkeit ergibt sich jedenfalls nicht – wie bei S – aus § 5 Nr. 9 lit. b StGB, da dies eine (mit-)täterschaftliche Beteiligung voraussetzt. In Betracht kommt hinsichtlich G, die am konkreten Abbruch nicht beteiligt war, aber lediglich eine Strafbarkeit unter Teilnahmegesichtspunkten.

Deutsches Strafrecht könnte jedoch nach § 3 i. V. m. § 9 Abs. 2 S. 1, 2 StGB auf G anwendbar sein. § 9 Abs. 2 S. 1 StGB bestimmt insoweit, dass die Teilnahme jedenfalls auch an dem Ort begangen worden ist, an dem der Teilnehmer – hier also die G durch das Überlassen des Zettels mit der Adresse an S – gehandelt hat. Dieser „Teilnahmehandlungsort" liegt im Inland (genauer: München), sodass deutsches Strafrecht nach § 3 StGB auf G anwendbar ist. Unerheblich ist, dass die Tat – der Schwangerschaftsabbruch – nach dem (hier: niederländischen) Recht des Tatorts (i. S. d. § 9 Abs. 1 StGB) legal erfolgt ist, also nicht mit Strafe bedroht ist. Die Straflosigkeit des Abbruchs in den Niederlanden steht einer Strafbarkeit der im Inland erfolgten Teilnahmehandlung der G also nicht entgegenstehen.[92]

I. Tatbestandsmäßigkeit

> **Klausurhinweis:**
>
> Die Teilnahme richtet sich bei § 218 StGB nach den allgemeinen Grundsätzen.

1. Objektiver Tatbestand. a) Vorsätzliche, rechtswidrige Haupttat. Das Vornehmenlassen des Schwangerschaftsabbruchs durch S stellt eine vorsätzliche, rechtswidrige Haupttat i. S. d. § 218 Abs. 1 S. 1 StGB dar. Unerheblich ist, dass diesbzgl. hinsichtlich S der persönliche Strafausschließungsgrund nach § 218a Abs. 4 S. 1 StGB greift.

---

92 So auch *Kudlich*, JA 2013, 791 (792).

157 **b) Hilfeleisten.** G müsste hierzu Hilfe geleistet haben, § 27 Abs. 1 StGB. Hilfeleisten meint grundsätzlich jedes Ermöglichen oder Erleichtern der Haupttat. Indem G der S einen Zettel mit Adresse und Telefonnummer der Abtreibungsklinik in den Niederlanden übergeben hat, in der S dann anschließend auch den Abbruch hat vornehmen lassen, hat G die konkrete Tathandlung (Abtreibung in dieser Klinik) durch Vermittlung von Wissen gefördert, mithin jedenfalls erleichtert.

158 Einem Hilfeleisten i. S.d. § 27 Abs. 1 StGB könnte jedoch der Umstand entgegenstehen, dass sich die Adresse der Abtreibungsklinik *ohne Weiteres anderweitig (z. B. über das Internet) hätte ermitteln* lassen. So gehen TdL davon aus, dass eine Beihilfe durch die Benennung einer konkreten Adresse zur Durchführung des illegalen Abbruchs bei einer abtreibungswilligen Person dann ausscheide, wenn die Adresse allgemein z. B. per Internet-Recherche zugänglich sei.[93] Danach läge hier keine Beihilfe vor. Allerdings vernachlässigt diese Ansicht, dass der Beratung des behandelnden Arztes bzw. der behandelnden Ärztin wegen der persönlichen Arzt-Patienten-Beziehung und seiner bzw. ihrer Sachkunde ein deutlich stärkeres Gewicht zukommt. Anders als einer allgemeinen Information im Internet oder den für sich werbenden Internetauftritten der Kliniken wird ihm bzw. ihr deshalb besonderes Vertrauen entgegengebracht.[94] Dies rechtfertigt – im Einklang mit den allgemeinen Regeln und der ganz h. M., die gerade keine Kausalität der Hilfeleistung im Hinblick auf die Haupttat fordert – grundsätzlich die Annahme einer tatbestandlichen Beihilfehandlung durch die Weitergabe der Informationen.

> **Klausurhinweis:**
>
> Daher steht der Annahme einer tauglichen Hilfeleistung auch nicht entgegen, dass S zur Durchführung des Schwangerschaftsabbruchs bereits fest entschlossen war und die (Mit-)Ursächlichkeit des Handelns der G für die Durchführung der Tat als solcher deshalb zumindest fraglich ist – Kausalität ist nach ganz überwiegender Ansicht eben gerade nicht erforderlich.[95]

159 **2. Subjektiver Tatbestand.** G wusste um die 17. Schwangerschaftswoche und den fortbestehenden Abtreibungswunsch der S und nahm dabei jedenfalls billigend in Kauf, dass S in der niederländischen Klinik eine „Spätabtreibung" durchführen lassen würde. Insofern schließen sich eine ordnungsgemäße Beratung mit dem Ziel, die abtreibungswillige Schwangere (hier: die S) zur Fortsetzung der Schwangerschaft zu ermutigen, und eine gleichwohl erfolgte Beihilfe zur Abtreibung nicht aus, zumal für die Strafbarkeit des Gehilfen (hier: der Gehilfin G) bereits bedingter Vorsatz auch hinsichtlich der Tatvollendung durch den Haupttäter ausreicht.[96] G hatte daher jedenfalls Eventualvorsatz bzgl. der Vollendung der Haupttat.

> **Weiterführendes Wissen:**
>
> Zu verschiedenen Irrtumskonstellationen im Zusammenhang mit § 218a StGB siehe ausführlich LK-StGB-*Kröger*, § 218a Rn. 67 ff.

160 Hinsichtlich ihrer eigenen Hilfeleistung handelte G ebenfalls mit Wissen und Wollen und damit vorsätzlich i. S.d. § 15 StGB. Der doppelte Gehilfenvorsatz liegt vor.

---

93 Schönke/Schröder-*Eser/Weißer*, § 218 Rn. 53.
94 OLG Oldenburg BeckRS 2013, 4777; vgl. auch LK-StGB-*Lindemann*, § 218 Rn. 57/67.
95 Vgl. OLG Oldenburg BeckRS 2013, 4777.
96 OLG Oldenburg BeckRS 2013, 4777; BGH NStZ 2011, 399.

II. Rechtswidrigkeit und Schuld

Rechtsfertigungs- und Entschuldigungsgründe sind nicht ersichtlich. Insbesondere unterliegt G keinem Erlaubnistatbestandsirrtum; auch von einem Verbotsirrtum i. S.d. § 17 StGB der erfahrenen Gynäkologin G ist nicht auszugehen. G handelte daher rechtswidrig und schuldhaft.

III. Anderes Ergebnis wegen sog. „neutraler Beihilfe"?

Aufbauhinweis:

Zum Prüfungsaufbau der Lösungsskizze – eigener Prüfungspunkt nach der Schuld – siehe *Rotsch*, Jura 1/2004, 14 (21); für einen (ebenfalls) eigenen Prüfungspunkt nach dem objektiven und subjektiven Tatbestand *Rengier*, Strafrecht AT, § 45 Rn. 113; vgl. auch *Wessels/Beulke/Satzger*, Strafrecht AT, § 16 Rn. 908.

Gegen die Annahme einer Beihilfe(strafbarkeit) könnte jedoch sprechen, dass es sich bei der Weitergabe des Zettels mit der Adresse und Telefonnummer der Abtreibungsklinik durch die Gynäkologin G – zumindest auf den ersten Blick – um ein gerade **berufstypisches**, d. h. grundsätzlich **neutrales Verhalten** handelt. So ist die Beratung der Schwangeren nach § 219 StGB vor einem Schwangerschaftsabbruch gesetzlich vorgeschrieben und die „Zettelübergabe" erfolgte auch im Rahmen dieses medizinischen (Schwangerschafts-)Beratungsgesprächs in der gynäkologischen Praxis der G. Die Mitteilung der Kontaktdaten von Abtreibungskliniken ist daher – zumindest in gewissem Sinne – „normaler" Bestandteil der medizinischen Arbeit der G – ähnlich der Auskunft einer Rechtsanwältin gegenüber ihrer Mandantin, dass in bestimmten Ländern ein strafloser Schwangerschaftsabbruch leichter möglich sei als in Deutschland.[97] Das Verhalten der G könnte daher als **sozialadäquat** und damit als i. E. nicht strafbar zu werten sein.

Klausurhinweis:

Es ist auch möglich, bereits den Charakter der Zettelüberlassung als neutrale, berufstypische Handlung zu verneinen (etwa mit dem Argument, die Adresse einer ausländischen Abtreibungsklinik könne wohl nur sehr selten – und im konkreten Fall überhaupt nicht – auf legale Art und Weise genutzt werden).[98] Dann käme es auf die folgende Differenzierung gar nicht mehr an.

Jedenfalls die Rechtsprechung sowie TdL entscheiden über die Einordnung eines Beitrags als strafbare Beihilfe mittels einer wertenden **Einzelfallbetrachtung**, die subjektive und objektive Elemente miteinander verbindet.[99] Dabei wird primär auf die subjektive Vorstellung der Beteiligten abgestellt, wobei man dabei nach der jeweiligen Vorsatzform differenziert: Hat der Hilfeleistende *Kenntnis* (im Sinne von dolus directus 2. Grades) davon, dass das Handeln des Haupttäters ausschließlich darauf abzielt, eine strafbare Handlung zu begehen, verliert das Tun des Gehilfen seinen „Alltagscharakter" und führt zu einer „Solidarisierung" mit dem Täter.[100] Es kann dann nicht mehr als sozialadäquat angesehen werden und ist folglich als (grundsätzlich strafbare) Bei-

---

97 Auf diese Nähe zur i. d.R. berufsbedingt-straflose Unterstützung durch die Beratung eines Rechtsanwalts bzw. einer Rechtsanwältin weist *Kudlich*, JA 2013, 791 (793), zutreffend hin.
98 *Kudlich*, JA 2013, 791 (793).
99 Vgl. BGH NJW 2000, 3011; NStZ 2004, 42; NJW 2006, 528.
100 *Rengier*, Strafrecht AT, § 45 Rn. 110; *Wessels/Beulke/Satzger*, Strafrecht AT, § 16 Rn. 908; *Beulke/Zimmermann*, Klausurenkurs III, Rn. 194.

hilfehandlung zu werten. Hält er es dagegen *nur für möglich* (im Sinne von dolus eventualis), dass sein Handeln zur Begehung einer Straftat genutzt wird, liegt regelmäßig noch keine Beihilfe vor.[101] Dagegen soll die Schwelle zur strafbaren Beihilfe dann überschritten sein, wenn der Gehilfe erkannt hat, dass angesichts der Tatgeneigtheit des späteren Haupttäters ein hohes Risiko der Haupttatbegehung bestand.[102] Dafür ist maßgeblich, ob es für den Gehilfen *konkrete Anhaltspunkte* gegeben hat, die ein strafbares Verhalten des Haupttäters als „sehr" oder „überwiegend" wahrscheinlich erscheinen ließen.[103]

> **Klausurhinweis/Weiterführendes Wissen:**
>
> Daneben existieren noch eine Vielzahl weiterer Ansätze und Theorien zur sog. **neutralen Beihilfe**, die entweder die Figur der neutralen Beihilfe gänzlich ablehnen, einseitig auf Ebene des objektiven (sog. objektive Theorien) bzw. subjektiven Tatbestands (sog. subjektive Theorien) ansetzen oder leicht abweichende Spielarten (ebenfalls) gemischt objektiv-subjektiver Theorien vertreten. Nach einer vereinzelt vertretenen Auffassung ist die Frage der Beihilfestrafbarkeit erst auf Ebene der Rechtswidrigkeit zu klären (sog. „Rechtfertigungslösungen").

164 Vorliegend hält es G mindestens für möglich, dass S in der niederländischen Klinik, deren Adresse sie ihr mitgeteilt hat, eine in Deutschland nicht legale Spätabtreibung vornehmen lassen würde. Angesichts des drängenden Wunsches der S sowie ihres mehrmaligen Nachfragens bei G, wer eine Abtreibung zum jetzigen Zeitpunkt noch vornehmen würde, ergaben sich für G auch hinreichend konkrete Anhaltspunkte, die ein strafbares Verhalten der S als jedenfalls überwiegend wahrscheinlich erscheinen ließen. G hat daher die Schwelle zur strafbaren Beihilfe überschritten.

> **Klausurhinweis:**
>
> A.A. mit der entsprechenden Begründung vertretbar.

165 Dieses Ergebnis wird zusätzlich durch die Überlegung gestützt, dass „das Kernproblem dieser Konstellation (nämlich die Tatsache, dass sich der Rat auf ein im Ausland legales Verhalten bezieht, welches aber im Inland gleichwohl unter Strafe stehen würde) in § 9 Abs. 2 S. 2 StGB im Sinne einer Strafbarkeit des Gehilfen gelöst ist."[104] Diese **Vorentscheidung des Gesetzgebers** ist auch bei der Auslegung des § 27 StGB mit heranzuziehen.[105]

166 **Ergebnis:** G ist strafbar gem. §§ 218 Abs. 1 S. 1, 27 Abs. 1 StGB. *(a. A. vertretbar)*

> **Weiterführendes Wissen:**
>
> Legitimität und Ausgestaltung des Regelungskomplexes §§ 218 ff. StGB sind seit jeher **umstritten**. Während Befürworterinnen die aktuelle „Beratungslösung" für einen gelungenen Ausgleich der verschiedenen betroffenen Interessen und Rechtsgüter (Lebensschutz vs. Selbstbestimmungsrecht der Frau) halten, teilt sich das Lager der Kritiker in zwei Gruppen: So beklagen die

---

101 *Wessels/Beulke/Satzger*, Strafrecht AT, § 17 Rn. 908.
102 Vgl. BGHSt 46, 107 (112); BGH NStZ 2000, 34; wistra 2014, 176; NStZ 2017, 337; NStZ 2017, 461; NStZ 2018, 328; vgl. auch Schönke/Schröder-*Heine/Weißer*, § 27 Rn. 10 m. w.N.
103 BGH wistra 2014, 176 (178); NStZ 2018, 328 (329), *Rengier*, Strafrecht AT, § 45 Rn. 111. *Greco*, wistra 2015, 1 ff., lässt dagegen eine „normale" Wahrscheinlichkeit genügen. *Roxin*, StV 2015, 451, stellt wiederum darauf ab, ob das grundsätzlich berechtigte Vertrauen in legales Verhalten durch „konkrete Anhaltspunkte für ein strafbares Verhalten nachhaltig erschüttert wird".
104 *Kudlich*, JA 2013, 791 (793).
105 Weniger eindeutig *Kudlich*, JA 2013, 791 (793): könnte heranzuziehen sein.

Fall 2c: Der Zettel

einen, die aktuell geltende Rechtslage bliebe hinter den Vorgaben des BVerfG (vgl. BVerfGE 39, 1 („Schwangerschaftsabbruch I"), BVerfGE 88, 203 („Schwangerschaftsabbruch II") zurück und sei jedenfalls „im Hinblick auf die Wirksamkeit des Rechtsgüterschutzes für ungeborenes menschliches Leben unbefriedigend"[106]. Sie fordern daher z. T. strengere Regelungen und beklagen, dass §§ 218, 218a StGB jedenfalls im Ergebnis eine „faktische Fristenregelung" bewirke. Dagegen wächst die Zahl derer, die unter Hinweis auf das **Recht auf reproduktive Selbstbestimmung** für eine Anpassung bzw. **Abschaffung** der §§ 218 ff. StGB plädieren.[107] Seit März 2023 berät daher nun eine vom BMFSFJ eingesetzte Kommission zur reproduktiven Selbstbestimmung und Fortpflanzungsmedizin über Regulierungsmöglichkeiten für Schwangerschaftsabbrüche außerhalb des Strafgesetzbuches. Es lohnt sich also, die weiteren Entwicklungen in diesem Bereich im Blick zu behalten – nicht nur, aber auch für etwaige (v. a.) mündliche Prüfungen.

In tatsächlicher Hinsicht ist jedenfalls ein Rückgang von gemeldeten ärztlichen Stellen, die einen Schwangerschaftsabbruch vornehmen, festzustellen[108] – unter Umständen auch eine Folge der fortwährenden rechtlichen Diskussionen und Unsicherheiten um §§ 218 ff. StGB.

Neuen „Schwung" hat die Diskussion zuletzt durch eine Entscheidung des Supreme Courts in den USA erhalten, wonach die US-Verfassung „kein Recht auf Abtreibung" enthalte (was – etwas verkürzt – dazu führte, dass einige konservative Bundesstaaten ihre Abtreibungsgesetze verschärften), sowie durch die **Aufhebung des § 219a StGB** (Werbung für den Abbruch der Schwangerschaft) mit Ablauf des 18.7.2022 durch Art. 1 Gesetz zur Änderung des Strafgesetzbuches – Aufhebung des Verbots der Werbung für den Schwangerschaftsabbruch (BGBl. I S. 1082).

---

106 So z. B. BeckOK-StGB-*Eschelbach*, Vorb. § 218.
107 Hierzu jüngst *Weißer*, GA 2023, 541 ff.
108 *Schürmann*, Kompromiss auf Zeit, VerfBlog, 2020/11/18, https://verfassungsblog.de/kompromiss-auf-zeit/ (29.9.2023).

Falleinheit 2: Schwangerschaftsabbruch (Fall 2a bis Fall 2c)

Weiterführende Hinweise auf relevante Rechtsprechung und (Ausbildungs-)Literatur:

BGH NStZ 2008, 393 – Rücktritt vom Tötungsversuch, Abgrenzung Tötung und Schwangerschaft
BGH NStZ 2021, 423 – Versuchte Tötung einer Schwangeren *(vgl. Fall 2b)*
BGH NJW 2021, 645 – Geburtsbeginn bei Kaiserschnitt: Berliner Zwillingsfall *(vgl. Fall 2a)*

Beck, Susanne, Kurzfälle aus dem Medizinstrafrecht – Teil 2, ZJS 2/2013, 156
Hillenkamp, Thomas, (Original-)Referendarexamensklausur – Strafrecht: Ein Schwangerschaftsabbruch und seine Folgen, JuS 2014, 924
Kraatz, Erik, Arztstrafrecht, 3. Auflage 2023, § 8 Schutz des ungeborenen Lebens
Kreß, Harmut, Reform der Rechtsnormen zum Schwangerschaftsabbruch: Eckpunkte und Anschlussfragen, MedR 2023, 699
Kudlich, Hans, Entscheidungsbesprechung zu OLG Oldenburg BeckRS 2013, 4777, JA 2013, 791
Neumann, Ulfried, Der „Berliner Zwillingsfall" – Anlass für eine Neubestimmung der Grenze zwischen Tötungs- und Abtreibungsdelikten, StV 2021, 462
Vasel, Justus, Liberalisierung und Deliberalisierung – Zeitenwende im Abtreibungsrecht, NJW 2022, 2378
Waßmer, Martin Paul, Medizinstrafrecht, 1. Auflage 2022, § 11 Schwangerschaftsabbruch
Weißer, Bettina, §§ 218 ff. StGB – ein weiser Kompromiss?, GA 2023, 541 ff.

Falleinheit 3: Sterbehilfe (Fall 3a bis Fall 3c)

Fall 3a: Sterbebegleitung

Der 82-jährige Willibald W. (W) leidet schon seit mehreren Jahren unter mehreren zwar nicht lebensbedrohlichen, aber die Lebensqualität zunehmend einschränkenden Krankheiten. Unter anderem quälen ihn Bluthochdruck, eine beginnende Erblindung und Herzbeschwerden.
Anfang 2022 verschlechtert sich sein Zustand gravierend. W empfindet seine Schmerzen zunehmend als unerträglich. Außerdem befürchtet er, bald nicht mehr selbst für sich sorgen zu können. Ein Umzug in ein Seniorenheim oder die Einrichtung einer häuslichen Pflege kommen für ihn, der bisher in einer Eigentumswohnung gelebt und seinen Haushalt selbständig geführt hat, nicht in Betracht. Er beginnt daher sich mit dem Thema Suizid zu beschäftigen und beschließt im November 2022, dass er aus dem Leben scheiden möchte.
Bei einer seiner Internetrecherchen stößt W in einem Forum auf die Kontaktdaten von Dr. Demian D. (D), approbierter Facharzt für Neurologie und Psychiatrie. Dieser bietet regelmäßig Suizidwilligen seine Begleitung auf ihrem letzten Weg an.
Am 3.1.2023 kommt es zu einem persönlichen Treffen zwischen W und D. Körperliche Untersuchungen führt D dabei nicht durch. D lässt sich von W jedoch dessen gesundheitliche Beschwerden und die Gründe für seinen Suizidentschluss schildern und bespricht mit ihm mögliche Alternativen. Dabei stellt er – zu Recht – fest, dass W uneingeschränkt einsichts- und urteilsfähig und seine Entscheidung zum Suizid wohlerwogen ist. Auf Bitte von W hin, willigt D ein, diesen bei seinem Suizid zu begleiten.
Am 15.1.2023 sucht D entsprechend der Vereinbarung W in seiner Wohnung auf. Er spricht mit W über seine Gefühle des Abschiednehmens und fragt nochmals, ob dieser sicher sei, die Selbsttötung jetzt durchführen zu wollen. W bejaht dies. Er nimmt die für die Selbsttötung erforderlichen Medikamente selbständig ein und wird kurze Zeit später bewusstlos. Zunächst besteht noch die Möglichkeit, W's Leben durch ärztliche Maßnahmen zu erhalten. Um dem Willen von W zu entsprechen, unternimmt D jedoch nichts. W verstirbt eine Stunde später. Wie W sich die Medikamente beschafft hat, kann im Nachhinein nicht mehr festgestellt werden. Aus seinem Abschiedsbrief an seine Familie geht jedoch hervor, dass W ohne die Begleitung durch D seinen Entschluss erst später in die Tat umgesetzt hätte, da er bei seinem Tod auf keinen Fall allein sein wollte.

Strafbarkeit von D nach dem StGB?

Gegebenenfalls erforderliche Strafanträge sind gestellt. Auf Körperverletzungsdelikte ist nicht einzugehen.
Auf § 16 der anwendbaren Landesärzteordnung, die dem § 16 der (Muster-)Berufsordnung für die in Deutschland tätigen Ärztinnen und Ärzte (MBO-Ä 1997) entspricht, wird hingewiesen. Die Landesärzteordnung wurde von der zuständigen Landesärztekammer beschlossen.

Falleinheit 3: Sterbehilfe (Fall 3a bis Fall 3c)

Kurzgliederung Fall 3a
Stbk. des D
A. § 216 Abs. 1
I. TB
  1. Taterfolg (+)
  2. Kausalität (+)
  3. Objektive Zurechnung
     (P): eigenverantwortliche Selbstschädigung
     – e. A.: Exkulpationslösung (+)
       → Betroffene(r) muss schuldhaft handeln
     – a. A.: Einwilligungslösung (+)
       → Voraussetzungen einer Einwilligung müssen vorliegen
II. Ergebnis: TB (-)
B. § 217 Abs. 1 (-)
C. § 221 Abs. 1 Nr. 1, Abs. 3 (-)
Keine Zurechenbarkeit der hilflosen Lage wg. eigenverantwortlicher Selbstschädigung des W
D. §§ 216 Abs. 1, 13 Abs. 1
I. TB
  1. Erfolgseintritt (+)
  2. Unterlassen (+)
  3. Kausalität (+)
  4. Garantenstellung
     – Arzt-Patienten-Verhältnis: Beschützergarantenstellung
       → (-), da keine Behandlung
     – Ingerenz: (-), kein gefährliches Vorverhalten ersichtlich
II. Ergebnis: TB (-)
E. §§ 221 Abs. 1 Nr. 2, Abs. 3 (-)
Keine Garantenstellung
F. § 323c Abs. 1
I. TB
  1. Unglücksfall
     (P): freiverantwortlicher Suizid als Unglücksfall?
     – H.L.: (-), da Selbstbestimmungsrecht es verbiete, einen Willen aufzuzwingen
     – BGH: (+), natürliche Betrachtungsweise und Erfordernis menschlicher Solidarität
  2. Unterlassen der Hilfeleistung
     (P): Zumutbarkeit
     – Abwägung der kollidierenden Güter und Interessen
     – Hier: unauflösliche Konfliktsituation zwischen Hilfspflicht und Selbstbestimmungsrecht
     – Zumutbarkeit (-)
II. Ergebnis: TB (-)

Lösung Fall 3a[1]

Schwerpunkte: Voraussetzungen des § 216 StGB inkl. Garantenstellung beim Unterlassen, Verfassungswidrigkeit des § 217 StGB, Recht auf selbstbestimmtes Sterben, Suizid als Unglücksfall i. S. d. § 323c StGB

Strafbarkeit des D

> **Weiterführendes Wissen**
>
> zur Systematik der Tötungsdelikte: Das Verhältnis von § 212 StGB und § 211 StGB bzw. § 216 StGB ist umstritten: Während es sich nach der Rspr. um jeweils selbständige Tatbestände handelt,[2] stellt nach der h.Lit. § 212 Abs. 1 StGB den Grundtatbestand, § 211 StGB eine Qualifikation und § 216 StGB eine Privilegierung dar.[3] § 217 StGB, der als eigenständiges abstraktes Gefährdungsdelikt die geschäftsmäßige Förderung der Selbsttötung unter Strafe stellte, wurde durch Urteil des BVerfG vom 26.2.2020 für mit Art. 2 Abs. 1 GG i. V. m. Art. 1 Abs. 1 GG (**Recht auf ein selbstbestimmtes Sterben** als Ausprägung des allgemeinen Persönlichkeitsrechts), Art. 2 Abs. 2 S. 2 GG i. V. m. Art. 104 Abs. 1 GG sowie Art. 12 Abs. 1 GG unvereinbar und nichtig erklärt.[4]
>
> Die Systematik hat Einfluss auf den Aufbau der Prüfung, der in der Klausur regelmäßig nicht zu begründen ist. Zu beachten ist die Sperrwirkung des § 216 StGB, die im Fall seines Eingreifens eine Bestrafung nach §§ 212, 211 StGB ausschließt. Kommt § 216 StGB in Betracht, ist aber im Ergebnis zu verneinen, bietet es sich an, ihn an den Anfang der Prüfung zu stellen. Liegen seine Voraussetzungen hingegen vor, kann er entweder vor §§ 212, 211 StGB oder – entsprechend dem Gedanken der vorrangigen Prüfung des schwereren Delikts – danach geprüft werden. In jedem Fall ist eine etwaige Prüfung des § 211 StGB dann kurz zu halten und es muss die Sperrwirkung des § 216 StGB angesprochen und betont werden.[5]

A. § 216 Abs. 1 StGB

Indem D mit W am 3.1.2023 und am 15.1.2023 Gespräche über dessen Suizid geführt hat, könnte er sich gem. § 216 Abs. 1 StGB einer Tötung auf Verlangen schuldig gemacht haben.

I. Tatbestandsmäßigkeit

1. Objektiver Tatbestand. a) Todeserfolg. W ist tot. Der tatbestandliche Erfolg des § 216 Abs. 1 StGB ist somit eingetreten.

b) Kausalität. Die Handlung des D müsste kausal für den Tod des W gewesen sein, d. h. sie dürfte nach der *conditio-sine-qua-non*-Formel nicht hinweg gedacht werden können, ohne dass der Erfolg in seiner konkreten Gestalt entfiele. Dabei bleiben

---

[1] Der Sachverhalt beruht u. a. auf den Entscheidungen BGH NJW 2019, 3092; NStZ 2019, 215 sowie auf OLG Stuttgart, SVR 2019, 349. Für die Idee zum Fall sowie die Zurverfügungstellung eines Lösungsvorschlags danke ich herzlich PD Dr. *Victoria Ibold*. Der Fall wurde in abgewandelter Form auch als Teilaufgabe im Rahmen des Probeexamens an der LMU München geprüft.
[2] BGHSt 2, 258 = NJW 1952, 753 (753); BGHSt 13, 162 (165) = NJW 1959, 1738 (1739).
[3] *Lackner/Kühl/Heger*, § 216 Rn. 1; MüKo-StGB-*Schneider*, § 216 Rn. 1.
[4] BVerfG, Urt. V. 26.2.2020 – 2 BvR 2347/15 u. a. = BVerfGE 153, 182 = NJW 2020, 905.
[5] *Rengier*, StrafR BT 2, § 6 Rn. 4.

hypothetische Kausalverläufe außer Betracht.[6] Unerheblich ist daher, dass W sich möglicherweise ohne die Begleitung durch D später getötet hätte; es genügt, wenn der Erfolgseintritt beschleunigt wird.[7] Letzteres ist hier der Fall, da W sich – wie aus seinem Abschiedsbrief hervorgeht – ohne die Begleitung von D erst später getötet hätte.

5 c) **Objektive Zurechnung.** Der Tod des W müsste D auch objektiv zurechenbar sein. Erforderlich hierfür ist, dass D eine rechtlich relevante Gefahr geschaffen hat, die sich im tatbestandsmäßigen Erfolg realisiert hat.

6 Der Zurechnungszusammenhang könnte hier aufgrund einer **eigenverantwortlichen Selbstschädigung** des W unterbrochen sein. Nach dem Prinzip der Eigenverantwortlichkeit fällt der Erfolg in solchen Fällen grundsätzlich nicht in den Verantwortungsbereich des Täters.[8]

7 Eine Selbstschädigung liegt in Abgrenzung zu einer Fremdschädigung nach wohl h. M. dann vor, wenn das Opfer selbst die **Tatherrschaft** über den **unmittelbar lebensbeendenden Akt** ausübt.[9] Dies war hier der Fall, da W selbst die zum Tode führenden Medikamente einnahm.

> **Klausurhinweis:**
>
> Ausführlich zur Bestimmung der Tatherrschaft Fall 3b (→ Rn. 53 ff.)

8 Daneben müsste diese Selbstschädigung eigenverantwortlich erfolgt sein. Welche Anforderungen hieran zu stellen sind, ist umstritten.

9 Nach der sog. **Exkulpationslösung** handelt der Betroffene nicht eigenverantwortlich, wenn er zum Zeitpunkt der Vornahme der selbstschädigenden Handlung – als Täter gedacht – nicht schuldhaft gehandelt hätte.[10] Hier ist weder ersichtlich, dass W bei der Einnahme der Medikamente nicht (voll) schuldfähig gewesen wäre (§§ 19 ff. StGB), noch, dass die Voraussetzungen eines Entschuldigungsgrundes (insbes. § 35 StGB) vorlagen. Beeinträchtigungen seiner Einsichts- und Steuerungsfähigkeit oder eine Gefahr für ein notstandsfähiges Rechtsgut waren nicht gegeben; seinen Sterbewunsch hatte er vielmehr über einen längeren Zeitraum hinweg und unter Berücksichtigung von Alternativen erwogen.

10 Nach der sog. **Einwilligungslösung** kommt es dagegen darauf an, ob – abgesehen von der wegen § 216 StGB nicht gegebenen Disponibilität des Rechtsguts – die Voraussetzungen einer wirksamen Einwilligung vorlagen.[11] W war einwilligungsfähig und unterlag keinem (rechtsgutsbezogenen) Willensmangel. Die Selbsttötung war vielmehr das Resultat bilanzierender Reflexion. Die Voraussetzungen einer wirksamen Einwilligung lagen damit vor. Teilweise werden auch die Grundsätze zur „Ernstlichkeit" i. S. v. § 216 Abs. 1 StGB herangezogen,[12] was hier aber ebenfalls zu keinem anderen Ergebnis führt.

---

6 MüKo-StGB-*Freund*, vor § 13 Rn. 336.
7 MüKo-StGB-*Freund*, vor § 13 Rn. 343.
8 *Wessels/Beulke/Satzger*, StrafR AT, § 6 Rn. 259; *Heinrich*, StrafR AT Rn. 252, 1047.
9 BGH NJW 2019, 3092 (3093); *Heinrich*, StrafR AT, Rn. 1049; *Rengier*, StrafR AT, § 13 Rn. 80.
10 So etwa *Roxin*, StrafR AT Band 2, § 25 Rn. 54, 57; *Dölling* GA 1984, 71 (77); *Schönke/Schröder-Heine/Weißer*, § 25 Rn. 11.
11 BGHSt 53, 288 (290) = NStZ 2009, 504; *Kühl*, StrafR AT, § 4 Rn. 88.
12 Vgl. BeckOK-StGB-*Eschelbach*, § 216 Rn. 12.

Somit liegt nach beiden Ansichten ein eigenverantwortliches Handeln vor. Ein Streitentscheid ist damit entbehrlich.[13] Die objektive Zurechnung ist aufgrund einer eigenverantwortlichen Selbstschädigung unterbrochen.

> **Klausurhinweis/Weiterführendes Wissen:**
>
> In der dem Fall zugrundeliegenden Entscheidung prüfte der BGH die Frage der Eigenverantwortlichkeit im Rahmen einer mittelbaren Täterschaft. Er führt dazu aus: „Ein Begehen der Tat durch Benutzung des Suizidenten als „Werkzeug" gegen sich selbst setzt daher voraus, dass dieser seinen Selbsttötungsentschluss aufgrund eines Wissens- oder Verantwortlichkeitsdefizits nicht freiverantwortlich gebildet hat"[14]. Selbstverständlich ist ein solches Vorgehen in der Klausur ebenfalls möglich.

Ergebnis: D hat sich nicht gem. § 216 Abs. 1 StGB schuldig gemacht. Eine Strafbarkeit nach § 212 Abs. 1 StGB scheidet unabhängig davon, ob hier die Sperrwirkung des § 216 StGB greift, ebenfalls zumindest mangels Zurechenbarkeit des Todeserfolges aus.

Eine etwaige (psychische) Beihilfe zur – nicht strafbaren, weil bereits nicht tatbestandlichen – freiverantwortlichen Selbsttötung ist ebenfalls nicht strafbar, §§ 212 Abs. 1, 27 Abs. 1 StGB. Es fehlt insofern bereits an einer vorsätzlichen rechtswidrigen Haupttat eines anderen, vgl. § 27 Abs. 1 StGB (sog. Akzessorietät der Teilnahme).

B. § 217 Abs. 1 StGB

Eine Strafbarkeit wegen geschäftsmäßiger Förderung der Selbsttötung wegen der Vorgänge am 3.1.2023 und am 15.1.2023 scheitert bereits daran, dass die zugrundeliegende Strafnorm – § 217 StGB – vom BVerfG mit Urteil vom 26.2.2020 wegen eines Verstoßes gegen das Recht auf selbstbestimmtes Sterben als Ausprägung des allgemeinen Persönlichkeitsrechts für mit dem Grundgesetz unvereinbar und nichtig erklärt wurde (vgl. § 78 S. 1 BVerfGG).[15] Es fehlt daher zum möglichen Tatzeitpunkt im Januar 2023 an einem geltenden Gesetz, welches die Strafbarkeit normiert (vgl. Art. 103 Abs. 2 GG, §§ 1, 2 Abs. 1 StGB).

> **Klausurhinweis:**
>
> Freilich kann deshalb in der Klausur auf einen entsprechenden Prüfungspunkt auch gänzlich verzichtet werden. Die folgenden Ausführungen erfolgen daher v. a. aus didaktischen Gründen sowie im Hinblick auf etwaige mündliche Prüfungen.

> **Weiterführendes Wissen:**
>
> Bei noch laufenden Strafverfahren wegen eines Verstoßes gegen § 217 StGB gilt § 2 Abs. 3 StGB, wonach in diesen Fällen das mildeste Gesetz – d. h. aktuell kein Gesetz, sprich: Straflosigkeit – anzuwenden ist. Ist das Verfahren bereits rechtskräftig abgeschlossen, greift der spezielle Wiederaufnahmegrund des § 79 Abs. 1 BVerfGG.

---

13 Zum Streitstand s. *Wessels/Beulke/Satzger*, StrafR AT, § 6 Rn. 265 ff.
14 BGH NJW 2019, 3092 (3093).
15 BVerfG, Urt. V. 26.2.2020 – 2 BvR 2347/15 u. a. = BVerfGE 153, 182 = NJW 2020, 905.

Beachte: Letztlich kommt es hinsichtlich einer Strafbarkeit des D nach § 217 StGB im Ergebnis gar nicht auf die Verfassungswidrigkeit und damit Nichtigkeit der Norm an. Denn unterstellte man die Verfassungsmäßigkeit des § 217 StGB, müsste man eine Strafbarkeit des D nach § 217 StGB ebenfalls verneinen, da es bereits an einer tauglichen Tathandlung des D i. S.d. 217 Abs. 1 StGB fehlt:

So müsste D zunächst dem W die Gelegenheit zu einer Selbsttötung gewährt, verschafft oder vermittelt haben. Ein Gewähren oder Verschaffen liegt vor, wenn der Täter äußere Umstände herbeiführt, die geeignet sind, die Selbsttötung zu ermöglichen oder wesentlich zu erleichtern, sei es auf Verlangen des Betroffenen (Gewähren) oder aus Eigeninitiative (Verschaffen).[16] Vorliegend ließ sich D von W in einem ersten Gespräch am 3.1.2023 dessen Situation schildern und besprach mit ihm mögliche Alternativen; zum anderen suchte er W am 15.1.2023 vereinbarungsgemäß auf und führte mit W ein weiteres Gespräch über dessen Gefühle und dessen Entschluss. Seine Unterstützung war daher lediglich psychischer Natur. Da sich nicht mehr feststellen lässt, wie W sich die Medikamente verschafft hat, muss nach dem Grundsatz *in dubio pro reo* insbesondere davon ausgegangen werden, dass nicht D ihm diese besorgt hat.

Fraglich – bei unterstellter Verfassungsmäßigkeit – ist also, ob auch eine rein psychische Unterstützung Tathandlung i. S.v. § 217 Abs. 1 Var. 1, 2 StGB sein kann. Dafür könnte sprechen, dass es sich bei diesem Delikt um eine zur selbständigen Strafbarkeit erhobene Beihilfe handelt.[17] Im Rahmen des § 27 StGB ist aber anerkannt, dass auch psychische Hilfeleistungen eine Gehilfenstrafbarkeit begründen können.[18] Dagegen spricht jedoch der Wortlaut. Das Gewähren oder Verschaffen einer „Gelegenheit" verlangt die Herbeiführung von äußeren, physischen Umständen, die einen Suizid fördern können. Auch die Gesetzesbegründung spricht explizit von „äußeren" Umständen.[19] Außerdem wäre ansonsten die Tatvariante „Vermitteln" überflüssig, da psychische Beihilfe auch in einer Kontaktherstellung bestehen kann und diese dann bereits unter die ersten Varianten fallen würde.[20] Schließlich ist der Tatbestand angesichts seiner Weite allgemein restriktiv auszulegen.[21] Deshalb sind nur Hilfeleistungen, die als physische Beihilfe einzuordnen sind, zu berücksichtigen. Bloße Gespräche eines Arztes mit einer Person, die sich selbst töten möchte, sind daher nicht erfasst, selbst wenn sie ergebnisoffen geführt werden.[22] Hierüber hinausgehende Verhaltensweisen des D liegen aber nicht vor; es fanden u. a. keine körperlichen Untersuchungen statt. Auch ein Vermitteln i. S.d. Ermöglichung eines konkreten Kontaktes zwischen einer suizidwilligen Person, die Gelegenheit zur Selbsttötung gewährt oder verschafft[23], ist vorliegend nicht gegeben. Somit fehlt es bereits an einer Tathandlung i. S.v. § 217 Abs. 1 StGB.

Hätte D dagegen eine physische Hilfeleistung erbracht, wäre das Merkmal der „Geschäftsmäßigkeit" und damit eine Strafbarkeit – bei unterstellter Verfassungsmäßigkeit – zu bejahen gewesen.[24] Geschäftsmäßig handelt nach der Gesetzesbegründung, „wer die Gewährung, Verschaffung oder Vermittlung der Gelegenheit zur Selbsttötung zu einem dauernden oder wiederkehrenden Bestandteil seiner Tätigkeit macht, unabhängig von einer Gewinnerzielungsabsicht und unabhängig von einem Zusammenhang mit einer wirtschaftlichen oder beruflichen Tätigkeit".[25] D bot regelmäßig Suizidwilligen seine Hilfe auf ihrem letzten Weg an; darauf, ob er damit Geld verdienen wollte, kam es gerade nicht an. Insofern durfte das Merkmal nicht mit der „Gewerbsmäßigkeit" i. S.v. z.B. § 243 Abs. 1 S. 2 Nr. 3 StGB verwechselt werden.

---

16 BT-Drs. 18/5373, 18; MüKo-StGB-*Brunhöber*, § 217 Rn. 45 unter Hinweis auf die umstrittene – aber letztlich irrelevante – Abgrenzung zwischen Gewähren und Verschaffen.
17 MüKo-StGB-*Brunhöber*, § 217 StGB Rn. 23.
18 Schönke/Schröder-*Heine/Weißer*, § 27 Rn. 15.
19 BT-Drs. 18/5373, 18.
20 MüKo-StGB-*Brunhöber*, § 217 Rn. 46.
21 MüKo-StGB-*Brunhöber*, § 217 Rn. 26,47.
22 Vgl. die Hinweise und Erläuterungen für die ärztliche Praxis der Bundesärztekammer nach Inkrafttreten des § 217 StGB, DÄBl. 2017, A 334, 335.
23 BT-Drs. 18/5373, 18.
24 S. aber *Kubiciel*, JA 2019, 867 (869), der darauf abstellt, dass über den konkreten Fall hinaus keine weiteren Suizidunterstützungshandlungen angeklagt waren. Dabei handelt es sich allerdings um ein prozessuales Argument.
25 BT-Drs. 18/5373,17; MüKo-StGB-*Brunhöber*, § 217 Rn. 51.

Ausblick: Das BVerfG hat dem Gesetzgeber hinsichtlich der Regulierung der organisierten Suizid(bei)hilfe einen weiten Spielraum belassen. Möglich wäre es einerseits, auf ein strafbewehrtes Verbot geschäftsmäßiger Suizidförderung gänzlich zu verzichten oder aber an einem gelockerten Verbot unter Einhaltung der verfassungsrechtlichen Vorgaben festzuhalten. Schließlich könnte auch ein verwaltungsrechtliches Regelungsmodell mit einer behördlichen Zulassung von Sterbehilfeorganisationen und selbstbestimmungsschützenden Verfahrenspflichten normiert werden.[26] Im Juli 2023 sind nun zwei Gesetzentwürfe über eine Neuregelung der Suizid(bei)hilfe im Bundestag gescheitert.[27] Die Materie der organisierten Suizid(bei)hilfe bleibt damit nach wie vor ungeregelt. Die organisierten Suizid(bei)hilfe ist folglich – selbst wenn sie mit Gewinnstreben unternommen wird – (aktuell) straflos. Es gilt hier, die weitere Entwicklung im Blick zu behalten.

C. § 221 Abs. 1 Nr. 1, Abs. 3 StGB

Eine Strafbarkeit wegen Aussetzung mit Todesfolge gem. § 221 Abs. 1 Nr. 1, Abs. 3 StGB scheitert daran, dass D die Schaffung der wegen der Bewusstlosigkeit bestehenden hilflosen Lage des W aufgrund der eigenverantwortlichen Selbstschädigung des W nicht zugerechnet werden kann.

D. §§ 216 Abs. 1, 13 StGB

Indem D nach Eintritt der Bewusstlosigkeit des W untätig blieb, könnte er sich gem. §§ 216 Abs. 1, 13 StGB einer Tötung auf Verlangen durch Unterlassen schuldig gemacht haben.

I. Tatbestandsmäßigkeit

1. Objektiver Tatbestand. a) Erfolgseintritt. W ist tot, sodass der tatbestandsmäßige Erfolg eingetreten ist.

b) Unterlassen. D hat die gebotene Handlung – eigenhändige Vornahme von ärztlichen Maßnahmen oder jedenfalls Herbeirufen eines Notarztes bzw. einer Notärztin – nicht vorgenommen, obwohl dies physisch-real möglich gewesen wäre.[28] Ein Unterlassen i. S. v. § 13 StGB liegt somit vor.

> **Weiterführendes Wissen:**
>
> Die Frage, ob die unterlassene Handlung zumutbar gewesen wäre, spielt bei unechten Unterlassungsdelikten – anders als bei § 323c Abs. 1 StGB (s. u.) – auf Tatbestandsebene keine Rolle. Sie kann jedoch auf der Ebene der Schuld relevant werden (Stichwort: Unzumutbarkeit normgemäßen Verhaltens).[29]

c) Kausalität. Hätte D den W selbst ärztlich versorgt oder dessen ärztliche Versorgung jedenfalls durch Herbeirufen eines Notarztes bzw. einer Notärztin ermöglicht, hätte W's Tod verhindert werden können. Der tatbestandsmäßige Erfolg wäre folglich bei

---

[26] Ausführlich zu diesen drei Modellen inkl. eines konkretes Gesetzgebungsvorschlags *Lindner*, ZRP 2020, 66.
[27] Vgl. BT-Drucks 20/2332; 20/2293; 20/7624; 20/904. Nach beide Entwürfen sollten Voraussetzungen geschaffen werden, unter denen Suizidwillige Zugang zu tödlich wirkenden Medikamenten erhalten können.
[28] S. zum Erfordernis der Handlungsmöglichkeit NK-StGB-*Gaede*, § 13 Rn. 12.
[29] *Lackner/Kühl/Heger*, § 13 Rn. 5.

Vornahme der gebotenen Handlung mit an Sicherheit grenzender Wahrscheinlichkeit nicht eingetreten, sodass die (hypothetische) Kausalität zu bejahen ist.[30]

20 **d) Garantenstellung.** Fraglich ist jedoch, ob D auch eine Garantenstellung innehatte, die ihn i. S.v. § 13 StGB rechtlich dazu verpflichtete, den Todeseintritt zu verhindern.

21 **aa) Arzt-Patienten-Verhältnis.** Das Arzt-Patienten-Verhältnis begründet grundsätzlich eine **Beschützergarantenstellung** des Arztes für das Leben des Patienten.[31] Dabei kommt es nicht auf den Abschluss eines Vertrages, sondern auf die tatsächliche Übernahme der ärztlichen Behandlung an.[32] Vorliegend bestand aber kein solches Verhältnis – mit W war lediglich vereinbart, dass D ihn bei seinem Sterben *begleiten* würde.[33] D führte insbes. keinerlei körperliche Untersuchungen durch.

> **Klausurhinweis/Weiterführendes Wissen:**
>
> Die Konstellation unterscheidet sich insofern von anderen Fällen, über die der BGH auch zu entscheiden hatte:
>
> Im Fall von „Frau D" (2019) war es der Hausarzt der Suizidentin, der diese bei der Selbsttötung unterstützte und anschließend Rettungsmaßnahmen unterließ. Ursprünglich hatte also eine Garantenstellung bestanden. Allerdings wurde diese nach Ansicht des BGH noch vor dem rechtlich relevanten Unterlassen beendet und eine bloße Sterbebegleitung vereinbart, indem die Suizidentin ihren Sterbewunsch äußerte und diesen mit der vom Hausarzt akzeptierten Bitte verband, er solle sie nach Einnahme der Medikamente zu Hause betreuen. Somit verneinte der BGH auch hier das Bestehen einer Garantenstellung zum maßgeblichen Zeitpunkt.[34]
>
> Im Fall „Wittig" bzw. „Peterle" (1984) bejahte der BGH dagegen eine Garantenstellung des unterlassenden Hausarztes. Nach Auffassung des BGH bestand hier das Arzt-Patienten-Verhältnis auch noch beim Eintreffen am Unglücksort fort.[35] Eine abschließende Abrede über dessen Fortbestand und Art sei zuvor noch nicht getroffen worden.[36]

22 **bb) Ingerenz.** Anhaltspunkte für eine Garantenstellung aus gefährlichem Vorverhalten (Ingerenz) liegen nicht vor.

> **Klausurhinweis/Weiterführendes Wissen:**
>
> Aus einem Verstoß gegen § 217 StGB – dessen Verfassungsmäßigkeit unterstellt – würde hier schon deshalb keine Pflichtwidrigkeit folgen, weil dessen Voraussetzungen wie gesehen nicht vorliegen.[37]

23 Insbesondere stellen die Gespräche vom 3.1.2023 und 15.1.2023 kein gefährdendes Vorverhalten im Sinne der pflichtwidrigen Schaffung einer Gefahr dar, sondern entsprechen letztlich sogar den durch § 16 S. 1 der Landesärzteordnung statuierten Anforderungen eines ärztlichen „Sterbebeistands".

24 Ein Fall des S. 2 (Verbot der Tötung auf Verlangen) ist nicht gegeben (→ Rn. 2 ff.).

25 Daneben handelt es sich bei der Landesärzteordnung ohnehin nicht um ein formelles Gesetz, sondern um von der zuständigen Landesärztekammer erlassenes Standesrecht,

---

30 Vgl. BGHSt 48, 77 (93) = NJW 2003, 522 (526); *Kühl*, StrafR AT, § 18 Rn. 36.
31 BGHSt 32, 367 (377 f.) = NJW 1984, 2639.
32 *Lackner/Kühl/Heger*, § 13 Rn. 9.
33 Vgl. BGH NJW 2019, 3092 (3094).
34 BGH NJW 2019, 3089.
35 BGHSt 32, 367 = NJW 1984, 2639.
36 Vgl. BGH NJW 2019, 3089 (3092).
37 S. dazu *Kubiciel*, NJW 2019, 3033 (3035).

Fall 3a: Sterbebegleitung

das zudem nicht auf den Schutz von Rechtsgütern, sondern auf die Statuierung berufsethischer Standards gerichtet ist, sodass schon fraglich ist, ob ein Verstoß eine Garantenstellung überhaupt begründen kann.[38]

Jedenfalls ist für eine Garantenstellung aus Ingerenz erforderlich, dass sich in dem Erfolgseintritt die durch das pflichtwidrige Vorverhalten geschaffene Gefahr realisiert.[39] Hier verwirklichte sich in dem Tod des W aber aufgrund der eigenverantwortlichen Selbstschädigung allein ein Risiko aus dessen Verantwortungsbereich; es fehlt am erforderlichen Pflichtwidrigkeitszusammenhang.[40]

26

> **Klausurhinweis:**
>
> Angesichts der Eindeutigkeit des Ergebnisses kann dieser Punkt auch kürzer ausfallen.

> **Weiterführendes Wissen:**
>
> In seiner früheren Fassung enthielt die ärztliche Musterberufsordnung in § 16 S. 3 ein Verbot der Hilfe zur Selbsttötung. Dieses wurde jedoch vom Deutschen Ärztetag im Anschluss an die Entscheidung des BVerfG zu § 217 StGB aus der Musterberufsordnung gestrichen. Ohnehin wäre im Fall bereits zweifelhaft, ob die Gespräche überhaupt einen *Verstoß* gegen das Verbot des Hilfeleistens zur Selbsttötung darstellen oder ob nicht auch hierfür eine *physische* Beihilfe erforderlich ist. Im Übrigen gelten hinsichtlich der Begründung einer Garantenstellung aus Ingerenz wegen eines Verstoßes gegen die (Landes-)Musterberufsordnung(en) die obigen Ausführungen zur Rechtsnatur der Landesärzteordnung sowie zum erforderlichen Pflichtwidrigkeitszusammenhang entsprechend.

> **Klausurhinweis/Weiterführendes Wissen:**
>
> Beachten Sie in Abgrenzung zum hier fehlenden Pflichtwidrigkeitszusammenhang aber auch die „Selbstgefährdungsfälle", auf die auch der BGH in der diesem Fall zugrundeliegenden Entscheidung explizit hinweist.[41]
>
> Bei diesen liegt keine Selbst*schädigung*, sondern nur eine Selbst*gefährdung* des Opfers vor (z. B. indem dieses aus freiem Entschluss Drogen konsumiert, die ihm zuvor vom Täter zugänglich gemacht wurden[42]). Der BGH führt zu dieser Differenzierung aus: „Denn anders als in den Selbsttötungsfällen erschöpft sich im Fall der Selbstgefährdung der Preisgabe des eigenen Rechtsguts gerade darin, dieses in einem vom Betroffenen jedenfalls in seinem wesentlichen Grad zutreffend erkannten Umfang (...) einem Risiko auszusetzen. Eine Hinnahme des als möglich erkannten Erfolgseintritts bei Realisierung des eingegangenen Risikos ist mit der Vornahme der Selbstgefährdung gerade nicht notwendig verbunden."[43]
>
> In dem Erfolgseintritt verwirklicht sich in diesen Fällen also nicht (nur) ein vom Opfer selbst gesetztes Risiko. Der Pflichtwidrigkeitszusammenhang und damit eine Ingerenzgarantenstellung, die den Unterlassenden i. S. v. § 13 StGB dazu verpflichtet, Maßnahmen zur Abwendung der Schädigung zu ergreifen, ist zu bejahen.

Eine Garantenstellung, die D rechtlich verpflichtete, W zu retten, bestand folglich nicht.

27

---

38 BGH NJW 3092 (3094); ablehnend etwa *Hoven*, NStZ 2018, 281 (284).
39 NK-StGB-*Gaede*, § 13 Rn. 44.
40 Vgl. BGH NJW 3092 (3095).
41 BGH NJW 3092 (3095).
42 BGHSt 61, 21 = BGH NJW 2016, 176.
43 BGHSt 61, 21 = BGH NJW 2016, 176 (178).

> **Weiterführendes Wissen:**
> Es ist zu unterscheiden zwischen der **Garantenstellung** und der daraus folgenden **Garantenpflicht**. Liegt eine Garantenstellung vor, z. B. aufgrund eines noch bestehenden Arzt-Patienten-Verhältnisses oder eines Verwandtschaftsverhältnisses, stellt sich – in einem nächsten Schritt – die Frage, ob hieraus auch eine Rechtspflicht zur Rettung des Suizidenten erwächst (Garantenpflicht). Wird dagegen bereits das Bestehen einer Garantenstellung verneint, kommt es darauf, ob hieraus dann tatsächlich im konkreten Fall eine Garantenpflicht resultiert, gar nicht mehr an.

28 **Ergebnis:** D hat sich nicht gem. §§ 216 Abs. 1, 13 StGB schuldig gemacht.

E. §§ 221 Abs. 1 Nr. 2, Abs. 3 StGB

29 Durch das Unterlassen der Rettung hat sich D auch nicht einer Aussetzung mit Todesfolge gem. § 221 Abs. 1 Nr. 2, Abs. 3 StGB schuldig gemacht. Hierfür ist eine Obhuts- oder Beistandspflicht erforderlich, welche der Garantenpflicht nach § 13 Abs. 1 StGB entspricht. Eine solche bestand jedoch wie gesehen nicht.

F. § 323c Abs. 1 StGB

30 Durch dieselbe Handlung könnte sich D jedoch einer unterlassenen Hilfeleistung gem. § 323c Abs. 1 StGB schuldig gemacht haben.

I. Tatbestandsmäßigkeit

31 **1. Objektiver Tatbestand. a) Unglücksfall.** Erforderlich ist ein Unglücksfall, eine gemeine Gefahr oder eine gemeine Not. In Frage kommt hier ein Unglücksfall, d. h. ein plötzlich eintretendes Ereignis, das eine erhebliche Gefahr für Personen oder bedeutende Sachwerte in sich birgt.[44]

32 Hier bestand infolge der Einnahme der Medikamente eine erhebliche Gefahr für das Leben des D. Für die Plötzlichkeit des Ereignisses genügt es nach der *ratio* des § 323c Abs. 1 StGB – Schutz der Individualrechtsgüter des Betroffenen[45] –, dass eine Situation vorliegt, die ein sofortiges Eingreifen zur Abwendung der drohenden Gefahr erfordert; ein Moment der totalen Überraschung für das Opfer oder den Täter ist nicht erforderlich.[46] Eine solche Situation ist hier gegeben.

33 Fraglich ist aber, ob ein Unglücksfall auch vorliegt, wenn die lebensbedrohliche Situation durch ein Selbsttötungsunternehmen eines eigenverantwortlich Handelnden herbeigeführt wurde.

34 Die h.Lit. verneint dies. Dafür spreche das **Selbstbestimmungsrecht** des Suizidenten, welches es verbiete, diesem gegen seinen Willen Hilfe aufzuzwingen.[47] Ohne ein Schutzinteresse des Betroffenen fehle es an der Grundlage der Inanspruchnahme Unbeteiligter – nämlich dem Schutz von Individualrechtsgütern.[48]

---

44 *Rengier*, StrafR BT 2, § 42 Rn. 2; MüKo-StGB-*Freund/Koch*, § 323 Rn. 18.
45 MüKo-StGB-*Freund*, § 323c Rn. 2; Schönke/Schröder-*Hecker*, § 323c Rn. 1.
46 MüKo-StGB-*Freund*, § 323c Rn. 2; für eine weite Auslegung auch BGHSt 6, 147 (152) = NJW 1954, 1049 (1049).
47 MüKo-StGB-*Freund*, § 323c Rn. 58 f.
48 MüKo-StGB-*Freund*, § 323c Rn. 58 f.

Fall 3a: Sterbebegleitung

Danach wäre hier aufgrund der eigenverantwortlichen Selbstschädigung ein Unglücksfall zu verneinen.

Zum Teil wird einschränkend verlangt, dass außerdem bei verständiger Würdigung des Sachverhalts aus Sicht des Unterlassenden (ex-ante) keine ernsthaften Zweifel an der Eigenverantwortlichkeit bestehen.[49] Aufgrund der Gespräche zwischen D und W und der eindringlichen Nachfrage besteht kein Grund für solche Zweifel, sodass auch danach kein Unglücksfall vorliegt.

Der BGH bejaht dagegen einen Unglücksfall auch bei Vorliegen einer durch einen eigenverantwortlichen Selbsttötungsversuch herbeigeführten Gefahrenlage.[50] Bei natürlicher Betrachtung stelle die mit einem Suizid verbundene Zerstörung des grundrechtlich geschützten Rechtsguts Leben einen Unglücksfall im Rechtssinne dar. Anders als die ausschließlich dem Individualschutz dienenden Tötungsdelikte liege § 323c Abs. 1 StGB auch das Erfordernis **menschlicher Solidarität** zugrunde, sodass das Selbstbestimmungsrecht des Suizidenten eine Strafbarkeit nicht von vornherein ausschließe. Deshalb bestehe auch kein Widerspruch zur Straflosigkeit der Teilnahme an einer Selbsttötung.[51]

Nach dieser Ansicht liegt hier ein Unglücksfall vor.

Der Streit kann offenbleiben, wenn es jedenfalls an den weiteren Tatbestandsvoraussetzungen des § 323c Abs. 1 StGB fehlt.

b) Unterlassen der erforderlichen und zumutbaren Hilfeleistung. D hat es hier unterlassen, W zu retten. Die Erforderlichkeit beurteilt sich aus der *ex ante*-Sicht eines verständigen Betrachters.[52] Aus dieser Perspektive hätte das Leben des W durch die eigenhändige Vornahme von ärztlichen Maßnahmen durch D oder das Herbeirufen eines Notarztes gerettet werden können. Eine solche Hilfeleistung war daher erforderlich.[53]

Fraglich ist jedoch die Zumutbarkeit. Diese ist zu verneinen, wenn der Unterlassene durch die Vornahme der Hilfeleistung in rechtlich nicht mehr angemessener Weise belastet würde; es geht also um eine **Abwägung** der kollidierenden Güter und Interessen.[54]

In Konstellationen des eigenverantwortlichen Suizids ist die Hilfeleistung regelmäßig unzumutbar, wenn dem Unterlassenden der eigenverantwortliche Suizidwille bekannt ist und es keine Anhaltspunkte für eine Willensänderung des Suizidenten gibt.[55] Denn dann befindet er sich in einer für ihn **unauflöslichen Konfliktsituation** zwischen der aus § 323c Abs. 1 StGB erwachsenden allgemeinen Hilfspflicht und der Pflicht, das verfassungsrechtlich verbürgte Selbstbestimmungsrecht des Suizidenten zu achten.[56] So liegt der Fall hier, da D gegenüber W seinen Willen, nicht gerettet zu werden, aus-

---

49 MüKo-StGB-*Freund*, § 323c Rn. 60 ff.
50 BGHSt 6, 147 (152) = NJW 1954, 1049 (1049 f.); BGHSt 13, 162 (169) = NJW 1959, 1738 (1739); BGH NJW 2019, 3089 (3092); 3092 (3095).
51 BGH NJW 2019, 3092 (3095).
52 *Rengier*, StrafR BT 2, § 42 Rn. 9; NK-StGB-*Gaede*, § 323c Rn. 10.
53 S. aber OLG München NJW 1987, 2940 (2945): keine Erforderlichkeit, wenn die Verhinderung der Selbsttötung die inakzeptable Folge hätte, dass dem Suizidenten statt der Beendigung die Verlängerung seiner Leiden aufgezwungen worden wäre und die vermeintliche Hilfe lediglich zu einer inhumanen Quälerei geführt hätte; in diese Richtung auch LG Hamburg NStZ 2018, 281 (283) (Vorinstanz von BGH NJW 2019, 3092).
54 MüKo-StGB-*Freund*, § 323c Rn. 91 f.; NK-StGB-*Gaede*, § 323c Rn. 11.
55 *Rengier*, StrafR BT 2, § 8 Rn. 20a.
56 BGH NJW 2019, 3092 (3095).

drücklich und unmissverständlich zum Ausdruck gebracht hatte. Ihn dennoch zu einer Hilfeleistung zu verpflichten, würde D unangemessen belasten.

43 Die Hilfeleistung war D folglich **unzumutbar**.

44 c) **Zwischenergebnis.** Der objektive Tatbestand des § 323c Abs. 1 StGB ist somit jedenfalls aufgrund der Unzumutbarkeit der Hilfeleistung nicht erfüllt. Ob ein Unglücksfall vorliegt, kann daher offen bleiben.

45 **Ergebnis:** D hat sich nicht gem. § 323c Abs. 1 StGB schuldig gemacht.

46 **Gesamtergebnis:** D bleibt straflos.

Fall 3b: Die Insulinspritzen

A ist ausgebildete Krankenschwester, die ihren Ehemann R seit Jahren zuhause pflegt. R ist Diabetiker und leidet an einem chronischen Schmerzsyndrom, wodurch er dauerhaft arbeitsunfähig ist. R wird mit starken Medikamenten, darunter Schmerzmittel in Tablettenform und Insulininjektionen, behandelt. Seit 2017 verabreicht ihm A das Insulin, die ihm auch die Tabletten aus den Blistern drückt, weil es R krankheitsbedingt schwerfällt, die Spritzen selbst aufzuziehen und die Tabletten herauszudrücken.

Seit Anfang 2019 ist R bettlägerig. R äußert vermehrt den Wunsch zu sterben und kommt mit A dahin überein, dass kein Arzt geholt werden solle, wenn er seinem Leben ein Ende setzen wolle. Als seine Schmerzen seit dem Frühjahr 2019 weiter zunehmen und sich sein gesundheitlicher Zustand stetig verschlechtert, zieht R die Inanspruchnahme eines Sterbehilfevereins in Betracht, sieht sich daran aber durch das zu dieser Zeit geltende gesetzliche Verbot der geschäftsmäßigen Suizidbeihilfe in Deutschland gehindert. Er sagt nun nahezu wöchentlich, „gehen" zu wollen.

Am 7.8.2019 leidet R unter schwersten Schmerzen, die nur durch eine hohe Dosis Schmerztabletten gelindert werden können. Daraufhin sagt R zu A: „Heute machen wir's." A ist dabei klar, dass R damit meint, seinem Leben an diesem Tag ein Ende setzen zu wollen. Im weiteren Verlauf des Abends äußert R, die Schmerzen nicht mehr auszuhalten und an diesem Tag „gehen" zu wollen. R spricht mit A über die gemeinsamen Ehejahre und sagt, dass er sie nicht gern allein lasse, aber trotzdem heute „gehen" müsse.

Gegen 23 Uhr fordert R die A auf, ihm alle im Haus vorrätigen Tabletten zu geben. A trägt daraufhin alle verfügbaren Medikamente zusammen, bricht die Tabletten aus den Verpackungen und gibt R diese in die Hand. R nimmt die Tabletten eigenständig ein und schluckt diese hinunter. Anschließend fordert er A auf, ihm zur Sicherheit auch alle im Haus befindlichen Insulinspritzen – insgesamt sechs Spritzen mit jeweils 100 Einheiten – zu injizieren, nicht, dass er noch „als Zombie zurückkehre". A kommt auch dieser Aufforderung nach und spritzt R das Insulin. A weiß, dass die Insulingabe geeignet ist, den Tod des R herbeizuführen. Nach dem Spritzen des Insulins bleibt R noch kurze Zeit wach, verliert dann aber nach ca. 10 Minuten das Bewusstsein. A vergewissert sich immer wieder, ob R noch atmet, und stellt schließlich gegen 3:30 Uhr seinen Tod fest. Einen Arzt informiert sie aufgrund der mit ihrem Ehemann getroffenen Absprache nicht. R stirbt an Unterzuckerung infolge des injizierten Insulins. Die anfangs mittels der Tabletten eingenommenen Wirkstoffe sind ebenfalls geeignet, seinen Tod herbeizuführen, hätten diesen jedoch erst zu einem späteren Zeitpunkt bewirkt.

Strafbarkeit von A nach dem StGB?

Auf Körperverletzungsdelikte ist nicht einzugehen.

Es ist davon auszugehen, dass R trotz seines Zustands mithilfe eines neben seinem Bett stehenden Telefons mit Freisprechanlage bis zum Zeitpunkt der Bewusstlosigkeit jederzeit einen Rettungsdienst hätte alarmieren können. Diesem wäre es auch möglich gewesen, das Versterben des R noch zu verhindern. A wusste dies auch. Einwilligungs- und Schuldfähigkeit des R sind zu unterstellen.

Kurzgliederung Fall 3b
Stbk. der A
A. § 216 Abs. 1
I. TB
1. Todeserfolg (+)
2. Kausalität (+)
3. Objektive Zurechnung
   (P): Eigenverantwortliche Selbstschädigung?
   a) Selbst- oder Fremdschädigung?
      – Rspr. & H.L.: Tatherrschaft über den unmittelbar lebensbeendenden Akt
        → Wohl H.L.: Spritzen des Insulins als unmittelbar lebensbeendender Akt
        → BGH: normative Betrachtungsweise
           → Gesamtplan über einheitlich lebensbeendenden Akt entscheidend
           → Daher: Ehemann R hat das zum Tode führende Geschehen beherrscht
      – Stellungnahme
        → Ansicht des BGH entspricht *ratio* der Norm
        → Wird Komplexität vieler Tötungsgeschehen besser gerecht, daher vorzugswürdig
      – Ergebnis: Selbstschädigung (+) *(a.A. vertretbar)*
   b) Eigenverantwortlichkeit der Selbstschädigung?
      – Exkulpationslösung (+)
      – Einwilligungslösung (+)
      – Daher: Eigenverantwortlichkeit (+)
II. Ergebnis: TB (-)
B. §§ 216 Abs. 1, 13 Abs. 1
I. TB
1. Erfolgseintritt (+)
2. Unterlassen (+)
3. Kausalität (+)
4. Garantenstellung
   a) Ehegatte
      – (P): Garantenstellung aus § 1353 BGB?
      – (-), Selbstbestimmungsrecht des anderen Ehegatten führt zu einer situationsbezogenen Suspendierung der ehelichen Einstandspflicht
      – Daher: Garantenstellung (-)
   b) Ingerenz
      – (-), da freiverantwortliche Entscheidung des Sterbewilligen
      – Risiko liegt im Verantwortungsbereich des R
II. Ergebnis: TB (-)
C. §§ 216 Abs. 1, 22, 23 Abs. 1 (-)
Mangels Tatentschluss
D. § 323c Abs. 1 (-)
Mangels Zumutbarkeit (s. o.)

Fall 3b: Die Insulinspritzen

Lösung Fall 3b[57]

Schwerpunkte: Abgrenzung der straffreien Beihilfe zum Suizid von der strafbaren Tötung auf Verlangen

Strafbarkeit der A

A. § 216 Abs. 1 StGB

Indem A ihrem Ehemann R den Inhalt von sechs Insulinspritzen injizierte, könnte sie sich gem. § 216 Abs. 1 StGB wegen Tötung auf Verlangen strafbar gemacht haben.

Klausurhinweis:

Zur Systematik der Tötungsdelikte und dem Aufbau in der Klausur siehe den entsprechenden Hinweiskasten im Fall 3a (→ Rn. 1).

I. Tatbestandsmäßigkeit

1. **Objektiver Tatbestand. a) Todeserfolg.** R ist tot. Der tatbestandliche Erfolg des § 216 Abs. 1 StGB ist eingetreten.

b) **Kausalität.** Das Spritzen des Insulins kann im Sinne der *conditio-sine-qua-non*-Formel nicht hinweggedacht werden, ohne dass der tatbestandliche Erfolg in seiner konkreten Gestalt – Tod durch Unterzuckerung – entfiele. Da hypothetische Kausalverläufe außer Betracht bleiben, ist es grundsätzlich unerheblich, dass die mittels der Tabletten eingenommenen Wirkstoffe ebenfalls geeignet waren, den Tod des R – allerdings zu einem späteren Zeitpunkt – herbeizuführen. Es genügt, wenn der Erfolgseintritt (wie hier) beschleunigt wird.[58] Kausalität liegt vor.

c) **Objektive Zurechnung.** Der Tod des R müsste A auch objektiv zurechenbar sein. Erforderlich hierfür ist, dass A eine rechtlich relevante Gefahr geschaffen hat, die sich im tatbestandsmäßigen Erfolg realisiert hat.

Fraglich ist, ob der Zurechnungszusammenhang hier aufgrund einer **eigenverantwortlichen Selbstschädigung** des R unterbrochen ist. Nach dem Prinzip der Eigenverantwortlichkeit fällt der Erfolg in solchen Fällen grundsätzlich nicht in den Verantwortungsbereich des Täters.[59]

Klausurhinweis:

Der BGH behandelt die Abgrenzung „eigenverantwortliche Selbst- oder einverständliche Fremdtötung" im zugrundeliegenden Fall nicht i. R.d. objektiven Zurechnung, sondern diskutiert sie bei der Tathandlung, indem er nach der Qualität der Handlung fragt. Dies liegt daran, dass der BGH bei vorsätzlichen Erfolgsdelikten generell nicht mit der von der Literatur entwickelten Kategorie der „objektiven Zurechnung" operiert. In der Klausur wäre ein entsprechendes Vorgehen damit zumindest zulässig. In der Sache geht es aber eigentlich eher um Zurechnungsfragen.

---

57 Der Sachverhalt ist angelehnt an BGH, Beschl. v. 28.6.2022 – 6 StR 68/21, NStZ 2022, 663 mit Anm. *Hoven/Kudlich*.
58 Vgl. MüKo-StGB-*Freund* vor § 13 Rn. 343.
59 *Wessels/Beulke/Satzger*, Strafrecht AT, § 6 Rn. 259.

53 **aa) Selbst- oder Fremdschädigung?** Maßgeblich für die Abgrenzung einer Selbstschädigung (dann: straffreie Beihilfe zum Suizid) von einer Fremdschädigung (dann: Tötung auf Verlangen) ist sowohl nach Ansicht der Rspr. als auch weiten Teilen der Literatur das Kriterium der **Tatherrschaft über den unmittelbar lebensbeendenden Akt**.[60] Danach ist Täter einer Tötung auf Verlangen, wer das zum Tode führende Geschehen tatsächlich beherrscht, auch wenn er sich damit einem fremden Selbsttötungswillen unterordnet.[61] Entscheidend ist dabei – so auch der BGH –, wer den lebensbeendenden Akt als grundsätzlich letzte zum Tod führende Bedingung eigenhändig ausführt.[62]

54 **(1) Wohl h.Lit.** Jedenfalls nach klassischer Lesart wäre im Spritzen des Insulins durch A der unmittelbar lebensbeendende Akt zu sehen, da diese aktive Handlung (kausal) den Tod des R durch Unterzuckerung herbeigeführt hat. Diesen Akt führt A auch unmittelbar eigenhändig aus; sie hält hier im wahrsten Sinne des Wortes die todbringenden Spritzen „in Händen" und injiziert sie R. Danach läge hier keine Eigen-, sondern eine Fremdschädigung vor und der Zurechnungszusammenhang wäre vorliegend nicht unterbrochen.

55 **(2) BGH im Insulinfall.** Der BGH betont dagegen im zugrundeliegenden Fall, dass die Abgrenzung einer strafbaren Tötung auf Verlangen von der straflosen Beihilfe zum Suizid nicht sinnvoll nach Maßgabe einer naturalistischen Unterscheidung von aktivem und passivem Handeln vorgenommen werden könne; geboten sei vielmehr eine *normative* – also wertende – Betrachtung des Tatherrschaftskriteriums.[63]

56 Danach habe nicht A das zum Tode führende Geschehen beherrscht, sondern ihr Ehemann R.[64] Dem stehe nicht entgegen, dass A ihm das todesursächliche Insulin durch aktives Tun verabreicht habe. Denn eine isolierte Bewertung dieses Verhaltens trage dem auf die Herbeiführung des Todes gerichteten *Gesamtplan* nicht hinreichend Rechnung. Danach wollte sich R in erster Linie durch die Einnahme sämtlicher im Haus vorrätigen Schmerz-, Schlaf- und Beruhigungsmittel das Leben nehmen, während die zusätzliche Injektion des Insulins v. a. der Sicherstellung des Todeseintritts diente. Bei wertender Betrachtung bildeten die Einnahme der Tabletten und die Injektion des Insulins damit nach dem Gesamtplan *einen einheitlichen lebensbeendenden Akt*, über dessen Ausführung allein R bestimmte: So habe R die Medikamente eigenständig eingenommen, während A ihm der jahrelangen Übung entsprechend die Insulinspritzen (lediglich deshalb) setzte, weil ihm dies aufgrund seiner krankheitsbedingten Beeinträchtigungen schwerfiel. Nach dem Gesamtplan sei es daher letztlich dem *Zufall* geschuldet, dass das Insulin und nicht die Medikamente den Tod des R verursacht hätten.

57 Zudem habe R das zu seinem Tod führende Geschehen auch dann noch beherrscht, als A ihm das Insulin injiziert und ihren aktiven Beitrag damit abgeschlossen hatte.[65] R sei nämlich anschließend noch eine gewisse Zeit lang bei Bewusstsein geblieben und habe eigenverantwortlich davon abgesehen, Gegenmaßnahmen einzuleiten (z. B. durch das Verständigen(lassen) eines Notarztes).

---

60 *Murmann*, ZfIStW 9–10/2022, 530; *Wessels/Hettinger/Engländer*, Strafrecht BT 1, § 2 Rn. 121 ff.
61 Hierzu und zum Folgenden BGH NStZ 2022, 663 (664).
62 BGH NStZ 2022, 663 (664).
63 BGH NStZ 2022, 663 (664) unter Verweis auf BGHSt 55, 191 (202 f.); 64, 135 (138).
64 Hierzu und zum Folgenden BGH NStZ 2022, 663 (664).
65 BGH NStZ 2022, 663 (664 f.).

Fall 3b: Die Insulinspritzen

Folgt man dieser Argumentation des BGH, wäre die Tatherrschaft des R über den unmittelbar lebensbeendenden Akt – dann eher verstanden als Gesamtgeschehen bzw. als „Tötungsprozess" – zu bejahen und es läge eine die objektive Zurechnung ausschließende Selbstschädigung des R vor.

(3) Streitentscheid/Stellungnahme. Die Entscheidung des BGH ist hinsichtlich ihres Ergebnisses – Straflosigkeit der A – überwiegend auf Zustimmung bzw. zumindest auf Verständnis gestoßen, hinsichtlich ihrer dogmatischen Begründung dagegen hauptsächlich auf Kritik. Bemängelt wurde insbesondere die „misslungene Normativierung des Tatherrschaftskriteriums"[66]; es werde schlichtweg eine aktive Tötung in eine straflose Suizid(bei)hilfe „umgedeutet".[67]

Für die Annahme einer Fremdtötung sprechen daher auch vor allem die klassischen dogmatischen Kategorien und Zurechnungskriterien, die ansonsten in diesem Zusammenhang – auch vom BGH selbst in früheren Entscheidungen – aufgerufen werden:

> **Klausurhinweis/Weiterführendes Wissen:**
> Der BGH bemüht sich zwar, nicht den Eindruck einer Rechtsprechungsänderung zu erwecken, indem er ausführlich begründet, warum früher (und „anders") entschiedene Fälle zur Abgrenzung Suizidbeihilfe – Tötung auf Verlangen (v. a. BGHSt 19, 135 = NJW 1965, 699 („**Gisela-Fall**") und BGH NJW 1987, 1092 („**Scophedal-Fall**")) den Argumentationslinien des Insulinfalls nicht entgegenstünden: Die zugrundeliegenden Sachverhalte würden sich „in rechtlich bedeutsamer Hinsicht unterscheiden"[68]. Allerdings wirken die diesbezüglichen (Abgrenzungs-)Ausführungen des BGH bisweilen etwas gekünstelt und können in der Sache nur bedingt überzeugen. Denn jedenfalls faktisch trifft der BGH die Abgrenzungsentscheidung in zumindest sehr ähnlich gelagerten Fällen nun anhand anderer – bzw. jedenfalls anders ausgelegter – Kriterien als in der Vergangenheit.
> Als Gründe für diese gewandelte Rechtsprechung lassen sich sowohl die geänderte allgemeine Meinung zum Thema Suizid anführen als auch die „Höherhängung" des Selbstbestimmungsrechts durch das BVerfG in seiner Entscheidung zur Verfassungswidrigkeit des § 217 StGB[69] (vgl. Fall 3a). Siehe hierzu auch den Hinweiskasten unten → Rn. 67.

So löst sich die Formel von der Eigenhändigkeit des tödlichen Akts durch die Erläuterungen des BGH weitgehend auf, wenn es im Ergebnis dann doch nicht darauf ankommen soll, wer den lebensbeendenden Akt als solchen vorgenommen hat.[70] Auch erscheint das Abstellen darauf, dass es nach dem Gesamtplan letztlich dem *Zufall* geschuldet ist, dass das Insulin und nicht die Medikamente den Tod des R verursacht haben, jedenfalls ungewöhnlich, bleiben hypothetische Kausalverläufe und Reserveursachen doch grundsätzlich außer Betracht. Beurteilt wird also „normalerweise" zunächst einmal vorrangig das, was sich tatsächlich so zugetragen hat: hier also der Tod des R infolge der durch das Insulin verursachten Unterzuckerung, mithin eine konkrete, so tatsächlich stattgefundene Situation.

Fraglich ist außerdem, ob allein die Möglichkeit zum Abbruch eines tödlichen Kausalverlaufs tatsächlich – wie der BGH meint – tatherrschaftsbegründend wirken kann;

---
66 *Murmann*, ZflStW 9–10/2022, 530 (534).
67 So der Vorwurf z. B. bei *Baldauf*, VerfBlog, 2022/8/26, https://verfassungsblog.de/problem-%c2%a7-216-stgb/. *Walter*, lto vom 19.8.2022, https://www.lto.de/persistent/a_id/49366/ bezeichnet das Vorgehen des BGH als „rhetorischen Trick".
68 BGH NStZ 2022, 663 (665).
69 BVerfG, Urt. v. 26.2.2020 – 2 BvR 2347/15 u. a. = BVerfGE 153, 182 = NJW 2020, 905.
70 *Walter*, lto vom 19.8.2022, https://www.lto.de/persistent/a_id/49366/; ähnlich *Murmann*, ZflStW 9–10/2022, 530 (532): widersprüchlich.

beherrscht doch derjenige, der in einer Gefahrensituation lediglich verharrt, diese dadurch nicht – schon gar nicht in einer die aktive Tötungshandlung des anderen überlagernden Art und Weise.[71] Oder einfacher: Durch Nichtstun kann man nichts beherrschen![72]

63 Dagegen lässt sich *für* den BGH immerhin anführen, dass es angesichts der Komplexität vieler Tötungsgeschehen tatsächlich etwas einseitig anmutet, wenn für die Beurteilung der Tatherrschaft allein der letzte Handlungsakt entscheidend sein soll, nicht dagegen, wer den *Tötungsprozess insgesamt* steuert.[73]

> **Klausurhinweis/Weiterführendes Wissen:**
>
> Ohnehin ist eine einheitliche Definition des Begriffs des „unmittelbar lebensbeendenden Akts" schwierig, da dieser Ausdruck oftmals lediglich floskelhaft gebraucht wird oder aber in seinen Reformulierungen unterschiedliche Zeitpunkte miteinschließt; vgl. diesbzgl. z. B. *Roxin*, NStZ 1987, 345 (347).

64 Darüber hinaus lassen sich die Erläuterungen des BGH auch gut mit der *ratio* der Norm in Einklang bringen. So wird das ausnahmslose Verbot der Fremdtötung zumeist damit begründet, die Ausführung der Tötungshandlung durch einen anderen lege Zweifel am Vorliegen eines eigenverantwortlichen Sterbewillens nahe: Nur wer den tödlichen Akt selbst ausführe, dokumentiere verlässlich einen nicht nur vorübergehenden Sterbewunsch.[74] Hier hat R jedoch, indem er zuvor selbst eine tödlich wirkende Menge an Tabletten eigenständig eingenommen hat, bereits hinreichend deutlich gemacht, den „tödlichen" Schritt auch wirklich (selbst) gehen zu wollen. Die Delegation der („zweiten") Tötungshandlung kann daher nicht als Zeichen einer defizitären Entscheidung gewertet werden, sondern ist schlicht dem Umstand geschuldet, dass sich R die Insulinspritzen nicht allein verabreichen konnte. Er wollte damit lediglich „auf Nummer sicher" gehen.

65 Und schließlich kann der Kritik der h.Lit. im Hinblick auf das Kriterium der Tatherrschaft durch schlichte Passivität jedenfalls entgegengehalten werden, dass dieser Gedanke nicht neu ist:[75] So hat zumindest die frühere Rechtsprechung in den umgekehrten Konstellationen, d. h. in Fällen des Unterlassens, eine Tatherrschaft auch dann bejaht, wenn lediglich die Möglichkeit zum erfolgsvermeidenden Einschreiten bestand: Verlor ein Suizident beispielsweise nach Einnahme eines tödlich wirkenden Gifts das Bewusstsein, nahm man an, die Tatherrschaft gehe dann auf den – grundsätzlich passiven, aber allein „rettungskompetenten" – Garanten über.[76]

66 In der Zusammenschau der Argumente streiten daher gute Gründe für die Auffassung des BGH, wenngleich eine gewisse „Ergebnisorientiertheit" der Argumentation zuzugeben ist. Vor dem Hintergrund aber, dass es R hier jederzeit möglich gewesen wäre, (selbst) mittels Telefons (erfolgversprechende) Hilfe zu holen, kann durchaus davon gesprochen werden, dass R auch nach Verabreichung des Insulins „die volle Freiheit [verblieb], sich den Auswirkungen [der aktiven Tötungshandlung der A, *Anm. d.*

---

71 MüKo-StGB-*Schneider*, § 216 Rn. 47 m. w.N.
72 MüKo-StGB-*Schneider*, § 216 Rn. 47.
73 Dahingehend auch *Hoven/Kudlich*, NStZ 2022, 667.
74 Siehe *Hoven/Kudlich*, NStZ 2022, 667; vgl. auch *Roxin*, NStZ 1987, 345 (348); *ders.*, GA 2013, 313 (318 f.).
75 Zum Folgenden *Hoven/Kudlich*, NStZ 2022, 667 (667 f.).
76 So noch explizit BGH NJW 1984, 2639 (2641); auch in BGH NJW 2019, 3089 (3091) wird nicht die Tatherrschaft, sondern bereits die Garantenstellung abgelehnt; siehe hierzu auch Fall 3a.

Fall 3b: Die Insulinspritzen

Verf.] zu entziehen oder sie zu beenden".[77] Insbesondere ist R dabei nicht auf die Hilfe der „Täterin" A angewiesen.

> **Klausurhinweis/Weiterführendes Wissen:**
> Dies war im Originalfall anders. Hier fehlten entsprechende Feststellungen der Vorinstanz, ob sich R nach Verabreichung des Insulins tatsächlich noch hätte (selbst) retten können. Kritisiert wurde daher vielfach, der BGH nehme schlichtweg eine Tatherrschaft des R bis zum Eintritt der Bewusstlosigkeit an, ohne dies auf eine tragfähige Tatsachengrundlage stützen zu können. Allein der Umstand, dass R die „Täterin" A wohl jederzeit (erfolgreich) hätte bitten können, den Rettungsdienst zu alarmieren, reiche in diesem Zusammenhang nicht aus.

R behielt daher bis zuletzt die freie Entscheidung über sein Schicksal und hat nicht einfach „duldend" den Tod von A entgegengenommen. Die Tatherrschaft über den Tötungsprozess lag daher trotz der aktiven Verabreichung des tödlichen Insulins durch A bei R.

> **Klausurhinweis:**
> A.A. mit weiten Teilen der Literatur ebenso vertretbar. Dann müsste weitergeprüft und § 216 StGB grundsätzlich bejaht werden. Insbesondere ist von einem hinreichend ausdrücklichen und ernstlichen Tötungsverlangen des R auszugehen.
>
> Mit Blick auf das verfassungsrechtlich verbürgte Recht auf selbstbestimmtes Sterben könnte jedoch eine **verfassungskonforme Auslegung** des § 216 StGB in Betracht zu ziehen sein. Dazu führt der BGH in einem *obiter dictum*[78] zur Insulinentscheidung aus:[79]
>
> *„Nach den dazu vom BVerfG im Hinblick auf das gem. § 217 Abs. 1 StGB strafbewehrte Verbot der geschäftsmäßigen Förderung der Selbsttötung (vgl. BVerfGE 153, 182) entwickelten Grundsätzen gewährleistet Art. 2 Abs. 1 iVm Art. 1 Abs. 1 GG das Recht, selbstbestimmt die Entscheidung zu treffen, sein Leben eigenhändig bewusst und gewollt zu beenden und bei der Umsetzung der Selbsttötung auf die Hilfe Dritter zurückzugreifen [...]. Ist die Wahrnehmung des Grundrechts von der Einbeziehung dritter Personen abhängig, schützt es auch davor, dass es durch ein Verbot gegenüber Dritten beschränkt wird, im Rahmen ihrer Freiheit Unterstützung anzubieten [...]. In dieses Recht können auch strafrechtliche Normen eingreifen, die sich nicht an den Suizidenten, sondern an die dritten Personen richten. Der legitime Einsatz des Strafrechts zum Schutz der autonomen Entscheidung des Einzelnen über die Beendigung seines Lebens findet indessen seine Grenze dort, wo die freie Entscheidung nicht mehr geschützt, sondern unmöglich gemacht wird [...]. Dies hat das BVerfG hinsichtlich des ausnahmslosen Verbots der geschäftsmäßigen Förderung der Selbsttötung gem. § 217 Abs. 1 StGB aF bejaht.*
>
> *Der Senat neigt zu der Auffassung, dass die vom BVerfG in Bezug auf § 217 Abs. 1 StGB entwickelten Grundsätze [...] auf § 216 Abs. 1 StGB übertragbar sind, weil diese Vorschrift in vergleichbarer Weise in das Grundrecht auf selbstbestimmtes Sterben eingreift [...]. Er hält es für naheliegend, dass § 216 Abs. 1 StGB einer verfassungskonformen Auslegung bedarf, wonach jedenfalls diejenigen Fälle vom Anwendungsbereich der Norm ausgenommen werden, in denen es einer sterbewilligen Person faktisch unmöglich ist, ihre frei von Willensmängeln getroffene Entscheidung selbst umzusetzen, aus dem Leben zu scheiden, sie vielmehr darauf angewiesen ist, dass eine andere Person die unmittelbar zum Tod führende Handlung ausführt [...]."*

---

77 StRspr.; vgl. nur BGHSt 19, 135 (139 f.) („Gisela-Fall"); 63, 161 (165); 64, 121 (125); OLG München NJW 1987, 2940 (2941); BGH NStZ 2022, 663 (664).
78 Ein *obiter dictum* ist eine „beiläufig" in einer gerichtlichen Entscheidung geäußerte Rechtsansicht, auf der diese Entscheidung nicht beruht. Zu den Funktionen von obiter dicta s. *Schulz*, ZIS 10/2018, 403.
79 Zum Folgenden BGH NStZ 2022, 663 (665).

> Mit der entsprechenden Argumentation ließe sich daher auch bei Annahme einer grundsätzlich zurechenbaren Fremdtötung durch A begründen, dass das Handeln der A wegen einer verfassungskonformen Auslegung des Tatbestands des § 216 Abs. 1 StGB aus dem Anwendungsbereich auszuscheiden ist. A bliebe dann im Ergebnis straflos.

68 Damit liegt im Ergebnis eine Selbst- und keine Fremdschädigung vor. *(a. A. vertretbar)*

69 **bb) Eigenverantwortlichkeit der Selbstschädigung?** Die Selbstschädigung des R müsste auch eigenverantwortlich erfolgt sein.

70 R war voll schuldfähig (§§ 19 ff. StGB) und hätte zum Zeitpunkt der Vornahme der selbstschädigenden Handlung – als Täter gedacht – schuldhaft gehandelt. Die Voraussetzungen eines Entschuldigungsgrundes (insbes. § 35 StGB) lagen ebenfalls nicht vor, sodass nach der sog. **Exkulpationslösung** der Betroffene eigenverantwortlich handelte.

71 Da R auch einwilligungsfähig war und bei seiner Entscheidung keinem (rechtsgutsbezogenen) Willensmangel unterlag, sind auch die Voraussetzungen einer wirksamen Einwilligung gegeben, sodass auch nach der sog. **Einwilligungslösung** die Eigenverantwortlichkeit der Selbstschädigung zu bejahen ist. Sofern die Grundsätze zur „Ernstlichkeit" i. S.v. § 216 Abs. 1 StGB herangezogen werden, also danach gefragt wird, ob R in die Gefährdung ernstlich i. S.d. „ernstlichen Verlangens" in § 216 StGB eingewilligt hätte, ergibt sich nichts anderes: R's Entschluss war von einer inneren Haltung der Zielstrebigkeit und Willensfestigkeit geprägt und er war sich der Tragweite seines Entschlusses bewusst.

Klausurhinweis:

Siehe hierzu auch Fall 3a (→ Rn. 8 ff.).

72 Die Selbstschädigung des R erfolgte daher auch eigenverantwortlich und unterbricht mit Blick auf das Handeln der A den entsprechenden Zurechnungszusammenhang.

73 **Ergebnis:** A ist nicht strafbar gem. § 216 Abs. 1 StGB. *(a. A. vertretbar)*

B. §§ 216 Abs. 1, 13 Abs. 1 StGB

74 A könnte sich aber wegen Tötung auf Verlangen durch Unterlassen gem. §§ 216 Abs. 1, 13 Abs. 1 StGB strafbar gemacht haben, indem sie davon absah, Rettungsmaßnahmen zu veranlassen, nachdem R das Bewusstsein verloren hatte.

I. Tatbestandsmäßigkeit

75 **1. Objektiver Tatbestand. a) Erfolgseintritt.** R ist tot, sodass der tatbestandsmäßige Erfolg eingetreten ist.

76 **b) Unterlassen.** A hat die gebotene Handlung – eigenhändige Vornahme von ärztlichen Maßnahmen oder jedenfalls Herbeirufen eines Notarztes bzw. einer Notärztin – nicht vorgenommen, obwohl dies physisch-real möglich gewesen wäre.[80] Ein Unterlassen i.S.v. § 13 StGB liegt somit vor.

---

80 S. zum Erfordernis der Handlungsmöglichkeit NK-StGB-*Gaede* § 13 Rn. 12.

Fall 3b: Die Insulinspritzen

> **Weiterführendes Wissen:**
> Die (Un-)Zumutbarkeit der unterlassenen Handlung wird bei unechten Unterlassungsdelikten erst auf Ebene der Schuld relevant (siehe hierzu bereits Hinweiskasten oben, → Rn. 18).

c) **Kausalität.** Hätte A den R selbst medizinisch versorgt oder dessen ärztliche Versorgung jedenfalls durch Herbeirufen eines Notarztes bzw. einer Notärztin ermöglicht, hätte R's Tod verhindert werden können. Der tatbestandsmäßige Erfolg wäre folglich bei Vornahme der gebotenen Handlung mit an Sicherheit grenzender Wahrscheinlichkeit nicht eingetreten, sodass die (hypothetische) Kausalität zu bejahen ist. 77

d) **Garantenstellung/-pflicht.** Fraglich ist jedoch, ob A auch eine Garantenstellung innehatte, die sie i. S.v. § 13 StGB rechtlich dazu verpflichtete, den Todeseintritt zu verhindern (Garantenpflicht). 78

aa) **Ehegatte.** Eine Garantenstellung der A könnte sich hier aus § 1353 BGB ergeben. Danach sind die Ehegatten einander zur ehelichen Lebensgemeinschaft verpflichtet und tragen füreinander Verantwortung, § 1353 Abs. 1 S. 2 a. E. StGB. A ist daher grundsätzlich Garantin für Leib und Leben ihres Ehemannes R.[81] 79

Fraglich ist jedoch, ob aus dieser Verantwortungsstellung für das konkrete Geschehen auch eine (Garanten-)Pflicht zur Abwendung des Todes des R führt. Einer solchen könnte der Selbsttötungsentschluss des R entgegenstehen. 80

Nach Ansicht der h.Lit. besteht im Falle einer vorherigen eigenverantwortlichen Selbsttötung des Betroffenen keine Rettungspflicht.[82] Hierfür spricht v. a. das **Selbstbestimmungsrecht** des Suizidenten. So kommt insbesondere in den Vorschriften über Patientenverfügungen nach den §§ 1827 ff. BGB zum Ausdruck, dass der Gesetzgeber diesem – grundrechtlich in Art. 2 Abs. 1, 1 Abs. 1 GG verankerten – Recht einen hohen Wert beimisst. Das Selbstbestimmungsrecht würde aber ausgehebelt, wenn ein Garant verpflichtet wäre, den gewollten Suizid nach Eintritt der Bewusstlosigkeit zu verhindern. Zudem erscheint es bei einem fortbestehenden Sterbewillen widersprüchlich, ein vorangegangenes aktives Hilfeleisten als bloße straflose Beihilfe zur eigenverantwortlichen Selbsttötung zu werten, das dem Tun nachfolgende Untätigbleiben dann aber als Unterlassungstäterschaft unter Strafe zu stellen.[83] 81

Inzwischen hat sich dieser Ansicht – nach einigen Instanzgerichten[84] – auch der BGH angeschlossen: So führe der ohne Wissens- und Verantwortungsdefizit frei gefasste und erklärte Sterbewille eines Suizidenten zu einer „situationsbezogenen Suspendierung" (auch) der ehelichen Einstandspflicht für dessen Leben.[85] Die im Zusammenhang mit der Begrenzung der Einstandspflicht bei einem bestehenden Arzt-Patienten-Verhältnis und in Wohn- und Lebensgemeinschaften entwickelten Grundsätze würden für eine durch Eheschließung begründete Garantenpflicht entsprechend gelten. Daneben sei die Rechtsprechung des BVerfG[86] zum Recht auf selbstbestimmtes Sterben zu berücksichtigen: Denn dieses Recht schütze auch vor Verboten gegenüber Dritten, von denen die Wahrnehmung des Grundrechts abhängig sei. Deshalb könne eine strafbewehrte 82

---

81 Vgl. BGHSt 2, 150 (153); Schönke/Schröder-*Bosch*, § 13 Rn. 18; *Ceffinato*, NStZ 2021, 65 m. w.N.; *Herzberg*, NJW 1986, 1635 (1638).
82 MüKo-StGB-*Schneider* StGB Vor § 211 Rn. 68.
83 MüKo-StGB-*Schneider* StGB Vor § 211 Rn. 68 m. w.N.
84 So z. B. LG Hamburg NStZ 2018, 281 (282) (Vorinstanz von BGH NJW 2019, 3092).
85 BGH NStZ 2022, 663 (666).
86 BVerfG, Urt. V. 26.2.2020 – 2 BvR 2347/15 u. a. = BVerfGE 153, 182 = NJW 2020, 905.

Pflicht, den Ehepartner zu retten, wenn dieser infolge einer freiverantwortlichen Selbsttötungsentscheidung eingeschlafen sei, „fortan keinen Bestand [mehr] haben"[87].

> **Weiterführendes Wissen:**
>
> Nach der früheren Rspr. des BGH im Fall „**Wittig**" bzw. „**Peterle**" aus dem Jahr 1984[88] kam dagegen eine rechtliche Pflicht zur Rettung grundsätzlich auch dann in Betracht, wenn der Zustand des handlungs- und willensunfähig gewordenen Opfers von diesem absichtlich herbeigeführt worden war.
>
> Wenn nämlich – so der BGH damals – der Suizident die tatsächliche Möglichkeit der Beeinflussung des Geschehens und damit die Tatherrschaft endgültig verloren habe, weil er infolge Bewusstlosigkeit nicht mehr von seinem Entschluss zurücktreten könne, hänge der Eintritt des Todes allein vom Verhalten des Unterlassenden ab. Es liege dann nicht mehr nur eine straflose Beihilfe zur Selbsttötung, sondern eine Fremdtötung durch Unterlassen vor. Dass der Unterlassende durch sein Verhalten den früher geäußerten Wunsch des Sterbenden erfüllen wolle, ändere daran nichts.[89]
>
> In zwei neueren Entscheidungen aus 2019 betonte der BGH dann zwar die Bedeutung des Selbstbestimmungsrechts von Patientinnen und Patienten, erklärt aber gleichzeitig, nicht von der Entscheidung im Fall „Wittig" bzw. „Peterle" abzuweichen.[90] In beiden Fällen lehnte der BGH die Strafbarkeit der Beteiligten allerdings bereits aufgrund des Fehlens einer Garantenstellung ab; die Frage, ob hieraus auch bei Vorliegen eines Selbsttötungsentschlusses eine Garantenpflicht folgt, stellte sich für ihn folglich nicht mehr. Im Insulinfall hat der BGH nun erstmals ausdrücklich eine situationsbezogene Suspendierung der Einstandspflicht eines Garanten aufgrund des Selbstbestimmungsrechts des Suizidenten angenommen.
>
> Die Abkehr von der „Wittig" bzw. „Peterle"-Entscheidung scheint sich damit (auch) am BGH durchgesetzt zu haben[91] – freilich ohne dass der BGH diesen Richtungswechsel ausdrücklich benannt hätte. Richtigerweise hätte es in der Sache wohl einer **Divergenzanfrage** nach § 132 Abs. 3 GVG bedurft.[92]

83 Damit trifft A sowohl nach Ansicht der h.Lit. als auch nach Meinung der Rspr. keine rechtliche (Garanten-)Pflicht aus § 1353 BGB, ihren Ehemann R zu retten. Stattdessen ist – auch und gerade – bei ehelicher Verbundenheit die Einstandspflicht für das Leben des anderen durch dessen freiverantwortliche Suizidentscheidung aufgehoben.

84 **bb) Ingerenz.** A könnte jedoch eine Rettungspflicht aus vorangegangenem gefährdendem Tun (Ingerenz) treffen, weil sie R die Medikamente reichte und ihm die Insulinspritzen setzte. Hiergegen lassen sich jedoch ebenfalls die freiverantwortlichen Entscheidungen des Sterbewilligen ins Feld führen, die Medikamente einzunehmen und die durch das Spritzen des Insulins in Gang gesetzte Ursachenreihe nicht zu unterbrechen. Das Risiko für die Verwirklichung der durch das Vorverhalten der A erhöhten Gefahr lag damit allein im Verantwortungsbereich von R.[93] A trifft daher auch keine Garantenpflicht aus Ingerenz, den Tod des R zu verhindern.

85 **Ergebnis:** Mangels Garantenpflicht ist A ist nicht strafbar gem. §§ 216 Abs. 1, 13 Abs. 1 StGB.

---

87 BGH NStZ 2022, 663 (666).
88 BGHSt 32, 367 = NJW 1984, 2639.
89 BGHSt 32, 367 = NJW 1984, 2639 (2640 f.).
90 Vgl. BGH NJW 2019, 3089; NJW 2019, 3092.
91 Ebenso *Hoven/Kudlich*, NStZ 2022, 667 (668).
92 So auch *Baldauf, VerfBlog*, 2022/8/26, https://verfassungsblog.de/problem-%c2%a7-216-stgb/; *Walter*, lto vom 19.8.2022, https://www.lto.de/persistent/a_id/49366/.
93 Vgl. BGH NStZ 2022, 663 (666); ähnlich BGH NJW 2019, 3089 (3092).

C. §§ 216 Abs. 1, 22, 23 Abs. 1 StGB

A ist auch nicht strafbar wegen einer versuchten Tötung auf Verlangen, da sie sich nicht vorstellte, dass R nach dem Setzen der Insulinspritzen keine Möglichkeiten mehr verbleiben würden, eine Entscheidung über Rettungsmaßnahmen zu treffen. Mithin hatte sie keinen Tatentschluss hinsichtlich des Vorliegens einer zurechenbaren einverständlichen Fremdtötung.

> **Klausurhinweis:**
> Hierauf müsste in einer Klausur nicht zwingend eingegangen werden.

> **Weiterführendes Wissen:**
> Hätte sich A über die Grenzen der Verantwortlichkeit als Ehefrau für Leib und Leben ihres Mannes nach Eintritt der Bewusstlosigkeit geirrt, hätte sie also irrig angenommen, sie verletze mit ihrem (Nicht-)Handeln eine bestehende Garantenpflicht, läge lediglich ein strafloses Wahndelikt vor.[94]

D. § 323c Abs. 1 StGB

Eine Strafbarkeit nach § 323c Abs. 1 StGB wegen des Unterlassens der Einleitung von Rettungsmaßnahmen nach Eintritt der Bewusstlosigkeit des R scheitert spätestens daran, dass eine dem von R geäußerten Willen zuwiderlaufende Hilfeleistung der A aus den oben genannten Gründen jedenfalls *nicht zumutbar* ist.[95] Daneben ist bereits fraglich, ob ein eigen- bzw. freiverantwortlicher Suizid überhaupt einen Unglücksfall i. S. d. Norm darstellt.

> **Klausurhinweis:**
> Ausführlich hierzu bereits Fall 3a (→ Rn. 33 ff.).

Gesamtergebnis: A ist nicht strafbar.

---

[94] S. BGH NStZ 2022, 663 (666 f.); BGHSt 16, 155 (160); siehe auch LK-StGB-*Murmann*, § 22 Rn. 299.
[95] BGH NStZ 2022, 663 (667); vgl. dazu auch BGHSt 64, 121 (133 ff.).

Fall 3c: Die PEG-Sonde („Fall Putz" / „Fuldaer Sterbehilfe-Fall")

89 Die 78-jährige K liegt aufgrund einer Hirnblutung seit fünf Jahren im Wachkoma. Seither ist sie nicht ansprechbar und wird in einem Altenheim gepflegt und über einen Zugang in der Bauchdecke, eine sog. PEG-Sonde, künstlich ernährt. Ohne künstliche Ernährung könnte K nicht weiterleben. Eine Besserung ihres Gesundheitszustands ist nicht zu erwarten. Einige Monate vor dem Auftreten der Hirnblutung hatte K gegenüber ihrer Tochter G geäußert, falls sie irgendwann einmal bewusstlos werde und sich nicht mehr äußern könne, wolle sie keine lebensverlängernden Maßnahmen in Form künstlicher Ernährung und Beatmung, sie wolle nicht an irgendwelche „Schläuche" angeschlossen werden. Schriftlich niedergelegt wurde dieser Wille – trotz Bitten der G – nicht.

Um dem Wunsch ihrer Mutter gerecht zu werden, bemüht sich G unter zwischenzeitlicher Einschaltung eines erfahrenen Fachanwalts für Medizinrecht (P) um die Einstellung der künstlichen Ernährung. Auf Antrag des P wird G zudem als Betreuerin ihrer Mutter bestellt. Auch die behandelnde Hausärztin unterstützt das Vorhaben der G, weil aus ihrer Sicht eine medizinische Indikation zur Fortsetzung der künstlichen Ernährung nicht mehr gegeben ist.

Die Bemühungen von P und G stoßen jedoch auf Widerstand bei Heimleitung und -personal. Nach einigem Hin und Her einigt man sich schließlich darauf, dass sich das Personal des Altenheims nur noch um die Pflegetätigkeiten im engeren Sinn kümmern solle, während es G obliege, die Ernährung ihrer Mutter über die PEG-Sonde zu beenden und die erforderliche Palliativversorgung durchzuführen. Daraufhin stellt G einige Tage später die weitere Nahrungszufuhr über die Sonde ein und beginnt, auch die Flüssigkeitszufuhr zu reduzieren. Als die Geschäftsleitung des Gesamtunternehmens hiervon am nächsten Tag erfährt, weist diese jedoch die Heimleitung an, die künstliche Ernährung umgehend wieder aufzunehmen. G wird ein Hausverbot für den Fall angedroht, dass sie sich hiermit nicht einverstanden erklärt.

Nach Rückfrage der G bei P erteilt P der G am gleichen Tag telefonisch den Rat, den Schlauch der PEG-Sonde unmittelbar über der Bauchdecke zu durchtrennen, weil seiner (P's) Meinung nach gegen die rechtswidrige Fortsetzung der Sondenernährung der K durch das Heim ein effektiver Rechtsschutz nicht kurzfristig zu erlangen sei. Nach seiner Einschätzung der Rechtslage werde keine Klinik eigenmächtig eine neue Sonde einsetzen, sodass K nun endlich würde sterben können. G folgt dem Rat des P und schneidet Minuten später den Schlauch der Sonde durch. Nachdem das Pflegepersonal dies bereits nach einigen weiteren Minuten entdeckt und die Heimleitung die Polizei einschaltet, wird K auf Anordnung eines Staatsanwalts gegen den Willen der G in ein Krankenhaus gebracht, wo man ihr eine neue PEG-Sonde legt und die künstliche Ernährung wieder aufnimmt. K stirbt dort zwei Monate später eines natürlichen Todes aufgrund ihrer Erkrankungen.

Strafbarkeit von G und P wegen des Durchschneidens des PEG-Sondenschlauchs?

Auf Körperverletzungsdelikte und § 303 StGB ist nicht einzugehen. Die Verfahrensregeln der §§ 1827 ff. BGB bleiben bei der Bearbeitung ebenfalls außer Betracht.

Fall 3c: Die PEG-Sonde („Fall Putz" / „Fuldaer Sterbehilfe-Fall")

Kurzgliederung Fall 3c
Stbk. der G
A. §§ 216 Abs. 1, 22, 23 Abs. 1
I. Vorprüfung (+)
II. TB
   - Durch ausdrückliches und ernstliches Verlangen zur Tötung Bestimmtwordensein
   - Hier: (-), da Entschluss der K nur lebenserhaltende Maßnahmen verhindern, nicht aber eine aktive Tötung durch G rechtfertigen soll
     → Verlangen (-)
     → Bestimmtwordensein (-)
III. Ergebnis: TB (-)

B. §§ 212 Abs. 1, 22, 23 Abs. 1
I. Vorprüfung (+)
II. TB
   1. Tatentschluss
      a) Bzgl. Tathandlung: Abgrenzung Tun oder Unterlassen
         E.A.: Lehre vom Energieeinsatz
         - Aktives Tun (+), da Schlauch aktiv kausal durchtrennt wird
         H.M.: Schwerpunkt der Vorwerfbarkeit
         - Schwerpunkt des strafrechtlich relevanten Verhaltens: Abschalten des Geräts als Unterlassen der Weiterbehandlung
           → Sog. „Unterlassen durch Tun"
           → Gilt aber nur für Arzt/Ärztin bzw. dessen/deren Hilfspersonen
           → Bzgl. G als Dritte: aktives Tun
         - Daher: aktives Tun (+)
      b) Bzgl. Kausalität und objektiver Zurechnung (+)
   2. Unmittelbares Ansetzen (+)
III. Rechtswidrigkeit
   1. Einwilligung der K (-)
      Indisponibilität des Rechtsguts Leben
   2. Nothilfe, § 32
      a) Nothilfelage
         (P): rechtswidriger Angriff?
         - Rechtmäßiger Behandlungsabbruch im Wege der „passiven Sterbehilfe"
         - Weiterbehandlung greift in das Selbstbestimmungsrecht und das Recht auf körperliche Unversehrtheit ein
         - Daher: Fortsetzung der künstlichen Ernährung ist rechtswidrig, sodass rechtswidriger Angriff (+)
      b) Nothilfehandlung
         - Verteidigung darf sich nur gegen Rechtsgüter des Angreifers selbst richten
         - Hier: Durchschneiden des Schlauchs richtet sich gegen Rechtsgut Leben der K
         - Daher: Nothilfehandlung (-)
   3. Notstand, § 34 (-)
      - Unabwägbarkeit des Rechtsguts Leben
      - Zudem: § 34 betrifft Abwägung von Interessen verschiedener Personen, hier aber nur Rechtsgüter derselben Person betroffen

4. **Grundsätze des Behandlungsabbruchs (BGH)**
   - Behandlungsabbruch = Handlungen, die mit der Beendigung einer ärztlichen Behandlung im Zusammenhang stehen
   a) **Voraussetzungen**
      (1) Lebensbedrohliche Erkrankung + Abbruch einer medizinischen Behandlung (+)
      (2) Entsprechender tatsächlicher oder mutmaßlicher Patientenwille (+)
      (3) Objektive und subjektive Behandlungsbezogenheit (+)
         - Zustand herstellen, der einem bereits begonnenen Krankheitsprozess seinen Lauf lässt
         - Handeln muss darauf abzielen, eine Behandlung zu verhindern (gemäß dem Patientenwillen)
      (4) Gerechtfertigt handelnder Personenkreis (+)
   b) **Stellungnahme**
      - Selbstbestimmungsrecht wird berücksichtigt und gestärkt (Patientenautonomie und Recht auf selbstbestimmtes Sterben)
      - Dogmatische Kunstgriffe werden vermieden
      - Einheit der Rechtsordnung: §§ 1827 ff. BGB
      - Aber (P) Verortung: eher objektive Zurechenbarkeit als rechtfertigende Einwilligung

IV. **Ergebnis:** TB (bzw. mit BGH RWK) (-)

Stbk. des P
- (Versuchte) Anstiftung: (-), da keine vorsätzliche rechtswidrige Haupttat und kein Tatentschluss
- Mittäterschaft: (-), da keine zurechenbare Handlung bzw. Behandlungsabbruch als rechtfertigende (mutmaßliche) Einwilligung

Lösung Fall 3c[96]

Schwerpunkte: Voraussetzungen und dogmatische Einordnung des Behandlungsabbruchs, Begriff der aktiven, passiven und indirekten Sterbehilfe

Strafbarkeit der G

A. §§ 216 Abs. 1, 22, 23 Abs. 1 StGB

G könnte sich wegen versuchter Tötung auf Verlangen strafbar gemacht haben, indem sie den PEG-Sondenschlauch bei K durchtrennte, um die Fortsetzung der Sondenernährung zu unterbinden und K's einige Jahre zuvor geäußertem Sterbewunsch „gerecht zu werden".

---

[96] Der Sachverhalt ist BGH, Urt. v. 25.6.2010 – 2 StR 454/09 (LG Fulda), BGHSt 55, 191 = NJW 2010, 2963 („Fall Putz") nachempfunden. Darauf aufbauende Falllösungen finden sich z. B. bei *Fateh-Moghadam/Kohake*, ZJS 1/2012, 98 und *Reinbacher*, famos 09/2010, 1.

Fall 3c: Die PEG-Sonde („Fall Putz" / „Fuldaer Sterbehilfe-Fall")

Klausurhinweis:
Eine Strafbarkeit wegen eines vollendeten Tötungsdelikts scheidet ersichtlich aus.

0. Vorprüfung

K ist nicht infolge des Durchschneidens des PEG-Sondenschlauchs verstorben, sondern erst einige Monate später ihren Erkrankungen erlegen. Der tatbestandliche Erfolg – Tod der K – ist daher nicht kausal und objektiv zurechenbar durch eine Handlung der G eingetreten. Der objektive Tatbestand des §§ 216 Abs. 1 StGB ist folglich nicht erfüllt.

Die Strafbarkeit des Versuchs ergibt sich aus § 216 Abs. 2 StGB.

I. Tatbestandsmäßigkeit

1. Tatentschluss. G müsste mit Tatentschluss dahingehend gehandelt haben, durch ein ausdrückliches und ernstliches Verlangen seitens der K zu deren Tötung bestimmt worden zu sein.

Ausdrücklich ist eine Äußerung i.S.d. § 216 Abs. 1 StGB dann, wenn sie – verbal oder gestisch – jedenfalls eindeutig und unmissverständlich den Todeswunsch des Lebensmüden zum Ausdruck bringt. Daneben muss das Verlangen *ernstlich*, d. h. von einem freien Willen getragen und zielbewusst auf die Tötung gerichtet sein. Mithin ist erforderlich, dass das Opfer über die natürliche Einsichts- und Urteilsfähigkeit verfügt, um Bedeutung und Tragweite seines Entschlusses verstandesmäßig zu überblicken und abzuwägen.[97] Für ein *Verlangen* i. S. d. Norm ist eine auf das Vorstellungsbild des Erklärungsadressaten abzielende Einwirkung in Form einer Willensäußerung des Opfers erforderlich. Jedenfalls Orientierungsmaßstab hierfür kann die Regelung der Anstiftung in § 26 StGB sein.[98] Danach liegt ein tatbestandliches Verlangen immer dann vor, wenn der Getötete darauf abzielt, durch sein Verhalten im Täter den Entschluss zur Tatbegehung hervorzurufen.[99] Erforderlich ist also eine Willensäußerung mit dem Ziel, den Adressaten zur Tötung zu veranlassen.[100]

Zur Tötung bestimmt ist wiederum derjenige, dessen Tatentschluss erst durch das Verlangen des Opfers geweckt wird. Das Verlangen des Opfers muss für den Täter also handlungsleitend sein.[101]

K hat hier fünf Jahre zuvor gegenüber ihrer Tochter G mündlich geäußert, falls sie irgendwann einmal bewusstlos werde und sich nicht mehr äußern könne, wolle sie keine lebensverlängernden Maßnahmen in Form von künstlicher Ernährung und Beatmung, sie wolle nicht an irgendwelche „Schläuche" angeschlossen werden. Zwar bringt K damit allgemein zum Ausdruck, unter bestimmten Voraussetzungen keine lebensverlängernden Maßnahmen zu wünschen. Dabei ist auch davon auszugehen, dass K zum Äußerungszeitpunkt vor der Hirnblutung grundsätzlich einsichts- und urteilsfähig war und Bedeutung und Tragweite ihres Entschlusses verstandesmäßig zu überblicken und

---

[97] BGH NStZ 2011, 341, 12 (85); Schönke/Schröder-*Eser/Sternberg-Lieben*, § 216 Rn. 8.
[98] *Scheinfeld*, GA 2007, 695 (697 ff.); Schönke/Schröder-*Eser/Sternberg-Lieben*, § 216 Rn. 5 m. w.N.
[99] MüKo-StGB-*Schneider*, § 216 Rn. 13.
[100] BeckOK-StGB-*Eschelbach*, § 216 Rn. 10.
[101] BGHSt 50, 80 (92) m. Anm. *Kudlich* JR 2005, 342; *Momsen/Jung*, ZIS 2007, 162 BeckOK-StGB-*Eschelbach*, § 216 Rn. 13; vgl. auch BVerfG NJW 2009, 1061 („Kannibale von Rotenburg").

abzuwägen vermochte. Allerdings fragt sich bereits, ob K mit ihrer Aussage tatsächlich hinreichend eindeutig und unmissverständlich ihren Todeswunsch formuliert hat.

98 Jedenfalls aber zielte K durch ihr Verhalten nicht darauf ab, bei G den Entschluss zur konkreten Tatbegehung fünf Jahre später hervorzurufen. Die von K vor der Hirnblutung geäußerten Vorstellungen gegenüber G waren nämlich nicht im Sinne einer Anstiftungshandlung darauf gerichtet, fünf Jahre später von G getötet zu werden, sondern sollten nur bestimmte lebensverlängernde Maßnahmen verhindern. Es fehlt daher bereits an einem tatbestandlichen Verlangen im Sinne des § 216 Abs. 1 StGB sowie einem darauf gerichteten Tatentschluss der G: Denn G wollte zwar dem Sterbewunsch ihrer Mutter „gerecht werden", es ist dem Sachverhalt jedoch nicht zu entnehmen, dass sie von einem ausdrücklichen und ernsthaften Tötungsverlangen seitens der K bzw. einem Bestimmtwordensein zur Tötung ausging.

Klausurhinweis:

Die Prüfung der tatbestandlichen Voraussetzungen des § 216 Abs. 1 StGB kann auch knapper ausfallen.

Weiterführendes Wissen:

Ginge G hier – was nicht der Fall ist – irrtümlich davon aus, dass K ausdrücklich und ernstlich die Tötung verlangt hat, greift § 216 StGB über § 16 Abs. 2 StGB ein.[102] Kennt der Täter dagegen ein tatsächlich vorliegendes Tötungsverlangen nicht, kann auch die Privilegierung nicht einschlägig sein, weil das Tötungsverlangen nicht handlungsbestimmend war.[103]

99 **Ergebnis:** G ist nicht strafbar gem. §§ 216 Abs. 1, 22, 23 Abs. 1 StGB.

B. §§ 212 Abs. 1, 22, 23 Abs. 1 StGB

100 G könnte sich durch das Durchschneiden des PEG-Sondenschlauchs bei K wegen versuchten Totschlags strafbar gemacht haben.

0. Vorprüfung

101 K ist nicht infolge des Durchschneidens des PEG-Sondenschlauchs verstorben, sondern erst einige Monate später ihren Erkrankungen erlegen. Der tatbestandliche Erfolg – Tod der K – ist daher nicht kausal und objektiv zurechenbar durch eine Handlung der G eingetreten. Der objektive Tatbestand des § 212 Abs. 1 StGB ist folglich nicht erfüllt.

102 Die Strafbarkeit des Versuchs ergibt sich aus §§ 212 Abs. 1, 23 Abs. 1, 12 Abs. 1 StGB. Der Versuch eines Verbrechens ist stets strafbar.

I. Tatbestandsmäßigkeit

103 **1. Tatentschluss.** G müsste unbedingten Tatentschluss, d. h. Wissen und Wollen, hinsichtlich der Verwirklichung sämtlicher Merkmale des objektiven Tatbestands des § 212 Abs. 1 StGB aufweisen.

104 **a) Bzgl. Tathandlung: Abgrenzung Tun – Unterlassen.** G müsste Tatentschluss hinsichtlich der Tötung eines anderen Menschen aufweisen. G wollte durch das Durch-

---

102 BGH NStZ 2012, 85 (86); *Mitsch*, HRRS 2007, 197 (198).
103 BeckOK-StGB-*Eschelbach*, § 216 Rn. 14 m. w. N.

Fall 3c: Die PEG-Sonde („Fall Putz" / „Fuldaer Sterbehilfe-Fall")

schneiden des PEG-Sondenschlauchs bei K die Fortsetzung der Sondenernährung unterbinden, damit diese in der Folge verstirbt.

Fraglich ist, ob ihr Vorsatz damit auf ein Tun oder Unterlassen gerichtet war. Wonach sich die Unterscheidung zwischen Tun und Unterlassen richtet, wird unterschiedlich beurteilt:

105

Nach der **Lehre vom Energieeinsatz bzw. dem äußeren Erscheinungsbild** liegt ein aktives Tun immer dann vor, wenn der Täter durch einen gewissen Energieeinsatz in Richtung des gefährdeten Rechtsguts für den tatbestandlichen Erfolg kausal geworden ist, d. h. es nicht lediglich unterlässt, den ohne seine Beteiligung eintretenden Deliktserfolg zu verhindern.[104] Hier hat G den PEG-Sondenschlauch aktiv kausal durchtrennt und damit durch eigene Kraftentfaltung auf das Geschehen eingewirkt.[105] Ein aktives Tun wäre danach zu bejahen.

106

Die wohl h. M. unterscheidet dagegen nach dem **Schwerpunkt der Vorwerfbarkeit**, stellt also darauf ab, wo bei normativer Betrachtung unter Berücksichtigung des sozialen Sinngehalts der Schwerpunkt des strafrechtlich relevanten Verhaltens liegt.[106] Beim sog. tätigen (bzw. technischen) Behandlungsabbruch, also dem Abstellen eines mechanischen Rettungsgeräts durch aktives Tun, wird der technische Behandlungsvorgang überwiegend als Substitut einer eigenhändigen Behandlung durch die Ärzteschaft bzw. das Pflegepersonal betrachtet mit der Folge, dass das Abschalten des Geräts durch diese Berufsgruppen als Unterlassen der Weiterbehandlung bewertet wird (sog. *Unterlassen durch Tun*).[107]

107

> **Weiterführendes Wissen:**
>
> Hintergrund dieser etwas „künstlich" anmutenden Umdeutung ist das Bestreben, derartige Fälle als grundsätzlich zulässige passive Sterbehilfe einordnen zu können.

Allerdings soll dies lediglich für ein Abschalten durch den behandelnden Arzt oder auf Anweisung auch durch dessen Hilfspersonal gelten. Schaltet dagegen ein nicht-ärztlicher Dritter das Rettungsgerät ab (bzw. zerstört dieses), vereitelt er dadurch fremde Rettungsbemühungen, sodass sein Handeln auch nach h. M. stets als Tun und nicht als Unterlassen gewertet wird.[108] Da G beim Durchschneiden des PEG-Sondenschlauchs als nicht-ärztliche Dritte agiert und damit in fremde Rettungsbemühungen eingreift, läge auch nach Ansicht der h. M. ein aktives Tun seitens der G vor.

108

Nach der vom BGH im „Fall Putz" (2010) entwickelten **Lehre vom Behandlungsabbruch** soll es in diesen Fällen ohnehin nicht mehr auf die „klassischen" Abgrenzungskriterien zwischen aktivem Tun (dann rechtswidrige „aktive Sterbehilfe") und Unterlassen (dann grundsätzlich zulässige „passive" bzw. „indirekte Sterbehilfe") ankommen. Denn die Grenze zwischen erlaubter Sterbehilfe und einer nach den §§ 212, 216 StGB strafbaren Tötung könne nicht sinnvoll nach Maßgabe einer naturalistischen Unterscheidung von aktivem und passivem Handeln bestimmt werden.[109]

109

---

104 *Rengier*, Strafrecht AT, § 48 Rn. 10; *Wessels/Beulke/Satzger*, Strafrecht AT, § 19 Rn. 1163.
105 Vgl. *Fateh-Moghadam/Kohake*, ZJS 1/2012, 98 (99).
106 *Wessels/Beulke/Satzger*, Strafrecht AT, § 19 Rn. 1163 m. w.N.; *Rengier*, Strafrecht AT, § 48 Rn. 10 f.
107 *Wessels/Hettinger/Engländer*, Strafrecht BT 1, § 2 Rn. 147.
108 *Wessels/Beulke/Satzger*, Strafrecht AT, § 19 Rn. 1165 m. w.N.
109 BGH NJW 2010, 2963 (2966).

> **Weiterführendes Wissen:**
>
> Nach der klassischen Begriffsdogmatik unterscheidet man zwischen folgenden Arten der Sterbehilfe:[110]
>
> - **(direkte) aktive Sterbehilfe** = einverständliche gezielte Tötung eines unheilbar Kranken durch *aktives* Tun: stets strafbar, außer es greifen die Grundsätze des Behandlungsabbruchs, siehe hierzu unten → Rn. 132 ff. (Arg.: Existenz des § 216 StGB)
> - **passive Sterbehilfe** = wunschgemäßes *Unterlassen* einer lebensverlängernden Behandlung eines unheilbar Kranken („Sterbenlassen"); umfasst die *„Hilfe beim Sterben"* (= Sterbeprozess hat bereits irreversibel eingesetzt) sowie die *„Hilfe zum Sterben"* (= Sterbevorgang hat noch nicht unmittelbar eingesetzt, aber keine Aussicht auf Besserung): grundsätzlich zulässig (Arg.: Patientenautonomie / Recht auf selbstbestimmtes Sterben)
> - **indirekte Sterbehilfe** = Verabreichen von schmerzlindernden Mitteln, wodurch als nicht beabsichtigte, aber billigend in Kauf genommene oder als sicher vorausgesehene *unvermeidbare Nebenfolge* der Tod des unheilbar Kranken beschleunigt wird („Leidensminderung"): nach h. M. grundsätzlich zulässig (Arg. der h. M.: Rechtfertigung nach § 34 StGB: Wunsch, in Würde und Schmerzfreiheit zu sterben, überwiegt kurzes, von Vernichtungsschmerz geprägtes Weiterleben). Zu etwaigen Widersprüchlichkeiten dieser Argumentation siehe aber → Rn. 129.

110 Entsprechend lehnt der BGH in seiner Entscheidung auch die Umdeutung aktiven Tuns in ein normatives Unterlassen ab, da es den auftretenden Problemen nicht gerecht werde. Ein „Behandlungsabbruch" erschöpfe sich nämlich nach seinem natürlichen und sozialen Sinngehalt nicht in bloßer Untätigkeit; er umfasse vielmehr regelmäßig eine Vielzahl von aktiven und passiven Handlungen, deren genaue Einordnung problematisch sei und teilweise von bloßen Zufällen abhänge. Die Abgrenzung von Tun und Unterlassen erfolge daher im Falle des Behandlungsabbruchs schlichtweg nach den *allgemeinen strafrechtlichen Regeln* zur Abgrenzung von Tun und Unterlassen.[111] Danach wäre das aktive Durchschneiden des PEG-Sondenschlauchs durch G auch nach neuerer BGH-Rechtsprechung als aktive Tötungshandlung anzusehen.

111 Damit liegt nach allen Ansichten ein aktives Tun vor. Ein Streitentscheid kann folglich unterbleiben.

112 **b) Bzgl. Kausalität und objektiver Zurechnung.** G wollte durch das Durchschneiden des PEG-Sondenschlauchs die Fortsetzung der Sondenernährung bei K unterbinden, damit diese infolgedessen verstirbt. G's Tatentschluss war damit auf eine Handlung gerichtet, die nicht hinweggedacht werden kann, ohne dass der tatbestandliche Erfolg in seiner konkreten Gestalt – Tod der K aufgrund von Flüssigkeits- und Nahrungsmangel – entfiele (*conditio sine qua non*-Formel; Kausalität).

113 Jedenfalls *prima facie* wollte G durch ihr Verhalten auch die rechtlich missbilligte Gefahr des Todes der K schaffen, die sich dann auch in diesem verwirklichen sollte.

---

110 Zum Folgenden siehe auch *Wessels/Hettinger/Engländer*, Strafrecht BT 1, § 2 Rn. 142 ff.; *Waßmer*, Medizinstrafrecht, § 9 Rn. 22 ff.
111 BGH NJW 2010, 2963 (2965).

Fall 3c: Die PEG-Sonde („Fall Putz" / „Fuldaer Sterbehilfe-Fall")

> **Klausurhinweis:**
>
> Eine a. A. ist hier vertretbar, wenn man die vom BGH im Rahmen der Rechtswidrigkeit angestellten materiellen Überlegungen zum Behandlungsabbruch bereits unter dem Prüfungspunkt „rechtswidrige Gefahrschaffung" thematisiert. Die unter II.4. folgenden Ausführungen (→ Rn. 132 ff.) können daher auch bei der Frage der objektiven Zurechnung verortet werden mit dem Ergebnis, dass es an einer unerlaubten Gefahrschaffung gerade fehlt.
>
> Um die Prüfung nicht an dieser (allzu) frühen Stelle scheitern zu lassen, empfiehlt es sich aus klausurtaktischer Sicht aber wohl, dem vom BGH gewählten Aufbau zu folgen und anschließend eine dogmatische Einordnung der Figur des Behandlungsabbruchs vorzunehmen.[112] Wem dieser Lösungsweg nicht zusagt, der lässt die Prüfung des § 212 Abs. 1 StGB (i. V. m. §§ 22, 23 Abs. 1 StGB) im objektiven Tatbestand an der fehlenden objektiven Zurechnung (bzw. beim Versuch beim dahingehenden Tatentschluss) scheitern und erörtert die hinsichtlich der Rechtswidrigkeit noch offengebliebenen Fragen dann in einem Hilfsgutachten.

2. Unmittelbares Ansetzen. Indem G den PEG-Sondenschlauch bereits durchtrennt hat, hat sie subjektiv die Schwelle zum Jetzt-geht's-los überschritten. Zudem war aus ihrer Sicht das Rechtsgut „Leben der K" zu diesem Zeitpunkt auch bereits konkret gefährdet bzw. es waren aus ihrer Sicht keine wesentlichen Zwischenschritte mehr bis zum Eintritt des tatbestandlichen Erfolgs erforderlich.

G hat damit unmittelbar zur Tatbestandsverwirklichung angesetzt.

II. Rechtswidrigkeit

Das Handeln der G müsste rechtswidrig sein. Dies wäre nicht der Fall, wenn ein Rechtfertigungsgrund greift.

1. Ausdrückliche bzw. mutmaßliche Einwilligung der K. Eine Rechtfertigung wegen einer ausdrücklichen oder mutmaßlichen Einwilligung in die aktive Beendigung des eigenen Lebens ist aufgrund der Indisponibilität des Rechtsguts Leben, die sich aus der Einwilligungssperre des § 216 StGB ergibt, grundsätzlich nicht möglich.[113]

> **Klausurhinweis:**
>
> Allerdings ordnet der BGH die von ihm im Fall Putz entwickelte „Figur" des Behandlungsabbruchs (wohl) als rechtfertigende mutmaßliche Einwilligung ein (nach a. A. handelt es sich dabei um einen Rechtfertigungsgrund *sui generis*[114]). In der Klausur könnten die Ausführungen zum Behandlungsabbruch daher grundsätzlich auch unter der Überschrift „Einwilligung" erfolgen. Übersichtlicher erscheint jedoch der hier gewählte Aufbau, der unter Punkt 1. lediglich die ausdrückliche bzw. mutmaßliche Einwilligung nach „klassischer" Lesart inkl. der Einwilligungssperre des § 216 StGB behandelt und dann erst an späterer Stelle als gesonderten Prüfungspunkt (4.) die Rechtfertigung nach den Grundsätzen des Behandlungsabbruchs (→ Rn. 132 ff.).

2. Nothilfe, § 32 StGB. Das Durchschneiden des Schlauchs könnte jedoch wegen Nothilfe zugunsten der K nach § 32 Abs. 1 StGB gerechtfertigt sein.

a) Nothilfelage. Dazu müsste zunächst eine **Nothilfelage** i. S. d. § 32 Abs. 1 StGB vorliegen, d. h. ein gegenwärtiger, rechtswidriger Angriff auf ein notwehr- bzw. nothilfefähiges Rechtsgut der K. Ein solcher könnte in der angeordneten (und durchgeführten)

---
112 Ebenso *Fateh-Moghadam/Kohake*, ZJS 1/2012, 98 (99).
113 Ausführlich *Fateh-Moghadam/Kohake*, ZJS 1/2012, 98 (101).
114 Dahingehend *Wessels/Hettinger/Engländer*, Strafrecht BT 1, § 2 Rn. 146.

Wiederaufnahme der künstlichen Ernährung hinsichtlich der körperlichen Unversehrtheit und des Selbstbestimmungsrechts der K zu sehen sein.

120 Ein *Angriff* ist jede durch menschliches Verhalten drohende Verletzung rechtlich geschützter Interessen. *Gegenwärtig* ist der Angriff, wenn die Verletzung unmittelbar bevorsteht, bereits begonnen hat oder noch andauert. Ein *rechtswidriger* Angriff liegt vor, wenn dieser nicht durch Rechtfertigungsgründe gedeckt ist. *Notwehrfähig* sind jedenfalls nach ganz h. M. sämtliche Individualrechtsgüter.[115] Durch die von der Geschäftsleitung angeordnete und von der Heimleitung durchgeführte Wiederaufnahme der künstlichen Ernährung der K drohte unmittelbar eine Verletzung der körperlichen Unversehrtheit, jedenfalls des Selbstbestimmungsrechts der sterbewilligen, eine künstliche Ernährung ablehnenden K. Bei der körperlichen Unversehrtheit und dem Selbstbestimmungsrecht handelt es sich auch um grundsätzlich notwehrfähige Individualrechtsgüter. Der Angriff dauerte im Zeitpunkt des Durchschneidens des PEG-Sondenschlauchs auch noch an, war also gegenwärtig i.S.d Norm.

121 Fraglich ist, ob der Angriff rechtswidrig erfolgte. Dies wäre dann nicht der Fall, wenn die Wiederaufnahme der künstlichen Ernährung seitens der Heimleitung ihrerseits der Abwehr eines gegenwärtigen rechtswidrigen Angriffs gedient hätte, mithin die Fortsetzung rechtlich geboten gewesen wäre. Davon wäre – die Gegenwärtigkeit einmal unterstellt – jedenfalls dann auszugehen, wenn die vorherige Beendigung der künstlichen Ernährung durch Unterlassen bzw. Reduzierung der Zufuhr kalorienhaltiger Flüssigkeit durch G einen rechtswidrigen Angriff auf das Leben der K dargestellt hätte. Insofern greifen allerdings die anerkannten Voraussetzungen für einen rechtmäßigen Behandlungsabbruch durch sog. „passive Sterbehilfe", also das *wunschgemäße Sterbenlassen* eines unheilbar Kranken, d. h. das Unterlassen der Abwendung seines Todes durch lebenserhaltende Maßnahmen.[116] Denn G hat hier in Übereinstimmung mit dem wirklichen, vor Eintritt ihrer Einwilligungsunfähigkeit ausdrücklich geäußerten Willen der K die lebenserhaltende Weiterversorgung mit Nahrung und Flüssigkeit (lediglich) nicht fortgeführt, mithin eine Fortsetzung unterlassen, um die unheilbar kranke K wunschgemäß sterben zu lassen.

Klausurhinweis:

Zur „passiven Sterbehilfe" siehe bereits den Hinweiskasten oben → Rn. 109.

122 Da ein solcher Behandlungsabbruch bei einem entsprechenden Willen des Patienten als Ausdruck seiner allgemeinen Entscheidungsfreiheit und des Rechts auf körperliche Unversehrtheit (vgl. Art. 2 Abs. 2 S. 1 GG) grundsätzlich anzuerkennen ist,[117] verleiht in einer solchen Situation auch weder der Heimvertrag noch die Gewissensfreiheit nach Art. 4 Abs. 1 GG der Heimleitung oder dem Pflegepersonal das Recht, sich über das Selbstbestimmungsrecht des Patienten hinwegzusetzen und eigenmächtig in dessen verfassungsrechtlich verbürgtes Recht auf körperliche Unversehrtheit einzugreifen.[118] Hinsichtlich einer etwaigen eigenen Strafbarkeit wegen Unterlassens entfällt nach

---

115 MüKo-StGB-*Erb*, § 32 Rn. 84.
116 Zur Definition s. *Wessels/Hettinger/Engländer*, Strafrecht BT 1, § 2 Rn. 145.
117 Vgl. *Waßmer*, Medizinstrafrecht, § 9 Rn. 26.
118 BGH NJW 2010, 2963 (2965); vgl. auch BGHZ 163, 195 (200); *Uhlenbruck*, NJW 2003, 1710 (1711 f.); *Höfling*, JZ 2006, 145 (146); *Verrel*, Gutachten zum 66. DJT, 2006, C 41 ff.; anders noch OLG München NJW 2003, 1743 (1745); LG Traunstein, NJW-RR 2003, 221 (224).

h. M. die Garantenpflicht (vgl. § 13 StGB) zur Vornahme der vom unheilbar Erkrankten nicht gewollten lebenserhaltenden Maßnahme.[119]

Die von der Geschäftsleitung trotz eines entsprechend geäußerten Sterbewunsches der K angeordnete und von der Heimleitung durchgeführte Wiederaufnahme der künstlichen Ernährung erfolgte daher weder zur Abwehr eines (gegenwärtigen) rechtswidrigen Angriffs auf das Leben der K durch Nicht-Fortsetzung der künstlichen Ernährung (weil als „passive Sterbehilfe" jedenfalls gerechtfertigt) noch diente sie dazu, bestehenden eigenen Handlungspflichten mit Blick auf § 13 StGB nachzukommen. Die Fortsetzung der künstlichen Ernährung erfolgte daher rechtswidrig.

> **Klausurhinweis:**
>
> Die Ausführungen können an dieser Stelle auch etwas knapper ausfallen, da eine Rechtfertigung nach § 32 StGB erkennbar jedenfalls am Fehlen einer tauglichen Verteidigungshandlung scheitert.

Mithin liegt in der Wiederaufnahme der künstlichen Ernährung ein gegenwärtiger, rechtswidriger Angriff auf die körperliche Unversehrtheit und das Selbstbestimmungsrecht der K. Eine Nothilfelage ist gegeben.[120]

b) **Nothilfehandlung.** Es müsste auch eine taugliche Nothilfehandlung i.S.d. § 32 Abs. 2 StGB, mithin eine erforderliche Verteidigungshandlung vorliegen.

Problematisch ist insofern allerdings, dass sich im Rahmen der Notwehrhandlung die Verteidigung nur gegen Rechtsgüter des Angreifers selbst richten darf. Als Angreifer kommen hier insbesondere die die angeordnete Wiederaufnahme der Sondenernährung umsetzenden Ärztinnen und Ärzte bzw. das mit der Durchführung betraute Pflegepersonal in Betracht. Die Verteidigungshandlung der G in Form des Durchschneidens des PEG-Sondenschlauchs richtet sich aber nicht oder jedenfalls nicht allein gegen deren Rechtsgüter (Sachbeschädigung durch Zerschneiden des Schlauchs), sondern vor allem gegen ein höchstrangiges, anderes Rechtsgut der Angegriffenen selbst: das Leben der K. Der Eingriff in das Rechtsgut „Leben" der angegriffenen Person kann aber ersichtlich nicht durch Nothilfe gegen einen Angriff auf das Rechtsgut der körperlichen Unversehrtheit und das Selbstbestimmungsrecht derselben Person gerechtfertigt sein.[121] Er bedarf als selbstständige Rechtsgutsverletzung vielmehr einer eigenen, von der Nothilfe unabhängigen Legitimation.

Eine Rechtfertigung der G wegen Nothilfe nach § 32 Abs. 1 StGB scheidet daher aus.

3. **Notstand, § 34 StGB.** Das Handeln der G könnte aber nach § 34 StGB wegen Notstands(hilfe) gerechtfertigt sein.

Von einer gegenwärtigen, nicht anders abwendbaren Gefahr für die notstandsfähigen Rechtsgüter „körperliche Unversehrtheit" und „Selbstbestimmungsrecht" der K ist angesichts der wiederaufgenommenen künstlichen Ernährung der K auszugehen (vgl. oben). Allerdings richtet sich das Verteidigungshandeln der G hier gegen das höchstrangige Rechtsgut (Leben) derjenigen Person, welcher die gegenwärtige Gefahr (für die Rechtsgüter der körperlichen Unversehrtheit und des Selbstbestimmungsrechts) i. S. von § 34 StGB drohte.[122] Entsprechend lässt sich bei der gem. § 34 S. 1 StGB vorzu-

---

[119] *Wessels/Hettinger/Engländer*, Strafrecht BT 1, § 2 Rn. 145 m. w. N.
[120] So auch BGH NJW 2010, 2963 (2965).
[121] BGH NJW 2010, 2963 (2965); vgl. auch *Fateh-Moghadam/Kohake*, ZJS 1/2012, 98 (101).
[122] BGH NJW 2010, 2963 (2965), allerdings mit zahlreichen Nachweisen der Gegenansicht.

nehmenden Abwägung des Selbstbestimmungsrechts und der körperlichen Unversehrtheit der K gegen deren Leben als höchstrangiges Rechtsgut von vornherein kein wesentliches Überwiegen der geschützten Interessen gegenüber dem beeinträchtigten Interesse Leben feststellen. Das Rechtsgut Leben bleibt unabwägbar.[123]

> **Weiterführendes Wissen:**
>
> Dies sieht die wohl h. M. bei der **indirekten Sterbehilfe** allerdings anders, wo jedenfalls h.Lit. und Rspr. eine Rechtfertigung nach § 34 StGB annehmen (siehe hierzu bereits der Hinweiskasten oben → Rn. 109). Zur Begründung der Höherrangigkeit des Selbstbestimmungsrechts des unheilbar Kranken gegenüber dessen Leben führt der BGH in diesem Zusammenhang aus: „Die Ermöglichung eines Todes in Würde und Schmerzfreiheit gemäß dem erklärten oder mutmaßlichen Patientenwillen ist ein höherwertiges Rechtsgut als die Aussicht, unter schwersten, insbesondere sog. Vernichtungsschmerzen noch kurze Zeit länger leben zu müssen."[124] Damit besteht allerdings ein gewisses Spannungsverhältnis zur Argumentation im vorstehenden Fall Putz, in dem der BGH pauschal auf die Höchstrangigkeit des Rechtsguts Leben verweist und deshalb eine Rechtfertigung des Handelns der G nach § 34 StGB ablehnt.[125]

130 Hinzu kommt, dass Leitbild des rechtfertigenden Notstands gerade die objektive Abwägung der Interessen *verschiedener* Personen ist.[126] Hier stehen aber zuvorderst die Rechtsgüter ein und derselben Person – nämlich der K – in Rede.

131 Im Ergebnis muss damit auch eine Rechtfertigung nach § 34 S. 1 StGB ausscheiden.

132 **4. Rechtfertigung nach den Grundsätzen des Behandlungsabbruchs.** Eine Rechtfertigung könnte sich aber nach den vom BGH entwickelten Grundsätzen des **Behandlungsabbruchs** ergeben.

> **Klausurhinweis:**
>
> Beim Behandlungsabbruch handelt es sich – jedenfalls nach Lesart des BGH – um einen Rechtfertigungsgrund. Zur genauen dogmatischen Einordnung siehe ausführlich → Rn. 146.

133 Unter diesem *normativ-wertenden Oberbegriff* fasst der BGH sämtliche Handlungen zusammen, die mit der Beendigung einer ärztlichen Behandlung in Zusammenhang stehen. Der Ausdruck beinhaltet dabei neben objektiven Handlungselementen auch die subjektive Zielsetzung des Handelnden, eine bereits begonnene medizinische Behandlungsmaßnahme gemäß dem Willen des Patienten insgesamt zu beenden bzw. zu reduzieren. Sind die Voraussetzungen eines solchen „Behandlungsabbruchs" gegeben, handelt der Abbrechende – jedenfalls nach Ansicht des BGH – nicht rechtswidrig.

134 **a) Voraussetzungen des Behandlungsabbruchs.** Fraglich ist, welche Anforderungen an einen solchen Behandlungsabbruch zu stellen sind und ob diese hinsichtlich des Handelns der G vorliegen.

135 **aa) Lebensbedrohliche Erkrankung und Abbruch einer medizinischen Behandlung.** Erforderlich ist zunächst, dass die betroffene Person lebensbedrohlich erkrankt ist und die abgebrochene Maßnahme medizinisch zur Erhaltung oder Verlängerung des Lebens geeignet ist.[127] Dagegen muss die Krankheit nicht bereits einen irreversiblen

---

123 Ganz h. M., siehe nur *Wessels/Hettinger/Engländer*, Strafrecht BT 1, § 2 Rn. 148.
124 BGHSt 42, 301 (305).
125 Vgl. BGH NJW 2010, 2963 (2965); zum Spannungsverhältnis siehe auch *Fateh-Moghadam/Kohake*, ZJS 1/2012, 98 (101 Fn. 1).
126 *Fateh-Moghadam/Kohake*, ZJS 1/2012, 98 (101).
127 Vgl. *Reinbacher*, famos 09/2010, 1 (4).

Fall 3c: Die PEG-Sonde („Fall Putz" / „Fuldaer Sterbehilfe-Fall")

tödlichen Verlauf genommen haben.[128] Sie hat aber geeignet zu sein, zum Tode zu führen („letaler Verlauf"). Die Formulierung „lebensbedrohlich erkrankt" ist damit im Ergebnis weit zu verstehen und erfasst auch Folgen, die zu einem Zustand führen, der ohne medizinische Behandlung den Tod des bzw. der Betroffenen zur Folge hätte.[129]

K liegt aufgrund einer Hirnblutung seit fünf Jahren im Wachkoma. Seither ist sie nicht ansprechbar und wird in einem Altenheim gepflegt und über eine PEG-Sonde künstlich ernährt. Ohne künstliche Ernährung könnte K nicht weiterleben. Eine Besserung ihres Gesundheitszustands ist nicht zu erwarten. K befindet sich damit in einem Zustand, der ohne medizinische Behandlung ihren Tod zur Folge hätte; mithin ist K lebensbedrohlich erkrankt. Die abgebrochene Maßnahme „künstliche Ernährung" ist medizinisch auch geeignet, das Leben der K jedenfalls zu verlängern.

136

bb) Tatsächlicher oder mutmaßlicher Patientenwille. Daneben ist erforderlich, dass der Behandlungsabbruch – hier also das Durchschneiden des PEG-Sondenschlauchs zur Verhinderung der Fortsetzung der künstlichen Ernährung – dem **tatsächlichen oder mutmaßlichen Patientenwillen** entspricht (vgl. § 1827 BGB; früher: § 1901a BGB). K war zum Zeitpunkt des Durchschneidens des PEG-Sondenschlauchs durch G nicht mehr ansprechbar, konnte also ihren aktuellen Willen diesbezüglich nicht (mehr) ausdrücklich äußern.

137

Allerdings entsprach das Vorgehen der G dem fünf Jahre zuvor von K geäußerten Willen, an ihr im Falle ihrer Bewusstlosig- bzw. Äußerungsunfähigkeit keine lebensverlängernden Maßnahmen in Form künstlicher Ernährung und Beatmung durchzuführen; v. a. wollte K nicht an irgendwelche „Schläuche" angeschlossen werden (und sein). Es ist auch nichts dafür ersichtlich, dass die später tatsächlich eingetretene Situation nicht vom damaligen Willen der K mitumfasst war oder sich die persönlichen Wertvorstellungen und Wünsche der K in der Zwischenzeit (maßgeblich) geändert haben. Es ist daher davon auszugehen, dass das Durchschneiden des PEG-Sondenschlauchs durch G dem tatsächlichen, jedenfalls aber dem mutmaßlichen Willen der K entsprach.

138

Klausurhinweis/Weiterführendes Wissen:

Auf den mutmaßlichen Patientenwillen (vgl. § 1827 Abs. 2 S. 1 BGB) kommt es grundsätzlich erst an, wenn sich ein auf die aktuelle Lebens- und Behandlungssituation bezogener Wille des Betroffenen – sei es in Form einer Patientenverfügung oder eines Behandlungswunsches – nicht feststellen lässt.[130] Sieht man den von K vor fünf Jahren geäußerten Willen als hinsichtlich der aktuellen Situation hinreichend spezifizierten (Nicht-)Behandlungswunsch an, liegt bereits ein tatsächlicher, d. h. ausdrücklich geäußerter Wille der K bzgl. des Behandlungsabbruchs vor. Lehnt man dies dagegen mit Blick auf den Zeitablauf und die spezifische Konkretheit der aktuellen Behandlungssituation ab, wäre auf den – hier gleichlautenden – *mutmaßlichen* Willen der K abzustellen. Der mutmaßliche Wille bestimmt sich nach den persönlichen Zielen, Wünschen, Bedürfnissen und Wertvorstellungen des Betroffenen, wobei bei seiner Ermittlung insbesondere auch frühere Äußerungen des Betroffenen zu berücksichtigen sind (vgl. § 1827 Abs. 2 S. 3 BGB). Erst wenn keine konkreten Anhaltspunkte (vgl. § 1827 Abs. 2 S. 2 BGB) für die subjektiven Präferenzen des Kranken vorliegen, ist das, was ein vernünftiger Dritter wollen würde, heranzuziehen.

---

128 *Gaede*, NJW 2010, 2925 (2926): Krankheit muss nicht bereits ein akutes Stadium erreicht haben; vgl. in diesem Zusammenhang auch § 1827 Abs. 3 BGB.
129 So ausdrücklich *Fateh-Moghadam/Kohake*, ZJS 1/2012, 98 (104); anders aber offenbar *Kraatz*, Arztstrafrecht, § 6 Rn. 206.
130 BeckOK-BGB-*Müller-Engels*, § 1827 Rn. 39; vgl. auch BGHZ 202, 226; BGH NJW 2017, 1737.

Falleinheit 3: Sterbehilfe (Fall 3a bis Fall 3c)

> **Weiterführendes Wissen:**
>
> Läge eine wirksame **Patientenverfügung** (§ 1827 Abs. 1 S. 1 BGB) vor, wäre diese als vorgezogene Entscheidung des Patienten bindend, § 1827 Abs. 1 S. 2 BGB. Voraussetzung hierfür ist allerdings, dass diese auch auf die aktuelle Lebens- und Behandlungssituation zutrifft, § 1827 Abs. 1 S. 1 BGB. Ob dies der Fall ist, ist jeweils durch Auslegung zu ermitteln.

> **Weiterführendes Wissen:**
>
> Die Bedeutung (einer Verletzung) der **Verfahrensregeln** der **§§ 1827 ff. BGB** (früher: §§ 1901a ff. BGB) für eine Strafbarkeit nach §§ 212, 216 StGB ist umstritten:[131] Während TdL davon ausgehen, dass diese Vorschriften materielle Voraussetzungen eines gerechtfertigten Behandlungsabbruchs darstellen, d. h. ein Behandlungsabbruch, der unter Verstoß gegen diese Normen erfolgt, nicht gerechtfertigt ist, nimmt die (wohl) h. M. an, dass die Nichteinhaltung der Verfahrensvorschriften der §§ 1827 ff. BGB die strafrechtliche Zulässigkeit des Behandlungsabbruchs nicht ausschließt. Letzteres überzeugt, da der bloße Verstoß gegen Verfahrensregeln mangels Handlungs- und Erfolgsunwerts kein Tötungsunrecht begründen kann und deshalb nicht geeignet ist, die Sanktionierung aus einem Tötungsdelikt zu rechtfertigen. Zur Argumentation siehe auch Fall 7a → Rn. 70 f.

139 **cc) Objektive und subjektive Behandlungsbezogenheit.** Der Behandlungsabbruch muss zudem objektiv und subjektiv behandlungsbezogen sein.

140 **Objektive Behandlungsbezogenheit** liegt vor, wenn sich das Handeln darauf beschränkt, einen Zustand (wieder-)herzustellen, der einem bereits begonnenen Krankheitsprozess seinen Lauf lässt, indem zwar Leiden gelindert, die Krankheit aber nicht (mehr) behandelt wird, sodass der Patient letztlich dem Sterben überlassen wird. Die Sterbehilfehandlung muss also dazu dienen, einem ohne Behandlung zum Tod führenden Krankheitsprozess *seinen Lauf zu lassen.*

> **Klausurhinweis:**
>
> Nicht erfasst sind dagegen Fälle eines gezielten Eingriffs, der die Beendigung des Lebens vom Krankheitsprozess abkoppelt.[132]

141 Durch das Durchschneiden des PEG-Sondenschlauchs wollte G dem bereits begonnenen Krankheitsprozess seinen (natürlichen) Lauf lassen, woraufhin K an ihrer krankheitsbedingten Unfähigkeit, noch Nahrung und Flüssigkeit zu sich zu nehmen, versterben sollte. Objektive Behandlungsbezogenheit liegt daher vor.

142 **Subjektiv behandlungsbezogen** agiert der Handelnde, wenn sein Handeln darauf abzielt, eine Behandlung gemäß dem Patientenwillen zu verhindern, zu beenden oder zu reduzieren.[133] Dazu muss der Handelnde den Patientenwillen zumindest kennen.[134] Hier war G's Handeln gerade darauf gerichtet, eine (Weiter-)Behandlung der K gegen den ihr (G) bekannten Willen der K zu verhindern. Das Durchtrennen des PEG-Sondenschlauchs erfolgte daher auch subjektiv handlungsbezogen.

> **Klausurhinweis/Weiterführendes Wissen:**
>
> Die subjektive Behandlungsbezogenheit ist als subjektives Rechtfertigungselement zu verstehen.

---

131 Ausführlich zum Folgenden *Fateh-Moghadam/Kohake*, ZJS 1/2012, 98 (104 f.).
132 BGH NJW 2010, 2963 (2967); vgl. zu dieser Unterscheidung auch *Höfling*, JuS 2000, 111 (113).
133 *Gaede*, NJW 2010, 2925 (2926); BGH NJW 2010, 2963 (2967).
134 Vgl. *Wessels/Hettinger/Engländer*, Strafrecht BT 1, § 2 Rn. 149.

Fall 3c: Die PEG-Sonde („Fall Putz" / „Fuldaer Sterbehilfe-Fall")

dd) Gerechtfertigt handelnder Personenkreis. Die Grundsätze des rechtfertigenden Behandlungsabbruchs greifen immer dann, wenn der Behandlungsabbruch von einem behandelnden Arzt, dem Betreuer oder Bevollmächtigten oder deren für die Behandlung und Betreuung hinzugezogenen Hilfspersonen durchgeführt wird.[135] Da G beim Durchschneiden des PEG-Sondenschlauchs als Betreuerin ihrer Mutter K handelte, ist auch diese Voraussetzung des Behandlungsabbruchs erfüllt.

143

ee) Zwischenergebnis. Damit liegen die Voraussetzungen eines Behandlungsabbruchs hinsichtlich des Handelns der G vor. Nach Ansicht des BGH ist G daher gerechtfertigt. Lehnt man die Rechtsprechung vom Behandlungsabbruch dagegen ab und stützt sich stattdessen auf die herkömmliche Unterscheidung zwischen aktiver und passiver Sterbehilfe, wäre das aktive Durchschneiden des PEG-Sondenschlauchs (als aktive Tötungshandlung) mangels eines einschlägigen Rechtfertigungsgrundes (keine wirksame Einwilligung in die eigene Tötung, kein § 32 StGB, kein § 34 StGB) nicht gerechtfertigt.

144

b) Stellungnahme

> **Klausurhinweis:**
> Zum Aufbau siehe bereits den Hinweiskasten oben → Rn. 117.

Für die Rechtsprechung des BGH – und damit eine Art „Neuordnung"[136], jedenfalls Weiterentwicklung der klassischen Sterbehilfedogmatik – spricht ihre konsequente Orientierung am Selbstbestimmungsrecht des Patienten aus Art. 2 Abs. 1 i. V. m. Art. 1 Abs. 1 GG: So erfährt die Patientenautonomie durch die Abkehr von der strikten Unterscheidung zwischen unzulässiger aktiver und zulässiger passiver Sterbehilfe insbesondere hinsichtlich nicht mehr selbst handlungsfähiger Personen eine deutliche Stärkung; zudem werden dogmatische Kunstgriffe und Wertungswidersprüche der „alten" Klassifizierung vermieden (z. B. „Unterlassen durch Tun", siehe oben → Rn. 107).[137] Daneben trägt ein solcher Ansatz dem Gedanken der Einheit der Rechtsordnung Rechnung, indem jedenfalls die Stoßrichtung der zivilrechtlichen Regelungen der §§ 1901a ff. BGB (jetzt: §§ 1827 ff. BGB) – (möglichst weitgehende) Wahrung des Selbstbestimmungsrechts Einwilligungsunfähiger – hierdurch auch im Strafrecht Berücksichtigung findet.[138] Und schließlich entspricht der „Perspektivenwechsel"[139] des BGH einem allgemein gewandelten und in der Entscheidung des BVerfG zur Verfassungswidrigkeit des § 217 StGB[140] zum Ausdruck gebrachten Autonomieverständnis, welches das Recht auf ein selbstbestimmtes Sterben als zentralen Bestandteil von Selbstbestimmung begreift. Die grundsätzliche Neuausrichtung der Sterbehilfedogmatik durch die Figur des Behandlungsabbruchs ist daher insgesamt zu begrüßen und inhaltlich-materiell eigentlich überfällig. Die Grundsätze des Behandlungsabbruch sind daher als solche anzuerkennen.

145

---

135 BGH NJW 2010, 2963 (2967 f.).
136 *Wessels/Hettinger/Engländer*, Strafrecht BT 1, § 2 Rn. 150.
137 So auch *Wessels/Hettinger/Engländer*, Strafrecht BT 1, § 2 Rn. 150.
138 Vgl. BGH NJW 2010, 2963 (2965).
139 *Waßmer*, Medizinstrafrecht, § 9 Rn. 33.
140 BVerfG, Urt. V. 26.2.2020 – 2 BvR 2347/15 u. a. = BVerfGE 153, 182 = NJW 2020, 905.

> **Klausurhinweis/Weiterführendes Wissen:**
>
> Ob die Kategorien der aktiven, passiven und indirekten Sterbehilfe (siehe hierzu → Rn. 109) durch die Rechtsprechung zum Behandlungsabbruch *ersetzt* oder lediglich *modifiziert* worden sind, wird unterschiedlich beurteilt und ist nach wie vor nicht abschließend geklärt.[141] Zumindest die indirekte Sterbehilfe lässt sich damit aber eigentlich nicht rechtfertigen, weil bei ihr der Tod des Patienten nicht als Folge des Abbruchs, sondern als Folge der *Vornahme* der Behandlung eintritt, und ihre Zulässigkeit deshalb nicht damit begründet werden kann, dass das Selbstbestimmungsrecht dem Patienten das Recht verleiht, Eingriffe in seine körperliche Unversehrtheit abzuwehren.[142] Daneben spricht auch der Umstand, dass über zehn Jahre nach der Grundsatzentscheidung des 2. Strafsenats sowohl in Rechtsprechung und Literatur als auch in der öffentlichen Debatte nach wie vor von aktiver, passiver und indirekter Sterbehilfe die Rede ist, eher für eine parallele Beibehaltung und damit einen fallbezogen-konkreten Einsatz der „alten" Kategorien.

146 Weniger überzeugend erscheint dagegen die vom BGH so vorgenommene dogmatische Verortung des Behandlungsabbruchs als rechtfertigende (mutmaßliche) Einwilligung: So lässt sich diese Klassifizierung einerseits kaum mit der grundsätzlichen Indisponibilität des Rechtsguts Leben vereinbaren (vgl. die Verfügungsschranke des § 216 Abs. 1 StGB). Gleichzeitig verstellt die dogmatische Einordnung als rechtfertigende (mutmaßliche) Einwilligung den Blick darauf, dass ausgehend von der Patientenautonomie nicht der *Abbruch*, sondern die *Vornahme* der Behandlung (als grundsätzlich tatbestandliche Körperverletzung) rechtfertigungsbedürftig ist.[143] Besteht daher keine Einwilligung mehr, hat eine Weiterbehandlung zwingend zu unterbleiben. Daraus aber folgt, dass es keiner eigenständigen Zustimmung zum Abbruch der Behandlung bedarf, sondern die Behandelnden (bzw. deren Hilfspersonen) – umgekehrt – in diesen Fällen zum Abbruch gerade verpflichtet sind. Auf den Punkt gebracht: Die rechtlich *gebotene Beendigung* einer *rechtswidrigen* Zwangsbehandlung bedarf erst gar keiner Rechtfertigung durch (mutmaßliche) Einwilligung.[144] Stattdessen stellt sie schon keine Schaffung einer rechtlich missbilligten Gefahr dar und lässt damit mangels objektiver Zurechenbarkeit bereits den (objektiven) Tatbestand entfallen.[145]

> **Klausurhinweis:**
>
> A.A. – BGH: Behandlungsabbruch als rechtfertigende (mutmaßliche) Einwilligung; a.A.: Behandlungsabbruch als aus der Patientenautonomie abgeleiteter Rechtfertigungsgrund *sui generis* – ebenfalls vertretbar. Zum Aufbau siehe bereits → Rn. 117).

147 **c) Zwischenergebnis.** Nach der Rechtsprechung des BGH ist G nach den Grundsätzen des Behandlungsabbruchs gerechtfertigt. Nach vorzugswürdiger Literaturansicht entfällt mangels Schaffung einer rechtlich missbilligten Gefahr und damit mangels Zurechenbarkeit des tatbestandlichen Erfolgs an G bereits die Tatbestandsmäßigkeit.

---

141 Vgl. z. B. *Kraatz*, Arztstrafrecht, § 6 Rn. 193: „Die frühere Unterscheidung zwischen [...] strafbarer ‚aktiver direkter Sterbehilfe', strafloser ‚aktiver indirekter Sterbehilfe' und der ‚passiven Sterbehilfe' spielt seit der Neuausrichtung durch den Bundesgerichtshof im Jahre 2010 wegen der Grenzziehung zwischen straflosen und strafbaren Verhaltens keine Rolle mehr." Anders aber z. B. *Wessels/Hettinger/Engländer*, Strafrecht BT 1, § 2 Rn. 141, 152.
142 *Wessels/Hettinger/Engländer*, Strafrecht BT 1, § 2 Rn. 152.
143 *Wessels/Hettinger/Engländer*, Strafrecht BT 1, § 2 Rn. 150; siehe auch *Engländer*, JZ 2011, 513 (516 ff.).
144 *Fateh-Moghadam/Kohake*, ZJS 1/2012, 98 (102).
145 Ebenso *Fateh-Moghadam/Kohake*, ZJS 1/2012, 98 (102); *Rissing-van Saan*, ZIS 2011, 544 (550); dahingehend auch *Gaede*, NJW 2010, 2925 (2927); *Zimmermann*, Rettungstötungen, 2009, S. 206 Fn. 744.

Fall 3c: Die PEG-Sonde („Fall Putz" / „Fuldaer Sterbehilfe-Fall")

Ergebnis: G hat sich nach allen Ansichten nicht wegen versuchten Totschlags strafbar gemacht. Sie bleibt daher straflos.

Strafbarkeit des P

Wird P lediglich als Anstifter verstanden, fehlt es bereits an einer angestifteten vorsätzlichen rechtswidrigen Haupttat eines anderen (§ 26 StGB), da das Handeln der G entweder bereits nicht den Tatbestand des (versuchten) Totschlags erfüllt oder aber jedenfalls gerechtfertigt ist, mithin nicht rechtswidrig erfolgte. Eine versuchte Anstiftung nach § 30 Abs. 1 S. 1 StGB scheitert jedenfalls am Fehlen eines auf die Begehung eines Verbrechens gerichteten Tatentschlusses des P.

Begreift man P als Mittäter, liegt nach e. A. mangels Tatbestandsmäßigkeit bereits keine dem P nach § 25 Abs. 2 StGB zurechenbare Handlung der G vor. Folgt man der dogmatischen Einordnung des Behandlungsabbruchs als rechtfertigende (mutmaßliche) Einwilligung durch den BGH, greift dieser Rechtfertigungsgrund jedenfalls auch für den von G zu Rate gezogenen Rechtsanwalt P als hinzugezogene Hilfsperson.[146]

P bleibt daher ebenfalls straflos.

Gesamtergebnis

G und P haben sich durch das Durchschneiden des PEG-Sondenschlauchs nicht strafbar gemacht.

---

[146] So jedenfalls der BGH in seiner zugrundeliegenden Entscheidung, vgl. BGH NJW 2010, 2963 (2968).

Weiterführende Hinweise auf relevante Rechtsprechung und (Ausbildungs-)Literatur:

BGH NJW 2010, 2963 – Abbruch lebenserhaltender Maßnahmen auf Grundlage des Patientenwillens *(Fall Putz, vgl. Fall 3c)*
BGH NJW 2019, 3092 – Grenzen der Strafbarkeit bei ärztlich assistierter Selbsttötung
BVerfG NJW 2020, 905 – Verfassungswidrigkeit des Verbots der geschäftsmäßigen Förderung der Selbsttötung
BGH NStZ 2022, 663 – Abgrenzung Tötung auf Verlangen und Suizidbeihilfe *(vgl. Fall 3b)*
OVG Münster NVwZ 2022, 664 – Keine staatliche Verpflichtung, schwerstkranken Menschen Zugang zu einem Suizid-Mittel zu verschaffen

Beck, Susanne, Kurzfälle aus dem Medizinstrafrecht – Teil 2, ZJS 2/2013, 156
Bosch, Nikolaus, Neuer Wein in alten Schläuchen – Neue Grenzziehung zwischen Tötung auf Verlangen und strafloser Suizidbeihilfe?, JURA 2023, 923
Fateh-Moghadam, Bijan / Kohake, Marina, Übungsfall: Selbstjustiz auf der Intensivstation, ZJS 1/2012, 98
Hecker, Bernd, Strafrecht BT: Abgrenzung von strafbarer Fremdtötung und strafloser Suizidhilfe, JuS 2022, 1073
Kraatz, Erik, Arztstrafrecht, 3. Auflage 2023, § 6 Ärztliche Sterbehilfe
Lindner, Franz Josef, Verfassungswidrigkeit des Verbots aktiver Sterbehilfe, NStZ 2020, 505
Murmann, Uwe, Tötungshandlung und Einwilligung bei § 216 StGB, ZfIStw 9–10/2022, 530
Rissing-van Saan, Ruth / Verrel, Torsten, Der Fall Wittig und die Verweigerung von Rechtssicherheit durch den BGH, NStZ 2020, 121
Waßmer, Martin Paul, Medizinstrafrecht, 1. Auflage 2022, § 9 Sterbehilfe
Ziegler, Kerstin, Suizid durch Unterlassen?, StV 1/2023, 65

Falleinheit 4: Ausgewählte Bereiche der Biomedizin

Fall 4: „Netzwerk Embryonenspende e. V."

Dr. N und Dr. E sind seit Jahren als Ärzte in der Reproduktionsmedizin tätig. Beide sind zudem Gründungsmitglieder des gemeinnützigen Vereins „Netzwerk Embryonenspende e. V.". Dr. N ist dessen Vorsitzender, Dr. E ist Schatzmeisterin. Zweck des Vereins ist u. a. die Vermittlung von zur Spende freigegebenen Eizellen an kinderlose Paare. Der Verein ist ohne Gewinnerzielungsabsicht tätig. Die Zellspenden stammen aus früheren Kinderwunschbehandlungen. Nach Abschluss der Kinderwunschbehandlung und damit dem Ende der Konservierung der tiefgefrorenen Eizellen stehen die Paare vor der Entscheidung, was mit ihren übrig gebliebenen Eizellen geschehen soll. Der Verein bietet die Möglichkeit, diese („überschüssigen") Eizellen an andere Paare zu spenden. Bei den gespendeten Eizellen handelt es sich um sog. „imprägnierte" Eizellen im Vorkernstadium mit zwei Vorkernen (sog. 2-PN-Zellen), d. h. um Eizellen, in die das Spermium bereits eingedrungen ist, in denen aber die beiden Vorkerne (aus Samen- und Eizelle) noch nicht miteinander verschmolzen sind.

Vor Gründung des Vereins informieren sich Dr. N und Dr. E über die Rechtmäßigkeit ihres Handelns, bekommen jedoch von verschiedensten staatlichen Stellen auf Bundes- und Landesebene keine verbindliche Antwort. Auch deswegen sprechen sie Prof. Dr. Z an, ob diese zur Frage der Rechtmäßigkeit der geplanten Vereins- und Transfertätigkeit beraten könne. Die inzwischen emeritierte Universitätsprofessorin beschäftigt sich seit Jahren im Rahmen ihrer wissenschaftlichen Tätigkeit mit dem Embryonenschutzgesetz. In einem für den Verein erstellten detaillierten Rechtsgutachten kommt sie unter kritischer Einbeziehung der bestehenden Gegenmeinung zu dem Ergebnis, dass das Auftauen und Weiterkultivieren übrig gebliebener 2-PN-Eizellen nicht gegen das Embryonenschutzgesetz verstoße. Prof. Dr. Z ist bei Gründung des Vereins dem Verein beigetreten und hat auf Wunsch von Dr. N und Dr. E formal die Position einer weiteren Vorstandsvorsitzenden übernommen. Ihre einzige Aufgabe ist es, im Einzelfall juristisch zu beraten.

Bereits wenige Wochen nach Vereinsgründung kommt eine erste erfolgreiche Vermittlung zustande und Dr. N. und Dr. E transferieren – im Vertrauen auf das Gutachten von Prof. Dr. Z – in ihrer Praxis eine aus einer Kinderwunschbehandlung eines anderen Paares stammende, zur Spende freigegebene „imprägnierte" Eizelle auf die fremde ungewollt kinderlose Frau F. Hierzu tauen sie die gespendete Eizelle wieder auf – wodurch (wie Dr. N und Dr. E wissen) der biologische Vorgang der Kernverschmelzung wieder in Gang gesetzt wird bzw. weiterläuft – und übertragen diese auf F. Die beiden Kerne verschmelzen und F bringt neun Monate später ein gesundes Kind zur Welt.

Strafbarkeit von Dr. N, Dr. E und F?

§§ 223 ff. StGB bleiben bei der Bearbeitung außer Betracht. Auf die Gewinnung der „überschüssigen" Eizellen ist nicht einzugehen.

Abwandlung 1:

Der Eingriff misslingt. In der Folge kommt es zu keiner Kernverschmelzung; F wird also nicht schwanger.

Abwandlung 2:

Tatsächlich sind die Kerne von Ei- und Samenzelle in der übertragenen Eizelle schon verschmolzen. Dr. N und Dr. E wissen dies aber nicht, sondern gehen bei der Übertragung auf F davon aus, eine Eizelle mit zwei „unverschmolzenen" Vorkernen einzusetzen.

Kurzgliederung Fall 4
Stbk. von Dr. N und Dr. E
A. § 1 Abs. 1 Nr. 1 EschG
I. TB
1. Objektiver TB
   (P): Unbefruchtete Eizelle?
   – E.A.: § 8 Abs. 1 -3 EschG
     → Erst ab (abgeschlossener) Kernverschmelzung liegt eine befruchtete Eizelle vor
   – A.A.: biologische Betrachtungsweise
     → Ab Eindringen der Samenzelle jedenfalls nicht mehr „unbefruchtet"
   – Streitentscheid: pro A.A., da näher an der laienhaften Verwendung des Wortes „unbefruchtet" und auch Vereinbarkeit mit § 8 EschG
2. Ergebnis: TB (-)
B. § 1 Abs. 1 Nr. 6 EschG (-)
Kein Embryo i. S.v. § 8 Abs. 1 EschG
C. § 1 Abs. 1 Nr. 2 EschG
I. TB
1. Objektiver TB
   a) „Künstlichkeit" der Befruchtung (+)
   b) Befruchtung einer „imprägnierten" 2-PN-Zelle?
      (P): Liegt im Wiederauftauen und Weiterverwenden eine Befruchtung?
      aa) Befruchtung als punktuelles Ereignis (TdL)
          – Nach Eindringen der Samenzelle jedenfalls nicht mehr unbefruchtet
      bb) Befruchtung als zeitlich gestreckte Befruchtungskaskade (BayObLG)
          – Zeitlich gestreckter Vorgang, der erst mit der Entstehung eines Embryos zum Abschluss kommt
          – Jedes Zusammenführen von Ei- und Samenzelle ist daher eine Befruchtung
      cc) Streitentscheid
          – Wortlaut/Semantik: biologische Vorgänge haben eine gewisse Zeitdauer
          – Systematik: § 8 Abs. 3 Alt. 2 und § 9 Nr. 4 EschG sprechen für zeitlich gestreckten Vorgang
            A.A.: § 8 Abs. 1 EschG mit sonst pleonastischer Formulierung
          – Historie: Gesetzgeber verstand unter Befruchtung eine zeitlich gestreckte Handlung
          – Telos: gespaltene Mutterschaft verhindern, somit eher zeitlich gestrecktes Verständnis; Unternehmensdelikt i. S.v. § 11 Abs. 1 Nr. 6 StGB
   c) Anderes Ergebnis wg. Straflosigkeit der Embryonenspende?
      – H.M.: Embryonentransfer grdsl. nicht strafbar
        Arg.: nur in speziellen Fällen (z. B. § 1 Abs. 1 Nr. 7 EschG) strafbar, sodass im Umkehrschluss die Erhaltung des in strafloser Weise entstandenen Embryos zulässig ist

Fall 4: „Netzwerk Embryonenspende e. V."

- Auswirkungen auf 2-PN-Zellen: wohl (-), da zu diesem Zeitpunkt noch kein Embryo vorliegt, der geschützt werden muss
  Arg.: bewusste Wertung und Wille des Gesetzgebers
- A.A.: Wertungsmäßig sind 2-PN-Zellen nicht weit weg von einem Embryo (sog. „Potenzialitätsthese")

d) **Verfassungskonforme Auslegung?**
- Bestimmtheitsgrundsatz, Art. 103 Abs. 2 GG: (-), Wortlautgrenze wohl noch nicht überschritten
- Recht auf Fortpflanzung von Empfängerpaaren: (-), Gesetzgeber hat seinen Ermessensspielraum nicht überschritten, insb. da Situation bekannt

e) **Wiederauftauen als „Unternehmen" der Befruchtung?**
- § 11 Abs. 1 Nr. 6 StGB: Handlungen vom frühestmöglichen Stadium bis zur Erreichung des Erfolgs stehen unter Strafe
  → Gesetzgeberischer Zweck kann nur so erreicht werden
  → Jeder Handlungsschritt wird bestraft
- Daher: Wiederauftauen als „Unternehmen" (+)

2. **Subjektiver TB**
- Vorsatz und zielgerichteter Wille (+)

II. **RWK (+)**

III. **Schuld**
1. **Verbotsirrtum, § 17 S. 1 StGB (+)**
2. **Vermeidbarkeit des Verbotsirrtums**
- Zweifel müssen durch Einholung von (Rechts-)Rat beseitigt werden
- Durch sachkundige, unvoreingenommene und keinerlei Eigeninteresse verfolgende Person
  → Hier: detailliertes, schriftliches Rechtsgutachten
  → (P): Unvoreingenommenheit von Prof. Z?
    Zwar Vereinsmitglied, aber Gutachten vor Mitgliedschaft + kein finanzielles Eigeninteresse
    Hat sich intensiv mit den bestehenden Gegenmeinungen befasst
- Daher: unvermeidbarer Verbotsirrtum (+)

IV. **Ergebnis: Strafbarkeit (-)**

Stbk. der F

§ 1 Abs. 1 Nr. 2 EschG, 25 Abs. 2 StGB: (-), da § 1 Abs. 3 Nr. 1 EschG als persönlicher Strafaufhebungsgrund

Abwandlung 1

§ 1 Abs. 1 Nr. 2 EschG als **Unternehmensdelikt**, vgl. § 11 Abs. 1 Nr. 6 StGB: kein Unterschied zum Ausgangsfall

Abwandlung 2

Übertragung eines Embryos i. S.v. § 8 Abs. 1 EschG hier nicht strafbar
Aber: Dr. N und Dr. E wissen dies nicht, somit untauglicher Versuch, somit kein Unterschied zum Ausgangsfall

Lösung Fall 4[1]

Schwerpunkte: Voraussetzungen des § 1 Abs. 1 Nr. 2 ESchG, Missbräuchliche Anwendung von Fortpflanzungstechniken, Begriff der Befruchtung, Verbotsirrtum bei Einholung von Rechtsrat

Vorbemerkung:
Der Fall geht z. T. sehr in die Tiefe (v. a. des ESchG). Selbstverständlich würde in einer Klausur kein derartiges Spezialwissen (z. B. bzgl. Gesetzesmaterialien etc.) erwartet. Ausreichend, aber auch erforderlich ist es daher, dass mit den Begrifflichkeiten und dem Regelungsregime des ESchG argumentiert wird. Die Ausführungen sind dabei insbesondere aus didaktischen Gründen sehr ausführlich gehalten. In einer Klausurbearbeitung könnte auch mit einer deutlich kürzeren Lösung ein (sehr) gutes Ergebnis erzielt werden.

Strafbarkeit von Dr. N und Dr. E

A. § 1 Abs. 1 Nr. 1 EschG

2   Indem Dr. N und Dr. E auf F eine fremde „imprägnierte" Eizelle übertrugen, könnten sie sich wegen der missbräuchlichen Anwendung von Fortpflanzungstechniken nach § 1 Abs. 1 Nr. 1 EschG strafbar gemacht haben.

> **Weiterführendes Wissen:**
>
> § 1 Abs. 1 Nr. 1 EschG soll eine sog. **gespaltene Mutterschaft** verhindern, bei der austragende und genetische Mutter personenverschieden sind.[2] Begründet wird dies insbesondere mit **Kindeswohlerwägungen** (vgl. Art. 6 Abs. 2 S. 1 GG; § 1666 BGB):[3] So könne die „uneindeutige" maternale Zuordnung die Persönlichkeitsentwicklung des Kindes gefährden. Daneben werden eine kommerzielle Ausbeutung der Eizellenspenderinnen sowie medizinische Risiken durch die Eizellentnahme befürchtet.[4] Dagegen ist die heterologe Samenspende, d. h. die Einbringung von Spermien (Samenzellen) in die Gebärmutter einer Frau, die von einem anderen Spender als dem Ehemann oder Lebenspartner dieser Frau stammen, nicht vom EschG erfasst.
>
> Insgesamt dürfte sich das Verbot der heterologen Eizellspende aber auf „verfassungsrechtlich dünnem Eis"[5] bewegen. Denn einerseits sind zwingende verfassungsrechtliche Gründe, die eine derartige Beschränkung des Rechts auf Fortpflanzung (→ Rn. 53) sowie die damit verbundene Ungleichbehandlung der Geschlechter (vgl. Art. 3 Abs. 2, Abs. 3 GG) rechtfertigen könnten, nur schwer ersichtlich. Andererseits fehlt es bislang an wissenschaftlichen Belegen für eine Kindeswohlbeeinträchtigung durch gespaltene Mutterschaft. Zum Ganzen Spickhoff-*Müller-Terpitz*, EschG § 1 Rn. 7.

I. Tatbestandsmäßigkeit

3   **1. Objektiver Tatbestand.** Dazu müssten sie auf eine Frau eine fremde unbefruchtete Eizelle übertragen haben.

---

1   Sachverhalt nach BayObLG (6. Strafsenat), Urteil vom 4.11.2020 – 206 St RR 1459/19–1461/19, BeckRS 2020, 32545.
2   Vgl. BT-Drs. 11/5460, 7; 14/9020, 35 ff.
3   Zur weiteren Konkretisierung des Kindeswohls als unbestimmter Rechtsbegriff – insbesondere auch vor den Grundrechten der betroffenen Kindes – ausführlich *Schrott*, Intersex-Operationen, S. 556 ff.
4   Zusammenfassend zu dieser Argumentation Spickhoff-*Müller-Terpitz*, EschG § 1 Rn. 6 m. w.N.
5   Spickhoff-*Müller-Terpitz*, EschG § 1 Rn. 7.

Fall 4: „Netzwerk Embryonenspende e. V."

Fremd ist eine Eizelle immer dann, wenn sie nicht von der Frau stammt, auf welche diese Eizelle übertragen wird. Indem Dr. N und Dr. E die gespendete und damit nicht von F stammende Eizelle auf diese transferiert haben, haben sie einer Frau eine fremde Eizelle übertragen. 4

Fraglich ist, ob diese **unbefruchtet** war. Bei der auf F übertragenen Eizelle handelt es sich um eine sog. 2-PN-Zelle, d. h. um eine Eizelle, in die das Spermium bereits eingedrungen ist, in denen aber die beiden Vorkerne (aus Samen- und Eizelle) noch nicht miteinander verschmolzen sind. 5

Eine Legaldefinition, wann eine Eizelle als unbefruchtet gilt, enthält das ESchG nicht. § 8 Abs. 2 ESchG spricht lediglich davon, dass in den ersten 24 Stunden nach Kernverschmelzung die befruchtete menschliche Eizelle als entwicklungsfähig gilt. Dies könnte den (Umkehr-)Schluss nahelegen, dass ab Kernverschmelzung eine befruchtete, vor Kernschmelzung dagegen eine unbefruchtete Eizelle vorliegt. Dahin ließe sich auch – wenngleich ebenfalls nicht zwingend – § 8 Abs. 1 ESchG interpretieren. I.R.d. § 8 Abs. 3 ESchG ist wiederum davon die Rede, dass die Eizelle „vom Einbringen oder Eindringen der Samenzelle an bis zu der mit der Kernverschmelzung abgeschlossenen Befruchtung" eine Keimbahnzelle i. S.d. ESchG ist. § 8 Abs. 3 ESchG stellt damit jedenfalls klar, dass der Befruchtungsvorgang vor der Kernverschmelzung noch nicht (vollständig) stattgefunden hat. Hieraus könnte man nun den Schluss ziehen, dass eine Eizelle vor diesem endgültigen „Abschluss" durch Kernverschmelzung noch als unbefruchtet zu gelten hat. 6

Danach läge mangels zum maßgeblichen Zeitpunkt der Eizellübertragung (vgl. Koinzidenzprinzip) stattgefundener Verschmelzung der beiden Kerne eine unbefruchtete Eizelle und damit ein taugliches Tatobjekt vor. 7

Gegen ein solches Begriffsverständnis, wonach auch mit einer Samenzelle imprägnierte Eizellen vor Kernverschmelzung „unbefruchtet" sind, spricht jedoch insbesondere eine biologische Betrachtungsweise.[6] So haben beide Keimzellen zu diesem Zeitpunkt, also nach dem Eindringen einer Samenzelle in die Eizelle, ihr genetisches Material bereits eingebracht. Die Eizelle heißt nun Zygote. Dieser Vorgang ist auch unumkehrbar, sodass die genetische Information zu diesem Zeitpunkt bereits festgelegt ist.[7] Danach wäre die Eizelle zum Tatzeitpunkt jedenfalls nicht „unbefruchtet" i. S.d. Norm. Es fehlt an einem tauglichen Tatobjekt. 8

Da beide Ansichten zu unterschiedlichen Ergebnissen gelangen, ist ein **Streitentscheid** erforderlich. Dabei ist gegen die erstgenannte Meinung insbesondere einzuwenden, dass sie die tatsächlichen biologischen Gegebenheiten weitgehend ignoriert, indem sie den Umstand, dass bereits „fremdes" Genmaterial in die Eizelle gelangt ist, außer Betracht lässt. Gleichzeitig lassen die zur Begründung herangezogenen Absätze des § 8 ESchG keine zwingenden Schlüsse zu, sodass sich auch die Gegenansicht mit den Bestimmungen des § 8 ESchG in Einklang bringen lässt. Dagegen spricht für letztere Ansicht, wonach eine „imprägnierter" Eizelle nicht (mehr) unbefruchtet i. S.d. § 1 Abs. 1 Nr. 1 ESchG ist, dass ein solches Begriffsverständnis deutlich näher an der laienhaften Verwendung des Wortes „unbefruchtet" liegt, womit in aller Regel gerade die Abwesenheit des (zumeist) männlichen Samens bezeichnet wird. In der Zusammenschau der 9

---

[6] Vgl. BayObLG BeckRS 2020, 32545 Rn. 30.
[7] BayObLG BeckRS 2020, 32545 Rn. 30; vgl. auch Günther/Taupitz/Kaiser-*Günther*, A.II. Rn. 36.

Argumente vermag daher die letztgenannte Meinung zu überzeugen. Ihr wird daher gefolgt.

> **Klausurhinweis/Weiterführendes Wissen:**
>
> A.A. mit der entsprechenden Begründung vertretbar, wenngleich klausurtaktisch nicht zu empfehlen. Das BayObLG hat v. a. mit Blick auf § 8 Abs. 3 EschG ausdrücklich offengelassen, ob es sich bei den 2-PN-Zellen um „unbefruchtete Eizellen" i. S.d. § 1 Abs. 1 Nr. 1 EschG handelt.[8]

10 Bei der eingebrachten „imprägnierten" 2-PN-Eizelle handelt es sich daher nicht um eine unbefruchtete Eizelle und damit um kein taugliches Tatobjekt i. S.d. § 1 Abs. 1 Nr. 1 EschG.

11 **Ergebnis:** Dr. N und Dr. E haben sich durch das Übertragen der „imprägnierte" Eizelle auf F nicht nach § 1 Abs. 1 Nr. 1 EschG strafbar gemacht.

B. § 1 Abs. 1 Nr. 6 EschG

12 Eine Strafbarkeit nach § 1 Abs. 1 Nr. 6 EschG wegen der Entnahme eines Embryos vor Abschluss seiner Einnistung in die Gebärmutter scheitert jedenfalls daran, dass es sich bei den „gespendeten" Eizellen – ob imprägniert oder nicht – mangels erfolgter Kernverschmelzung nicht um Embryos i. S.d. Norm handelt, vgl. 8 Abs. 1 EschG.

> **Klausurhinweis:**
>
> Streng genommen schließt der Bearbeitungsvermerk eine Prüfung des § 1 Abs. 1 Nr. 6 EschG ohnehin aus; die vorstehenden Ausführungen dienen daher primär didaktischen Zwecken.

C. § 1 Abs. 1 Nr. 2 EschG

13 Durch das Auftauen und Übertragen der „imprägnierten" 2-PN-Eizelle auf F könnten sich Dr. N und Dr. E aber nach § 1 Abs. 1 Nr. 2 EschG strafbar gemacht haben.

> **Klausurhinweis:**
>
> Der Schwerpunkt der Vorwerfbarkeit liegt hier in einem aktiven Tun, dem Wiederauftauen und Weiterverwenden, nicht im Geschehenlassen.

I. Tatbestandsmäßigkeit

14 Dazu müssten sie es unternommen haben, eine Eizelle zu einem anderen Zweck künstlich zu befruchten, als eine Schwangerschaft der Frau herbeizuführen, von der die Eizelle stammt, § 1 Abs. 1 Nr. 2 EschG.

15 **1. Objektiver Tatbestand.** Das Auftauen mit der Folge des Wiedereinsetzens des biologischen Vorgangs der Kernverschmelzung sowie die Übertragung der fremden „imprägnierten" 2-PN-Eizelle auf F müsste eine künstliche Befruchtung i. S.d. § 1 Abs. 1 Nr. 2 EschG darstellen.

16 a) **„Künstlichkeit" der Befruchtung.** Unter einer „künstlichen Befruchtung" versteht man grundsätzlich jede Befruchtung, die nicht durch Geschlechtsverkehr herbeigeführt wird und zu deren Erreichung technische Hilfsmittel eingesetzt werden, insbesondere

---

8 Vgl. BayObLG BeckRS 2020, 32545 Rn. 31; siehe auch *Kudlich*, NJW 2021, 359 (360).

die künstliche Insemination, die gezielte Injektion von Samenzellen in die Eizelle, der intratubare Gametentransfer (Verbringen von Eizelle und Samen in den Eileiter) und die In-vitro-Fertilisation (Befruchtung im Reagenzglas).[9]

Das Wiedereinsetzen des biologischen Vorgangs der Kernverschmelzung wurde durch das Wiederauftauen der Eizelle durch Dr. N und Dr. E bewirkt und erfolgte damit unabhängig von jeder Art des Geschlechtsverkehrs, sondern mittels ärztlicher Unterstützung, mithin **„künstlich"** i. S.d. Norm.[10]

b) Befruchtung einer „imprägnierten" 2-PN-Eizelle? Fraglich ist jedoch, ob das Wiederauftauen und Weiterverwenden der „imprägnierten" 2-PN-Eizelle überhaupt eine Befruchtung darstellt oder ob nicht vielmehr eine bereits (vollständig) „befruchtete" Eizelle vorliegt, die dann nicht nochmals „befruchtet" werden kann. Jedenfalls eine unbefruchtete Eizelle liegt nicht vor (→ Rn. 10).

aa) Befruchtung als punktuelles Ereignis (TdL). So könnte man argumentieren, dass eine 2-PN-Zelle bereits in objektiver Hinsicht kein taugliches Tatobjekt i. S.d. des § 1 Abs. 1 Nr. 2 ESchG mehr darstelle, da eine Eizelle, in die bereits eine Samenzelle eingedrungen sei, spätestens ab Herausbildung der beiden Vorkerne nicht mehr „unbefruchtet" sei, auch wenn die Verschmelzung der beiden Zellkerne noch nicht stattgefunden habe. Eine nicht **mehr unbefruchtete Eizelle** könne zwangsläufig nicht mehr Gegenstand des unter Strafe gestellten Unternehmens sein, dieselbe künstlich zu befruchten.[11] Entsprechend irritiert es zumindest auch im allgemeinen Sprachgebrauch, das Auftauen von bereits durch ärztliches Zutun imprägnierten Zellen, sodass der biologische Vorgang zur Kernverschmelzung weiterläuft, als „befruchten" zu bezeichnen.[12] Danach könnte die bei F eingesetzte Eizelle nicht nochmals befruchtet werden; es fehlt an einem tauglichen Tatobjekt.

bb) Befruchtung als zeitlich gestreckte „Befruchtungskaskade" (BayObLG). Dem hält insbesondere das BayObLG entgegen, dass es sich bei der Wortauslegung des Befruchtungsbegriffs in § 1 Abs. 1 Nr. 2 ESchG nicht um ein punktuelles Ereignis, sondern um einen *zeitlich gestreckten Vorgang* handle.[13] Dieser beginne mit dem Einbringen bzw. Eindringen einer Samenzelle in eine Eizelle und komme erst durch die Entstehung eines Embryos im Sinne der gesetzlichen Begriffsbestimmung des § 8 Abs. 1 HS 1 ESchG, also durch den im Gesetz als Kernverschmelzung bezeichneten Vorgang, zum Abschluss. Daraus folge für die unter Strafe gestellte Tathandlung, dass davon jede Handlung erfasst werde, die die Entwicklung vom Zusammenführen von Ei- und Samenzelle bis zum Embryo künstlich herbeiführe, unterstütze oder fördere, unabhängig davon, zu welchem Zeitpunkt sie in den bezeichneten *Befruchtungsvorgang* eingreife.[14] Daher stelle jede solche Handlung objektiv eine „künstliche Befruchtung" im Sinne der Norm dar, mithin also auch das Auftauen und Weiterkultivieren einer konservierten Eizelle, in der sich bereits ein Samen befindet, die aber noch nicht das Entwicklungsstadium eines Embryos erreicht hat, um damit ihre Weiterentwicklung zum Embryo zu fördern und subjektiv die Schwangerschaft einer fremden Frau herbeizuführen. Ein taugliches Tatobjekt läge danach vor.

---

9 BT-Drs. 11/5460, 8; Erbs/Kohlhaas-*Häberle*, ESchG § 1 Rn. 4.
10 So auch BayObLG BeckRS 2020, 32545 Rn. 92.
11 Dahingehend *Frommel*, J Reproduktionsmed Endokrinol (JRE) 2015, 42 (52 f.).
12 So zutreffend auch *Kudlich*, NJW 2021, 359 (360).
13 Hierzu und zum Folgenden ausführlich BayObLG BeckRS 2020, 32545 Rn. 26 ff.
14 BayObLG BeckRS 2020, 32545 Rn. 28; vgl. auch Spickhoff-*Müller-Terpitz*, § 1 ESchG Rn. 10: jedes Kausalwerden für das Entstehen eines Embryos; *Taupitz/Hermes*, NJW 2015, 1802 (1804).

21 **cc) Streitentscheid.** Da die Ansichten zu unterschiedlichen Ergebnissen gelangen, ist ein Streitentscheid erforderlich. Hierbei ist herauszuarbeiten, welches Begriffsverständnis nach den klassischen Auslegungsmethoden (Wortlaut, Systematik, Historie und Telos der Norm) vorzugswürdig erscheint.[15]

22 **(1) Wortlaut bzw. semantische Überlegungen.** Eine explizite Definition des Begriffs der Befruchtung, wie er in § 1 Abs. 1 Nr. 2 ESchG zu verstehen ist, findet sich weder im Gesetz noch in den Gesetzesmaterialien. Bereits der Wortlaut der Norm vor dem Hintergrund der amtlichen Überschrift „Missbräuchliche Anwendung von Fortpflanzungstechniken" macht es dabei aber erforderlich, bei seiner Auslegung auch die *naturwissenschaftlich-biologischen Grundlagen* der Regelungsmaterie in den Blick zu nehmen.[16]

23 Ausgehend vom Wortlaut der Norm könnte man folglich aus dem biologisch begründeten Befund, dass ab dem Zeitpunkt der Imprägnation keine unbefruchtete Eizelle mehr vorliegt (→ Rn. 10), den (Umkehr-)Schluss ziehen, diese sei also befruchtet und könne daher nicht mehr Gegenstand einer Befruchtung sein.

24 Trotz einer gewissen „intuitiven" Überzeugungskraft ließe sich einer solchen Argumentation jedoch – wiederum biologiebezogen – die Komplexität der dahinterstehenden *biologischen Vorgänge* entgegenhalten. So zeigt sich bei der Betrachtung der biologischen Vorgänge, die sich bei der menschlichen Fortpflanzung vollziehen, dass sich der Vorgang einer Befruchtung nicht in einem punktuellen Ereignis erschöpft, sondern sich über eine *gewisse Zeitdauer* erstreckt:[17] Die Entwicklung einer noch unbefruchteten Eizelle über das Eindringen einer Samenzelle bis zum Stadium eines Embryos vollzieht sich sowohl bei natürlichem als auch bei medizinisch unterstütztem Verlauf über einen Zeitraum, der bis zu 24 Stunden andauert, noch ohne Berücksichtigung der Zeitdauer einer etwaigen Unterbrechung der Entwicklung durch die Kryokonservierung der Zellen.

> **Klausurhinweis:**
>
> Freilich werden an dieser Stelle keine vertieften biologischen Kenntnisse erwartet. Es darf aber wohl erwartet werden, dass bekannt ist, dass nicht sofort mit Eindringen eines Spermiums in die Eizelle ein Embryo entstanden ist, vgl. § 8 Abs. 1, Abs. 3 ESchG.

25 Auf rein begrifflicher Ebene könnte man wiederum einwenden, dass das Gegenteil der negativen Aussage, die Zelle sei „nicht unbefruchtet", schon nach dem Wortsinn *nicht zwangsläufig* als „befruchtet" im Sinne einer abgeschlossenen Befruchtung gedeutet werden muss, sondern bei natürlichem Sprachgebrauch auch dahingehend verstanden werden kann, dass eine Befruchtung bereits begonnen hat, aber noch nicht abgeschlossen ist.[18]

26 **(2) Systematik bzw. andere Vorschriften des ESchG.** Die Gesetzessystematik ließe sich jedenfalls dann für ein „gestrecktes" Befruchtungsverständnis auch i. R.d. § 1 Abs. 1 Nr. 2 ESchG anführen, wenn andere ESchG-Normen ebenfalls von einem nicht-punktuellen Befruchtungsbegriff ausgehen, d.h. eine „Befruchtungskaskade" zugrunde legen.

---

15 Hierzu und zum Folgenden ausführlich BayObLG BeckRS 2020, 32545 Rn. 32 ff.
16 Vgl. BayObLG BeckRS 2020, 32545 Rn. 33.
17 BayObLG BeckRS 2020, 32545 Rn. 34; zum Ablauf der Befruchtung vgl. *Taupitz/Hermes*, NJW 2015, 1802.
18 So BayObLG BeckRS 2020, 32545 Rn. 34.

Fall 4: „Netzwerk Embryonenspende e. V."

Das **BayObLG** zieht in diesem Zusammenhang v. a. § 8 Abs. 3 Alt. 2 ESchG und § 9 Nr. 4 ESchG heran und führt aus, dass in beiden Normen der Begriff der Imprägnation nicht mit der einer Befruchtung gleichgesetzt werde.[19] Daraus wiederum lasse sich schließen, dass sich umgekehrt in § 1 Abs. 1 Nr. 2 ESchG die dort genannte Befruchtung als Gegenstand des Unternehmensdelikts nicht in der Imprägnation als dem die Befruchtungskaskade in Gang setzenden Ereignis erschöpfen könne. Zudem wäre die *Verwendung der unterschiedlichen Begriffe* in § 1 Abs. 1 Nr. 2 („Befruchtung") und § 1 Abs. 2 EschG (Eindringen bzw. Einbringen einer Samenzelle) sowie das Nebeneinander von Unternehmens- (§ 1 Abs. 1 Nr. 2 EschG) und Erfolgsdelikt (§ 1 Abs. 2 EschG) – bei gleicher Strafdrohung – unverständlich und überflüssig, wenn damit der gleiche Vorgang bezeichnet werden sollte.[20] Imprägnation und Befruchtung bezeichneten daher zwei verschiedene Dinge bzw. die Befruchtung in § 1 Abs. 1 Nr. 2 EschG erschöpfe sich jedenfalls nicht in dem bloßen Zusammenführen von Ei- und Samenzelle, sondern erfasse den gesamten Verlauf der Befruchtungskaskade als mögliches Bezugsobjekt einer Tathandlung.

Die **Gegenansicht** verweist in systematischer Hinsicht hingegen darauf, dass § 8 Abs. 3 EschG zwar in der Tat von der „mit der Kernverschmelzung abgeschlossenen Befruchtung" spreche – indessen *nicht* von der damit „erfolgten" Befruchtung.[21] Es erscheine daher selbst bei einem Blick in diese spezielle Vorschrift nicht ausgeschlossen, bereits eine Befruchtung in dem Sinne anzunehmen, dass keine weitere strafbare „Befruchtungshandlung" an der Zelle mehr möglich sei, obwohl die Befruchtung als Gesamtkomplex noch keinen „Abschluss" gefunden habe. Eine solche Sichtweise sei gerade auch dem Strafrecht mit seiner Trennung zwischen Vollendung und Beendigung keineswegs fremd.[22]

Vor allem aber spreche die Legaldefinition des Embryos in § 8 Abs. 1 EschG von der „bereits (...) be- fruchtete(n), entwicklungsfähige(n) menschliche(n) Eizelle vom Zeitpunkt der Kernverschmelzung an". Diese Formulierung wäre aber – so die Gegenansicht – „pleonastisch"[23], wenn erst ab dem Zeitpunkt der Kernverschmelzung überhaupt eine „befruchtete" Eizelle vorliegen würde. Hieraus schließt die Gegenansicht, dass das Gesetz die Begriffe „befruchtete Eizelle" und „Embryo" nicht gleichstellt, sondern einen Embryo erst vom Zeitpunkt der Kernverschmelzung annimmt, während eine befruchtete Eizelle durchaus auch vor diesem Zeitpunkt vorliegen kann. Daneben liege es sprachlich jedenfalls nicht nahe, dass eine „befruchtete Eizelle" erneut (und ohne weiteren Kontakt mit einem Spermium) nochmals befruchtet werden könne.[24]

> **Klausurhinweis/Weiterführendes Wissen:**
>
> Als weiteres Argument verweist die Gegenansicht auf § 4 Abs. 1 Nr. 3 EschG, wonach es verboten ist, wissentlich eine Eizelle mit dem Samen eines Mannes nach dessen Tod künstlich zu befruchten. Da hier der Täter typischerweise gerade den Samen in die Eizelle einbringt, dann aber nicht mehr die Zellteilung herbeiführt, sondern diese als biologischer Prozess eher nachfolgt, sei

---

19 Ausführlich BayObLG BeckRS 2020, 32545 Rn. 39.
20 BayObLG BeckRS 2020, 32545 Rn. 39.
21 *Kudlich*, NJW 2021, 359 (360).
22 *Kudlich*, NJW 2021, 359 (361), der zudem darauf hinweist, dass „abgeschlossen" spontan sogar eher eine Assoziation zur Beendigung als zur Vollendung hervorrufe.
23 *Kudlich*, NJW 2021, 359 (361).
24 *Kudlich*, NJW 2021, 359 (361).

> die Tathandlung des „Befruchtens" – so die Argumentation – doch stark von dieser *Tätigkeit* her geprägt.[25] Auch stelle die „künstliche Befruchtung", die nach § 9 Nr. 1 ESchG einem Arztvorbehalt unterliege, nach dem Gesetzestext eher auf die ärztliche Handlung („vornehmen") als auf die medizinische Fortentwicklung ab.[26]

30 Auch verbliebe – entgegen der Annahme des BayObLG – dennoch ein eigenständiger, wenngleich einigermaßen „schmaler" Anwendungsbereich für § 1 Abs. 2 ESchG.[27]

31 **(3) Historie bzw. Gesetzesmaterialien.** Blickt man in die Gesetzesmaterialien, so ergibt sich, dass wohl auch der historische Gesetzgeber angesichts der differenzierten Verwendung der Begriffe „Einbringen bzw. Eindringen einer menschlichen Samenzelle in eine menschliche Eizelle", „mit der Kernverschmelzung abgeschlossene Befruchtung" und „Embryo" verschiedene („gestreckte") Entwicklungsstadien vor Augen hatte.

32 Auch stellt die Begründung des Regierungsentwurfs zum ESchG ausdrücklich darauf ab, dass „mit Abschluss der Befruchtung, d. h. mit der Kernverschmelzung innerhalb der befruchteten Eizelle" menschliches Leben entstehe, und dass mit dem Gesetz Tendenzen begegnet werden solle, „menschliche Eizellen vor Abschluss des Befruchtungsvorgangs, aber nach Ausbildung der männlichen und weiblichen Vorkerne zu Forschungszwecken zu verwenden oder sie – gleichsam auf Vorrat – einzufrieren"[28].

33 Die Gesetzesmaterialien deuten daher eher in Richtung eines gestreckten, mehrstufigen Befruchtungsverständnisses.

> **Klausurhinweis/Weiterführendes Wissen:**
>
> Selbstverständlich kann nicht erwartet werden, dass die Begründung des Regierungsentwurfs bekannt ist. Die diesbezüglichen Ausführungen erfolgen daher allein aus didaktischen Gründen. Das BayObLG weist in diesem Zusammenhang auch darauf hin, dass die hier in Rede stehende Befruchtungsmethode mittels Kryokonservierung zum Zeitpunkt der Schaffung des ESchG bereits bekannt war, weshalb das ESchG nicht im Sinne der Gegenmeinung „modern" interpretiert werden müsse bzw. dürfe.[29]

34 **(4) Telos der Norm.** Fraglich ist, welches Begriffsverständnis dem telos der Norm, also ihrem Sinn und Zweck, am ehesten gerecht wird.

35 Mit § 1 Abs. 1 Nr. 2 ESchG pönalisiert der Gesetzgeber ein Auseinanderfallen der genetischen und der austragenden und gebärenden Mutterschaft; vermieden werden soll also eine sog. **„gespaltene Mutterschaft"**[30].

36 Um dem Eintritt dieses unerwünschten Ergebnisses entgegenzuwirken, hat der Normgeber mit § 1 Abs. 1 Nr. 2 ESchG eine Regelung getroffen, die nicht erst die Herbeiführung der missbilligten Schwangerschaft oder das unmittelbare Ansetzen hierzu unter Strafe stellt, sondern er hat die Strafbarkeit bereits in das *Vorfeld* verlagert:[31] Der Tatbestand ist zum einen als **Unternehmensdelikt** (vgl. § 11 Abs. 1 Nr. 6 StGB) ausgestal-

---

25 *Kudlich*, NJW 2021, 359 (361).
26 *Kudlich*, NJW 2021, 359 (361).
27 *Kudlich*, NJW 2021, 359 (361).
28 BT-Drs. 11/5460, 7.
29 So aber die Argumentation der Angeklagten im Revisionsverfahren sowie der Berufungskammer; vgl. BayObLG BeckRS 2020, 32545 Rn. 40 f.
30 BT-Drs. 11/5460, 1, 6 f.; vgl. auch BGH NJW 2017, 2348 Rn. 22; NJW 2010, 2672 Rn. 22; BSG NJW 2002, 1517; OLG München BeckRS 2016, 9996 Rn. 29; KG MedR 2014, 498 (499) *Taupitz/Hermes*, NJW 2015, 1802, 1806; Spickhoff-*Müller-Terpitz*, ESchG § 1 Rn. 5.
31 BayObLG BeckRS 2020, 32545 Rn. 46; vgl. auch BT-Drs. 11/5460, 6 f.; BSG NJW 2002, 1517.

tet, dessen Verwirklichung nicht vom Eintritt eines Erfolgs abhängt und zum anderen ist der Gegenstand des „Unternehmens" – die künstliche Befruchtung bzw. deren Beginn – bereits in einem frühen Stadium des zu einer Schwangerschaft führenden Gesamtgeschehens angesiedelt. Der zu verhindernde Erfolg der Tathandlung ist in den subjektiven Tatbestand verlagert: Eine strafbare Handlung liegt bereits zu dem Zeitpunkt vor, zu dem eine künstliche Befruchtung unternommen wird, wenn diese Handlung von dem Willen getragen ist, die Schwangerschaft einer fremden Frau herbeizuführen.[32] All dies macht deutlich, dass es dem Gesetzgeber bei der Konzeption des § 1 Abs. 1 Nr. 2 EschG um eine möglichst umfassende Verhinderung der sog. gespaltenen Mutterschaft ging. Diesem gesetzgeberischen Ziel wiederum wird ein „gestrecktes" Begriffsverständnis, welches sämtliche „Befruchtungshandlungen" mitumfasst, besser gerecht als ein punktuell begrenztes.

Entsprechend sei – so jedenfalls das BayObLG – auch *kein Grund* dafür ersichtlich, dass ausschließlich solche Handlungen von der Strafbarkeit erfasst werden sollten, die sich lediglich auf die erste Phase, das Zusammenführen von Eizelle und Samen, oder die nachfolgende Entwicklungsphase, das Entstehen der Pronuklei, beziehen.[33] Denn auch im weiteren Verlauf der Befruchtungskaskade gebe es vielfältige Gelegenheiten und Möglichkeiten, medizinisch einzugreifen mit dem Ziel, eine Kernverschmelzung herbeizuführen und damit den Befruchtungsvorgang abzuschließen. Es sei daher nicht nur vom Wortlaut der Norm gedeckt, sondern zur Erreichung des Strafzwecks gerade zwingend geboten, auch solche nachfolgenden Handlungen strafrechtlich zu erfassen.

> **Klausurhinweis/Weiterführendes Wissen:**
>
> Freilich ließe sich dagegen wiederum einwenden, dass die Zielsetzung der Verhinderung einer gespaltenen Mutterschaft wissenschaftlich nicht hinreichend abgesichert ist, mithin einer tragfähigen empirischen Grundlage (wohl) entbehrt (siehe hierzu bereits → Rn. 2). Allerdings kommt es – so das BayObLG zutreffend – darauf, ob gesetzgeberische Gründe jeden einzelnen Gesetzesadressaten in der Sache überzeugen können, grundsätzlich nicht an. Stattdessen sind gesetzgeberische Entscheidungen – jedenfalls solange nicht verfassungsrechtliche oder sonstige zwingende Gründe entgegenstehen – zumindest *de lege lata* hinzunehmen.[34]

(5) Zwischenergebnis. Jedenfalls das Erfordernis eines möglichst umfassenden Schutzes vor einer „gespaltenen Mutterschaft" sowie der Wille des (historischen) Gesetzgebers deuten daher wohl eher in Richtung eines „gestreckten" Befruchtungsverständnisses.

c) Anderes Ergebnis wegen Straflosigkeit des Embryonentransfers („Embryospende")? Ein anderes Ergebnis – Nichterfasstsein der Übertragung von 2-PN-Eizellen – könnte jedoch vor dem Hintergrund geboten sein, dass der *Embryon*transfer auf eine fremde Frau, d. h. die Übertragung eines auf erlaubtem Weg entstandenen Embryos i. S. d. § 8 Abs. 1 EschG auf eine andere Frau, vom EschG nach ganz überwiegender Ansicht *nicht unter Strafe* gestellt ist.[35]

aa) Straflosigkeit des Embryonentransfers nach dem EschG (hM). So ist es nach dem EschG nur in einzelnen speziell geregelten Fallkonstellationen strafbar, es zu unterneh-

---

32 BayObLG BeckRS 2020, 32545 Rn. 46.
33 BayObLG BeckRS 2020, 32545 Rn. 47; a. A. aber *Frommel*, J Reproduktionsmed Endokrinol (JRE) 2015, 42 (52 f.).
34 BayObLG BeckRS 2020, 32545 Rn. 75.
35 BayObLG BeckRS 2020, 32545 Rn. 64; vgl. auch *Taupitz/Hermes*, NJW 2015, 1802 (1804).

men, einen **Embryo** – im Sinne der Legaldefinition des § 8 Abs. 1 EschG – auf eine Frau zu übertragen: nach § 1 Abs. 1 Nr. 7 EschG im Falle einer vereinbarten Leihmutterschaft; nach § 4 Abs. 1 Nr. 2 EschG im Falle der Übertragung auf eine Frau (gleich ob Spenderin der Eizelle oder nicht), wenn dies ohne deren Einwilligung geschieht.[36] Strafbar ist es gem. § 1 Abs. 1 Nr. 6 EschG auch, einer Frau einen Embryo zu entnehmen, um ihn einer anderen Frau zu übertragen. Ferner ist es, unabhängig von einer Übertragung, gem. § 2 Abs. 1 EschG strafbar, einen extrakorporal (d. h. außerhalb des Körpers) erzeugten oder einer Frau entnommenen Embryo zu veräußern oder ihn zu einem nicht seiner Erhaltung dienenden Zweck abzugeben, zu erwerben oder zu verwenden. § 2 Abs. 2 EschG stellt es unter Strafe, einen Embryo extrakorporal weiterzuentwickeln zu einem anderen Zweck als zur Herbeiführung einer Schwangerschaft, wobei nicht danach differenziert wird, ob die Eizelle von der betreffenden Frau stammt.

41 Wenngleich vom Gesetz nicht ausdrücklich erlaubt, lässt sich im *Umkehrschluss* aus diesen Normen ersehen, dass der Gesetzgeber Maßnahmen, die der Erhaltung des *in strafloser Weise bereits entstandenen* Embryos dienen, toleriert, darunter auch die Übertragung auf eine fremde Frau zur Herbeiführung deren Schwangerschaft,[37] obwohl hierdurch eine gespaltene Mutterschaft entsteht. Bezogen auf den vorliegenden Fall bedeutet dies, dass auch schon das Auftauen von kryokonservierten Embryonen und deren extrakorporale Weiterentwicklung selbst dann straflos blieben, wenn zu diesem Zeitpunkt bereits der Transfer auf eine Frau geplant ist, von der die befruchtete Eizelle nicht stammt, und auch keine der anderen genannten Bedingungen für eine Strafbarkeit vorliegt.

42 Bestätigt wird die *Straflosigkeit eines Embryonentransfers* von § 9 Nr. 3 EschG, der die Übertragung auf „eine" Frau unter Arztvorbehalt stellt, ohne zu differenzieren, ob die Eizelle von der betreffenden Empfängerin stammt.[38]

43 **bb) Auswirkungen auf die Übertragung „imprägnierter" 2-PN-Eizellen.** Fraglich ist, ob aus der Straflosigkeit der Weiterverwendung von auf erlaubtem Weg entstandenen Embryonen zur Herbeiführung der Schwangerschaft einer fremden Frau der Schluss zu ziehen ist, dass die Straflosigkeit auch für imprägnierte 2-PN-Eizellen gelten muss, die das Entwicklungsstadium eines Embryos noch nicht erreicht haben.

44 *Hierfür* lassen sich zunächst Wertungsgründe anführen: So erscheint es jedenfalls auf den ersten Blick widersprüchlich, wenn die – ebenfalls zu einer geteilten Mutterschaft führende – Embryonenspende nicht unter Strafe gestellt ist, die zeitlich vorgelagerte Übertragung von imprägnierte 2-PN-Eizellen dagegen schon.[39]

45 *Dagegen* wiederum könnte man einwenden, dass eine unterschiedliche Behandlung beider Konstellationen von einem sachlichen Grund getragen ist. So argumentiert das BayObLG, dass bereits der systematische Zusammenhang des Regelungsgehalts derjenigen Normen, die im Kontext künstlicher Befruchtung die Behandlung von Embryonen und derjenigen, die unbefruchtete Eizellen und solche Eizellen betreffen, in die

---

36 Hierzu und zum Folgenden ausführlich BayObLG BeckRS 2020, 32545 Rn. 65 ff.
37 Allgemeine Meinung, siehe nur *Coester-Waltjen*, J Reproduktionsmed Endokrinol (JRE) 2015, 42 (51); *Taupitz*, J Reproduktionsmed Endokrinol (JRE) 2015, 42 (53); *Taupitz/Hermes*, NJW 2015, 1802 (1803); *Frommel*, J Reproduktionsmed Endokrinol (JRE) 2015, 42 (52); ausführlich zur „Embryonenspende" auch Spickhoff-*Müller-Terpitz*, EschG § 1 Rn. 8.
38 BayObLG BeckRS 2020, 32545 Rn. 67.
39 *Kudlich*, NJW 2021, 359 (361).

bereits eine Samenzelle eingedrungen ist, ohne dass bereits das Entwicklungsstadium eines Embryos erreicht ist, erkennen lasse, dass das Gesetz den verschiedenen Stadien *grundlegende qualitative Unterschiede* zuschreibe.[40]

So stellten §§ 1 Abs. 1 Nr. 6, 2 Abs. 1 ESchG als erlaubten Zweck der Verwendung jeweils die „Erhaltung" des bereits entstandenen Embryos heraus. Daraus lasse sich zwar nicht entnehmen, dass das Gesetz die Verwerfung verwaister Embryonen verbiete, es sei aber ersichtlich, dass er ihre Verwendung zur Herbeiführung einer Schwangerschaft in weiterem Umfang als diejenige von lediglich imprägnierten Eizellen akzeptiere, für die er gleichlautende Regelungen nicht geschaffen habe. Dass der Gesetzgeber das weitere Schicksal dieser präembryonalen Zellen nicht gesehen habe oder nicht habe regeln wollen, sei „aus[zu]schließen".[41] Der gesetzgeberische Grund für die Privilegierung von Embryonen lasse sich dabei unmittelbar dem Gesetzeswortlaut des § 8 Abs. 1 ESchG entnehmen: nach der Wertung des Gesetzgebers handelt es sich, und zwar erst in diesem Stadium, um entwicklungsfähiges menschliches Leben. Imprägnierte Eizellen dem gleichzusetzen, wäre demnach mit der aufgezeigten expliziten gesetzgeberischen Differenzierung nicht in Einklang zu bringen. Die Privilegierung von Embryonen gegenüber Zellen in einem früheren Entwicklungsstadium durch das ESchG beruhe daher auf einer *bewussten Wertung des Gesetzgebers*, die vom Rechtsanwender zu respektieren sei.[42] Zu etwaigen Änderungen wäre allein der Gesetzgeber berufen. Bestätigt würde dies auch durch die Gesetzesmaterialien, die den entsprechenden *Willen des historischen Gesetzgebers* deutlich aufzeigten.[43]

Angesichts des erläuterten (Be-)Wertungsunterschieds hinsichtlich der Existenz menschlichen Lebens stelle sich auch der Zielkonflikt zwischen der Erhaltung menschlichen Lebens und der Verhinderung einer gespaltenen Mutterschaft bei der Übertragung von 2-PN-Eizellen nicht in gleichem Maße wie bei der Embryonenspende.[44] Dass das Gesetz für letztere Fälle die Abwägung zugunsten der Erhaltung des Embryos getroffen habe, zwinge daher nicht zur Übertragung der insoweit bestehenden Straffreiheit auch auf Fälle der 2-PN-Eizell-Übertragung.[45]

> **Klausurhinweis/Weiterführendes Wissen:**
>
> Der Zweck, gespaltene Mutterschaften zu verhindern, ist dabei nach Ansicht der Rspr. auch nicht durch neuere Rechtsentwicklungen, insbesondere die Schaffung von § 1591 BGB (Mutter eines Kindes ist die Frau, die es geboren hat), obsolet geworden. Denn die Norm beschränke sich darauf, in abstammungsrechtlicher Hinsicht zu regeln, wer als Mutter eines Kindes gilt, wenn von einer Frau eine befruchtete Eizelle ausgetragen wird, die nicht von ihr stammt. Eine über die familienrechtliche Bedeutung hinausgehende Aussage über Verbot oder Zulassung gespaltener Mutterschaften auf der Grundlage gespendeter 2-PN-Eizellen lasse sich der Vorschrift dagegen – so jedenfalls die Rspr. – nicht entnehmen.[46]

Gegen diese Argumentation der Rspr. wenden sich wiederum TdL:

So seien jedenfalls *wertungsmäßig* die 2-PN-Zellen weniger weit von Zellen nach der Kernverschmelzung entfernt, als man vielleicht auf den ersten Blick annehmen

---

40 Hierzu und zum Folgenden ausführlich BayObLG BeckRS 2020, 32545 Rn. 69 ff.
41 BayObLG BeckRS 2020, 32545 Rn. 69.
42 BayObLG BeckRS 2020, 32545 Rn. 71 f.
43 BayObLG BeckRS 2020, 32545 Rn. 71.
44 BayObLG BeckRS 2020, 32545 Rn. 78.
45 BayObLG BeckRS 2020, 32545 Rn. 78.
46 So BayObLG BeckRS 2020, 32545 Rn. 79.

würde.⁴⁷ Denn sowohl vor als auch nach der Verschmelzung seien die Zellen zunächst einmal ex vitro vel ex utero nicht lebensfähig, trügen aber – im Sinne einer „Potenzialitätsthese" – beide das Potenzial in sich, dass sich bei einem idealen weiteren Verlauf ein Mensch aus ihnen entwickelt.⁴⁸ Zwar seien die diesbezüglichen Unwägbarkeiten umso größer, je mehr Entwicklungsschritte noch erforderlich seien; dennoch sei auch bei Eizellen kurz nach der Kernverschmelzung ein spontanes Ende der Schwangerschaft keineswegs selten – ohne dass man deshalb deren Schutzwürdigkeit infrage stellen würde. Es bestünden daher insgesamt zwar gewisse Unterschiede. Dennoch sei zweifelhaft, ob diese so groß seien, dass in einem Fall eine Verwendung des Embryos geradezu „geboten" erscheint, um diesen nicht verwerfen zu müssen, während sie im anderen einen Straftatbestand erfüllen soll.⁴⁹

49 Wenngleich letztere Ansicht damit unter Wertungsgesichtspunkten durchaus valide Punkte für sich in Anspruch nehmen kann, so spricht doch insbesondere der Respekt vor der Entscheidung des demokratisch legitimierten Gesetzgebers, der mit dem ESchG ein abgestuftes, chronologisch-differenziertes und entwicklungsstadiumsabhängiges Schutzkonzept präsentiert, gegen eine Übertragung der Straflosigkeit des Embryonentransfers auch auf den Transfer von imprägnierten 2-PN-Eizellen.

> **Klausurhinweis:**
>
> A.A. mit der entsprechenden Argumentation gut vertretbar, v. a. unter Hinweis darauf, dass es zwar grundsätzlich zutrifft, dass Wertungswidersprüche nicht durch die Judikative aufzulösen sind, sondern dies – gegebenenfalls – Aufgabe des Gesetzgebers ist, dass dies aber nur bei klaren Strafbarkeitsanordnungen (an welchen es hier wohl mangelt) zutrifft. Ausführlich zu diesem Aspekt *Kudlich*, NJW 2021, 359 (361).

50 **d) Erforderlichkeit (einschränkender) verfassungskonformer Auslegung?** Schließlich könnte jedoch aus verfassungsrechtlichen Gründen eine *einschränkende Auslegung* des § 1 Abs. 1 Nr. 2 ESchG in der Weise geboten sein, dass die weitere Verwendung von imprägnierten Eizellen im Sinne einer Spende an eine fremde Frau von der Strafbarkeit nicht erfasst ist.

51 **aa) Bestimmtheitsgrundsatz, Art. 103 Abs. 2 GG.** Dies wäre im Hinblick auf den Bestimmtheitsgrundsatz des Art. 103 Abs. 2 GG jedenfalls dann geboten, wenn eine Auslegung, wonach sich der Begriff der Befruchtung i. R.d. § 1 Abs. 1 Nr. 2 ESchG nicht darin erschöpft, dass eine menschliche Eizelle mit einem menschlichen Samen zusammengebracht wird, d. h. weniger einen punktuellen Vorgang denn eine „Befruchtungskaskade" beschreibt, die **Wortlautgrenze** überschreitet.

52 Bedenkt man in diesem Zusammenhang jedoch die letztlich unzweideutigen Begriffsbestimmungen des Gesetzes selbst, insb. in § 8 Abs. 1, Abs. 3 ESchG, sowie die (bereits bei Schaffung des Gesetzes bekannten) *naturwissenschaftlich-biologischen Grundlagen* der medizinisch unterstützen Reproduktion, wird durch die vorgenommene Auslegung der noch mögliche Wortsinn der Strafnorm, der gem. Art. 103 Abs. 2 GG, § 1 StGB die äußerste Grenze der Normauslegung bildet,⁵⁰ nicht überschritten.⁵¹

---

47 Hierzu und zum Folgenden ausführlich *Kudlich*, NJW 2021, 359 (361).
48 *Kudlich*, NJW 2021, 359 (361).
49 *Kudlich*, NJW 2021, 359 (361).
50 Verbot der strafbarkeitsbegründenden bzw. strafschärfenden Analogie, vgl. nur BVerfG NJW 1987, 43 (44).
51 BayObLG BeckRS 2020, 32545 Rn. 81; vgl. auch *Taupitz/Hermes*, NJW 2015, 1802 (1807).

bb) „Recht auf Fortpflanzung" von Spender- und Empfängerpaaren. Eine andere Bewertung könnte sich jedoch aus einem **„Recht auf Fortpflanzung"** aus Art. 6 Abs. 1 GG bzw. aus Art. 2 Abs. 1 i. V. m. Art. 1 Abs. 1 GG von Spender- und Empfängerpaaren ergeben.[52]

> **Klausurhinweis:**
> Die folgenden Ausführungen haben primär didaktischen Charakter und würden dergestalt in einer Klausur nicht erwartet.

> **Weiterführendes Wissen:**
> Ob man das „Recht auf Fortpflanzung(sfreiheit)" (z. T. auch „Recht auf reproduktive Selbstbestimmung" bzw. „reproduktive Rechte") auf das allgemeine Persönlichkeitsrecht aus Art. 2 Abs. 1 GG i. V. m. Art. 1 Abs. 1 GG zurückführen kann oder ob es auf Art. 6 Abs. 1 GG zu stützen ist, wird unterschiedlich beurteilt. In der Sache geht es darum, dass alle staatliche Gewalt (vgl. Art. 1 Abs. 3 GG) ungerechtfertigte Eingriffe in den Familienverband bzw. in dessen Begründung durch natürliche Fortpflanzung oder assistierte Reproduktion zu unterlassen hat.[53] Dagegen folgt aus dem „Recht auf Fortpflanzung" *kein Anspruch* des Grundrechtsträgers gegen andere Private auf Mitwirkung an reproduktionsbezogenen Handlungen (z. B. in Form der Durchführung reproduktionsmedizinischer Maßnahmen). Derartige Handlungen beruhen deshalb stets auf dem Prinzip der Freiwilligkeit.[54] Es geht beim „Recht auf Fortpflanzung" also nicht um einen Leistungsanspruch, sondern um ein **Abwehrrecht** gegenüber (ggf. unverhältnismäßigen) gesetzlichen Verboten.[55]

Fraglich ist hierbei jedoch bereits, ob ein solches Recht aus Sicht des Spenderpaares gerade auch ein Recht darauf umfasst, eigene im Rahmen einer Fruchtbarkeitsbehandlung zusammengeführte Ei- und Samenzellen nicht nur selbst durch die Frau auszutragen, von der die Eizelle stammt, sondern hierfür eine fremde Frau in Anspruch nehmen zu können, und, aus der Perspektive des Empfängerpaares bzw. der Empfängerin, ob ein subjektives Recht dahingehend besteht, ein aus fremden Zellen entstandenes Gewebe im eigenen Körper auszutragen.[56] Dies könnte jedoch dahinstehen, wenn § 1 Abs. 1 Nr. 2 ESchG – dahingehend verstanden, dass auch die Übertragung „imprägnierter" 2-PN-Eizellen auf eine fremde Frau von der Strafbarkeit erfasst ist – ohnehin verfassungsrechtlichen Anforderungen entspricht.

Dies wäre dann der Fall, wenn der Gesetzgeber den ihm für die Regelung der Materie zustehenden Ermessensspielraum nicht überschritten hat.

Hierbei ist zunächst festzuhalten, dass das ESchG mit seinen Regelungen, die den Möglichkeiten künstlicher Befruchtung und der Fortpflanzungsmedizin im Ganzen eher restriktiv begegnen, vielfach in der *Kritik* steht; das Gesetz sei lückenhaft, widersprüchlich und veraltet.[57] Vorgebracht wird auch, dass in anderen Rechtsordnungen,

---

[52] Vgl. hierzu BayObLG BeckRS 2020, 32545 Rn. 82.
[53] Ausführlich Spickhoff-Müller-*Terpitz*, GG Art. 6 Rn. 3 m. w.N.
[54] Spickhoff-Müller-*Terpitz*, GG Art. 6 Rn. 4.
[55] MüKo-BGB-*Wellenhofer*, § 1591 Rn. 49 ff.
[56] Zweifelnd BayObLG BeckRS 2020, 32545 Rn. 83.
[57] Vgl. BayObLG BeckRS 2020, 32545 Rn. 83; zur Kritik siehe beispielhaft *Lindner*, ZRP 2019, 171; Spickhoff-Müller-*Terpitz*, § 1 ESchG Rn. 7; Günther/Taupitz/Kaiser-*Taupitz*, C.II. Rn. 7. Dabei wird vor allem das Verbot der Eizellspende vielfach kritisiert.

auch in anderen europäischen Ländern, die Eizellenspende ganz überwiegend erlaubt sei.[58]

57 Dem ist jedoch zweierlei entgegenzuhalten: Zunächst ist erneut darauf hinzuweisen, dass dem Gesetzgeber die biologischen Abläufe von der Zusammenführung von Samen und Eizelle über die Herausbildung von Vorkernen bis zur Kernverschmelzung und ausdrücklich auch bereits die Möglichkeit der Kryokonservierung von Zellen im 2-PN-Stadium und der Fortsetzung des Befruchtungsgeschehens nach deren Wiederauftauen *bereits bekannt* waren.[59] Insbesondere aber kommt dem Gesetzgeber bei der gesetzlichen Regelung von Lebenssachverhalten ein gewisser *Einschätzung-, Wertungs- und Gestaltungsspielraum* zu,[60] der auch die Entscheidung, ob und inwieweit gesetzlich missbilligtes Verhalten strafrechtlich zu sanktionieren ist, umfasst.[61]

58 Selbst wenn es also sein mag, dass der Gesetzgeber bei Schaffung des ESchG oder durch zwischenzeitliche Gesetzesänderungen die Materie der künstlichen Fortpflanzung auch anders hätte regeln können, z. B. indem er die Spende von 2-PN-Zellen erlaubt oder wenigstens straffrei stellt (wie es in anderen europäischen Ländern der Fall ist), so lassen sich allein hieraus keine Anhaltspunkte dafür ableiten, dass mit der vorgenommenen Abwägung der widerstreitenden Interessen (Schutz vor gespaltener Mutterschaft vs. Schutz der – zumindest – Entwicklungsfähigkeit menschlichen Lebens) und der auf dieser Grundlage getroffenen Regelung der gesetzgeberische Ermessensspielraum in verfassungsrechtlich relevanter Weise verletzt worden ist und ein Verstoß gegen die verfassungsrechtlichen Rechte der Betroffenen aus Art. 6 GG bzw. Art. 2 Abs. 1 i. V. m. Art. 1 Abs. 1 GG vorliegt.[62]

59 § 1 Abs. 1 Nr. 2 ESchG entspricht damit den verfassungsrechtlichen Anforderungen; der Gesetzgeber hat seinen ihm diesbezüglich zustehenden **Ermessensspielraum** nicht überschritten, wenn er erst dem Embryo, mit dessen Entstehung die Befruchtung abgeschlossen ist, die Qualität menschlichen Lebens zuspricht und demgegenüber dem Anliegen der Verhinderung geteilter Mutterschaft den Vorrang einräumt.[63]

> **Klausurhinweis:**
> Freilich kann man dies mit den entsprechenden Argumenten auch anders sehen.

60 e) **Wiederauftauen als „Unternehmen" der Befruchtung?** Fraglich ist, ob in der Handlung, kryokonservierte Zellen wieder aufzutauen, eine geeignete Tathandlung des „Unternehmens" der künstlichen Befruchtung im Sinne der Fortsetzung des begonnenen Befruchtungsvorgangs zu sehen ist.

> **Klausurhinweis:**
> Die folgenden Ausführungen sind aus didaktischen Gründen sehr ausführlich gehalten und so in einer Klausur nicht zu erwarten.

---

58 Vgl. dazu *Coester-Waltjen*, J Reproduktionsmed Endokrinol (JRE) 2015, 42 (51); *Dorneck*, MedR 2014, 502 (503).
59 BayObLG BeckRS 2020, 32545 Rn. 86.
60 BVerfG in st. Rspr., vgl. nur BVerfGE 96, 56 (64).
61 BayObLG BeckRS 2020, 32545 Rn. 87.
62 Vgl. BayObLG BeckRS 2020, 32545 Rn. 88.
63 So ausdrücklich BayObLG BeckRS 2020, 32545 Rn. 84; ebenso EGMR NJW 2012, 207 Rn. 104 ff. [zur Rechtslage in Österreich, die die Eizellspende verbietet]: Dies stellt nach der Entscheidung keinen Verstoß gegen Art. 8 EMRK (Recht auf Achtung des Privat- und Familienlebens) dar.

Fall 4: „Netzwerk Embryonenspende e. V."

In rechtlicher Hinsicht ist dies jedenfalls dann zu bejahen, wenn die Befruchtung nicht objektiv bereits vollendet, also ein Embryo bereits entstanden ist. Ein Embryo i. S.d. § 8 Abs. 1 ESchG liegt zum Tatzeitpunkt mangels erfolgter Kernverschmelzung (noch) nicht vor. 61

Das **Unternehmensdelikt** des § 1 Abs. 1 Nr. 2 ESchG könnte jedoch mit der Vornahme der ersten auf eine künstliche Befruchtung gerichteten Handlung (hier also mit dem Einbringen der Samenzelle in die Eizelle) gleichsam „verbraucht" sein.[64] 62

Nach der Begriffsbestimmung des **§ 11 Abs. 1 Nr. 6 StGB**, welche für das gesamte Strafrecht – auch außerhalb des Strafgesetzbuches – gilt (vgl. Art. 1 Abs. 1 EGStGB),[65] ist das Unternehmen einer Tat deren Versuch und deren Vollendung. Bezogen auf das objektive Tatbestandsmerkmal des „Befruchtens" bedeutet dies, dass es, ungeachtet dessen, dass der Begriff in unterschiedlicher Weise interpretiert wird, für die Tatbestandsverwirklichung gerade nicht darauf ankommt, dass die Befruchtung der Eizelle tatsächlich bewirkt wird. In der Gleichstellung von Versuch und Vollendung liegt vielmehr eine Vorverlagerung der Strafbarkeit, indem bereits der Versuch der Vollendungsstrafbarkeit unterworfen wird.[66] Erforderlich ist lediglich, entsprechend der allgemeinen, für die Versuchsstrafbarkeit nach § 22 StGB geltenden Regeln, dass zur Tatbestandsverwirklichung unmittelbar angesetzt wird.[67] Davon ist angesichts des Wiederauftauens der 2-PN-Eizelle durch Dr. N und Dr. E unproblematisch auszugehen. 63

Eine Auffassung, wonach es allein auf das erste Ansetzen zur Herbeiführung einer Befruchtung ankommt, übersieht, dass selbst die Vollendung der Tat, wie die Legaldefinition zeigt, bei Unternehmensdelikten keineswegs aus jeglicher Strafbarkeit ausgeblendet wird, sondern in die Begriffsbestimmung ausdrücklich aufgenommen wurde und eine Tathandlung, die zur Vollendung führt, damit – erst recht – der Strafbarkeit unterfällt.[68] Unternehmensdelikte sind dadurch gekennzeichnet, dass das Gesetz zur Begründung einer erweiterten Strafbarkeit auf ein bestimmtes missbilligtes Ziel gerichtete Handlungen bereits vom frühestmöglichen Stadium des auf einen bestimmten Erfolg gerichteten Versuchs bis zur Erreichung dieses – nach dem Gesetzeszweck zu verhindernden – Erfolgs erfasst, um es nicht erst auf dessen Eintritt ankommen zu lassen. Die Strafbarkeit nun ganz im Gegensatz zur gewollten Erweiterung dahingehend einzuengen, dass nur das früheste unmittelbare Ansetzen die strafbare Tathandlung darstellen könne, würde diesen *gesetzgeberischen Zweck* geradezu in sein Gegenteil *verkehren*.[69] Eine dogmatisch überzeugende Begründung dafür ist nicht ersichtlich. 64

Das „Unternehmen" einer Tat kann nach der Struktur von Unternehmensdelikten vielmehr jedes, bereits die Phase bloßer Vorbereitungshandlungen überschreitende unmittelbare Ansetzen zur Herbeiführung eines Erfolgs bis zu dessen Herbeiführung sein. Bezogen auf die gegenständliche Strafnorm wird *jeder Handlungsschritt* vom frühen, auf die Einbringung eines Samens in eine Eizelle gerichteten Versuchsstadium bis zur Herbeiführung der Vollendung der Befruchtung durch Kernverschmelzung erfasst; dazu gehören als mögliche Tathandlungen daher auch das Vorantreiben des 65

---

64 Dahingehend *Frommel*, J Reproduktionsmed Endokrinol (JRE) 2015, 42 (52 f.).
65 *Fischer*, StGB, § 11 Rn. 1a.
66 BayObLG BeckRS 2020, 32545 Rn. 50; siehe auch MüKo-StGB-*Radtke*, § 11 Rn. 134.
67 BayObLG BeckRS 2020, 32545 Rn. 50; vgl. auch BGH BeckRS 2015, 14775 Rn. 14; BeckOK-StGB-*v. Heintschel-Heinegg/Kudlich*, § 11 Rn. 45; MüKo-StGB-*Radtke*, § 11 Rn. 136.
68 Hierzu und zum Folgenden ausführlich BayObLG BeckRS 2020, 32545 Rn. 51 ff.
69 BayObLG BeckRS 2020, 32545 Rn. 51; allgemein zur Bedeutung von Unternehmensdelikten NK-StGB-*Saliger*, § 11 Rn. 56 f.

Befruchtungsvorgangs durch Auftauen und Weiterkultivieren von Zellen, bei denen der Befruchtungsverlauf durch Kryokonservieren zuvor unterbrochen wurde.[70]

> **Klausurhinweis/Weiterführendes Wissen:**
>
> Bei mehreren Teilakten desselben Täters, die alle objektiven wie subjektiven Voraussetzungen des Unternehmensdelikts erfüllen, wird aber regelmäßig nur *eine* strafbare Handlung vorliegen.[71]

66 Ein Verständnis, welches allein auf das erste Ansetzen zur Herbeiführung einer Befruchtung – hier also das Einbringen der Samenzelle in die Eizelle – abstellt, verkennt folglich grundlegend die Struktur von Unternehmensdelikten wie auch weitere allgemeine strafrechtliche Grundsätze und ist daher insgesamt *rechtlich nicht haltbar*.[72]

67 f) **Zwischenergebnis.** Indem Dr. N und Dr. E die eingefrorene „imprägnierte" 2-PN-Eizelle wiederauftauten und auf F übertrugen, haben sie es unternommen, eine Eizelle künstlich zu befruchten. Der objektive Tatbestand ist erfüllt.

> **Klausurhinweis:**
>
> A.A. mit der entsprechenden Begründung aber vertretbar.

68 **2. Subjektiver Tatbestand.** Für § 1 Abs. 1 Nr. 2 EschG ist zumindest bedingter Tatvorsatz hinsichtlich aller objektiven Umstände, die zur künstlichen Befruchtung einer menschlichen Eizelle führen, erforderlich, aber auch ausreichend, vgl. § 15 StGB.[73] Hinsichtlich des vom Tatbestand geforderten „Zwecks" der Befruchtung bedarf es einer entsprechenden Absicht, worunter nach allgemeinen Regeln ein *zielgerichteter Wille* zu verstehen ist.[74]

69 a) **Vorsatz.** Dr. N und Dr. E war als erfahrenen Reproduktionsmedizinern bewusst, dass es sich um sog. 2-PN-Eizellen handelte; jedenfalls nahmen sie dies billigend in Kauf. Durch das Wiederauftauen und Weiterkultivieren wollten sie auch gerade die Kernverschmelzung der beiden vorhandenen Vorkerne von Eizelle und Spermium bewirken, mithin eine künstliche Befruchtung durchführen. Anhaltspunkte für einen vorsatzausschließenden Tatbestandsirrtum nach § 16 Abs. 1 S. 1 StGB sind nicht ersichtlich. Dr. N und Dr. E handelten daher vorsätzlich i. S.d. § 15 StGB.

70 b) **Zweck.** Dr. N und Dr. E haben die „fremde", d. h. nicht von F stammende (→ Rn. 4) Eizelle aufgetaut und auf F übertragen, um eine Schwangerschaft der F herbeizuführen. Sie handelten damit, um die Schwangerschaft einer Frau herbeizuführen, von der die Eizelle *nicht* stammt, und damit mit dem erforderlichen zielgerichteten Willen.

---

70 So ausdrücklich BayObLG BeckRS 2020, 32545 Rn. 53.
71 Vgl. BayObLG BeckRS 2020, 32545 Rn. 53.
72 Ebenso BayObLG BeckRS 2020, 32545 Rn. 55.
73 BayObLG BeckRS 2020, 32545 Rn. 57; Günther/Taupitz/Kaiser-*Günther*, C.II. Rn. 17.
74 BayObLG BeckRS 2020, 32545 Rn. 57; allgemein Fischer, StGB, § 15 Rn. 8.

Fall 4: „Netzwerk Embryonenspende e. V."

> **Klausurhinweis/Weiterführendes Wissen:**
> Wäre der Sachverhalt dahingehend angelegt, dass Dr. N und Dr. E auch die Gewinnung der Eizellen und deren Imprägnation vornahmen und dabei ohne die Absicht des Wiederauftauens und Weiterverwendens handelten, stünde dies einer Verwirklichung des § 1 Abs. 1 Nr. 2 EschG durch ein späteres Auftauen und Weiterverwenden der Zellen in der entsprechenden (strafbaren) Absicht freilich nicht entgegen. Es kommt insoweit nur auf ihre *subjektive Einstellung zum Zeitpunkt des Wiederauftauens* der Zellen als Tathandlung an. Ausführlich hierzu BayObLG BeckRS 2020, 32545 Rn. 48 ff.

II. Rechtswidrigkeit

Rechtfertigungsgründe sind nicht ersichtlich. Dr. N und Dr. E handelten daher rechtswidrig.

III. Schuld

Dr. N und Dr. E müssten auch schuldhaft gehandelt haben. Die Schuld könnte aufgrund eines unvermeidbaren **Verbotsirrtums** nach § 17 S. 1 StGB entfallen sein. Ein solcher kommt hier insbesondere deswegen in Betracht, weil sich Dr. N und Dr. E zuvor umfassend bei der Universitätsprofessorin Prof. Dr. Z, die sich seit Jahren im Rahmen ihrer wissenschaftlichen Tätigkeit mit dem EschG beschäftigt, über die Rechtmäßigkeit ihres Handelns informiert haben und Prof. Dr. Z in einem für den Verein „Netzwerk Embryonenspende e. V." erstellten Rechtsgutachten zu dem Ergebnis kommt, dass das Auftauen und Weiterkultivieren übrig gebliebener 2-PN-Eizellen nicht gegen das Embryonenschutzgesetz verstoße.

1. Verbotsirrtum, § 17 S. 1 StGB. Indem Dr. N und Dr. E im Vertrauen auf das die Straflosigkeit des Vorgehens bestätigende **Gutachten** der Prof. Dr. Z die Eizellen-Übertragung vornahmen, obwohl diese tatsächlich den Tatbestand des § 1 Abs. 1 Nr. 2 EschG erfüllt (s. o.), fehlte ihnen bei der Tat die Einsicht, Unrecht zu tun, § 17 S. 1 StGB, da sie von der Rechtmäßigkeit ihres Tuns ausgingen.

2. Vermeidbarkeit des Verbotsirrtums. Fraglich ist, ob dieser Irrtum von Dr. N und Dr. E **vermeidbar** war, § 17 S. 1 a. E. StGB.

Unvermeidbar ist ein Verbotsirrtum, wenn der Täter trotz der ihm nach den Umständen des Falles, seiner Persönlichkeit sowie seines Lebens- und Berufskreises zuzumutenden Anspannung des Gewissens die Einsicht in das Unrechtmäßige seines Handelns nicht zu gewinnen vermochte.[75] Das setzt voraus, dass er alle geistigen Erkenntniskräfte eingesetzt und etwa aufkommende Zweifel durch Nachdenken oder erforderlichenfalls durch *Einholung von (Rechts-)Rat* beseitigt hat.[76] Wird die Rechtsauffassung des Täters durch eine gerichtliche oder behördliche Entscheidung oder durch die Rechtsauskunft einer *sachkundigen, unvoreingenommenen* und mit der Erteilung der Auskunft *keinerlei Eigeninteresse* verfolgenden Person erteilt, begründet dies die Unvermeidlichkeit eines Irrtums, wenn der Täter auf die Richtigkeit der Entscheidung oder Auskunft *vertraut hat* und nach den für ihn erkennbaren Umständen auch *vertrauen durfte*.[77] Dabei ist beispielsweise selbst der Rat einer Rechtsanwältin bzw. eines

---

[75] Hierzu und zum Folgenden ausführlich BayObLG BeckRS 2020, 32545 Rn. 105 ff.
[76] BayObLG BeckRS 2020, 32545 Rn. 106; BGH NStZ 2000, 307 (309).
[77] BayObLG BeckRS 2020, 32545 Rn. 106; BGH NJW 1995, 204 (205); NStZ 2000, 307 (309); vgl. zum Ganzen auch *Busch*, wistra 2020, 184.

Rechtsanwalts nicht ohne Weiteres bereits deshalb vertrauenswürdig, weil er von einer kraft ihrer Berufsstellung vertrauenswürdigen Person erteilt worden ist.[78] Maßgeblich ist vielmehr, ob der Rechtsrat – aus Sicht des Anfragenden – nach eingehender sorgfältiger Prüfung erfolgt und von der notwendigen Sachkenntnis getragen ist. Auskünfte, die erkennbar vordergründig und mangelhaft sind oder nach dem Willen des Anfragenden lediglich eine „Feigenblattfunktion" erfüllen, können den Täter demgegenüber nicht entlasten. Insbesondere bei komplexen Sachverhalten und erkennbar schwierigen Rechtsfragen ist regelmäßig ein detailliertes, schriftliches Gutachten erforderlich, um einen unvermeidbaren Verbotsirrtum zu begründen.[79]

76 Hier existiert ein detailliertes, schriftliches Rechtsgutachten der Universitätsprofessorin Prof. Dr. Z, welches unter kritischer Einbeziehung der bestehenden Gegenmeinung zu dem Ergebnis gelangt, dass das Auftauen und Weiterkultivieren übrig gebliebener 2-PN-Eizellen nicht gegen das Embryonenschutzgesetz verstoßen. Von der Sachkunde der Prof. Dr. Z, welche sich seit Jahren im Rahmen ihrer wissenschaftlichen Tätigkeit mit dem Embryonenschutzgesetz beschäftigt, ist auszugehen. Ebenfalls sind keine Anhaltspunkte für fachliche Mängel des Gutachtens ersichtlich, insbesondere genügt es wissenschaftlichen Standards dahingehend, dass sich darin auch mit anderslautenden Stimmen in der Wissenschaft auseinandergesetzt wurde.

77 Fraglich ist jedoch, ob Prof. Dr. Z bei der Erstellung des Gutachtens auch hinreichend unvoreingenommen („objektiv") war, sodass Dr. N und Dr. E auch auf ihre Auskunft vertrauen durften. Dies könnte deshalb zweifelhaft sein, weil Prof. Dr. Z bei Gründung des Vereins „Netzwerk Embryonenspende e. V." dem Verein beigetreten ist und auf Wunsch von Dr. N und Dr. E formal die Position einer weiteren Vorstandsvorsitzenden übernommen hat.

78 Allerdings ist insoweit zunächst anzumerken, dass die Erstellung des Gutachtens vor Vereinsgründung erfolgte und damit *zeitlich vorgelagert* ist gegenüber dem Vereinsbeitritt und der Bekleidung der Position einer Vorstandsvorsitzenden durch Prof. Dr. Z. Darüber hinaus agiert der Verein ohne Gewinnerzielungsabsicht, sodass zumindest finanzielle (Eigen-)Interessen von Prof. Dr. Z, die einer hinreichenden Unvoreingenommenheit entgegenstünden, ausscheiden. Auch war es als Vorstandsvorsitzende ihre einzige Aufgabe, im Einzelfall juristisch zu beraten, sodass auch dieser Posten keinen Interessenkonflikt hervorruft.

79 Überträgt man zudem den Meinungsstand etwa zur Möglichkeit entlastender Gutachten von Syndikusanwälten, so spricht hier Vieles dafür, jedenfalls *keine pauschale Untauglichkeit* der Gutachterin aufgrund mangelnder Objektivität anzunehmen.[80] Vielmehr kommt es bei der Beurteilung der Frage, ob das Gutachten zu einem unvermeidbaren Verbotsirrtum führen kann, auch darauf an, wie überzeugend die Ausführungen sind und wie sie sich zu abweichenden Auffassungen verhalten.[81] Dies muss umso mehr gelten, als es sich bei der Beurteilung der Rechtmäßigkeit der Übertragung von „imprägnierten" 2-PN-Zellen um eine umstrittene Rechtsfrage handelt, auf die Dr. N und Dr. E von verschiedensten staatlichen Stellen auf Bundes- und Landesebene keine verbindliche Antwort erhalten haben.

---

78 BayObLG BeckRS 2020, 32545 Rn. 106.
79 BayObLG BeckRS 2020, 32545 Rn. 106; BGH NJW 2017, 1487 Rn. 59 m. w.N.
80 *Kudlich*, NJW 2021, 359 (361).
81 *Kudlich*, NJW 2021, 359 (361 f.).

Fall 4: „Netzwerk Embryonenspende e. V."

Will man in diesen Fällen aber keinen überzogenen Maßstab anlegen, so muss es an dieser Stelle genügen, wenn sich das in Rede stehende Gutachten – wie hier geschehen – intensiv mit den bestehenden Gegenmeinungen auseinandersetzt. Berücksichtigt man zudem, dass das AG „jedenfalls" von einem unvermeidbaren Verbotsirrtum ausgegangen ist und das LG sogar materiell eine Straflosigkeit angenommen hat,[82] lässt sich i. E. wohl kaum von einem Irrtum sprechen, den Dr. N und Dr. E hätten vermeiden können.[83]

Klausurhinweis:

Eine a. A. ist an dieser Stelle aber nicht unvertretbar. Abgestellt werden sollte dann v. a. auf die enge Verflochtenheit von Prof. Dr. Z mit dem Verein „Netzwerkembryonenspende e. V.". Das BayObLG lässt die Frage der hinreichenden Neutralität von Prof. Dr. Z i. E. offen, da im Berufungsurteil jedenfalls der Inhalt des Gutachtens nicht hinreichend klar wiedergegeben ist, sodass hinsichtlich des Schuldausschlusses letztlich ein Darstellungsmangel vorliegt.[84]

Dr. N und Dr. E unterlagen damit einem **unvermeidbaren Verbotsirrtum** i. S.d. § 17 S. 1 StGB und handelten daher ohne Schuld.

Ergebnis: Dr. N und Dr. E sind nicht strafbar nach § 1 Abs. 1 Nr. 2 ESchG. *(a. A. vertretbar)*

Strafbarkeit der F

Eine Strafbarkeit der F nach §§ 1 Abs. 1 Nr. 2 ESchG, 25 Abs. 2 StGB scheitert – selbst bei Annahme eines *vermeidbaren* Verbotsirrtums – jedenfalls an **§ 1 Abs. 3 Nr. 1 ESchG**, wonach u. a. in den Fällen des Absatzes 1 Nr. 2 die Frau, auf die die Eizelle übertragen wird, nicht bestraft wird (persönlicher Strafausschließungsgrund[85]).

Klausurhinweis:

Rechtswidrigkeit und Schuld sind für jeden Beteiligten gesondert zu prüfen.

Abwandlung 1:

Es ergeben sich keine Unterschiede zum Ausgangsfall, da es angesichts des Charakters des § 1 Abs. 1 Nr. 2 ESchG als **Unternehmensdelikts** (vgl. § 11 Abs. 1 Nr. 6 StGB) für die Tatbestandsverwirklichung gerade nicht darauf ankommt, dass die Befruchtung der Eizelle – im Sinne einer abgeschlossenen Kernverschmelzung – tatsächlich bewirkt wird (→ Rn. 63). Insofern sind Versuch und Vollendung gleichgestellt, d. h. der Versuch wird bereits der Vollendungsstrafbarkeit unterstellt.

Abwandlung 2:

Tatsächlich übertragen wird in der Abwandlung 2 ein Embryo i. S.d. § 8 Abs. 1 ESchG (nach allen Ansichten befruchtete Eizelle vom Zeitpunkt der Kernverschmelzung an).

---

82 Zu diesem Aspekt *Kudlich*, NJW 2021, 359 (362).
83 Ähnlich *Kudlich*, NJW 2021, 359 (362).
84 Vgl. hierzu auch *Kudlich*, NJW 2021, 359 (361).
85 Vgl. LG Berlin BeckRS 2008, 25 853; Erbs/Kohlhaas-*Häberle*, EschG § 1 Rn. 12.

Dessen Übertragung ist in der vorliegenden Konstellation im Umkehrschluss zum Regelungsregime des ESchG nach ganz h. M. grundsätzlich nicht strafbar (sog. „Embryonentransfer" oder „Embryonenspende", → Rn. 40 ff.).

86 Allerdings wissen dies Dr. N und Dr. E nicht, sondern gehen bei der Übertragung auf F davon aus, eine Eizelle mit zwei „unverschmolzenen" Vorkernen – und damit ein grundsätzlich taugliches Tatobjekt – zu transferieren. Da es sich bei § 1 Abs. 1 Nr. 2 ESchG aber – wie erwähnt – um ein Unternehmensdelikt handelt, werden von der Strafbarkeit auch Handlungen im Versuchsstadium gem. § 22 StGB erfasst. Dazu gehören nach den allgemeinen Regeln zur Versuchsstrafbarkeit, anknüpfend an § 23 Abs. 3 StGB, auch solche Fälle, in denen der Versuch nicht mehr zur Vollendung führen kann (**untauglicher Versuch**), etwa weil bereits beim Einfrieren der Zellen und damit zum Zeitpunkt der Tathandlung beim Wiederauftauen die weiterverwendeten Zellen objektiv keine tauglichen Tatobjekte der Herbeiführung einer Befruchtung mehr sein können, da ihre Kerne bereits miteinander verschmolzen sind.[86]

87 Insofern ergeben sich ebenfalls keine Unterschiede zum Ausgangsfall.

---

86 Vgl. BayObLG BeckRS 2020, 32545 Rn. 95.

Fall 4: „Netzwerk Embryonenspende e. V."

Weiterführende Hinweise auf relevante Rechtsprechung und (Ausbildungs-)Literatur:

Zum ESchG

BGH NStZ 2013, 461 – Unvermeidbarkeit des Verbotsirrtums bei Vertrauen auf ein Rechtsgutachten
BayObLG BeckRS 2020, 32545 – Strafbare missbräuchliche Anwendung von Fortpflanzungstechniken *(vgl. Fall 4)*

Gassner, Ulrich / Ruf, Simone – Befruchtung durch Auftauen und Weiterkultivieren von 2-PN-Zellen?, MedR 2021, 429
Kersten, Jens, Regulierungsauftrag für den Staat im Bereich der Fortpflanzungsmedizin, NVwZ 2018, 1248
Kudlich, Hans, Der Umgang mit konservierten Eizellen im Vorkernstadium – Die strafrechtliche Bewertung, NJW 2021, 359
Mesch, Maria, Fälle zum Medizinrecht, 1. Auflage 2023, 16. Fall (Eizellenspende)
Taupitz, Jochen / Hermes, Benjamin, Eizellspende verboten – Embryonenspende erlaubt?, NJW 2015, 1802
Taupitz, Jochen, Verbot der Eizellspende – „modern" interpretiert?, NJW 2019, 337
Waßmer, Martin Paul, Medizinstrafrecht, § 12 Embryonenschutz

Zum TPG

LG München I NJW 2002, 2655 – Begriff des Handeltreibens mit Organen
BGH NJW 2017, 3249 – Manipulationen bei der Organverteilung („Göttinger Leberallokationsskandal")
BGH NJW 2019, 1076 – Aufklärungsanforderungen bei freiwilligen Organspenden
BGH NJW 2020, 2334 – Ärztliche Aufklärungspflicht bei Lebendorganspende

Beck, Susanne, Kurzfälle aus dem Medizinstrafrecht – Teil 2, ZJS 2/2013, 156
Kudlich, Hans, Die strafrechtliche Aufarbeitung des „Organspende-Skandals", NJW 2013, 917

Falleinheit 5: Abrechnungsbetrug und Vertragsarztuntreue (Fall 5a bis Fall 5b)

Fall 5a: Immer Ärger mit dem MVZ!

1   F ist Facharzt für Innere und Onkologische Medizin und betreibt mehrere Medizinische Versorgungszentren (MVZ)[1] im Großraum M. Anfang 2012 gründet er als Alleingesellschafter die MVZ GOB GmbH (M-GmbH), welche ein MVZ in M betreibt, das im März 2012 gem. § 95 Abs. 1a SGB V zur kassenärztlichen Versorgung zugelassen wird. Da die Stellung als Alleingesellschafter mit großen finanziellen Risiken verbunden ist, sucht A nach Mitgesellschaftern. Einen solchen findet er zunächst in der GHD GmbH (G-GmbH), die einen Minderheitsanteil an der M-GmbH übernimmt. Infolge von Meinungsverschiedenheiten möchte M die Anteile der G-GmbH aber zurückerwerben, wozu er einen externen Geldgeber sucht.

Im Zuge dessen lernt er A kennen, der unter anderem eine Apotheke in M. betreibt und alleiniger Gesellschafter und Geschäftsführer der C&C GmbH (C-GmbH) ist. Zur Erschließung neuer Absatzquellen für die von ihm hergestellten hochpreisigen Medikamente möchte A ein Medizinisches Versorgungszentrum erwerben, um so unmittelbar Einfluss auf die Verordnung dieser Medikamente ausüben zu können. Dabei ist A bewusst, dass es aufgrund einer seit dem 1.1.2012 geltenden Änderung des § 95 Abs. 1a SGB V weder ihm noch der C-GmbH rechtlich möglich ist, sich an einem Medizinischen Versorgungszentrum zu beteiligen. Er entwickelt daher die Idee, die gesetzlichen Vorgaben dadurch zu umgehen, dass er über einen Arzt bzw. eine Ärztin als „Strohmann" bzw. „Strohfrau" Anteile an einem MVZ erwirbt.

In Umsetzung dieses Plans stellt A, der weiß, dass sich F in einer „schwierigen finanziellen Lage" befindet, diesem 2013 u. a. mehrere Darlehen über einen hohen Geldbetrag zur Verfügung. Zur Sicherung der Darlehen bietet F die Übertragung von Gesellschaftsanteilen der M-GmbH an.

Nachdem F die Darlehensverträge kündigt, mithin der Sicherungsfall eintritt, nimmt A die Sicherheit in Anspruch. Als neuen Mehrheitsgesellschafter der M-GmbH benennt er den V, der als mit einer Praxis für Allgemeinmedizin niedergelassener Vertragsarzt die Gründungsvoraussetzungen des § 95 Abs. 1a SGB V erfüllt. V hat sich zuvor bereiterklärt, Anteile an dem Medizinischen Versorgungszentrum und „auf dem Papier" die Funktion eines Gesellschafters zu übernehmen. Sämtlichen Beteiligten inkl. F ist dabei klar, dass V seine Gesellschafterrechte keineswegs selbst, sondern ausschließlich gemäß den Anweisungen des A ausüben wird.

Im Folgenden erwirbt V von F 51 % der Gesellschaftsanteile an der M-GmbH. V verpflichtet sich, den Gewinn aus dieser Beteiligung teilweise an A abzuführen. Im Gegenzug stellt A den V im Innenverhältnis von allen Verpflichtungen frei. Der Eintritt des V als (Mehrheits-)Gesellschafter wird sodann vom Zulassungsausschuss für Ärzte mit Wirkung ab dem 1.3.2014 genehmigt, wobei die Beteiligten verschweigen, dass die Anteile wirtschaftlich dem A zustehen.

Nach dem Eintritt des V als Mehrheitsgesellschafter der M-GmbH ist F weiterhin als Geschäftsführer und ärztlicher Leiter tätig. A wird zum weiteren Geschäftsführer bestellt. Nach seiner Beteiligung an der M-GmbH kommt es zu einer deutlichen Umsatzsteigerung in seiner Apotheke, insbesondere auch durch Verordnungen von Ärztinnen und Ärzten dieses Medizinischen Versorgungszentrums.

Allen Beteiligten ist dabei klar, dass die Voraussetzungen zur Teilhabe an der vertragsärztlichen Versorgung für die M-GmbH nicht vorliegen. Dennoch werden in den laufenden Quar-

---

1 Ein **Medizinisches Versorgungszentrum (MVZ)** ist ein eigenständiger Leistungserbringer, in dem mehrere ambulant tätige Ärztinnen und Ärzte kooperativ unter einem Dach zusammenarbeiten.

Fall 5a: Immer Ärger mit dem MVZ!

talen von September 2014 bis Ende 2015 von F Quartalsabrechnungen (sog. „Sammelerklärungen") i. H.v. insgesamt 900.000 EUR bei der Kassenärztlichen Vereinigung M (KVM) eingereicht, deren Mitarbeiterinnen und Mitarbeiter auf die Richtigkeit der Quartalsberechnungen vertrauen und die Beiträge an die M-GmbH auszahlen. Von den ausgezahlten Beiträgen erhalten A, V und F jeweils ein Drittel.

A stellt darüber hinaus ebenfalls ab September 2014 der Krankenkasse K über eine Verrechnungsstelle zweimal monatlich in seiner Apotheke eingelöste Verordnungen der M-GmbH in Rechnung. Die Mitarbeiterinnen und Mitarbeiter der Krankenkasse zahlen daraufhin – ebenfalls im Vertrauen darauf, dass die den Datensätzen und Rechnungen zugrundeliegenden einzelnen Verordnungen rechtmäßig waren – an A einen Gesamtbetrag i. H.v. 150.000 EUR aus. V und F wissen hiervon, reichen selbst aber keine Apothekenabrechnungen bei K ein.

Wie haben sich A, V und F nach dem StGB strafbar gemacht?

Auf die zum Tatzeitpunkt noch nicht geltenden §§ 299a, 299b StGB ist nicht einzugehen. § 266 StGB, §§ 267 ff. und §§ 352 f. StGB bleiben bei der Bearbeitung ebenfalls außer Betracht. Es ist davon auszugehen, dass die abgerechneten Leistungen im MVZ grundsätzlich ordnungsgemäß und in medizinisch nicht zu beanstandender Art und Weise erbracht worden sind.

Hinweis:

Bei Kassenärztlichen Vereinigungen handelt es sich um Körperschaften des öffentlichen Rechts, die in der Lage sind, eigenes Vermögen zu bilden. Auf § 85 Abs. 1, Abs. 2 S. 2 SGB V und § 87a Abs. 3 SGB V wird hingewiesen; ebenso auf § 106b Abs. 2a SGB V.

Anhang: Bundesmantelvertrag – Ärzte vom 1.1.2023 (BMV-Ä)

§ 45 Abrechnung (sachlich-rechnerische Richtigstellung)

(1) Der Vertragsarzt bestätigt, dass die abgerechneten Leistungen persönlich erbracht worden sind (§ 15), und dass die Abrechnung sachlich richtig ist.

(…)

Falleinheit 5: Abrechnungsbetrug und Vertragsarztuntreue (Fall 5a bis Fall 5b)

2 **Kurzgliederung Fall 5a**
TK 1: Abrechnung gegenüber der KV
Stbk. des F
A. § 263 Abs. 1 gg. der KVM zu deren Lasten zu eigenen Gunsten
I. TB
  1. Objektiver TB
     a) Täuschung über Tatsachen
        aa) Tatsache (+)
        bb) Konkludente Täuschung
            – (P) Erklärungswert einer konkludenten Täuschung
            – H.L.: Täuschung nur im Zulassungsverfahren
            – Rspr.: Rechtsvorschriften der Abrechnung eingehalten
              Arg.: § 45 Abs. 1 BMV-Ä, erhöhte Erwartungshaltung des Verkehrs wg. Garantiefunktion der Abrechnungssammelerklärung
        cc) Falschheit der Erklärung
            – (P) Gestaltungsmissbrauch wg. V als „Strohmann"
            – § 95 Abs. 1a S. 1, Abs. 6 S. 3 SGB V
            – Tatsächliche wirtschaftliche Macht liegt bei A
            – Daher: Erklärung objektiv falsch
     b) Irrtum
        – Sachgedankliches Mitbewusstsein (+)
        – Bei Massenerledigungen: stillschweigende Annahme, dass Abrechnung „in Ordnung"
     c) Vermögensverfügung
        – Honorarzahlung als Vermögensverfügung (+)
        – Dreiecksbetrug (+)
        – (P) Zu wessen Lasten?
            – E.A.: Zu Lasten der KVM
              Arg.: eigenes Guthaben
            – A.A.: Zu Lasten der KK
              Aber: § 85 Abs. 1 SGB V, daher wohl (-)
            – A.A.: Zu Lasten der beteiligten Vertragsärztinnen und -ärzte
              – (+), da Anspruch auf angemessene Beteiligung und daher insgesamt weniger Mittel
              – (-), da Anspruch noch nicht konkretisiert, keine eigene Vermögensposition
            – Ergebnis/Streitentscheid: zu Lasten der KVM *(a.A. vertretbar)*
     d) Vermögensschaden
        – Vermögensabfluss (+)
        – (P) Schadenskompensation durch Freiwerden von einer Verbindlichkeit?
            – Rspr.: (-), streng sozialrechtliche Betrachtungsweise
              Arg.: Zahlungsanspruch nur, wenn Normen des SGB eingehalten
            – A.A.: § 106 Abs. 2a SGB V
              Arg.: wirtschaftlicher Eigenwert ärztlicher Leistungen
        – (P) Schadenskompensation durch Werthaltigkeit der Leistungen und ersparte Aufwendungen?

Fall 5a: Immer Ärger mit dem MVZ!

- Rspr.: (-), streng sozialrechtliche „normative" Bestimmung des Schadens
  Arg.: hypothetischer Verlauf bleibt außer Betracht
- H.L.: (+), sonst Verstoß gegen Verschleifungsverbot; Rechtsgutsvertauschung
- Diff.: nur dann (-), wenn verletzte Normen des SGB vermögensschützenden Charakter haben
  - Ergebnis: pro Rspr., da erst Anerkennung einer Forderung durch die Rechtsordnung dieser wirtschaftlichen Wert verleiht *(a.A. vertretbar)*
  2. Subjektiver TB (+)
  - Vorsatz + Eigenbereicherungsabsicht (+)
II. RWK und Schuld (+)
III. Strafzumessung
  1. § 263 Abs. 3 S. 2 Nr. 1
    - Alt. 1: Gewerbsmäßigkeit (+)
    - Alt. 2: Bande (+)
  2. § 263 Abs. 3 S. 2 Nr. 2
    - (+), wenn einzelne Quartalsabrechnung mehr als 50.000 EUR
  3. § 263 Abs. 3 S. 2 Nr. 4 (-)
IV. Ergebnis: Strafbarkeit (+)

B. §§ 263 Abs. 1, Abs. 5 gg. der KVM zu deren Lasten zu eigenen Gunsten
I. TBM (+)
  1. Objektiver TB (+)
    a) Grunddelikt, § 263 Abs. 1 (+)
    b) Qualifikation, § 263 Abs. 5 (+)
  2. Subjektiver TB (+)
II. RWK und Schuld (+)
III. Ergebnis: Strafbarkeit (+)

Stbk. von A und V
A. §§ 263 Abs. 1, Abs. 5, 25 Abs. 2
I. TB
  1. Objektiver TB
    a) Grunddelikt, § 263 Abs. 1
      - Zurechnung gem. § 25 Abs. 2: gemeinsamer Tatplan (+) + gemeinsame Tatausführung
      - (P) Gemeinsame Tatausführung
        - E.A.: (+), weite Tatherrschaftslehre
        - A.A.: (+), animus auctoris vs. animus socii
        - Rspr.: (+), wertende Gesamtbetrachtung
      - Ergebnis: § 25 Abs. 2 (+)
    b) Qualifikation, § 263 Abs. 5 (+)
      - Gewerbsmäßigkeit + Begehung als Bandenmitglied bei A und V (+)
  2. Subjektiver TB (+)
    - Vorsatz + Vorsatz bzgl. Vss. § 25 Abs. 2 + Bereicherungsabsicht

II. RWK und Schuld (+)
III. Ergebnis: Strafbarkeit (+)

TK 2: Abrechnung gegenüber der Krankenkasse
Stbk. von A
A. § 263 Abs. 1, Abs. 5 gg. der KK zu deren Lasten zu eigenen Gunsten
I. TB
   1. Objektiver TB
      a) Grunddelikt
         aa) Täuschung über Tatsachen
            – Konkludente Täuschung (+)
            – Arg.: erhöhte Erwartung seitens des Empfängers
            – Täuschung über das Vorliegen ordnungsgemäßer Verordnungen inkl. kollusivem Zusammenwirken (+)
            – Täuschung über die Einhaltung arzneimittelrechtlicher Abgabevorschriften und die Entstehung des Vergütungsanspruchs (+)
            Arg.: § 7 Abs. 1 AVV
         bb) Irrtum (+)
         cc) Vermögensverfügung (+)
         dd) Vermögensschaden
            – (P) Schadenskompensation
            – Ergebnis: (-), da normativer Schadensbegriff des BGH
      b) Qualifikation
         – Gewerbsmäßigkeit + Bandenmitgliedschaft (+)
   2. Subjektiver TB (+)
II. RWK und Schuld (+)
III. Ergebnis: Strafbarkeit (+)
Stbk. von F und V
A. §§ 263 Abs. 1, Abs. 5, 25 Abs. 2 (-)
– (-), da eher Unterstützungs- als täterschaftliches Handeln
– Zudem: fehlendes (Eigen-)Interesse an der Tat
– Ergebnis: § 25 Abs. 2 (-)
B. §§ 263 Abs. 1, Abs. 5, 27 Abs. 1
I. TB
   1. Objektiver TB
      – Vorsätzliche rechtswidrige Haupttat (+)
      – Hilfeleisten (+)
   2. Subjektiver TB (+)
      – Doppelter Gehilfenvorsatz (+)
   3. Tatbestandsverschiebung, § 28 Abs. 2
      – F und V handeln nicht selbst gewerbsmäßig
      – § 263 Abs. 5 (-)
II. RWK und Schuld (+)
III. Strafzumessung

– § 263 Abs. 3 S. 2 Nr. 1 Alt. 2 (+)

IV. Ergebnis: Strafbarkeit (+)

Gesamtergebnis

– F: § 263 Abs. 5 – § 53 – §§ 263 Abs. 1 i. V. m. Abs. 3 S. 2 Nr. 1 Alt. 2, 27 Abs. 1
– A: §§ 263 Abs. 5, 25 Abs. 2 – § 53 – § 263 Abs. 5
– V: §§ 263 Abs. 5, 25 Abs. 2 – § 53 – §§ 263 Abs. 1 i. V. m. Abs. 3 S. 2 Nr. 1 Alt. 2, 27 Abs. 1

Lösung Fall 5a[2]

Schwerpunkte: *Voraussetzungen des Abrechnungsbetrugs, Grundzüge des kassenärztlichen Abrechnungssystems, sozialrechtsakzessorische Auslegung des Betrugsschadens*

Tatkomplex 1: Abrechnungen gegenüber der Kassenärztlichen Vereinigung KVM

Strafbarkeit des F

A. § 263 Abs. 1 StGB gg. der KVM zu deren Lasten zu eigenen Gunsten

Indem F Quartalsabrechnungen der M-GmbH i. H.v. 900.000 EUR bei der KVM eingereicht hat, obwohl ihm bewusst war, dass die Voraussetzungen zur Teilhabe an der vertragsärztlichen Versorgung für die M-GmbH nicht vorliegen, könnte sich F wegen Betrugs gegenüber der KVM zu deren Lasten zu eigenen Gunsten strafbar gemacht haben, vgl. § 263 Abs. 1 StGB.

I. Tatbestandsmäßigkeit

1. Objektiver Tatbestand. a) Täuschung über Tatsachen. Dazu müsste F über Tatsachen getäuscht haben. Täuschen meint das irreführende Einwirken auf das Vorstellungsbild eines Anderen. Tatsachen sind konkrete Vorgänge oder Zustände der Vergangenheit oder Gegenwart, die dem Beweis zugänglich sind.

aa) Tatsache. Der Umstand, ob bzw. dass die Voraussetzungen zur Teilhabe an der vertragsärztlichen Versorgung nach § 95 Abs. 1a SGB V für die M-GmbH vorliegen (bzw. vorlagen), ist ein beweisbarer Zustand der Gegenwart (bzw. Vergangenheit) und damit eine *Tatsache* i. S.d. § 263 Abs. 1 StGB.

bb) Konkludente Täuschung. Eine ausdrückliche Täuschung über das Nichtvorliegen der Teilhabevoraussetzungen des § 95 Abs. 1a SGB V durch das Einreichen der Quartalsabrechnungen durch F liegt nicht vor, da diese keine dahingehenden ausdrücklichen Angaben enthält.

In Betracht könnte aber eine *konkludente Täuschung* des zuständigen Mitarbeiters bzw. der zuständigen Mitarbeiterin der KVM kommen, wenn der Einreichung der Sammelerklärung der Erklärungswert beigemessen werden könnte, dass die gesetzlichen Abrechnungsvoraussetzungen für die M-GmbH (nach wie vor) vorliegen.

---

[2] Sachverhalt nach BGH, Urteil vom 19.8.2020 – 5 StR 558/19, NJW 2021, 90 = BGHSt 65, 110.

9 Welcher Inhalt einer Erklärung zukommt, bestimmt sich ganz wesentlich durch den Empfängerhorizont und die Erwartungen der Beteiligten. Diese werden regelmäßig durch den normativen Gesamtzusammenhang geprägt, in dem die Erklärung steht.[3] Dabei erwartet der Verkehr im Zusammenhang mit der Geltendmachung eines Anspruchs vor allem eine wahrheitsgemäße Darstellung, soweit die Tatsache wesentlich für die Beurteilung des Anspruchs ist und der Adressat sie aus seiner Situation nicht ohne Weiteres überprüfen kann.[4]

10 Bei der Vergütung von ärztlichen Leistungen nimmt die **Rspr.** dementsprechend an, die Ärzteschaft bringe mit der Abrechnung auch zum Ausdruck, die Voraussetzungen der hierfür zugrundeliegenden Rechtsvorschriften seien eingehalten worden.[5] Dies gelte insbesondere auch für die Voraussetzungen zur vertragsärztlichen Zulassung.[6] Der BGH macht damit die Vorgaben des § 95 Abs. 1a SGB zum Inhalt der Abrechnungs-Sammelerklärung.

11 Hiergegen wenden sich weite Teile des **Schrifttums:**[7]

12 Bemängelt wird v. a. eine unzulässig weite Normativierung des Erklärungsgehalts von ärztlichen Abrechnungen, indem man die Erwartungshaltung der beteiligten Verkehrskreise faktisch nicht nachweise, sondern unterstelle.[8] Vertreten wird auch die Ansicht, die Täuschungshandlung erfolge ausschließlich im Zulassungsverfahren und werde daher bei den Abrechnungen nicht wiederholt.[9] Danach fehlte es vorliegend mangels eines entsprechenden Erklärungsgehalts bereits an einer (konkludenten) Täuschung.

13 Die in der Literatur vertretenen Ansichten lassen jedoch außer Betracht, dass der Vertragsarzt die sachliche Richtigkeit seiner Abrechnung eigens zu bestätigen (§ 45 Abs. 1 BMV-Ä), mithin zu garantieren hat.[10] Das besondere Vertrauen der betroffenen Verkehrskreise in die Richtigkeit ärztlicher Abrechnungserklärungen führt demgemäß gerade zu einer erhöhten Erwartungshaltung des Verkehrs.

> **Klausurhinweis/Weiterführendes Wissen:**
>
> Der Abrechnungssammelerklärung mit ihrer **Garantiefunktion** kommt i. R.d. vertragsärztlichen Abrechnungssystems deshalb besondere Bedeutung zu, weil dieses in großem Umfang auf Vertrauen beruht. Der Grund hierfür ist in der vierpoligen Konstellation des Vertragsarztrechts (Patient/-in, Vertragsärzteschaft, Kassenärztliche Vereinigung und Krankenkasse) zu sehen. Dabei können in aller Regel weder die KV noch die KK den im Verhältnis zwischen der Vertragsärzteschaft und den Patienten erbrachten Leistungen kontrollieren. Wenn ein Vertragsarzt also Leistungen abrechnet und diese durch die KV vergütet werden, muss deshalb letztere grundsätzlich von der Richtigkeit der ärztlichen Angaben ausgehen.[11]

14 Der tatsächliche Empfängerhorizont wird dabei insbesondere auch durch den Prüfungsumfang der Kassenärztlichen Vereinigung nach Eingang der Abrechnung fest-

---

3 BGH NJW 2021, 90 (92); BGH NStZ 2009, 506 (507).
4 BGH NJW 2021, 90 (92); vgl. auch BGH NStZ-RR 2017, 313.
5 Vgl. BGHSt 57, 95 (101); siehe auch BGH NStZ 1994, 236 [zur Erklärung eines „Nicht-Arztes"].
6 So ausdrücklich BGH NJW 2021, 90 (92); vgl. auch *Stein*, MedR 2001, 124 (129); *Grunst*, NStZ 2004, 533 (535); *Ellbogen/Wichmann*, MedR 2007, 10 (12); MüKo-StGB-*Hefendehl*, § 263 Rn. 180.
7 Zum Folgenden ausführlich BGH NJW 2021, 90 (92).
8 Vgl. *Perron*, in: GS-Heine, 281 (284); *Gaede*, MedR 2018, 548 (552).
9 Vgl. LG Lübeck GesR 2006, 176; Spickhoff-*Schuhr*, StGB § 263 Rn. 56; Schönke/Schröder-*Perron*, § 263 Rn. 16c.
10 Hierzu und zum Folgenden BGH NJW 2021, 90 (92); vgl. auch BSG MedR 1998, 338.
11 Vgl. zum Ganzen *Meyer*, NZWiSt 2021, 151 (152).

gelegt. Da dieser die Abklärung formaler Voraussetzungen der Leistungserbringung beinhaltet, kann von einer entsprechenden *Erwartung* seitens des Empfängers ausgegangen werden.[12]

Entsprechend kann auch die Ansicht, wonach die Prüfung der Voraussetzungen zur Kassenzulassung durch die Kassenärztliche Vereinigung durch eine *Bindungswirkung* der vorangegangenen Zulassung (als Verwaltungsakt) entfalle,[13] nicht überzeugen, da sie übersieht, dass die Kassenärztliche Vereinigung an formal bestehende, materiellrechtlich jedoch rechtswidrige Statusentscheidungen im rein dualen Verhältnis zum Vertragsarzt – mithin bei der Abrechnung von Leistungen – gerade nicht gebunden ist.[14]

Die Abrechnungs-Sammelerklärung enthält damit eine konkludente Aussage zum (Fort-)Bestand der Voraussetzungen des vertragsarztrechtlichen Status.

> **Klausurhinweis:**
>
> Eine a. A. ist insbesondere mit der Begründung vertretbar (– wenngleich klausurtaktisch nicht zu empfehlen –), dass sich ein/e Sachbearbeiter/in bei der Bearbeitung von Abrechnungssammelerklärungen keine Gedanken machen wird, die über das Bestehen des vom Zulassungsausschuss (vgl. § 96 SGB V) verliehenen Status als solchen hinausgehen.[15]

cc) Falschheit der Erklärung. Diese Erklärung des F müsste auch *objektiv falsch* sein, d. h. die Voraussetzungen zur vertragsärztlichen Zulassung der M-GmbH dürften für den verfahrensgegenständlichen Abrechnungszeitraum nicht (mehr) vorliegen. Andernfalls könnte F mit einer entsprechenden Erklärung nicht „irreführend" auf das Vorstellungsbild des Sachbearbeiters bzw. der Sachbearbeiterin der Kassenärztlichen Vereinigung einwirken.

Nach § 95 Abs. 1a S. 1 SGB V in der seit 1.1.2012 geltenden Fassung kann ein medizinisches Versorgungszentrum (nur noch) von zugelassenen Ärztinnen und Ärzten, von zugelassenen Krankenhäusern, von Erbringern nichtärztlicher Dialyseleistungen, von anerkannten Praxisnetzen, von gemeinnützigen Trägern, die aufgrund von Zulassung oder Ermächtigung an der vertragsärztlichen Versorgung teilnehmen, oder von Kommunen gegründet werden. Der Kreis der potentiellen Gründer ist vom Gesetzgeber abschließend festgelegt worden.[16] Das gilt – wie sich aus § 95 Abs. 6 SGB V ergibt – auch für später Eintretende.[17] Mit dieser Eingrenzung verfolgt der Gesetzgeber das Ziel, überwiegend kapitalorientierte Investoren ohne hinreichenden fachlichen Bezug von der vertragsärztlichen Versorgung *auszuschließen*.[18] Verfassungsrechtliche Bedenken hiergegen bestehen entgegen nicht.[19]

Die Anforderungen an die Gründer müssen dabei nicht nur bei Gründung des MVZ erfüllt sein, sondern die *Gründereigenschaft muss fortbestehen*.[20] Verliert dementsprechend auch nur einer der Gründer den Status, so führt dies gem. **§ 95 Abs. 6 S. 3**

---

12 BGH NJW 2021, 90 (92); vgl. auch BGH StraFo 2017, 429.
13 Vgl. etwa *Spoerr/Fenner*, MedR 2002, 109 (112); *Wessing/Dann*, GesR 2006, 150 (152).
14 BGH NJW 2021, 90 (92); vgl. auch BSGE 106, 222 Rn. 52 ff. m. w.N.
15 Ausführlich hierzu *Dann/Schomm*, GuP 3/2021, 102 (107 f.).
16 Vgl. BSGE 126, 40 Rn. 30.
17 BGH NJW 2021, 90 (93).
18 BT-Drs. 17/6906, 70.
19 So ausdrücklich BGH NJW 2021, 90 (93); vgl. auch BSG NZS 2019, 101 (104) m. Anm. *Chandna-Hoppe*.
20 BeckOK-SozR-*Scholz/Bartha*, SGB V § 95 Rn. 79.

Falleinheit 5: Abrechnungsbetrug und Vertragsarztuntreue (Fall 5a bis Fall 5b)

i. V. m. Abs. 1a S. 1–3 SGB V nach einer Zeit von mehr als *sechs Monaten* zwingend dazu, dass der Zulassungsausschuss den Entzug des sozialrechtlichen Zulassungsstatus des MVZ zu beschließen hat.

Klausurhinweis/Weiterführendes Wissen:

Dies gilt sowohl für solche MVZ, die nach den „neuen" Regelungen ab dem 1.1.2012 gegründet werden, als auch für solche, die auf Basis des Bestandsschutzes nach den bis dahin geltenden Vorschriften zu beurteilen sind.[21]

Im Ergebnis wird für MVZ damit eine *sechsmonatige Karenzfrist* gewährt, innerhalb derer die nicht mehr vorliegenden Gründungsvoraussetzungen (z. B. nach einem Erbfall) wiederhergestellt werden können.[22]

20 Fraglich ist, ob diese Zulassungsvoraussetzungen ab dem Eintritt des V in die M-GmbH noch gegeben waren.

Klausurhinweis:

F ist als (zugelassener) Facharzt tauglicher Gründer.

21 V ist zugelassener Vertragsarzt und damit grundsätzlich tauglicher Gründer eines medizinischen Versorgungszentrum, vgl. § 95 Abs. 1a S. 1 SGB V.

22 Dem könnte jedoch entgegengehalten werden, dass V vorliegend nur als „Strohmann" eingesetzt ist, während tatsächlich der nicht gründungsberechtigte A die Funktion eines Gesellschafters der M-GmbH wahrnimmt. Es könnte daher ein Fall des **Gestaltungsmissbrauchs** anzunehmen sein. Ein solcher liegt vor, wenn die vorgegebenen formalen Verhältnisse nicht den tatsächlichen Gegebenheiten entsprechen;[23] ist dem so, ist auf die tatsächlichen Gegebenheiten abzustellen.

23 Bei V handelt es sich – wie bereits erwähnt – lediglich um einen „Strohmann", während die tatsächliche wirtschaftliche Macht A in Händen hält. Zudem beinhaltet die verfolgte Konstruktion eine unzulässige Risikoverlagerung, da A den V vom unternehmerischen Risiko weitgehend entlastet, indem er sich im Innenverhältnis zur Freistellung sämtlicher Verbindlichkeiten verpflichtet. Schuldrechtliche Vereinbarungen zwischen dem Gründer des medizinischen Versorgungszentrums und einem Investor dürfen aber nicht dazu führen, dass das unternehmerische Risiko auf den Investor übergeht.[24]

Klausurhinweis/Weiterführendes Wissen:

Nach Ansicht des BGH verstößt die verfahrensgegenständliche Gestaltung außerdem gegen die vertragsärztliche Bestimmung des **§ 32 Abs. 1 S. 1 Ärzte-Zulassungsverordnung (Ärzte-ZV)**, die über den Verweis in § 1 Abs. 3 Nr. 2 Ärzte-ZV auf medizinische Versorgungszentren anwendbar ist. Danach muss der Vertragsarzt auch bei einer Tätigkeit in einem medizinischen Versorgungs-

---

21 Vgl. BeckOK-SozR-*Scholz/Bartha*, SGB V § 95 Rn. 79.
22 BeckOK-SozR-*Scholz*, Ärzte-ZV § 27 Rn. 6.
23 Vgl. BSGE 106, 222 Rn. 54; BSG MedR 2018, 435.
24 BGH NJW 2021, 90 (93); vgl. auch *Bäune/Dahm/Flasbarth*, MedR 2012, 77 (79); *Bördner*, KrV 2019, 193 (199).

zentrum über ein gewisses Maß an Selbständigkeit verfügen.[25] Dies war hier indes nicht der Fall, da V lediglich als „abhängiger" Strohmann agierte. Kritisch hierzu aber *Wodarz/Teubner*, medstra 2021, 74 (78), wonach die vom BGH in Bezug genommene Rechtsprechung des BSG in diesem Zusammenhang schlichtweg nicht passe.

Dem steht auch nicht entgegen, dass A mit der Stellung als Geschäftsführer der M-GmbH eine nicht vom Gründungsverbot des § 95 Abs. 1a SGB V erfasste Tätigkeit verrichtet.[26] Denn die Tätigkeit als Geschäftsführer war lediglich *Ausfluss seiner faktischen Beteiligung als Gesellschafter*. Zum anderen wäre die Interessenlage als reiner Geschäftsführer mit Blick auf den Zweck des § 95 Abs. 1a SGB V gänzlich anders zu bewerten, da dieser nicht am Gesellschaftsvermögen partizipiert.

b) (Dadurch) Irrtum. Durch die Täuschung müsste auf Seiten der Kassenärztlichen Vereinigung ein Irrtum, also eine Fehlvorstellung über Tatsachen, hervorgerufen worden sein. Bei juristischen Personen ist dabei auf die Menschen abzustellen, die für diese tätig sind, v. a. also die jeweiligen Sachbearbeiterinnen und Sachbearbeiter.[27]

> **Klausurhinweis:**
>
> Auch dann, wenn die Abrechnung elektronisch – u. U. unterstützt durch KI – geprüft wird, trifft in aller Regel die abschließende Entscheidung ein/e Sachbearbeiter/in, sodass auf den Irrtum eines Menschen abzustellen ist.

Nach der Rspr. genügt für die Annahme eines Irrtums ein sog. **sachgedankliches Mitbewusstsein** (ständiges „Begleitwissen"), also die Vorstellung, dass „alles in Ordnung" ist. Bloße Unkenntnis, sog. **ignorantia facti**, reicht hingegen nicht.

Beim standardisierten, auf Massenerledigung angelegten Abrechnungsverfahren ist der Prüfungsmaßstab aufgrund des dem Vertragsarzt entgegengebrachten Vertrauens ohnehin herabgesetzt.[28] Es genügt daher in jedem Fall die stillschweigende Annahme des Sachbearbeiters, die ihm vorliegende Abrechnung sei insgesamt „in Ordnung".[29] Ein Irrtum setzt folglich nicht voraus, dass ein Sachbearbeiter hinsichtlich jeder geltend gemachten Position die positive Vorstellung hat, sie sei der Höhe nach berechtigt.[30]

Indem die Mitarbeiterinnen und Mitarbeiter der KVM auf die Richtigkeit der Quartalsabrechnungen vertrauen, gehen sie jedenfalls stillschweigend davon aus, dass „alles in Ordnung" ist, mithin die Voraussetzungen zur vertragsärztlichen Zulassung der M-GmbH auch für den verfahrensgegenständlichen Abrechnungszeitraum noch vorlagen. Da dem nicht so ist, unterliegen sie einem Irrtum.

> **Klausurhinweis:**
>
> A.A. aber vertretbar, wenn darauf abgestellt wird, dass der/die mit der Abrechnung betraute Sachbearbeiter/in der KV sich bei der Abrechnungsprüfung auf den vom Zulassungsausschuss verliehenen Status verlassen darf und wird.[31]

---

25 Vgl. BSGE 76, 59 (64); 124, 266 Rn. 35 f. unter Berufung auf § 23a MBO-Ärzte.
26 Hierzu und zum Folgenden BGH NJW 2021, 90 (93).
27 *Waßmer*, Medizinstrafrecht, § 16 Rn. 36.
28 Vgl. BGH NStZ 2007, 213.
29 *Waßmer*, Medizinstrafrecht, § 16 Rn. 37; vgl. auch BGH NStZ 2015, 341; zur privatärztlichen Abrechnung siehe BGHSt 57, 95 (100).
30 So ausdrücklich *Waßmer*, Medizinstrafrecht, § 16 Rn. 37 m. w. N.; siehe auch BGH NStZ 2007, 213 (215).
31 Vgl. hierzu bereits den Klausurhinweiskasten oben sowie *Damm/Schomm*, GuP 3/2021, 102 (107) und *Wodarz/Teubner*, medstra 2021, 74 (80).

Falleinheit 5: Abrechnungsbetrug und Vertragsarztuntreue (Fall 5a bis Fall 5b)

29 Dieser wurde auch kausal durch das Einreichen der Quartalsabrechnungen hervorgerufen.

30 **c) (Dadurch) Vermögensverfügung.** Der Irrtum müsste kausal zu einer Vermögensverfügung geführt haben. Eine **Vermögensverfügung** ist jedes Tun, Dulden oder Unterlassen, welches sich unmittelbar vermögensmindernd auswirkt.

31 aa) **Honorarzahlung als Vermögensverfügung.** Indem die KVM insgesamt 900.000 EUR Honorare an die M-GmbH auszahlte, hat die KVM – vertreten durch ihre Mitarbeitenden – eine Vermögensverfügung vorgenommen, da die Honorarauszahlung unmittelbar eine Vermögensminderung im wirtschaftlichen Sinne herbeigeführt hat.[32]

> **Klausurhinweis/Weiterführendes Wissen:**
>
> Der Honorarbescheid der Kassenärztlichen Vereinigung, durch den die Honorarzuweisung erfolgt, ist ein **Verwaltungsakt** (vgl. § 31 S. 1 SGB X), welcher das Honorar festsetzt.[33]

32 Dabei ist unschädlich, dass die täuschungsbedingt Verfügenden (= Mitarbeitenden) und die Vermögensinhaberin (= KVM) auseinanderfallen (Konstellation des sog. **Dreiecksbetrugs**), da die Verfügungshandlung der Ersteren der KVM als Körperschaft des öffentlichen Rechts nach allen vertretenen Ansichten zur Problematik des Dreiecksbetrugs zugerechnet werden kann: Die Mitarbeitenden stehen im „Lager" der KVM; daneben sind sie auch angesichts ihrer arbeitsvertraglich abgesicherten Stellung als zuständige Sachbearbeiterinnen und Sachbearbeiter ermächtigt bzw. rechtlich befugt, auf das Vermögen der KVM einzuwirken. Eine faktische Nähebeziehung zum Vermögen der KVM besteht ohnehin, da die Mitarbeitenden auf dieses tatsächlich zugreifen können und dies auch tun.

> **Weiterführendes Wissen:**
>
> Allgemein zu mehraktigen Vermögensdispositionen beim Betrug *Schuhr*, ZStW 123 (2011), 517.

bb) **Dreiecksbetrug zu Lasten der KVM, der KK und/oder der beteiligten anderen Vertragsärztinnen und -ärzte?**

> **Klausurhinweis:**
>
> Der BGH befasst sich mit dem Folgenden erst auf Ebene des Schadens. Dogmatisch sauberer erscheint es jedoch, diese Frage bereits i. R.d. Vermögensverfügung zu klären, da andernfalls an dieser Stelle letztlich offengelassen werden muss, über *wessen* Vermögen verfügt wurde.

33 Fraglich ist jedoch, ob mit der Honorarauszahlung tatsächlich über das Vermögen der KVM verfügt wurde, oder ob nicht in Wahrheit eine Verfügung zu Lasten des Vermögens der Krankenkasse und/oder des Vermögens der anderen beteiligten Vertragsärztinnen und -ärzte vorliegt.

---

[32] BGH NJW 2021, 90 (93); vgl. hierzu auch BGHSt 14, 170 (171).
[33] Vgl. hierzu *Waßmer*, Medizinstrafrecht, § 16 Rn. 45.

Fall 5a: Immer Ärger mit dem MVZ!

> **Klausurhinweis:**
> Auch dann läge ein sog. **Dreiecksbetrug** vor, bei welchem geklärt werden müsste, ob die Verfügungen der KVM(-Mitarbeitenden) der/n Geschädigten (Krankenkasse bzw. übrige Vertragsärztinnen und -ärzte) zugerechnet werden können. Dies wäre jedenfalls nach der (weiten) Lagertheorie der h. M. zu bejahen.[34]

Für die Frage, über wessen Vermögen durch die irrtumsbedingte Verfügung verfügt wird, kommt es beim Betrug – wie auch bei der Untreue (§ 266 StGB) – auf die *zivilrechtlichen Rechtsverhältnisse* an.[35]

(1) Verfügung zu Lasten des Vermögens der KVM? Die Kassenärztlichen Vereinigungen sind als **Körperschaften des öffentlichen Rechts** in der Lage, Vermögen zu bilden. Die von den Krankenkassen übergeleiteten Gesamtvergütungen sind ihnen als eigene zugewiesen. Insoweit ist ihnen ein *eigenes Guthaben* entstanden. Die Gesamtvergütungen stellen insofern keinen bloßen Durchlaufposten vor der Honorarverteilung an die Ärzteschaft dar.[36] Zwar ist es zutreffend, dass die Kassenärztlichen Vereinigungen durch die bestehenden Honorarverteilungsmaßstäbe nicht frei darin sind, wie die eingenommenen Gesamtvergütungen wirtschaftlich einzusetzen sind.[37] Auf wirtschaftliche Gesichtspunkte oder eine Zwecksetzungsbefugnis kommt es für die Vermögenszuordnung aber grundsätzlich nicht an.[38] Dies spricht zunächst einmal dafür, dass über das Vermögen der KVM disponiert wurde.

(2) Verfügung zu Lasten des Vermögens der KK? Dem könnte jedoch entgegenstehen, dass es nach **§ 85 Abs. 1 SGB V** die Krankenkassen sind, die an die jeweilige Kassenärztliche Vereinigung mit befreiender Wirkung eine *Gesamtvergütung* für die gesamte vertragsärztliche Versorgung ihrer Mitglieder entrichtet. Es ließe sich daher – zumindest auf den ersten Blick – argumentieren, dass mit der Honorarauszahlung letztlich nicht über das Vermögen der KVM, sondern über das der KK verfügt wird.

So bestehen im System der kollektivvertraglichen Versorgung grundsätzlich keine unmittelbaren Rechtsbeziehungen zwischen den Krankenkassen und den Vertragsärzten, sondern die Krankenkassen stellen mit der sogenannten Gesamtvergütung das Ausgabenvolumen für das jeweilige Kalendervierteljahr zur Verfügung, aus der die Gesamtheit der vertragsärztlichen Leistungen finanziert wird, vgl. § 85 Abs. 1, Abs. 2 S. 2 HS 1 SGB V. Die Gesamtvergütung wird dabei von der Krankenkasse an die jeweilige Kassenärztliche Vereinigung *mit befreiender Wirkung* geleistet, § 87a Abs. 3 S. 1 SGB V. Dies hat zur Folge, dass Nachforderungen der Kassenärztlichen Vereinigungen, etwa im Hinblick auf einen Anstieg der Leistungsmenge oder der zugelassenen Ärztinnen und Ärzte, regelmäßig ausgeschlossen sind, weil die Krankenkassen ihrerseits nachträglich keine höheren Beiträge von ihren Versicherten verlangen dürfen.[39] Mit anderen Worten: Abgesehen von einem unvorhergesehenen Anstieg des Behandlungsbedarfs (vgl. § 87a Abs. 3 S. 4 SGB V), besteht *keine Nachschusspflicht der Krankenkassen*.[40] Daher haben die (einzelnen) Abrechnungen der Vertragsärzte und damit die

---

34 Zum Ganzen *Waßmer*, Medizinstrafrecht § 16 Rn. 44 m. w.N.; *Kraatz*, Arztstrafrecht, § 11 Rn. 333.
35 Hierzu und zum Folgenden ausführlich BGH NJW 2021, 90 (93); vgl. auch *Fischer*, StGB, § 266 Rn. 11 ff.
36 KassKomm-*Hess*, § 85 SGB V Rn. 3.
37 BGH NJW 2021, 90 (93).
38 BGH NJW 2021, 90 (93); vgl. auch BGHSt 1, 186, 187; OLG Celle NJW 1959, 496; Schönke/Schröder-*Perron*, § 266 Rn. 6.
39 BGH NJW 2021, 90 (94); vgl. auch BSGE 111, 114 Rn. 62 m. w.N.
40 *Waßmer*, Medizinstrafrecht, § 16 Rn. 41; *Kraatz*, Arztstrafrecht, § 11 Rn. 330.

Honorarauszahlung der Kassenärztlichen Vereinigung grundsätzlich keine Auswirkungen auf das Vermögen der Krankenkassen; diese hat den fraglichen Betrag bereits „überwiesen".[41]

> **Klausurhinweis/Weiterführendes Wissen:**
>
> Etwas anderes ergibt sich auch nicht daraus, dass (falsche) ärztliche Abrechnungen über die *Morbiditätsstruktur* der Versichertengemeinschaft (= Alter, Geschlecht, Morbiditätsgrad) Einfluss auf die zu entrichtende Gesamtvergütung nehmen können: So bildet die Morbiditätsstruktur zwar die Grundlage für die zwischen den Kassenärztlichen Vereinigungen und den Landesverbänden der Krankenkassen und den Ersatzkassen zu vereinbarende Anpassung des Behandlungsbedarfs für das Folgejahr (vgl. § 87a Abs. 4 SGB V). Sofern im Einzelfall tatsächlich eine Auswirkung in Form einer höheren Gesamtvergütung für den Folgezeitraum feststellbar sein sollte, würde es aber an der erforderlichen *Unmittelbarkeit fehlen*.[42] Denn die jährliche Veränderung der Morbiditätsstruktur ist nicht bloßes Ergebnis statistischer Berechnungen, sondern setzt eine wertende Feststellung voraus, die die Vertragspartner unter Berücksichtigung der im Gesetz vorgegebenen Bemessungskriterien erst noch zu treffen haben.[43]

38 (3) Verfügung zu Lasten des Vermögens der beteiligten Vertragsärztinnen und -ärzte? Weite Teile der Literatur nehmen an, dass Honorarauszahlungen das Vermögen der niedergelassenen Vertragsärztinnen und -ärzte und nicht das der Kassenärztlichen Vereinigung betreffen, da letztere die Gelder nur für die Ärzteschaft sammeln und anschließend verteilen, i. E. also mehr oder weniger *treuhänderisch-verwaltend* tätig würde.[44]

39 Entsprechend haben die einzelnen Vertragsärzte – wenn auch zunächst kein subjektives Recht auf ein Honorar in bestimmter Höhe oder einen bestimmten Punktwert – einen *Anspruch auf eine angemessene Beteiligung* an der Verteilung, der sich nach Prüfung aller von den Vertragsärzten eingereichten Abrechnungen und der darauf basierenden Errechnung der Verteilungspunktwerte zu einem *bestimmten Honoraranspruch konkretisiert*.[45] Da der Verlust oder die Minderung eines bereits bestehenden Anspruchs dem Schutz des § 263 StGB unterfällt,[46] liegt mithin auch kein Fall des – grundsätzlich nicht von § 263 StGB geschützten – bloßen Ausbleibens einer Vermögensmehrung vor.[47]

40 Man könnte daher argumentieren, dass durch eine „falsche", d. h. zumindest in dieser Höhe ungerechtfertigte Abrechnung das Verteilungsvolumen stärker als „geplant" ausgeschöpft wird und dadurch zur Honorierung von vertragsärztlichen Leistungen *insgesamt weniger Mittel* zur Verfügung stehen.[48] Damit wären i. E. also alle (übrigen) abrechnenden Vertragsärztinnen und -ärzte in ihrem Vermögen – sprich: in ihrem grundsätzlich bereits bestehenden Anspruch auf angemessene Beteiligung an der Verteilung – betroffen.

---

41 Vgl. *Beck*, ZJS 2/2023, 156 (160), die zudem in Fn. 30 zutreffend darauf hinweist, dass dann i. Ü. auch kein Vermögensschaden vorläge, da sich der überwiesene Betrag im Nachhinein nicht mehr ändert; ebenso *Kraatz*, Arztstrafrecht, § 11 Rn. 330.
42 So ausdrücklich BGH NJW 2021, 90 (94).
43 Vgl. BT-Drs. 17/6906, 63; Krauskopf-*Sproll*, SGB V, § 87a Rn. 35.
44 Vgl. *Beck*, ZJS 2/2023, 156 (160) m. w.N.; *Waßmer*, Medizinstrafrecht, § 16 Rn. 41; ebenso *Kraatz*, Arztstrafrecht, § 11 Rn. 330 m. w.N.
45 BGH NJW 2021, 90 (94); vgl. auch BSG NZS 2004, 553 m. w.N.
46 LK-StGB-*Tiedemann*, § 263 Rn. 134 f.
47 BGH NJW 2021, 90 (94); vgl. hierzu auch BGHSt 16, 220 (223); 16, 321 (325).
48 Dahingehend *Waßmer*, Medizinstrafrecht, § 16 Rn. 41; *Kraatz*, Arztstrafrecht, § 11 Rn. 330.

Fall 5a: Immer Ärger mit dem MVZ!

> **Klausurhinweis/Weiterführendes Wissen:**
>
> Sofern die Vergütung wegen des Überschreitens des Regelleistungs- und Zusatzvolumens abgestaffelt aus einem arztgruppenspezifischen „Sondertopf" erfolgt, der aus einem Teil der Gesamtvergütung einbehalten und unter allen Ärztinnen und Ärzten aufgeteilt wird, die das Regelleistungs- und Zusatzvolumen überschreiten, ist jedenfalls das Vermögen der anderen Vertragsärztinnen und -ärzte derselben Fachgruppe betroffen.[49]

Einem solchen Ansatz, der das Vermögen aller übrigen Vertragsärztinnen und -ärzte als durch die Honorarauszahlung betroffen ansieht, ist jedoch entgegenzuhalten, dass sich die Minderung der einzelnen Honoraransprüche bei näherer Betrachtung lediglich als *Reflex* der Auszahlung aus dem Vermögen der Kassenärztlichen Vereinigungen erweist. Insoweit ist die Situation vergleichbar mit dem Verhältnis zwischen dem Vermögen einer juristischen Person und deren Gesellschaftern.[50]

Für ein Abstellen auf das Vermögen der Kassenärztlichen Vereinigung – hier also der KVM – lässt sich zudem anführen, dass es sich beim Anspruch der (übrigen) Vertragsärzte zum Zeitpunkt vor bzw. bei Einreichung der Quartalsabrechnung mangels erfolgter Konkretisierung (noch) um keine abschließend gefestigte Vermögensposition handelt.[51] Dies ist beim (eigenen, → Rn. 35) Vermögen der Kassenärztlichen Vereinigung anders.

> **Klausurhinweis:**
>
> Man kann in diesem Zusammenhang nicht auf das Vermögen der Gesamtheit aller Vertragsärztinnen und -ärzte abstellen, da diese keine Vermögensgemeinschaft im zivilrechtlichen Sinne bilden.[52]

In Ergebnis sprechen daher die besseren Argumente dafür, als Vermögen, über das durch die Honorarauszahlung verfügt wird, das eigene Vermögen der Kassenärztlichen Vereinigung anzusehen; das Vermögen der übrigen Vertragsärztinnen und -ärzte ist insofern lediglich nachgelagert, d. h. „reflexhaft" betroffen.

> **Klausurhinweis:**
>
> A.A. – betroffenes Vermögen ist das der übrigen Vertragsärztinnen und -ärzte – mit der entsprechenden Argumentation *ebenso vertretbar*. Dahingehendes Fallbeispiel z. B. bei *Spickhoff/Deuring*, Fälle zum Medizin- und Gesundheitsrecht, Fall 22. Dann müsste weiter geprüft werden, ob die Verfügung der KVM(-Mitarbeitenden) den geschädigten übrigen Vertragsärzten zugerechnet werden kann. Dies ist i. E. zu bejahen.[53]

(4) **Zwischenergebnis.** Indem die KVM insgesamt 900.000 EUR Honorare an die M-GmbH auszahlte, hat sie eine Verfügung über ihr eigenes Vermögen vorgenommen. *(a. A. vertretbar)*

d) **(Dadurch) Vermögensschaden.** Durch diese Vermögensverfügung müsste ein Vermögensschaden entstanden sein. Ein solcher liegt vor, wenn sich bei einem Vergleich

---

49 Vgl. hierzu *Kraatz*, Arztstrafrecht, § 11 Rn. 330; *Waßmer*, Medizinstrafrecht, § 16 Rn. 41 m. w.N.
50 BGH NJW 2021, 90 (94) m. w.N.
51 Zu diesem Argument siehe *Beck*, ZJS 2/2023, 156 (160); vgl. auch Spickhoff-*Schuhr*, StGB § 263 Rn. 50 m. w.N.
52 *Beck*, ZJS 2/2023, 156 (160 Fn. 34).
53 Vgl. zum Ganzen *Kraatz*, Arztstrafrecht, § 11 Rn. 333 m. w.N.; zu den verschiedenen vertretenen Positionen siehe auch *Lorenz/Vogel*, JR 2021, 471.

des Vermögens der KVM vor und nach der Vermögensverfügung ein *negativer Saldo* ergibt, mithin der Vermögensabfluss im Tatzeitpunkt nicht durch einen Vermögenszufluss unmittelbar kompensiert wird (sog. „Prinzip der Gesamtsaldierung"). Unmittelbar bedeutet in diesem Zusammenhang, dass die Vermögensverfügung selbst Vor- und Nachteil zugleich hervorbringt.[54]

46 aa) **Vermögensabfluss bei der KVM.** Durch die Honorarauszahlung von insgesamt 900.000 EUR an die M-GmbH ist es auf Seiten der KVM zu einem Vermögensabfluss in derselben Höhe gekommen.

47 bb) **Schadenskompensation?** Fraglich ist, ob dieser Vermögensabfluss durch den Zufluss anderer Vermögenswerte ausgeglichen, mithin „kompensiert" worden ist.

48 (1) **Freiwerden von einer Verbindlichkeit.** Dies könnte dann der Fall sein, wenn die KVM durch die Honorarzahlung von einer Verbindlichkeit freigeworden ist. Hierfür müsste die entsprechende Verbindlichkeit allerdings zunächst überhaupt (in voller Höhe) entstanden sein.

49 Fraglich ist daher in einem ersten Schritt, ob durch das Erbringen der – medizinisch nicht zu beanstandenden – ärztlichen Leistungen im MVZ ein Vergütungsanspruch der M-GmbH gegenüber der KVM entstanden ist.

50 Dem könnte hier jedoch entgegenstehen, dass die MVZ-Gründungsvoraussetzungen des § 95 Abs. 1a SGB V inzwischen weggefallen sind (→ Rn. 22 ff).

51 Nach *Ansicht der Rspr.* führt dies „nach den hier maßgeblichen sozialrechtlichen Vorschriften" zwingend zum *vollständigen Verlust des Vergütungsanspruchs*.[55] Der BGH geht folglich von einem Automatismus zwischen Statusmangel und vollständigem Vergütungsverlust bzw. fehlendem Zahlungsanspruch aus. Diesem Ansatz liegt eine Vorstellung zugrunde, wonach die Ärzteschaft nur dann überhaupt (irgendwie) abrechnen darf, wenn alle formellen und materiellen Voraussetzungen des Sozialrechts erfüllt sind. Der BGH begründet seine Ansicht damit, dass ein Vertragsarzt, der Leistungen erbringe, ohne die sozialrechtlichen Voraussetzungen der kassenärztlichen Abrechnung zu erfüllen, letztlich *außerhalb des vertragsärztlichen Abrechnungssystems* auf *eigenes wirtschaftliches Risiko* (be-)handle.[56] Dass durch seine Leistung in den gesetzlichen Krankenkassen versicherte Patientinnen und Patienten ärztlich behandelt und die Kassenärztlichen Vereinigungen möglicherweise dadurch im Zeitpunkt der Behandlung von einer Leistungspflicht befreit würden, komme ihm nicht in der Weise zugute, dass er diese Behandlung unabhängig von den sozialrechtlichen Vorgaben abrechnen könne. Das sozialrechtliche Abrechnungssystem sei vielmehr darauf angelegt, dass Vertragsärzte und ihnen gleichgestellte medizinische Versorgungszentren einen Zahlungsanspruch nur erwerben, wenn sie bei ihrer Tätigkeit die entscheidenden sozialrechtlichen Regeln einhalten, nicht allein dadurch, dass sie eine medizinische Leistung erbringen.[57] Eine Abkopplung der üblichen strafrechtlichen Schadensberech-

---

54 Siehe nur BGH NStZ 1999, 353 m. w.N.
55 Ständige Rspr., vgl. BGH NJW 2021, 90 (94) unter Verweis auf BSGE 106, 222 Rn. 52 ff. m. w.N.; ebenso BGHSt 57, 95 (115 ff.); BGH NStZ 1993, 388; 1995, 86; NJW 2003, 1198 (1200); NJW 2012, 1377; NJW 2012, 3665 (3668) [Münchener Apotheker-Fall]; vgl. auch BSGE 30, 83 (87); 39, 288 (290); 74, 154 (158); 80, 48 (54); siehe zum Ganzen auch *Schroth/Joost*, in: Roxin/Schroth, Handbuch des Medizinstrafrechts, S. 196; zustimmend Spickhoff-*Schuhr*, StGB § 263 Rn. 51, 57.
56 BGH NJW 2021, 90 (95).
57 BGH NJW 2021, 90 (95); vgl. BGH NStZ 1995, 85 (86); BSGE 39, 288 (290); 106, 222 Rn. 52 ff. m. w.N; a. A. aber *Grunst*, NStZ 2004, 533 (536).

nung von den sozialrechtlichen Abrechnungsvorgaben im Sinne einer lediglich für den ärztlichen Abrechnungsbetrug geltenden Sonderdogmatik sei abzulehnen.[58]

Nach dieser *streng formalen Betrachtungsweise des Sozialversicherungsrechts* („normativer Schadensbegriff des Sozialversicherungsrechts"), die der BGH seinen Überlegungen zugrunde legt, entsteht damit kein Vergütungsanspruch der M-GmbH, von dem die KVM freiwerden könnte.

Hiergegen spricht jedoch der 2019 neu ins SGB V eingefügte § **106b Abs. 2a SGB V**. Danach sind Nachforderungen der Krankenkassen wegen unwirtschaftlicher Verordnungsweise auf die Differenz der Kosten zwischen der wirtschaftlichen und der tatsächlich ärztlich verordneten Leistung zu begrenzen. Damit wird aber i. E. ein von den Vorschriften des Sozialrechts gewissermaßen „unabhängiger" wirtschaftliche (Eigen-)Wert einer ärztlichen Leistung sozialrechtlich anerkannt; eine Nachforderung kommt eben nur insoweit (d. h. gerade nicht: vollumfänglich) in Betracht, wie die ärztliche Verordnung gegen das Wirtschaftlichkeitsgebot verstößt.[59] Diese Stoßrichtung des sozialrechtlichen Regelungsregimes sollte auch im Strafrecht berücksichtigt werden.[60]

Danach erscheint es jedenfalls unangemessen, bei sachgerechter medizinischer Leistung von einem vollständigen Verlust des Vergütungsanspruchs auszugehen. Stattdessen berechtigt und verpflichtet ein Mangel im vertragsarztrechtlichen Status die zuständige Kassenärztliche Vereinigung, den Honorarbescheid im Rahmen der gesetzlichen Vorgaben des § 106d SGB V zur sachlich-rechnerischen Richtigstellung insgesamt aufzuheben und das Honorar neu festzusetzen.[61]

Sofern hierbei angesichts des Verstoßes gegen die Gründungsvoraussetzungen ein niedrigerer Betrag als die ausgezahlte Honorarsumme von 900.000 EUR festgesetzt würde, ändert dies freilich nichts am grundsätzlichen Vorliegen eines (wenngleich dann geringeren) Schadens.[62]

> Klausurhinweis:
>
> Sämtliche stringenten Überlegungen zur Frage des Freiwerdens von einer Verbindlichkeit sind zu honorieren. Ausführungen in vorstehender Tiefe werden nicht erwartet.

(2) **Werthaltigkeit der erbrachten medizinischen Leistungen und ersparte Aufwendungen.** Selbst wenn man davon ausgeht, dass kein abrechenbarer Anspruch (jedenfalls in voller Höhe) durch das Erbringen der medizinischen Leistungen im MVZ entstanden ist, so könnte aber doch deren *wirtschaftlicher* Wert bei der Schadensberechnung „gegengerechnet" werden müssen.[63] Dies erscheint insbesondere vor dem Hintergrund plausibel, als dass die erbrachten ärztlichen Leistungen *lege artis* erfolgten, medizinisch also nicht zu beanstanden waren, und im Fall der Leistungserbringung durch einen anderen – die sozialrechtlichen Voraussetzungen erfüllenden – Arzt die Honoraran-

---

58 Vgl. *Singelnstein*, wistra 2012, 417 (422).
59 *Dann/Schomm*, GuP 3/2021, 102 (108).
60 Strenger *Dann/Schomm*, GuP 3/2021, 102 (108): „muss".
61 *Wodarz/Teubner*, medstra 2021, 74 (81).
62 Vgl. in diesem Zusammenhang auch *Dann/Schomm*, GuP 3/2021, 102 (108) m. w.N.
63 Dahingehend *Gaidzik*, wistra 1998, 329 (331 ff.); *Volk*, NJW 2000, 3385 (3387); *Schroth/Joost*, in: Roxin/Schroth, Handbuch des Medizinstrafrechts, S. 196; *Krüger/Burgert*, ZWH 2012, 213 (218); *Saliger/Tsambikakis*, MedR 2013, 284 (286); *Kraatz*, NStZ-RR 2013, 33 (37); vgl. auch Schönke/Schröder-Perron, § 263 Rn. 112a ff.

sprüche in gleicher Höhe entstanden wären und sodann von der Kassenärztlichen Vereinigung hätte beglichen werden müssen.

57 Danach hätte sich die KVM vorliegend *Aufwendungen* i. H.d. ausbezahlten Honorarzahlungen von 900.000 EUR – für eine Abrechnung zu hoher Beträge ist nichts ersichtlich – *erspart*. Zieht man diese (in voller Höhe) schadenskompensierend heran, wäre ein Schaden zu verneinen.

58 Hiergegen wendet sich der BGH in Fortführung seiner bisherigen Rechtsprechung, indem er den Vermögensschaden beim Abrechnungsbetrug *streng sozialrechtlich „normativ"* bestimmt. Gegen eine Berücksichtigungsfähigkeit ersparter Aufwendungen spreche dabei sowohl die „Struktur des Betrugstatbestandes" als auch insbesondere der Umstand, dass im Zeitpunkt der – allein betrugsrelevanten[64] – Abrechnung der Arzt seine Leistung bereits erbracht habe.[65] Strafrechtlich bemakelt sei nicht die Art und Weise seiner Leistungserbringung, sondern lediglich deren Abrechnung unter Täuschung darüber, dass die sozialrechtlichen Anspruchsvoraussetzungen vorliegen.[66]

59 Ob sich die Kassenärztlichen Vereinigungen durch die ärztliche Behandlung gesetzlich versicherter Patientinnen und Patienten die Kosten der Behandlung durch einen anderen Arzt bzw. eine andere Ärztin (oder eventuell später anfallende Behandlungskosten) erspart habe bzw. ersparen würde, müsse als *bloß hypothetischer Verlauf* bei der Schadensberechnung außer Betracht bleiben.[67] Zudem wären solche Vorteile *kein unmittelbar* aus der Vermögensverfügung resultierendes Äquivalent[68] und dürften daher bei der Frage der Kompensation nicht berücksichtigt werden.[69]

60 Dagegen stehen weite Teil der *Literatur* einer Übertragung des (grundsätzlich) normativen Schadensbegriffs des Sozial(versicherungs)rechts ausgesprochen kritisch gegenüber: So könnten nach der Rspr. des BVerfG normative Aspekte bei der Schadensberechnung i. R.d. § 263 StGB zwar durchaus eine Rolle spielen, sie dürften wirtschaftliche Überlegungen aber weder überlagern noch gänzlich verdrängen.[70] Dies gebiete bereits der vermögensschützende Charakter der Untreue bzw. des Betrugs. Bemängelt wird auch ein *Verstoß gegen das Verschleifungsverbot*, indem dem Tatbestandsmerkmal des Schadens seine Funktion und Eigenständigkeit genommen würde, wenn man ihn – wie der BGH – rein anspruchsbezogen und damit unabhängig von den tatsächlichen wirtschaftlichen Gegebenheiten beurteile.[71] Zudem führe eine streng sozialrechtsakzessorische Auslegung des – grundsätzlich wirtschaftlich ausgerichteten – § 263 StGB zu einer *Rechtsgutsvertauschung*, da dann durch § 263 StGB nicht mehr das Vermögen als eigentliches Schutzgut des Betrugstatbestands geschützt werde, sondern das System und die Leistungsfähigkeit des gesetzlichen Krankenversicherung.[72] Dafür sei § 263 StGB aber nicht „da". Entsprechend könne die Verletzung formeller Vorschrif-

---

64 Vgl. *Singelnstein*, wistra 2012, 417 (419).
65 BGH NJW 2021, 90 (94).
66 Vgl. *Gaidzik*, wistra 1998, 329 (331).
67 BGH NJW 2021, 90 (95); ebenso BGH NStZ 1995, 85; NJW 2003, 1198; *Singelnstein*, wistra 2012, 417 (419).
68 Vgl. *Gaidzik*, wistra 1998, 329 (331).
69 Vgl. BGH NJW 2021, 90 (95) m. w.N.
70 *Dann/Schomm*, GuP 3/2021, 102 (108 f.). Zusammenfassend zur Kritik *Schicker*, rescriptum 2013/1, 41 (46 f.).
71 Dahingehend z. B. *Dann/Schomm*, GuP 3/2021, 102 (109).
72 Vgl. *Waßmer*, Medizinstrafrecht, § 16 Rn. 49.

ten mit disziplinar- und berufsrechtlichen Sanktionen hinreichend – ggf. sogar „besser" – Rechnung getragen werden.[73]

Eine *differenzierende Ansicht* in der Literatur möchte daher danach unterscheiden, ob die verletzten sozialrechtlichen Normen tatsächlich *vermögensschützenden Charakter* haben oder ob es sich dabei um Regelungen handelt, die lediglich berufsordnungs- und standespolitischen Zwecken dienen.[74] Der Betrugstatbestand ist danach also nur dann einschlägig, wenn tatsächlich vermögensschützende Normen verletzt werden.[75]

> **Klausurhinweis:**
>
> Zum Teil wird mit dieser Begründung auch bereits eine teleologische Reduktion hinsichtlich der konkludenten Täuschung bejaht.

§ 95 Abs. 1a SGB V soll als eine Art „Antikorruptionsvorschrift"[76] ordnungspolitisch der (abstrakten) Gefahr einer Einflussnahme von Kapitalinvestoren auf die vertragsärztliche Versorgung entgegenwirken.[77] Die Norm dient dagegen nicht dazu, die Qualität der ärztlichen Leistungen der MVZ-Ärztinnen und -Ärzte als solche sicherzustellen.

> **Weiterführendes Wissen:**
>
> Anders dagegen z.B. Vorschriften, die die Nichtabrechenbarkeit wegen Nichtselbsterbringung sanktionieren. So hat der BGH im vertragsarztrechtlichen Bereich einen Abrechnungsbetrug bislang vor allem in den Fällen bejaht, in denen Leistungen abgerechnet wurden, die nicht, nicht vollständig oder nicht persönlich erbracht wurden.[78]

Die Vorgaben zum vertragsarztrechtlichen Status haben damit keinen unmittelbaren Leistungsbezug, sondern regeln (nur) die Voraussetzungen, unter denen Leistungserbringer in die vertragsärztliche Versorgung eingebunden werden können.[79] § 95 Abs. 1a SGB V ist folglich keine an sich vermögensschützende Norm.[80] Eine Strafbarkeit wegen Betrugs wäre daher (mangels Schadens) nach einem TdL abzulehnen.

(3) *Streitentscheid/Stellungnahme.* Wenngleich die Differenzierungsansätze in der Literatur durchaus überzeugende Argumente für sich in Anspruch nehmen können, so sprechen doch auch gewichtige Gründe für die Ansicht der Rspr.: So führt allein der Umstand, dass § 95 Abs. 1a SGB V keine an sich vermögensschützende Norm darstellt, noch nicht dazu, dass das Tatbestandsmerkmal des Schadens verfassungsrechtlich unzulässig entgrenzt würde.[81] Denn Gegenstand des strafrechtlichen Betrugsvorwurfs ist nicht der Verstoß gegen diese Vorschrift, sondern die *wahrheitswidrige Abrechnung* trotz sozialrechtlich nicht bestehenden Vergütungsanspruchs.[82] Soweit Kassenärztliche Vereinigungen oder Krankenkassen auf solche Abrechnungen irrtumsbedingt zahlen, sind sie wirtschaftlich geschädigt.

---

73 Vgl. *Waßmer*, Medizinstrafrecht, § 16 Rn. 49.
74 Vgl. *Dann/Schomm*, GuP 3/2021, 102 (109) mit zahlreichen w. N.
75 Zur Verortung i. R.d. Vermögensschaden siehe *Dann/Schomm*, GuP 3/2021, 102 (106 f.).
76 Vgl. *Gaede*, NJW 2021, 98.
77 *Wodarz/Teubner*, medstra 2021, 74 (80).
78 Vgl. *Wodarz/Teubner*, medstra 2021, 74 (80) m. w.N.
79 *Wodarz/Teubner*, medstra 2021, 74 (80).
80 So auch BVerfG BeckRS 2021, 12702 Rn. 19.
81 Vgl. BVerfG BeckRS 2021, 12702 Rn. 19.
82 BVerfG BeckRS 2021, 12702 Rn. 19.

65 Auch kann dem BGH jedenfalls dahingehend eine (zumindest hinreichende) *wirtschaftliche Betrachtungsweise* attestiert werden, als dass es kein Spezifikum der kassenärztlichen Abrechnung darstellt, dass für die wirtschaftliche Bewertung eines Zahlungsvorgangs auch die sozial- und zivilrechtlichen Rahmenbedingungen maßgeblich sind. Entsprechend verleiht erst die Anerkennung einer Forderung durch die Rechtsordnung dieser in einem Rechtsstaat wirtschaftlichen Wert.[83]

66 Hinzukommt, dass die (ggf. kompensierend wirkende) ärztliche Behandlung im MVZ bereits vor der tatbestandlichen Verfügung der Abrechnung erfolgt ist. Eine solche Leistung kann daher bereits aus zeitlichen Gründen nicht als Kompensation berücksichtigt werden; es fehlt insofern jedenfalls – wie bereits erwähnt – an der *Unmittelbarkeit* der Kompensation.

67 Im Ergebnis erscheint daher die – vom BVerfG bestätigte[84] – Ansicht des BGH, wonach ein Vermögensschaden auch bei einer Verletzung von (nur) Statuspflichten zu bejahen ist, vorzugswürdig. Ihr wird daher gefolgt.

> **Klausurhinweis:**
>
> A.A. ebenso gut vertretbar. Insbesondere kann in diesem Zusammenhang (neben allgemeinen Rechtsgüterwägungen) darauf abgestellt werden, dass es sich bei Leistungserbringung und Abrechnung um einen wirtschaftlich einheitlichen Vorgang handelt. Zudem könnte eine Ausnahme vom Erfordernis der Unmittelbarkeit in Betracht gezogen werden, wenn der Leistungserbringer (wie hier) grundsätzlich vorleistungspflichtig ist.[85]

68 **(4) Zwischenergebnis.** Der Vermögensabfluss bei der KVM durch die Zahlung der Honorare i. H.v. 900.000 EUR wurde nicht (unmittelbar) kompensiert, sodass ein Vermögensschaden in derselben Höhe bei der KVM vorliegt. *(a. A. vertretbar)*

69 **e) Zwischenergebnis.** Der objektive Tatbestand ist erfüllt.

> **Klausurhinweis:**
>
> Freilich sind solche „Zwischenergebnisse" nicht notwendig, bei längeren Prüfungen erhöhen sie aber bisweilen die Übersichtlichkeit.

70 **2. Subjektiver Tatbestand.** F handelte auch mit Wissen und Wollen hinsichtlich sämtlicher Merkmale des objektiven Tatbestands und damit vorsätzlich i. S.d. § 15 StGB. Hinsichtlich der sozialrechtlichen Vorgaben sind ihm die zugrundeliegenden Tatsachen bekannt und es ist davon auszugehen, dass er deren rechtliche Wertungen „nach Laienart" nachvollzogen hat (sog. „Parallelwertung in der Laiensphäre").[86]

71 Zudem handelte er zumindest hinsichtlich eines Drittels der Honorare auch mit Eigenbereicherungsabsicht. Die erstrebte Bereicherung ist auch stoffgleich zum eingetretenen Schaden, da sie auf derselben Vermögensverfügung (Auszahlung der Honorare) beruht. F hatte angesichts der Sozialrechtswidrigkeit seines Tuns auch keinen Anspruch auf die ausgezahlten Honorare (→ Rn. 51 ff.); Rechtswidrigkeit ist gegeben. F wusste auch um die Stoffgleichheit des erstrebten Vorteils; ebenfalls war ihm bekannt, dass er mangels nach wie vor vorliegender Gründungsvoraussetzungen keinen Anspruch auf den Vorteil hatte.

---

83 BVerfG BeckRS 2021, 12702 Rn. 18.
84 BVerfG BeckRS 2021, 12702.
85 Zum Ganzen *Dann/Schomm*, GuP 3/2021, 102 (108 f.).
86 Vgl. *Kraatz*, Arztstrafrecht, § 11 Rn. 340.

II. Rechtswidrigkeit und Schuld

Rechtfertigungs- bzw. Entschuldigungsgründe sind nicht ersichtlich. F handelte daher auch rechtswidrig und schuldhaft. Ein etwaiger Verbotsirrtum i. S.d. § 17 S. 1 StGB wäre jedenfalls vermeidbar, § 17 S. 2 StGB.

III. Strafzumessung

1. § 263 Abs. 3 S. 2 Nr. 1 StGB. F könnte **gewerbsmäßig** gehandelt haben, § 263 Abs. 3 S. 2 Nr. 1 Alt. 1 StGB. Gewerbsmäßigkeit setzt voraus, dass der Täter in der **Absicht** handelt, sich durch wiederholte Tatbegehung eine fortlaufende Einnahmequelle von einiger Dauer und einigem Umfang zu verschaffen.[87] Hier wollte F durch wiederholtes Einreichen von Quartalsabrechnungen der M-GmbH bei der KVM erreichen, dass ihm in der Folge (jedenfalls) ein Drittel der Honorare ausgezahlt würde. Diese stellen auch angesichts ihrer Höhe sowie ihres wiederkehrenden Charakters eine fortlaufende Einnahmequelle von einiger Dauer und einigem Umfang dar. F handelte daher gewerbsmäßig.

F könnte auch als Mitglied einer **Bande**, die sich zur fortgesetzten Begehung von Betrugstaten verbunden hat, gehandelt haben (§ 263 Abs. 3 S. 2 Nr. 1 Alt. 2 StGB). Eine Bande ist ein auf einer ausdrücklichen oder stillschweigenden Vereinbarung beruhender Zusammenschluss von mindestens drei Personen, die sich mit dem ernsthaften Willen verbunden haben, künftig für eine gewisse Dauer mehrere selbständige, im Einzelnen noch unbestimmte Straftaten eines bestimmten Deliktstyps (hier: Betrug) zu begehen.[88] Nach h. M. bedarf es weder eines gefestigten Bandenwillens noch eines Handelns in einem übergeordneten Bandeninteresse. Die Mitgliedschaft in einer Bande ist nach h. M. auch nicht an eine mittäterschaftliche Einbindung geknüpft; es reicht aus, dass der Betreffende nach der Bandenabrede stets nur als Gehilfe mitwirken soll. Hier haben sich F, A und V mit dem ernsthaften Willen zusammengeschlossen, trotz Nicht(mehr)vorliegens der Statusvoraussetzungen künftig eine Mehrzahl an Quartalsabrechnungen der M-GmbH bei der KVM einzureichen, um so unberechtigterweise (→ Rn. 71) Honorarzahlungen zu erhalten. F handelte bei der Einreichung der Abrechnung auch „als Mitglied einer Bande", indem er i. R.d. Zusammenschlusses und mit inhaltlichem Bezug zur Bandenabrede agierte. F handelte daher als Mitglied einer Bande i. S.d. § 263 Abs. 3 S. 2 Nr. 1 Alt. 2 StGB.

2. § 263 Abs. 3 S. 2 Nr. 2 StGB. a) Vermögensverlust großen Ausmaßes, § 263 Abs. 3 S. 2 Nr. 2 Alt. 1 StGB. F könnte auch einen **Vermögensverlust großen Ausmaßes** herbeigeführt haben, § 263 Abs. 3 S. 2 Nr. 2 Alt. 1 StGB.

Ein solcher wird überwiegend ab einem tatsächlich eingetretenen Vermögensverlust i. H.v. mindestens 50.000 EUR angenommen.[89] Die Schadenshöhe muss sich dabei auf eine Einzeltat oder zumindest in Handlungseinheit stehende Taten zu Lasten desselben Opfers beziehen; sie darf daher nicht über verschiedene, in Tatmehrheit stehende Taten summiert werden.[90]

F hat hier (zumindest nach Ansicht der Rspr., der hier gefolgt wird, → Rn. 64 ff.) einen Gesamtvermögensverlust i. H.v. 900.000 EUR bewirkt. Die einzelnen Quartalsabrech-

---

87 Matt/Renzikowski-*Saliger*, StGB § 263 Rn. 316.
88 MüKo-StGB-*Hefendehl*, § 263 Rn. 1214.
89 Vgl. nur BGHSt 48, 360 (361 ff.); 53, 71 Rn. 27.
90 BGH NStZ 2012, 213; NStZ-RR 2012, 114; wistra 2012, 471; Spickhoff-*Schuhr*, StGB § 263 Rn. 77.

Falleinheit 5: Abrechnungsbetrug und Vertragsarztuntreue (Fall 5a bis Fall 5b)

nungen stellen zwar für sich genommen jeweils *eine Betrugstat* dar,[91] sie stehen jedoch gegenüber den weiteren Quartalsabrechnungen in Tatmehrheit (§ 53 StGB). Entsprechend kann in diesem Zusammenhang nicht einfach auf die Gesamtschadenssumme i. H.v. 900.000 EUR abgestellt werden. Die genaue Anzahl der Abrechnungen bzw. die Schadenshöhe pro Abrechnung ist nicht bekannt. Bei lebensnaher Auslegung des Sachverhalts erfolgten jedoch zwischen September 2014 bis Ende 2015 maximal sechs (Jahres-)Quartalsabrechnungen. Bei einer einigermaßen gleichbleibenden Abrechnungssumme ist damit von einer Schadenssumme von ca. 150.000 EUR pro Quartalsabrechnung auszugehen. Danach läge hinsichtlich jeder Quartalsabrechnung ein Vermögensverlust großen Ausmaßes vor.

> **Klausurhinweis:**
>
> A.A. unter Hinweis auf den unklaren Sachverhalt bzw. den in *dubio pro reo*-Grundsatz gut vertretbar. In der Praxis müsste der Sachverhalt entsprechend weiter aufgeklärt werden.

78 **b) Große Zahl von Menschen, § 263 Abs. 3 S. 2 Nr. 2 Alt. 2 StGB.** F handelte nicht in der Absicht, durch die fortgesetzte Begehung von Betrugstaten eine große Zahl von Menschen als **natürliche Personen**[92] in die Gefahr des Verlusts von Vermögenswerten zu bringen, da es ihm allein darum ging, das Vermögen der KVM als Körperschaft des öffentlichen Rechts zu schmälern.

> **Klausurhinweis:**
>
> Sieht man dagegen mit der h.Lit. die übrigen Vertragsärztinnen und -ärzte als geschädigte Personen an, so wäre das Regelbeispiel zu bejahen.[93]

79 **3. § 263 Abs. 3 S. 2 Nr. 4 StGB.** Die bloße Eigenschaft als Vertragsarzt begründet keine Stellung als Amtsträger i. S.d. § 11 Abs. 1 Nr. 2 StGB. *(Ausführlich hierzu Falleinheit 6)*

80 **Ergebnis:** F ist strafbar gem. § 263 Abs. 1 i. V. m. § 263 Abs. 3 S. 2 Nr. 1 Alt. 1 und 2, Nr. 2 Alt. 1 StGB.

B. §§ 263 Abs. 1, Abs. 5 StGB gg. der KVM zu deren Lasten zu eigenen Gunsten

> **Klausurhinweis:**
>
> Freilich ist auch von Anfang an eine gemeinsame Prüfung von § 263 Abs. 1 und Abs. 5 StGB möglich.

81 Durch dieselbe Handlung könnte sich F wegen gewerbsmäßigen Bandenbetrugs gem. §§ 263 Abs. 1, Abs. 5 StGB strafbar gemacht haben.

I. Tatbestandsmäßigkeit

82 **1. Objektiver Tatbestand. a) Grunddelikt, § 263 Abs. 1 StGB.** Der Grundtatbestand des § 263 Abs. 1 StGB ist erfüllt.

---

[91] Vgl. *Badle*, NJW 2008, 1028 (1029); Spickhoff-*Schuhr*, StGB § 263 Rn. 81.
[92] BGH NStZ 2001, 319 f.
[93] Vgl. *Waßmer*, Medizinstrafrecht, § 16 Rn. 62.

b) Qualifikation, § 263 Abs. 5 StGB. F hat den Betrug auch als Mitglied einer Bande, die sich zur fortgesetzten Begehung von Straftaten (hier) nach § 263 StGB verbunden hat, gewerbsmäßig begangen (→ Rn. 73).

2. Subjektiver Tatbestand. F handelte vorsätzlich hinsichtlich sämtlicher Voraussetzungen des Grunddelikts sowie der Qualifikation. Bereicherungsabsicht ist gegeben (→ Rn. 71).

II. Rechtswidrigkeit und Schuld

Es liegen weder Rechtfertigungs- noch Entschuldigungsgründe vor. F handelte daher auch rechtwidrig und schuldhaft.

Ergebnis: F ist strafbar gem. §§ 263 Abs. 1, Abs. 5 StGB. §§ 263 Abs. 1, Abs. 5 StGB verdrängt als Qualifikation die §§ 263 Abs. 1 i. V. m. § 263 Abs. 3 S. 2 Nr. 1 Alt. 1 und 2, Nr. 2 Alt. 1 StGB *(a. A. Tateinheit bzgl. Nr. 2 Alt. 1 vertretbar)*. Jede Quartalsabrechnung bildet eine selbstständige Einzeltat (→ Rn. 77), sodass diese jeweils in Tatmehrheit (§ 53 StGB) zueinander stehen.[94]

Strafbarkeit von A und V

A. §§ 263 Abs. 1, Abs. 5, 25 Abs. 2 StGB gg. der KVM zu deren Lasten zu eigenen Gunsten

A und V könnten sich wegen mittäterschaftlich begangenen gewerbsmäßigen Bandenbetrugs gem. §§ 263 Abs. 1, Abs. 5, 25 Abs. 2 StGB strafbar gemacht haben, indem sie zusammen mit F das MVZ unter Einschaltung des „Strohmanns" V gemeinsam betrieben, um durch die Einreichung „unberechtigter" Quartalsabrechnungen durch F eigene Honorarzahlungen zu erhalten.

I. Tatbestandsmäßigkeit

1. Objektiver Tatbestand. a) Grunddelikt, § 263 Abs. 1 StGB. A und V haben nicht selbst bei der KVM Quartalsabrechnungen eingereicht, obwohl die Statusvoraussetzungen des MVZ nicht (mehr) erfüllt waren. Die Täuschungshandlung des F könnte A und V jedoch als eigene zuzurechnen sein, wenn die Voraussetzungen des **§ 25 Abs. 2 StGB** erfüllt sind. Voraussetzung hierfür ist ein gemeinsamer Tatplan und eine gemeinsame Tatausführung.

Ein **gemeinsamer Tatplan** i. S.e. bewussten und gewollten Zusammenwirkens liegt jedenfalls dahingehend vor, dass A, V und F das tatsächliche Fehlen der Statusvoraussetzungen nicht nur bekannt war, sondern sie dieses sogar bewusst durch die gemeinsame Schaffung einer „Strohmann-Konstellation" zu verschleiern suchten, um trotz der Nichteinhaltung sozialrechtlicher Vorgaben Honorarzahlungen der KVM in erheblichem Umfang zu erhalten.

Fraglich ist, ob auch eine **gemeinsame Tatausführung** gegeben ist. Dies setzt voraus, dass jeder Beteiligte aufgrund und im Rahmen des gemeinsamen Tatentschlusses einen für die Deliktbegehung förderlichen Tatbeitrag leistet, wodurch die Tatbegehung

---

[94] *Waßmer*, Medizinstrafrecht, § 16 Rn. 68.

den Charakter eines arbeitsteiligen Vorgehens erhält (**funktionelle Tatherrschaft**).[95] Jedenfalls nach der herrschenden **weiten Tatherrschaftslehre** kann dabei auch derjenige Mittäter sein, der zwar nicht im unmittelbaren Ausführungsstadium (hier: Einreichen der Quartalsabrechnungen bei der KVM) beteiligt ist, dessen Vorbereitungs- und Unterstützungshandlung im Vorfeld aber als eine Art „Plus" das entsprechende „Beteiligungsminus" i. R.d. Ausführung ausgleicht. V und A waren am Vorgang der Einreichung der Quartalsabrechnungen nicht unmittelbar beteiligt, da allein F die Sammelerklärungen gegenüber der KVM abgab. Allerdings schufen sie durch ihre Funktion als nach außen auftretender „Gesellschafter-Strohmann" und behandelnder Vertragsarzt (V) bzw. als „wirtschaftlicher Geldgeber" und „Planer" im Hintergrund (A) überhaupt erst die Voraussetzungen für das Gelingen des Betrugs. Insofern stellen sich die Tatbeiträge von A und V auch bei wertender Betrachtung nicht als untergeordnete Unterstützungshandlungen einer fremden Tat dar, sondern A und V haben bedeutenden Gestaltungseinfluss (zumindest) hinsichtlich der konkreten Tatmodalitäten. Funktionelle Tatherrschaft liegt damit i. E. vor.

> **Klausurhinweis:**
>
> A.A. aber insbesondere mit der **strengen Tatherrschaftslehre** der M.M., die im Rahmen des § 25 Abs. 2 StGB von jedem Mittäter eine für den Erfolg wesentliche Mitwirkungshandlung im Ausführungsstadium fordert, vertretbar. Dann wäre eine Beihilfe zu prüfen und i. E. zu bejahen.

91 Dagegen grenzte insbesondere die *frühere Rspr.* die Mittäterschaft von der Beihilfe anhand der inneren Willensrichtung der Beteiligten ab: Danach wird derjenige als (Mit-)Täter behandelt, der den Willen hat, als Täter zu handeln (*animus auctoris*). Wer dagegen lediglich einen Teilnahmewillen aufweist (*animus socii*), die Tat also als fremde fördern möchte, ist Gehilfe.[96] Da A und V die Tat des F jedoch nicht lediglich als fremde unterstützen möchten, sondern diese – insbesondere auch angesichts ihres in Aussicht gestellten „Beuteanteils" von jeweils einem Drittel der Honorarzahlungen – vielmehr als eigene wollen, handelten sie mit animus auctoris. Sie sind daher auch nach diese Ansicht als Mittäter anzusehen.

92 Nach der *aktuellen Rspr.* ist dagegen aufgrund einer wertenden Gesamtbetrachtung aller festgestellten Umstände zu prüfen, ob Mittäterschaft vorliegt. Maßgebliche Kriterien sollen dabei der Grad des eigenen Interesses an der Tat, der Umfang der Tatbeteiligung sowie die Tatherrschaft – oder wenigstens der Wille dazu – sein.[97] Da A und V funktionale Tatherrschaft zukommt (→ Rn. 90), ihr Handeln überhaupt erst die Voraussetzungen eines erfolgreichen Betrugs schafft (→ Rn. 90) und sie insbesondere angesichts der Aussicht auf ein Drittel der „Beute" ein nicht unerhebliches Eigeninteresse an der Tat haben, sind sie auch bei einer wertenden Gesamtbetrachtung als Mittäter zu qualifizieren.

93 Da alle Ansichten zum selben Ergebnis kommen, ist ein Streitentscheid entbehrlich. A und V handelten danach auch im Rahmen einer gemeinsamen Tatausführung und damit als Mittäter i. S.d. § 25 Abs. 2 StGB. Die Täuschungshandlung des F ist A und V daher gem. § 25 Abs. 2 StGB als eigene zuzurechnen.

94 Der objektive Grundtatbestand des § 263 Abs. 1 StGB ist erfüllt.

---

95 *Wessels/Beulke/Satzger*, Strafrecht AT, § 16 Rn. 819.
96 Siehe z. B. BGHSt 28, 346; BGH StV 1990, 203; NStZ 1995, 285.
97 St. Rspr., vgl. nur BGH BeckRS 2020, 10990 m. w.N.

Fall 5a: Immer Ärger mit dem MVZ!

b) Qualifikation, § 263 Abs. 5 StGB. Bei der Gewerbsmäßigkeit sowie der (kumulativen) Begehung als Mitglied einer Bande handelt es sich nach h. M. jeweils um besondere persönliche Merkmale i. S.d. § 28 Abs. 2 StGB,[98] sodass diese nicht über § 25 Abs. 2 StGB zugerechnet werden können.[99] Allerdings handelten sowohl A als auch V in der Absicht, sich durch eine wiederholte Einreichung der „unberechtigten" Quartalsabrechnungen eine eigene fortlaufende Einnahmequelle von einiger Dauer und einigem Umfang zu verschaffen; daher liegt auch in ihrer Person jeweils Gewerbsmäßigkeit vor. Dasselbe gilt hinsichtlich des Merkmals der Begehung als Bandenmitglied, das A und V ebenfalls jeweils in eigener Person bei der Tatbegehung verwirklichen.

2. Subjektiver Tatbestand. A und V handelten mit Wissen und Wollen hinsichtlich sämtlicher Merkmale des objektiven Tatbestands des § 263 Abs. 1 StGB sowie hinsichtlich der Qualifikation nach Absatz 5. Daneben umfasst ihr Vorsatz auch die die Mittäterschaft konstituierenden Voraussetzungen des § 25 Abs. 2 StGB.[100]

A und V handelten zudem mit der erforderlichen (Eigen-)Bereicherungsabsicht jedenfalls hinsichtlich eines Drittels des Honorars (vgl. oben).

II. Rechtswidrigkeit und Schuld .

Mangels Rechtfertigungs- und/oder Entschuldigungsgründen handelten A und V auch rechtswidrig und schuldhaft.

Ergebnis: A und V sind strafbar gem. §§ 263 Abs. 1, Abs. 5, 25 Abs. 2 StGB. Jede Quartalsabrechnung bildet eine selbstständige Einzeltat (→ Rn. 77), sodass diese jeweils in Tatmehrheit (§ 53 StGB) zueinander stehen.

Tatkomplex 2: Abrechnungen gegenüber der Krankenkasse K

Strafbarkeit von A

A. §§ 263 Abs. 1, Abs. 5 StGB gg. der K zu deren Lasten zu eigenen Gunsten

Indem A ab September 2014 der Krankenkasse K über eine Verrechnungsstelle zweimal monatlich in seiner Apotheke eingelöste Verordnungen der M-GmbH in Rechnung stellte, könnte er sich wegen gewerbsmäßigen Bandenbetrugs gem. §§ 263 Abs. 1, Abs. 5 StGB gegenüber K, zu deren Lasten und zu eigenen Gunsten strafbar gemacht haben.

> **Klausurhinweis:**
>
> Selbstverständlich ist eine getrennte Prüfung (wie oben) ebenso möglich; allerdings kostet Sie diese mehr Zeit und ist angesichts einer weitgehenden „Prüfungsparallelität" auch nur von begrenztem Erkenntnisgewinn.

---

98 Wohl h. M., vgl. nur BeckOK-StGB-*Kudlich*, § 28 Rn. 7; zur Gewerbsmäßigkeit als besonderes persönliches Merkmal siehe BGH NStZ 2009, 95; zur Bandenmitgliedschaft BGHSt 47, 214 (216); a. A. aber NK-StGB-*Kindhäuser/Hoven*, § 244 Rn. 48: Bandenmitgliedschaft als tatbezogenes Merkmal.
99 *Wessels/Beulke/Satzger*, Strafrecht AT, § 16 Rn. 814.
100 Vgl. *Wessels/Beulke/Satzger*, Strafrecht AT, § 16 Rn. 824.

I. Tatbestandsmäßigkeit

101 **1. Objektiver Tatbestand. a) Grunddelikt,** § 263 Abs. 1 StGB. **aa) Täuschung über Tatsachen.** Dazu müsste A über Tatsachen getäuscht, also irreführend auf das Vorstellungsbild eines anderen eingewirkt haben.

102 In Betracht kommt erneut eine **konkludente Täuschung.** A könnte, indem er als am Abrechnungssystem der Krankenkassen teilnehmender Apotheker gegenüber der Krankenkasse abrechnet, bei den Abrechnungen stillschweigend miterklärt haben, dass er bestehende sozialrechtliche Erstattungsansprüche unter Einhaltung der abrechnungsrechtlichen Maßgaben geltend macht.[101] Voraussetzung der Entstehung des gesetzlichen Vergütungsanspruchs des Apothekers ist, dass der Empfänger des Arzneimittels gesetzlich versichert ist, eine ordnungsgemäße vertragsärztliche Verordnung vorlegt und die Abgabevorschriften inhaltlicher Art eingehalten wurden.[102] All diese Umstände stellen dem Beweis zugängliche Zustände der Vergangenheit bzw. Gegenwart dar, mithin Tatsachen i. S.d. § 263 Abs. 1 StGB.

> **Klausurhinweis:**
>
> Die Argumentation kann innerhalb dieser zweiten, doch einigermaßen „wesensverwandten" Prüfung deutlich kürzer ausfallen als im Tatkomplex 1.

103 Wenngleich § 45 BMV-Ä in diesem Zusammenhang nicht herangezogen werden kann, weil nur für die Ärzteschaft geltend, wird man auch hier von einer entsprechenden *(erhöhten) Erwartung seitens des Empfängers* (K) ausgehen dürfen, da K jedenfalls in weitem Maße auf die Richtigkeit der Angaben des A vertrauen muss. Dies wiederum rechtfertigt es, auch nach Ansicht der Verkehrsauffassung der Erklärung des A einen solch weiten Erklärungsinhalt zuzusprechen.

> **Klausurhinweis:**
>
> A.A. mit der entsprechenden Begründung vertretbar (vgl. Tatkomplex 1).

104 A könnte über das Vorliegen *ordnungsgemäßer* (und damit grundsätzlich abrechnungsfähiger) ärztlicher Verordnungen getäuscht haben. Zwar ist es für deren Wirksamkeit grundsätzlich ohne Belang, ob dem verordnenden Arzt bzw. der verordnenden Ärztin die Kassenzulassung hätte erteilt werden dürfen. Denn der Status des zugelassenen Vertragsarztes sichert die vertragsärztliche Tätigkeit im Rechtsverhältnis zu Dritten ab, weshalb die von einem solchen Arzt ausgestellten Verordnungen *nach außen wirksam* sind[103] und grundsätzlich die Abgabe von Medikamenten durch den Apotheker rechtfertigen.[104] Eine Ausnahme gilt aber dann, wenn Arzt und Apotheker bei der Ausgabe von Verordnungen **kollusiv zusammenwirken.**[105] Nichts anderes kann für das kollusive Zusammenwirken zwischen einem Apotheker und einem ärztlichen Leiter eines medizinischen Versorgungszentrums gelten. So lag es hier. A hat demnach durch Abrechnung gegenüber der K konkludent über das Vorliegen ordnungsgemäßer Verordnungen bzw. das Nicht-Vorliegen eines kollusiven Zusammenwirkens von Apotheker und „Verordnendem" getäuscht.

---

101 Dahingehend BGH NJW 2021, 90 (95 f.); vgl. auch BGHSt 57, 312 (324); BGH NStZ 2015, 341.
102 Vgl. Krauskopf-*Weiß*, SGB V § 129 Rn. 6 ff.
103 Vgl. BSGE 106, 222 Rn. 57.
104 Hierzu und zum Folgenden BGH NJW 2021, 90 (96 f.) m. w.N.
105 Vgl. BSGE 106, 222 Rn. 57.

Daneben könnte A gegenüber der K auch die *Einhaltung arzneimittelrechtlicher Abgabevorschriften* und damit die *Entstehung eines Vergütungsanspruchs* vorgespiegelt haben. So steht die Entstehung des Vergütungsanspruchs des Apothekers unter der Bedingung der Abgabe in Gemäßheit mit den kollektivvertraglichen Bestimmungen.[106] Danach (genauer: nach § 7 Abs. 1 Arzneiversorgungsverträgen – AVV) ist es jedenfalls untersagt, dass Apotheker Vertragsärzte zu Lasten der Ersatzkassen zugunsten von bestimmten Apotheken beeinflussen. Dies gilt unabhängig davon, ob der Apotheker selbst als Geschäftsführer der Ärztegesellschaft tätig ist. Hiergegen hat A verstoßen, indem er durch „seinen" Strohmann V unmittelbar Einfluss auf die Verordnung der von ihm hergestellten hochpreisigen Medikamente nahm. Ein Apotheker hat aber bei einer unter Verstoß gegen die bundeseinheitlich vereinbarten Abgabevorschriften zustande gekommenen Abgabe vertragsärztlich verordneter Arzneimittel selbst dann keinen Anspruch auf Vergütung, wenn sich die Arzneimittelabgabe später als sachgerecht erweist.[107] A hat daher mit der Einreichung der Abrechnung bewusst wahrheitswidrig erklärt, einen tatsächlich bestehenden Vergütungsanspruch geltend zu machen. Im Übrigen wird – *mutatis mutandis* – nach oben verwiesen.

> **Klausurhinweis:**
>
> Eine a.A. ist mit der entsprechenden Begründung (vgl. Tatkomplex 1) vertretbar. Wichtig ist insofern nur, dass die Argumentation stringent ist und sich nicht in Widerspruch zu den Begründungsansätzen hinsichtlich der Abrechnung gegenüber der KVM im Tatkomplex 1 setzt. Ausführungen in obenstehender Tiefe werden nicht erwartet.

bb) (Dadurch) Irrtum. Durch die Täuschung wurde auch ein entsprechender Irrtum bei den zuständigen Sachbearbeitern der KK hervorgerufen, die davon ausgingen, dass die einzelnen Verordnungen rechtmäßig (und damit abrechenbar) seien und in der Folge den entsprechenden Betrag an A auszahlten. Im Übrigen wird nach oben verwiesen.

> **Klausurhinweis:**
>
> A.A. mit der entsprechenden Begründung (vgl. Tatkomplex 1) vertretbar.

cc) (Dadurch) Vermögensverfügung. Durch die Auszahlung der abgerechneten Leistungen hat K eine ihr Vermögen betreffende Vermögensverfügung vorgenommen.[108]

> **Klausurhinweis:**
>
> Da A hier (zulässigerweise) *unmittelbar gegenüber der Krankenkasse* K abrechnet, stellt sich die Frage letztlich nicht, wessen Vermögen durch die Verfügung geschädigt wurde. In Betracht kommt allein das Vermögen der K selbst. Zur unmittelbaren Abrechnung gegenüber den Krankenkassen durch die Vertragsärzteschaft siehe *Waßmer*, Medizinstrafrecht, § 16 Rn. 41 und *Kraatz*, Arztstrafrecht, § 11 Rn. 329.

Die Verfügung der Mitarbeitenden der K ist der K auch unproblematisch als eigene zuzurechnen (sog. Dreiecksbetrug, → Rn. 32 f.).

dd) (Dadurch) Vermögensschaden. Durch die Auszahlung von insgesamt 150.000 EUR an A ist es auf Seiten der K zu einem Vermögensabfluss in derselben

---

106 Vgl. BSGE 94, 213 Rn. 18; BSG BeckRS 2006, 44225.
107 BGH NJW 2021, 90 (96); vgl. auch BSGE 106, 303 Rn. 32 m. w.N.
108 BGH NJW 2021, 90 (96).

Höhe gekommen. Fraglich ist, ob dieser Abfluss (unmittelbar) **kompensiert** wurde („Prinzip der Gesamtsaldierung").

110 In Betracht käme hier einerseits eine Kompensation durch das *Freiwerden von einer Verbindlichkeit*, andererseits wegen *ersparter eigener Aufwendungen*.

111 Bei Zugrundelegung des vom BGH in ständiger Rspr. praktizierten und nach obenstehender Argumentation auch vorzugswürdigen *(a. A. ebenso vertretbar,* → Rn. 67) **normativen Schadensbegriffs** i. R.d. Abrechnungsbetrugs fehlt es in diesem Zusammenhang aber bereits an der Entstehung einer entsprechenden Verbindlichkeit der K. Denn nach den maßgeblichen sozialrechtlichen Vorschriften und kollektivvertraglichen Bestimmungen hatte A wegen des kollusiven Zusammenwirkens mit dem nicht zur kassenärztlichen Abrechnung berechtigten MVZ und aufgrund seiner unzulässigen Einflussnahme auf das Verordnungsverhalten (Verstoß gegen die vermögensschützende Abgabebestimmung des § 7 Abs. 1 AVV) überhaupt keinen Zahlungsanspruch gegen die KK erworben.[109]

> **Klausurhinweis:**
> Sofern die AVV – wie hier – nicht abgedruckt ist, kann eine Kenntnis der einschlägigen Vorschriften nicht erwartet werden.

112 Ob sich K durch die Abgabe der ärztlich verordneten Medikamente durch die Apotheke des A die Kosten für die Ausgabe von Medikamenten durch eine andere Apotheke erspart habe, müsse wiederum – so jedenfalls der BGH – als bloß hypothetischer Verlauf bei der Schadensberechnung außer Betracht bleiben.[110] Ohnehin fehlte es insofern an der Unmittelbarkeit: Denn selbst wenn die KK hierdurch von ihrer eigenen Pflicht zur Erbringung der geschuldeten Sachleistung an die Versicherten (§§ 27 Abs. 1 S. 2 Nr. 3, 31 SGB V) befreit würde, ist das Erlöschen einer Verbindlichkeit grundsätzlich nur dann relevant, wenn es unmittelbar durch die Tat eintritt.[111] Die KK wurde aber schon mit der Abgabe der Arzneimittel von ihrer Verpflichtung gegenüber den Versicherten frei; die Taten in Form der Einreichung der Abrechnungen durch A waren für das Erlöschen der Verbindlichkeit damit ohne Belang.[112]

> **Klausurhinweis:**
> A.A. mit der entsprechenden Begründung (vgl. Tatkomplex 1) vertretbar.

113 Damit liegt ein Vermögensschaden i. H.d. insgesamt ausgezahlten 150.000 EUR vor.

114 **b) Qualifikation, § 263 Abs. 5 StGB.** A wollte sich durch das mehrmalige In-Rechnung-Stellen der eingelösten Verordnungen der M-GmbH gegenüber der K auch eine fortlaufende Einnahmequelle von gewisser Dauer und nicht unerheblichem Umfang verschaffen. **Gewerbsmäßigkeit** i. S.d. § 263 Abs. 5 StGB liegt vor.

115 A handelte hinsichtlich der Abrechnungen gegenüber K auch **als Mitglied einer Bande** als (hier) Zusammenschluss von A, F und V (vgl. oben). Da Bandenmitglied grundsätzlich auch sein kann, wer von vornherein und stets nur als Gehilfe mitwirken

---

[109] BGH NJW 2021, 90 (96); vgl. auch BSGE 94, 213 Rn. 18; BSG BeckRS 2006, 44225.
[110] BGH NJW 2021, 90 (97); vgl. auch BGH NJW 2003, 1198.
[111] Vgl. BGH NStZ-RR 2011, 312 (313).
[112] BGH NJW 2021, 90 (96 f.).

will,[113] muss an dieser Stelle (noch) nicht geklärt werden, ob F und V hinsichtlich der Abrechnungen gegenüber der Krankenkasse als Täter oder als bloße Teilnehmer zu qualifizieren sind.

2. Subjektiver Tatbestand. A handelte vorsätzlich hinsichtlich der tatbestandlichen Merkmale des Grunddelikts sowie der Qualifikation. Auch wies er die erforderliche (Eigen-)Bereicherungsabsicht auf.

II. Rechtswidrigkeit und Schuld

Mangels Rechtfertigungs- und/oder Entschuldigungsgründen handelte A auch rechtswidrig und schuldhaft.

Ergebnis: A ist strafbar gem. § 263 Abs. 1, Abs. 5 StGB. Jede Abrechnung bildet eine selbstständige Einzeltat, sodass diese jeweils in Tatmehrheit (§ 53 StGB) zueinander stehen (→ Rn. 77).

Strafbarkeit von F und V

A. §§ 263 Abs. 1, Abs. 5, 25 Abs. 2 StGB

F und V könnten sich durch ihre „deliktische" Mitwirkung am MVZ hinsichtlich der Apothekenabrechnungen des A wegen mittäterschaftlichen gewerbsmäßigen Bandenbetrugs strafbar gemacht haben. Da F und V selbst keine Apothekenrechnungen bei K einreichten, müsste ihnen das Handeln des A über § 25 Abs. 2 StGB zurechenbar sein. Ein **gemeinsamer Tatplan** kann angesichts des insgesamt arbeitsteiligen Zusammenwirkens von A, F und V sowie des Wissens um das Handeln des A grundsätzlich noch bejaht werden. Fraglich ist jedoch (erneut) die **gemeinsame Tatausführung**. Diese bestimmt sich nach der h.Lit. danach, ob den Beteiligten (funktionale) Tatherrschaft zukommt. Hier waren F und V aber am Vorgang der In-Rechnung-Stellung der Apothekenabrechnungen gegenüber K nicht unmittelbar beteiligt und – anders als hinsichtlich der Quartalsabrechnungen gegenüber der KVM (bzgl. A und V) – schufen sie auch lediglich mittelbar die Voraussetzungen für das Gelingen des Betrugs gegenüber der Krankenkasse, indem sie gemeinsam das MVZ betrieben. Denn insofern sind für ein Gelingen noch weitere Zwischenschritte erforderlich, insbesondere müssen die Verordnungen in der Apotheke des A eingelöst und anschließend von diesem dann eingereicht werden. Zumindest bei wertender Betrachtung erscheinen die Tatbeiträge von F und V hinsichtlich der Einreichung der Apothekenabrechnungen daher eher als Unterstützungs- denn als täterschaftliches Handeln.

> **Klausurhinweis:**
> Eine a. A. ist hier mit guter Begründung aber nicht unvertretbar.

Hierfür spricht auch das – insbesondere von der Rechtsprechung verstärkt in den Blick genommene – *fehlende (Eigen-)Interesse* von F und V an der Tat: So wird es F und V (anders als bei den Honorarzahlungen an die M-GmbH) letztlich „egal" gewesen

---

[113] So jedenfalls die neuere Rspr., vgl. nur BGHSt 47, 214; BGH NStZ 2007, 269 (270); NStZ-RR 2007, 307 (308); differenzierend *Zopfs*, Jura 2007, 510 (513); a. A. MüKo-StGB-*Schmitz*, § 263 Rn. 45.

sein, ob das In-Rechnung-Stellen „gelingt", da die Tat(en) einzig zur Steigerung des Umsatzes des A in *dessen* Apotheke erfolgte(n).[114]

121 **Ergebnis:** Die Voraussetzungen des § 25 Abs. 2 StGB sind daher nicht gegeben. F und V handelten nicht als Mittäter.

B. §§ 263 Abs. 1, Abs. 5, 27 Abs. 1 StGB

122 Durch dieselbe Handlung könnten sie sich aber wegen Beihilfe zum gewerbsmäßigen Bandenbetrug strafbar gemacht haben, §§ 263 Abs. 1, Abs. 5, 27 Abs. 1 StGB.

I. Tatbestandsmäßigkeit

123 **1. Objektiver Tatbestand. a) Vorsätzliche rechtswidrige Haupttat.** Der gewerbsmäßige Bandenbetrug des A nach §§ 263 Abs. 1, Abs. 5 StGB stellt eine vorsätzliche rechtswidrige Haupttat eines anderen dar.

124 **b) Hilfeleisten.** Hierzu haben F und V auch Hilfe geleistet, indem sie durch den Betrieb des MVZ jedenfalls die grundsätzlichen Voraussetzungen für die Einreichung „ungerechtfertigter" Apothekenabrechnungen bei K durch A schufen, mithin dessen Tat erst ermöglichten bzw. jedenfalls erheblich förderten.

125 **2. Subjektiver Tatbestand.** F und V handelte auch mit dem erforderlichen **doppelten Gehilfenvorsatz**, d. h. jedenfalls mit *dolus eventualis* sowohl hinsichtlich der Vollendung der Haupttat durch A als auch hinsichtlich ihrer eigenen Hilfeleistung.

126 **3. Tatbestandsverschiebung nach § 28 Abs. 2 StGB.** In Betracht kommt jedoch eine Tatbestandsverschiebung nach § 28 Abs. 2 StGB. Bei dem Tatbestandsmerkmal der Gewerbsmäßigkeit sowie dem der Bandenmitgliedschaft i. S. d. § 263 Abs. 5 StGB handelt es sich jedenfalls nach h. M. jeweils um ein besonderes persönliches Merkmal i. S. d. § 28 Abs. 2 StGB.[115]

127 F und V handelten jedoch *nicht selbst gewerbsmäßig*, da sie hinsichtlich der Apothekenabrechnungen des A gegenüber K nicht sich selbst durch wiederholte Tatbegehung eine nicht nur vorübergehende Einnahmequelle von einigem Umfang und einiger Dauer verschaffen wollten. Im Unterschied zu den Voraussetzungen des Betrugstatbestandes setzt Gewerbsmäßigkeit nämlich eigennütziges Handeln und damit *tätereigene* Einnahmen voraus.[116] Solche lagen hier nicht vor. (Beabsichtigte) Einnahmen Dritter (hier des A) reichen insofern nicht.

128 F und V haben damit jedenfalls nicht zum banden- und gewerbsmäßigen Betrug nach § 263 V StGB Beihilfe geleistet, da dies die kumulative Erfüllung von Gewerbsmäßigkeit und „Handeln als Bandenmitglied" in eigner Person voraussetzen würde.[117]

II. Rechtswidrigkeit und Schuld

129 F und V handelten auch rechtswidrig und schuldhaft.

---

[114] Ebenso BGH NJW 2021, 90 (97).
[115] Vgl. bereits Fn. 98.
[116] BGH NStZ 2021, 235; 2008, 282.
[117] Anders aber offensichtlich, wenngleich ohne nähere Begründung, BGH NJW 2021, 90 (97).

III. Strafzumessung

F und V könnten jedoch bei der Aufrechterhaltung des Geschäftsbetriebs des MVZ im Hinblick auf die Apothekenabrechnungen als Mitglieder einer Bande gehandelt haben, vgl. § 263 Abs. 1 i. V. m. § 263 Abs. 3 S. 2 Nr. 1 Alt. 2 StGB (jetzt: Regelbeispiel). Das Merkmal des „Handelns als Bandenmitglied" ist ein besonderes persönliches Merkmal i. S.d. § 28 Abs. 2 StGB (→ Rn. 126).[118]

Da Bandenmitglied grundsätzlich auch sein kann, wer von vornherein und stets nur als Gehilfe mitwirken will,[119] steht die Klassifizierung von F und V als Gehilfen einer Bandenzugehörigkeit zumindest nicht per se entgegen. F, V und A haben sich jedenfalls auch insofern (stillschweigend) zusammengeschlossen, als sie den ernsthaften Willen hatten, auch in Zukunft den Geschäftsbetrieb des MVZ aufrechtzuerhalten, damit (jedenfalls auch) A weiter gegenüber der Krankenkasse „unberechtigt" abrechnen kann. Da es nach h. M. weder eines gefestigten Bandenwillens noch eines Handelns in einem übergeordneten Bandeninteresse bedarf, ist es auch unerheblich, dass die Taterträge F und V selbst nicht zugutekommen (sollen). F und V handelten damit bei ihrer Mitwirkung am MVZ als Bandenmitglieder und sind daher entsprechend § 28 Abs. 2 StGB aus dem erhöhten Strafrahmen des § 263 Abs. 3 S. 2 Nr. 1 Alt. 2 StGB zu bestrafen.

> **Klausurhinweis:**
> A.A. mit der entsprechenden Begründung aber wohl noch vertretbar.

Ergebnis: F und V sind strafbar gem. §§ 263 Abs. 1 i. V. m. Abs. 3 S. 2 Nr. 1 Alt. 2, 27 Abs. 1 StGB (Beihilfe zum bandenmäßigen Betrug).

Ihre verschiedenen Mitwirkungshandlungen hinsichtlich des MVZ sind dabei als uneigentliches Organisationsdelikt zu einer *einheitlichen Tat i. S.d. § 52 Abs. 1 StGB* zusammenzufassen, da F und V an den einzelnen Abrechnungstaten des A selbst nicht unmittelbar mit einem individuellen Tatbeitrag mitwirken, sondern sich ihre Mitwirkung daran im Aufbau und in der Aufrechterhaltung des auf die Straftaten ausgerichteten „Geschäftsbetriebs" erschöpft.[120]

Gesamtergebnis:

F ist strafbar gem. § 263 Abs. 5 StGB (im TK1) – § 53 StGB – §§ 263 Abs. 1 i. V. m. Abs. 3 S. 2 Nr. 1 Alt. 2, 27 Abs. 1 StGB (im TK 2).

A ist strafbar gem. §§ 263 Abs. 5, 25 Abs. 2 StGB (im TK 1) – § 53 StGB – § 263 Abs. 5 StGB (im TK 2).

V ist strafbar gem. §§ 263 Abs. 5, 25 Abs. 2 StGB (im TK 1) – § 53 StGB – §§ 263 Abs. 1 i. V. m. Abs. 3 S. 2 Nr. 1 Alt. 2, 27 Abs. 1 StGB (im TK 2).

---

118 Vgl. bereits Fn. 98.
119 I.E. aber umstr., vgl. bereits Fn. 113.
120 Vgl. BGH NStZ-RR 2018, 41.

Fall 5b: Mehr Esprit!?

137 A, ein Facharzt für Allgemeinmedizin mit kassenärztlicher Zulassung, betreibt eine Praxis in B. In unmittelbarer räumlicher Nähe befindet sich auch der von seiner Ehefrau F mitgegründete Pflegedienst „Esprit" (E). F hat bis zur Rückgabe ihrer kassenärztlichen Zulassung und dem Verlust ihrer Approbation als Ärztin zusammen mit ihrem Ehemann gearbeitet.

Da der Pflegedienst mehr schlecht als recht läuft, überlegt F fieberhaft, wie sich dieser wieder „auf Kurs" bringen lasse. Dabei kommt ihr folgende Idee: F möchte für einige ihrer ehemaligen gesetzlich krankenversicherten Patientinnen und Patienten auf der Grundlage entsprechender ärztlicher Verordnungen Anträge auf häusliche Krankenpflege stellen, dabei aber lediglich vorspiegeln, dass diese nicht mehr in der Lage seien, bestimmte näher bezeichnete Behandlungsmaßnahmen selbst vorzunehmen und deshalb der häuslichen Krankenpflege bedürften. F geht dabei davon aus, dass die beantragten Pflegeleistungen verordnungsgemäß genehmigt werden würden. Zu diesem Zweck veranlasst F die jeweiligen Patientinnen und Patienten mit E Behandlungsverträge abzuschließen, um sodann die jeweiligen Leistungen gegenüber der Krankenkasse (K) abrechnen zu können.

Daraufhin erstellt A in der Folgezeit auf „Anforderung" der E für fünf Patienten Verordnungen für häusliche Krankenpflege, wobei er unter anderem bewusst wahrheitswidrig vorgibt, dass die verordneten Pflegemaßnahmen auch erforderlich seien. Im finanziellen Interesse seiner Ehefrau F nimmt er es dabei zumindest billigend in Kauf, dass die tatsächlichen Voraussetzungen für eine häusliche Krankenpflege nicht vorliegen, weil die Patienten tatsächlich gar keiner externen Unterstützung bedürfen.

Auf der Grundlage der Verordnungen des A werden in der Folgezeit entsprechende Anträge bei K gestellt. Nachdem die erforderlichen Genehmigungen antragsgemäß erteilt worden sind, stellt E der K Rechnungen über die verordneten Leistungen. Da diese Leistungen zudem nicht oder nur zu einem ganz geringen Teil erbracht worden sind, sind den Rechnungen zudem inhaltlich falsche Leistungsnachweise beigefügt. Auch dies ist A bekannt. Im Vertrauen auf die Richtigkeit der Abrechnungsunterlagen leistet K Zahlungen in einer Gesamthöhe von 35.000 EUR an E.

Strafbarkeit des A nach § 266 StGB?

Fall 5b: Mehr Esprit!?

Kurzgliederung Fall 5b
Stbk. von A
A. § 266 Abs. 1
I. TB
1. Missbrauchstatbestand, Alt. 1
   – (P) Verfügungs- bzw. Verpflichtungsbefugnis hinsichtlich des Vermögens der K
     – E.A.: (+), da Vertragsarzt als Vertreter der K
     – A.A.: (-), keine unmittelbaren Vertragsbeziehungen zwischen Vertragsarzt und K, daher Vertragsarzt ≠ Vertreter der K
       Zudem: einheitlich ausgestaltete ärztliche Tätigkeit, d.h. keine Aufspaltung in Behandlungs- und Verordnungstätigkeit
     – Ergebnis: Verfügungs- bzw. Verpflichtungsbefugnis (-)
2. Treubruchtatbestand, Alt. 2
   a) Voraussetzung: Vermögensbetreuungspflicht
      – Geschäftsbesorgung für einen anderen
      – Hauptpflicht + eigenverantwortliche Entscheidungen
      – Entscheidend: Kontrollmöglichkeiten des Treugebers?
   b) BGH: Vermögensbetreuungspflicht grds. (+), hier aber i.E. (-)
      – Arzt handelt auf eigene Verantwortung
      – Keine Kontrollmöglichkeiten der K bei Verordnung von Heilmitteln und Sprechstundenbedarf
      – Hier aber: Bei Verordnung von Sachmitteln (hier: häusliche Krankenpflege) umfangreiche verfahrensrechtliche Kontrollmöglichkeiten der K, daher auch nach Ansicht des BGH keine hinreichende Eigenverantwortlichkeit; VBP des Vertragsarztes daher i.E. (-)
   c) h. L.: Vermögensbetreuungspflicht (-)
      – Keine unmittelbare Rechtsbeziehung zwischen Vertragsärzteschaft und K
      – Keine Hauptpflicht (Hauptpflicht = Tätigwerden im Gesundheitsinteresse der Patientinnen und Patienten)
      – Keine hinreichende Eigenständigkeit bzw. Selbstständigkeit
        Arg.: verfahrensrechtliche Kontrollmöglichkeiten + Bewilligungsentscheidung der K
II. Ergebnis: Strafbarkeit (-)

Lösung Fall 5b[121]

138 **Schwerpunkte:** *Vertragsarztuntreue; Vertretertheorie bzw. -rechtsprechung; Anforderungen an eine Vermögensbetreuungspflicht*

Strafbarkeit von A

A. § 266 Abs. 1 StGB

139 Indem A Verordnungen für häusliche Krankenpflege für fünf Patienten auf „Anforderung" der E erstellte, obwohl die verordneten Pflegemaßnahmen nicht erforderlich waren, könnte er sich wegen Untreue gem. § 266 Abs. 1 StGB zu Lasten der Krankenkasse K strafbar gemacht haben.

I. Tatbestandsmäßigkeit

140 1. **Objektiver Tatbestand.** a) **Missbrauchstatbestand, Alt. 1.** Dazu müsste A zunächst eine **Verfügungs- bzw. Verpflichtungsbefugnis** hinsichtlich des Vermögens der K zukommen, d. h. A müsste eine Rechtsstellung („Rechtsmacht") verliehen sein, die ihn nach außen in den Stand setzt, rechtsgeschäftlich oder zumindest zivilrechtlich *wirksam* bzw. hoheitlich über fremdes Vermögen zu verfügen oder einen anderen zu verpflichten.[122] Eine rein tatsächliche Zugriffsmacht auf fremdes Vermögen genügt für § 266 Abs. 1 Alt. 1 StGB nicht.[123]

141 Fraglich ist, ob A bei der Verordnung von häuslicher Krankenpflege nach § 37 Abs. 2 SGB V eine Verfügungs- bzw. Verpflichtungsbefugnis hinsichtlich des Vermögens der K zukommt.

142 Insbesondere die *frühere Rechtsprechung* nahm insofern an, dass ein Vertragsarzt bzw. eine Vertragsärztin bei der Verordnung von Sachleistungen kraft der ihm bzw. ihr durch das Kassenarztrecht verliehenen Kompetenzen (vgl. etwa §§ 72 Abs. 1, 73 Abs. 2 Nr. 7 SGB V) gerade als Vertreter bzw. Vertreterin der Krankenkasse handelt (sog. **Vertretertheorie bzw. -rechtsprechung**).[124]

> **Klausurhinweis/Weiterführendes Wissen:**
>
> Die Krankenkasse hat die häusliche Krankenpflege nach § 37 SGB V grundsätzlich als *Sachleistung* zu gewähren (§ 2 Abs. 2 SGB V).[125]

143 Danach komme z. B. bei der Verordnung von Medikamenten zwischen der Krankenkasse und dem Apotheker ein *öffentlich-rechtlicher Kaufvertrag* zustande, der durch den Vertragsarzt als Vertreter der Krankenkasse vermittelt werde, indem dieser durch die Verordnung ein (im Außenverhältnis wirksames) Angebot im Namen der Krankenkasse abgebe.[126] Dieses Angebot werde sodann durch den Versicherten als Boten dem

---

121 Der Sachverhalt ist angelehnt an BGH, Beschl. v. 11.5.2021 – 4 StR 350/20 (LG Bochum), NStZ 2021, 742.
122 BeckOK-StGB-*Wittig*, § 266 Rn. 9.
123 OLG Hamm NJW 1972, 298 (299).
124 Vgl. BSGE 73, 271 (278); 77, 194 (200); BGH NJW 2004, 454; NStZ 2004, 568 (569); siehe auch BGH MedR 2006, 721 (724); OLG Hamm NStZ-RR 2006, 13 (14); zustimmend auch LG Hamburg GesR 2011, 164; AG Kiel MPR 2012, 209.
125 BeckOK-SozR-*Knispel*, SGB V § 37 Rn. 37.
126 Vgl. BGH NJW 2004, 454; *Waßmer*, Medizinstrafrecht, § 17 Rn. 6.

Fall 5b: Mehr Esprit!?

Apotheker angetragen, welcher dieses annehme, indem er dem Versicherten das verordnete Arzneimittel aushändige. Diese Überlegung lässt sich *mutatis mutandis* auch auf die Verordnung von häuslicher Krankenpflege anwenden. Danach handelt der Vertragsarzt bei der Verordnung von Sachleistungen *als Vertreter der Krankenkasse*, indem er an ihrer Stelle das Rahmenrecht des einzelnen Versicherten auf medizinische Versorgung konkretisiert.[127] I.E. nahm die frühere Rechtsprechung damit eine *gesetzlich eingeräumte Betreuungspflicht* des Vertragsarztes hinsichtlich des Vermögens der Krankenkasse sowie eine damit einhergehende rechtliche Verfügungs- bzw. Verpflichtungsbefugnis an.

Hiergegen wenden sich jedoch mit Recht weite Teile des *Schrifttums*: So mag es zwar durchaus zutreffen, dass einem Vertragsarzt eine gewisse *faktische Schlüsselstellung* im Verhältnis zur Krankenkasse zukommt, da er durch seine Verordnungen jedenfalls rein tatsächlich den Sachleistungsanspruch der Patienten (vgl. § 2 Abs. 2 SGB V) konkretisiert.[128] Gegen die Annahme einer Vertreterrolle spricht jedoch insbesondere der Umstand, dass zwischen dem Vertragsarzt und der Krankenkasse *keine unmittelbaren Vertragsbeziehungen* bestehen: Der Vertragsarzt ist als (Zwangs-)Mitglied der Kassenärztlichen Vereinigung nur gegenüber dieser, nicht aber gegenüber der Krankenkasse berechtigt und verpflichtet.[129] Zudem handelt er bei seiner eigentlichen Behandlungstätigkeit aufgrund und im Rahmen des geschlossenen Behandlungsvertrags für seine eigene Praxis. Damit ist aber auch die Verordnungstätigkeit letztlich untrennbar verknüpft. Eine Vertragsärztin würde dann beispielsweise mal für ihre Praxis (Behandlung), mal als Vertreterin der Krankenkasse (Verordnung) tätig werden.[130] Eine solche „Aufspaltung" überzeugt angesichts der grundsätzlich *einheitlich ausgestalteten ärztlichen Tätigkeit* aber nicht. Und schließlich bestimmt der Vertragsarzt mit seiner Verordnung auch weder über den konkreten Vertragspartner noch die spezifische Zahlungsweise (im Falle der Medikamentenverordnung wegen der Apothekenwahlfreiheit der Patientinnen und Patienten; bzgl. der hier gegenständlichen Verordnung häuslicher Krankenpflege haben die Versicherten grundsätzlich ein Wahlrecht unter den zur Verfügung stehenden Leistungserbringern[131]).

144

Die besseren Gründe sprechen daher dafür, dass einem Vertragsarzt bzw. einer Vertragsärztin bei der Verordnung von Sachleistungen weder eine Vertreter- noch eine Beauftragtenstellung hinsichtlich der Krankenkasse zukommt. Anderweitige Anknüpfungspunkte für eine Verpflichtung- bzw. Verfügungsbefugnis sind nicht ersichtlich, sodass eine solche hier ausscheidet.

145

Klausurhinweis/Weiterführendes Wissen:
Inzwischen hat auch die bundessozialgerichtliche Rechtsprechung die **Vertreterrechtsprechung aufgegeben** und erläutert, dass sich die Rechtsgrundlage des Vergütungsanspruchs eines Apothekers gegen eine Krankenkasse wegen der Abgabe eines vertragsärztlich verordneten Arzneimittels an einer ihrer Versicherten *unmittelbar* aus § 129 SGB V i. V. m. den Rahmenverträgen über die Arzneimittelverordnung ergibt, d. h. unmittelbar aus dem öffentlichen Recht und nicht mehr vertragsärztlich „vermittelt" über einen öffentlich-rechtlichen Kaufvertrag, vgl. BSGE 105, 157, bestätigt durch BSGE 106, 303.

---

127 *Kraatz*, Arztstrafrecht, § 12 Rn. 374 m. w.N.
128 *Kraatz*, Arztstrafrecht, § 12 Rn. 374 m. w.N.
129 Vgl. z. B. *Leimenstoll*, wistra 2013, 121 (122); *Schimmelpfennig-Schütte*, GesR 2006, 529 (531).
130 So auch *Waßmer*, Medizinstrafrecht, § 17 Rn. 7; *Klötzer*, NStZ 2008, 12 (14).
131 BSG NZS 2003, 654; NZS 2004, 38; BeckOK-SozR-*Knispel*, SGB V § 37 Rn. 37.

Diesem Umstand Rechnung tragend hat auch der Große Senat in seiner „Jahrhundertentscheidung" vom 29.3.2012 eine Beauftragtenstellung des Vertragsarztes bei der Verordnung von Arzneimitteln i. S.d. § 299 StGB abgelehnt, vgl. BGHSt 57, 202 (214); siehe hierzu auch Falleinheit 6.

146 A handelte demnach bei Verordnung häuslicher Krankenpflege nach § 37 Abs. 2 SGB V (als Sachleistung, → Rn. 142) nicht als Vertreter- bzw. Beauftragter der K; er hat folglich auch keine Verfügungs- bzw. Verpflichtungsbefugnis in Bezug auf das Vermögen der K.

147 Die Voraussetzungen des Missbrauchstatbestands liegen nicht vor.

148 **b) Treubruchtatbestand, Alt. 2.** Das Erstellen der Verordnungen könnte jedoch den Treubruchtatbestand nach § 266 Abs. 1 Alt. 2 StGB erfüllen.

149 **aa) Voraussetzung: Vermögensbetreuungspflicht des A.** Dazu müsste A eine **Vermögensbetreuungspflicht** treffen. Gegenstand einer Vermögensbetreuungspflicht ist die Geschäftsbesorgung *für einen anderen* („Fremdnützigkeit") in einer nicht ganz unbedeutenden Angelegenheit mit einem Aufgabenkreis von einigem Gewicht und einem gewissen Grad von Verantwortlichkeit. Die Pflicht zur Wahrnehmung fremder Vermögensinteressen muss dabei eine **Hauptpflicht** darstellen, d. h. typischer und wesentlicher Inhalt der Geschäftsbesorgung sein; bloße Nebenpflichten genügen nicht. Zugleich muss die Geschäftsbesorgung Spielraum für *eigenverantwortliche Entscheidungen* geben sowie eine gewisse Selbstständigkeit und Bewegungsfreiheit belassen. Daran fehlt es, wenn die übertragene Tätigkeit in allen Einzelheiten vorgezeichnet ist und kein Raum für eigene Beurteilungen besteht.[132] Dabei ist es von besonderer Bedeutung, welche *Kontrollmöglichkeiten* dem Treugeber verbleiben, inwieweit den Entscheidungen des Täters eine bindende Wirkung zukommt und in welchem Ausmaß es ihm möglich ist, ohne eine gleichzeitige Steuerung und Überwachung durch den Treugeber auf dessen Vermögen zuzugreifen.[133]

150 **bb) BGH: Vermögensbetreuungspflicht bei der Verordnung von Heilmitteln und ärztlichem Sprechstundenbedarf.** Der BGH hat in diesem Zusammenhang eine Betreuungspflicht von Vertragsärzten für das Vermögen der gesetzlichen Krankenkassen im Fall der Verordnung von Heilmitteln nach § 15 Abs. 1 S. 2 SGB V bejaht.[134] Zur Begründung wurde angeführt, dass der Arzt bzw. die Ärztin mit der in eigener Verantwortung zu erstellenden Verordnung den gesetzlichen Leistungsanspruch der Versicherten aus § 2 Abs. 1 S. 1, Abs. 2 S. 1 SGB V auf Sachleistungen gegen die Krankenkasse konkretisiert, indem er/sie *verbindlich feststellt*, dass die medizinischen Voraussetzungen für den Eintritt des Versicherungsfalls vorliegen und das verordnete Heilmittel sowohl notwendig als auch wirtschaftlich ist. Die sich aus der Verbindlichkeit der Bereicherung ergebende Rechtsmacht verschaffe ihm bzw. ihr gegenüber der Krankenkasse eine Stellung, die mit Rücksicht auf das Wirtschaftlichkeitsgebot durch eine *besondere Verantwortung* für deren Vermögen gekennzeichnet sei.[135] Gleiches hat die Rechtsprechung des BGH auch bei der Verordnung von Sprechstundenbedarf durch einen Vertragsarzt angenommen und dabei maßgeblich darauf abgestellt, dass es der verordnende Arzt insoweit in der Hand habe, die gesetzlichen Krankenkassen zu entsprechenden

---

132 Hierzu und zum Folgenden BGH NStZ 2021, 742 (742).
133 StRspr., vgl. nur BGHSt 62, 288; BGH NJW 2013, 1615; NJW 2016, 3253.
134 Vgl. BGH NJW 2016, 3253 mit zust. Anm. *Hoven*, NJW 2016, 3213; zum Streitstand m. w.N. siehe SSW-*Saliger*, StGB § 266 Rn. 16; Spickhoff-*Schuhr*, StGB § 266 Rn. 28 ff.
135 BGH NJW 2016, 3253; vgl. auch BGH NStZ 2021, 742 (742).

Fall 5b: Mehr Esprit!?

Zahlungen zu verpflichten, ohne dass diesen eine hinreichende Kontrollmöglichkeit zur Verfügung stünde.[136]

Zumindest auf den ersten Blick könnte man daher auch im Falle der Verordnung von häuslicher Krankenpflege nach § 37 Abs. 2 SGB V argumentieren, dass A jedenfalls insofern den gesetzlichen Leistungsanspruch der Versicherten konkretisiert, indem er verbindlich feststellt, dass die verordneten Pflegemaßnahmen auch medizinisch erforderlich und wirtschaftlich sind. Diese sich aus dieser seiner Rechtsmacht ergebende besondere Verantwortung könnte dann ggf. als Grundlage einer Vermögensbetreuungspflicht herangezogen werden.

151

> **Klausurhinweis:**
>
> Eine derart ausführliche und vertiefte Auseinandersetzung mit der Rechtsprechung des BGH zur Verordnung von Heilmitteln und zum Sprechstundenbedarf wird nicht erwartet. Es reicht daher auch für eine sehr gute Bearbeitung aus, wenn sauber und entlang der klassischen Anknüpfungspunkte argumentiert wird, warum eine Vermögensbetreuungspflicht vorliegen *könnte*.

cc) **Ansicht der h.Lit.: Keine Vermögensbetreuungspflicht des verordnenden Vertragsarztes.** Die herrschende Lehre sowie Teile der (untergerichtlichen) Rechtsprechung lehnen dagegen eine Vermögensbetreuungspflicht des verordnenden Vertragsarztes bzw. der verordnenden Vertragsärztin ab.[137]

152

(1) **Keine unmittelbaren Rechtsbeziehungen zwischen Vertragsärzteschaft und Krankenkasse.** Zur Begründung wird (erneut) insbesondere angeführt, dass zwischen Vertragsarzt/-ärztin und Krankenkasse *keine unmittelbaren Rechtsbeziehungen* bestünden; es sei insofern aber gerade das „Wesen" der Untreue, dass der Täter „von innen heraus" pflichtwidrig fremdes Vermögen schädige, hinsichtlich dessen ihm eine besondere Pflichtenstellung eingeräumt worden sei. Eine „von außen" bewirkte (mittelbare) Schädigung fremden Vermögens reiche gerade nicht aus.[138]

153

Entsprechend erscheint der Vertragsarzt bzw. die Vertragsärztin auch gerade nicht als „verlängerter Arm" der Krankenkassen, sondern dieser/diese wird nach Wahl der Patientinnen und Patienten als medizinische Fachkraft tätig.[139] Mithin besteht zwischen Vertragsärzteschaft, Kassenärztlicher Vereinigung und Krankenkasse eine „Art Gewaltenteilung"[140], mithin eine bewusste gesetzliche Trennung von Kostenträgern und Vertragsärzteschaft.[141]

154

(2) **Keine Hauptpflicht.** Daneben müsste eine etwaige Pflicht zur Betreuung der Vermögensinteressen der Krankenkasse auch eine **Hauptpflicht** des verordnenden Vertragsarztes bilden. Dies ist aber jedenfalls vor dem Hintergrund mehr als fraglich, als ein (Vertrags-)Arzt primär im *Gesundheitsinteresse* seiner Patientinnen und Patienten tätig wird (vgl. nur Hippokratischer Eid: „salus aegroti suprema lex", § 1 Abs. 1

155

---

136 Vgl. BGH NStZ-RR 2017, 313 (314).
137 Vgl. *Brand*, PharmR 2012, 320 ff.; *Leimenstoll*, wistra 2013, 128 f. *Kraatz*, wistra 2017, 336 ff.; *Sebastian/Lorenz*, JZ 2017, 876 (883); *Sommer/Tsambikakis*, in: MAH Medizinrecht, § 2 Rn. 154; *Ulsenheimer*, in: HB des Arztrechts, § 163 Rn. 21; vgl. auch OLG Stuttgart NStZ-RR 2013, 174 (175): erhebliche Zweifel hinsichtlich des Vorliegens eines besonderen Näheverhältnisses; AG Ulm BeckRS 2013, 3248: keine Vermögensbetreuungspflicht.
138 So nachdrücklich *Waßmer*, Medizinstrafrecht, § 17 Rn. 10.
139 Vgl. *Bülte*, NZWiSt 2013, 347 (350).
140 *Leimenstoll*, Vermögensbetreuungspflicht des Vertragsarztes?, 2012, Rn. 265.
141 Vgl. *Kraatz*, Arztstrafrecht, § 12 Rn. 377 m. w.N.

MBO-Ä: Ärztinnen und Ärzte dienen der Gesundheit des einzelnen Menschen und der Bevölkerung). Im Vordergrund der ärztlichen Tätigkeit steht daher das Patienteninteresse und nicht das Bemühen um eine Wahrung der Vermögensinteressen der Krankenkasse. Entsprechend stellt auch die Beachtung des Wirtschaftlichkeitsgebots (vgl. § 12 SGB V) lediglich eine nachrangige ärztliche Nebenpflicht dar.[142]

> **Klausurhinweis/Weiterführendes Wissen:**
>
> Für eine „krankenkassenunabhängige", sprich „externe" Stellung des Vertragsarztes spricht auch die Formulierung in **§ 72 Abs. 1 S. 1 SGB V**, wonach Ärzte, Zahnärzte, Psychotherapeuten, medizinische Versorgungszentren und Krankenkassen zur Sicherstellung der vertragsärztlichen Versorgung der Versicherten *zusammenwirken* – also zunächst einmal als grundsätzlich unterschiedliche Akteure tätig werden.

156 Es fehlt daher bereits an einer Vermögensbetreuungs-*Haupt*pflicht der Vertragsärzteschaft.

157 **(3) Keine hinreichende Eigenständigkeit/Selbstständigkeit.** Speziell im Hinblick auf die Verordnung von häuslicher Krankenpflege nach § 37 Abs. 2 SGB V durch A könnte es jedoch darüber hinaus auch am erforderlichen Maß an Eigenverantwortlichkeit und Selbstständigkeit des Vertragsarztes fehlen, weil – so der BGH selbst – der geschädigten Krankenkasse bei der Gewährung dieser Sachmittel nicht *unerhebliche verfahrensrechtliche Kontrollmöglichkeiten* zur Verfügung stehen und es deshalb nicht allein in der Hand des verordnenden Arztes (hier: des A) liegt, ob es zu einer entsprechenden Leistungserbringung auf Kosten der Krankenkassen (hier: der K) kommt.[143] Denn anders als bei Heilmitteln und beim ärztlichen Sprechstundenbedarf für Versicherte, bei denen der ärztlichen Verordnung keine Genehmigungsentscheidung der Krankenkasse nachfolgt,[144] tritt der Leistungsfall bei der häuslichen Krankenpflege in formaler Hinsicht erst ein, wenn – wie hier geschehen – vor Leistungsbeginn eine *Bewilligungsentscheidung* der zuständigen gesetzlichen Krankenkasse ergeht.[145]

> **Klausurhinweis:**
>
> Im Sachverhalt ist daher davon die Rede, dass „entsprechende Anträge" bei K gestellt werden und die „erforderlichen Genehmigungen antragsgemäß erteilt worden sind".

158 Zwar bedarf es neben einem Antrag des Versicherten auch hier einer entsprechenden kassenärztlichen Verordnung, vgl. §§ 73 Abs. 2 S. 1 Nr. 8 SGB V, 27 Bundesmantelvertrag – Ärzte (BMV-Ä). An diese Verordnung ist die gesetzliche Krankenkasse aber nicht ohne Weiteres gebunden. Erachtet sie einzelne verordnete Maßnahmen für nicht erforderlich, etwa weil sie deren Vornahme durch den Versicherten selbst für möglich und zumutbar hält, so hat sie hierüber gem. § 275 Abs. 1 S. 1 Nr. 1 SGB V, § 6 Abs. 2 Häusliche Krankenpflege-Richtlinie (HKP-RL) eine gutachterliche Stellungnahme des medizinischen Dienstes einzuholen.[146]

---

142 Ebenso *Kraatz*, Arztstrafrecht, § 12 Rn. 377; *Ulsenheimer*, MedR 2005, 623 (626 f.).
143 BGH NStZ 2021, 742 (742 f.).
144 Vgl. BSGE 109, 116; BSG BeckRS 2009, 73701 Rn. 16 [jeweils zu Heilmitteln].
145 Vgl. § 6 Abs. 1 Häusliche Krankenpflege-Richtlinie (HKP-RL); BSGE 86, 101; BSG BeckRS 9999, 00052; Krauskopf-*Wagner*, SGB V § 37 Rn. 4; BeckOK-SozR-*Knispel*, SGB V § 37 Rn. 45 m. w. N.; a. A. aber *Richter/Bohlken*, NZS 2000, 236.
146 Vgl. BSGE 86, 101; BeckOK-SozR-*Knispel*, SGB V § 37 Rn. 45; KassKomm-*Nolte* SGB V § 37 Rn. 5a; Berchtold/Huster/Rehborn-*Brosius-Gersdorf*, SGB V § 37 Rn. 17; zur Abgrenzung zur genehmigungsfreien Heilmittelverordnung vgl. BSG BeckRS 9999, 00052.

Fall 5b: Mehr Esprit!?

> **Klausurhinweis:**
> Derart vertieftes Wissen inkl. der gesetzlichen Regelungen wird – sofern diese wie hier nicht angegeben sind – selbstverständlich nicht erwartet. Die diesbezüglichen Ausführungen erfolgen allein aus didaktischen Gründen.

Es fehlt daher auch an der erforderlichen **Eigenverantwortlichkeit bzw. Selbstständigkeit**, da K umfassende verfahrensrechtlich Kontrollmöglichkeiten zur Verfügung stehen.

dd) **Zwischenergebnis.** A oblag daher bei der Verordnung von häuslicher Krankenpflege nach § 37 Abs. 2 SGB V gegenüber der geschädigten Krankenkasse K nach allen Ansichten – nach Ansicht des BGH wegen der weitgehenden Kontrollmöglichkeiten der Krankenkassen, nach Ansicht der h.Lit. wohl bereits mit Blick auf die fehlende Vermögensbetreuungs-*Haupt*pflicht – keine Vermögensbetreuungspflicht i. S.d. § 266 Abs. 1 StGB.

> **Klausurhinweis/Weiterführendes Wissen:**
> Es besteht auch *kein kriminalpolitisches Bedürfnis* (mehr), ein zumindest „faktisches" Treueverhältnis zwischen Vertragsärzteschaft und Krankenkasse anzunehmen, da sich nach Aufgabe der Vertreterrechtsprechung (→ Rn. 145) die Krankenkasse das Wissen des verordnenden Vertragsarztes / der verordnenden Vertragsärztin nicht mehr zurechnen lassen muss. Folglich ist eine Strafbarkeit wegen Betrugs gegenüber den Krankenkassen-Sachbearbeitern zu Lasten der Krankenkasse grundsätzlich möglich.[147]

Ergebnis: A ist nicht strafbar nach § 266 Abs. 1 StGB.

> **Klausurhinweis:**
> Gefragt ist ausschließlich nach der Strafbarkeit des A wegen Untreue, sodass die Prüfung auf § 266 StGB beschränkt bleibt. Wäre der Bearbeitungsvermerk nicht entsprechend gefasst, hätte man auch eine Strafbarkeit wegen Beihilfe zum Betrug in fünf Fällen gem. §§ 263 Abs. 1, 27 StGB prüfen und i. E. bejahen müssen.[148]

---

[147] Zum Ganzen *Waßmer*, Medizinstrafrecht, § 17 Rn. 10 m. w.N.
[148] Vgl. BGH NStZ 2021, 742 (743).

Falleinheit 5: Abrechnungsbetrug und Vertragsarztuntreue (Fall 5a bis Fall 5b)

Weiterführende Hinweise auf relevante Rechtsprechung und (Ausbildungs-)Literatur:

BGH NZWiSt 2017, 152 – Vermögensbetreuungspflicht des Vertragsarztes gegenüber den Krankenkassen

BGH NJW 2021, 90 mit Anm. *Gaede* – Abrechnungsbetrug über medizinisches Versorgungszentrum *(vgl. Fall 5a)*

BGH NStZ 2021, 742 – Vermögensbetreuungspflicht eines Kassenarztes *(vgl. Fall 5b)*

BGH NJW 2021, 1473 mit Anm. *Brand*: Untreue durch Gewährung von Übergangsgeldern an Vorstandsmitglieder einer kassenärztlichen Vereinigung

OLG Köln MedR 2022, 140 mit Anm. *Gercke/Leimenstoll* – Ärzte haben keine Vermögensbetreuungspflicht hinsichtlich des Vermögens privater Versicherer oder der Beihilfekasse, da es an der erforderlichen engen, direkten Beziehung zwischen Arzt und Beihilfekasse oder Privatversicherer fehlt.

Hoven, Elisa, Unwirtschaftliche Verschreibungspraxis des Vertragsarztes als Untreue, NJW 2016, 3213

Kessler, Karolina / Gierok, Markus – Verfassungsmäßigkeit der streng formalen Betrachtungsweise beim Abrechnungsbetrug, MedR 2022, 21

Mahler, Franziska, Fiktion des Vermögensschadens durch die „streng formale Betrachtungsweise" beim Abrechnungsbetrug, WiStra 2012, 222

Schicker, Verena, Ärztlicher Abrechnungsbetrug, rescriptum 1/2013, 41

Schneider, Tamara, Der Vertragsarzt – Finanzverwalter der gesetzlichen Krankenkassen?, NZWiSt 2020, 10

Stirner, Kerstin, Abrechnungsbetrug im Rahmen der Chefarztbehandlung, MedR 2016, 177

Wachter, Matthias, Einführung in das Medizinwirtschaftsstrafrecht, JuS 2022, 810

Falleinheit 6: Korruption im Gesundheitswesen
(Fall 6a bis Fall 6b; inkl. strafprozessualer Zusatzfrage mit medizinstrafrechtlichem Einschlag)

Fall 6a: Die Impfstoffverabreichung

Facharzt E ist zur vertragsärztlichen Versorgung zugelassen und betreibt gemeinsam mit weiteren Ärzten eine Praxisgemeinschaft in M. Im Rahmen dieser Tätigkeit führt er auch Schutzimpfungen gegen das Coronavirus SARS-CoV-2 durch.

Auf einer Urlaubsreise in Mexiko lernt E Anfang April 2021 die M kennen, die dort ein Hotel betreibt. Als die beiden eines Abends an der Hotellobby „versumpfen", beklagt sich M bei E darüber, dass der Impfstoff gegen SARS-CoV-2 in Mexiko extrem knapp sei. Deswegen würden ihre ca. 120 Mitarbeiterinnen und Mitarbeiter wahrscheinlich erst in einigen Monaten, wenn überhaupt, geimpft werden. Aufgrund von behördlichen Vorgaben, wonach keine ungeimpften Angestellten im Hotelgewerbe arbeiten dürften, müsse sie das Hotel daher womöglich in Kürze zumindest vorübergehend schließen.

E möchte der verzweifelten M helfen und schlägt ihr vor, die Hotelmitarbeiterinnen und -mitarbeiter in Deutschland zu impfen. Er sitze dort sozusagen „an der Quelle". Hierzu sollten die Hotelangestellten – wie M allesamt in Mexiko lebende mexikanische Staatsangehörige – mit einem Charterflug nach Deutschland kommen, wo sie noch am Flughafen in M. von ihm, E, geimpft würden. Anschließend könnten sie sogleich wieder in die Heimat zurückfliegen. Den Impfstoff werde er schon „irgendwie besorgen", er kenne da eine Apothekerin, die könne da sicher etwas „abzweigen", auch wenn das Ganze wohl „nicht ganz legal" wäre. M ist von E's Idee – trotz des „kriminellen Einschlags" – sofort begeistert. Beide kommen überein, genauso wie vorgeschlagen zu verfahren. Für seine Dienste soll E eine Vergütung von 50,00 EUR pro Patient/-in gezahlt und die Kosten für den Impfstoff und das Impfzubehör erstattet werden.

Wieder zuhause angekommen nimmt E umgehend Kontakt mit der mit ihm seit Schulzeiten befreundeten Apothekerin A auf, die in M. eine Apotheke betreibt, welche am staatlichen Corona-Impfstoff-Verteilungssystem beteiligt ist. E weiht A in alles ein. A findet die Idee ebenfalls „toll" und möchte unbedingt „mitmachen". Sie zweigt daher die erforderliche Menge an Impfstoff aus dem staatlichen Verteilungssystem ab und verkauft den Impfstoff sowie das notwendige Impfzubehör für insgesamt 500,00 EUR an E.

Die Impfungen werden in der Folge wie geplant von E durchgeführt. E erhält die zugesagte Vergütung.

Strafbarkeit von E, M und A nach dem StGB?

§ 263 StGB bleibt bei der Bearbeitung außer Betracht. Auf Körperverletzungs- und Tötungsdelikte ist ebenfalls nicht einzugehen.

Es ist davon auszugehen, dass allen Beteiligten die maßgeblichen rechtlichen Regelungen bekannt sind. Auch ist E, M und A bewusst, dass zum Zeitpunkt der Impfung in Deutschland, in Mexiko und nahezu weltweit ein erheblicher Mangel an Impfstoffen besteht, sodass nicht alle impfwilligen Anspruchsberechtigten geimpft werden können.

Auf § 1 der Coronavirus-Impfverordnung (CoronaImpfV) des Bundesministeriums für Gesundheit in der zum Tatzeitpunkt gültigen Fassung vom 31.3.2021 wird hingewiesen (siehe Anhang). Die Hotelangestellten unterfallen nicht §§ 2, 3 und 4 CoronaImpfV.

Hinweis:
Die gegenständlichen Impfstoffe wurden, wie alle zu dieser Zeit in Deutschland verfügbaren Impfstoffe, auf Grundlage vertraglicher Vereinbarungen mit den Herstellern durch die Bundesrepublik Deutschland erworben. Arztpraxen, die an der vertragsärztlichen Versorgung teilneh-

men, erhalten gemäß § 6 I 5 CoronaImpfV Impfstoffe, Impfbesteck sowie -zubehör im Rahmen der beschränkten Verfügbarkeit unentgeltlich von den Apotheken. Die beteiligten Apotheken bekommen ebenso wie der Großhandel gemäß §§ 11 bis 13 CoronaImpfV eine „Handlinggebühr" für ihre Dienstleistung im Zusammenhang mit der Verteilung der Impfstoffe. Arztpraxen steht für die Impfung anspruchsberechtigter Personen gemäß § 6 I 1 der CoronaImpfV eine Vergütung von 20 EUR pro Impfung zu.

Anhang: Verordnung zum Anspruch auf Schutzimpfung gegen das Coronavirus SARS-CoV-2 (Coronavirus-Impfverordnung – CoronaImpfV) vom 31.3.2021

§ 1 Anspruch

(1) Personen nach Satz 2 haben im Rahmen der Verfügbarkeit der vorhandenen Impfstoffe Anspruch auf Schutzimpfung gegen das Coronavirus SARS-CoV-2. Anspruchsberechtigt nach Satz 1 sind:
1. Personen, die in der Bundesrepublik Deutschland in der gesetzlichen oder privaten Krankenversicherung versichert sind,
2. Personen, die ihren Wohnsitz oder gewöhnlichen Aufenthaltsort in der Bundesrepublik Deutschland haben,
3. Personen, die in der Bundesrepublik Deutschland in einer in den §§ 2 bis 4 genannten Einrichtung oder in einem in den §§ 2 bis 4 genannten Unternehmen behandelt, gepflegt oder betreut werden, oder tätig sind,
4. Personen, die enge Kontaktperson im Sinne von § 3 Absatz 1 Nummer 3 oder § 4 Absatz 1 Nummer 3 sind, und
5. Personen nach § 3 Absatz 1 Nummer 6 bis 8 und § 4 Absatz 1 Nummer 4, die im Ausland tätig sind, und ihre mitausgereisten Familienangehörigen.

(2) Die in § 6 Absatz 1 Satz 1 genannten Leistungserbringer haben den vorhandenen Impfstoff so zu nutzen, dass die Anspruchsberechtigten in der folgenden Reihenfolge berücksichtigt werden:
1. Anspruchsberechtigte nach § 2,
2. Anspruchsberechtigte nach § 3,
3. Anspruchsberechtigte nach § 4 und
4. alle übrigen Anspruchsberechtigten nach Absatz 1.

Innerhalb der in Satz 1 genannten Gruppen von Anspruchsberechtigten können auf Grundlage der jeweils vorliegenden infektiologischen Erkenntnisse, der jeweils aktuellen Empfehlung der Ständigen Impfkommission beim Robert Koch-Institut und der epidemiologischen Situation vor Ort bestimmte Anspruchsberechtigte vorrangig berücksichtigt werden. Sofern Impfstoffe von der Ständigen Impfkommission beim Robert Koch-Institut für bestimmte Personengruppen empfohlen werden, sollen diese Personengruppen vorrangig mit diesen Impfstoffen versorgt werden.

(...)

Fall 6a: Die Impfstoffverabreichung

Kurzgliederung Fall 6a

TK 1: „Abzweigen" und (Weiter-)Verkauf der Impfstoffe

Stbk. der A

A. §§ 331 f. (-)
- Amtsträgereigenschaft (-), da A nicht „verlängerter Arm des Staates"
- Zudem: A ist nicht in das Versorgungssystem der GKV organisatorisch eingebunden

B. § 299 Abs. 1 (-), da A = Apotheken-Inhaberin

C. § 299a (-), da jedenfalls keine Unrechtsvereinbarung bzgl. Impfdosenerwerb

D. § 266 Abs. 1 (-)
- Alt. 1: Verfügungs- oder Verpflichtungsbefugnis bzgl. Vermögen der BRD (-)
- Alt. 2: Vermögensbetreuungspflicht (-), da jedenfalls keine hinreichende Erheblichkeit / Selbstständigkeit: kein relevanter Entscheidungsspielraum bzgl. Verteilung der Impfdosen

E. § 242 Abs. 1

I. TB
  a) **Fremde bewegliche Sache**
     - (P) Fremd
       - (+), da Regelwerk nicht auf Kauf- und Weiterverkauf angelegt, sondern nur „Handlinggebühr" und Anspruch auf Vergütung
       - A wurde nicht Eigentümerin der Impfdosen
  b) **Wegnahme**
     - (P) Wegnahme
       - Durch „Abzweigen" der Impfdosen: (-), da kein Gewahrsamswechsel
       - Durch Weitergabe an E: (-), da mit Willen der A und daher kein Bruch
     - Wegnahme (-)

II. Ergebnis: Strafbarkeit (-)

F. § 246 Abs. 1, Abs. 2

I. TB
  1. **Objektiver TB**
     a) Grunddelikt
        - Fremde, bewegliche Sache (+)
        - Zueignung: Manifestation des Zueignungswillens (+), vgl. enge Manifestationstheorie
        - Rechtswidrigkeit der Zueignung (+)
     b) Qualifikation, Abs. 2
        - Anvertrautsein (+)
        Arg.: Vertrauen, nach der CoronaImpfV zu verfahren
  2. **Subjektiver TB (+)**

II. RWK und Schuld (+)

III. Strafverfolgungsvoraussetzungen
  - (+), Strafantrag nicht nötig

IV. Ergebnis: Strafbarkeit (+)

G. Anschlussdelikte (-)

Stbk. von E
A. Korruptionsdelikte (-)
B. §§ 246 Abs. 1, Abs. 2, 25 Abs. 2
I. TB
  1. Objektiver TB (+)
     - Zurechnung gem. § 25 Abs. 2 (+)
  2. Subjektiver TB (+)
  3. Tatbestandsverschiebung nach § 28 Abs. 2?
     - (+), da „Anvertrautsein" besonderes persönliches Merkmal i. S.v. § 28 Abs. 2
II. RWK und Schuld (+)
III. Ergebnis: Strafbarkeit (+)

Stbk. von M
A. §§ 246 Abs. 1, Abs. 2, 25 Abs. 2
I. Anwendbarkeit dt. Strafrechts (+)
II. TB
  1. Objektiver TB
     - (P) Zurechnung gem. § 25 Abs. 2: gemeinsamer Tatplan + gemeinsame Tatausführung
       - E.A.: (+), weite Tatherrschaftslehre
       - A.A.: (+), animus auctoris vs. animus socii
       - Rspr.: (+), wertende Gesamtbetrachtung (subj. Theorie auf obj.-tatb. Grundlage)
     - Ergebnis: § 25 Abs. 2 (+)
  2. Subjektiver TB (+)
     - Vorsatz + Vorsatz bzgl. § 25 Abs. 2
  3. Tatbestandsverschiebung nach § 28 Abs. 2 (+)
III. RWK und Schuld (+)
IV. Ergebnis: Strafbarkeit (+)

TK 2: Die Impfaktion
Stbk. des E
A. §§ 331 f.
I. TB
  1. Objektiver TB
     - (P) E als Amtsträger i. S.d. § 11 Abs. 1 Nr. 2?
     a) GKV als sonstige Stelle i. S.d. § 11 Abs. 1 Nr. 2 lit. c (+)
        - Arg.: vorgegebene Verbandsstrukturen und staatliche Rechtsaufsicht
     b) Wahrnehmung öffentlicher Aufgaben durch Vertragsarzt?
        - Charakter eines hoheitlichen Eingriffs, also „verlängerter Arm" des Staates?
        - Wohl (-), da persönliches Vertrauen und Gestaltungsfreiheit, freie Arztwahl
        - Aber: Einbindung in das staatliche Corona-Impfsystem?

Fall 6a: Die Impfstoffverabreichung

- E.A.: (+), da mittelbarer Grundrechtseingriff
- H.M.: (-), da eigene Praxis, keine Einbindung in staatliche Organisation
- Daher: Amtsträgereigenschaft (-)
2. Ergebnis: Strafbarkeit (-)

B. § 299 Abs. 1
I. Objektiver TB
- Angestellter oder Beauftragter eines Unternehmens?
- Angestellter (-), da eigene Praxis
- Beauftragter (-), da kooperatives Zusammenwirken und Ebene der Gleichordnung
- Kein Über-/ Unterordnungsverhältnis
II. Ergebnis: Strafbarkeit (-)

C. § 299a Nr. 1, Nr. 2 i. V. m. § 300 S. 2 Nr. 2
I. Objektiver TB
1. Täterkreis: Angehöriger eines Heilberufs (+)
2. Tathandlung
    - Vorteil (+)
    - Fordern, Sich-Versprechen-Lassen, Annehmen (+)
3. Im Zusammenhang mit der Ausübung des Berufs (+)
4. Unrechtsvereinbarung
    a) Bevorzugung eines anderen im inländischen oder ausländischen Wettbewerb in unlauterer Weise?
        - (P) Wettbewerb nur zwischen Unternehmen oder auch zwischen Patientinnen und Patienten erfasst?
            - Wortlaut: wohl beides
            - Systematik: nur zwischen Unternehmen, da 26. Abschnitt des StGB (Straftaten gegen Wettbewerb)
            - Historie: nur Wettbewerb zwischen Unternehmen erfasst
            - Daher: wohl nur Wettbewerb zwischen Herstellern von Arznei-, Heil- oder Hilfsmitteln erfasst
            - So auch H.L.: sonst Verstoß gegen Art. 103 Abs. 2 GG; Sanktionierung über § 246 bleibt möglich (keine Strafbarkeitslücken)
    b) Daneben: keine beeinflusste Entscheidung nach Nr. 1–3
        - Nr. 1: (-), da keine Verordnung bzw. Verschreibung
        - Nr. 2: (-), da nur Bezug durch den Heilberufsangehörigen erfasst
        - Nr. 3: (-)
5. Ergebnis: Obj. TB (-)
II. Ergebnis: Strafbarkeit (-)

D. § 246 Abs. 1 (durch Verimpfen)
- (-), da „wiederholte Zueignung"
- Tatbestandslösung vs. Konkurrenzlösung; i.E. pro TB-Lösung
  Arg.: Wortlaut + sonst unbillig hinausgeschobene Verjährung

E. Anschlussdelikte (-)

Stbk. der M
A. §§ 299b Nr. 1, Nr. 2 i. V. m. § 300 S. 2 Nr. 2
– (-), da keine Bevorzugung im inländischen oder ausländischen Wettbewerb (s. o.)

Lösung Fall 6a[1]

Schwerpunkte: Amtsträgereigenschaft einer Apothekerin bzw. eines Vertragsarztes; Voraussetzungen der §§ 299a, 299b StGB, v. a. Auslegung des Tatbestandsmerkmals des „inländischen oder ausländischen Wettbewerbs"; Grundzüge des Corona-Impfsystems inkl. der CoronaImpfV

> **Klausurhinweis:**
> Eine Einteilung in Tatkomplexe ist nicht zwingend, macht die Prüfung aber übersichtlicher.

Tatkomplex 1: „Abzweigen" und (Weiter-)Verkauf der Impfstoffe

Strafbarkeit der A

A. §§ 331 f. StGB

2   Durch das „Abzweigen" der Impfdosen aus dem staatlichen Verteilungssystem und ihren Weiterverkauf an E könnte sich A wegen Vorteilsannahme (§ 331 Abs. 1 StGB) bzw. Bestechlichkeit (§ 332 Abs. 1 S. 1 StGB) strafbar gemacht haben.

3   Voraussetzung hierfür ist, dass A **Amtsträgerin** i. S.d. § 11 Abs. 1 Nr. 2 StGB ist. Danach ist Amtsträger, wer nach deutschem Recht Beamter oder Richter ist, in einem sonstigen öffentlich-rechtlichen Amtsverhältnis steht oder sonst zur Wahrnehmung öffentlicher Aufgaben bestellt ist. A ist weder Beamtin noch Richterin. Ihre Stellung als Apothekerin und damit als *Angehörige eines freien Berufs* spricht ebenfalls gegen ihre Amtsträgereigenschaft.[2] Auch erscheint sie nicht als *„verlängerter Arm des Staates"*, da sie nicht als Angestellte oder bloße Funktionsträgerin einer öffentlichen Behörde bzw. einer sonstigen Stelle fungiert, d. h. nicht aufgrund einer in eine hierarchische Struktur integrierten Dienststellung tätig wird, sondern grundsätzlich wegen der individuellen freien Auswahl der versicherten Person.[3] Auch ist A mit ihrer Apotheke nicht in das Versorgungssystem der gesetzlichen Krankenkassen *organisatorisch eingebunden* und handelt bei der Abgabe von Arzneimitteln vor allem in Erfüllung ihrer eigenen – aus § 1 Bundesapothekerordnung (BapO) folgenden – Aufgabe, die Bevölkerung mit Arzneimitteln zu versorgen.[4] Und schließlich wird auch das Verhältnis zwischen ihr und ihren Patientinnen und Patienten primär von einem Element des *persönlichen Ver-*

---

1   Sachverhalt nach LG Nürnberg-Fürth, Beschluss vom 24.1.2022 – 18 Qs 24/21, BeckRS 2022, 4626.
2   Noch deutlicher MüKo-StGB-*Korte*, § 331 Rn. 56: keine Amtsträger sind Apotheker und andere Vertreter freier Berufe.
3   Ausführlich zum Ganzen *Türke*, Die Strafbarkeit des Apothekers nach § 299a StGB im Lichte des Pharmamarketings, 2021, S. 139 ff.
4   *Türke*, Die Strafbarkeit des Apothekers nach § 299a StGB im Lichte des Pharmamarketings, 2021, S. 139; vgl. auch *Taschke*, StV 2005, 406 (409) zum Vertragsarzt.

trauens und der Gestaltungsfreiheit geprägt sein, sodass diese nicht das Gefühl haben werden, einer Hoheitsträgerin gegenüberzustehen.[5]

> **Klausurhinweis:**
> Insofern lassen sich die Grundsätze der Entscheidung des Großen Senats vom 29.3.2012 zur Frage der Amtsträgereigenschaft eines Vertragsarztes (BGHSt 57, 202 = BGH NJW 2012, 2530) auf Apothekerinnen und Apotheker entsprechend übertragen.[6]

Hieran ändert auch A's Einbindung in das staatliche Corona-Impfstoffverteilungssystem grundsätzlich nichts, da sie insofern zwar gewisse Aufgabe der öffentlichen Gesundheitsfürsorge wahrnimmt, letztlich aber doch das persönliche Verhältnis zwischen den Beteiligten so im Vordergrund steht, dass ein hoheitlicher Charakter der Erfüllung öffentlicher Aufgaben jedenfalls dahinter zurücktritt.

> **Klausurhinweis:**
> A.A. mit sehr guter Argumentation aber wohl noch vertretbar. Zu diesem Argument im Hinblick auf eingebundene Vertragsärztinnen und -ärzte *Krüger*, medstra 2021, 271 (276).

Ergebnis: A ist nicht strafbar nach §§ 331 f. StGB.

B. § 299 Abs. 1 StGB

Da A auch keine Angestellte oder Beauftragte eines Unternehmens ist, sondern Inhaberin ihrer eigenen Apotheke, scheidet auch eine Strafbarkeit nach § 299 Abs. 1 StGB aus.

Ergebnis: A ist nicht strafbar nach § 299 Abs. 1 StGB.

C. § 299a StGB

Eine Strafbarkeit nach § 299a StGB scheitert jedenfalls daran, dass *keine Unrechtsvereinbarung* dahingehend ersichtlich ist, dass A den E gegen Vorteilsgewährung im inländischen oder ausländischen Wettbewerb gegenüber der Konkurrenz *bevorzugt* bzw. besserstellt, indem sie ihm die Impfdosen verkauft. Es handelt sich insofern um einen „normalen" (wenngleich u. U. gegen Deliktsnormen verstoßenden) Kaufvertrag (inkl. Kaufpreiszahlung) zwischen A und E hinsichtlich der Impfdosen, nachdem E die A in seine deliktischen Pläne eingeweiht hat und A unbedingt „mitmachen" wollte. Eine konkrete „Konkurrenz" – im Sinne etwaiger Mitbewerberinnen und Mitbewerber von E – ist nicht ersichtlich.

---

5 So zum Vertragsarzt *Heinrich*, wistra 2016, 471 (474).
6 Ausführlich hierzu *Türke*, Die Strafbarkeit des Apothekers nach § 299a StGB im Lichte des Pharmamarketings, 2021, S. 136 ff.

Falleinheit 6: Korruption im Gesundheitswesen

> **Klausurhinweis/Weiterführendes Wissen:**
> Zwar sind dabei an die Konkretheit der Wettbewerbssituation und die Bevorzugung keine überzogenen Anforderungen zu stellen – insbesondere müssen die Konkurrentinnen und Konkurrenten noch nicht identifizierbar sein –, es muss aber sicher zu erwarten sein, dass zum Zeitpunkt der Entscheidung für einen Anbieter wirklich Mitbewerber existieren, aber von vornherein gerade dieser Anbieter ausgewählt werden oder zumindest eine systematisch bessere Ausgangsposition als die übrigen erhalten soll.[7] Hiervon ist im Fall nicht auszugehen.

9   **Ergebnis:** A ist nicht strafbar gem. § 299a StGB.

D. § 266 Abs. 1 StGB

10 Durch das Abzweigen und den Weiterverkauf der Impfdosen an E könnte sich A aber wegen Untreue zu Lasten der BRD strafbar gemacht haben.

11 Die **Missbrauchsvariante** nach § 266 Abs. 1 Alt. 1 StGB scheitert jedenfalls daran, dass A trotz ihrer Teilnahme am staatlichen Corona-Impfstoffverteilungssystem *keine Verfügungs- oder Verpflichtungsbefugnis* hinsichtlich des Vermögens der BRD zukommt.

12 Es könnte aber der **Treubruchtatbestand** nach § 266 Abs. 1 Alt. 2 StGB einschlägig sein. Dies setzt eine **Vermögensbetreuungspflicht** der A voraus, d. h. die Betreuung der Vermögensinteressen der BRD müsste für A eine Hauptpflicht von einigem Umfang und Gewicht darstellen. Hier war A zwar in das staatliche Impfsystem eingebunden, innerhalb dessen war sie jedoch lediglich zur Verteilung der von der BRD (bzw. dem Bundesgesundheitsministerium) eingekauften Impfstoffe berechtigt (und verpflichtet). Fraglich ist insofern bereits, ob dies tatsächlich eine Hauptpflicht von einigem Umfang und Gewicht darstellt, wird A doch trotz dieser ihrer „Eingebundenheit" grundsätzlich primär im Interesse ihrer Patientinnen und Patienten und damit nicht vorrangig für die BRD tätig. Jedenfalls aber fehlt es an einer hinreichenden Erheblichkeit bzw. Selbstständigkeit, da ihr Entscheidungsspielraum bzgl. der Verteilung der Impfdosen angesichts der spezifischen Vorgaben durch die CoronaImpfV stark begrenzt ist. A trifft daher keine Vermögensbetreuungspflicht bzgl. der BRD.

> **Klausurhinweis/Weiterführendes Wissen:**
> A.A. allenfalls mit dem Argument vertretbar, dass offensichtlich rein tatsächlich keinerlei Kontrollen stattfinden. Allerdings erfordert dies einen erhöhten Begründungsaufwand; zudem enthält der Sachverhalt diesbezüglich eigentlich zu wenig Informationen.
> Die Anforderungen an eine Vermögensbetreuungspflicht sind deutlich höher als i. R.d. Anvertrautseins i. S.d. § 246 Abs. 2 StGB, wo eine einfache Verwahrungsabrede genügt.

13 **Ergebnis:** A ist nicht strafbar gem. § 266 Abs. 1 StGB.

E. § 242 Abs. 1 StGB

14 Durch dieselbe Handlung könnte sich A aber wegen Diebstahls strafbar gemacht haben.

---

7 Zu Ganzen Spickhoff-*Schuhr*, StGB §§ 299a, 299b Rn. 38.

Fall 6a: Die Impfstoffverabreichung

I. Tatbestandsmäßigkeit

1. Objektiver Tatbestand. Dazu müsste A fremde bewegliche Sachen weggenommen haben.

a) Fremde bewegliche Sache. Bei den „abgezweigten" Impfdosen handelt es sich um tatsächlich fortbewegbare körperliche Gegenstände i. S.d. § 90 BGB und damit um Sachen i. S.d. Norm; der (flüssige) Aggregatzustand der Impfstoffe ist unerheblich.

Die Impfdosen müssten für A auch **fremd** sein. Die Frage der Fremdheit bestimmt sich ausschließlich nach den Regeln des Zivilrechts. Eine Sache ist danach fremd, wenn sie nicht im Alleineigentum des Täters steht und nicht herrenlos ist.

Ursprünglich standen die Impfdosen im Eigentum der Hersteller, die sie dann wiederum an die BRD (genauer: das Bundesgesundheitsministerium) verkauften und übereigneten, vgl. §§ 433, 929 S. 1 BGB. Fraglich ist, ob die BRD als (neue) Eigentümerin das Eigentum an den Impfdosen an A als am staatlichen Verteilungssystem teilnehmende Apothekerin nach § 929 S. 1, 2 BGB im Wege der Übereignung übertragen hat. Hierfür könnte sprechen, dass die Apotheke der A in das staatliche Impfverteilungssystem mit eingebunden ist und im Zuge dessen eine bestimmte Anzahl an Impfdosen jedenfalls tatsächlich erhalten hat.

Allerdings ist das gesamte Regelwerk – insoweit auch für alle Beteiligten ersichtlich – nicht auf Kauf und Weiterverkauf, sondern auf Zurverfügungstellung und Weiterverteilung gegen Entschädigung angelegt (vgl. „Handlinggebühr" für beteiligte Apotheken für Verteilung; Anspruch auf Vergütung für beteiligte Arztpraxen für Verimpfung).[8] Ersteres nämlich hätte – ebenfalls für alle erkennbar – zwar nicht rechtlich, aber doch wirtschaftlich und der Erfahrung nach entsprechende (Kauf-)Vertragswerke vorausgesetzt.[9] Solche lagen hier aber gerade nicht vor.

Damit bestand zu keinem Zeitpunkt eine auf eine dingliche Rechtsänderung gerichtete Einigung zwischen Bund bzw. Bundesgesundheitsministerium auf der einen und Ärzteschaft, Apothekerinnen und Großhändlern auf der anderen Seite.[10] Diese – darunter Apothekerin A – wurden folglich nie Eigentümer der Impfdosen. Die Impfdosen sind daher für A zum Zeitpunkt der Entnahme aus dem staatlichen Zuteilungssystem sowie dem Weiterverkauf an E nach wie vor fremde Sachen i. S.d. § 242 Abs. 1 StGB.

b) Wegnahme. Diese müsse A auch weggenommen haben. Wegnahme meint den Bruch fremden und Begründung neuen, nicht notwendigerweise tätereigenen Gewahrsams. Gewahrsam wiederum bezeichnet die von einem natürlichen Herrschaftswillen getragene tatsächliche Sachherrschaft über einen Gegenstand, deren Reichweite sich maßgeblich nach der Verkehrsauffassung bestimmt.

aa) „Abzweigen" der Impfdosen. Bereits das „Abzweigen" der Impfdosen durch A aus ihrem eigenen Bestand könnte eine Wegnahme darstellen. Allerdings war A sowohl ursprüngliche (alleinige) Gewahrsamsinhabern hinsichtlich der Impfdosen als auch neue Gewahrsamsinhaberin, sodass es bereits an einem diesbezüglichen **Gewahrsamswechsel** fehlt. Die BRD hat hierbei nach Übergabe der Impfdosen an die am Impfsystem beteiligten Akteure auch keinen übergeordneten bzw. gleichrangigen Gewahrsam (mehr) an den Impfdosen, der gebrochen werden könnte. Denn Gewahrsam definiert sich als

---

8 *Beukelmann/Heim*, NJW-Spezial 2022, 250.
9 LG Nürnberg-Fürth BeckRS 2022, 4626 Rn. 70.
10 LG Nürnberg-Fürth BeckRS 2022, 4626 Rn. 70.

rein tatsächliche Sachherrschaft und ist daher grundsätzlich unabhängig von den jeweiligen zivilrechtlichen Eigentumsverhältnissen zu bestimmen. Allein der Umstand, dass die BRD nach wie vor Eigentümerin des Impfstoffes ist (→ Rn. 18 ff.), ändert daher nichts daran, dass diese – rein tatsächlich – mangels konkreter Kenntnis des Belegenheitsortes sowie sozial üblicher Zugriffsmöglichkeiten keine Sachherrschaft mehr über diese hat, mithin auf diese rein faktisch nicht mehr zugreifen kann.

> **Klausurhinweis:**
> A.A. kaum vertretbar.

23 bb) **Weiterverkauf und -gabe an E.** Jedoch könnte im Weiterverkauf bzw. der Weitergabe an E eine Wegnahme zu sehen sein. Ursprüngliche Gewahrsamsinhaberin war A (→ Rn. 22). Neuer Gewahrsamsinhaber nach der Weitergabe der Impfdosen ist E. Allerdings erfolgte dieser Gewahrsamswechsel mit Willen der A und damit nicht durch Bruch. Im Weiterverkauf bzw. der Weitergabe an E ist daher ebenfalls keine Wegnahme zu sehen.

> **Klausurhinweis:**
> Man kann die Wegnahme auch etwas knapper prüfen.

24 **Ergebnis:** A hat sich durch das „Abzweigen" und die Weitergabe der Impfstoffe an E nicht wegen Diebstahls nach § 242 Abs. 1 StGB strafbar gemacht.

F. § 246 Abs. 1, Abs. 2 StGB

25 Durch den Verkauf der „abgezweigten" Impfstoffe an E und die anschließende Verimpfung könnte sich A aber wegen (veruntreuender) Unterschlagung strafbar gemacht haben.

I. Tatbestandsmäßigkeit

26 1. **Objektiver Tatbestand.** a) **Grunddelikt, § 246 Abs. 1 StGB.** aa) **Fremde bewegliche Sache.** Die Impfdosen stellen für A fremde bewegliche Sachen i. S. d. § 246 Abs. 1 StGB dar (→ Rn. 16 ff.).

27 bb) **Zueignung.** Diese müsste sich A zugeeignet haben.

28 Unter einer **Zueignung** i. S. d. § 246 Abs. 1 StGB versteht man die dauernde Enteignung des Eigentümers unter (wenigstens vorübergehender) Aneignung der Sache. Enteignung beinhaltet im Grundsatz die dauernde Verdrängung des Eigentümers aus seiner Position. Aneignung bedeutet die Nutzung der Sache in wirtschaftlich sinnvoller Weise.

29 Erforderlich für die Erfüllung des Tatbestands ist eine **Manifestation des Zueignungswillens.** Nach der sog. **engen Manifestationstheorie** der h. M. muss der Täter hierfür aus der Sicht eines objektiven und alle äußeren Umstände kennenden Betrachters eine Handlung vorgenommen haben, die einen eindeutigen Rückschluss auf den Zueignungswillen des Täters zulässt.[11] Von einem (subjektiven) *Zueignungswillen* seitens der A ist auszugehen.

---

11 *Rengier*, Strafrecht BT 1, § 5 Rn. 23 f.

Fall 6a: Die Impfstoffverabreichung

> **Klausurhinweis/Weiterführendes Wissen:**
>
> Zu diesem Aufbau, der beim Zueignungsmerkmal die subjektive (Zueignungswille) vor der objektiven Seite (Zueignungsakt) prüft, siehe *Rengier*, Strafrecht BT 1, § 5 Rn. 5 ff.

Aus Sicht eines alle Umstände des Falles kennenden, objektiven Beobachters stellt sich hier bereits das *Verkaufsangebot* der A an E als eine hinreichend nach außen erkennbare Manifestation ihres Willens dar, über die Impfdosen wie eine Eigentümerin zu verfügen, mithin sie aus dem Vermögen der BRD (zunächst) in ihr eigenes Vermögen (und sodann in das des E) zu überführen.[12] Auf den erfolgreichen Vertragsabschluss oder die Übergabe kommt es daher letztlich gar nicht mehr an.

> **Klausurhinweis:**
>
> Das Problem der **wiederholten Zueignung** stellt sich hier nicht, da der Impfstoff vor der Tat bei tatsächlicher *wirtschaftlicher* Betrachtungsweise der BRD zuzuordnen ist; diese wirtschaftliche Betrachtung ist wiederum nicht parallel zu den Gewahrsamsverhältnissen durchzuführen. Spätestens wäre jedenfalls in der Verimpfung der Impfdosen an die Mitarbeiterinnen und Mitarbeiter der M durch E eine (grundsätzlich ausreichende) Drittzueignung zu sehen, die A nach § 25 Abs. 2 StGB zugerechnet werden könnte.

Eine Zueignung liegt vor.

cc) Rechtswidrigkeit der Zueignung. Diese müsste auch rechtswidrig sein, d. h. es dürfte kein fälliger und einredefreier Anspruch auf den Impfstoff bestehen. A selbst ist nicht zur Eigenzueignung bzw. zum Weiterverkauf berechtigt, sondern durfte die Impfdosen lediglich entsprechend den geltenden Regeln der CoronaImpfV weiterverteilen. Verkauf(sangebot) und Weitergabe der Impfdosen an E erfolgten daher entgegen der Rechtsordnung – hier in Gestalt der einschlägigen Bestimmungen der CoronaImpfV – und damit rechtswidrig.

> **Klausurhinweis:**
>
> Sofern man i. R. d. Zueignung erst auf die der A nach § 25 Abs. 2 StGB zurechenbare *Verimpfung* der Impfdosen an die Mitarbeiterinnen und Mitarbeiter der M durch E abstellt, waren diese jedenfalls nicht anspruchsberechtigt i. S. d. CoronaImpfV, hatten also keinen fälligen und einredefreien Anspruch auf den Impfstoff.[13] Denn es ist davon auszugehen, dass diese als mexikanische Staatsangehörige und als in Mexiko lebende Personen weder in der BRD privat oder gesetzlich krankenversichert sind (§ 1 Abs. 1 S. 2 Nr. 1 CoronaImpfV) noch ihren Wohnsitz oder gewöhnlichen Aufenthaltsort in der BRD haben (§ 1 Abs. 1 S. 2 Nr. 2 CoronaImpfV). Auch werden sie nicht in einer den §§ 2 bis 4 CoronaImpfV genannten Einrichtung oder in einem in den §§ 2 bis 4 CoronaImpfV genannten Unternehmen behandelt, gepflegt oder betreut werden, oder sind dort tätig. Ein Fall der Nr. 3 und Nr. 4 ist ebenfalls nicht gegeben. Schließlich fallen die Mitarbeiterinnen und Mitarbeiter auch nicht unter §§ 2, 3 und 4 CoronaImpfV.

b) Qualifikation, § 246 Abs. 2 StGB. Fraglich ist, ob A die Impfdosen auch **anvertraut** waren, § 246 Abs. 2 StGB. Anvertraut i. S. d. § 246 Abs. 2 StGB ist eine Sache, über die dem Täter die Sachherrschaft mit der Verpflichtung eingeräumt wurde, mit der Sache bestimmungsgemäß zu verfahren.[14]

---

12 Vgl. *Rengier*, Strafrecht BT 1, § 5 Rn. 24: auch schon das bloße Verkaufsangebot.
13 Siehe hierzu LG Nürnberg-Fürth BeckRS 2022, 4626 Rn. 74.
14 Vgl. BGHSt 16, 280 (282); BGH wistra 2013, 387 (389).

34 Durch die CoronaImpfV ist hinreichend deutlich gemacht, nach welchen Vorgaben mit der fremden Sache „Impfstoff" durch diejenigen, die in den jeweiligen Stufen Gewahrsam hieran haben würden (u. a. also die beteiligten Apothekerinnen und Apotheker), verfahren werden sollte. Die BRD als Eigentümerin der Impfstoffe räumte daher den am Ablauf Beteiligten den Gewahrsam an den Impfdosen in dem Vertrauen ein, es werde entsprechend der CoronaImpfV mit diesen verfahren. Die BRD ging also bei Einräumung der Sachherrschaft davon aus, dass die Verteilungssystembeteiligten die Impfdosen im Einklang mit den Bestimmungen der CoronaImpfV ausschließlich an entsprechend anspruchsberechtigte Personen weiterverteilen würden.[15] Die Impfdosen waren A daher auch von der BRD anvertraut i. S.d. § 246 Abs. 2 StGB.

35 **2. Subjektiver Tatbestand.** A handelte vorsätzlich hinsichtlich sämtlicher Merkmale des objektiven Tatbestands (Aneignung, Enteignung, Rechtswidrigkeit der Zueignung), § 15 StGB. Insbesondere wusste sie auch um das Anvertrautsein der Impfdosen nach § 246 Abs. 2 StGB.

II. RWK und Schuld

36 Rechtfertigungsgründe sind nicht ersichtlich. Insbesondere ist nicht von einer mutmaßlichen Einwilligung der BRD hinsichtlich einer Abweichung von der vorgesehenen Impfreihenfolge auszugehen, da nichts dafür ersichtlich ist, dass der Impfstoff ansonsten z. B. „verfällt".

37 A handelte daher auch rechtswidrig.

38 Entschuldigungsgründe liegen ebenfalls nicht vor. A handelte daher auch schuldhaft.

III. Strafverfolgungsvoraussetzungen

39 Hätte A lediglich eine einzelne Impfdosis unterschlagen, wäre an das Strafantragserfordernis des § 248a StGB zu denken. Allerdings handelt es sich bei der Unterschlagung der 120 Impfdosen durch A um ein einheitliches Tatgeschehen, sodass deren *Gesamtwert* entscheidend ist.[16] Der objektive Verkehrswert von 120 Impfdosen Corona-Impfstoff lag zum Tatzeitpunkt aber wohl deutlich über 25 bzw. 50 EUR; er ist wohl in der Nähe des vereinbarten Kaufpreises von 500 EUR anzusiedeln.

> **Klausurhinweis:**
> Jedenfalls erscheint es nicht sachgerecht, einen Wert von < 1 EUR pro Impfdosis anzunehmen. Letztlich ist angesichts des insoweit unklaren Sachverhalts aber jedes argumentativ überzeugend begründete Ergebnis vertretbar.

40 Ein Strafantrag ist daher nicht erforderlich.

41 **Ergebnis:** A ist strafbar wegen veruntreuender Unterschlagung nach § 246 Abs. 2 StGB.

G. Anschlussdelikte

42 Eine Strafbarkeit wegen Hehlerei nach § 259 **Abs. 1 StGB** durch die Weitergabe der Impfdosen an E scheitert jedenfalls daran, dass A diese *selbst* unterschlagen hat.

---

15 LG Nürnberg-Fürth BeckRS 2022, 4626 Rn. 76.
16 Vgl. BeckOK-StGB-*Wittig*, § 248a Rn. 5.

Fall 6a: Die Impfstoffverabreichung

> **Klausurhinweis:**
> Zudem handelt es sich bei E als Mittäter nicht um einen Dritten i. S.d. Norm.

Hinsichtlich einer Strafbarkeit wegen **Geldwäsche** durch die Weitergabe der Impfdosen an E ist bereits fraglich, ob dieser als Mittäter (s. u.) überhaupt Dritter i. S.d. § 261 Abs. 1 S. 1 Nr. 3 Alt. 2 StGB ist. Jedenfalls scheitert eine Strafbarkeit an **§ 261 Abs. 7 StGB**, da A als Täterin der Vortat (veruntreuende Unterschlagung) strafbar ist (→ Rn. 41) und die absprachegemäße Weitergabe an den Vortatbeteiligten E nicht zu einer Verschleierung der Herkunft führt.[17]

43

Strafbarkeit von E

A. Korruptionsdelikte

E könnte sich durch den Ankauf der Impfdosen von A wegen Korruptionsdelikten nach §§ 299 ff. bzw. §§ 331 ff. StGB strafbar gemacht haben.

44

Eine Strafbarkeit wegen Vorteilsgewährung nach **§ 333 Abs. 1 StGB** bzw. Bestechung nach **§ 334 Abs. 1 S. 1 StGB** wegen des Anbietens, Versprechens und Gewährens der Kaufpreiszahlung von 500 EUR an A scheitert bereits daran, dass es sich bei der Apothekerin A nicht um eine Amtsträgerin i. S.d § 11 Abs. 1 Nr. 2 StGB handelt (→ Rn. 3 f.).

45

Da A auch keine Angestellte oder Beauftragte eines Unternehmens ist (→ Rn. 6), muss auch eine diesbezügliche Strafbarkeit des E nach **§ 299 Abs. 2 StGB** von vornherein ausscheiden.

46

Im Hinblick auf eine mögliche Strafbarkeit nach **§ 299b Abs. 1 StGB** wegen Bestechung im Gesundheitswesen durch das Anbieten, Versprechen und Gewähren der Kaufpreiszahlung von 500 EUR an A für die „abgezweigten" 120 Impfdosen fehlt es jedenfalls an einer entsprechenden Unrechtsvereinbarung dahingehend, dass A den E für die Gewährung des Vorteils im inländischen oder ausländischen Wettbewerb gegenüber einer etwaigen Konkurrenz bevorzugen sollen. Stattdessen handelt es sich insofern um einen „normalen" Kaufvertrag (→ Rn. 8).

47

B. §§ 246 Abs. 1, Abs. 2, 25 Abs. 2 StGB

E könnte sich aber durch sein Handeln wegen mittäterschaftlicher veruntreuender Unterschlagung strafbar gemacht haben.

48

I. Tatbestandsmäßigkeit

1. Objektiver Tatbestand. Sofern man – dogmatisch sauberer – hinsichtlich der Zueignung bereits auf das Verkaufsangebot der A abstellt, fehlt es an einer eigenhändigen Tatbestandsverwirklichung durch E. Die Tathandlung der A könnte E jedoch nach § 25 Abs. 2 StGB zugerechnet werden. Voraussetzung ist ein gemeinsamer Tatplan sowie eine gemeinsame Tatausführung. E weihte A in alles ein und beide kamen gemeinsam überein, dass E von A die „abgezweigten" Impfdosen abkaufen und anschließend

49

---

17 Vgl. BGH BeckRS 2021, 11567.

an die Mitarbeiterinnen und Mitarbeiter der M verimpfen solle. Ein gemeinsamer Tatplan liegt somit vor.

50 Indem E von A die Impfdosen abkaufte, mithin ihr Vertragsangebot annahm, wirkten auch beide gemeinschaftlich bei der unmittelbaren Tatausführung mit.

> **Klausurhinweis/Weiterführendes Wissen:**
> Es geht hier also nicht um die Frage (der Möglichkeit) einer etwaigen sukzessiven Mittäterschaft, da es vorliegend nur um den Zeitpunkt des *Tatbeitrags* des E geht, während die maßgebliche Willensübereinstimmung zwischen A und E unproblematisch schon vor Beginn der Deliktsverwirklichung vorlag.

> **Klausurhinweis:**
> Sofern man – wie wohl (jedenfalls primär) das LG Nürnberg-Fürth – auf die *Verimpfung* an die Mitarbeiterinnen und Mitarbeiter der M abstellt (vgl. LG Nürnberg-Fürth BeckRS 2022, 4626 → Rn. 70), hätte der impfende E die tatbestandliche Drittzueignungshandlung ohnehin in eigener Person verwirklicht. Auf die Voraussetzungen des § 25 Abs. 2 StGB käme es dann nicht mehr an. Wer diesen Prüfungsweg wählt, müsste zudem kurz thematisieren, dass die Impfdosen im Zeitpunkt der Verimpfung für E nach wie vor fremde bewegliche Sachen i. S.d. § 246 Abs. 1 StGB sind. Denn die Übergabe der Impfdosen im Rahmen des Weiterverkaufs an E bewirkt keinen Übergang des Eigentums an diesen, da A als Nichtberechtigte verfügte (→ Rn. 17 ff. und → Rn. 32) und E bereits nicht gutgläubig i. S.d. § 932 Abs. 1 S. 2 BGB ist, vgl. §§ 929, 932 Abs. 1 S. 1 BGB.

51 Die Voraussetzungen des § 25 Abs. 2 StGB sind daher gegeben, sodass die Zueignungshandlung der A dem E zuzurechnen ist.

52 **2. Subjektiver Tatbestand.** E handelte mit Wissen und Wollen hinsichtlich sämtlicher Merkmale des objektiven Tatbestands des § 246 Abs. 1 StGB sowie hinsichtlich der Qualifikation nach Absatz 2. Daneben umfasst sein Vorsatz auch die die Mittäterschaft konstituierenden Voraussetzungen des § 25 Abs. 2 StGB.[18]

53 **3. Tatbestandsverschiebung nach § 28 Abs. 2 StGB?** In Betracht kommt jedoch eine Tatbestandsverschiebung nach **§ 28 Abs. 2 StGB** dahingehend, dass E lediglich Mittäter einer einfachen Unterschlagung nach § 246 Abs. 1 StGB ist. Beim Tatbestandsmerkmal des „Anvertrautsein" nach § 246 Abs. 2 StGB handelt es sich um ein besonderes persönliches Merkmal i. S.d. § 14 Abs. 1 StGB, welches die Strafe schärft (Qualifikation!), vgl. § 28 Abs. 2 StGB.[19] § 28 Abs. 2 gilt für Täter und Teilnehmer und bestimmt, dass strafschärfende besondere persönliche Merkmale nur für den Beteiligten gelten, bei dem sie vorliegen. Die Impfdosen müssten daher auch Mittäter E anvertraut worden sein i. S.d. § 246 Abs. 2 StGB. Da die BRD die in Rede stehenden Impfdosen aber zunächst lediglich der Apothekerin A zugeteilt hat, in dem Vertrauen, sie werde damit bestimmungsgemäß – d. h. im Einklang mit den Bestimmungen der CoronaImpfV – verfahren, besteht die erforderliche (einfache) Verwahrungsabrede hinsichtlich der allein maßgeblichen 120 „abgezweigten" Impfdosen nur zwischen der BRD und A. Die tatgegenständlichen Impfdosen waren damit nur A, nicht aber auch E anvertraut.

---

[18] Vgl. *Wessels/Beulke/Satzger*, Strafrecht AT, § 16 Rn. 824.
[19] Vgl. BGH NStZ-RR 2014, 13.

Fall 6a: Die Impfstoffverabreichung

> **Klausurhinweis:**
> Da es in diesem Zusammenhang spezifisch darauf ankommt, wem gerade die 120 „abgezweigten" Impfdosen anvertraut worden sind, überzeugt es kaum, wenn darauf abgestellt wird, dass auch E als einem am Impfsystem beteiligten Vertragsarzt ein gewisses Vertrauen entgegengebracht wird und ihm daher ggf. die in seiner Praxis regulär verimpften Dosen ebenfalls „anvertraut" waren.

E ist daher nur Mittäter hinsichtlich einer einfachen Unterschlagung nach § 246 Abs. 1 StGB. 54

II. RWK und Schuld

Mangels Rechtfertigungs- bzw. Entschuldigungsgründen handelte E rechtswidrig und schuldhaft. 55

Ergebnis: E ist strafbar wegen mittäterschaftlicher (einfacher) Unterschlagung, §§ 246 Abs. 1, 25 Abs. 2 StGB. 56

C. Anschlussdelikte

E ist als Mittäter der Vortat bereits kein tauglicher Täter der Hehlerei, § 259 Abs. 1 StGB. 57

Eine Strafbarkeit wegen Geldwäsche nach § 261 Abs. 1 S. 1 Nr. 3 bzw. Nr. 4 StGB durch ein Sich-Verschaffen der Impfstoffe scheitert jedenfalls an § 261 Abs. 7 StGB, da E wegen Beteiligung an der Vortat strafbar ist (→ Rn. 56) und die rechtswidrige Herkunft der Impfstoffe hierbei nicht verschleiert. 58

Strafbarkeit von M

A. §§ 246 Abs. 1, Abs. 2, 25 Abs. 2 StGB

M könnte aufgrund ihrer Planungs- und Mitwirkungshandlungen an der „Impfaktion" wegen mittäterschaftlicher Unterschlagung nach §§ 246 Abs. 1, Abs. 2, 25 Abs. 2 StGB strafbar sein. 59

0. Anwendbarkeit deutschen Strafrechts (bei unterstellter Mittäterschaft)

Dazu müsste auf M als mexikanische Staatsangehörige deutsches Strafrecht zunächst überhaupt anwendbar sein. In Rede steht hier eine Strafbarkeit wegen mittäterschaftlicher Unterschlagung. Liegen deren Voraussetzungen nach § 25 Abs. 2 StGB vor, werden die – zweifellos im Inland vorgenommenen – Tathandlungen von A und E der M zugerechnet, sodass auch deren Tatbeitrag als im Inland begangen betrachtet werden kann (vgl. §§ 3, 9 StGB).[20] 60

---

20 Vgl. MüKo-StGB-*Ambos*, § 9 Rn. 10 m. w.N.

> **Klausurhinweis:**
>
> Hiernach gilt für den Mittäter, der ausschließlich im Ausland handelt, selbst dann deutsches Strafrecht, wenn die Handlung nach dem Recht des ausländischen Staates nicht strafbar ist. Kritisch hierzu aber mit Blick auf das völkerrechtliche Nichteinmischungsgebot MüKo-StGB-*Ambos*, § 9 Rn. 10.

61 Das Handeln der M unterfällt daher grundsätzlich unproblematisch dem deutschen Strafrecht.

> **Klausurhinweis:**
>
> Man unterstellt an dieser Stelle also letztlich das Vorliegen der Voraussetzungen des § 25 Abs. 2 StGB – was freilich im Rahmen der nachfolgenden Prüfung noch verifiziert werden muss und ggf. zu einer Anpassung der Hypothese zwingt.

I. Tatbestandsmäßigkeit

62 **1. Objektiver Tatbestand.** M hat den Tatbestand der Unterschlagung nicht in eigener Person verwirklicht. Die Tat könnte ihr jedoch nach § 25 Abs. 2 StGB zugerechnet werden. Hierfür müsste M Mittäterin sein. Dies erfordert grundsätzlich einen gemeinsamen Tatplan sowie eine gemeinsame Tatausführung. Da M zusammen mit E den Plan der „Flughafen-Impfstoffverabreichung" entwickelt bzw. diesem jedenfalls begeistert zugestimmt hat und dieser auch die Mitwirkung der A durch „Abzweigen" der Impfstoffe mitumfasst, liegt ein **gemeinsamer Tatplan** vor. Fraglich ist jedoch die gemeinsame Tatausführung, da M selbst bei „Abzweigung" und Verimpfung nicht unmittelbar involviert ist.

63 Eine **gemeinsame Tatausführung** setzt grundsätzlich voraus, dass jeder Beteiligte aufgrund und im Rahmen des gemeinsamen Tatentschlusses einen für die Deliktsbegehung förderlichen Tatbeitrag leistet, wodurch die Tatbegehung den Charakter eines arbeitsteiligen Vorgehens erhält (**funktionelle bzw. funktionale Tatherrschaft**).[21] Jedenfalls nach der herrschenden **weiten (bzw. gemäßigten) Tatherrschaftslehre** kann dabei auch derjenige Mittäter sein, der zwar nicht im unmittelbaren Ausführungsstadium – hier: beim „Abzweigen" bzw. dem Verkauf(sangebot) der A an E – beteiligt ist, dessen Vorbereitungs- und Unterstützungshandlung im Vorfeld aber als eine Art „Plus" das entsprechende „Beteiligungsminus" i. R.d. Ausführung ausgleicht.[22]

64 *Für* eine solche funktionelle Tatherrschaft spricht hier, dass M jedenfalls auf Ort, Zeitpunkt und Stattfinden der Verimpfung maßgeblichen Einfluss hatte: Kommen ihre Mitarbeitenden nicht nach Deutschland, kann keine Verimpfung erfolgen und das Abzweigen bzw. der Weiterverkauf der Impfdosen wäre letztlich „sinnlos". Zudem steht und fällt das Gesamtgeschehen mit M: Wenn M nicht E eine entsprechende Vergütung zugesagt hätte, wären E und in der Folge auch A nicht tätig geworden. Zudem kommt die eigentlich intendierte Verimpfung grundsätzlich allein M (und deren Mitarbeiterinnen und Mitarbeiter) zugute, nicht aber A und E. Und schließlich war M auch an der Ausarbeitung des Plans in Mexiko jedenfalls maßgeblich (mit-)beteiligt, was ebenfalls für ein „ausgleichendes" Vorbereitungsplus spricht. *Gegen* die Annahme funktioneller Tatherrschaft lässt sich hingegen anführen, dass das „Abzweigen" und der Weiterver-

---

21 Zur funktionellen Tatherrschaft siehe *Rengier*, Strafrecht AT, § 41 Rn. 13.
22 Ausführlich zum Streitstand *Rengier*, Strafrecht AT, § 41 Rn. 18 ff.

kauf der Impfdosen durch A an E als eigentliche Tathandlung (→ Rn. 30, → Rn. 49) dem Einfluss der M weitestgehend entzogen sind: M „kennt" A nicht einmal und ihre (M's) Einflussmöglichkeiten sind diesbezüglich begrenzt, zumal sie sich zum eigentlichen Tatzeitpunkt des Weiterverkaufs wohl noch im Ausland befindet.

Allerdings erscheint hier ein alleiniges Abstellen auf die Tathandlung hinsichtlich der auch normativ zu beantwortenden Frage der Tatherrschaft als zu formalistisch. Es ist daher das Gesamtgeschehen in den Blick zu nehmen. Dabei ist angesichts der grundsätzlich gleichberechtigten Einbindung der M in das Gesamtgeschehen bei gleichzeitiger Schlüsselposition dahingehend, dass die Tat grundsätzlich mit der Zahlung durch M steht und fällt und zumindest die Verimpfung selbst allein M (bzw. ihren Mitarbeiterinnen und Mitarbeiter) zugutekommt, deren insgesamter Tatbeitrag als hinreichend gewichtig für die Annahme funktioneller Tatherrschaft anzusehen. Danach wäre M als Mittäterin zu qualifizieren. 65

> **Klausurhinweis:**
> A.A. mit der entsprechenden Argumentation aber vertretbar.
> Bei guter Argumentation kann auch mit der sog. **strengen Tatherrschaftslehre** für die Annahme von Mittäterschaft zwingend eine für den Erfolg wesentliche Mitwirkungshandlung im Ausführungsstadium gefordert werden mit der Folge, dass Mittäterschaft vorliegend verneint werden müsste. Dann wäre eine Beihilfe zu prüfen und i. E. zu bejahen.

Dagegen grenzte insbesondere die *frühere Rspr.* die Mittäterschaft von der Beihilfe anhand der inneren Willensrichtung der Beteiligten ab: Danach wird derjenige als (Mit-)Täter behandelt, der den Willen hat, als Täter zu handeln (*animus auctoris*). Wer dagegen lediglich einen Teilnahmewillen aufweist (*animus socii*), die Tat also als fremde fördern möchte, ist Gehilfe.[23] Da M die Tat von A und E jedoch nicht lediglich als fremde unterstützen möchten, sondern diese vielmehr als eigene will, handelte sie auch mit *animus auctoris* und damit als (Mit-)Täterin. Denn die Verimpfung der „abgezweigten" Impfdosen soll letztlich allein ihr (und ihren Mitarbeitenden) zugute kommen und sie vor einer (zumindest vorübergehenden) Schließung ihres Hotels bewahren. M ist daher auch nach dieser Ansicht Mittäterin. 66

Nach der *aktuellen Rspr.* ist dagegen aufgrund einer wertenden Gesamtbetrachtung aller festgestellten Umstände zu prüfen, ob Mittäterschaft vorliegt. Maßgebliche Kriterien sollen dabei der Grad des eigenen Interesses an der Tat, der Umfang der Tatbeteiligung sowie die Tatherrschaft – oder wenigstens der Wille dazu – sein (sog. **subjektive Theorie auf objektiv-tatbestandlicher Grundlage**).[24] Da M funktionelle (bzw. funktionale) Tatherrschaft zukommt (→ Rn. 65), sie zumindest im Vorbereitungsstadium an der Planung maßgeblich beteiligt war und jedenfalls auf Ort, Zeitpunkt und Stattfinden der Verimpfung maßgeblichen Einfluss hatte, das Gesamtgeschehen in gewissem Sinne mit M steht und fällt (→ Rn. 65) und sie insbesondere angesichts der drohenden Hotelschließung ein sehr hohes Eigeninteresse an der Tat im Ganzen hat, ist M auch bei einer wertenden Gesamtbetrachtung als Mittäterin zu qualifizieren. 67

Da alle Ansichten zum selben Ergebnis kommen, ist ein Streitentscheid entbehrlich. M, E und A handelten danach auch im Rahmen einer gemeinsamen Tatausführung und damit als Mittäter i. S. d. § 25 Abs. 2 StGB. Die Zueignungshandlung der A ist M (und 68

---

23 Siehe z. B. BGHSt 28, 346; BGH StV 1990, 203; NStZ 1995, 285.
24 St. Rspr., vgl. nur BGH BeckRS 2020, 10990 m. w.N.

E, → Rn. 51) daher gem. § 25 Abs. 2 StGB als eigene zuzurechnen. *(a. A. aber vertretbar)*

69 Die Voraussetzungen des objektiven Tatbestands sind erfüllt.

70 **2. Subjektiver Tatbestand.** M handelte mit Wissen und Wollen hinsichtlich sämtlicher Merkmale des objektiven Tatbestands des § 246 Abs. 1 StGB sowie hinsichtlich der Qualifikation nach Absatz 2. Daneben umfasst sein Vorsatz auch die die Mittäterschaft konstituierenden Voraussetzungen des § 25 Abs. 2 StGB.[25]

71 **3. Tatbestandsverschiebung nach § 28 Abs. 2 StGB.** Da die „abgezweigten" Impfdosen jedoch nur A, nicht aber auch M anvertraut waren, kommt hinsichtlich M nur eine Bestrafung wegen (mittäterschaftlicher) einfacher Unterschlagung in Betracht, vgl. § 28 Abs. 2 StGB (→ Rn. 53 f.).

II. RWK und Schuld

72 Rechtfertigungsgründe sind nicht ersichtlich; insbesondere wäre eine vorübergehende (rechtmäßige) Hotelschließung hinzunehmen. M handelte daher rechtswidrig.

73 Entschuldigungsgründe liegen ebenfalls nicht vor; M handelte auch schuldhaft.

74 **Ergebnis:** M ist strafbar wegen mittäterschaftlicher (einfacher) Unterschlagung, §§ 246 Abs. 1, 25 Abs. 2 StGB. *(a. A. vertretbar)*

> **Klausurhinweis:**
>
> Wer M nur als Gehilfin ansieht, müsste eine (ggf. psychische) Beihilfe zur Tat prüfen. Deutsches Strafrecht wäre in diesem Fall ebenfalls anwendbar, vgl. § 9 Abs. 2 S. 1 StGB, da die eigentliche Tat(handlung) der Unterschlagung unstreitig in Deutschland erfolgt ist. Eine Anstiftung scheidet vorliegend aus, da die Idee zur Tat nicht von M, sondern von E kommt. M hat also nicht bei E und / oder A einen entsprechenden Tatentschluss hervorgerufen.

Tatkomplex 2: Die Impfaktion

Strafbarkeit des E

A. §§ 331 f. StGB

75 E könnte sich wegen der Vorbereitung und Durchführung der „Impfaktion" gegen Zahlung einer Vergütung von 50 EUR pro Person durch M wegen Vorteilsannahme nach § 331 Abs. 1 StGB bzw. Bestechlichkeit nach § 332 Abs. 1 StGB strafbar gemacht haben.

I. Tatbestandsmäßigkeit

76 **1. Objektiver Tatbestand.** Dazu müsste es sich beim *Vertragsarzt* E um einen **Amtsträger** i. S. d. § 11 Abs. 1 Nr. 2 StGB handeln. E ist weder Beamter noch Richter (§ 11 Abs. 1 Nr. 2 lit. a StGB) und steht auch in keinem sonstigen öffentlich-rechtlichen Amtsverhältnis i. S. d. § 11 Abs. 1 Nr. 2 lit. b StGB. E könnte jedoch als Vertragsarzt („Kassenarzt") sonst dazu bestellt sein, bei einer Behörde oder bei einer sonstigen Stel-

---

25 Vgl. *Wessels/Beulke/Satzger*, Strafrecht AT, § 16 Rn. 824.

Fall 6a: Die Impfstoffverabreichung

le oder in deren Auftrag Aufgaben der öffentlichen Verwaltung unbeschadet der zur Aufgabenerfüllung gewählten Organisationsform wahrzunehmen, § 11 Abs. 1 Nr. 2 lit. c StGB.[26] Abzustellen ist hierbei auf die (jeweilige) gesetzliche Krankenkasse, mit der E als abrechnender „Kassenarzt" jedenfalls organisatorisch „verbunden" ist.

a) Gesetzliche Krankenkasse als sonstige Stelle i. S.d. § 11 Abs. 1 Nr. 2 lit. c StGB. Die gesetzlichen Krankenkassen sind zwar keine Behörden im streng (staats)organisatorischen Sinne, sie könnten jedoch sonstige Stellen i. S.d. Norm darstellen. Eine sonstige Stelle ist eine behördenähnliche Einrichtung, die rechtlich befugt ist, bei der Ausführung von Gesetzen und bei der Erfüllung öffentlicher Aufgaben mitzuwirken, ohne selbst Behörde im verwaltungsrechtlichen Sinne zu sein.[27] Bei den gesetzlichen Krankenkassen handelt es sich angesichts ihrer gesetzlich vorgegebenen Verbandsstrukturen auf Landes- und Bundesebene (§§ 207 ff. SGB V), ihrer Gesetzesbindung sowie aufgrund des Umstands, dass sie bei ihrer Aufgabenerfüllung staatlicher Rechtsaufsicht unterliegen (§§ 87, 90 SGB IV; § 195 Abs. 1 SGB V), um **sonstige Stellen i. S.d. § 11 Abs. 1 Nr. 2 lit. c StGB**, die, indem sie auf der Grundlage des für sie in den §§ 1, 2 SGB V formulierten gesetzlichen Auftrags ihren (Pflicht-)Mitgliedern (vgl. §§ 5 ff., 226 SGB V) Leistungen zur Verfügung stellen, in mittelbarer Staatsverwaltung Aufgaben der öffentlichen Verwaltung wahrnehmen.[28]

77

b) Wahrnehmung öffentlicher Aufgaben durch Vertragsarzt? Fraglich ist jedoch, ob E im Rahmen seiner Tätigkeit als Vertragsarzt auch öffentliche Aufgaben i. S.d. Norm wahrnimmt. In Betracht kommt hier die Aufgabe der öffentlichen Gesundheitsfürsorge.

78

Hinsichtlich der Frage, ob eine öffentliche Aufgabenwahrnehmung vorliegt, ist zu prüfen, ob der Tätigkeit der betreffenden Person im Verhältnis zum Bürger der Charakter – wenn auch nur mittelbar – eines *hoheitlichen Eingriffs* zukommt oder ob das persönliche Verhältnis zwischen den Beteiligten so im Vordergrund steht, dass ein hoheitlicher Charakter der Erfüllung öffentlicher Aufgaben dahinter zurücktritt.[29] Zu klären ist also, ob der Ausführende dem Bürger *nicht auf der Ebene vertraglicher Gleichordnung* mit der grundsätzlichen Möglichkeit individueller Aushandlung des Verhältnisses entgegentritt, sondern quasi als ausführendes Organ hoheitlicher Gewalt, mithin als *„verlängerter Arm" des Staates* erscheint.[30]

79

Hier übt E seinen Beruf in *freiberuflicher Tätigkeit* in einer Praxisgemeinschaft aus, die u. a. auch Corona-Impfungen durchführt. Die Patienten können sich dabei aussuchen, zu welchem Arzt bzw. welcher Ärztin sie gehen, ob sie E also überhaupt aufsuchen wollen, und ob sie sich (z. B.) impfen lassen möchten oder nicht. E wird also grundsätzlich aufgrund einer *freien Auswahl* der Versicherten tätig. Das Verhältnis zu seinen Patientinnen und Patienten wird überwiegend durch Elemente des *persönlichen Vertrauens* und der *Gestaltungsfreiheit* bestimmt sein.[31] Die Patientenbeziehung bzw. das persönliche Verhältnis zwischen den Beteiligten steht daher so im Vordergrund, dass ein hoheitlicher Charakter der Erfüllung öffentlicher Aufgaben grundsätzlich dahinter zurücktritt. E erscheint gegenüber seinen Patienten daher regelmäßig nicht

80

---

26 Grundlegend zum Folgenden BGH NJW 2012, 2530.
27 BGHSt 43, 370 (376); 52, 290 (293); 54, 39 (41); BGH NJW 2012, 2530 (2530 Rn. 10).
28 BGH NJW 2012, 2530 (2530 Rn. 12); vgl. auch BVerfGE 39, 302 (313); Krauskopf-*Städler*, § 29 SGB IV Rn. 11.
29 BGH NJW 2012, 2530 (2531 Rn. 18).
30 Vgl. BGH NJW 2012, 2530 (2531 Rn. 17) mit zahlreichen w. N.
31 Vgl. *Waßmer*, Medizinstrafrecht, § 15 Rn. 9 m. w.N.

als „verlängerter Arm" des Staates, wenngleich er gewisse Aufgabe der öffentlichen Gesundheitsfürsorge wahrnimmt.

81 Etwas anderes könnte jedoch vor dem Hintergrund gelten, dass E auch im Rahmen seiner regulären Vertragsarzttätigkeit (ordnungsgemäß) Schutzimpfungen gegen das Coronavirus SARS-CoV-2 durchführt, offensichtlich also mit seiner Praxis(gemeinschaft) in das staatliche Corona-Impfsystem zumindest *eingegliedert* ist. Insofern könnte er nun doch wieder als verlängerter „Staatsarm" erscheinen. So wird in der Literatur vertreten, dass (Vertrags-)Ärzte jedenfalls dann, wenn sie innerhalb staatlicher Organisationen (etwa in einem Impfzentrum) eine im Voraus genau bestimmte Leistung (hier: Impfung) nach vorgegebener Priorisierung zu erbringen haben, deren Missachtung (Vorziehen erst nachrangig Berechtigter) einen mittelbaren Grundrechtseingriff bei Dritten darstellen würde, eine *Staatsaufgabe gebunden ausführen* und daher in diesen Fällen dann u. U. doch wieder – also „entgegen" der „Jahrhundertentscheidung" des Großen Senats vom 29.3.2012[32] – als Amtsträger anzusehen seien.[33]

82 Da E die Corona-Impfungen jedoch in seiner eigenen Praxis durchführt, also nicht innerhalb der staatlichen Organisation z. B. eines Impfzentrums tätig wird, ist hier trotz seiner „Einbindung" in das staatliche Impfsystem wohl noch kein solcher Grad an (insbesondere organisatorischer) „Staatsnähe" erreicht, dass tatsächlich überzeugend von der gebundenen Durchführung einer „Staatsaufgabe" gesprochen werden kann. Entsprechend werden auch die den E aufsuchenden impfwilligen Patientinnen und Patienten diesen in seiner eigenen Praxis vielmehr als „freiberuflichen" Arzt denn als „verlängerten Staatsarm" wahrnehmen – was ggf. anders zu beurteilen wäre, wenn E die Impfungen in einem staatlichen Impfzentrum vornehmen würde. E nimmt daher als Vertragsarzt trotz einer gewissen „Einbindung" in das staatliche Corona-Impfsystem keine öffentliche Aufgabe i. S.d. § 11 Abs. 1 Nr. 2 lit. c StGB wahr. *(a. A. mit guter Argumentation aber vertretbar)*

Klausurhinweis/Weiterführendes Wissen:

I.Ü. *fehlt* es auch an einer *„Bestellung"* des E i. S.d. § 11 Abs. 1 Nr. 2 lit. c StGB, auch wenn eine solche grundsätzlich keinen förmlichen Bestellungsakt erfordert.[34] Denn die Zulassung eines Arztes bzw. einer Ärztin zur vertragsärztlichen Vereinigung (§ 95 SGB V) ist schon deshalb keine Bestellung i. S.d. Norm, weil es insoweit an einer der Krankenkasse unmittelbar zurechenbaren Entscheidung fehlt (vgl. §§ 96 Abs. 1, 2 SGB V). Daneben ist nicht jede Zulassung oder Hinzuziehung zur Erfüllung öffentlicher Aufgaben als Bestellung anzusehen; vielmehr kann der Begriff nur mit Blick auf den Charakter der Aufgabe bestimmt werden, zu deren Erfüllung die Privatperson herangezogen wird.[35]

83 E ist daher kein Amtsträger i. S.d. §§ 331 f. StGB.[36]

84 **Ergebnis:** E ist nicht strafbar nach §§ 331 f. StGB.

---

32 BGH NJW 2012, 2530.
33 Dahingehend Spickhoff-*Schuhr*, StGB §§ 331–338 Rn. 19; ähnlich *Krüger*, medstra 2021, 271 (276).
34 Vgl. BGHSt 43, 96 (102 f.); 54, 39 (43).
35 Ausführlich BGH NJW 2012, 2530 (2532 Rn. 24); siehe auch BGHSt 42, 230 (232).
36 Vgl. BGH NJW 2012, 2530 (2530 Rn. 8 ff.). I.E. ebenso *Geis*, wistra 2007, 361 (363 ff.); *Tsambikakis*, JR 2011, 538 (539); *Schroth*, in: FS Imme Roxin, 2012, 327 (334 ff.); *Schuhr*, NStZ 2012, 11 ff.; a. A. *Neupert*, NJW 2006, 2811 (2814); zum Ganzen siehe Spickhoff-*Schuhr*, StGB §§ 331–338 Rn. 19.

B. § 299 Abs. 1 StGB

Durch dasselbe Verhalten könnte sich E aber wegen Bestechlichkeit im geschäftlichen Verkehr nach § 299 Abs. 1 StGB strafbar gemacht haben.

I. Tatbestandsmäßigkeit

1. Objektiver Tatbestand. Dazu müsste E zunächst entweder Angestellter oder Beauftragter eines Unternehmens sein.

Angestellte sind Personen, die in einem vertraglich (oder faktisch) begründeten Dienst-, Werk- oder Auftragsverhältnis zu einem Geschäftsbetrieb stehen.[37] Da E selbstständiger Arzt in einer Praxisgemeinschaft (als nur organisatorischer Zusammenschluss mehrerer unabhängiger Arztpraxen) ist, steht er nicht in einem vertraglichen (oder faktischen) Dienst-, Werk- oder Auftragsverhältnis zu einem Geschäftsbetrieb, sondern ist Inhaber seiner eigenen Praxis. E ist daher **kein Angestellter** i. S. d. § 299 Abs. 1 StGB.

> **Weiterführendes Wissen:**
>
> Eine *Praxisgemeinschaft* ist keine wirtschaftliche Einheit, sondern nur ein organisatorischer Zusammenschluss („Organisationsgemeinschaft"). Jeder Praxisarzt betreibt dabei aufgrund seiner Zulassung weiterhin seine eigene Vertragsarztpraxis mit eigenem Patientenstamm und rechnet seine Leistungen bei der KV ab. Praxisgemeinschaften sind daher im Außenverhältnis *rechtlich getrennte Praxen*.[38] Anders als bei einer ärztlichen *Gemeinschaftspraxis/Berufsausübungsgemeinschaft* ist es nicht erforderlich, dass die Partner in der ärztlichen Tätigkeit zusammenwirken. In der Regel beschränkt sich die Gemeinschaft auf die gemeinsame Nutzung von Geräten und Räumen; z. T. wird das Personal gemeinsam angestellt.[39]

E könnte aber **Beauftragter** eines Unternehmens, hier der gesetzlichen Krankenkassen, sein. Beauftragter i. S. d. § 299 StGB ist, wer, ohne Angestellter oder Inhaber eines Betriebs zu sein, aufgrund seiner Stellung im Betrieb berechtigt und verpflichtet ist, auf Entscheidungen dieses Betriebs, die den Waren- oder Leistungsaustausch betreffen, unmittelbar oder mittelbar Einfluss zu nehmen, also befugtermaßen für das Unternehmen tätig wird.[40] Ob dem Verhältnis des Beauftragten zu dem jeweiligen geschäftlichen Betrieb eine Rechtsbeziehung zu Grunde liegt oder dieser lediglich durch seine faktische Stellung im oder zum Betrieb in der Lage ist, Einfluss auf geschäftliche Entscheidungen auszuüben, ist unerheblich.[41]

Danach würde eine Beauftragtenstellung des Vertragsarztes jedenfalls nicht schon daran scheitern, dass zwischen ihm und der Krankenkasse keine unmittelbaren Rechtsbeziehungen bestehen.[42] Allerdings begegnen sich im Rahmen des Systems der gesetzlichen Krankenkassen die an der ärztlichen Versorgung Beteiligten in einer Atmosphäre *kooperativen Zusammenwirkens* (vgl. § 72 Abs. 1 S. 1 SGB V) und damit notwendig auf einer *Ebene der Gleichordnung*.[43] Schon dieses gesetzlich vorgegebene Konzept

---

37 *Waßmer*, Medizinstrafrecht, § 15 Rn. 59 m. w.N.
38 Spickhoff-*Ratzel*, BGB § 705 Rn. 14.
39 *Steinhilper*, in: Laufs/Kern/Rehborn, § 35 Rn. 59 m. w.N.
40 Vgl. nur BGHSt 2, 396 (402); BeckOK-StGB-*Momsen/Laudien*, § 299 Rn. 25 m. w.N.
41 BGH NJW 2012, 2530 (2533 Rn. 28); ebenso MüKo-StGB-*Krick*, § 299 Rn. 72; NK-StGB-*Dannecker/Schröder*, § 299 Rn. 45 m. w.N.
42 Vgl. BGH NJW 2012, 2530 (2533 Rn. 30); ebenso Spickhoff-*Schuhr*, StGB § 299 Rn. 20; a. A. *Schnapp*, in: FS Herzberg, 2008, 795 (806 ff.).
43 BGH NJW 2012, 2530 (2533 Rn. 32); siehe auch *Taschke*, StV 2005, 406 (409).

90 gleichgeordneten Zusammenwirkens steht daher der Annahme einer Beauftragung des Vertragsarztes durch die gesetzlichen Krankenkassen entgegen.[44]

90 Daneben haben Vertragsärztinnen und Vertragsärzte auch keinen Einfluss auf das Zustandekommen des Behandlungsverhältnisses; vielmehr liegt diese Entscheidung bei den Patientinnen und Patienten, die gem. § 76 SGB V ihren Vertragsarzt bzw. ihre Vertragsärztin frei wählen können. Den gewählten Arzt bzw. die gewählte Ärztin haben die Krankenkassen zu akzeptieren. Ebenso ist die Rechtsmacht des Vertragsarztes zur Konkretisierung des Anspruchs des gesetzlich Versicherten begrenzt, da dieser lediglich die medizinischen Voraussetzungen des Eintritts des Versicherungsfalls mit Wirkung für den Versicherten und die Krankenkasse feststellt.[45]

91 Und schließlich führen Vertragsärzte die Behandlung in erster Linie im Interesse sowie im Auftrag der Patienten durch, erbringen ihre (eigene) Behandlungsleistung also primär im Dienste der Gesundheit und gegenüber den Patienten, nicht hingegen gegenüber der (und für die) Krankenkasse (vgl. §§ 69 ff. SGB V).[46]

92 Im Ergebnis besteht damit zwischen den gesetzlichen Krankenkassen und der Vertragsärzteschaft kein Über-/Unterordnungsverhältnis, sondern Krankenkassen und Vertragsärzte arbeiten gleichrangig und kooperativ zusammen. Letztere werden also gerade nicht befugtermaßen *für* Erstere tätig, sondern agieren für ihre Patientinnen und Patienten bzw. deren Gesundheit sowie – wirtschaftlich betrachtet – für ihre (eigene) Praxis. Vertragsarzt E ist daher nicht als Beauftragter der gesetzlichen Krankenkassen anzusehen.[47]

93 E ist daher weder Angestellter noch Beauftragter i. S.d. § 299 StGB.

Klausurhinweis/Weiterführendes Wissen:
Zur Frage, ob es sich bei den gesetzlichen Krankenkassen überhaupt um Unternehmen i. S.d. § 299 StGB handelt, siehe BGH NJW 2012, 2530 (2533 Rn. 26).

94 **Ergebnis:** E ist nicht daher strafbar nach § 299 Abs. 1 StGB.

C. § 299a Nr. 1, Nr. 2 i. V. m. § 300 S. 2 Nr. 2 StGB

95 E könnte sich aber dadurch, dass er die „Impfaktion" gegen Zahlung einer Vergütung von 50 EUR pro Person durch M vorbereitete und durchführte, wegen Bestechlichkeit im Gesundheitswesen in einem besonders schweren Fall nach § 299a Nr. 1, Nr. 2 i. V. m. § 300 S. 2 Nr. 2 StGB strafbar gemacht haben.

I. Tatbestandsmäßigkeit

96 **1. Objektiver Tatbestand. a) Täterkreis.** E ist als Facharzt für Allgemeinmedizin Angehöriger eines (hier akademischen) Heilberufs, der für die Berufsausübung bzw. die Führung der Berufsbezeichnung eine staatlich geregelte Ausbildung erfordert; er ist damit tauglicher Täter des § 299a StGB.

---

44 Hierzu und zum Folgenden BGH NJW 2012, 2530 (2533 Rn. 32 f.).
45 Vgl. *Waßmer*, Medizinstrafrecht, § 15 Rn. 60; siehe auch BGH NJW 2012, 2530 (2534 Rn. 37).
46 Ähnlich Spickhoff-*Schuhr*, StGB § 299 Rn. 23; vgl. auch *Krüger*, ZIS 2011, 692 (699 ff.); *Geis*, GesR 2011, 641 (643 ff.); *Rübenstahl*, HRRS 2011, 324 (330).
47 So auch die h. M., vgl. nur BGH NJW 2012, 2530; zum Ganzen überblickshaft Spickhoff-*Schuhr*, StGB § 299 Rn. 17 ff. mit zahlreichen w. N.

Fall 6a: Die Impfstoffverabreichung

b) Tathandlung. E müsste für sich oder einen Dritten einen Vorteil fordern, sich versprechen lassen oder annehmen.

aa) Vorteil. Ein Vorteil i. S.d. Norm umfasst jede Zuwendung an den Täter oder einen Dritten, auf die kein Rechtsanspruch besteht und die die wirtschaftliche, rechtliche oder persönliche Lage des Täters oder des Dritten objektiv verbessert.[48]

> **Weiterführendes Wissen:**
>
> Damit fallen unter den Begriff des Vorteils insbesondere *Zuwendungen* in Form von Geld, Forderungsverzicht oder sonstiger wirtschaftlicher Besserstellung einschließlich unentgeltlicher oder verbilligter Überlassung von Geräten und Materialien, die Durchführung von Schulungsmaßnahmen, die Zurverfügungstellung von Räumlichkeiten oder Personal oder die Beteiligung an den Kosten hierfür.[49] Dabei werden sowohl *materielle* als auch – über den Vorteilsbegriff der §§ 31, 32 (Muster-)Berufsordnung für die in Deutschland tätigen Ärztinnen und Ärzte (MBO) hinaus – *immaterielle* Zuwendungen erfasst.[50]

Die Zahlungen der M an E i. H.v. 6000 EUR haben dessen wirtschaftliche Lage objektiv verbessert. E hatte hierauf auch keinen Anspruch, da die Verimpfung außerhalb des staatlich geregelten Impfsystems und damit entgegen den Bestimmungen der CoronaImpfV erfolgte. Ohnehin hätte E bei ordnungsgemäßer Verabreichung von 120 Impfdosen „nur" eine Vergütung i. H.v. 2400 EUR (= 120 x 20 EUR) zugestanden, wobei Anspruchsgegner freilich auch die BRD und nicht M gewesen wäre. Die Zahlungsvereinbarung selbst als zugrundeliegendes Rechtsgeschäft ist jedenfalls wegen eines Verstoßes gegen § 134 BGB nichtig. Ein Vorteil liegt vor.

bb) Fordern, Sich-Versprechen-Lassen, Annehmen. Fordern ist die ausdrückliche oder konkludente einseitige Erklärung des Täters, einen Vorteil als Gegenleistung für eine unlautere Bevorzugung bei der Vorordnung und dem Bezug von Arznei- oder Heil- und Hilfsmitteln oder von Medizinprodukten bzw. bei der Zuführung von Patienten und Untersuchungsmaterial zu begehren. Die Erklärung muss auf den Abschluss einer Unrechtsvereinbarung abzielen.[51] **Sich-Versprechen-Lassen** ist die Annahme eines ausdrücklichen oder konkludenten Angebots.[52] **Annehmen** ist die tatsächliche Entgegennahme eines Vorteils durch den Täter oder den Dritten, an den die Zuwendung mit Kenntnis und Einverständnis des Täters erfolgt. Die Entgegennahme muss mit dem Willen geschehen, über die Zuwendung selbst oder zu Gunsten eines Dritten, für den die Leistung bestimmt ist, zu verfügen.[53]

> **Klausurhinweis/Weiterführendes Wissen:**
>
> Die vorstehenden Ausführungen können auch etwas knapper ausfallen. Sie sind hier v. a. aus didaktischen Gründen – bei §§ 299a, 299b StGB handelt es sich um einen einigermaßen neuen und u. a. deshalb wohl noch recht unbekannten Themenkomplex – ausführlich gehalten.

Indem E jedenfalls das Angebot der M, ihm pro Impfung eine Vergütung von 50 EUR zu zahlen, annimmt, hat er sich einen Vorteil versprechen lassen. Diese (Gesamt-)Ver-

---

[48] LG Nürnberg-Fürth BeckRS 2022, 4626 Rn. 33 m. w.N.
[49] Vgl. LG Nürnberg-Fürth BeckRS 2022, 4626 Rn. 33; vgl. auch Spickhoff-*Schuhr*, StGB §§ 299a, 299b Rn. 15; Schönke/Schröder-*Eisele*, § 299a Rn. 12.
[50] Vgl. LG Nürnberg-Fürth BeckRS 2022, 4626 Rn. 33; siehe auch MüKo-StGB-*Hohmann*, StGB § 299a Rn. 24.
[51] LG Nürnberg-Fürth BeckRS 2022, 4626 Rn. 34; vgl. auch Schönke/Schröder-*Eisele*, § 299a Rn. 14.
[52] LG Nürnberg-Fürth BeckRS 2022, 4626 Rn. 33; MüKo-StGB-*Hohmann*, StGB § 299a Rn. 20.
[53] LG Nürnberg-Fürth BeckRS 2022, 4626 Rn. 33; MüKo-StGB-*Hohmann*, StGB § 299a Rn. 21; Schönke/Schröder-*Eisele*, § 299a Rn. 14.

gütung hat E im Anschluss auch tatsächlich entgegengenommen und damit angenommen.

102 **c) Im Zusammenhang mit der Ausübung seines Berufs.** Das Versprechen-Lassen bzw. Annehmen des Vorteils müsste auch in einem funktionalen Zusammenhang mit der Berufsausübung als Heilberufler stehen. Hier wurde E die Zahlung versprochen (und gewährt), damit er gerade in seiner Funktion als Arzt die versprochenen Impfungen an den Mitarbeiterinnen und Mitarbeitern der M vornimmt. Der erforderliche funktionale Zusammenhang ist daher gegeben.

103 **d) Unrechtsvereinbarung.** Weiter müsste zwischen E und M eine Unrechtsvereinbarung dahingehend bestehen, dass E wegen des Vorteils einen anderen bei einem Referenzverhalten nach den Nr. 1 bis 3 im inländischen oder ausländischen Wettbewerb in unlauterer Weise bevorzuge.

104 **aa) Bevorzugung eines anderen im inländischen oder ausländischen Wettbewerb in unlauterer Weise?** Eine **Bevorzugung** liegt in jeder Entscheidung für einen von mindestens zwei tatsächlich im Wettbewerb stehenden Marktteilnehmer.[54] An die Konkretheit der Wettbewerbssituation und die Bevorzugung sind keine überzogenen Anforderungen zu stellen, es muss sich aber sicher erwarten lassen, dass zum Zeitpunkt der Entscheidung tatsächlich mehrere Mitbewerber existieren, von denen von vornherein gerade eine/r ausgewählt werden oder zumindest eine systematisch bessere Ausgangsposition als die übrigen erhalten soll.[55]

105 Durch die Impfung der Mitarbeitenden der M könnte E diese (bzw. die M selbst) gegenüber anderen impfwilligen Personen im Hinblick auf die nur in begrenztem Umfang vorhandenen Impfstoffe in unlauterer Weise bevorzugt haben, § 299a StGB.

> **Klausurhinweis:**
>
> Auf eine Bevorzugung der A durch E kann nicht abgestellt werden, da keine konkreten Anhaltspunkte für die Annahme vorliegen, E sei dafür ein Vorteil versprochen worden (§ 299b StGB) oder dieser habe sich dafür einen solchen versprechen lassen (§ 299a StGB), dass er den Impfstoff dort beschaffe und nicht woanders.[56]

106 Dazu müssten diese in dem von §§ 299a, 299b StGB gemeinten *„inländischen oder ausländischen Wettbewerb"* stehen. Insofern gilt es zu klären, was unter dem Tatbestandsmerkmal des Wettbewerbs in §§ 299a, 299b StGB überhaupt zu verstehen ist. Insbesondere fragt sich, ob §§ 299a, 299b StGB nur den Wettbewerb *zwischen Unternehmen* oder auch den zwischen Patientinnen und Patienten um die schnellst- und bestmögliche Versorgung – und damit eine „Konkurrenzsituation" ohne jeden Unternehmens- oder Gewerbebezug – erfassen. Denn dass in einer Pandemiesituation bei (nahezu weltweiter) Impfstoffknappheit jedenfalls rein faktisch eine massive Konkurrenz („Wettbewerb") zwischen den impfwilligen Patienten um die Erlangung der begrenzten Impfdosen besteht, dürfte außer Frage stehen.

107 Fraglich ist, ob auch dieser „Wettbewerb" von §§ 299a, 299b StGB mitumfasst ist, bezeichnet dieses Tatbestandsmerkmal doch zumindest klassischerweise ein *wirtschaftliches* Konkurrenzverhältnis von Mitbewerbern im Gesundheitswesen, also von Markt-

---

54 Vgl. *Geiger*, CCZ 2016, 172 (175).
55 Vgl. Spickhoff-*Schuhr*, StGB § 299 Rn. 38.
56 So ausdrücklich LG Nürnberg-Fürth BeckRS 2022, 4626 Rn. 47.

teilnehmern, die Produkte oder Leistungen gleicher oder verwandter Art anbieten.[57] Um derartige Marktteilnehmer handelt es sich bei den Patienten/Mitarbeitenden der M freilich nicht.

(1) Wortlaut. Legt man den Begriff des „Wettbewerbs" in §§ 299a, 299b StGB anhand der gängigen *canones* aus,[58] so lässt jedenfalls der Wortlaut noch eine entsprechende Auslegungsvariante zu, wonach auch der Wettbewerb zwischen Patientinnen und Patienten von der Norm adressiert wird. Denn es wird insofern lediglich allgemein von „Wettbewerb" gesprochen. Sofern man den juristischen Fachsprachgebrauch also außer Acht lässt, kann nach einem allgemeinen Verständnis auch der Wettbewerb zwischen den Patienten als erfasst angesehen werden.

(2) Systematik. Gegen ein solches weites Verständnis von „Wettbewerb" spricht jedoch die systematische Stellung der §§ 299a, 299b StGB im 26. Abschnitt des StGB („Straftaten gegen den Wettbewerb").[59] Entsprechend setzen auch die vorstehenden § 298 StGB („Wettbewerbsbeschränkende Absprachen bei Ausschreibungen") und § 299 StGB („Bestechlichkeit und Bestechung im geschäftlichen Verkehr") eine „Ausschreibung über Waren oder Dienstleistungen" (§ 298 StGB) bzw. ein Handeln im geschäftlichen Verkehr (§ 299 StGB) voraus, haben damit also beide Unternehmens- bzw. Gewerbebezug und beziehen sich ausschließlich auf den Wettbewerb *im wirtschaftlichen Sinne*.

(3) (Historischer) Wille des Gesetzgebers. Für eine solche enge Begriffsauslegung lässt sich auch der (historische) Wille des Gesetzgebers bei Schaffung der §§ 299a, 299b StGB heranziehen: So sollten die 2016 neu eingefügten Vorschriften zur Korruption im Gesundheitswesen insbesondere die Strafbarkeitslücken schließen, die durch die Entscheidung des Großen Senats vom 29.3.2012[60] (Wiederholungshinweis: Vertragsärzte ≠ Amtsträger (§§ 331 ff.) ≠ Beauftragte der gesetzlichen Krankenkasse (§ 299), → Rn. 76 ff., → Rn. 88 ff.) entstanden waren. Dagegen wurde an keiner Stelle im Gesetzgebungsverfahren die Ansicht geäußert, dass auch der Wettbewerb zwischen Patientinnen und Patienten selbst ebenfalls erfasst sein soll(t)e.[61]

108

109

110

> **Klausurhinweis/Weiterführendes Wissen:**
> Zumindest in diese Richtung deutet auch eine *teleologische Auslegung* der Norm. Zwar heißt es hierzu im Gesetzentwurf der Bundesregierung, die Regelungen dienten „der Sicherung eines fairen Wettbewerbs im Gesundheitswesen und [kämen] damit der ganz großen Mehrheit der ehrlich arbeitenden und Korruptionsrisiken vermeidenden Ärzte, Apotheker und sonstigen

---

57 Schönke/Schröder-*Eisele*, § 299a Rn. 38; vgl. BT-Drs. 18/6446, 21.
58 Hierzu und zum Folgenden ausführlich LG Nürnberg-Fürth BeckRS 2022, 4626 Rn. 51 ff.
59 Ebenso *Gierok/Dittrich*, MedR 2022, 692.
60 Vgl. BGH NJW 2012, 2530.
61 In der Begründung des Gesetzentwurfes der Bundesregierung heißt es entsprechend: „Korruption im Gesundheitswesen stört den Wettbewerb und benachteiligt lauter agierende Marktteilnehmer. Sie kann auch zulasten der Qualität in der medizinischen Versorgung gehen, weil Wettbewerbsvorteile nicht mehr durch Preis und Qualität, sondern mit Hilfe unlauterer Bevorzugung erzielt werden (vgl. *Schneider*, StV 2010, S. 365, 368). Folge sind außerdem eine Verteuerung medizinischer Leistungen und steigende Kosten im Gesundheitswesen.", vgl. BT-Drs. 360/15, 7 f.; wortgleich auch der Gesetzentwurf der Bundesregierung, vgl. BT-Drs. 18/6446, 12.

Heilberufsausübenden zugute. [Sie dienten] ferner dem Schutz des Vertrauens der Patienten in die Integrität heilberuflicher Entscheidungen."[62] Hier lässt sich jedoch gut vertreten, dass die in der Entwurfsbegründung genannten weiteren Ziele („ferner") lediglich mittelbar i. S.e. Reflexwirkung (mit-)geschützt werden sollen.[63]

111 **(4) Stellungnahme.** Im Ergebnis sprechen daher jedenfalls Systematik und gesetzgeberische Zielsetzung klar dafür, unter „Wettbewerb" i. R.d. §§ 299a, 299b StGB *nur den Wettbewerb unter Herstellern bzw. Vertreibern* von Arznei-, Heil- oder Hilfsmitteln bzw. Medizinprodukten zu verstehen, d. h. nicht auch den zwischen Patientinnen und Patienten um die beste Gesundheitsversorgung.

> **Klausurhinweis:**
>
> Angesichts der amtlichen Überschrift „Bestechlichkeit/Bestechung *im Gesundheitswesen*" kann in diesem Zusammenhang auch nicht auf eine Bevorzugung der M als Hotelinhaberin – und damit als Teil des Hotel- und Gaststättengewerbes – abgestellt werden.

112 Ein solch enges Begriffsverständnis entspricht dabei auch der ganz überwiegenden Ansicht in der (Kommentar-)Literatur sowie dem Gesetzentwurf.[64] Eine Auslegung, die auch den Wettbewerb unter Patientinnen und Patienten in diesem Sinne als erfasst ansehen würde, verließe damit den Bereich zulässiger Interpretation und Konkretisierung der §§ 299a, 299b StGB und überschritte die Grenze zur unzulässigen (täterungünstigen) Analogie, vgl. Art. 103 Abs. 2 GG.[65] Denn es hat der Gesetzgeber zu entscheiden, ob und in welchem Umfang er ein bestimmtes Rechtsgut, dessen Schutz ihm wesentlich und notwendig erscheint, gerade mit den Mitteln des Strafrechts verteidigen will.[66]

113 Gegen das kriminalpolitische Argument, dass das Patientenwohl und das Vertrauen der Patienten in die Integrität heilberuflicher Entscheidungen besonders leide und das Wohl zahlreicher Impfinteressierter dadurch massiv beeinträchtigt werde, wenn „knapper und möglicherweise lebensrettender Impfstoff nicht an Anspruchsberechtigte in der sorgsam festgelegten Reihenfolge, sondern gegen Bezahlung an Mitarbeiter eines Luxushotels verimpft [würde]"[67], spricht die Möglichkeit der Sanktionierung über den *Unterschlagungstatbestand* des § 246 StGB (s. o.) – insbesondere nach dessen Absatz 2, dessen Strafrahmen den der §§ 299a, 299b sogar noch übersteigt. Das begangene Unrecht kann also auch ohne eine extensive „Auslegung" des Wettbewerbsbegriffs in §§ 299a, 299b StGB *sachgerecht erfasst* werden; „Schutzlücken" tun sich insofern keine auf.

114 E hat damit weder M noch deren Mitarbeitende im inländischen oder ausländischen Wettbewerb i. S.d. §§ 299a, 299b StGB in unlauterer Weise bevorzugt.

115 **bb) Daneben: Keine beeinflusste Entscheidung nach Nr. 1–3.** Daneben könnte es aber auch an einer beeinflussten Entscheidung nach Nr. 1–3 fehlen.

116 So müsste sich E die Zahlung i. H.v. 6000 EUR versprochen haben lassen bzw. angenommen haben, um im Gegenzug einen anderen bei der Verordnung von Arznei-,

---

62 S. BT-Drs. 18/6446, 12 f., i. E. aber umstr.
63 Vgl. *Gierok/Dittrich*, MedR 2022, 692 m. w.N.
64 Vgl. z. B. *Krüger*, medstra 2021, 271 (276); Spickhoff-*Schuhr*, StGB §§ 299a, 299b Rn. 8; Schönke/Schröder-*Eisele*, § 299a Rn. 38; MüKo-StGB-*Hohmann*, StGB § 299a Rn. 31; siehe auch BT-Drs. 18/6446; zustimmend auch hinsichtlich der konkreten Entscheidung *Gierok/Dittrich*, MedR 2022, 692 (693).
65 LG Nürnberg-Fürth BeckRS 2022, 4626 Rn. 53.
66 LG Nürnberg-Fürth BeckRS 2022, 4626 Rn. 53; statt vieler siehe auch BVerfG NJW 2015, 2949.
67 So der Vorwurf der GenStA im Fall, vgl. LG Nürnberg-Fürth BeckRS 2022, 4626 Rn. 54.

Fall 6a: Die Impfstoffverabreichung

Heil- oder Hilfsmitteln oder von Medizinprodukten (Nr. 1), bei dem Bezug von Arznei- oder Hilfsmitteln oder von Medizinprodukten, die jeweils zur unmittelbaren Anwendung durch den Heilberufsangehörigen oder einen seiner Berufshelfer bestimmt sind (Nr. 2), oder bei der Zuführung von Patienten oder Untersuchungsmaterial (Nr. 3) unlauter zu bevorzugen.

(1) Verordnung von Arzneimitteln, Nr. 1. Bei der Impfung der Mitarbeiterinnen und Mitarbeiter der M könnte es sich um die Verordnung eines Arzneimittels handeln. Impfstoffe sind nach § 4 Abs. 4 Arzneimittelgesetz (AMG) Arzneimittel i. S.d. § 2 Abs. 1 AMG und damit grundsätzlich taugliche Tatobjekte. Fraglich ist aber, ob E diese auch verordnet hat.

„Verordnung" i. S.d. § 299a Nr. 1 StGB meint den einem approbierten Arzt bzw. einer approbierten Ärztin vorbehaltenen Vorgang der *Verschreibung* von Arznei-, Heil- und Hilfsmitteln und Medizinprodukten zugunsten von Patientinnen und Patienten, unabhängig davon, ob für das verschriebene Mittel oder Produkt eine Verschreibungspflicht besteht.[68] Hier hat E die Impfung aber nicht „verschrieben" bzw. „verordnet", sondern lediglich den Impfstoff tatsächlich verabreicht, mithin an die Mitarbeitenden der M „abgegeben". Die Bevorzugung i. R.d. bloßen *Abgabe*, also die Verabreichung an die Patienten, wurde jedoch im Rahmen der abschließenden Gesetzesformulierung ausdrücklich aus dem Straftatbestand ausgenommen.[69]

In der Impfung der Mitarbeiterinnen und Mitarbeiter der M liegt daher schon keine Bevorzugung bei der *Verordnung* von Arzneimitteln i. S.d. Nr. 1.

(2) Bezug von Arzneimitteln, Nr. 2. E könnte jedoch durch die Impfung M (bzw. deren Mitarbeiterinnen und Mitarbeiter) beim Arzneimittelbezug i. S.d. Nr. 2 bevorzugt haben.

Unter „Bezug" versteht man grundsätzlich jegliche Form des Sich-Verschaffens, sei es auf eigene oder fremde Rechnung.[70] Ein solches Sich-Verschaffen lag jedenfalls seitens der geimpften Mitarbeitenden vor, da sie sich den Impfstoff im wahrsten Sinne des Wortes „einverleibten".

Allerdings wird aus dem Gesamtzusammenhang der Vorschrift deutlich, dass hier nicht der Bezug durch den Patienten, sondern (nur) durch den Heilberufsangehörigen gemeint ist.[71] Dies ergibt bereits der Wortlautzusammenhang: Jenes „er" bezieht sich auf den Heilberufsangehörigen („dass er [...] bei dem Bezug von Arznei- oder Hilfsmitteln oder von Medizinprodukten, die jeweils zur unmittelbaren Anwendung durch den Heilberufsangehörigen oder einen seiner Berufshelfer bestimmt sind, [...]einen anderen [...] bevorzuge [...]"). Eine Auslegung, wonach auch der Bezug durch den Patienten gemeint ist, widerspricht folglich bereits dem Wortlaut der Vorschrift.[72] Diese Auslegung wird zusätzlich dadurch gestützt, dass die Norm zwischen zwei Handlungsabschnitten unterscheidet: So nennt sie einerseits den *Bezug* der Arzneimittel, bei dem die Bevorzugung stattfinden muss (Halbsatz 1), andererseits die anschließende unmittelba-

---

[68] BeckOK-StGB-*Momsen/Laudien*, § 299a Rn. 23; vgl. auch BT-Drs. 18/6446, 20.
[69] Vgl. LG Nürnberg-Fürth BeckRS 2022, 4626 Rn. 56. In Beschlussempfehlung und Bericht des Ausschusses für Recht und Verbraucherschutz heißt es dazu: „Heilberufliche Abgabeentscheidungen werden aus dem Tatbestand gestrichen", vgl. BT-Drs. 18/8106, 14. Vgl. hierzu auch Graf/Jäger/Wittig-*Sahan*, StGB § 299a Rn. 12 f.
[70] LG Nürnberg-Fürth BeckRS 2022, 4626 Rn. 37; vgl. auch Graf/Jäger/Wittig-*Sahan*, StGB § 299a Rn. 14.
[71] LG Nürnberg-Fürth BeckRS 2022, 4626 Rn. 38, 57; zustimmend *Gierok/Dittrich*, MedR 2022, 692 (693).
[72] Vgl. LG Nürnberg-Fürth BeckRS 2022, 4626 Rn. 57.

re *Anwendung* beim Patienten (Halbsatz 2).[73] Würde man nun den Bezug durch den Patienten / die Patientin miteinbeziehen, fielen diese beiden Abschnitte in einer Handlung (hier: der Impfung) zusammen und die seitens des Gesetzgebers im Wortlaut verankerte Trennung zwischen beiden Abschnitten würde – unter Verstoß gegen Art. 103 Abs. 2 GG – aufgehoben.[74]

> **Klausurhinweis/Weiterführendes Wissen:**
>
> Zudem hätte der Gesetzgeber, wäre es sein Ziel gewesen, Patientinnen und Patienten zu sanktionieren, die dem Heilberufsangehörigen im Gegenzug für ihre Bevorzugung einen Vorteil zuwenden, mit § 299a Nr. 2 StGB *nur einen Teil der relevanten Konstellationen* erfasst:[75] Denn strafbar würde sich nur der Patient machen, der dem Heilberufsangehörigen einen Vorteil gewährt, damit dieser ihn bei solchen Behandlungsleistungen bevorzugt, bei denen der Heilberufsangehörige unmittelbar *Arzneimittel* anwenden soll. Nicht strafbar wäre hingegen der Patient, der dem Heilberufsangehörigen einen Vorteil gewährt, damit dieser ihn bei solchen Behandlungsleistungen bevorzugt, bei denen kein Arzneimitteleinsatz angedacht ist, sondern z. B. ein *Hilfsmittel* verordnet werden soll. Beide Konstellationen unterscheiden sich aber hinsichtlich ihrer Strafwürdigkeit nicht. Folgt man der Gegenansicht, wäre dem Gesetzgeber also ein gravierendes und offensichtliches Versäumnis unterlaufen.[76]

123 Damit fällt die Verimpfung der Impfdosen an die Mitarbeiterinnen und Mitarbeiter der M auch nicht unter § 299a Nr. 2 StGB. Hinsichtlich des grundsätzlich erfassten „Selbstbezugs" durch den Heilberufsangehörigen E fehlt es an einer diesbezüglichen Bevorzugung eines anderen i. S.d. Norm.

124 (3) Zuführung von Patienten oder Untersuchungsmaterial, Nr. 3. E hat auch nicht in Erfüllung der Unrechtsabrede einen anderen bei der Zuführung von Patienten bevorzugt. Nicht entscheidend ist insofern, dass *M* dem E Patienten zugeführt hat.[77]

125 e) Zwischenergebnis. Der objektive Tatbestand des § 299a StGB ist nicht erfüllt.

126 **Ergebnis:** E ist nicht strafbar nach § 299a StGB. Anknüpfungspunkte für einen (untauglichen) Versuch sind nicht ersichtlich; ohnehin wäre ein solcher hier nicht strafbar, vgl. §§ 299a, 12 Abs. 1, 23 Abs. 1 StGB.

D. § 246 Abs. 1 StGB (durch Verimpfen)

127 Fraglich ist, ob sich E durch das Verimpfen der Impfdosen an die Mitarbeiterinnen und Mitarbeiter der M (erneut) wegen Unterschlagung nach § 246 Abs. 1 StGB strafbar gemacht hat.

128 Mangels (wirksamer) Übereignung an ihn durch A handelt es sich bei den Impfdosen nach wie vor um für ihn fremde bewegliche Sachen i. S.d. § 246 Abs. 1 StGB (→ Rn. 50).

129 Das Verimpfen an die Mitarbeitenden der M stellt auch eine hinreichend nach außen manifestierte (Dritt-)Zueignungshandlung bei Vorliegen eines (Dritt-)Zueignungswillens dar. Allerdings hat sich A die Impfdosen bereits durch den Verkauf an (genauer: ihr Verkaufsangebot gegenüber) E zugeeignet; diese Zueignung ist E auch nach den

---

73 *Gierok/Dittrich*, MedR 2022, 692 (693).
74 Zu diesem Argument *Gierok/Dittrich*, MedR 2022, 692 (693).
75 *Gierok/Dittrich*, MedR 2022, 692 (693).
76 *Gierok/Dittrich*, MedR 2022, 692 (693).
77 Vgl. LG Nürnberg-Fürth BeckRS 2022, 4626 Rn. 58.

Grundsätzen der Mittäterschaft nach § 25 Abs. 2 StGB als eigene zuzurechnen (→ Rn. 51). Danach läge hier im Verimpfen für E eine sog. „wiederholte Zueignung". Während e. A. eine solche erneute Zueignung für bereits tatbestandlich ausgeschlossen hält, da eine bereits erfolgte Zueignung bereits begrifflich nicht wiederholbar sei (sog. *Tatbestandslösung*), bejaht die *Konkurrenzlösung* die Möglichkeit der erneuten Zueignung. Begründet wird dies mit Strafbarkeitslücken und einem lückenlosen Eigentumsschutz. Danach wäre der (objektive) Tatbestand des § 246 Abs. 1 StGB erfüllt und die Unterschlagung fiele erst auf Konkurrenzebene als mitbestrafte Nachtat weg.

Da die Ansichten zu unterschiedlichen Ergebnissen kommen, ist ein Streitentscheid erforderlich: Insbesondere das Wortlautargument der Tatbestandslösung sowie das Argument einer unbillig hinausgeschobenen Verjährung bei einem Zurücktreten erst auf Konkurrenzebene überzeugen, sodass der Tatbestandslösung zu folgen ist. Danach ist bereits der Tatbestand des § 246 Abs. 1 StGB vorliegend nicht erfüllt.

Ergebnis: E ist daher nicht strafbar nach § 246 Abs. 1 StGB.

E. Anschlussdelikte

E ist als Mittäter der Vortat bereits kein tauglicher Täter der Hehlerei, § 259 Abs. 1 StGB.

Eine Strafbarkeit wegen Geldwäsche nach § 261 Abs. 1 S. 1 Nr. 3 bzw. Nr. 4 StGB durch die Verimpfung an die Mitarbeitenden der M scheitert jedenfalls an § 261 Abs. 7 StGB, da E wegen Beteiligung an der Vortat strafbar ist (→ Rn. 56) und die rechtswidrige Herkunft der Impfstoffe dabei nicht verschleiert.

> **Klausurhinweis:**
> Körperverletzungs- und Tötungsdelikte waren nicht zu prüfen.

Strafbarkeit der M

A. §§ 299b Nr. 1, Nr. 2 i. V. m. § 300 S. 2 Nr. 2 StGB

Unabhängig von der Frage, ob deutsches Strafrecht hier auf M überhaupt Anwendung findet, scheitert eine Strafbarkeit der M wegen Bestechung im Gesundheitswesen wegen der Zahlung von 6000 EUR an E jedenfalls daran, dass die damit bezweckte (und auch durchgeführte) Impfung der Mitarbeiterinnen und Mitarbeiter der M keine Bevorzugung im inländischen oder ausländischen Wettbewerb i. s. d. §§ 299a, 299b StGB darstellt (→ Rn. 104 ff.). Daneben fehlt es auch an einem tatbestandlichen Referenzverhalten i. S. d. Nr. 1–3 (→ Rn. 115 ff.).

Gesamtergebnis: E und M sind strafbar gem. §§ 246 Abs. 1, 25 Abs. 2 StGB. A hat sich gem. § 246 Abs. 2 StGB strafbar gemacht.

Fall 6b: Im Krankenzimmer *(strafprozessuale Zusatzfrage)*

136 Aus Frust über die „Corona-Diktatur" der „Politbonzen da oben" will die 80-jährige Martha (M) das Haus des in ihrer Heimatstadt D regierenden Bürgermeisters B anzünden. Hierzu besorgt sie sich ausreichend Benzin, verschüttet es im gesamten – für „interessierte Bürgerinnen und Bürger" stets offenstehenden – Gebäude und steckt dieses sodann in Brand. Personen kommen nicht zu Schaden. Zuvor hat M zehn Tabletten eines starken Antidepressivums eingenommen. Das Haus brennt sogleich lichterloh und kann erst durch die von Passanten herbeigerufene Feuerwehr wieder gelöscht werden.

Schnell gerät M ins Visier der Ermittlungen: So wird sie noch im Bereich des Brandobjektes durch den Polizeibeamten P über ihre Rechte nach §§ 163a IV 2, 136 I 2 StPO belehrt. M äußert daraufhin, zur Sache nicht aussagen zu wollen. In der Folge wird M in einem Polizeifahrzeug in ein Klinikum verbracht, um mögliche gesundheitliche Folgen der Raucheinwirkungen abklären zu lassen. M, die viel Rauch eingeatmet hat, ist dabei in einer gesundheitlich angeschlagenen Verfassung und dringend behandlungsbedürftig. Mit der Begleitung der M ist die Kriminalhauptmeisterin K beauftragt. Diese trägt, wie bei der Kriminalpolizei üblich, Zivilkleidung. Auf dem Weg zum Auto fragte M die K, obgleich es hierfür keinen Anlass gibt, ob sie Ärztin sei. Dies verneint K und weist auf ihren Polizeibeamtenstatus hin.

Im Krankenhaus wartet K mit M auf den zuständigen Arzt A. K führt dabei die Unterredung mit M fort, obwohl sie weiß, dass M sich vor einem Gespräch mit einem Rechtsanwalt bzw. einer Rechtsanwältin nicht zur Sache äußern möchte. Nach Eintreffen des A geht K zusammen mit M in das Behandlungszimmer. Als M sich dort zur Untersuchung durch A teilweise entkleidet, fragt K, ob sie hinausgehen solle. K erhält jedoch weder von A noch von M irgendeine Antwort. Daraufhin verbleibt K im Raum. Auf Befragen des A gibt M an, sie habe zehn Tabletten eines starken Antidepressivums genommen. Es sei viel Rauch entstanden. Sie habe, so M wörtlich, „Benzin ausgeschüttet und das ausgeschüttete Benzin angezündet, überall im Erdgeschoss". Daraufhin verlässt K kurz den Raum, um sich bei ihren Kolleginnen und Kollegen zu vergewissern, dass M bereits belehrt worden ist. Nach Bejahung der Frage geht K in das Behandlungszimmer zurück. Dort verbleibt sie bis zum Ende der ärztlichen Untersuchung.

Trotz rechtzeitigen Widerspruchs der Verteidigerin der M möchte das mit der Sache befasste Landgericht seine Überzeugung von der Täterschaft der M maßgeblich auf die Angaben der M im Behandlungszimmer durch Vernehmung der K als Zeugin in der Hauptverhandlung stützen.

Ist das vom Landgericht beabsichtigte Vorgehen zulässig?
Auf Bestimmungen der EMRK ist bei der Bearbeitung nicht einzugehen.

Fall 6b: Im Krankenzimmer (strafprozessuale Zusatzfrage)

Kurzgliederung Fall 6b

A. Verstoß gegen § 250 S. 2 StPO
- Sog. „Zeugin vom Hörensagen"
- (-), verbietet nur die „Wiedergabe" durch Urkunden

B. Verstoß gegen § 136 Abs. 1 S. 2 StPO i. V. m. § 163a Abs. 4 S. 2 StPO
- Belehrungspflichten: Vernehmung der K im Krankenzimmer als „vernehmungsähnliche Situation"?
  - E.A.: (-), sog. formeller Vernehmungsbegriff
    Arg.: amtliche Funktion nötig
  - A.A.: (-), sog. materieller Vernehmungsbegriff
    Arg.: gezielte Herbeiführung selbstbelastender Äußerungen fehlt hier

C. Verstoß gegen § 136a Abs. 1 S. 1 StPO (-)
- Bezieht sich nur auf Vernehmungen bzw. „vernehmungsähnliche Situationen"

D. Verstoß gegen § 136a Abs. 1 S. 1 StPO analog (-)
- Willensentschließungs- und -betätigungsfreiheit der M werden nicht derart schwerwiegend beeinträchtigt, dass Vergleichbarkeit mit anderen verbotenen Vernehmungsmethode gegeben

E. Verstoß gegen Selbstbelastungsfreiheit (nemo-tenetur)
- Art. 1 Abs. 1, Art. 20 Abs. 3 GG
- = frei von Zwang eigenverantwortlich entscheiden, ob bzw. inwieweit man am Strafverfahren mitwirken möchte
  - Maßstab: Gesamtschau aus Aussageinhalt, -verhalten und den äußeren Umständen
  - Hier: ununterbrochener polizeilicher Gewahrsam, dauerhafte Befragung, gesundheitlich angeschlagen, Anwesenheit von K nicht erforderlich
- Daher: Verstoß gegen die Selbstbelastungsfreiheit (+)
- (P) Beweisverwertungsverbot?
  - § 136a Abs. 3 S. 2 StPO (-)
  - E.A.: (+) Rechtskreistheorie
  - A.A.: (+) Schutzweck der Beweiserhebungsvorschrift
  - BGH: (+), Vergleich zwischen Strafverfolgungsinteresse und Individualinteresse (sog. Abwägungslehre)
  - Daher: (unselbstständiges) Beweisverwertungsverbot (+)

F. Verletzung des absoluten Kernbereichs privater Lebensgestaltung
- Art. 2 Abs. 1, Art. 1 Abs. 1 GG
- Sog. „Beweisverwertungsverbot von Verfassungsrang", das automatisch (ohne Abwägung) zu einem Beweisverwertungsverbot führt
- (P) Arzt-Patienten-Gespräch als absoluter Kernbereich privater Lebensgestaltung?
  - Einzelfallbetrachtung nötig
  - Kriterien: Art des Raumes als Rückzugsort, höchstpersönlicher Inhalt und Charakter der Unterredung
  - Vertrauensverhältnis zwischen Arzt-Patient
  - Daher: hier wohl (+)
- (selbstständiges) Beweisverwertungsverbot (+) *(a.A. vertretbar)*

G. Ergebnis: Vorgehen unzulässig

Lösung Fall 6b[78]

137 *Schwerpunkte: Vernehmungsbegriff; Beweisverwertungsverbote; nemo tenetur-Grundsatz; Arzt-Patientengespräch als Kernbereich privater Lebensgestaltung*

138 Fraglich ist, ob das vom Landgericht beabsichtigte Vorgehen zulässig ist.

139 So könnte der Verwertung der Aussage der M durch Vernehmung der K ein Beweisverwertungsverbot entgegenstehen. Voraussetzung hierfür ist zunächst – jedenfalls im Hinblick auf sog. unselbstständige Beweisverwertungsverbote – ein Verstoß gegen ein Beweiserhebungsverbot.

> **Weiterführendes Wissen:**
>
> *Unselbstständige* Beweisverwertungsverbote beruhen auf einem Verfahrensfehler bei der Beweisgewinnung, also einem Verstoß gegen ein Beweiserhebungsverbot. Dagegen sind *selbstständige* Beweisverwertungsverbote entweder ausdrücklich in der StPO geregelt oder ergeben sich direkt aus dem Grundgesetz; sie können also trotz einer an sich rechtmäßigen Beweiserhebung bestehen. Zum Ganzen *Engländer*, Examens-Repetitorium StPO, Rn. 252 ff.

I. Kein Verstoß gegen § 250 S. 2 StPO (Zeugin vom Hörensagen)

140 Die Vernehmung der K als sog. Zeugin vom Hörensagen[79] verstößt nicht gegen den Unmittelbarkeitsgrundsatz aus § 250 S. 2 StPO. Denn das Unmittelbarkeitsprinzip des § 250 StPO verbietet nur die „Wiedergabe" der Angaben von Zeugen und Sachverständigen sowie des Angeklagten durch Urkunden, nicht aber die Vermittlung dieser Angaben durch andere Zeugen.[80] So würde K vorliegend als Zeugin vom Hörensagen nicht über eine fremde, sondern über ihre eigene Wahrnehmung berichten, nämlich darüber, was M ihr bzw. A gegenüber „ausgesagt" hat. Zu beachten ist freilich, dass ihrer – also K's – Aussage nur ein geringerer Beweiswert zukommt.

II. Kein Verstoß gegen § 136 Abs. 1 S. 2 StPO i. V. m. § 163a Abs. 4 S. 2 StPO (Belehrungspflichten)

141 Es könnte ein Verstoß gegen § 136 Abs. 1 S. 2 StPO i. V. m. § 163a Abs. 4 S. 2 StPO wegen der Verletzung von Belehrungspflichten vorliegen. Zwar wurde M noch im Bereich des Brandobjekts von P über ihre Rechte nach §§ 163a Abs. 4 S. 2, 136 Abs. 1 S. 2 StPO belehrt. Betrachtet man dagegen die ärztliche Untersuchung im Krankenzimmer im Beisein der K als (erste) Vernehmung bzw. jedenfalls als (erste) „vernehmungsähnliche Situation", so hätte u. U. eine (erneute) Belehrung der M erfolgen müssen.

142 Hierzu müsste K die M jedoch tatsächlich „vernommen" i. S. d. §§ 136, 163a StPO haben. Nach dem sog. **formellen Vernehmungsbegriff** der h. M. liegt eine Vernehmung nur dann vor, wenn der Vernehmende dem Beschuldigten in amtlicher Funktion gegenübertritt und in dieser Eigenschaft von ihm Auskunft verlangt.[81] Zwar ist K der M grundsätzlich in amtlicher Funktion gegenübergetreten, jedoch hat sie im Hinblick auf

---

78 Sachverhalt nach BGH, Urteil vom 6.3.2018 – 1 StR 277/17, NStZ 2019, 36 mit Anm. *Vogler*. Der Fall lief in abgewandelter Form auch als Teilaufgabe im Rahmen des Uni-Klausurenkurses der LMU München.
79 Als Zeuge vom Hörensagen wird ein Zeuge bezeichnet, der Angaben bekundet, die jemand ihm gegenüber zu einem bestimmten Ereignis gemacht hat.
80 Ausführlich zum Zeugen vom Hörensagen *Detter*, NStZ 2003, 1.
81 BGH NStZ 2019, 36 m. w.N.

Fall 6b: Im Krankenzimmer (strafprozessuale Zusatzfrage)

die ärztliche Untersuchung nicht aktiv Auskunft von M verlangt. Vielmehr ist K lediglich passiv im Raum verblieben und hat zugehört, während M dem A den Tathergang schilderte. Nach dem formellen Vernehmungsbegriff liegt daher keine Vernehmung vor.

Nach einer a. A. ist der Vernehmungsbegriff dagegen *funktional* bzw. *materiell* zu bestimmen. Hiernach sind auch „vernehmungsähnliche Situationen" mitumfasst.[82] Eine Vernehmung ist danach bereits dann gegeben, wenn jemand durch ein Strafverfolgungsorgan, das nicht als solches erkannt werden muss, direkt oder indirekt zur Preisgabe von Wissen veranlasst worden ist.

143

Zwar wird der funktionale Vernehmungsbegriff in den unterschiedlichsten Spielarten und verschiedensten Reichweiten vertreten. Gemein ist allen Definitionen jedoch ein Element der Veranlassung. Wenngleich auch hier umstritten ist, wie weit dieser Begriff des „Herbeiführens" zu verstehen ist, so geht es doch stets um den Schutz vor „staatlich veranlasster irrtumsbedingter Selbstbelastung"[83]. Entscheidend ist daher gerade die *gezielte* Herbeiführung selbstbelastender Äußerungen.

144

Ein derart „aktiver" Beitrag seitens der Strafverfolgungsbehörden ist vorliegend jedoch nicht gegeben. Das bloße Verbringen der M ins Krankenhaus, wenngleich auf polizeiliche Veranlassung hin, genügt hierfür nicht. So dient die ärztliche Untersuchung allein dazu, die Behandlungsbedürftigkeit der M infolge der erlittenen Raucheinwirkung abzuklären, nicht hingegen – auch nicht mittelbar – der Beweissicherung. Allein der Umstand, dass die K das Gespräch zwischen M und A (ggf. unbefugt und / oder unerkannt) „mithört", mithin „passiv" entgegennimmt, macht aus der Unterredung zwischen M und A noch keine Vernehmung.[84]

145

Danach liegt auch bei Annahme eines funktionalen Vernehmungsbegriffs keine vernehmungsähnliche Situation und damit keine Vernehmung i. S. d. §§ 136, 163a StPO vor.[85] Damit ist bereits der Anwendungsbereich der §§ 163a Abs. 4 S. 2, 136 Abs. 1 S. 2 StPO nicht eröffnet.

146

III. Kein Verstoß gegen § 136a Abs. 1 S. 1 StPO (verbotene Vernehmungsmethoden)

Dasselbe gilt hinsichtlich eines möglichen Verstoßes gegen § 136a Abs. 1 S. 1 StPO. Denn auch § 136a StPO bezieht sich ausschließlich auf Vernehmungen (bzw. vernehmungsähnliche Situationen).[86]

147

IV. Kein Verstoß gegen § 136a Abs. 1 S. 1 StPO analog

Auch eine analoge Anwendung von § 136a StPO scheidet aus, da vorliegend die Willensentschließungs- und -betätigungsfreiheit der M nicht in einer Weise beeinträchtigt werden, die vom Schweregrad mit den anderen verbotenen Vernehmungsmethoden vergleichbar ist. Auch täuscht K die M hier nicht gezielt über ihren Polizeibeamtenstatus, sondern gibt wahrheitsgemäß an, Polizistin zu sein *(a. A. nur mit sehr guter Begründung vertretbar)*.

148

---

82 Vgl. zum Meinungsstand *Engländer*, Examens-Repetitorium StPO, Rn. 101.
83 *Roxin*, NStZ 1995, 465 (466).
84 Im Unterschied zur sog. „Hörfalle" agierte A auch nicht auf staatliche Veranlassung hin, sondern handelte eigenständig im Rahmen seines beruflichen Kompetenz- und Pflichtenkreises.
85 Ebenso *Vogler*, NStZ 2019, 38; anders aber offensichtlich *Jahn*, NJW 2018, 1988.
86 BeckOK-StPO-*Monka*, § 136a Rn. 4.

V. Verstoß gegen die Selbstbelastungsfreiheit (nemo-tenetur)

149 Es könnte jedoch ein Verstoß gegen die Selbstbelastungsfreiheit der M vorliegen. Der *nemo-tenetur*-Grundsatz ist notwendiger Ausdruck einer auf dem Leitgedanken der Achtung der Menschenwürde beruhenden rechtsstaatlichen Grundhaltung. Er ist Teil der Menschenwürdegarantie gem. Art. 1 Abs. 1 GG sowie Ausprägung des in Art. 20 Abs. 3 GG verankerten Rechtsstaatsprinzips und besitzt damit Verfassungsrang. Der Beschuldigte muss daher frei von Zwang eigenverantwortlich entscheiden können, ob bzw. inwieweit er am Strafverfahren mitwirkt. Er darf nicht gezwungen werden, zu seiner Überführung aktiv beizutragen.

150 Fraglich ist, ob eine solche eigenverantwortliche Entscheidung der M vorliegt. Dies ist i. R. e. Gesamtschau aus Aussageinhalt, -verhalten und den äußeren Umständen zu bestimmen:

151 Hier befand sich M nach der ersten Belehrung vor Ort in *ununterbrochenem polizeilichem Gewahrsam*, in dem letztlich zu keinem Zeitpunkt Rücksicht auf ihr Recht zu Schweigen genommen wurde. I. E. war sie auf diese Weise einer *dauerhaften Befragung* ausgesetzt. So lenkte K das Gespräch immer wieder auf die Tat, obwohl M zuvor ausdrücklich von ihrem Schweigerecht Gebrauch gemacht hatte. Zudem war M in einer *gesundheitlich angeschlagenen Verfassung* und hatte eine Überdosis eines Antidepressivums zu sich genommen. Schon diese prekäre gesundheitliche Verfassung der dezidiert nicht aussagebereiten M hätte daher weitere Fragen verboten. Dies gilt umso mehr als M die K gar nicht als Kriminalbeamtin wahrgenommen hat („Sind Sie Ärztin?"). Schließlich war M auch dringend behandlungsbedürftig. Um einen korrekten ärztlichen Befund zu erhalten, war sie daher gezwungen, möglichst genaue Angaben zur Brandentstehung zu machen, auch wenn dies mit einer Selbstbelastung einherging. Diese Zwangssituation hat die K mit ihrer Anwesenheit auch *bewusst ausgenutzt*, gerade weil sie wusste, dass M gegenüber den Ermittlungsbehörden keine Angaben machen wollte.

152 Auch war K's Anwesenheit bei der Untersuchung *nicht erforderlich*, um eine Flucht der M zu verhindern. Dies ergibt sich bereits daraus, dass K nach den (selbst-)belastenden Äußerungen der M den Behandlungsraum verließ, um sich bei ihren Kollegen der erfolgten Belehrung zu versichern.

153 Dem steht auch nicht entgegen, dass K im Behandlungszimmer die Frage gestellt hat, ob sie hinausgehen solle, ohne allerdings irgendeine Antwort zu erhalten. Denn dies konnte sie nicht automatisch als Zustimmung werten, weil auch die Möglichkeit bestand, dass die Frage weder von A noch von M gehört worden war, zumal K aus dem Vorgeschehen entnehmen musste, dass die M in ihrer Orientierung offensichtlich beeinträchtigt und zudem höheren Alters war. Jedenfalls hätte K bei dieser Sachlage sicherstellen müssen, dass ihre Frage trotz Ausbleibens einer Antwort Gehör gefunden hatte. Dies ist nicht erfolgt.

154 Gerade das kumulative Auftreten von „schweigerechtsfeindlicher Dauerbefragung", „prekärer gesundheitlicher Verfassung" sowie die jedenfalls subjektiv empfundene Zwangslage, zum Zwecke einer möglichst genauen Befunderhebung auch möglichst umfassende und damit ggf. selbstbelastende Angaben tätigen zu müssen, machte es für M unmöglich, eine eigenverantwortliche, d. h. ihrem eigenen Wertesystem entsprechende, selbstreferentielle Entscheidung zu treffen.

Fall 6b: Im Krankenzimmer (strafprozessuale Zusatzfrage)

Damit verstößt die Beweisgewinnung im Krankenzimmer gegen die Selbstbelastungsfreiheit; sie erfolgte damit rechtswidrig *(a. A. nur mit guter Begründung vertretbar)*.

Fraglich ist, ob aus dieser unzulässigen Beweisgewinnung auch ein Beweisverwertungsverbot resultiert.

Ein solches folgt nicht bereits aus § 136a Abs. 3 S. 2 StPO, da sich diese Norm ausschließlich auf Vernehmungen bzw. jedenfalls vernehmungsähnliche Situationen bezieht (→ Rn. 147). Jedoch ist anerkannt, dass ein Beweisverwertungsverbot nicht ausdrücklich gesetzlich normiert sein muss. Wenngleich keine einheitliche Regel existiert, die bestimmt, wann ein Verstoß gegen ein Erhebungsverbot zu einem Verwertungsverbot führt, gibt es allgemeine Kriterien, die in diesem Zusammenhang beizuziehen sind.[87] So hat der BGH in seiner früher vertretenen **Rechtskreistheorie** darauf abgestellt, ob die verletzte Vorschrift wesentlich dem Schutz des Rechtskreises des Beschuldigten dient oder ob sie hierfür nur von untergeordneter Bedeutung ist. Nach a. A. wird danach gefragt, welchen **Schutzzweck** die verletzte Beweiserhebungsvorschrift hat. Dagegen zieht der BGH heute ganz überwiegend die sog. **Abwägungslehre** heran. Diese nimmt einen Vergleich zwischen dem staatlichen Interesse an der Strafverfolgung mit dem Individualinteresse des Angeklagten auf Wahrung seiner Rechte vor, wobei insbesondere die Schwere des Delikts und das Gewicht des Verfahrensverstoßes wichtig sind.

Der *nemo-tenetur*-Grundsatz dient gerade dazu, den Beschuldigten vor („erzwungenen") selbstbelastenden Äußerungen zu schützen und betrifft damit originär dessen Rechtskreis. Auch der Schutzzweck der Norm ist darauf gerichtet, den Angeklagten davor zu bewahren, sich selbst („unfreiwillig") zu belasten. Im Rahmen einer Abwägung ist einerseits zu berücksichtigen, dass die Brandstiftungsdelikte der §§ 306 f. StGB angesichts ihres nicht unerheblichen Strafrahmens Delikte von einiger Intensität darstellen. Andererseits kommt dem *nemo-tenetur*-Grundsatz als Teil der Menschenwürdegarantie eine überragend wichtige Funktion im Gefüge der Beschuldigtenrechte zu. Er besitzt Verfassungsrang und hat konstituierende Bedeutung für das gesamte strafprozessuale Verfahren. Eine Verletzung des *nemo-tenetur*-Grundsatzes wiegt daher in einer Gesamtabwägung schwerer als die Verwirklichung der §§ 306 f. StGB; insbesondere kam es i. R. d. Brandgeschehens zu keinen Personenschäden.

> **Klausurhinweis:**
>
> Es ließe sich in Übereinstimmung mit dem BVerfG auch vertreten, dass bei einem Verstoß gegen den *nemo-tenetur*-Grundsatz grundsätzlich überhaupt keine Abwägung mehr vorzunehmen ist, da es sich um ein gezielt den Beschuldigten schützendes Verfahrensrecht von überragender Bedeutung handelt.[88]

Damit kommen alle Ansichten zum selben Ergebnis, ein Streitentscheid kann unterbleiben.

Im Ergebnis unterfallen die Äußerungen der M im Krankenzimmer einem (**unselbstständigen**) **Beweisverwertungsverbot**, sodass auch die dahingehende Aussage der K nicht verwertet werden darf.

---

87 Hierzu und zum Folgenden *Engländer*, Examens-Repetitorium StPO, Rn. 255.
88 Vgl. BVerfG NJW 1981, 1431; ebenso für die „Unabwägbarkeit" des *nemo-tenetur*-Grundsatzes *Esser*, JR 2004, 98 (106); *von Freier*, ZStW 122 (2010), 117 (143); *Danncker*, ZStW 127 (2015), 370 (386).

> **Klausurhinweis:**
>
> A. A. nur mit sehr guter Begründung vertretbar, etwa mit Hinweis darauf, dass die vorliegende Konstellation nicht mit anderen *nemo-tenetur*-Fällen vergleichbar ist.

VI. Verletzung des absoluten Kernbereichs privater Lebensgestaltung, Art. 2 Abs. 1, 1 Abs. 1 GG

161 Die Angaben der M gegenüber A könnten auch deswegen unverwertbar sein, weil der absolute Kernbereich privater Lebensgestaltung der M betroffen und M damit in ihrem Recht aus Art. 2 Abs. 1, 1 Abs. 1 GG verletzt sein könnte. In diesem Fall läge ein sog. „Beweisverwertungsverbot von Verfassungs wegen" vor, welches „automatisch" – d. h. ohne Abwägung – zu einem (selbstständigen) Verbot der Beweisverwertung führen würde.

162 Ob bei einem Arzt-Patienten-Gespräch der absolute Kernbereich privater Lebensgestaltung betroffen ist, lässt sich nicht abstrakt, sondern nur unter Berücksichtigung der Besonderheiten des Einzelfalls feststellen.[89] Maßgebliche Kriterien hierfür sind u. a. die Art des Raumes als Rückzugsort sowie die Höchstpersönlichkeit von Inhalt und Charakter der Unterredung. Gegen eine solche Kernbereichsbetroffenheit ließe sich vorliegend zwar anführen, dass K im Behandlungszimmer ausdrücklich gefragt hat, ob sie im Raum verbleiben solle, darauf aber keine Antwort erhielt. Allerdings darf hier bezweifelt werden, ob M aufgrund ihres Alters und ihrer prekären gesundheitlichen Verfassung die Situation tatsächlich vollständig erfasst hat. Zudem besteht zwischen M als Patientin und A als Arzt ein Vertrauensverhältnis, das dergestalt auch notwendige Voraussetzung dafür ist, dass M die angemessene und „richtige" ärztliche Behandlung erhält. Denn M ist letztlich gezwungen, gegenüber A umfassend und wahrheitsgemäß zu antworten, um eine zutreffende Diagnose und damit eine adäquate Therapie zu ermöglichen. Hierbei muss sie – i. E. um ihrer Gesundheit willen – auch höchstpersönliche Inhalte preisgeben. Schließlich fungiert der Behandlungsraum in M's aktueller Situation auch als persönlicher Rückzugsort, da M derzeit keine anderweitigen („polizeifreien") Aufenthaltsmöglichkeiten zur Verfügung stehen.

163 Damit betrifft das Arzt-Patienten-Gespräch zwischen M und A vorliegend den absoluten Kernbereich privater Lebensgestaltung, sodass hinsichtlich der Äußerungen der M auch ein **selbstständiges Beweisverwertungsverbot** besteht.

> **Klausurhinweis:**
>
> A.A. mit der entsprechenden Begründung vertretbar. Der BGH lässt die Frage offen, ob der absolute Kernbereich privater Lebensgestaltung betroffen ist.[90]

VII. Ergebnis

164 Das beabsichtigte Vorgehen des Landgerichts ist *unzulässig*, da die Äußerungen der M im Behandlungszimmer sowohl einem unselbstständigem als auch einem selbstständigen **Beweisverwertungsverbot** unterliegen.[91] Sie durften daher auch nicht über die

---

89 *Lucke*, HRRS 12/2011, 527 (530) m. w.N.
90 Vgl. BGH NStZ 2019, 36 (37).
91 Von einem rechtzeitigen Widerspruch des Verteidigers der M ist auszugehen. Zur sog. Widerspruchslösung der Rspr. siehe *Kindhäuser/Schumann*, Strafprozessrecht, § 23 Rn. 18.

Fall 6b: Im Krankenzimmer (strafprozessuale Zusatzfrage)

Vernehmung der K als Zeugin vom Hörensagen in die Hauptverhandlung eingeführt und anschließend verwertet werden.

Weiterführende Hinweise auf relevante Rechtsprechung und (Ausbildungs-)Literatur:

BGH NJW 2012, 2530 – Kassenarzt kein Amtsträger oder Beauftragter der gesetzlichen Krankenversicherung

BGH NStZ 2019, 36 – Verletzung der Aussagefreiheit durch die Verwertung von Angaben bei einer ärztlichen Untersuchung *(vgl. Fall 6b)*

LG Nürnberg-Fürth MedR 2022, 688 – Konkurrenzsituation unter Patienten kein Wettbewerb i. S.d. §§ 299a, 299b StGB *(vgl. Fall 6a)*

Braun, Sebastian, Grundfälle zur Korruption im Gesundheitswesen (§§ 299a, 299b StGB), JA 2019, 115

Dann, Matthias / Scholz, Karsten, Der Teufel steckt im Detail – Das neue Antikorruptionsgesetz für das Gesundheitswesen, NJW 2016, 2077

Dann, Matthias, Eine neue Ära im Gesundheitswesen – Was bringen die §§ 299a, 299b StGB?, KriPoZ 3/2016, 169 ff.

Heil, Maria / Oeben, Marc, §§ 299a, b StGB auf der Zielgeraden – Auswirkungen auf die Zusammenarbeit im Gesundheitswesen, PharmR 2016, 217

Kraatz, Erik, Arztstrafrecht, 3. Aufl. 2023, § 12 Korruption im Gesundheitswesen

Krüger, Matthias, Kooperation versus Korruption im Gesundheitswesen – Gedanken zu §§ 299a, 299b StGB, NZWiSt 2017, 129

Krüger, Matthias, Zur Strafbarkeit von Manipulationen bei der Impfpriorisierung, medstra 2021, 271–280

Waßmer, Martin Paul, Medizinstrafrecht, 1. Aufl. 2022, § 15 Korruptionsdelikte

Falleinheit 7: Medizinstrafrecht in der Pandemie (Fall 7a bis Fall 7b)

Fall 7a: Triage

A ist Ärztin auf der Intensivstation eines Krankenhauses. Wegen der steigenden Infektionszahlen mit einem seltenen Lungenvirus müssen immer mehr schwer kranke Patientinnen und Patienten stationär behandelt werden. A hat Nachtdienst im Krankenhaus, als die 85-jährige O und die 80-jährige T eingeliefert werden. Beide weisen bereits schwere Symptome der Lungenkrankheit auf. A erkennt zutreffend, dass sowohl O als auch T an ein Beatmungsgerät angeschlossen werden müssen, um die Nacht sicher zu überleben. Zu ihrem großen Entsetzen muss sie feststellen, dass nur noch ein einziges Intensivbett zur Verfügung steht. Andere Krankenhäuser sind nicht mehr rechtzeitig zu erreichen bzw. vollständig belegt. A ist von dieser Situation zunächst sehr überfordert. Da das Bett der O deutlich näher am Aufzug Richtung Intensivstation steht, beginnt sie – ohne nachzudenken – das Bett der O in Richtung Aufzug zu schieben. Als Krankenpfleger S in diesem Moment seinen Dienst antritt, erkennt er sofort, dass es sich bei O um seine nervige reiche Oma handelt, auf deren großes Erbe er schon lange spekuliert. Beruhigend redet er auf A ein und versucht sie zu überzeugen, dass sie doch der noch etwas jüngeren T das Intensivbett zuweisen soll. Die ältere O solle sie auf der Allgemeinstation ohne Beatmungsgerät ihrem Schicksal überlassen. Froh darüber, dass sie die Entscheidung nicht selbst treffen muss, verlegt A die T daraufhin auf die Intensivstation, wo T alsbald an das letzte freie Beatmungsgerät angeschlossen wird. O muss dagegen auf der Allgemeinstation verbleiben. A geht dabei fest davon aus, dass O ohne die notwendige medizinische Beatmung in der Nacht versterben werde, was sie zumindest billigend in Kauf nimmt. S hofft auf den Tod seiner Oma O, damit er durch das ihm zustehende Erbe seine finanziellen Sorgen loswird. Zur großen Überraschung aller verschlimmern sich zwar die Symptome der O über Nacht, sie überlebt jedoch. T überlebt ebenfalls.

Strafbarkeit von A und S nach dem StGB?

Erforderliche Strafanträge sind gestellt. § 221 StGB ist nicht zu prüfen. Auf § 5c IfSG wird hingewiesen.

Falleinheit 7: Medizinstrafrecht in der Pandemie (Fall 7a bis Fall 7b)

Kurzgliederung Fall 7a
Stbk. von A
A. §§ 212 Abs. 1, 13 Abs. 1, 22, 23 Abs. 1 Alt. 1, 12 Abs. 1 (-)
0. Vorprüfung
I. TB (+)
   1. Tatentschluss (+)
      a) Vorsatz bzgl. Erfolg (+)
      b) Vorsatz bzgl. Unterlassen trotz physisch-realer Handlungsmöglichkeit
         aa) *(P) Abgrenzung Tun – Unterlassen*
             – Schwerpunkt der Vorwerfbarkeit bei *Abbruch eigener Rettungsbemühungen?*
             – Hier: konkrete Rettungschance hat O noch nicht erreicht, daher Unterlassen
         bb) *Nichtvornahme trotz physisch realer Handlungsmöglichkeit* (+)
         cc) *Diesbzgl. Vorsatz* (+)
      c) Vorsatz bzgl. Garantenstellung (+)
         Beschützergarantenstellung aus Berufspflichten bzw. kraft tatsächlicher Übernahme
      d) Vorsatz bzgl. Quasikausalität und objektiver Zurechnung (+)
      e) Vorsatz bzgl. Entsprechungsklausel, § 13 Abs. 1 Hs. 2 (+)
   2. Unmittelbares Ansetzen (+)
      – *Subjektiv-objektive Formel: „Jetzt-geht-es-los"* (+)
      – E.A.: extensive Lösung (+)
      – A.A: restriktive Lösung (+)
      – H.M.: modifizierte Gefährdungslösung (+)
II. RWK (+)
   1. Rechtfertigender Notstand, § 34 (-)
      Nach hM keine Anwendbarkeit bei Kollision zweier *Handlungspflichten*
   2. Rechtfertigende Pflichtenkollision
      a) Vorliegen einer Pflichtenkollision
         (+), da gg. O und T Rettungspflicht *(Garantin)*; hier: ⇒ ex ante-Triage
      b) Rangverhältnis der kollidierenden Pflichten:
         Welche muss erfüllt werden?
         aa) *Wert der betroffenen RG*
             Prinzip der Lebenswertindifferenz
         bb) *Rechtliche Stellung des Normadressaten*
             A gg. T und O als Beschützergarantin
         cc) *(P) Grad der drohenden Gefahr*
             – T. d.L: bei gleicher medizinischer Dringlichkeit Abstellen auf höhere klinische Erfolgsaussichten der Behandlung
             – H.M.: lehnt dies ab = gleichrangige Pflichtenkollision
         dd) *Zwischenergebnis: zwei gleichrangige Handlungspflichten gg. T und O* (+)

c) Anderes Ergebnis wegen § 5c IfSG
- T. d.L: lassen § 5c IfSG außer Acht
- Überzeugender: Prüfung i.R.d. allg. RFG
  aa) *Voraussetzungen des § 5c IfSG*
      – Vorliegen einer Zuteilungsentscheidung, i.S.v. § 5c Abs. 1 S. 1 IfSG (+)
      – Übertragbare Krankheit (+)
      – Anwendungsbereich (+)
  bb) *Verbot der ex-post-Triage nach § 5c Abs. 2 S. 4 IfSG*
      hier (-), da ex ante-Triage
  cc) *Kriterium der aktuellen und kurzfristigen Überlebenswahrscheinlichkeit, § 5c Abs. 2 S. 1 IfSG*
      bzgl. O und T = gleich hoch
  dd) *Diskriminierungsverbot nach § 5c Abs. 1 S. 1 IfSG*
      (1) Benachteiligung wg. Alters (+)
      (2) Benachteiligung wg. „Status" als „Erboma" (-)
      (3) Folgen eines Verstoßes gegen das Diskriminierungsverbot
      – Kein Tötungs-, sondern nur Diskriminierungsunrecht
      – Daher: Rechtfertigung trotz Diskriminierung (+)
  ee) *Verstoß gegen Zuteilungsverfahren nach § 5c Abs. 3 (+)*
      – Mangels einvernehmlicher Zuteilungsentscheidung von zwei Ärztinnen bzw. Ärzten Verstoß (+)
      – Verstoß kann aber kein Tötungsunrecht begründen, daher RF trotzdem (+)
  ff) *Zwischenergebnis:* kein anderes Ergebnis wg. § 5c IfSG, daher RF (+)

III. Ergebnis: Strafbarkeit (-)

B. §§ 223 Abs. 1, 13 Abs. 1 (-)
I. TB (+)
  1. Obj. TB (+)
     a) Taterfolg:
        körperliche Misshandlung (+) + Gesundheitsschädigung (+)
     b) Unterlassen trotz physisch-realer Handlungsmöglichkeit (+)
     c) Garantenstellung, Quasikausalität und objektive Zurechnung (+)
     d) Entsprechungsklausel, § 13 Abs. 1 Hs. 2 (+)
  2. Subj. TB (+)
II. RWK (-)
   Rechtfertigung nach den Grundsätzen der rechtfertigenden Pflichtenkollision (s.o.)
III. Ergebnis: Strafbarkeit (-)

Stbk. von S
A. §§ 212 Abs. 1, 211, 13 Abs. 1, 22, 23 Abs. 1 Alt. 1, 12 Abs. 1, 26 (-)
keine vorsätzliche rechtswidrige Haupttat
B. §§ 212 Abs. 1, 211, 13 Abs. 1, 30 Abs. 1 iVm 12 Abs. 1 (-)
0. Vorprüfung
I. TB (+)
 1. Tatentschluss (-)
II. Ergebnis: Strafbarkeit (-)
Gesamtergebnis: SBK von A und S (-)

Lösung Fall 7a[1]

Schwerpunkte: Triagesituationen in der strafrechtlichen Fallbearbeitung (v. a. rechtfertigende Pflichtenkollision – auch in Abgrenzung zu § 34 StGB); Voraussetzungen und Prüfungseinbindung des § 5c IfSG, Abgrenzung Tun – Unterlassen beim Abbruch eigener ärztlicher Rettungsbemühungen

Strafbarkeit der A

A. §§ 212 Abs. 1, 13 Abs. 1, 22, 23 Abs. 1 Alt. 1, 12 Abs. 1 StGB

2   Indem A die medizinisch indizierte Behandlung an O nicht vornahm, könnte sie sich wegen versuchten Totschlags durch Unterlassen strafbar gemacht haben, §§ 212 Abs. 1, 13 Abs. 1, 22, 23 Abs. 1 Alt. 1, 12 Abs. 1 StGB.

0. Vorprüfung

3   Die Tat ist nicht vollendet, da O noch lebt.

4   Die Strafbarkeit des versuchten Totschlags folgt aus §§ 212 Abs. 1, 22, 23 Abs. 1 Alt. 1, 12 Abs. 1 StGB. Der Versuch eines Verbrechens ist stets strafbar.

I. Tatbestandsmäßigkeit

5   **1. Tatentschluss.** A müsste zur Tat entschlossen gewesen sein, d. h. vorsätzlich hinsichtlich der Tatbestandsverwirklichung gehandelt haben

6   Vorsätzlich handelt, wer bei Begehung der Tat, § 8 StGB, alle Umstände kennt, die zum gesetzlichen Tatbestand gehören, vgl. § 16 Abs. 1 S. 1 StGB, und diese auch verwirklichen will.[2]

7   a) **Vorsatz bzgl. Erfolg.** A müsste vorsätzlich hinsichtlich des Eintritts des tatbestandlichen Erfolgs, d. h. des Todes der O, gehandelt haben. A erkennt hier das Risiko für das Leben der O und hat sich mit dem (möglichen) Todeseintritt abgefunden. Diesbezüglicher Tatentschluss liegt vor.

---

1   *Triage* von französisch „trier" (sortieren, aussuchen). Für die Idee zum Fall sowie eine erste stichpunktartige Ausarbeitung danke ich herzlich *Babette Milz*.
2   *Wessels/Beulke/Satzger*, Strafrecht AT, Rn. 313.

b) Vorsatz bzgl. Unterlassen trotz physisch-realer Handlungsmöglichkeit. Fraglich ist, ob A auch hinsichtlich der Nichtvornahme der objektiv gebotenen Rettungshandlung trotz physisch-realer Handlungsmöglichkeit vorsätzlich handelte.

aa) Abgrenzung Tun – Unterlassen. Hierbei ist zunächst ein etwaiges *Unterlassen* von einem möglichen *Tun* abzugrenzen. Die Abgrenzung ist grundsätzlich Wertungsfrage und richtet sich danach, wo im Wege normativer Betrachtung unter Berücksichtigung des sozialen Sinngehalts des Täterverhaltens der *Schwerpunkt* des strafrechtlich relevanten Verhaltens liegt. Hierbei können die Kriterien des Energieeinsatzes und der Kausalität zumindest als Ausgangspunkte dienen.[3]

Hier ist A als Schwerpunkt ihres Handelns vorzuwerfen, dass sie die intensivmedizinisch erforderliche Behandlung der O – das Verlegen auf die Intensivstation sowie das Anschließen an ein Beatmungsgerät – nicht vorgenommen hat. Entsprechend hat A von der Möglichkeit des Eingreifens (Energieeinsatz) keinen Gebraucht gemacht, sondern den Dingen schlichtweg ihren Lauf gelassen. Dies spricht jedenfalls *prima facie* für ein Unterlassen.

Allerdings ergibt sich im Fall die Besonderheit, dass A das Krankenbett der O bereits zum Aufzug in Richtung Intensivstation geschoben hat, als sie es sich anders überlegte und davon abließ, um stattdessen T auf die Intensivstation zu verlegen. A hat daher ihre *eigenen Rettungsbemühungen abgebrochen*.

In diesen Fällen ist der Schwerpunkt der Vorwerfbarkeit anhand einer normativen Betrachtung zu bestimmen. Hierbei ist maßgeblich ist, ob der Täter durch seine Rettungsbemühungen bereits eine *konkrete, realisierbare Chance auf Rettung* geschaffen hat, welche das Opfer auch bereits „*erreicht*" hat, sodass nach dem sozialen Sinngehalt des Geschehens der Schwerpunkt beim Abbruch der Rettungshandlung in der nachträglichen, aktiven Vereitelung einer bereits konkretisierten Rettungschance besteht (dann: aktives Tun) oder ob der Täter die Rettungsbemühungen abbricht, bevor sie das Opfer überhaupt erreicht haben (dann: Unterlassen).[4] Hat sich dem Opfer nämlich mangels „Erreichens" noch keine tatsächlich realisierbare Rettungsmöglichkeit eröffnet, ist seine Situation objektiv dieselbe, als wenn der Täter gar nichts unternommen hätte.

A befand sich hier noch auf der Allgemeinstation, als sie vom Bett der O abließ. Eine hinreichend konkrete Chance auf Rettung hatte A daher zu diesem Zeitpunkt für die O noch nicht geschaffen. Die Rettungshandlung hat O mithin noch nicht „erreicht". Im Ergebnis liegt damit ein Unterlassen und kein aktives Tun der A vor.

> **Klausurhinweis:**
> Die Abgrenzung zwischen aktivem Tun und Unterlassen kann ebenso im Rahmen einer Vorprüfung vor dem Tatbestand erfolgen.

bb) Nichtvornahme trotz physisch realer Handlungsmöglichkeit. Die Vornahme der gebotenen Handlung – Anschluss der O an ein Beatmungsgerät – wäre A auch physisch-real möglich gewesen.

---

[3] BGH NJW 1954, 766 (768); *Wessels/Beulke/Satzger*, Strafrecht AT, Rn. 1159; *Rengier*, Strafrecht AT, § 48 Rn. 10 jew. m. w.N.
[4] Vgl. BGH NJW 2017, 3249 (3254); *Wessels/Beulke/Satzger*, Strafrecht AT, Rn. 1162.

15 **cc) Diesbzgl. Vorsatz.** A handelte hinsichtlich der Nichtvornahme der gebotenen Handlung trotz physisch-realer Handlungsmöglichkeit auch mit Wissen und Wollen, d. h. vorsätzlich, und damit mit dem erforderlichen Tatentschluss.

16 **c) Vorsatz bzgl. Garantenstellung.** A müsste auch vorsätzlich hinsichtlich einer bestehenden Garantenstellung (vgl. § 13 StGB) gehandelt haben. Eine solche **Beschützergarantenstellung** ergibt sich vorliegend aus den *Berufspflichten* als (diensthabende) Ärztin[5] bzw. kraft *tatsächlicher Übernahme* der Behandlung.[6] Auf die Wirksamkeit des zugrundeliegenden Behandlungsvertrags kommt es daher nicht entscheidend an.[7]

17 A weiß hier um die Übernahme der Behandlung sowie ihre grundsätzliche Pflicht, als diensthabende und behandelnde Ärztin lebenserhaltende Maßnahmen hinsichtlich ihrer Patientin O zu ergreifen. Diesbezüglicher Tatentschluss liegt vor.

18 **d) Vorsatz bzgl. Quasikausalität und objektiver Zurechnung.** Nach der Vorstellung der A könnte die unterlassene rettende Handlung – das Anschließen der O an ein Beatmungsgerät – auch nicht hinzugedacht werden, ohne dass der konkrete Erfolg – der Tod der O – mit an Sicherheit grenzender Wahrscheinlichkeit verhindert worden wäre (sog. Quasikausalität). A ging auch davon aus, mit ihrem Unterlassen die rechtlich missbilligte Gefahr geschaffen zu haben, dass O infolge der Nicht-Behandlung verstirbt, sich also gerade die von ihr geschaffene Gefahr im tatbestandlichen Erfolgt verwirklicht.

19 Vorsatz hinsichtlich Quasikausalität und objektiver Zurechnung liegt daher vor.

20 **e) Vorsatz bzgl. Entsprechungsklausel, § 13 Abs. 1 HS. 2 StGB.** A handelte auch hinsichtlich der Voraussetzungen der Entsprechungsklausel nach § 13 Abs. 1 HS. 2 StGB mit dem erforderlichen Tatentschluss.

21 **2. Unmittelbares Ansetzen.** A müsste zur Tat, d. h. zum Unterlassen der Erfolgsabwendung, unmittelbar angesetzt haben, § 22 StGB. Dazu müsste sie gemäß der klassischen subjektiv-objektiven Formel subjektiv die Schwelle zum *„Jetzt-geht's-los"* überschritten und objektiv eine tatbestandsmäßige Angriffshandlung vorgenommen haben, die nach ihrer Vorstellung von der Tat ohne wesentliche Zwischenakte in die Erfüllung des Tatbestandes übergehen sollte.[8]

22 Beim Unterlassungsdelikt bestimmt sich das unmittelbare Ansetzen mit der sog. **modifizierten Gefährdungslösung** der h. M. danach, ob der Täter nicht handelt, obwohl er nach seiner Vorstellung von der Tat das Rechtsgut unmittelbar gefährdet hat und der Erfolgseintritt nahe gerückt ist. Dagegen stellt e. A. auf das Verstreichenlassen bzw. Nichtergreifen der ersten (sog. extensive Lösung) bzw. der letzten Rettungsmöglichkeit (sog. restriktive Lösung) ab.

23 Hier hat A spätestens mit dem Anschließen der T an das Beatmungsgerät sowohl die erste als auch die letzte Rettungsmöglichkeit hinsichtlich O verstreichen lassen und auch nicht gehandelt, obwohl das Rechtsgut „Leben der O" nach ihrer Vorstellung hierdurch bereits unmittelbar gefährdet war und der Eintritt des Todeserfolgs entsprechend nahe gerückt ist.

---

5 Vgl. *Rönnau/Wegner,* JuS 2020, 404.
6 *Waßmer,* Medizinstrafrecht, § 8 Rn. 5; *Kraatz,* Arztstrafrecht, § 5 Rn. 159.
7 Vgl. RGSt 74, 350 (354); BGHSt 7, 211 (212); 47, 224 (229); *Waßmer,* Medizinstrafrecht, § 8 Rn. 5.
8 Vgl. BGH NJW 1979, 378; NStZ 2013, 156 (157); *Krey/Esser,* StrafR AT, Rn. 1221 ff.

Damit liegt nach allen Ansichten ein unmittelbares Ansetzen der A vor. Ein Streitentscheid ist daher entbehrlich.

II. Rechtswidrigkeit

A könnte jedoch dahingehend gerechtfertigt sein, als dass im vorliegenden Fall u. U. zwei Handlungspflichten miteinander kollidieren: nämlich einerseits die Pflicht, Patientin O (lebenserhaltend) zu behandeln, und andererseits die Pflicht, Patientin T (ebenfalls) (lebenserhaltend) zu behandeln. In Betracht käme daher eine Rechtfertigung wegen Notstands nach § 34 StGB oder aus sog. rechtfertigender Pflichtenkollision.

1. Rechtfertigender Notstand, § 34 StGB. A könnte nach § 34 StGB gerechtfertigt sein, da sie die Behandlung der O unterließ, um die Patientin T zu retten.

Dazu müsste § 34 StGB auf die hier in Rede stehende Kollision zweier Handlungspflichten (Behandlungspflicht gegenüber O *und* T) aber überhaupt *anwendbar* sein. Stellt man strikt auf den Wortlaut des § 34 S. 1 StGB ab, wonach derjenige, der „eine Tat begeht", unter bestimmten Voraussetzungen gerechtfertigt ist, ließe sich durchaus argumentieren, dass auch derjenige eine Tat i. S.d. Norm „begeht", der sie gem. § 13 StGB unterlässt. Danach wäre § 34 StGB hier grundsätzlich anwendbar.

Dagegen geht die ganz h. M. unter Hinweis auf den Sinn und Zweck des § 34 StGB zu Recht davon aus, dass bei einer *Kollision zweier Handlungspflichten* allein der Rechtfertigungsgrund der rechtfertigenden Pflichtenkollision Anwendung findet.[9] Denn § 34 StGB bewirkt nicht die Aufhebung einer Pflichtkollision, sondern soll gerade deren Entstehung verhindern.[10] Eine Anwendung der Norm auf eine bestehende (Handlungs-)Pflichtenkollision überzeugt daher nicht.

Da in der Person der A zwei (Be-)Handlungspflichten kollidieren, ist § 34 StGB hierauf nicht anwendbar. Eine Rechtfertigung der A qua Notstand scheidet daher aus.

2. Rechtfertigende Pflichtenkollision. A könnte jedoch nach den Grundsätzen der rechtfertigenden Pflichtenkollision gerechtfertigt sein.

a) Vorliegen einer Pflichtenkollision. Eine **Pflichtenkollision** liegt vor, wenn den Normadressaten mehrere rechtlich begründete, letztlich aber unvereinbare Handlungspflichten in der Weise treffen, dass er die eine nur auf Kosten der anderen erfüllen kann: Er befindet sich also in einem Dilemma, in dem er notwendigerweise eine der beiden Pflichten verletzen muss, ganz gleich wie er sich verhält.[11]

Hier trifft A aufgrund ihrer Garantenstellung aus allgemeiner Berufspflicht als Ärztin bzw. kraft tatsächlicher Übernahme sowohl bzgl. O als auch bzgl. J eine Rettungs-, d. h. Behandlungspflicht. Mithin bestehen für A mehrere (hier: zwei) rechtlich begründete Handlungspflichten.

Von diesen zwei Handlungspflichten ist auch nur eine erfüllbar, da nur ein Intensivbett mit Beatmungsgerät zur Verfügung stand und andere Krankenhäuser nicht rechtzeitig zu erreichen waren. A konnte daher nur eine der beiden Pflichten – auf Kosten der anderen – erfüllen.

Eine Pflichtenkollision (in Form der sog. *Ex ante*-Triage) liegt vor.

---
9 Siehe nur MüKo-StGB-*Erb*, § 34 Rn. 47 mit zahlreichen w. N.
10 Vgl. MüKo-StGB-*Erb*, § 34 Rn. 44 ff.; *Wessels/Beulke/Satzger*, Strafrecht AT, Rn. 1212.
11 *Wessels/Beulke/Satzger*, Strafrecht AT, Rn. 1212.

> **Weiterführendes Wissen:**
> Man unterscheidet i. R.d. Triage zwischen der sog. Ex ante- und der Ex post-Triage. Bei der **Ex ante-Triage** treffen vor Ort mehr behandlungsbedürftige Personen ein, als mit den vorhandenen medizinischen Ressourcen (z. B. Intensivbetten) behandelt werden können. Folglich muss eine Auswahlentscheidung getroffen werden, wer (überhaupt) behandelt wird. Wird dagegen bei einem Patienten eine bereits begonnene Behandlung abgebrochen, um einen später eintreffenden anderen Patienten (z. B. aufgrund dessen besserer Überlebenswahrscheinlichkeit) mithilfe der begrenzten Behandlungsressource (zu Lasten des ersten Patienten) zu retten, spricht man von **Ex post-Triage**, siehe hierzu auch den Hinweiskasten unten → Rn. 55.

35 **b) Rangverhältnis der kollidierenden Pflichten: Welche Pflicht muss erfüllt werden?** Liegt – wie hier – eine rechtfertigende Pflichtenkollision vor, ist der Täter gerechtfertigt, wenn er von zwei Pflichten *unterschiedlichen Rangs* die höherrangige Pflicht, und von zwei gleichrangigen Pflichten jedenfalls eine Pflicht erfüllt.[12]

36 Das Rangverhältnis der kollidierenden Pflichten ist dabei grundsätzlich durch eine wertende Gesamtbetrachtung aller maßgeblichen Faktoren nach den allgemeinen Grundsätzen zu bestimmen.[13] Maßgeblich abzustellen ist dabei auf den Wert der betroffenen Rechtsgüter, die rechtliche Stellung des Normadressaten zum geschützten Rechtsgut (Garantenstellung oder bloße Hilfspflicht) sowie den Grad der drohenden Gefahr (Nähe der Gefahr und mehr oder weniger große Wahrscheinlichkeit des Schadenseintritts).[14]

37 Fraglich ist, in welchem Rangverhältnis die beiden Rettungspflichten, die A treffen, stehen. Denn A wäre nur dann nach den Grundsätzen der rechtfertigenden Pflichtenkollision gerechtfertigt, wenn entweder beide Rettungspflichten als gleichrangig zu bewerten wären oder aber die Rettungspflicht gegenüber der jüngeren T sogar höherrangig ist.

38 **aa) Wert der betroffenen Rechtsgüter.** Hinsichtlich des Werts der betroffenen Rechtsgüter – Leben der O und Leben der T – gilt das *Prinzip der Lebenswertindifferenz*, d. h. für das Strafrecht ist jedes Leben absolut gleichwertig.[15] Das Leben der O „wiegt" daher ebenso viel bzw. schwer wie das Leben der T – und umgekehrt.

39 **bb) Rechtliche Stellung des Normadressaten.** Auch die rechtliche Stellung der Normadressatin A zu dem jeweils geschützten Rechtsgut unterscheidet sich hinsichtlich O und T nicht, da ihr gegenüber beiden eine (Beschützer-) Garantenstellung zukommt (→ Rn. 16).

40 **cc) Grad der drohenden Gefahr.** Hinsichtlich des Grads der drohenden Gefahr (vgl. auch § 34 StGB) ist in Fällen der Ex ante-Triage zunächst die *medizinische Dringlichkeit* der Behandlung maßgeblich. Signifikante Unterschiede begründe hier eine Kollision verschiedenrangiger Pflichten, in der der dringlicheren der Vorrang zukommt.[16] Dagegen sind alle gleichermaßen dringlichen Handlungspflichten zur Rettung des Lebens im Grundsatz als gleichgewichtig anzusehen.[17]

---

12 *Krey/Esser*, StrafR AT, Rn. 631 ff.; *Kühl*, Strafrecht AT, § 18 Rn. 134, 137.
13 *Rengier*, Strafrecht AT, § 49 Rn. 40 f.; *Wessels/Beulke/Satzger*, Strafrecht AT, Rn. 1213.
14 *Wessels/Beulke/Satzger*, Strafrecht AT, Rn. 1213.
15 Vgl. hierzu auch im hiesigen Kontext der Triage *Sowada*, NStZ 2020, 452 (455); *Waßmer*, JA 2021, 298 (300).
16 *Engländer*, medstra 2023, 142 (144). *Engländer/Zimmermann*, NJW 2020, 1398 (1401); *Lindner*, MedR 2020, 723 (727); *Taupitz*, MedR 2020, 440 (444); *Walter*, GA 2020, 656 (669 f.); krit. *Streng-Baunemann*, ZIS 2021, 170 (187).
17 *Engländer*, medstra 2023, 142 (144).

Da O und T jedoch beide gleichermaßen schwere Symptome der Lungenkrankheit aufweisen, bedürfen sie auch beide *gleichermaßen dringlich* einer Behandlung. Das Kriterium der medizinischen Dringlichkeit der Behandlung liegt daher bei beiden im selben Ausmaß vor. 41

T. d.L. wollen sodann bei gleicher medizinischer Dringlichkeit die *klinischen Erfolgsaussichten* der Behandlung als einen weiteren *rechtlichen* Gewichtungsfaktor heranziehen – mit der Folge eines Primats des Lebensinteresses des Patienten mit den besseren Überlebenschancen.[18] Die h. M. lehnt einen solchen Ansatz indes ab; ihr zufolge liegt bei gleicher Dringlichkeit eine gleichrangige Pflichtenkollision vor, sodass es dem Arzt grundsätzlich freigestellt ist, welchen Patienten er behandelt.[19] 42

Mangels anderweitiger Angaben im Sachverhalt ist hier – zumindest in *dubio pro reo* – davon auszugehen, dass die klinischen Erfolgsaussichten im Hinblick auf O und T, also die Frage, wer die besseren Überlebenschancen hat, ebenfalls gleich hoch anzusetzen sind. 43

Klausurhinweis:

Allein der – ohnehin nur geringfügige – Altersunterschied zwischen O und T kann hier keine andere Beurteilung rechtfertigen, da auch eine jüngere Patientin z. B. vorgeschädigt oder insgesamt weniger „fit" sein kann mit der Folge, dass ihre Behandlung weniger erfolgversprechend ist als die einer z. B. älteren Mitpatientin.

Da sich die klinischen Erfolgsaussichten einer Behandlung von O und T ohnehin nicht voneinander unterscheiden, muss auch nicht geklärt werden, ob auf diese i. R.d. allgemeinen Grundsätze überhaupt abgestellt werden darf. Denn jedenfalls im Ergebnis macht dies keinen Unterschied. 44

Weiterführendes Wissen:

Das Kriterium der „Klinischen Erfolgsaussicht" prägt als „aktuelle und kurzfristige Überlebenswahrscheinlichkeit der betroffenen Patientinnen und Patienten" aber den „neuen" § 5c IfSG; siehe hierzu → Rn. 47 ff.

dd) Zwischenergebnis. Nach den allgemeinen Grundsätzen zur Bestimmung des Rangverhältnisses der kollidierenden Pflichten liegen damit hinsichtlich O und T *zwei gleichrangige (Handlungs-)Pflichten* vor, sodass es A grundsätzlich freisteht, welche Pflicht sie erfüllt. 45

Klausurhinweis:

A.A. kaum vertretbar.

Indem sie T auf die Intensivstation verbrachte und an ein Beatmungsgerät anschloss, hat sie jedenfalls eine der sie treffenden Pflichten erfüllt. A wäre danach gerechtfertigt. 46

---

18 *Gaede* et al., medstra 2020, 129 (133 f.); *Rosenau*, GA 1/2023, 121 (130); wohl ebenfalls *Sowada*, NStZ 2020, 452 (455 f.); i. T. anders *Streng-Baunemann*, ZIS 2021, 170, 188. Zum Ganzen siehe *Engländer*, medstra 2023, 142 (144).
19 *Ast*, ZIS 2020, 268 (270); *Fateh-Moghadam/Gutmann*, in: Hörnle/Huster/Poscher, 291 (325 ff.); *Engländer*, medstra 2023, 142 (144); *Jansen*, ZIS 2021, 155 (160 ff.); *Merkel/Augsberg*, JZ 2020, 704 (708 f.); *Rönnau/Wegner*, JuS 2020, 403 (404 f.); *Sternberg-Lieben*, MedR 2020, 627 (631 f.).

47 c) **Anderes Ergebnis wegen § 5c IfSG?** Fraglich ist, ob dieses Ergebnis vor dem Hintergrund des 2022 neu eingefügten § 5c IfSG weiterhin Bestand hat.

> **Klausurhinweis:**
>
> Ein anderer Aufbau ist freilich – sofern stringent – ebenso vertretbar. Insbesondere muss nicht (wie hier) zwischen einer Rechtslage vor und nach Inkrafttreten des § 5c IfSG unterschieden werden, sondern es können die Voraussetzungen des § 5c IfSG auch in eine einheitliche „Rangprüfung" der kollidierenden Handlungspflichten „integriert" werden.

48 § 5c IfSG regelt laut amtlicher Überschrift das „Verfahren bei aufgrund einer übertragbaren Krankheit nicht ausreichend vorhandenen überlebenswichtigen intensivmedizinischen Behandlungskapazitäten" und ist damit spezifisch auf den Fall einer Pandemie „zugeschnitten"[20].

> **Weiterführendes Wissen:**
>
> Nach *Rosenau*, GA 1/2023, 121 (137), soll § 5c IfSG daher „auch nur konkret für diese Situation" gelten, also ausschließlich im Pandemiefall greifen.

49 Nach dem Wortlaut der Norm sowie der Gesetzesbegründung stellt § 5c IfSG dabei *keinen eigenständigen neuen Rechtfertigungsgrund* dar, sondern es soll – so die Gesetzesbegründung – grundsätzlich „bei den allgemeinen Regelungen, insbesondere den Vorgaben zur gewohnheitsrechtlich anerkannten rechtfertigenden Pflichtenkollision [bleiben]"[21]. Um aber normlogische Widersprüche zu vermeiden,[22] darf § 5c IfSG bei der strafrechtlichen Bewertung von Triage-Situationen auch nicht – wie es T. d. L. fordern – gänzlich außer Acht gelassen werden,[23] sondern die Norm ist stattdessen i. R. d. allgemeinen Rechtfertigungsgründe, die weiter Anwendung finden, zu berücksichtigen.[24] Ihre Wertungen sind also bei der Bestimmung des Rangverhältnisses der miteinander kollidierenden Rettungspflichten in Rechnung zu stellen.

> **Weiterführendes Wissen:**
>
> Zweifel an der Verfassungsmäßigkeit der Norm im Hinblick auf Art. 12 GG (ärztliche Berufsfreiheit) äußert aber z. B. *Huster*, vgl. hierzu *Berndt/Preiß*, MedR 2023, 646 (647).

50 aa) **Voraussetzungen des § 5c IfSG.** Dazu müsste allerdings zunächst der Anwendungsbereich der Norm überhaupt eröffnet sein. Dies setzt das Vorliegen einer *Zuteilungsentscheidung* i. S. d. § 5c Abs. 1 S. 1 IfSG voraus, d. h. einer ärztlichen Entscheidung über die Zuteilung aufgrund einer übertragbaren Krankheit nicht ausreichend vorhandener überlebenswichtiger intensivmedizinischer Behandlungskapazitäten.

---

20 *Rosenau*, GA 1/2023, 121 (137).
21 BT-Drs. 20/3877, 20.
22 *Engländer*, medstra 2023, 142 (145), bringt in diesem Zusammenhang das Beispiel, dass es andernfalls einer Ärztin einerseits nach § 5c Abs. 2 S. 1 IfSG verboten wäre, eine Patientin mit geringerer Überlebenswahrscheinlichkeit zu behandeln, es ihr aber andererseits nach dem bisher von der h. M. anerkannten Regeln der rechtfertigenden Pflichtenkollision erlaubt sei, ebendies zu tun. Es handle sich daher um einen normlogischen Widerspruch, weil die Ärztin nicht zugleich das Verbot befolgen und von der Erlaubnis Gebrauch machen könne.
23 Hierfür aber *Kubiciel/Wachter*, medstra 2023, 86 (89); grundsätzlich zustimmend BeckOK-InfSchR-*Eckart*, IfSG § 5c Rn. 79.
24 So überzeugend *Engländer*, medstra 2023, 142 (145). *Rosenau*, GA 1/2023, 121 (136), geht jedenfalls davon aus, dass § 5c IfSG ins Strafrecht „ausstrahle", sieht die Norm „der Sache nach" aber in ihrem Geltungsbereich als „Spezialregelung der rechtfertigenden Pflichtenkollision und des rechtfertigenden Notstands" an.

Fall 7a: Triage

In Rede steht hier die Entscheidung der Ärztin A hinsichtlich der Zuteilung des letzten verfügbaren Intensivbetts als überlebenswichtiger intensivmedizinischer Behandlungskapazität an T. Die erforderlichen Intensivbetten waren im Krankenhaus auch nicht ausreichend vorhanden, da der Bedarf an ihnen dort nicht gedeckt werden konnte (vgl. § 5c Abs. 1 S. 2 Nr. 1 IfSG) und eine anderweitige intensivmedizinische Behandlung der betroffenen Patientinnen und Patienten nicht möglich war, insbesondere, weil eine Verlegung nicht in Betracht kam, weil die regionalen und überregionalen intensivmedizinischen Behandlungskapazitäten anderer Krankenhäuser ebenfalls ausgeschöpft bzw. nicht rechtzeitig erreichbar waren (vgl. 5c Abs. 1 S. 2 Nr. 2a und b IfSG). 51

Die Situation, dass lediglich noch ein einziges Intensivbett vorhanden ist (**Verknappung**), ist dabei auch dem Umstand geschuldet, dass aufgrund der steigenden Infektionszahlen hinsichtlich einer durch einen Lungenvirus übertragbaren Lungenkrankheit immer mehr schwer kranke Patientinnen und Patienten stationär behandelt werden (müssen). 52

> **Klausurhinweis/Weiterführendes Wissen:**
>
> Eine Mitursächlichkeit der übertragbaren Krankheit für die Verknappung der überlebenswichtigen intensivmedizinischen Behandlungskapazitäten reicht aus.[25]

Bei der durch den Lungenvirus übertragenen „Lungenkrankheit" handelt es sich auch um eine *übertragbare Krankheit i. S.d. § 2 Nr. 3 IfSG*, mithin um eine durch Krankheitserreger oder deren toxische Produkte, die unmittelbar oder mittelbar auf den Menschen übertragen werden, verursachte Krankheit.[26] 53

Der Anwendungsbereich des § 5c IfSG ist daher eröffnet. 54

bb) Verbot der ex-post-Triage nach § 5c Abs. 2 S. 4 IfSG. Das in § 5c Abs. 2 S. 4 IfSG statuierte *Verbot* der sog. *Ex post*-Triage ist hier von vornherein nicht einschlägig, da das Intensivbett als überlebenswichtige intensivmedizinische Behandlungskapazität noch nicht an O zugeteilt worden ist (vgl. Wertung oben: Rettungshandlung hat O noch nicht „erreicht"; → Rn. 13). Es liegt daher die Konstellation einer (grundsätzlich zulässigen) *Ex ante*- und nicht einer *Ex post*-Triage vor. 55

> **Weiterführendes Wissen:**
>
> Ausführlich zum in § 5c Abs. 2 S. 4 IfSG statuierten Verbot der Ex post-Triage und dem diesbzgl. Streitstand vor Einfügung der Norm *Engländer*, medstra 2023, 142 (146 f.) m. w.N.

cc) Kriterium der aktuellen und kurzfristigen Überlebenswahrscheinlichkeit, § 5c Abs. 2 S. 1 IfSG. Maßgebliches Kriterium einer Zuteilungsentscheidung bei einer *Ex ante*-Triage ist nach § 5c Abs. 2 S. 1 IfSG die „aktuelle und kurzfristige Überlebenswahrscheinlichkeit der betroffenen Patientinnen und Patienten" – mit anderen Worten: die *klinische Erfolgsaussicht* der jeweiligen Behandlung.[27] 56

Wie bereits an obiger Stelle geklärt, sind die klinischen Erfolgsaussichten im Hinblick auf O und T, also die Frage, wer die besseren Überlebenschancen hat, mangels anderweitiger Angaben und jedenfalls in *dubio pro reo* gleich hoch anzusetzen (→ Rn. 43). Dafür, dass ein pauschaler Verweis auf das (minimal) höhere Alter der O für sich ge- 57

---

[25] Vgl. BT-Drs. 20/3877, 19; BeckOK-InfSchR-*Eckart*, IfSG § 5c Rn. 31.
[26] Vgl. auch BeckOK-InfSchR-*Eckart*, IfSG § 5c Rn. 31.
[27] Vgl. BeckOK-InfSchR-*Eckart*, IfSG § 5c Rn. 35.

nommen keine unterschiedlichen Überlebenswahrscheinlichkeiten begründen kann, spricht im Zusammenhang mit § 5c IfSG insbesondere auch § 5c Abs. 2 S. 3 IfSG, der das Alter ausdrücklich als Kriterium nennt, das sich auf die aktuelle und kurzfristige Überlebenswahrscheinlichkeit „nicht auswirkt".

58 Sofern mit einem T. d.L. das Kriterium der medizinischen Dringlichkeit – eigentlich entgegen dem Wortlaut des § 5c Abs. 2 S. 1 IfSG („nur") – als *ungeschriebenes Tatbestandsmerkmal* in § 5c Abs. 2 S. 1 IfSG „hineingelesen" wird, so ändert dies im Ergebnis nichts, da die Behandlung von O und T auch gleichermaßen dringlich ist (→ Rn. 41).

59 **dd) Diskriminierungsverbot nach § 5c Abs. 1 S. 1 IfSG.** Die Zuteilungsentscheidung zugunsten der T (und damit gegen die O) könnte jedoch gegen das *Diskriminierungsverbot* aus **§ 5c Abs. 1 S. 1 IfSG** verstoßen.

60 Danach darf niemand bei einer ärztlichen Zuteilungsentscheidung i. S.d. § 5c Abs. 1 S. 1 IfSG benachteiligt werden, insbesondere nicht wegen einer Behinderung, des Grades der Gebrechlichkeit, des Alters, der ethnischen Herkunft, der Religion oder Weltanschauung, des Geschlechts oder der sexuellen Orientierung. Die Aufzählung der unzulässigen Kriterien orientiert sich am Allgemeinen Gleichbehandlungsgesetz (AGG) und ist *nicht abschließend* („insbesondere").

61 Unter einer *Benachteiligung* ist jede Ungleichbehandlung in Form der Schlechterstellung im Vergleich zu (mindestens) einer anderen Person im Rahmen der Zuteilungsentscheidung zu verstehen, die – insbesondere über das Zuteilungskriterium der aktuellen und kurzfristigen Überlebenswahrscheinlichkeit – nicht gerechtfertigt ist.[28]

62 Die Benachteiligung muss dabei ausweislich des Wortlauts der Norm auch *wegen* eines (benannten oder unbenannten) Diskriminierungskriteriums erfolgt sein. Zieht man insofern Rechtsprechung und (Kommentar-)Literatur zum zumindest in Teilen vergleichbaren Benachteiligungsverbot des § 7 AGG heran, so muss zwischen Merkmal und Diskriminierung eine *Kausalbeziehung* bestehen, wobei es aber nicht erforderlich ist, dass der betreffende Grund das ausschließliche oder auch nur ein wesentliches Motiv für das Handeln des Benachteiligenden ist.[29] Vielmehr reicht es aus, wenn das verpönte Merkmal für die Entscheidung mitsächlich, also im „Motivbündel" mitenthalten war. Der betreffende Grund muss also nicht handlungsleitend oder bewusstseinsdominant gewesen sein.[30] Allerdings hat der Benachteiligende von der Merkmalseigenschaft jedenfalls Kenntnis zu haben; andernfalls ist keine Benachteiligung i. S.d. Norm möglich.[31]

63 **(1) Benachteiligung wegen des Alters.** A hatte hier zumindest Kenntnis davon, dass T jünger ist als O. Wenngleich das *höhere Alter der O* wohl nicht das wesentliche Motiv dafür war, der T – und nicht der O – das einzig verbliebene Intensivbett zuzuweisen, so dürfte dieser im Rahmen der Überredungsversuche durch S jedenfalls entscheidungsleitend hervorgehobene Umstand doch zumindest im „Motivbündel" der A mitenthalten und damit für A's Entscheidung jedenfalls mitsächlich gewesen sein. Eine Benachteiligung wegen des Alters der O liegt vor.

---

28 BeckOK-InfSchR-*Eckart*, IfSG § 5c Rn. 14.
29 BeckOK-BGB-*Horcher*, AGG § 7 Rn. 5; BAG NZA 2018, 584 Rn. 21.
30 BeckOK-BGB-*Horcher*, AGG § 7 Rn. 5; BAG NZA 2018, 584 Rn. 21.
31 Vgl. hinsichtlich einer Benachteiligung nach § 7 Abs. 1 BeckOK-BGB-*Horcher*, AGG § 7 Rn. 7.

Fall 7a: Triage

> **Klausurhinweis:**
> A.A. angesichts des insoweit uneindeutigen Sachverhalts mit der entsprechenden Begründung aber noch vertretbar.

(2) Benachteiligung wegen des „Status" als „Erboma". Hinsichtlich einer etwaigen Benachteiligung der O wegen ihres „Erboma-Status" fehlt es jedenfalls an der entsprechenden Kenntnis der A und damit (spätestens) am erforderlichen Kausalzusammenhang: A wusste nicht, dass es sich bei O um die „Erboma" des S handelte. Eine dahingehende kausale Benachteiligung i. S.d. Norm scheidet daher aus.

(3) Folgen eines Verstoßes gegen das Diskriminierungsverbot. Fraglich ist, wie es sich auswirkt, dass A bei ihrer Zuweisungsentscheidung die O wegen ihres Alters benachteiligt (→ Rn. 63) und damit gegen § 5c Abs. 1 S. 1 IfSG verstoßen hat.

> **Klausurhinweis:**
> Dafür, dass A bei ihrer Beurteilung der aktuellen und kurzfristigen Überlebenswahrscheinlichkeit der O deren Alter berücksichtigt hat, vgl. § 5 Abs. 2 S. 3 IfSG, fehlt es an hinreichend stichhaltigen Anhaltspunkten im Sachverhalt.

Folge eines solchen Verstoßes gegen das Diskriminierungsverbot könnte beispielsweise sein, dass sich das Rangverhältnis der kollidierenden Rettungspflichten (*ex ante* oder *ex post*) zwingend zugunsten der benachteiligten Person (hier: der O) verschiebt mit der Folge, dass im Ergebnis gerade diese gerettet werden müsste. Da A hier aber das einzig verbliebene Intensivbett nicht O sondern T zugewiesen hat, würde eine Rechtfertigung qua Pflichtenkollision ausscheiden. A wäre dann nicht gerechtfertigt.

Gegen eine solche „Lösung" sprechen jedoch gewichtige Gründe: So geben die Diskriminierungsverbote des § 5c Abs. 1 S. 1 IfSG zwar vor, welche Gesichtspunkte für die Zuteilungsentscheidung keine Rolle spielen dürfen.[32] Anders als das Gebot, den Patienten bzw. die Patientin mit der höheren Überlebenswahrscheinlichkeit zu behandeln, begründen sie aber keine Vorrangrelation, sondern sichern lediglich in einem *negativen*, d. h. exkludierenden Sinne die Chancengleichheit der Patientinnen und Patienten.[33] Sie ändern somit nichts an dem Umstand, dass bei gleichen klinischen Erfolgsaussichten *zwei gleichrangige Pflichten* kollidieren. Die Rechtsordnung missbilligt damit zwar etwaig diskriminierende Motive der Ärzteschaft. Sie missbilligt aber nicht, dass in einer bestehenden Kollisionslage eine 18-jährige und nicht etwa eine 98-jährige – im Fall: eine 80-jährige und nicht eine 85-jährige – Patientin behandelt wird.[34] Stirbt die Letztere, *fehlt deshalb diesbezüglich der Handlungs- und Erfolgsunwert*. Folglich liegt *kein Tötungsunrecht*, sondern „nur" ein *Diskriminierungsunrecht* vor, welches jedoch eine Bestrafung aus einem der Straftatbestände der §§ 211 ff., 223 ff. StGB nicht legitimieren kann.[35]

A ist daher trotz ihres Verstoßes gegen das Altersdiskriminierungsverbot nach den Grundsätzen der rechtfertigenden Pflichtenkollision gerechtfertigt.

---

32 Hierzu und zum Folgenden ausführlich und überzeugend *Engländer*, medstra 2023, 142 (145).
33 *Engländer*, medstra 2023, 142 (145).
34 Vgl. *Engländer*, medstra 2023, 142 (145).
35 *Engländer*, medstra 2023, 142 (145).

> **Weiterführendes Wissen:**
> Eine berufsrechtliche Ahndung bleibt davon unabhängig aber natürlich möglich.[36]

69 **ee) Verstoß gegen Zuteilungsverfahren nach Absatz 3.** Die Zuteilungsentscheidung der A könnte auch entgegen den *Zuteilungsverfahrensvorschriften* nach § 5c Abs. 3 IfSG ergangen sein. Danach ist die Zuteilungsentscheidung einvernehmlich von zwei Ärztinnen oder Ärzten zu treffen, die (1.) Fachärztinnen oder Fachärzte sind, (2.) im Bereich Intensivmedizin praktizieren, (3.) über mehrjährige Erfahrung im Bereich Intensivmedizin verfügen und (4.) die von der Zuteilungsentscheidung betroffenen Patientinnen und Patienten unabhängig voneinander begutachtet haben, vgl. **§ 5c Abs. 3 S. 1 IfSG**. Unabhängig davon, ob A diese Anforderungen in eigener Person erfüllt, traf sie die Zuteilungsentscheidung jedenfalls lediglich in Absprache mit dem Krankenpfleger S. Es fehlt daher in jedem Fall an der einvernehmlichen Zuteilungsentscheidung von zwei Ärztinnen bzw. Ärzten. Ein Verstoß gegen das Zuteilungsverfahren nach Absatz 3 liegt somit vor.

70 Fraglich ist jedoch erneut, wie sich ein solcher Verstoß auf eine mögliche Rechtfertigung aus rechtfertigender Pflichtenkollision auswirkt. Ähnlich wie bei einem Verstoß gegen das Diskriminierungsverbot aus § 5c Abs. 1 S. 1 IfSG wird man aber auch im Zusammenhang mit dem Zuteilungsverfahren nach Absatz 3 argumentieren müssen, dass ein Verstoß gegen bloße Verfahrensregeln – gewissermaßen erst recht – mangels Handlungs- und Erfolgsunwerts *kein Tötungsunrecht begründen* kann und damit in diesen Fällen eine Strafbarkeit nach §§ 211 ff., 223 ff. StGB ebenfalls ausscheidet, sofern (wie hier) die materiellen Rechtfertigungsvoraussetzungen (→ Rn. 30 ff., → Rn. 46) eingehalten wurden.[37]

> **Weiterführendes Wissen:**
> Eine ähnliche Problematik stellt sich im Zusammenhang mit der Rechtsprechung des BGH zum Behandlungsabbruch und den Verfahrensregeln der §§ 1827 ff. BGB. Siehe hierzu bereits Fall 3c → Rn. 138.

71 Auch der Verstoß gegen das Zuteilungsverfahren nach Absatz 3 hindert daher nicht die Rechtfertigung der A nach den Grundsätzen der rechtfertigenden Pflichtenkollision. Eine berufsrechtliche Ahndung bleibt aber freilich möglich.[38]

72 **ff) Zwischenergebnis.** Damit führt auch die Berücksichtigung von § 5c IfSG i. R.d. rechtfertigenden Pflichtenkollision zu keinem anderen Ergebnis. A handelte daher gerechtfertigt.

> **Klausurhinweis:**
> Vertretbar – wenngleich Mindermeinung – wäre es auch, die rechtfertigende Pflichtenkollision von zwei gleichrangigen Pflichten als bloßen Entschuldigungsgrund einzuordnen.[39]

73 **Ergebnis:** A hat sich nicht wegen versuchten Totschlags durch Unterlassen strafbar gemacht.

---

36 Zum Ganzen *Engländer*, medstra 2023, 142 (145).
37 Ebenso *Engländer*, medstra 2023, 142 (146); ähnlich *Rosenau*, GA 1/2023, 121 (139 f.).
38 Vgl. *Engländer*, medstra 2023, 142 (146); zum Ganzen siehe auch *Kraatz*, Arztstrafrecht § 15 Rn. 404 ff.
39 Vgl. *Fischer*, StGB, Vor § 32 Rn. 11b.

B. §§ 223 Abs. 1, 13 Abs. 1 StGB

A könnte sich durch die Nichtvornahme der medizinisch indizierten Behandlung aber wegen Körperverletzung durch Unterlassen strafbar gemacht haben, §§ 223 Abs. 1, 13 Abs. 1 StGB.

I. Tatbestandsmäßigkeit

1. Objektiver Tatbestand. a) Taterfolg. Die fehlende Beatmung führt bei O zu Luftnot und einer Verschlimmerung der Krankheitssymptome über Nacht, sodass eine üble und unangemessene Behandlung, die das körperliche Wohlbefinden der O mehr als nur unerheblich beeinträchtigt, vorliegt. Eine **körperliche Misshandlung** i. S.d. § 223 Abs. 1 StGB ist gegeben.

Da ohne die Beatmung der Körper der O auch nicht mehr ausreichend mit Sauerstoff versorgt wird, wird auch ein pathologischer, d. h. negativ vom Normalzustand abweichender (Körper-)Zustand verursacht, sodass auch eine **Gesundheitsschädigung** zu bejahen ist.

b) Unterlassen trotz physisch-realer Handlungsmöglichkeit. A hat insofern auch die zur Erfolgsabwendung erforderliche Handlung, die Zuweisung eines Intensivbetts an O (inkl. Beatmungsgeräts), unterlassen, obwohl ihr dies jedenfalls physisch-real möglich gewesen wäre.

c) Garantenstellung, Quasikausalität und objektive Zurechnung. Als behandelnde Ärztin trifft A auch eine Garantenstellung aus Berufspflichten bzw. kraft tatsächlicher Übernahme (vgl. → Rn. 16). Die Zuweisung eines Intensivbetts (mit Beatmungsgerät) an O kann auch nicht hinzugedacht werden, ohne dass der tatbestandliche Erfolg – Luftnot, Verschlimmerung der Krankheitssymptome und Sauerstoffunterversorgung – mit an Sicherheit grenzender Wahrscheinlichkeit entfiele (sog. Quasikausalität). Mit der Nichtvornahme der medizinisch indizierten Behandlung hat A auch die rechtlich missbilligte Gefahr geschaffen, dass sich O's Krankheitssymptome verschlimmern. Gerade diese Gefahr hat sich dann auch im tatbestandlichen Erfolg realisiert. Der Erfolg ist A daher auch zurechenbar.

d) Entsprechungsklausel, § 13 Abs. 1 HS. 2 StGB. Die Voraussetzungen der Entsprechungsklausel nach § 13 Abs. 1 HS. 2 StGB sind ebenfalls gegeben. Das Unterlassen entspricht der Verwirklichung des gesetzlichen Tatbestandes durch ein Tun.

2. Subjektiver Tatbestand. A handelte mit Wissen und Wollen und damit vorsätzlich hinsichtlich sämtlicher Merkmale des objektiven Tatbestands. Insbesondere waren ihr auch die tatsächlichen Umstände einer sie treffenden Garantenstellung bewusst.

II. Rechtswidrigkeit

A ist jedoch auch hinsichtlich einer (hier vollendeten) Körperverletzung zu Lasten der O nach den Grundsätzen der rechtfertigende Pflichtenkollision gerechtfertigt. Insofern gelten dieselben Überlegungen wie im Zusammenhang mit einer Rechtfertigung im Hinblick auf den versuchten Totschlag durch Unterlassen.

Ergebnis: A hat sich nicht wegen Körperverletzung durch Unterlassen strafbar gemacht.

> **Klausurhinweis:**
>
> Da A auch wegen etwaiger Körperverletzungsdelikte offensichtlich gerechtfertigt ist, können sich Bearbeiterinnen und Bearbeiter hier kurzfassen. Es genügt daher, wenn sie lediglich das Grunddelikt anprüfen. Wird die Qualifikation mitgeprüft, käme § 224 Abs. 1 Nr. 4 und Nr. 5 StGB in Betracht.

Strafbarkeit des S

A. §§ 212 Abs. 1, 211, 13 Abs. 1, 22, 23 Abs. 1 Alt. 1, 12 Abs. 1, 26 StGB

83   Indem S bei A den Entschluss hervorrief, T anstelle von O auf die Intensivstation zu verlegen und an das letzte Beatmungsgerät anzuschließen, könnte er sich wegen Anstiftung zum versuchten Mord durch Unterlassen strafbar gemacht haben, §§ 212 Abs. 1, 211, 13 Abs. 1, 22, 23 Abs. 1 Alt. 1, 12 Abs. 1, 26 StGB.

84   Allerdings fehlt es diesbezüglich bereits an einer vorsätzlichen rechtswidrigen Haupttat, da A's Handeln gerechtfertigt ist (→ Rn. 72).

85   **Ergebnis:** Mangels einer vorsätzlichen rechtswidrigen Haupttat ist S nicht wegen Anstiftung zum versuchten Mord durch Unterlassen strafbar. Aus denselben Gründen scheitert auch eine etwaige Strafbarkeit wegen Anstiftung zur (ggf. gefährlichen) Körperverletzung.

B. §§ 212 Abs. 1, 211, 13 Abs. 1, 30 Abs. 1 i. V. m. 12 Abs. 1 StGB

86   S könnte sich durch sein Verhalten aber wegen versuchter Anstiftung zum Mord durch Unterlassen strafbar gemacht haben, §§ 212 Abs. 1, 211, 13 Abs. 1, 30 I i. V. m. 12 Abs. 1 StGB.

0. Vorprüfung

87   Die Tat ist nicht vollendet, da es zu keiner von S „angestifteten" vorsätzlichen rechtswidrigen Haupttat gekommen ist (→ Rn. 72).

> **Klausurhinweis:**
>
> Problematisch ist in diesem Fall, dass die Anstiftung als solche vollendet ist und daher § 30 Abs. 1 StGB begriffsnotwendig („*versuchte* Anstiftung") ausscheiden könnte. Nach h. M. und Rspr. soll es für die Nichtvollendung der Anstiftung jedoch genügen, wenn die (versuchte) Haupttat gerechtfertigt ist.[40]

88   Die versuchte Anstiftung ist (hier) strafbar, weil es sich bei der Tat, zu der angestiftet werden sollte, um ein Verbrechen handelt, vgl. §§ 212 Abs. 1 (, 211,) 12 Abs. 1 StGB.

> **Klausurhinweis:**
>
> Auf die Streitfrage, ob das Delikt in der Person des Anstifters oder des Angestifteten als Verbrechen strafbar sein muss, kommt es nicht an, da es sich sowohl in der Person der A (§ 212 StGB) als auch in der Person des S (§ 211 StGB) um ein Verbrechen handelt.[41]

---

40   Vgl. NK-StGB-*Zaczyk*, § 30 Rn. 11.
41   Dazu *Rengier*, Strafrecht AT, § 47 Rn. 13 ff.

Fall 7a: Triage

I. Tatbestandsmäßigkeit

1. Tatentschluss. S müsste vorsätzlich hinsichtlich der Vollendung einer vorsätzlichen rechtswidrigen (Verbrechens-)Haupttat gehandelt haben. Hier stellte sich S jedoch keine Umstände vor, die eine solche begründen würde: So ging S davon aus und wollte, dass A der jüngeren T und nicht seiner „Erboma" O ein Intensivbett zuweisen würde. Dies begründet jedoch – unabhängig von der Kenntnis der A vom „Erboma-Status" der O bzgl. S – keine vorsätzliche rechtswidrige Haupttat, da etwaige (auch wissent- und willentliche) Verstöße gegen Diskriminierungsmerkmale eine Rechtfertigung aus rechtfertigender Pflichtenkollision nicht hindern, sofern – wie hier – die materiellen Rechtfertigungsvoraussetzungen vorliegen (→ Rn. 30 ff., → Rn. 46).

> **Klausurhinweis:**
> Nimmt man an, dass S davon ausgeht (was sich allerdings dem Sachverhalt so eigentlich nicht entnehmen lässt), ein solches Handeln sei nicht gerechtfertigt, mithin rechtswidrig, irrt S auf Rechtsebene und nicht in tatsächlicher Hinsicht. S beurteilt daher bei tatsächlich richtig erfasster Sachlage lediglich die Grenzen des rechtlich Erlaubten zu seinen (bzw. A's) Ungunsten falsch. An der Rechtmäßigkeit der Tat ändert ein solcher Irrtum aber nichts. Die auf einem reinen Wertungsfehler beruhende Annahme, nicht gerechtfertigt zu sein, führt insofern („nur") zu einem *straflosen Wahndelikt*.[42]

S hatte folglich keinen Vorsatz bzgl. einer rechtswidrigen Haupttat der A.

Ergebnis: S ist nicht strafbar wegen versuchter Anstiftung zum Mord durch Unterlassen.

Gesamtergebnis: A und S haben sich nicht strafbar gemacht.

---

42 Zum Ganzen *Wessels/Beulke/Satzger*, Strafrecht AT, Rn. 990 ff., 1348.

Fall 7b: Der gefälschte Impfpass

93 F begibt sich am 14.12.2021 zu einer Apotheke und legt dort einen auf seinen Namen und sein Geburtsdatum lautenden Impfpass mit dem Titel „Internationale Bescheinigungen über Impfungen und Impfbuch" vor, den er einige Tage zuvor – mit bereits eingetragenem Namen und Geburtsdatum – zum Preis von 200 EUR von einer Vermittlerin gekauft hat.

Der Impfpass enthält in der Rubrik „Schutzimpfungen gegen COVID-19" zwei Einträge, die auf den 28.5.2021 sowie auf den 29.11.2021 lauten. Daneben befinden sich zwei Aufkleber mit der Aufschrift „COMIRNATY ®" und der jeweiligen Impfstoff-Chargennummer sowie zwei Stempelaufdrucke der Gemeinschaftspraxis Dr. med. X aus München sowie darüber aufgebrachte Unterschriften. Die in dem Impfpass eingetragenen Schutzimpfungen haben tatsächlich nicht stattgefunden. Sonstige Eintragungen enthält der Impfpass nicht.

Durch die Vorlage des Impfpasses will F den Apothekenmitarbeiter A dazu veranlassen, ihm ein digitales COVID-Zertifikat der EU mit QR-Code auszustellen. Zur Ausstellung des Zertifikats kommt es indes nicht mehr, da eine Überprüfung der aus den in den Impfpass eingeklebten Aufklebern ersichtlichen Chargennummern durch A ergibt, dass diese bereits am 31.8.2021 abgelaufen sind und somit jedenfalls die Impfung am 29.11.2021 nicht plausibel ist. A verständigt daraufhin die Polizei, die den Impfpass sodann sicherstellt, und offenbart im Zuge dessen den Ermittlungsbehörden alles, was er über den Vorfall weiß.

Strafbarkeit von F und A nach dem StGB?

Der Bearbeitung ist – wie stets – die zum Tatzeitpunkt geltende Rechtslage zugrunde zu legen.

Fall 7b: Der gefälschte Impfpass

Kurzgliederung Fall 7b
Stbk. des F
§ 267 Abs. 1 Var. 3 (+)
I. TB (+)
 1. Obj. TB (+)
    a) Urkunde (+)
       - Perpetuierungsfunktion (+)
       - Beweisfunktion (+)
       - Garantiefunktion (+)
       Daher: Impfpass als (zusammengesetzte) Urkunde (+)
    b) Unecht (+)
       Geistigkeitstheorie (+)
    c) Gebrauchen (+)
    d) Zwischenergebnis (+)
 2. Subjektiver Tatbestand (+)
 3. Sperrwirkung der §§ 277 ff. (-)
    - Gesundheitszeugnis (+)
      (P) Zeitpunkt / Rechtslage
    - Tatzeitprinzip
      Bewertung der Stbk.:
      §§ 277, 279 *nF*
II. RWK und Schuld (+)
III. Ergebnis: Strafbarkeit (+) und Konkurrenzen

B. §§ 271 Abs. 1, Abs. 4, 22, 23 Abs. 1 (-)
C. § 273 (-), da Impfausweis ≠ amtlicher Ausweis
D. § 275 Abs. 1a (-), da hier kein „Blankett-Impfausweis"
E. §§ 263, 22, 23 Abs. 1 (-), da jedenfalls kein (intendierter) Vermögensschaden
F. Gesamtergebnis F: § 267 Abs. 1 Var. 3 (+)

Stbk. des A
§ 203 Abs. 1 Nr. 1, Abs. 4 S. 1 Alt. 1 (-)
I. TB
 1. Obj. TB
    a) Tauglicher Täter
       - Apotheker als Berufsgeheimnisträger i.S.v. § 203 Abs. 1 Nr. 1 (+)
       - Mitarbeiter als berufsmäßig tätiger Gehilfe, § 203 Abs. 3 S. 1 Alt. 1 (+)
    b) Fremdes Geheimnis
       aa) *Geheimnis*
           - *Obj. und normatives Element* (+)
           - *H. M. zusätzlich subjektives Element* (+)
           (P) Impfinformation ist unwahr
           - Geheimnisschutz grds. nur bzgl. wahrer Tatsachen
           - <u>TdL</u>: Umstand, dass Unwahrheit geäußert wurde = Tatsache, daher hier: (+) *(a.A. vertretbar)*
       bb) Fremdheit (+)

c) Berufsbezogene Kenntniserlangung
- Anvertrauen (-)
- Sonst bekannt geworden durch Vorlage gg. Apothekenmitarbeiter A (+)
d) Tathandlung: Offenbaren (+)
e) Kein Tatbestandsausschluss nach § 203 Abs. 3 S. 1 (+)
f) Zwischenergebnis: Obj. TB (+)
2. Subjektiver Tatbestand (+)
II. RWK
1. Einwilligung
(Schweigepflichtsentbindung) (-)
2. Mutmaßliche Einwilligung (-)
3. Gesetzl. Offenbarungspflichten und -befugnisse
a) Anzeige geplanter Straftaten, §§ 138, 139 Abs. 3: (-), da keine Katalogtat
b) Meldepflichtige Krankheiten und Krankheitserreger, §§ 6, 7 IfSG (-)
4. Rechtfertigender Notstand, § 34
a) Notstandslage
aa) *Notstandsfähiges RG*
- Sicherheit des Rechtsverkehrs und Strafverfolgungsinteresse
- Leib und Leben der Restbevölkerung und Funktionsfähigkeit Gesundheitsfürsorge
bb) *Gegenwärtige Gefahr*
(1) Sicherheit und Zuverlässigkeit des Rechtsverkehrs bzgl. bevorstehender Straftaten (+)
(2) Strafverfolgungsinteresse wg. begangener Straftaten (+)
(3) Leib und Leben/Gesundheitsfürsorge wg. Umgehung Impflicht (+)
b) Notstandshandlung
aa) *Erforderlichkeit*
(1) Geeignetheit (+)
(2) Relativ mildestes Mittel (+)
bb) *Güter- und Interessenabwägung*
- Geheimhaltungsinteresse vs. Sicherheit und Zuverlässigkeit des Rechtsverkehrs, Strafverfolgungsinteresse und Leib und Leben/Gesundheitsfürsorge
- iE wesentliches Überwiegen letzterer RG *(a.A. vertretbar)*
cc) *Angemessenheit, § 34 S. 2* (+)
c) Subj. Rechtfertigungselement (+)
d) Zwischenergebnis: Vss. § 34 (+)
III. **Ergebnis:** SBK (-)

Fall 7b: Der gefälschte Impfpass

Lösung Fall 7b[43]

Schwerpunkte: Sperrwirkung der §§ 277 ff. StGB nach alter und neuer Fassung; Impfpass als Gesundheitszeugnis; Voraussetzungen und Grenzen des § 203 StGB; Offenbarungsbefugnisse und -pflichten i. R.d. ärztlichen Schweigepflicht; § 34 StGB und ärztliche Schweigepflicht

Strafbarkeit des F

A. § 267 Abs. 1 Var. 3 StGB

Durch Vorlage des gekauften Impfpasses gegenüber A könnte sich F wegen Urkundenfälschung nach § 267 Abs. 1 Var. 3 StGB strafbar gemacht haben.

I. Tatbestandsmäßigkeit

1. Objektiver Tatbestand. a) Urkunde. Bei dem gekauften Impfpass könnte es sich zusammen mit den eingeklebten Aufklebern sowie dem eingebrachten Stempel samt Unterschrift(en) um eine (zusammengesetzte) Urkunde i. S.d. § 267 Abs. 1 StGB handeln.

Eine **Urkunde** ist jede verkörperte menschliche Gedankenerklärung (**Perpetuierungsfunktion**), die zum Beweis im Rechtsverkehr geeignet und bestimmt ist (**Beweisfunktion**) und ihren Aussteller erkennen lässt (**Garantiefunktion**). Eine *zusammengesetzte* Urkunde liegt vor, wenn eine Erklärung mit einem Augenscheinsobjekt, auf das sich der Erklärungsinhalt bezieht, räumlich fest und dauerhaft verbunden ist.[44]

Ein (analoger) Impfpass ist eine verkörperte menschliche Gedankenerklärung dahingehend, dass dessen Inhaber (d. h. die Person, auf deren Namen der Impfpass ausgestellt ist; hier: F) entsprechend den Eintragungen geimpft ist. Die Perpetuierungsfunktion ist erfüllt.

> **Klausurhinweis:**
> F hat hier keinen „Blankett-Impfausweis" erworben.

Der Impfpass lässt mit dem darin enthaltenen Stempel der Arztpraxis sowie den darauf befindlichen Unterschriften auch einen Aussteller erkennen, sodass auch die Garantiefunktion gegeben ist. Zusammen mit den eingeklebten „COMIRNATY ®"-Aufklebern sowie den Unterschriften soll der Ausweis auch im Rechtsverkehr darüber Beweis erbringen, dass der Inhaber entsprechend geimpft ist. Dem Impfpass kommt damit auch eine Beweisfunktion i. S.d. Urkundendefinition zu. Die eingeklebten Aufkleber als Augenscheinsobjekte, auf die sich der Erklärungsinhalt bezieht, sind dabei auch räumlich fest und dauerhaft mit dem Impfpass verbunden. Damit stellt der *Impfpass* eine *(zusammengesetzte) Urkunde* dar.[45]

---

[43] Sachverhalt nach AG Landstuhl, Urt. v. 25.1.2022 – 2 Cs 4106 Js 15848/21, BeckRS 2022, 782.
[44] Matt/Renzikowski-*Maier*, StGB § 267 Rn. 37.
[45] I.E. ebenso AG Landstuhl BeckRS 2022, 782 Rn. 10; *Gierok/Köllmann*, NZA 2022, 1227 (1228).

> **Klausurhinweis/Weiterführendes Wissen:**
>
> Bei (hier nicht vorliegenden) *Blankett-Impfpässen*, d. h. bei solchen Impfausweisen, bei denen die Namen der künftigen Ausweisinhaber noch eingetragen werden müssen, die also noch nicht personalisiert sind, handelt es sich hingegen mangels Personenbezugs *(noch) nicht um Urkunden* i. S. d. § 267 StGB. Eine täterschaftliche Urkundenfälschung durch Fälscherinnen und Fälscher scheidet daher in diesen Fällen aus. In Betracht kommt jedoch eine Beihilfe zur späteren Urkundenfälschung der Besteller durch deren Namenseintragung auf den Blankett-Impfausweisen. Der Gesetzgeber hat mit **§ 275 Abs. 1a StGB** nun eine Norm geschaffen, die das Unrecht dieser Konstellationen eigens erfasst.[46]

99 b) **Unecht.** Der Impfpass müsste auch unecht sein. **Unecht** ist eine Urkunde dann, wenn sie nicht von demjenigen stammt, der aus ihr als Aussteller hervorgeht. Es wird also der Anschein erweckt, ihr Aussteller sei eine andere Person als diejenige, von der sie herrührt (vgl. Geistigkeitstheorie).[47]

100 Hier ist wahrer Aussteller der Urkunde die Person, die den Impfpass ursprünglich hergestellt, d. h. dessen physische Existenz bewirkt bzw. jedenfalls den Namen des F eingetragen hat. Scheinbarer Aussteller ist hingegen Dr. med. X aus München. Wahrer/Tatsächlicher und scheinbarer Aussteller fallen folglich auseinander. Der Impfpass ist demnach unecht.

101 c) **Gebrauchen.** Indem F den unechten Impfpass gegenüber dem Apothekenmitarbeiter A vorlegt, um ein digitales Impfzertifikat mit QR-Code zu erhalten, hat F für diesen auch die Möglichkeit zur Kenntnisnahme geschaffen und damit den Impfpass **gebraucht** i. S. d. § 267 Abs. 1 Var. 3 StGB.

102 d) **Zwischenergebnis.** Der objektive Tatbestand des § 267 Abs. 1 Var. 3 StGB ist erfüllt.

103 2. **Subjektiver Tatbestand.** F handelte mit Wissen und Wollen hinsichtlich sämtlicher Elemente des objektiven Tatbestands, d. h. vorsätzlich i. S. d. § 15 StGB. Darüber hinaus legte er den Impfpass dem Apothekenmitarbeiter A auch gerade vor, um von diesem ein digitales Impfzertifikat zu erhalten, mithin sollte dieser zu einem rechtserheblichen Verhalten veranlasst werden. F handelte daher mit dolus directus 1. Grades hinsichtlich des Tatbestandsmerkmals der Täuschung im Rechtsverkehr, § 267 Abs. 1 StGB.

> **Weiterführendes Wissen:**
>
> Erforderlich und ausreichend wäre nach ganz h. M. aber auch dolus directus 2. Grades.[48]

104 Dabei ist unerheblich, dass es nicht zur Ausstellung des digitalen Impfzertifikats gekommen ist, da das Vorhandensein der entsprechenden Absicht ausreicht. Es handelt sich bei § 267 StGB um ein Delikt mit überschießender Innentendenz (sog. Kupiertes Erfolgsdelikt).

105 3. **Sperrwirkung der §§ 277 ff. StGB?** § 267 Abs. 1 StGB könnte jedoch wegen des privilegierenden (geringerer Strafrahmen!) § 279 StGB *„gesperrt"* sein – jedenfalls sofern es sich bei dem vorgelegten Impfpass (auch) um ein Gesundheitszeugnis i. S. d. § 279 StGB handelt.

---

46 Zum Ganzen siehe auch *Lorenz/Rehberger*, NJW 2022, 1295 (1298); BGH NJW 2023, 1973 (1974).
47 Ganz h. M., siehe nur BeckOK-StGB-*Weidemann*, § 267 Rn. 21 m. w.N.
48 Vgl. BayObLG JZ 1998, 635; BeckOK-StGB-*Weidemann*, § 267 Rn. 32 m. w.N.

Fall 7b: Der gefälschte Impfpass

Gesundheitszeugnisse sind körperliche oder elektronisch fixierte Aussagen über die körperliche oder psychische Gesundheit oder Krankheit eines (lebenden) Menschen. Diese können den gegenwärtigen Befund betreffen, aber auch frühere Krankheiten und deren Folgen.[49] Da die Impfung eine Information über die voraussichtlich gesteigerte Immunabwehrkraft als Aspekt des Gesundheitszustandes impliziert und der Impfausweis Informationen über die Existenz bestimmter körperbezogener Umstände enthält, die auf den Gesundheitszustand dieses Menschen mehr oder weniger Einfluss ausüben müssen oder können, fällt hierunter nach ganz h. M. auch der Impfausweis[50] – jedenfalls sofern er (wie hier) personalisiert ist.[51] Ein Gesundheitszeugnis liegt daher vor.

Die Frage, ob in diesen Fällen ein Rückgriff auf § 267 StGB durch die spezielleren §§ 277, 279 StGB ausgeschlossen wird, war hinsichtlich der alten, bis zum 23.11.2021 geltenden Rechtslage in Literatur und Rechtsprechung *hoch umstritten*.[52] Inzwischen hat sich der BGH ebenfalls zur Sache geäußert und eine Sperrwirkung auch nach alter Rechtslage *abgelehnt*.[53] Ohnehin muss aber angesichts der ausdrücklich angeordneten Subsidiarität der §§ 277, 279 StGB n. F. („*[…], wenn die Tat nicht in anderen Vorschriften dieses Abschnitts mit schwererer Strafe bedroht ist*") eine Sperrwirkung der §§ 277 ff. StGB n. F. gegenüber § 267 Abs. 1 StGB nunmehr in jedem Fall und von vornherein ausscheiden.[54]

Fraglich ist, auf welchen Zeitpunkt und damit auf welche Rechtslage abzustellen ist. Vor dem Hintergrund des **Tatzeitprinzip** aus §§ 2 Abs. 1, 8 S. 1 StGB i. V.m § 2 Abs. 3 StGB ist dabei allein der Zeitpunkt der Tathandlung – und damit vorliegend der des Gebrauchmachens des Impfpasses durch Vorlage gegenüber A – relevant. Das Gebrauchmachen erfolgte aber erst am 14.12.2021 und damit zu einem Zeitpunkt nach bzw. ab dem 24.11.2021.

> **Klausurhinweis:**
>
> Dass der Zeitpunkt des Herstellens des Impfausweises u. U. vor dem 24.11.2021 liegt, ist für die Beurteilung der Strafbarkeit des F wegen des *Gebrauchens* des Impfpasses irrelevant.

Damit sind bei der Bewertung der Strafbarkeit des F allein die §§ 277, 279 StGB n. F. zugrunde zu legen, die hinsichtlich der Vorschriften des 23. Abschnitts ausdrücklich als *subsidiäre Normen* ausgestaltet sind. Einer weiteren Diskussion einer etwaigen Sperrwirkung der §§ 277 ff. StGB n. F. gegenüber der Urkundenfälschung nach § 267 StGB bedarf es daher nicht.

---

49 Vgl. BGHSt 10, 157; OLG Stuttgart BeckRS 2013, 18816; LG Lüneburg BeckRS 2022, 29495; LG Frankfurt a. M. BeckRS 2021, 9575.
50 Vgl. BGH NJW 2022, 556 (557); OLG Hamburg COVuR 2022, 179; OLG Bamberg NJW 2022, 556; LG Osnabrück JZ 2022, 311; a. A. aber AG Kiel BeckRS 2021, 42470. Ausführlich zum Ganzen *Schrott*, JZ 2022, 313 (314) und *Lorenz/Rehberger*, NJW 2022, 1295 (1296).
51 Vgl. BGH NJW 2022, 556 (557).
52 Zusammenfassend zum Streitstand BGH NJW 2023, 1973 (1975 f.) m. w.N.
53 BGH NJW 2023, 1973 (1975) mit Anm. *Pschorr*.
54 I.E. ebenso *Schrott*, MedR 2022, 758 (758 f.); *Lorenz/Rehberger*, NJW 2022, 1295 (1297 f.); AG Landstuhl BeckRS 2022, 782 Rn. 10.

> **Klausurhinweis:**
>
> Im Normalfall müssen Sie selbstverständlich nicht extra thematisieren, dass (allein) die Rechtslage, die zum Zeitpunkt der Tat gilt, der strafrechtlichen Bewertung zugrunde zu legen ist. Im Fall bestand jedoch die Besonderheit, dass sich die Tathandlung erst kurz nach Inkrafttreten der Gesetzesänderung ereignete und zudem die Frage der Sperrwirkung der „alten" §§ 277 ff. StGB in Rechtsprechung und Literatur „heiß" diskutiert wurde (siehe hierzu den „Historischen Exkurs" unten → Rn. 110). In einer Klausurlösung sollten Sie dieses Problem daher nach wie vor zumindest kurz ansprechen, wenngleich eine ausführliche Diskussion inkl. Streitentscheid nicht erforderlich sein dürfte. Der vorliegend gewählte Aufbau stellt hierbei (nur) einen möglichen Lösungsweg dar. Besonders gut eignet sich eine solche Fragestellung auch für mündliche Prüfungsformate.

110 Eine Sperrwirkung der hier maßgeblichen §§ 277 ff. n. F. StGB gegenüber § 267 StGB besteht nicht. § 267 Abs. 1 StGB ist daher trotz des Vorliegens eines Gesundheitszeugnisses anwendbar.

> **Weiterführendes Wissen:**
>
> Einen geradezu lehrbuchartig aufbereiteten Überblick über den Streitstand bietet BGH NJW 2023, 1973 (1975 f.).

> **„Historischer" Exkurs:**
>
> Bis zum Inkrafttreten der Gesetzesänderung zum 24.11.2021 (Gesetz zur Änderung des IfSG und weiterer Gesetze anlässlich der Aufhebung der Feststellung der epidemischen Lage von nationaler Tragweite vom 22.11.2021 – BGBl. 2021 I 4906) war *umstritten*, ob die §§ 277, 279 StGB a. F. als Privilegierung *Sperrwirkung* gegenüber § 267, 279 StGB a. F. entfalteten. So nahm eine Ansicht eine umfassende Sperrwirkung der §§ 277, 279 StGB a. F. gegenüber § 267 StGB an, sobald Tatobjekt ein Gesundheitszeugnis war. Ein Rückgriff auf § 267 StGB wurde dabei auch dann abgelehnt, wenn der objektive Tatbestand der §§ 277, 279 StGB a. F. nicht (vollständig) erfüllt war.[55] Nach a. A. bestand eine Sperrwirkung nur dann, wenn die Gesundheitszeugnisse tatsächlich zur Täuschung von Behörden und Versicherungen gebraucht wurden oder jedenfalls eine entsprechende Zweckbestimmung aufwiesen. In allen anderen Fällen, etwa bei der (beabsichtigten) Vorlage in Gastronomiebetrieben oder Apotheken, sollte § 267 StGB dagegen anwendbar bleiben, sofern der Tatbestand der §§ 277, 279 StGB a. F. nicht vollständig erfüllt war.[56] Eine dritte Ansicht vertrat schließlich eine „Rechtsfolgenlösung": Danach wurde die Strafbarkeit nach § 267 StGB in den fraglichen Fällen zwar nicht „gesperrt", sollte in der Rechtsfolge aber durch die Anwendung des geringeren Strafrahmens aus §§ 277, 279 StGB a. F. modifiziert werden.[57]
>
> Inzwischen hat der BGH unter umfassender Auseinandersetzung mit den verschiedenen vertretenen Argumenten entschieden, dass auch nach alter Rechtslage *keine Sperrwirkung* der §§ 277, 279 StGB a. F. bestand, mithin das Fälschen von Gesundheitszeugnissen nach §§ 277, 279 StGB a. F. zur Urkundenfälschung nach § 267 StGB nicht im Verhältnis privilegierender

---

55 OLG Bamberg NJW 2022, 556 (557); BayObLG BeckRS 2022, 13743; MüKo-StGB-*Erb* § 277 Rn. 11. Das RG nahm dagegen eine Sperrwirkung nur dann an, wenn der Tatbestand der §§ 277, 279 StGB a. F. *vollständig* erfüllt war; vgl. RGSt 6, 1; RGSt 31, 296 (298).

56 OLG Hamburg COVuR 2022, 179; OLG Schleswig NStZ 2022, 689; OLG Celle NJW 2022, 2054; OLG Karlsruhe BeckRS 2022, 18816; OLG Stuttgart StV 2022, 397.

57 *Jahn*, JuS 2022, 178 (179); *Fischer*, StGB § 277 Rn. 10 a. E.

Spezialität steht.[58] Damit ist eine höchstrichterliche Klärung solcher Fälle der Fälschung von Gesundheitszeugnissen erfolgt, deren Tatzeitpunkt vor der Gesetzesänderung vom 24.11.2021 liegt (vgl. Art. 103 Abs. 2 GG bzw. § 1 StGB; § 2 Abs. 1 StGB). Im Hinblick auf die aktuell geltende Rechtslage wird eine Sperrwirkung ohnehin nicht diskutiert (s. o.).

II. RWK und Schuld

Rechtfertigungs- und/oder Entschuldigungsgründe sind nicht ersichtlich. F handelte daher auch rechtswidrig und schuldhaft.

Ergebnis: F ist strafbar gem. § 267 Abs. 1 Var. 3 StGB. Eine Strafbarkeit nach § 279 StGB wegen des Gebrauchs eines unrichtigen Gesundheitszeugnisses tritt als formell subsidiär zurück, vgl. § 279 StGB a. E.

B. §§ 271 Abs. 1, Abs. 4, 22, 23 Abs. 1 StGB

Eine Strafbarkeit wegen versuchter mittelbarer Falschbeurkundung nach §§ 271 Abs. 1, Abs. 4, 22, 23 Abs. 1 StGB scheitert jedenfalls daran, dass nicht etwa die Speicherung in einem z. B. digitalen Impfregister o. Ä. bewirkt werden sollte, sondern „lediglich" die Ausstellung eines digitalen Impfzertifikats. Mithin fehlt es jedenfalls an der Speicherung der Erklärungen bzw. Tatsachen in öffentlichen Urkunden, Büchern, Dateien oder Registern i. S.d. Norm.

> **Weiterführender Hinweis:**
>
> Die Frage, ob ein – zwischenzeitlich tatsächlich angedachtes – digitales Impfregister (eine) öffentliche Datei(en) i. S.d. § 271 StGB darstellt, lässt sich kaum allgemein beantworten, sondern hinge von der konkreten Ausgestaltung sowie insbesondere der diesem Register zukommenden Beweiskraft ab.[59]

C. § 273 StGB

F ist auch nicht nach § 273 Abs. 1 Nr. 2 StGB wegen des Veränderns von amtlichen Ausweisen strafbar, da es sich bei einem Impfpass nicht um einen amtlichen Ausweis i. S.d. Norm handelt (vgl. insofern auch § 275 StGB, der explizit zwischen „amtlichen Ausweisen" und „Impfausweisen" unterscheidet).

D. § 275 Abs. 1a StGB

Eine Strafbarkeit nach § 275 Abs. 1a Var. 1 StGB wegen der Vorbereitung der Herstellung von unrichtigen Impfausweisen durch das Dokumentieren einer nicht durchgeführten Schutzimpfung scheitert bereits daran, dass es sich bei dem von F gekauften Impfausweis nicht um einen Blankett-Impfausweis, d. h. einen (noch) nicht personalisierten Impfpass,[60] handelt und F selbst ohnehin nichts in den gekauften Impfpass eingetragen hat.

Hinsichtlich des Sich-Verschaffens des entsprechend ergänzten Blankett-Ausweises durch F (vgl. § 275 Abs. 1a Var. 2 StGB) ist § 275 StGB ebenfalls nicht einschlägig, da

---

58 BGH NJW 2023, 1973.
59 Vgl. hierzu auch *Schrott*, JZ 2022, 313 (315 Fn. 27).
60 Zum Begriff siehe BT-Drs. 20/15, 32; BGH BeckRS 2023, 5244; *Lichtenthäler*, NStZ 2022, 138 (139).

die genannten Tatobjekte hier nur gegen die Vorbereitung ihrer Fälschung geschützt sind, während die Fälschung selbst unter § 267 StGB fällt.[61] Jedenfalls würde § 275 StGB hinter § 267 StGB zurücktreten.[62]

E. §§ 263, 22, 23 Abs. 1 StGB

117 Im Zusammenhang mit einer etwaigen Strafbarkeit wegen (versuchten) Betrugs durch die Vorlage des gefälschten Impfausweises ist jedenfalls kein (intendierter) Vermögensschaden ersichtlich.

118 **Gesamtergebnis F:** F ist strafbar nach § 267 Abs. 1 Var. 3 StGB.

> **Klausurhinweis:**
>
> Da laut Bearbeitungsvermerk lediglich nach der „Strafbarkeit nach dem StGB" gefragt war, durfte das Infektionsschutzgesetz (IfSG) bei der Bearbeitung außer Betracht bleiben. Andernfalls hätte insbesondere auch § 75a Abs. 3 Nr. 1 Alt. 1 IfSG geprüft werden müssen. Eine diesbezügliche Strafbarkeit scheitert jedoch daran, dass der Impfpass hier (wohl) nicht durch eine impfberechtigte Person, in aller Regel also einen Arzt bzw. eine Ärztin, gefälscht wurde.[63]

Strafbarkeit des A

A. § 203 Abs. 1 Nr. 1, Abs. 4 S. 1 Alt. 1 StGB

119 Durch das Verständigen der Polizei und das Offenbaren all dessen, was A „weiß", könnte sich A wegen der Verletzung von Privatgeheimnissen nach § 203 Abs. 1 Nr. 1, Abs. 4 S. 1 Alt. 1 StGB strafbar gemacht haben.

I. Tatbestandsmäßigkeit

120 **1. Objektiver Tatbestand.** Dazu müsste A unbefugt ein fremdes Geheimnis offenbart haben, das ihm als Angehöriger der in § 203 StGB genannten schweigepflichtigen Berufs- oder Personengruppen anvertraut oder sonst bekannt geworden ist.

121 a) **Tauglicher Täter.** Fraglich ist, ob A überhaupt tauglicher Täter einer Schweigepflichtsverletzung ist; denn § 203 StGB ist ein **echtes Sonderdelikt**, d. h. Täter können nur Angehörige der in der Norm abschließend aufgezählten schweigepflichtigen Berufs- oder Personengruppen sein.[64]

122 Apothekerinnen und Apotheker wären als sog. **Berufsgeheimnisträger** nach § 203 Abs. 1 Nr. 1 StGB unproblematisch taugliche Täterinnen bzw. Täter des § 203 StGB. Allerdings ist A hier nicht selbst Apotheker i. S.d. §§ 2, 3 Bundes-Apothekerordnung (BapO), sondern „nur" Apotheken*mitarbeiter*. A könnte aber als „mitwirkende Person" (vgl. § 203 Abs. 4 S. 1 Alt. 1 StGB), genauer als *„berufsmäßig tätiger Gehilfe"* i. S.d. § 203 Abs. 3 S. 1 Alt. 1 StGB anzusehen sein.

---

61 Vgl. OLG Köln NStZ 1994, 289; BeckOK-StGB-*Weidemann*, § 275 Rn. 5, jew. zu Absatz 1.
62 OLG Köln NStZ 1994, 289; BeckOK-StGB-*Weidemann*, § 275 Rn. 14; *Heger*, in: Lackner/Kühl/Heger, § 275 Rn. 4; *Lichtenthäler*, NStZ 2022, 138 (139), aber umstr.; a. A. Schönke/Schröder-*Heine/Schuster*, § 275 Rn. 7; NK-StGB-*Puppe/Schumann*, § 275 Rn. 16.
63 Zu diesem Aspekt siehe auch *Schrott*, JZ 2022, 313 (316); *Lorenz/Rehberger*, NJW 2022, 1295 (1298).
64 Siehe nur *Schrott*, in: Spickhoff/Handorn, § 7 Rn. 8.

Fall 7b: Der gefälschte Impfpass

> **Klausurhinweis/Weiterführendes Wissen:**
> Der Begriff der „mitwirkenden Person" in § 203 Abs. 4 S. 1 Alt. 1 StGB ist als Oberbegriff zu verstehen. Er umfasst berufsmäßig tätige Gehilfen (§ 203 Abs. 3 S. 1 Alt. 1 StGB), zur Vorbereitung auf den Beruf tätige Personen (§ 203 Abs. 3 S. 1 Alt. 2 StGB) sowie sonstige mitwirkende Personen nach § 203 Abs. 3 S. 2 StGB (= „Externe").

Berufsmäßig tätiger Gehilfe ist, wer innerhalb des beruflichen Wirkungsbereichs des Berufsgeheimnisträgers eine auf dessen berufliche Tätigkeit bezogene unterstützende Tätigkeit ausübt, welche die Kenntnis fremder Geheimnisse mit sich bringt oder ohne Überwindung besonderer Hindernisse ermöglicht.[65] Die „Gehilfen"-Stellung setzt dabei voraus, dass die zuarbeitende Person *funktionell* in die Aufgabenerledigung des Berufsgeheimnisträgers *eingebunden* ist und dessen *Weisungshoheit* (Direktionsrecht) unterliegt.[66] A wird als Apothekenmitarbeiter im beruflichen Wirkungsbereich des Berufsgeheimnisträgers „Apotheker/in" in einer berufsbezogen unterstützenden Tätigkeit tätig, die die Kenntnis fremder Geheimnisse mit sich bringt; zudem besteht eine funktionelle Eingebundenheit in die Aufgabenerledigung des/r Apotheker/in und A unterliegt als nachgeordneter Mitarbeiter auch der Direktionshoheit des betriebs- bzw. unternehmenshierarchisch vorgesetzten Apothekers bzw. der vorgesetzten Apothekerin. A ist damit berufsmäßig tätiger Gehilfe und folglich tauglicher Täter des § 203 StGB. 123

b) Fremdes Geheimnis. Tatobjekt des § 203 StGB sind fremde Geheimnisse. A offenbart hier gegenüber der Polizei „alles, was er weiß". Bei lebensnaher Sachverhaltsauslegung erläutert A damit gegenüber den Ermittlungsbehörden, dass F zwecks Erhalts eines digitalen Impfzertifikats einen „gefälschten" Impfpass vorgelegt hat, da jedenfalls die für den 29.11.2021 eingetragene Impfung nicht plausibel ist, weil die „dazugehörige" – aus den in den Impfpass eingeklebten Aufklebern ersichtliche – Charge bereits am 31.8.2021 abgelaufen ist. Fraglich ist, ob diese Umstände ein fremdes Geheimnis i. S. d. Norm darstellen. 124

aa) Geheimnis. Geheimnisse i. S. d. § 203 Abs. 1 StGB sind Informationen über Tatsachen, die nur einem Einzelnen oder einem beschränkten Kreis von Personen bekannt oder zugänglich sind *(objektives Element)* und an deren Geheimhaltung diejenige (natürliche oder juristische) Person, die sie betreffen (sog. Geheimnisträger), ein berechtigtes (schutzwürdiges) Interesse hat bzw. bei eigener Tatsachenkenntnis haben würde *(normatives Element)*.[67] Die wohl h. M. verlangt darüber hinaus einen entsprechenden Geheimhaltungswillen des Betroffenen *(subjektives Element)*.[68] 125

Aus inhaltlicher Sicht kann sich das Geheimnis auf *jeden denkbaren Lebensbereich* des Betroffenen beziehen. Das zum persönlichen Lebensbereich gehörende Geheimnis sowie das Betriebs- oder Geschäftsgeheimnis sind lediglich beispielhaft („namentlich") genannt. Im medizinischen Bereich unterfallen dem Geheimnisschutz damit v. a. die Identität des/r Patienten/-in, die Tatsache der Behandlung, zustands- und krankheitsbe- 126

---

[65] BT-Drs. 18/11936, 21; SSW-*Bosch*, StGB § 203 Rn. 26; *Otto*, wistra 1999, 201 (203); *Schrott*, in: Spickhoff/Handorn, § 7 Rn. 19 m. w.N.
[66] *Duttge*, MedR 2021, 325 (326); *Braun*, in: Roxin/Schroth, 222 (226); *Ulsenheimer/Gaede*, in: Ulsenheimer/Gaede Rn. 1042.
[67] Schönke/Schröder-*Eisele*, § 203 Rn. 5; LK-StGB-*Hilgendorf*, § 203 Rn. 32; *Schrott*, in: Spickhoff/Handorn, § 7 Rn. 25.
[68] Sog. *„dreigliedriger Geheimnisbegriff"*, vgl. *Duttge*, MedR 2021, 325 (326 Fn. 17); LK-StGB-*Hilgendorf*, § 203 Rn. 32 ff.; *Braun*, in: Roxin/Schroth, 222 (230). Auf einen Geheimhaltungswillen verzichten aber z. B. Schönke/Schröder-*Eisele*, § 203 Rn. 5 m. w.N.

zogene Informationen (Anamnese, Diagnose, Therapie und Prognose), Untersuchungsmaterialien und -ergebnisse, Informationen über ärztliche Atteste und Bescheinigungen sowie die Daten der elektronischen Gesundheitskarte sowie der Patientenakte.[69]

> **Weiterführendes Wissen:**
>
> Ebenfalls erfasst sind z. B. Informationen über die Anbahnung eines Beratungs- und Behandlungsverhältnisses, die Höhe der Honorarforderung, die Durchführung und das Ergebnis eines AIDS-Tests, die Testierfähigkeit des Patienten, die Tatsache der Sterilisation, das Bestehen einer (frühen) Schwangerschaft (später i. d.R. Offenkundigkeit) sowie Röntgen-, Ultraschall- und sonstige (Bild-)Aufnahmen; daneben in gewissem Umfang die familiären, persönlichen, wirtschaftlichen und finanziellen Verhältnisse des Patienten sowie Informationen zu den *Begleitumständen* der Behandlung (z. B. Datum und Uhrzeit; etwaige Begleitpersonen etc.).

127 Bei den in einem Impfpass eingetragenen Informationen über erfolgte Impfungen handelt es sich grundsätzlich um Tatsachen, die in aller Regel zumindest nur einem beschränkten Personenkreis bekannt bzw. zugänglich sind und an deren Geheimhaltung ein berechtigtes (schutzwürdiges) Interesse besteht. Auch ein allgemeiner Geheimhaltungswille des betroffenen F kann wohl angenommen werden.

> **Klausurhinweis:**
>
> Allein aus dem Umstand, dass sich F ein Impfzertifikat erstellen lassen möchte, welches er dann ggf. gegenüber (bestimmten) Dritten vorzeigt, kann nicht auf einen *generellen* Offenbarungswillen geschlossen werden.

128 Damit handelt es sich bei den aus dem Impfpass ersichtlichen Informationen grundsätzlich um ein schützenswertes Geheimnis.

129 Problematisch könnte jedoch sein, dass die „Impfinformationen" bzgl. F unwahr („falsch") sind, da die eigetragenen Impfungen tatsächlich nie stattgefunden haben. Der Geheimnisschutz des § 203 StGB erstreckt sich jedoch nur auf wahre Tatsachen, d. h. keine Tatsachen i. S.d. Norm sind *unwahre Behauptungen über Tatsachen bzw. Unwahrheiten*.[70] Danach wäre die Behauptung bzgl. der erfolgten Impfung(en) nicht von § 203 StGB erfasst; es läge mithin kein Geheimnis vor.

130 Hiergegen lässt sich jedoch mit Stimmen in der Literatur einwenden, dass in diesen Fällen dann zwar nicht die (hier: Impf-)Tatsache selbst ein Geheimnis darstellt, wohl aber der *Umstand, dass diese Unwahrheit geäußert wurde*, eine *Tatsache* i. S.d. § 203 StGB – und damit ein Geheimnis – begründen kann.[71] Die Tatsache, dass F gegenüber A eine tatsächlich nicht erfolgte Impfung behauptet, ist auch nur einem beschränkten Kreis an Personen bekannt, sodass auch das objektive Element des Geheimnisbegriffs gegeben ist. Von einem Geheimhaltungswillen des F ist ebenfalls auszugehen, da dieser den diesbezüglichen „Kreis der Wissenden" wohl ohnehin bei Null halten möchte. Fraglich ist jedoch, ob auch ein *schutzwürdiges, d. h. berechtigtes Interesse* des F an der Geheimhaltung dieser Tatsache besteht. Einem solchen könnte entgegenstehen, dass es sich dabei um Informationen handelt, die dem Nachweis einer strafbaren Handlung (hier: § 267 StGB) dienen. F's Interesse an einer Geheimhaltung könnte daher mit Blick auf die Gesamtrechtsordnung nicht schützenswert i. S.v. „schutzwürdig"

---

[69] Übersicht bei *Schrott*, in: Spickhoff/Handorn, § 7 Rn. 28 m. w.N.
[70] Matt/Renzikowski-*Altenhain*, StGB § 203 Rn. 12; LK-StGB-*Hilgendorf*, § 203 Rn. 35 f.
[71] Dahingehend Matt/Renzikowski-*Altenhain*, StGB § 203 Rn. 12; vgl. auch LK-StGB-*Hilgendorf*, § 203 Rn. 35 f.

Fall 7b: Der gefälschte Impfpass

sein. Allerdings hat das Erfordernis der „sachlichen Berechtigung" lediglich negative Abgrenzungsfunktion gegenüber „reiner Willkür und Launenhaftigkeit des Geheimnisträgers".[72] Eine objektive „Vernünftigkeitskontrolle" ist also nicht angebracht; ebenso wenig erfolgt eine rechtliche (oder gar moralische) Bewertung des Geheimhaltungsinteresses.[73] Das Interesse des F, die Tatsache der „Falschbehauptung" geheim zu halten, entspringt jedoch keiner willkürlichen Launenhaftigkeit des F, sondern lässt sich darauf zurückführen, dass F sein deliktisches Handeln möglichst „verheimlichen" möchte; es ist damit unter diesem Gesichtspunkt sogar „rational" begründbar. Folglich lässt sich auch hinsichtlich dieser Tatsache ein schutzwürdiges Interesse grundsätzlich bejahen.

Ein Geheimnis i. S.d. § 203 StGB liegt vor. 131

Klausurhinweis:

Eine a. A. ist mit der entsprechenden Argumentation aber wohl noch vertretbar. Eine Strafbarkeit nach § 203 StGB scheidet dann aus.

bb) Fremdheit. Dieses müsste auch **fremd** sein, d. h. es darf nicht aus der Sphäre des Schweigepflichtigen selbst stammen, sondern hat eine andere (natürliche oder juristische) Person zu betreffen. Da die Information, dass F eine unwahre (Impf-)Tatsache behauptet hat, nicht den schweigepflichtigen A, sondern allein F betrifft, ist diese Voraussetzung ebenfalls erfüllt. 132

c) Berufsbezogene Kenntniserlangung („als"). Das fremde Geheimnis muss dem Täter auch *als* Angehöriger der aufgeführten Personengruppen, d. h. in Ausübung einer Sondereigenschaft und nicht als Privatperson, anvertraut oder sonst bekannt geworden sein. 133

Anvertrauen meint das Einweihen in ein Geheimnis unter der ausdrücklich erklärten Auflage der Geheimhaltung oder unter solchen Umständen, aus denen sich eine Verpflichtung zur Verschwiegenheit ergibt.[74] Eine vertragliche Beziehung ist nicht erforderlich. **Sonst bekannt geworden** ist dem Täter eine schutzwürdige Tatsache dann, wenn er sie auf andere Weise als durch Anvertrauen erfahren hat. Zwar ist auch hier eine Kenntniserlangung in beruflicher Eigenschaft erforderlich. Anders als im Falle des Anvertrauens bedarf es nach überzeugender Ansicht jedoch keines besonderen Vertrauensaktes bzw. einer typischerweise auf Vertrauen angelegten Sonderbeziehung zum Geheimnisträger.[75] Erfasst sind damit grundsätzlich *sämtliche Formen der Kenntniserlangung*, auch im Rahmen einer unfreiwilligen Beziehungen zum Beruf des Täters (z. B. als Amtsärztin oder als Arzt im Maßregelvollzug).[76] 134

Indem F dem A den „gefälschten" Impfpass vorlegt, hat dieser jedenfalls von der Tatsache, dass F eine tatsächlich nicht erfolgte Impfung behauptet, Kenntnis erlangt, mithin ist ihm diese Tatsache sonst bekannt geworden. Die Kenntniserlangung erfolgt 135

---

72 Schönke/Schröder-*Eisele*, § 203 Rn. 7; anders aber SK-StGB-*Hoyer*, § 203 Rn. 8.
73 *Schrott*, in: Spickhoff/Handorn, § 7 Rn. 29; Schönke/Schröder-*Eisele*, § 203 Rn. 7.
74 RGSt 13, 60 (62); OLG Köln NStZ 1983, 412; OLG Dresden NStZ 2008, 462; Matt/Renzikowski-*Altenhain*, StGB § 203 Rn. 20.
75 Aber umstr.; wie hier OLG Köln NJW 2000, 3656 (3657); Spickhoff-*Knauer-Brose*, StGB § 205 Rn. 26; *Braun*, in: Roxin/ Schroth, 222 (238 f.); a. A. OLG Karlsruhe NJW 1984, 676; Schönke/Schröder-*Eisele*, § 203 Rn. 15; *Schmitz*, JA 1996, 772 (776); offen gelassen von BGHSt 33, 148 (150) [zu § 53 StPO].
76 *Schrott*, in: Spickhoff/Handorn, § 7 Rn. 33.

auch in der beruflichen Eigenschaft des A als Apothekenmitarbeiter und nicht als Privatperson.

136 **d) Tathandlung: Offenbaren.** A müsste das ihm bekannt gewordene Geheimnis des F auch offenbart haben. Ein Geheimnis wird **offenbart**, wenn es auf irgendeine Art einem Dritten, der von dem Geheimnis jedenfalls noch keine sichere Kenntnis hat, mitgeteilt wird. Auf die Form der Mitteilung kommt es nicht an. Hier hat A gegenüber den Ermittlungsbehörden alles mitgeteilt, was er weiß, und damit auch, dass F die unwahre Tatsache der erfolgten Impfung durch Vorlage des Impfpasses gegenüber ihm, A, behauptet hat. Ein Offenbaren eines fremden Geheimnisses liegt damit vor.

137 **e) Kein Tatbestandsausschluss nach § 203 Abs. 3 S. 1 StGB.** Der Tatbestand ist ersichtlich auch nicht nach § 203 Abs. 3 S. 1 StGB ausgeschlossen.

> **Klausurhinweis:**
>
> Angesichts der Offensichtlichkeit des Ergebnisses muss auf § 203 Abs. 3 S. 1 StGB in einer Klausurbearbeitung nicht zwingend eingegangen werden.

138 **f) Zwischenergebnis.** Die Voraussetzungen des objektiven Tatbestands sind erfüllt.[77]

> **Klausurhinweis:**
>
> Das Merkmal „unbefugt" ist jedenfalls nach (überzeugender) h. M. nur ein Hinweis auf die allgemeinen Rechtfertigungsgründe.[78] Nach a. A. wird es als Tatbestandsmerkmal verstanden; wieder andere wollen ihm eine „Doppelfunktion" (tatbestandsausschließende und rechtfertigende Wirkung) zukommen lassen.[79]

139 **2. Subjektiver Tatbestand.** A nahm jedenfalls billigend in Kauf, ein fremdes Geheimnis zu offenbaren, als er sich den Ermittlungsbehörden anvertraute. Damit ist Vorsatz zumindest in Form des *dolus eventualis* gegeben.

II. Rechtswidrigkeit

140 A ist gerechtfertigt, wenn Rechtfertigungsgründe eingreifen.

141 **1. Einwilligung ("Schweigepflichtsentbindung").** F hat den A nicht von seiner Schweigepflicht entbunden, mithin liegt keine Einwilligung hinsichtlich des Offenbarens des fremden Geheimnisses durch A vor.

142 **2. Mutmaßliche Einwilligung.** Die Voraussetzungen einer mutmaßlichen Einwilligung sind ebenfalls nicht gegeben, da nicht anzunehmen ist, dass F kein Interesse an der Einhaltung der Schweigepflicht durch A gegenüber den Ermittlungsbehörden hat und die mutmaßliche Einwilligung ohnehin subsidiär gegenüber einer (hier) tatsächlich einholbaren Einwilligung ist.

> **Weiterführendes Wissen:**
>
> Eine hypothetische Einwilligung kommt i. R.d. § 203 StGB nicht in Betracht.

---

[77] I.E. ebenso AG Landstuhl BeckRS 2022, 782 Rn. 13.
[78] Vgl. NK-StGB-*Kargl*, § 203 Rn. 101 m. w.N.; SSW-*Bosch*, StGB § 203 Rn. 32; *Ulsenheimer/Gaede*, in: Ulsenheimer/ Gaede Rn. 1059. Zum Streitstand siehe auch *Schrott*, in: Spickhoff/Handorn, § 7 Rn. 41.
[79] Zum Ganzen *Schrott*, in: Spickhoff/Handorn, § 7 Rn. 41.

Fall 7b: Der gefälschte Impfpass

3. Gesetzliche Offenbarungspflichten und -befugnisse. A könnte jedoch wegen einschlägiger gesetzlicher Offenbarungspflichten bzw. -befugnisse gerechtfertigt sein. In Betracht kommt hier einerseits §§ 138, 139 Abs. 3 StGB sowie §§ 6, 7 IfSG. 143

a) Anzeige geplanter Straftaten, §§ 138, 139 Abs. 3 StGB. Nach §§ 138, 139 Abs. 3 StGB besteht hinsichtlich bestimmter, enumerativ genannter, geplanter Straftaten eine Anzeigepflicht, die eine Geheimnisoffenbarung rechtfertigen würde. Allerdings steht hier allenfalls (s. u.) die Begehung einer weiteren Urkundenfälschung durch die Vorlage des gefälschten Impfpasses in einer weiteren Apotheke im Raum. Bei § 267 StGB handelt es sich jedoch nicht um eine Katalogtat i. S. d. §§ 138, 139 Abs. 3 StGB. 144

b) Meldepflichtige Krankheiten und Krankheitserreger, §§ 6, 7 IfSG. Eine rechtfertigende Meldepflicht könnte sich aber aus § 6 Abs. 1 S. 1 Nr. 1 lit. t IfSG bzw. aus § 7 Abs. 1 S. 1 Nr. 44a IfSG ergeben. Danach ist der Verdacht einer Erkrankung, die Erkrankung sowie der Tod in Bezug auf die Coronavirus-Krankheit-2019 (COVID-19) sowie der direkte oder indirekte, auf eine akute Infektion hinweisende Nachweis des Krankheitserregers Severe-Acute-Respiratory-Syndrome-Coronavirus (SARS-CoV) und Severe-Acute-Respiratory-Syndrome-Coronavirus-2 (SARS-CoV-2) zu melden. Allerdings offenbart A hier keine COVID-19-Erkrankung (bzw. den entsprechenden Verdacht) oder eine Infektion des F mit dem SARS-CoV-2-Virus, sondern er bringt den Ermittlungsbehörden hier lediglich die Tatsache der Behauptung der (Falsch-)Impfung durch F zur Kenntnis. Das Offenbaren des A ist daher auch nicht nach §§ 6, 7 IfSG gerechtfertigt. 145

> **Klausurhinweis:**
>
> Da A als Apothekenmitarbeiter ein Zeugnisverweigerungsrecht nach §§ 53 Abs. 1 S. 1 Nr. 3, 53a Abs. 1 S. 1 Nr. 1 StPO zukommt, besteht auch *keine prozessuale Offenbarungspflicht*.[80]

> **Weiterführendes Wissen:**
>
> Eine weitere – hier offensichtlich nicht einschlägige – *Offenbarungsbefugnis* ergibt sich auch aus § 203 Abs. 3 S. 2 StGB, wonach Ärztinnen und Ärzte externes Personal zur Unterstützung des Klinik- bzw. Praxisbetriebs einsetzen dürfen.

4. Rechtfertigender Notstand, § 34 StGB. Fraglich ist, ob A wegen Notstands nach § 34 StGB gerechtfertigt ist. 146

a) Notstandslage. Dazu müsste zunächst eine gegenwärtige, nicht anders abwendbare Gefahr für ein notstandsfähiges Rechtsgut vorliegen. 147

aa) Notstandsfähiges Rechtsgut. Notstandsfähig sind Rechtsgüter des Einzelnen und der Allgemeinheit, soweit sie in der konkreten Situation schutzbedürftig und schutzwürdig sind.[81] Als notstandsfähige Rechtsgüter kommen hier angesichts konkret bevorstehender bzw. bereits begangener Straftaten der Urkundenfälschung sowohl die *Sicherheit und Zuverlässigkeit des Rechtsverkehrs* bzw. *das staatliche Strafverfolgungsinteresse* als auch mit Blick auf die (wohl) intendierte Umgehung des zur Teilnahme am öffentlichen Leben in vielen Bereichen erforderlichen Impfnachweises auch der 148

---

80 Vgl. MüKo-StGB-*Ciernak/Niehaus*, § 203 Rn. 96.
81 *Wessels/Beulke/Satzger*, Strafrecht AT, § 9 Rn. 457.

Schutz von *Leib und Leben* der übrigen Bevölkerung sowie die *Funktionsfähigkeit der staatlichen Gesundheitsfürsorge* in Betracht.[82]

Klausurhinweis/Weiterführendes Wissen:

Ob es sich bei der Sicherheit und Zuverlässigkeit des Rechtsverkehrs, dem staatlichen Strafverfolgungsinteresse sowie der Funktionsfähigkeit der staatlichen Gesundheitsfürsorge tatsächlich um notstandsfähige Rechtsgüter handelt, ist zwar nicht unumstritten, wird aber von der wohl h. M. bejaht. Ein weiteres Eingehen auf diese Fragestellung ist daher i. R.e. Klausurbearbeitung nicht erforderlich.[83]

149 **bb) Gegenwärtige Gefahr für das Rechtsgut.** Es müsste eine **gegenwärtige Gefahr** für diese Rechtsgüter bestehen. Hierunter ist ein Zustand zu verstehen, dessen Weiterentwicklung den Eintritt oder die Intensivierung eines Schadens ernstlich befürchten lässt, sofern nicht alsbald Abwehrmaßnahmen ergriffen werden.[84] Ausreichend ist i. R.d. § 34 StGB auch eine sog. *Dauergefahr*, d. h. ein gefahrdrohender Zustand von längerer Dauer, der jederzeit in eine Rechtsgutsbeeinträchtigung umschlagen *kann*.

150 **(1) Sicherheit und Zuverlässigkeit des Rechtsverkehrs bzgl. bevorstehender Straftaten.** Es könnte eine gegenwärtige Gefahr für die Sicherheit und Zuverlässigkeit des Rechtsverkehrs bestehen, sofern *vergleichbare Straftaten* wegen Urkundenfälschung nach § 267 StGB *konkret bevorstehen*. Zwar ist grundsätzlich nicht ausgeschlossen, dass F den Impfpass nach dem Scheitern gegenüber A in einer anderen Apotheke erneut vorlegt, um ein digitales Impfzertifikat zu erhalten. Angaben, dass ein solches Geschehen *konkret* bevorsteht, enthält der Sachverhalt jedoch nicht. Allerdings reicht im Zusammenhang mit § 34 StGB grundsätzlich auch eine sog. Dauergefahr, d. h. ein gefahrdrohender Zustand von längerer Dauer, der jederzeit in eine Rechtsgutsbeeinträchtigung umschlagen *kann*.

151 Da davon auszugehen ist, dass bei einem Nichteinschreiten der Ermittlungsbehörden F den Impfpass wieder an sich nimmt, besteht zumindest die dauerhafte Gefahr, dass F in naher Zukunft eine andere Apotheke aufsucht und dort erneut den Impfpass vorlegt, um ein digitales Impfzertifikat zu erhalten. Mithin kann der gefahrdrohende Umstand jederzeit in eine Rechtsgutsbeeinträchtigung umschlagen. Eine Dauergefahr für die Sicherheit und Zuverlässigkeit des Rechtsverkehrs liegt damit vor.[85] Diese ist auch gegenwärtig, da sie so dringend ist, dass sie nur durch unverzügliches Handeln abgewendet werden kann.

Klausurhinweis:

A.A. mit der entsprechenden Begründung aber vertretbar. Insbesondere kann darauf abgestellt werden, dass es auch für das Vorliegen einer bloßen Dauergefahr eines gesteigerten Grades hinsichtlich des *konkreten* Bevorstehens der Straftaten bedarf und dieser vorliegend nicht erreicht ist.

152 **(2) Staatliches Strafverfolgungsinteresse bzgl. bereits begangener Straftaten.** Angesichts der von F begangenen, mit Vorlage gegenüber A vollendeten Urkundenfälschung besteht jedenfalls grundsätzlich ein staatliches Interesse daran, den Täter zu überfüh-

---

[82] Vgl. hierzu auch AG Landstuhl BeckRS 2022, 782 Rn. 14.
[83] Zum Ganzen siehe aber *Heger*, in: Lackner/Kühl/Heger, § 34 Rn. 4 m. w.N.; kritisch NK-StGB-*Neumann*, § 34 Rn. 30.
[84] RGSt 66, 222; BGH NStZ 1988, 554.
[85] Ähnlich AG Landstuhl BeckRS 2022, 782 Rn. 14.

Fall 7b: Der gefälschte Impfpass

ren und ein Strafverfahren gegen diesen einzuleiten. Gelangt die Straftat des F daher nicht zur Kenntnis der Strafverfolgungsbehörden, weil sie ihnen gegenüber nicht offenbart wird, steht zu befürchten, dass diese unentdeckt und damit das staatliche Strafverfolgungsinteresse verletzt wird.

> **Klausurhinweis:**
> Nach tvA handelt es sich beim staatlichen Strafverfolgungsinteresse allerdings schon gar nicht um ein notstandsfähiges Rechtsgut (→ Rn. 148).

(3) Leib und Leben der übrigen Bevölkerung sowie Funktionsfähigkeit der staatlichen Gesundheitsfürsorge wegen Umgehung der Impfnachweispflicht. Fraglich ist, ob auch eine gegenwärtige Gefahr für Leib und Leben der übrigen Bevölkerung sowie die Funktionsfähigkeit der staatlichen Gesundheitsfürsorge wegen einer drohenden Überlastung des Gesundheitssystems besteht. 153

Eine solche könnte darin zu sehen sein, dass sich F das digitale Impfzertifikat (wohl) „erschwindeln" möchte, um damit etwaige Impfnachweispflichten z. B. in Restaurants oder bei öffentlichen Veranstaltungen (jedenfalls materiell) zu umgehen. Wird ihm nun aufgrund seines gefälschten Impfzertifikats der Zugang zu diesen Örtlichkeiten bzw. Veranstaltungen des öffentlichen Lebens gewährt, obwohl F tatsächlich nicht geimpft ist, könnte hierin angesichts seiner Eigenschaft als potentieller Überträger eine Gefahr für Leib und Leben der übrigen Anwesenden sowie in letzter Konsequenz – bei gleichzeitiger Erkrankung zu vieler Personen – für die Funktionsfähigkeit der staatlichen Gesundheitsfürsorge liegen. Dabei ist grundsätzlich davon auszugehen, dass geimpfte Personen zumindest weniger infektiös sind als ungeimpfte und jedenfalls deutlich weniger schlimm erkranken. Ausreichend ist erneut eine Dauergefahr. 154

Zwar erscheint das eben beschrieben Szenario nicht unrealistisch. Fraglich ist aber, ob hier tatsächlich ein Gefahrengrad erreicht ist, in dem der gefahrdrohende Zustand tatsächlich *jederzeit* in eine entsprechende Rechtsgutsbeeinträchtigung umschlagen kann – sind bis zum Schadenseintritt doch noch einige (in der Zukunft liegende und in Teilen auch dem Handeln des A entzogene) Zwischenschritte erforderlich. Allerdings reicht es für die Annahme einer Dauergefahr auch aus, wenn der Schadenseintritt erst für die Zukunft zu erwarten ist, aber *nur durch sofortiges Handeln abgewendet* werden kann.[86] Nimmt F aber erst einmal ungeimpft am öffentlichen Leben teil, so besteht jedenfalls in einer pandemischen Lage einerseits ohnehin mehr oder minder jederzeit die Möglichkeit einer (Eigen- bzw. Fremd-)Infektion – und damit in letzter Konsequenz einer Überlastung des angespannten Gesundheitssystems. Andererseits kommt ein Handeln in dieser Situation dann zu spät, sodass es erforderlich erscheint, sofort gegen F vorzugehen, solange noch staatliche Zugriffsmöglichkeiten bestehen. Damit ist auch eine gegenwärtige Dauergefahr für Leib und Leben der übrigen Bevölkerung sowie die Funktionsfähigkeit der staatlichen Gesundheitsfürsorge zu besorgen.[87] 155

> **Klausurhinweis:**
> A.A. mit der entsprechenden Begründung aber vertretbar. Insbesondere kann darauf abgestellt werden, dass sich die Dauergefahr noch nicht hinreichend konkretisiert hat und sich der Sachverhalt i. Ü. zu den oben genannten Punkten ausschweigt.

---

86 NK-StGB-*Neumann*, § 34 Rn. 57 m. w.N.
87 So i. E. auch AG Landstuhl BeckRS 2022, 782 Rn. 14.

156 **b) Notstandshandlung. aa) Erforderlichkeit. (1) Geeignetheit.** Die Notstandshandlung, also das Offenbaren des Geheimnisses gegenüber den Ermittlungsbehörden, war auch geeignet, die Gefahr für die in Rede stehenden Rechtsgüter abzuwehren, da diese nach Kenntniserlangung zur Einleitung eines Ermittlungsverfahrens verpflichtet sind (sog. Legalitätsprinzip, § 152 Abs. 2 StPO) und den Impfpass auch sicherstellten (vgl. § 94 Abs. 1 StPO), sodass F jedenfalls nicht weiter über diesen verfügen konnte.

157 **(2) Relativ mildestes Mittel.** Die Notstandshandlung des A stellt auch das relativ mildeste Mittel dar, da nicht davon auszugehen ist, dass sich F durch bloßes Zureden o. Ä. davon hätte überzeugen lassen, den gefälschten Impfpass abzugeben bzw. von einer weiteren Vorlage (und damit einer Teilnahme am öffentlichen Leben) dauerhaft abzusehen.

158 **bb) Güter- und Interessenabwägung.** Fraglich ist, ob bei Abwägung der widerstreitenden Interessen, namentlich der betroffenen Rechtsgüter und des Grades der ihnen drohenden Gefahren, das geschützte Interesse das beeinträchtigte *wesentlich überwiegt*, § 34 S. 1 StGB. Beeinträchtigtes Interesse ist hier das *Geheimhaltungsinteresse des F*. Als geschützte Interessen sind die Sicherheit und Zuverlässigkeit des Rechtsverkehrs, das staatliche Strafverfolgungsinteresse sowie Leib und Leben der übrigen Bevölkerung sowie die Funktionsfähigkeit der staatlichen Gesundheitsfürsorge zu nennen (→ Rn. 148, → Rn. 150 ff.).

159 Grundsätzlich gilt, dass eine Weitergabe von Geheimnissen im sachlich erforderlichen Umfang zur Verhinderung konkret *bevorstehender*, nicht bereits nach § 138 StGB anzeigepflichtiger *Straftaten* zulässig ist, sofern diese von einiger Erheblichkeit sind und im Einzelfall kein milderes Mittel zur Verfügung steht bzw. erfolgsversprechend ist.[88] Möchte man die Anforderungen an die Erheblichkeit nicht überstrapazieren, dann handelt es sich bei einer Urkundenfälschung mit einem Strafrahmen von Freiheitsstrafe bis zu 5 Jahren bzw. Geldstrafe jedenfalls um keine unerhebliche Straftat. Für ein insofern herabgesetztes Geheimhaltungsinteresse des F spricht auch, dass das „Geheimnis" lediglich darin besteht, dass eine falsche (Impf-)Tatsache behauptet wurde.

160 Hinsichtlich *bereits begangener Straftaten* (hier: § 267 StGB) geht die überwiegende Ansicht in Rechtsprechung und Literatur davon aus, dass das diesbezügliche Strafverfolgungsinteresse jedenfalls nur bei schwer(st)en Verbrechen (z. B. bei terroristischen Gewaltakten oder Tötungsdelikten) bzw. bei anhaltender hochgradiger Tätergefährlichkeit überwiegen wird.[89] Die begangene Urkundenfälschung ist – wenngleich keine unerhebliche – so doch jedenfalls keine schwere Straftat. Auch ist F keine anhaltende hochgradige Tätergefährlichkeit zu bescheinigen. Allein das beeinträchtigte Strafverfolgungsinteresse könnte eine Offenbarung des Geheimnisses damit nicht rechtfertigen. Hieran ändert auch der Umstand erst einmal nichts, dass der Schweigepflichtige selbst „Opfer" der Straftat wurde, indem ihm gegenüber das Falsifikat gebraucht wurde.

161 Dennoch muss das Geheimhaltungsinteresses des F im Rahmen einer allgemeinen Güter- und Interessenabwägung *insgesamt zurücktreten*: Denn neben das ohnehin einigermaßen hoch zu gewichtende Interesse an der Sicherheit und Zuverlässigkeit des Rechtsverkehrs sowie dem eher geringgewichtigen Strafverfolgungsinteresse

---

[88] Wohl allg. Meinung, siehe nur Schönke/Schröder-*Eisele*, § 203 Rn. 58; MüKo-StGB-*Cierniak/Niehaus*, § 203 Rn. 95; strenger BGH NJW 2011, 1077 (1078): Bekämpfung schwerster Straftaten. Zum Ganzen auch *Schrott*, in: Spickhoff/Handorn, § 7 Rn. 59.

[89] Einzelheiten aber str.; vgl. Schönke/Schröder-*Eisele*, § 203 Rn. 58 m. w.N.; MüKo-StGB-*Cierniak/Niehaus*, § 203 Rn. 95; zum Ganzen siehe auch *Schrott*, in: Spickhoff/Handorn, § 7 Rn. 59.

Fall 7b: Der gefälschte Impfpass

(→ Rn. 159 f.) treten die Rechtsgüter der Funktionsfähigkeit der staatlichen Gesundheitsfürsorge sowie der Schutz von Leib und Leben der übrigen Bevölkerung. Wenngleich bezüglich Letzterer „lediglich" eine Dauergefahr besteht (→ Rn. 151), so handelt es sich doch insbesondere bei den Individualrechtsgütern Leib und Leben um hochgewichtige, beim Rechtsgut Leben sogar um das höchstgewichtigste Rechtsgut unserer Rechtsordnung.

In der Zusammenschau *überwiegen* damit die *geschützten Interessen*, namentlich das Interesse an der Sicherheit und Zuverlässigkeit des Rechtsverkehrs, das staatliche Strafverfolgungsinteresse, die Funktionsfähigkeit der staatlichen Gesundheitsfürsorge sowie insbesondere Leib und Leben der übrigen Bevölkerung, das in seiner Gewichtigkeit ohnehin herabgesetzte Geheimhaltungsinteresse des F *wesentlich*. 162

> **Klausurhinweis:**
>
> A.A. mit der entsprechenden Argumentation aber vertretbar. Insbesondere kann auch auf die (Nicht-)Vergleichbarkeit mit anderen Fallgruppen der Rechtfertigung nach § 34 StGB in Fällen einer tatbestandlichen Verwirklichung des § 203 StGB abgestellt werden.[90]
> Dann wäre eine Rechtfertigung abzulehnen und eine Strafbarkeit des A im Ergebnis zu bejahen.

cc) **Angemessenheit, § 34 S. 2 StGB.** Die Notstandshandlung des A, das Offenbaren des Geheimnisses gegenüber den Ermittlungsbehörden, ist auch ein angemessenes Mittel, die Gefahr abzuwehren. Insbesondere greift A bei seinem Handeln gerade auf die staatlichen Strafverfolgungsorgane zurück. 163

c) **Subjektives Rechtfertigungselement.** A handelte auch in Kenntnis der Notstandslage und mit Rettungswillen. 164

d) **Zwischenergebnis.** Die Voraussetzungen des rechtfertigenden Notstands liegen vor. A ist daher nach § 34 StGB gerechtfertigt.[91] 165

> **Klausurhinweis/Weiterführendes Wissen:**
>
> Zum Teil wird i. R. d. § 203 StGB – (zumeist) in analoger Anwendung des § 193 StGB – auf die *Wahrnehmung berechtigter Interessen* als eigener, geringere Anforderungen als § 34 StGB stellender Rechtfertigungsgrund zurückgegriffen. Da hierfür jedoch weder ein hinreichendes kriminalpolitisches Bedürfnis noch eine dogmatisch-systematische Notwendigkeit erkennbar ist, sollte ein solcher „besonderer" Rechtfertigungsgrund richtigerweise nicht anerkannt werden.[92]

Ergebnis: A hat sich durch sein Offenbaren gegenüber den Ermittlungsbehörden nicht wegen Geheimnisverrats nach § 203 Abs. 1 Nr. 1, Abs. 4 S. 1 Alt. 1 StGB strafbar gemacht. *(a. A. aber vertretbar)* 166

> **Klausurhinweis:**
>
> Letztlich lässt sich hier mehr oder minder jedes Ergebnis vertreten. Entscheidend ist daher allein eine überzeugende und stringente Argumentation, die sauber zwischen den betroffenen Rechtsgütern differenziert und eine vertretbare Interessenabwägung vornimmt. Insgesamt sind die Ausführungen aus didaktischen Gründen sehr ausführlich gehalten. In einer Klausur könnten daher auch mit deutlich knapperen Erwägungen (sehr) gute Ergebnisse erzielt werden.

---

[90] Vgl. hierzu den Überblick bei *Schrott*, in: Spickhoff/Handorn, § 7 Rn. 57 ff.; siehe auch NK-StGB-*Kargl*, § 203 Rn. 120.
[91] Vgl. AG Landstuhl BeckRS 2022, 782 Rn. 14.
[92] Zum Ganzen *Schrott*, in: Spickhoff/Handorn, § 7 Rn. 62 m. w. N.

Falleinheit 7: Medizinstrafrecht in der Pandemie (Fall 7a bis Fall 7b)

Weiterführendes Wissen:

Nach h. M. bleiben Aussagen, die unter Verstoß gegen § 203 StGB zustande gekommen sind, grundsätzlich verwertbar.[93]

---

[93] MüKo-StGB-*Ciernak/Niehaus*, § 203 Rn. 96 m. w.N.; BGH NStZ 2018, 362 (363).

Fall 7b: Der gefälschte Impfpass

Weiterführende Hinweise auf relevante Rechtsprechung und (Ausbildungs-)Literatur:

BVerfG NJW 2022, 380: Schutz behinderter Menschen bei pandemiebedingter Triage
OLG Bamberg NJW 2022, 556: „Impfpassfälschungen" – Einordnung eines Impfausweises als Gesundheitszeugnis
BGH NJW 2023, 1973: Fälschung von Corona-Impfbescheinigungen – Konkurrenzen: Keine privilegierende Spezialität zwischen § 267 StGB und § 277 StGB aF)

Engländer, Armin, Das Verhältnis des § 5c IfSG zu den allgemeinen strafrechtlichen Notrechten, medstra 2023, 142
Horter, Tillmann, Zur Rechtfertigung der aktiven Tatbestandsverwirklichung kraft Pflichtenkollision, NStZ 2022, 193
Klein, Hubert, Schweigepflicht versus Offenbarungspflicht, RDG 2010, 172
Kraatz, Erik, Arztstrafrecht, 3. Auflage 2023, §§ 5 V, 9, 10
Lorenz, Henning / Rehberger, Samuel, Impfdokumentation und Strafrecht, NJW 2022, 1295
Rönnau, Thomas / Wegner, Kilian, Grundwissen – Strafrecht: Triage, JuS 2020, 403
Rosenau, Henning, Triage – Das BVerfG, das Strafrecht und der Gesetzgeber des § 5c IfSG, GA 2023, 121
Sowada, Christoph, Strafrechtliche Probleme der Triage in der Corona-Krise, NStZ 2020, 452
Waßmer, Martin Paul, Medizinstrafrecht, 1. Auflage 2022, §§ 8 IV, 14, 18

Stichwortverzeichnis

Die **fetten** Zahlen verweisen auf die Falleinheit, die mageren auf die Randnummer.

2-PN-Eizelle, künstliche Befruchtung einer **4** 15
§ 216 StGB, verfassungskonforme Auslegung **3** 71
§ 218a Abs. 2 StGB, analoge Anwendbarkeit **2** 42
§ 5c IfSG **7** 49
– Diskriminierungsverbote **7** 61 ff.
– Prüfungsstandort **7** 51
– Verbot der Ex post-Triage **7** 57
– Verstoß gegen Zuteilungsverfahren **7** 71
– Voraussetzungen **7** 52 ff.
– Zuteilungsverfahren **7** 71
§ 75a IfSG **7** 122
Abbruch eigener Rettungsbemühungen **7** 13 ff.
Abgrenzung Tun und Unterlassen
– Durchschneiden PEG-Sonde **3** 110 ff.
– Lehre vom Energieeinsatz **3** 112
– Schwerpunktformel **1** 210, 235, **3** 113
Abrechnungsbetrug
– Bande **5** 74
– Dreiecksbetrug **5** 32 f.
– Durch Apotheker/-in **5** 100 ff.
– Erklärungswert Sammelerklärung **5** 8 ff.
– Falschheit der Erklärung **5** 17
– Geschädigter Vermögensinhaber **5** 33 ff.
– Gewerbsmäßigkeit **5** 73
– „Gründungsschwindel" **5** 5 ff.
– Konkludente Täuschung **5** 7 ff.
– Medizinisches Versorgungszentrum **5** 4 ff.
– Nicht(selbst)erbringung von Leistungen **5** 62
– Sachgedankliches Mitbewusstsein Sachbearbeiter/-in **5** 26

– Täuschung über Teilhabevoraussetzungen (§ 95 Abs. 1a SGB V) **5** 5 ff.
– Vermögensschaden **5** 45 ff.
– Vermögensschaden bei Verletzung vermögensschützender Normen **5** 61
– Vermögensverlust großen Ausmaßes **5** 75 ff.
Abrechnungssammelerklärung, Garantiefunktion **5** 13
Abrechnungssystem, kassenärztliches **5** 37
Amtlicher Ausweis, Impfass bzw. -ausweis **7** 118
Amtsträgereigenschaft
– Eines Apothekers / einer Apothekerin **6** 5 f.
– Eines Vertragsarztes / einer Vertragsärztin **6** 78 ff.
Anschlussdelikte **6** 59 f.
Anstiftung, zum Mord **7** 85 ff.
Anvertrautsein, durch Corona-ImpfV **6** 35 f.
Anwendbarkeit deutschen Strafrechts, bei Mittäterschaft **6** 62
Ärztlicher Heileingriff **1** 10 ff.
– Körperverletzung **1** 15, 26 ff., 67 ff.
– Nicht indizierte Maßnahmen **1** 14
– Rechtfertigungslösung **1** 24 f.
– Tatbestandslösung **1** 16 ff., 21 ff.
Arzt-Patienten-Gespräch, selbstständiges Beweisverwertungsverbot **6** 165 f.
Aufklärung **1** 49 ff., 55, 58 ff.
– Aufklärungsverzicht **1** 56
– Wirtschaftliche Aufklärung **1** 51
Aussetzung **3** 31
– Mit Todesfolge **3** 17
Ausstellen eines unrichtigen Gesundheitszeugnisses **2** 58 ff.
– Gesundheitszeugnis **2** 60

315

Befruchtung
- Als punktuelles Ereignis 4 21
- Auslegung des Begriffs der 4 23 ff.
- „Befruchtungskaskade" 4 22
- Einer 2-PN-Eizelle 4 20 ff.
- Künstliche 4 17 f.
- „Unternehmen" der 4 62 ff.
- Verfassungskonforme Auslegung des Begriffs der 4 52 ff.

Beihilfe
- Doppelter Gehilfenvorsatz 5 125
- Hilfeleisten 5 124

Beihilfe durch Unterlassen 1 238

Beihilfe zur Selbsttötung 3 15

Belehrungspflichten 6 144

Berufsausübungsgemeinschaft 6 89

Berufsbezogene Kenntniserlangung
- Anvertrauen 7 138
- Sonst bekannt geworden 7 138

Berufsgeheimnisträger, Apotheker/-in 7 126

Berufsmäßig tätiger Gehilfe, Apothekenmitarbeiter/-in 7 126

Besonderes persönliches Merkmal
- Anvertrautsein 6 55
- Bandenmitgliedschaft 5 126 f., 130
- Gewerbsmäßigkeit 5 126 f.

Bestechlichkeit 6 4 ff., 77

Bestechlichkeit im geschäftlichen Verkehr
- Angestellte/-r 6 89
- Beauftragte/-r eines Unternehmens 6 90 ff.
- Vertragsarzt / Vertragsärztin 6 87 ff.

Bestechlichkeit im Gesundheitswesen
- Besonders schwerer Fall 6 97 ff.
- Funktionaler Zusammenhang mit Berufsausübung 6 104
- Referenzverhalten 6 117 ff.
- Unrechtsvereinbarung 6 10, 105 ff.
- Vertragsarzt als tauglicher Täter 6 98
- Vorteil 6 100 f.

Bestechlichkeit und Bestechung im geschäftlichen Verkehr, durch Apotheker/-in 6 48

Bestechung 6 47

Bestechung im Gesundheitswesen 6 49, 136

Betrug 5 4 ff.
- Bande 5 115
- Beihilfe zum gewerbsmäßigen Bandenbetrug 5 122
- Gewerbsmäßiger Bandenbetrug 5 81 ff.
- Gewerbsmäßigkeit 5 114
- Mittäterschaftlich begangener gewerbsmäßiger Bandenbetrug 5 87 ff.

Bevorzugung
- Bei der Verordnung von Arzneimitteln 6 119 ff.
- Bei der Zuführung von Patienten oder Untersuchungsmaterial 6 126
- Beim Bezug von Arzneimitteln 6 122 ff.
- Im inländischen oder ausländischen Wettbewerb 6 106 ff.

Bevorzugung im Wettbewerb, Begriff des inländischen und ausländischen Wettbewerbs 6 108 ff.

Beweisverwertungsverbot
- Abwägungslehre 6 160
- Rechtskreistheorie 6 160
- Schutzzweck der verletzten Beweiserhebungsvorschrift 6 160
- unselbstständiges 6 163

Beweisverwertungsverbote
- selbstständige 6 142
- unselbständige 6 142

„Blankett-Impfausweis" 7 101 f.

„Blankett-Impfpass" 7 101 f.

Chefarztprinzip 1 217 f.

Corona-Impfsystem, „Abzweigen" von Impfstoffen 6 4 ff.

Dauergefahr 7 153

Diebstahl, durch „Abzweigen" zugewiesener Impfstoffe 6 16 ff.

Diskriminierungsverbot aus § 5c IfSG, Folgen eines Verstoßes 7 67 ff.

Stichwortverzeichnis

Dreiecksbetrug 5 108
- Zurechnung 5 32

Eigenverantwortliche Selbstschädigung 3 8, 56
- Abgrenzung zur Fremdschädigung 3 9, 57 ff., 63 ff.
- Einwilligungslösung 3 12, 75
- Exkulpationslösung 3 11, 74
- Normative Betrachtungsweise 3 59 ff.

Einwilligung 1 33 ff., 176, 226, 3 122
- Arten 1 36
- Aufklärung 1 141, 177
- Einwilligungsfähigkeit Minderjähriger 1 75 ff.
- Einwilligungssperre § 216 StGB 3 123
- Einwilligungsvoraussetzungen 1 35
- Hypothetische Einwilligung 1 41 ff., 143, 179
- Mutmaßliche Einwilligung 1 41, 142, 178
- Neulandmethode 1 38 f.
- Umfang 1 36
- Willensmangel 1 36

Einwilligungsfähigkeit Minderjähriger
- Alleinentscheidungsbefugnis 1 79 ff.
- Altersgrenzen 1 86 ff.
- Stellvertretende Einwilligung 1 96

Eizelle
- 2-PN-Eizelle 4 4
- Auftauen einer 2-PN- 4 15
- fremde 4 6
- „imprägnierte" 4 4, 15
- Übertragung 4 4
- Übertragung einer 2-PN- 4 15
- unbefruchtete 4 7 ff.

Embryo 4 14, 87
„Embryonenspende" 4 87
- Straflosigkeit der 4 41 ff.

Embryonentransfer 4 41 siehe „Embryonenspende"

Erklärungswert, erhöhte Empfängererwartung 5 103

Ermöglichungsabsicht 2 80 ff.
- Schwangerschaftsabbruch als andere Tat 2 81 ff.

EschG
- Kritik 4 58
- Missbräuchliche Anwendung von Fortpflanzungstechniken 4 4 ff.

Facharztstandard 1 217 f.

Fall „Peterle" 3 86

Fall „Putz" 3 93

Fall „Wittig" 3 86

Fremdes Geheimnis 7 125

„Fuldaer Sterbehilfe-Fall" 3 93

Garantenpflicht 1 239 ff., 3 29
- Bei eigenverantwortlicher Selbsttötung 3 84 ff.
- Fall „Peterle" 3 86
- Fall „Wittig" 3 86
- Selbstbestimmungsrecht des Suizidenten 3 85
- Situationsbezogene Suspendierung bei eigenverantwortlicher Selbsttötung 3 86

Garantenpflicht des Arztes 1 215

Garantenstellung 1 239 ff., 3 22
- als Arzt bzw. Ärztin 1 243
- Arzt-Patienten-Verhältnis 3 23
- Aus Geschäftsherrnhaftung 1 244 f.
- Aus Gesetz 1 240 f.
- Aus Gewährsübernahme 1 242 ff.
- Aus Ingerenz 1 246 ff., 3 88
- Aus Treu und Glauben 1 256
- Ehegatte 3 83 ff.
- Garantenpflicht 3 29, 84
- Ingerenz 3 24 ff.
- Pflichtwidrigkeitszusammenhang 3 28

Garantenstellung/-pflicht
- Als Arzt/Ärztin 7 18
- Kraft tatsächlicher Übernahme 7 18

Geburtsbeginn
- Bei Mehrlingsgeburt 2 25 ff.
- Beim Kaiserschnitt 2 17 ff.

317

Gefährliche Körperverletzung
- Gefährliches Werkzeug **1** 131 ff., 161 ff., **2** 96
- Gemeinschaftliche Begehung **1** 167 ff.
- Gift **1** 138, 157 ff.
- Hinterlistiger Überfall **2** 97
- Lebensgefährdende Behandlung **1** 170 ff.
- Lebensgefährliche Behandlung **2** 98

Gefährliches Werkzeug, Zahnextraktionszange **1** 132 ff.

Gefahrverwirklichungszusammenhang **1** 200 ff.
- Aufklärung **1** 203 ff.

Geheimnis
- Begleitumstände **7** 130
- Begriff **7** 129
- fremdes **7** 136
- Genereller Offenbarungswille **7** 131
- Impfinformationen **7** 131
- Offenbaren **7** 140
- Unwahrheiten **7** 133

Geistigkeitstheorie **7** 103

Geldwäsche **6** 45, 60, 135

Gemeinschaftspraxis **6** 89

Gesamtverantwortung **1** 219

Gesamtvergütung **5** 36

Geschäftsmäßige Förderung der Selbsttötung **3** 16

Gesetzliche Krankenkasse, als sonstige Stelle **6** 79

Gesetzliche Offenbarungspflichten und -befugnisse
- Anzeige geplanter Straftaten **7** 148
- Meldepflichtige Krankheiten und Krankheitserreger **7** 149
- Prozessuale Offenbarungspflicht **7** 149

Gespaltene Mutterschaft **4** 4, 37 ff.

Gesundheitsschädigung **7** 78

Gesundheitszeugnis, Operationsbericht **2** 60

Grundsatz der Zeugniswahrheit und -klarheit **1** 253

Güter- und Interessenabwägung
- Geheimhaltungsinteresse vs. Staatliches Strafverfolgungsinteresse **7** 162
- Wesentliches Überwiegen bei der Weitergabe von Geheimnissen **7** 162

Habgier **2** 78 f.

Hehlerei **6** 59, 134
- durch Weitergabe von Impfdosen **6** 44

Heimtücke **2** 70 ff.

Heterologe Eizellspende, Verbot zur Verhinderung gespaltener Mutterschaft **4** 4

Heterologe Samenspende **4** 4

Hippokratischer Eid **1** 189

Horizontale Arbeitsteilung **1** 169
- Vertrauensgrundsatz **1** 217 ff.

Hypothetische Einwilligung **7** 146
- Operationserweiterung **1** 43

Impfausweis, als (zusammengesetzte) Urkunde **7** 99

Impfdosen
- Als fremde Sache **6** 19 ff.
- Eigentumsverhältnisse **6** 20 ff.
- Gewahrsamsverhältnisse **6** 24 f.

Impfpass
- Als Gesundheitszeugnis **7** 110
- Als (zusammengesetzte) Urkunde **7** 99 ff.

Impfpassfälschung **7** 98 ff.
- „Blankett-Impfausweis" **7** 101 f.
- Sperrwirkung der §§ 277 ff. StGB **7** 109 ff.

Insulinspritzenfall **3** 49 ff., 59

Kassenärztliche Vereinigung
- Körperschaft des öffentlichen Rechts **5** 35
- Treuhänderisch-verwaltende Tätigkeit der **5** 38

Kernbereich privater Lebensgestaltung
- Arzt-Patienten-Gespräch **6** 165 f.
- Verletzung des **6** 164 ff.

Klinische Erfolgsaussichten einer Behandlung 7 44
Koinzidenzprinzip 2 6
Körperliche Misshandlung 7 77
Körperverletzung
- Gefährliche Körperverletzung 2 94 ff.
- Pränatale Schädigungen 2 94
Korruption im Gesundheitswesen 6 97 ff.
- Begriff des inländischen und ausländischen Wettbewerbs 6 108 ff.
Korruptionsdelikte, Ankauf „abgezweigter" Impfdosen 6 46 ff.
Krankenzimmerbefragung, Verstoß gegen Nemo-tenetur 6 152 ff.
Künstliche Befruchtung 4 17 ff.
- Unternehmensdelikt 4 38

Landesärzteordnung 3 25 ff.
Lehre vom Behandlungsabbruch 3 115, 119, 123, 138 ff., 151 ff.
- Begriff 3 139
- Dogmatische Einordnung 3 152
- Voraussetzungen 3 140 ff.
Leibesfrucht
- Abgrenzung zum Menschen 2 7 ff., 12 ff.
- Geburtsbeginn 2 8 ff.
- Geburtsvollendung 2 11

Medizinische Dringlichkeit einer Behandlung 7 42
Medizinischer Heileingriff
- Gefährliche Körperverletzung 1 131 ff., 138, 157, 161, 167, 170
- Körperverletzung 1 129, 155
Medizinisches Versorgungszentrum
- Fortbestehen der Gründereigenschaft 5 19
- Gestaltungsmissbrauch bei Gründung 5 22
- Gründungsvoraussetzungen 5 19
- Karenzzeit 5 19
Missbräuchliche Anwendung von Fortpflanzungstechniken 4 14
- Taugliches Tatobjekt 4 5 ff.

- Übertragung einer „imprägnierten" 2-PN-Eizelle 4 4
Mittäterschaft
- Animus auctoris 5 91, 6 68
- Animus socii 5 91, 6 68
- Funktionale bzw. funktionelle Tatherrschaft 6 65
- Gemeinsamer Tatplan 5 89, 119, 6 64
- Gemeinsame Tatausführung 5 90, 119, 6 65 f.
- Strenge Tatherrschaftslehre 5 90, 6 67
- Subjektive Theorie auf objektiv-tatbestandlicher Grundlage 6 69
- sukzessive 6 52
- Weite Tatherrschaftslehre 5 90, 6 65 f.
Mittelbare Falschbeurkundung
- Impfpassfälschung 7 117
- Impfregister 7 117
- Operationsbericht 2 56
Mitwirkende Person
- Berufsmäßig tätiger Gehilfe 7 126
- Sonstige mitwirkende Person 7 126
- Zur Vorbereitung auf den Beruf tätige Person 7 126
Mutmaßliche Einwilligung 7 146

Nachschusspflicht, der Krankenkassen 5 37
Nemo-tenetur Grundsatz
- Befragung im Krankenzimmer 6 152 ff.
- „Schweigerechtsfeindliche Dauerbefragung" 6 157
Niedrige Beweggründe 2 86
Normativer Schadensbegriff 5 51, 111
Notstand 2 39, 3 134
- Betroffensein verschiedener Rechtsgüter derselben Person 3 136
- (Nicht-)Anwendbarkeit bei Kollision zweier Handlungspflichten 7 28 ff.
Notwehr 2 39
Notwehr/Nothilfe 3 124 ff.
- Betroffensein verschiedener Rechtsgüter derselben Person 3 132

Parallelwertung in der Laiensphäre, beim Abrechnungsbetrug 5 70
Patientenverfügung 3 144
Pflichtwidrigkeitszusammenhang 1 197, 225, 254
Praxisgemeinschaft 6 89
Prinzip der Lebenswertinidifferenz 7 40
Quasikausalität 7 20

Recht auf Fortpflanzung 4 55
Recht auf reproduktive Selbstbestimmung 2 172, 4 55
Recht auf selbstbestimmtes Sterben 3 4
Rechtfertigende Pflichtenkollision 7 83
– Bei Kollision zweier Handlungspflichten 7 32 ff.
– Rangverhältnis kollidierender Pflichten 7 37 ff.
– Triage 7 32 ff.
Rechtfertigender Notstand
– Angemessenheit 7 167
– Dauergefahr 7 153
– Gegenwärtige Gefahr 7 153 ff.
– Güter- und Interessenabwägung bei der Weitergabe von Geheimnissen 7 162 ff.
– Im Zusammenhang mit gefälschten Impfpässen/-ausweisen 7 150 ff.
– Notstandsfähige Rechtsgüter 7 152
– Notstandshandlung 7 160
– Notstandslage 7 151
– Subjektives Rechtfertigungselement 7 168
„Reproduktive Rechte" 4 55
Rücktritt 2 90
– Fehlgeschlagener Versuch 2 91

Schadenskompensation
– Ersparte Aufwendungen 5 110 f.
– Ersparte Aufwendungen der Kassenärztlichen Vereinigung 5 57 ff.
– Freiwerden von einer Verbindlichkeit 5 110 f.
– Normativer Schadensbegriff 5 51 ff., 111
– Werthaltige medizinische Leistungen 5 56 ff.

Schutzzweckzusammenhang 1 198, 224, 254
Schwangerschaft, besonderes persönliches Merkmal 2 133
Schwangerschaftsabbruch 2 126 ff.
– Abbrechen 2 131
– Anwendbarkeit deutsches Strafrecht 2 127
– Beihilfe durch Arzt bzw. Ärztin 2 159 ff.
– Beratungsregelung 2 135 ff.
– „Identitätsverbot" 2 153
– Konkurrenz zu Tötungsdelikten 2 121
– „Kurpfuscherklausel" 2 114
– Leichtfertigkeit bzgl. „Kurpfuscherklausel" 2 115 ff.
– Medizinisch-soziale Indikation 2 143 ff.
– Neutrale Beihilfe 2 168 ff.
– Nichtvollendung 2 103
– Persönlicher Strafausschließungsgrund 2 152
– Rechtfertigung 2 140 ff.
– Regelbeispiele 2 109 ff.
– Schwerer Fall 2 102
– Tatbestandsausschluss 2 135 ff.
– Täterschaft/Teilnahme der Schwangeren 2 134
– Versuch 2 102 ff.
– Werbeverbot 2 172
Schweigepflicht
– Impfpassfälschung 7 123 ff.
– Verletzung der 7 123 ff.
„Schweigepflichtsentbindung" 7 145
Schwerpunktformel, Abbruch eigener Rettungsbemühungen 7 13 ff.
Selbstbelastungsfreiheit, Befragung im Krankenzimmer 6 152 ff.
Selbstständiges Beweisverwertungsverbot, Arzt-Patienten-Gespräch 6 165 f.
Staatliches Strafverfolgungsinteresse, als notstandsfähiges Rechtsgut 7 156
Stellvertretende Einwilligung
– Ausschluss nach § 1631e BGB 1 105 ff.

Stichwortverzeichnis

- Der personensorgeberechtigten Eltern 1 96
- Höchstpersönliche Rechtgüter 1 98 ff.
- Medizinisch nicht indizierte Behandlung 1 101 ff.
- Voraussetzungen des § 1631e BGB 1 110 ff.

„Sterbebeistand" 3 25

Sterbehilfe
- Arten 3 151
- (direkte) aktive 3 115
- Indirekte 3 115, 135
- Lehre vom Behandlungsabbruch 3 115
- passive 3 115, 127

Strafverfolgungsinteresse
- Begangene Straftaten 7 164
- Bevorstehende Straftaten 7 163

Subjektives Rechtfertigungselement 7 168

Tatbestandslösung
- Erfolgstheorie 1 17 ff.
- Substanzveränderungs- bzw. -verletzungstheorie 1 23
- Theorie des kunstgerechten Eingriffs 1 21 ff.

Tatbestandsverschiebung 6 55, 73

Tatherrschaft, unmittelbar lebensbeendender Akt 3 57 ff.

Tatzeitprinzip, bei Impfpassfälschung 7 112

Täuschung
- Kollusives Zusammenwirken 5 104
- konkludente 5 102
- Über die Einhaltung arzneimittelrechtlicher Abgabevorschriften 5 105

Totschlag
- Abgrenzung Tun und Unterlassen 3 110 ff.
- Minder schwerer Fall bei Schwangerschaft 2 51

Tötung auf Verlangen 3 4 ff., 18 ff., 52
- Ausdrückliches und ernstliches Verlangen 3 101

- Bestimmen 3 102 ff.
- Durch Unterlassen 3 20, 78 ff.
- Sperrwirkung 3 4
- Versuch 3 97 ff.

Tötungsdelikte, Systematik 3 4

Triage 7 4 ff.
- § 5c IfSG 7 49
- ante-Triage 7 36
- Ex ante-Triage 7 57 ff.
- Ex post-Triage 7 57
- post-Triage 7 36
- Rechtfertigende Pflichtenkollision 7 32 ff.

Unbefugtes Ausstellen von Gesundheitszeugnissen 2 57

Unglücksfall, Suizid 3 35 ff.

Unmittelbares Ansetzen
- Beim Unterlassungsdelikt 7 24
- Modifizierte Gefährdungslösung 7 24
- subjektiv-objektive Formel 7 23

Unrechtsvereinbarung, Bevorzugung im Wettbewerb 6 10

Unterlassen
- Abgrenzung Tun 7 11
- Entsprechungsklausel 7 22, 81
- Schwerpunktformel 7 11

Unterlassen durch Tun 3 113

Unterlassene Hilfeleistung 3 32
- Suizid 3 32 ff.
- Unglücksfall 3 33 ff.
- Zumutbarkeit 3 43

Unternehmensdelikt 4 64, 86
- Untauglicher Versuch 4 88

Unterschlagung
- Durch Verimpfen „abgezweigter" Impfdosen 6 129 ff.
- Durch Verkauf „abgezweigter" Impfstoffe 6 27 ff.
- mittäterschaftliche 6 61 ff.
- mittäterschaftliche veruntreuende 6 50
- Qualifikation 6 35 f.
- Strafantragserfordernis 6 41 f.
- veruntreuende 6 27 ff., 35 f.
- „Wiederholte Zueignung" 6 131

321

– Zueignung 6 30 ff.
Untreue 6 12
– Durch Vertragsarzt 5 139 ff.
– Missbrauchstatbestand 5 140 ff., 6 13
– Treubruchtatbestand 5 148 ff., 6 14
– Vermögensbetreuungspflicht des Vertragsarztes 5 149 ff.
Urkunde, Funktionen 7 100
Urkundenfälschung 7 98 ff.
– Geistigkeitstheorie 7 103
– Operationsbericht 2 54
– Tathandlung Gebrauchen 7 105
– Unechte Urkunde 7 103
Verändern von amtlichen Ausweisen 7 118
Verbotene Vernehmungsmethoden 6 150
Verbotsirrtum 4 74 ff.
– Rechtsgutachten 4 75
– (Un-)Vermeidbarkeit bei Rechtsgutachten 4 76 ff.
– vermeidbarer 5 72
Verfügungs-/Verpflichtungsbefugnis
– Verordnung häuslicher Krankenpflege 5 141 ff.
– Vertretertheorie/-rechtsprechung 5 142 f.
Verfügungs- bzw. Verpflichtungsbefugnis, des Vertragsarztes 5 140 ff.
Verletzung von Privatgeheimnissen
– Berufsbezogene Kenntniserlangung 7 137
– Durch Vorlage eines gefälschten Impfpasses 7 123 ff.
– Gesetzliche Offenbarungspflichten und -befugnisse 7 147 ff.
– Versuch 7 135
– Wahrnehmung berechtigter Interessen 7 169
Vermögensbetreuungspflicht
– Bei Einbindung in staatliches Impfsystem 6 14
– Des Vertragsarztes 5 149 ff.
– Eines Apothekers / einer Apothekerin 6 14

– Erfordernis hinreichender Eigenständigkeit/Selbstständigkeit beim Vertragsarzt 5 157 ff.
– Hauptpflicht beim Vertragsarzt 5 155 f.
Vermögensschaden
– Kompensation 5 109 ff.
– Schadenskompensation beim Abrechnungsbetrug 5 47 ff.
Vernehmung
– Formeller Vernehmungsbegriff 6 145
– Funktionaler bzw. materieller Vernehmungsbegriff 6 146 ff.
Versuchte Anstiftung 7 88 ff.
Vertikale Arbeitsteilung 1 217 f.
Vertragsarzt /Vertragsärztin
– Als Beauftragte/-r eines Unternehmens 6 90 ff.
– Amtsträgereigenschaft 6 78 ff.
– Wahrnehmung öffentlicher Aufgaben 6 80 ff.
Vertragsarztuntreue 5 139 ff.
Vertrauensgrundsatz 1 197, 249 f.
– Aufhebung 1 219
– Prinzip der strikten Arbeitsteilung 1 217 ff.
Vertretertheorie/-rechtsprechung 5 142 f.
Vorbereitung der Herstellung von unrichtigen Impfausweisen 7 119 f.
Vorteil
– Annehmen 6 102
– Fordern 6 102
– Sich-Versprechen-Lassen 6 102
Vorteilsannahme 6 4 ff., 77 ff.
Vorteilsgewährung 6 47
Wahrnehmung berechtigter Interessen 7 169
„Wiederholte Zueignung" 6 32
– Konkurrenzlösung 6 131
– Tatbestandslösung 6 131
Zeuge/-in vom Hörensagen 6 143
Zueignung
– Durch Verimpfung 6 52
– Durch Verkaufsangebot 6 51

- Enge Manifestationstheorie 6 31
- Rechtswidrigkeit der 6 34

Zueignungswille 6 31